中国经济发展布局与水资源区产业结构研究

国民经济发展布局与产业结构预测课题组　著

科学出版社

北　京

内 容 简 介

水资源作为国民经济社会发展不可缺少的基础资源，其资源禀赋和资源的合理利用直接影响国民经济社会发展与布局。本书以 2000 年为基年，以省（自治区、直辖市）为单位，在当时国民经济行业发展空间格局的基础上，根据国家、行业和地区未来发展规划，并考虑水资源的供给和开发利用因素，按国民经济 45 个行业对未来经济发展的总量和空间布局进行预测研究；提出全国和各省（自治区、直辖市）2010 年、2020 年、2030 年三个时点的人口、经济发展总量与产业结构及其增长速度，以及火（核）电工业、高用水工业、一般工业、建筑业、第三产业的布局的情景分析结果。本书将基于行政区划的经济布局信息转换为水资源区信息，给出了对国家和地区、流域未来发展的趋势性认识，并提供了基于遥感数据和地理信息技术将经济社会统计数据与水资源区数据集成分析的一种方法。

本书可供政府管理和决策部门、国民经济发展规划与自然资源等相关领域的研究人员和学生参考。

图书在版编目(CIP)数据

中国经济发展布局与水资源区产业结构研究／国民经济发展布局与产业结构预测课题组著. —北京：科学出版社，2014.10

ISBN 978-7-03-041609-4

Ⅰ. 中… Ⅱ. 国… Ⅲ. ①中国经济–经济发展–经济布局–研究②水资源利用–研究–中国 Ⅳ. ①F112②TV213.4

中国版本图书馆 CIP 数据核字（2014）第 183724 号

责任编辑：张 菊／责任校对：张小霞 郭瑞芝
责任印制：赵 博／封面设计：李姗姗

科学出版社出版

北京东黄城根北街 16 号
邮政编码：100717
http://www.sciencep.com

三河市骏杰印刷有限公司印刷

科学出版社发行 各地新华书店经销

*

2014 年 10 月第 一 版 开本：787×1092 1/16
2025 年 5 月第四次印刷 印张：41 1/2
字数：980 000

定价：298.00 元
（如有印装质量问题，我社负责调换）

前　言

　　水是一切生命的源泉。水资源作为国民经济发展不可或缺的基础资源，其资源禀赋和资源的合理利用直接影响国民经济社会发展与布局。21世纪初，我国处在工业化、城镇化加速发展时期，人口和产业的空间分布格局迅速调整，经济社会发展与资源环境相协调的可持续发展任务繁重。为此，在2002年国家编制新一轮全国水资源规划的过程中，国家发展和改革委员会宏观经济研究院课题组承担了"国民经济发展布局与产业结构预测研究"的课题研究任务。根据新一轮全国水资源规划编制的需要，该课题对2010年、2020年、2030年我国国民经济发展与产业结构布局进行了比较全面的预测研究。课题以2000年为基年，以省（自治区、直辖市）为单位，在当时国民经济行业发展空间格局的基础上，根据未来20年国家、行业和地区的发展趋势，并考虑水资源的供给和开发利用因素，按国民经济45个行业对2010年、2020年、2030年3个时间段经济发展和空间布局进行预测研究；并且将工业行业归并为火（核）电工业、高用水工业、一般工业3个耗水程度不同的产业，进一步结合各地水资源条件进行发展布局的预测，提出全国和各省（自治区、直辖市，不含港澳台地区）2010年、2020年、2030年3个时点的人口、经济总量、产业结构及其变化趋势，以及火（核）电工业、高用水工业、一般工业、建筑业、第三产业布局情景分析结果。课题利用地理信息系统和中国科学院2000年1∶10万全国土地利用遥感解译数据，将基于行政区划的经济布局信息转换为水资源区信息，支持流域水资源利用规划。

　　在2005年研究报告完成之际，国家统计局发布了2004年全国经济普查数据，2007年课题组又根据经济普查数据对1993年以来全国各地区的经济数据进行了全面修正。课题组在原来研究成果的基础上，采用经济普查修正后的新数据，对未来各省（自治区、直辖市）和各个水资源区的经济布局预测结果进行了系统调整和进一步分析研究，并对原来的课题研究报告进行了数据更新和修改。需要说明的是，由于行业、地区和水资源区的产业结构分析涉及的关系复杂，更新的工作量很大，对行业、地区和水资源区的分析数据与预测结果未做更新和调整。

　　鉴于该课题成果已用于新一轮水资源规划，并广泛用于相关的区域规划，课题提出的研究方法和预测结果仍有一定的参考价值，为此将课题成果汇编成书。由于课题完成时"十一五"规划尚未完成，而且"十一五"期间我国经济社会发展速度和产业结构与"十一五"规划期指标，有较大变化，为了方便读者与现实数据比较，本书对总报告中全国经济总量和产业结构数据进行了更新，即以2010年的实际统计数据作为现状数据，采用国家统计局两次经济普查后统一整理的数据和2010年国家统计局发布的第六次人口普查数据，沿用原研究课题对2020年和2030年预测的模型算法，对总报告第一章中2010年现状数据和部分2020年、2030年预测信息进行了更新，但对于涉及行业和流域分报告的数据未作更新。

全书包括总论和分论两部分，分论包括行业篇和流域篇两部分。总论由王一鸣同志执笔，在课题研究总报告基础上增加了经济结构调整和促进区域经济协调发展方面的内容，其中两次数据与图表更新、计算由祁国燕和胡云锋完成。行业篇包括一个行业综合报告、八个分报告，其中行业综合报告由石康执笔，行业分报告一至八分别由吴国兰和欧阳慧、吴亚平、张长春、高世宪和李际、李金峰、杨合湘、于慧利、任望兵执笔。流域篇包括一个综合报告、十个分报告，流域综合报告由宋建军和张庆杰执笔，分报告一至十分别由欧阳慧、刘颖秋、杨小兵、刘颖秋、汪阳红、张庆杰、欧阳慧、朱世铭、石培华和周国富、宋建军执笔。

鉴于宏观经济系统本身的复杂性和所采用数据与模型的局限性，同时限于作者的研究水平，本书对未来经济布局的预测分析与现实变化情况会有差异，成果主要是提供对全国、省（自治区、直辖市）和水资源区未来发展趋势性的分析判断，并且提供将经济社会统计数据与水资源区数据集成分析的研究。

课题研究得到了全国新一轮水资源规划研究的牵头单位水利部水利水电规划设计总院以及相关各流域和其他课题合作单位的大力支持，国家统计局工业司为本课题研究提供了地（市）级行业发展的系列历史数据和经济普查的行业地区经济发展的信息，在本书出版之际特向他们表示衷心的感谢。

作　者

2014 年 6 月

目　　录

第一篇　总　　论

第二篇　行　业　篇

第三篇　流　域　篇

第一篇

总　论

第一章 全国及重点区域经济社会发展特征及其未来趋势

进入 21 世纪以来，我国进入全面建设小康社会、加快推进社会主义现代化建设的新的历史阶段。"十一五"时期，我国进入新阶段的特征更加鲜明，工业化、城市化进程加快，传统农业社会向现代工业社会加速转型，经济结构和社会结构面临新的调整。

一、"十一五"时期我国经济社会发展的阶段性特征

（一）工业化开始向深度加工化阶段转换

"十一五"时期，我国工业在国民经济中的比例趋于上升，工业保持略高于国内生产总值（GDP）的增长速度，2010 年以后进入基本稳定时期。预计 2010 年左右第二产业比例会接近峰值，以后逐步下降，到 2020 年，第一产业的增加值在 GDP 中的比例降至 10%以下，第二产业降至 45% 左右，第三产业上升到 45% 以上。

工业化进程中，一方面，将延续 20 世纪 90 年代末期以来的居民消费结构升级拉动钢铁、建材、化工、汽车、机械、有色金属为代表的重工业部门发展；另一方面，生产和服务部门的设备更新加快，对机械、电子和工业装备等为代表的投资品需求增加，产业的资本和技术密度进一步提高，工业化开始向深度加工化阶段转换。

可以说，"十一五"时期在我国经济总量中服务业比例持续上升的背景之下，工业化同时呈现在总量上规模扩张和份额先提后降趋稳，在工业结构上"重化工业化"和"深度加工化"，在路径上传统工业化和新型工业化并存等特征，面临的结构调整和转型任务更加艰巨复杂。同时，新一轮工业化的市场规模和容量以及国际环境远远不同于 20 世纪 50 年代"优先发展重工业"和 80 年代中后期加强基础工业和基础设施建设主导的重工业发展两个时期，因而面临的能源、资源矛盾、环境排放约束和国际市场风险也更大。

因此，"十一五"时期我国工业化将开始向深度加工化阶段转换，应通过推进以产业技术升级和提高国际竞争力为主要目标的结构升级，大幅度提高产业整体素质和科技进步贡献度，提高全要素生产率，加快发展高新技术产业，推进国民经济信息化，促进工业化发展阶段性转换。

专栏 1-1

中国 GDP 中工业增加值的比例从 2000 年的 40.4% 提高到 2006 年的 42.2% 的高峰，提高了 1.8 个百分点后开始回落，到 2010 年的 40.0%；重工业增加值占工业增加值的比

例由 2000 年的 62.5% 提高到 2004 年的 67.6%，提高了 5.1 个百分点，2010 年规模以上的工业增加值占第二产业比例达到 71.36%，接近峰值，此后预计稳中有降（图 1-1）。

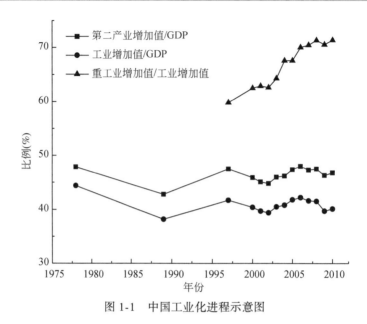

图 1-1 中国工业化进程示意图

（二）城市化继续快速发展，各种生产要素向城市特别是大都市圈集聚

"十五"时期，我国实施城镇化战略，全国城镇化率由 2000 年的 36.2% 提升到 2010 年的 49.95%。城镇化必然带来农村人口向城市的大规模转移，这将为城乡二元结构转换创造十分有利的条件。各种生产要素向城市集聚，将形成巨大的城市基础设施建设投资需求，以及城市人口增加带来的消费市场需求（图 1-2）。

同时，城镇化进程也加剧了地区发展不平衡，存在城市过度投资和扩张，城市的无序建设，城市就业和公共服务跟不上发展需要，土地、能源、交通供需矛盾突出，生态环境矛盾加剧等问题。

专栏 1-2

1990 年，中国的城镇化水平仅为 26.4%。从 1995 年起，中国的城镇化进程进入快车道，截至 2010 年，我国城镇化率已经达到 49.95%。"十二五"时期尽管有人口基数的影响，每年城镇化率仍将提高 1.0 ~ 1.3 个百分点，预计 2020 年将达到 55% ~ 60%。

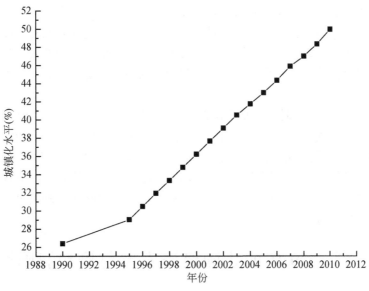

图 1-2 1990~2010 年中国城镇化进程

（三）生产要素市场化程度继续提高，但改革仍处于攻坚阶段

"十五"时期，我国市场化改革取得新的进展，社会主义市场经济体制已经基本确立。但也要看到，社会主义市场经济体制尚不完善，支撑这一基本框架的重要支柱，包括现代产权制度、信用制度和社会保障制度还比较薄弱，有些深层次问题，如政府在市场经济中的定位和职能转变问题还没有取得突破性进展。随着改革向深层次推进，必然涉及深层次利益调整，要触及一部分既得利益集团的利益，阻力会更大，同时利益主体多元化，也使得在利益调整上达成共识的难度加大。正如十六届四中全会《决定》指出的，"我国经济体制改革仍处在攻坚阶段"，不仅需要中央自上而下有力推进，还要鼓励社会主体广泛参与，创造一个社会成员公平参与和共同分享改革成果的制度环境，化解各种矛盾，避免利益调整过程中的各种社会矛盾的积累和激化。

（四）生活方式转型升级和社会结构发生变化，
社会利益关系更趋复杂多样

"十一五"时期，我国继续全面建设小康社会的进程，社会消费结构和人民生活方式继续发生新的变化，人民群众对经济社会发展提出了比温饱阶段更高更全面的要求，而随着社会结构和利益关系更趋复杂多样，统筹兼顾各方面利益的难度也将加大。一方面，我们要顺应社会消费结构和生活方式的变化，大力增加"住、行"产品供给，满足人民群众"发展型"需求，更加重视人力资源开发和人力资本积累，引导和鼓励增加对人的投资；要强化政府的公共服务和社会管理职能，推进由经济建设型政府向公共服务型政府转变，合理划分公共产品、准公共产品和私人产品，政府承担起提供公共产品和服务的职能，加大对公益性社会事业的投入力度，切实解决失业、贫困、社会保障、教育、公共医疗和社

会分配等方面的问题，使政府掌握的资源更多地投向公共产品和服务领域，并积极鼓励和引导其他社会力量参与社会管理和社会服务。另一方面，要统筹兼顾各方面利益关系，政府要运用公众赋予的权力，扩大社会就业，发展社会保障事业，调整收入分配关系，为社会各阶层包括弱势群体提供一个平等、民主和安全的制度环境，使最广大人民群众共享改革和发展的成果。

综上所述，"十一五"时期将是我国改革和发展的关键时期。这个时期，经济和社会结构调整同推进改革相互交错，在长期经济快速增长过程中积累和潜伏的隐性矛盾开始显性化，利益分配的矛盾更趋尖锐，经济、社会发展与人口、资源、环境的矛盾更趋突出。我们必须以科学发展观统领经济社会发展全局，力求充分有效地利用经济社会转型所形成的发展机遇和增长空间，解决关系经济社会发展全局的重大问题，避免出现大的起伏，进而向既定的发展目标迈进。

二、到 2020 年的我国经济发展前景和影响因素

（一）经济增长前景

党的"十六大"提出了到 2020 年全面建设小康社会的奋斗目标，到 2020 年可以划分为两个阶段，"十五"和"十一五"时期为第一阶段，后 10 年为第二阶段。"十一五"时期是实现全面建设小康社会目标的承上启下的关键时期，要保持"十五"时期经济较快增长的态势，拉长新一轮经济增长上升周期，继续推进工业化、城市化、现代化，调整利益关系，促进全面协调可持续发展，为后 10 年实现全面建设小康社会的目标奠定更加坚实的基础，创造更为有利的条件。

今后 15 年我国经济增长可能会出现周期性变化，增速会出现起伏，而且仍将呈现"前高后低"的特征，"十一五"时期增速较快，后 10 年增速相对减缓。"十一五"时期 GDP 年均增长 11.2%，后 10 年年均增长 7.4%，以 2000 年当年价作为可比价，2010 年我国 GDP 达到 26.87 万亿元；2020 年将比 2010 年翻一番，超过 54 万亿元。2010 年我国 GDP 已超过日本，达到 5.8786 万亿美元，人均 GDP 达到 4382 美元[①]，进入中等收入国家的行列，预计 2020 年将超过 7000 美元，进入中上等收入国家的行列。这个方案略高于实现"翻两番"所需要的年均 7.2% 的增速，又是从各方面条件看最有可能的方案。届时将建成更高水平的小康社会，全国人民过上更加殷实的生活。

（二）保持经济较快增长的有利条件

1. 大规模经济体的优势开始显现，回旋余地增大

经过 20 多年的经济快速增长，我国经济总量迅速扩大，2010 年 GDP 达到 5.8786 万

---

① 根据国际货币基金组织（IMF）公布，2010 年中国人均 GDP 为 4382 美元，全球排名 94 位。

亿美元，占世界经济的份额已经从改革开放初期的不足 2.4% 提升到 9.27%，是世界上屈指可数的大规模经济体之一。加上我国有 13 亿多人口，其中城市人口超过 6.5 亿，如此多的人口处于向现代生活方式转型之中，所拥有的市场容量是任何一个后起国家无法比拟的。这种大规模经济体的潜在优势：一是市场的回旋余地大，城市和东部地区市场已经饱和的商品，在农村和中西部地区依然有较强的生命力，这就使产品和企业的生命周期可以大大拉长；二是规避和抗衡国际市场风险的能力较强，有利于减缓国际市场波动带来的冲击；三是依托国内市场就能培育起世界级规模的大企业，使得大企业成长初期夭折的可能性大大减小；四是能够有效增强市场竞争性，单个企业很难独占和垄断整个市场。这些优势不仅是我国继续保持持续快速增长的重要条件，而且将随着经济规模的继续扩大进一步显现出来。

2. 长时期保持劳动力成本优势，为高速增长提供良好条件

我国是劳动力资源最为丰富的国家之一，不仅现有就业总人数超过 7 亿人，而且农村还有 1.6 亿剩余劳动力，这就使得我们在较长时期内能够保持发展劳动密集型产业的比较优势。由于我国基础教育普及率较高，高等教育发展迅猛，各个层面的劳动力资源供给都十分充分，因而具有较强的成本竞争优势。近年来，经济发达地区劳动力价格呈现上升趋势，但欠发达地区为劳动密集型产业转移提供了广阔空间，可以避免一些后起国家在经济起飞过程中劳动力价格迅速上升而使高速增长中断的状况。虽然劳动力总量过大，给充分就业带来了巨大压力，劳动力素质不高制约了产业结构升级，但这也为人力资源开发和人力资本投资留下了空间。随着人口再生产方式的加快转型，在 2020 年之前，我国还将出现一段抚养系数降低的时期，使生产积累能够更多地用于再投资。

3. 资本等要素供给比较充分，可以保障高速增长对资金的需求

我国目前社会总储蓄高于 40%，今后一个时期随着人口老龄化的到来和消费率的提高，储蓄率会有所降低，但仍将保持 30% ~ 40% 的高水平。金融体制改革的不断深化将给储蓄转化为投资开辟畅通渠道，在不断提高投资效率的条件下，经济发展的资本供给相对比较充足。我国不断改善的投资环境、人力资本供给条件和产业配套能力，可以继续保持对外资的吸引力，但投资的 80% 以上仍将来源于国内储蓄，这就既能继续有效利用整合国际优势资源，又不会形成对国际资本的过度依赖。

4. 产业体系和基础设施进一步完备，可以为经济较快发展提供支撑条件

我国 20 多年的持续快速发展，形成了其他发展中国家所不具备的比较完备的产业体系，既有"规模化、集中化、标准化"的现代大工业生产方式，也有"智能化、柔性化、集成化"的高技术密集的生产方式，又有大量的传统生产方式；既有微电子、现代生物、航天、核工业等高技术产业部门，也有石化、钢铁、有色金属、汽车、机器制造、电力和交通运输等现代工业部门，又有金融、保险、贸易等现代服务业部门。高、中、低多种技术层次形成的完备产业体系，将构成越来越强的技术组合和集成优势。经过"九五"后期以来实施积极财政政策和国债投资大规模向基础设施领域的投资，我国基础设施条件明显

改善。可以说，我国现有的物质技术基础比历史上任何一个时期都更加雄厚，可以为经济继续较快发展提供较强的支撑条件。

5. 社会主义市场经济体制更加完善，可以进一步释放经济增长潜力

党的"十六大"明确了到 2020 年我国经济体制改革的目标，今后一个时期将向着既定目标稳步推进。继续调整和完善所有制结构，从战略上调整国有经济布局，使国有经济集中到能够发挥比较优势的行业和领域并从一般性竞争领域退出，可以进一步释放经济增长的潜力；进一步放宽电信、电力、金融、城市公用事业、铁路、航空、邮政等垄断行业的市场准入，在非自然垄断领域维持公平竞争的市场秩序，可以进一步增强市场竞争的有效性；推进投资、财税、金融体制改革，减少政府控制和通过行政手段分配的资源，扩大市场配置资源的范围，可以进一步提高资源配置效率。总之，深化改革和完善体制，可以激发经济活力，提高生产效率和经济运行效率，进一步带动经济较快增长。

（三）面临的突出矛盾和关键制约因素

1. 要素供给不适应经济较快增长的需要，人力资本和技术供给不足的矛盾更加尖锐

在高速增长多年以后，随着收入水平的提高和生产要素成本的上升，原先支撑经济较快增长的劳动力、资源和土地等低成本优势开始减弱，传统优势产业的国际竞争力趋于下降，国内市场趋于饱和。这个时期，劳动力、资源和土地等要素对经济增长的边际贡献率出现递减，而技术、人力资本等要素的边际贡献率明显上升。由于我们过去在战略上对人力资源开发和自主创新能力建设重视不够，以致人力资源开发及自主创新能力建设方面明显滞后于经济高速增长，今后一个时期，劳动力素质、人力资本条件和自主技术供给能力将成为经济较快增长的制约因素。

2. 能源、资源供需矛盾和约束更趋强化，可持续发展压力加大

过去较长一个时期，我国主要依靠国内能源、资源的供给满足经济高速增长的需要。但是随着经济总量的迅速扩大、城市人口持续增加、居民生活方式改变，特别是重工业部门加快发展，近年来能源、资源消耗迅猛增长，供需缺口越来越大，对国外的依存度不断攀高。在全球能源、资源供给偏紧和价格趋升的情况下，我们不仅要面对价格波动带来的成本增加和商业风险，还可能面对更多潜在的政治和安全风险。作为一个正处于工业化、城镇化加速发展过程中的发展中大国，我国能源、资源消耗较快增长可能是一个长期趋势，由此产生的环境排放和可持续发展的压力也将不断增加。

3. 利益纠纷和摩擦增加，社会矛盾更趋突出

经济增长由数量扩张主导向提高质量和效率主导转换，在农业剩余人口向非农产业转移尚未完成之时，工业部门就加快结构升级，重工业部门发展加快，资本有机构成提高和

机器排挤替代劳动等各方面因素的综合作用，使得我国劳动力总量过大和就业不充分的问题将更加突出。新兴产业部门拥有更高收入增长弹性和市场需求，因而收入水平更高，而相当数量的劳动力因为不具备这些现代化部门所需要的素质和技能，滞留在传统产业部门，使得收入分配差距明显扩大。社会利益主体出现多元化，不同群体分享的改革和发展的成果有所差异，而为不同群体提供平等参与的机会、协调不同群体和保护弱势群体的机制尚未形成，利益纠纷和摩擦增加。在物质生活改善后，人民对行使民主权利、保护自身权益和参政议政的要求更高。这些问题处理不当都会使潜在的矛盾显性化，还会引发社会动荡和系统性风险。

4. 人口和生产要素的空间集中度提高，协调城乡、地区发展的难度加大

在市场机制作用下，人口和生产要素加快向要素收益率高的城市、都市圈和经济发达地区集聚，提高了经济活动的空间集中度，同时将加剧城乡和地区不平衡发展。今后一个时期，如果不能解决好农业和农村的发展问题，形成"以工补农、以城促乡"的城乡互动发展机制，就可能出现农业的衰退和农村凋敝。同样，城市扩张过快和无序建设，也可能引发基础设施和公共服务供给不足，拥堵、"过密"和生态环境矛盾加剧等问题，形成新的"地荒"、"电荒"和"水荒"。在沿海开放地区搭上"全球化"快车而实现经济繁荣的同时，如何避免一些地区"塌陷"，形成利益补偿和共享机制，今后一个时期，协调解决这些问题的难度也可能明显加大。

5. 经济国际化程度进一步提高，国际竞争压力和外部风险加大

随着我国对外贸易的持续增长并成为世界第三大贸易大国，有可能进入一个基数较大后增速减速和贸易摩擦加剧的时期。同时，随着国内劳动力、土地等生产要素价格趋升和"国内市场国际化"形成相对充分的竞争格局，外商投资企业边际利润有可能趋降，外商投资规模在达到一个"临界值"后趋于稳定或下降。特别是随着金融、证券等服务业领域的开放，资本流动性和市场投机因素也会增加。我国占世界经济份额增加和与其他国家力量对比的变化，竞争对手在对我国进行牵制、压制和遏制上有可能会达成默契或形成"战略联盟"。由于我国抵御摩擦、分化遏制、抗衡风险的实力还不够强大，外部环境的不确定性因素有可能加大。

三、"十一五"时期和今后一个时期经济社会发展的战略取向

面对国际环境的深刻变化和国内改革、发展中出现的阶段性特征，根据党的"十六大"确定的基本目标，以及实现目标的有利条件和制约因素，"十一五"时期要以科学发展观统领发展全局，在战略选择和发展路径上，要突出转变增长方式、调整经济结构、开发人力资源、提高自主创新能力、促进协调发展、全面节约资源、推进体制创新、统筹内外发展、建设和谐社会、坚持可持续发展十大战略取向，努力实现既快又好的发展。

（一）转变增长方式

"十一五"时期必须突出转变增长方式这个主线，推进由资金、劳动和自然资源要素驱动型经济增长向技术创新和人力资本驱动型经济增长转换，使经济增长更多地依靠科技进步和人力资本投入，建立在提高劳动者素质和技术进步的基础上。因此，在战略选择上：①要促进资源从要素产出率低的部门向产出率高的部门流动，促进生产要素由低附加值部门向高附加值部门转移，推进产业结构调整升级和要素优化组合。②要提高全要素生产率，加大人力资源开发力度和自主创新能力建设，提高人力资本和技术进步对经济增长的贡献率。③要提高资源配置效率，在体制上消除粗放型增长方式的体制基础，提高市场竞争的有效性和充分性，打破行政性垄断，消除政府对企业经营活动的不合理干预，这就要求继续调整国有经济布局，使国有经济集中到能够发挥比较优势的行业和领域并从一般性竞争领域退出，放宽垄断行业的市场准入，在非自然垄断领域维持公平竞争的市场秩序；推进投资、财税、金融体制改革，减少政府控制和通过行政手段分配的资源，扩大市场配置资源的范围，进一步提高资源配置效率。④要提高资源的利用效率，发展循环经济，促进资源循环式利用，鼓励企业循环式生产，推动产业循环式组合，倡导社会循环式消费，努力实现废弃物的资源化、减量化、无害化。

（二）调整经济结构

"十一五"时期结构调整要为转变经济增长方式，增强我国产业国际竞争力服务。产业结构调整的主要方向是：①调整农业和农村经济结构，加强现代农业建设，提高农业综合生产能力，促进农产品生产向优势产区集中，建设优势农产品生产基地，加强面向农业的科技、金融、市场、信息、农产品加工等方面的服务，增强农业的综合效益。加大政府对农业和农村基础设施、公共事业和公共服务的支持力度，引导社会资金投向农业和农村。②推动工业结构调整升级，改组改造传统产业，振兴装备制造业，有重点地发展电子信息、生物工程和新材料等高新技术产业和新兴产业，解决工业大而不强的问题。坚持引进技术与自主创新相结合，以自主创新作为产业技术进步的支撑和着力点，努力形成拥有自主知识产权的关键技术和知名品牌。制造业由加工组装型向精密制造型升级，由粗加工向高加工度化升级，提高产品的附加价值，实现由制造业大国向制造业强国的转变。加快发展装备制造业，实施装备制造业振兴战略，依托重点工程和重大项目，提高重大技术装备对现代化建设的保障程度，力争在优势产品、重大技术装备和高精尖加工能力上取得突破。提高重化工业发展的资源利用效率标准和环境保护标准，提高市场进入门槛，加速淘汰高能耗、高物耗、高污染的落后生产能力，促进重化工业走新型工业化道路。③调整服务业结构，优先发展交通运输、金融保险、物流配送等支持国民经济高效运行的生产性服务业，改造提升传统服务业。消除服务业发展中存在的政策障碍和体制障碍，放宽服务业市场准入，加大承接国际服务业转移的力度。推进事业单位改革，改变服务业"体制内"循环的发展现状；积极发展非公有制服务企业，提高行业的活力和竞争力。

产业结构调整要与就业结构、地区结构调整相结合。充分考虑我国劳动力资源丰富的现实，鼓励发展劳动密集型制造业和服务业；在发展高技术的同时重视发展各种有利于就业的适用技术，用高技术和先进适用技术改造提高传统产业，在继续发展传统产业的过程中扩大就业容量；通过加工度的加深，分化出众多的机器设备、零部件制造业和相关的服务业，延长产业链，增加就业岗位。各地区要从实际出发，选择适宜本地区发展的产业，形成各具特色的发展格局。根据产业的经济特性，促进专业化分工和相关企业在地域的相对集中，注重培育产业集群的形成、发展机制以及吸引要素集聚的机制。

（三）开发人力资源

"十一五"时期要实施人力资源开发战略，全面提高国民素质，推动我国由人口大国向人力资本大国转变。①确立人力资源是第一战略资源，开发人力资源就是发展，投资人力资本就是积累财富的观念，调整发展思路，围绕人力资源开发和人力资本积累谋发展、促发展。②深化教育改革，扩大教育供给，优化教育结构，提高教育水平，造就一支适应现代化建设需要、高素质的产业工人、新农民队伍和专业技术人才队伍，培养大批经济社会发展所需要的各类专门人才，培养一批世界一流的科学家和工程技术专家。③全面普及九年制义务教育，加强义务教育的国家供给和政府保障责任，促进公共教育资源向中西部地区、农村和其他落后地区倾斜。缩小城乡和区域教育发展水平差距，促进教育公平和均衡发展。④积极发展职业教育和成人继续教育，优化整合各种教育培训资源，完善广覆盖、多层次的教育培训网络，培养生产一线需要的技能型实用人才，优先发展设在县乡、面向农家子弟的职业技术教育。⑤提高高等教育办学质量，优化专业结构，稳步提高高等教育的大众化水平，培养适应现代化建设需要的各类专门人才。⑥积极实施人才强国战略。紧紧抓住培养人才、吸引人才、用好人才三个环节，加强人才资源能力建设，推进人才结构调整，创新人才工作机制，营造有利于人才发挥作用的环境，建设完善人才市场体系，促进人才合理流动和优化配置。⑦建设终身教育体系，全面提高国民思想道德和科学文化素质，增强社会责任意识、创新意识、科学精神和人文精神。

（四）提高自主创新能力

"十一五"时期要把提高自主创新能力作为转变增长方式、调整经济结构和提高国家竞争力的中心环节，把建设创新型国家作为面向未来的重大战略。①加快建设和完善国家科技创新体系，认真组织实施《国家中长期科学和技术发展规划纲要》，坚持"自主创新、重点突破、支持发展、引领未来"的指导方针，坚持把提高自主创新能力摆在全部科技工作的核心位置，优化整合科技资源，加强国家基础研究和应用基础研究基地建设，把握科技发展的方向和前沿，集中优势资源，在若干有比较优势、对国民经济发展有重大带动作用的领域实现突破。②建立和完善以企业为主体、产学研相结合的技术创新体系，促进科技资源向企业转移，依托核心企业建立行业技术开发中心，加强原始性创新、集成创新和在引进先进技术基础上的消化、吸收和创新，努力在若干产业发展领域掌握一批核心技术、拥有一批自主知识产权、造就一批具有国际竞争力的企业和品牌。③增加对战略性高技术、涉及核心竞争力的关键技术和产业发展共性技术的政府投入，发挥政府采购对企业技术创新的激励作用，构建和完善技术扩散机制，加快推进产业技术进步。④积极参与国际科技合作，充分利用国际科技资源，并与提升我国自主创新能力有机结合。通过不断提高自主创新能力，提高技术进步和创新对经济增长的驱动作用，为转变增长方式和增强我国竞争力创造条件。

（五）促进协调发展

"十一五"时期要坚持走符合国情的集约型、多样化的新型城镇化道路。①以促进农村人口城市化和市民化为中心推进城镇化，积极创造有利于农村富余劳动力进城稳定就业的条件，引导农村人口合理有序地向城市流动。②促进城市发展有序化和城市建设集约化，合理把握城镇化进度和城市建设规模，注意保护和节约土地，加强城市发展的科学规划，合理布局，节约资源，保护环境，体现特色。③坚持因地制宜地推进城镇化发展，促进城镇化发展模式的多样化，坚持大中小城市和小城镇协调发展，加强大都市圈的规划、建设和管理，增强大城市的综合辐射带动能力，注重发挥中小城市的比较优势和产业特色，引导小城镇集约化发展。④改革现行的城乡分割的管理体制，清除阻隔城乡经济一体化的体制障碍，统一城乡市场特别是要素市场，促进城乡产业有机整合，构建符合社会主义市场经济体制要求和我国国情的新型城乡关系。⑤推进农业产业化和农村现代化，提高农业劳动生产率和规模经营水平，提高农村经济专业化和市场化水平，推进土地制度创新、税费改革和乡镇机构改革，增加对农村教育、公共卫生、基础设施和社会服务设施的投入。

促进区域经济协调发展，构建区域发展新格局。①加快东部沿海地区率先实现现代化的进程，强化长江三角洲（简称长三角）、京津冀、珠江三角洲（简称珠三角）等经济核心区的集聚和辐射功能，不断提升国际竞争力。②继续稳步推进西部大开发，在重点加强基础设施建设和生态保护的基础上，加快特色产业的培育，增强自我发展能力。③加大东北地区等老工业基地振兴力度，深化扶持老工业基地和资源枯竭型城市的政策措施。④以武汉城市圈、中原城市群、长株潭地区等重点区域为依托，促进中部地区崛起。⑤进一步加强跨区域重大基础设施建设，尤其要加强东西部之间、经济核心区之间的骨干通道建设，促进区域经济合作。⑥加大对边远地区、少数民族地区和贫困地区的扶持力度，通过必要的政策倾斜和公共资源倾斜，改善当地基础设施条件和公共服务环境，逐步提高当地人民群众的福利水平。⑦加强区域管理体制建设和区域政策整合，探索按区域主体功能构建区域发展的体制，提高资源空间配置效率。

（六）全面节约资源

"十一五"时期要实施资源节约战略，努力建设节约型社会。①构建资源节约型国民经济体系，调整产业结构，限制高能耗与高物耗产业、产品的发展，限制国外低效落后技术和产品的盲目引进，实行资源效率和最低技术水平准入标准，引导和鼓励消费资源节约型产品。②突出抓好节能、节水、节地和节材，抓紧制定和完善用能产品能效和重点行业取水定额标准，实行高能耗产品淘汰制度，制定并发布节能、节水技术政策大纲，支持开发和应用节能降耗和综合利用新技术、新工艺、新设备，以降低能源消耗特别是石油消耗为重点，重点抓好冶金、有色、石化、建材、造纸等行业节能与节水技术改造。③建设促进资源节约的体制机制，完善政府调控手段，制定和实施强化节能和节约资源的激励政策，加大公共财政对保护和节约资源能力建设的支持力度。④动员全社会广泛参与保护和节约资源工作，鼓励企业、中介机构、个人积极参与节约资源和提高资源利用效率的项目建设，形成有利于节约资源的市场环境和长效机制。⑤建立能源、资源技术支持体系。集中力量研究开发影响未来能源、资源发展方向的重大技术，组织开发高效节能技术、资源节约技术、替代技术、再利用技术和资源化技术，最大限度地挖掘节能潜力。⑥大力发展循环经济，支持开发和推广清洁生产技术，资源节约替代技术、回收处理技术、零排放技术，组织实施循环经济示范试点，支持一批节能、节水、资源综合利用、发展循环经济的重大项目，减少生产源头的自然资源投入和生产过程中的废弃物排放，提高资源回收率和再利用水平。

（七）推进体制创新

"十一五"时期，不仅要实现既定的到2010年建立起比较完善的社会主义市场经济体制的改革目标，还要按照科学发展观的要求，为全面、协调、可持续发展提供良好的制度环境。一方面，通过深化国有企业改革、建立新型产权制度、培育要素市场、推进垄断性领域改革，使国有经济集中到能够发挥比较优势的行业和领域并从一般性竞争领域退出，使产权更加明晰、权责更加分明，使要素流动性明显增强，使垄断性行业和领域放宽市场准入，使政府控制和通过行政手段分配的资源减少并转由市场配置，以有效提高资源配置效率，进一步释放经济增长的巨大潜力。另一方面，把政府管理体制改革放到更加突出的位置，进一步转变政府职能和管理方式，积极推进政企分开、政资分开、政事分开以及政府与中介组织的分开，在抓好经济调节和市场监管的同时，更加注重社会管理和公共服务，继续推进政府机构改革，健全科学民主决策机制，使政府真正成为优质公共产品的提供者、良好经济社会环境的创造者、广大人民群众利益的维护者，为市场机制有效发挥作用和全面深化改革创造条件。通过推进投资体制、财税体制、金融体制和土地管理制度等关键领域改革，建设统一开放竞争有序的现代市场体系，建立规范的转移支付制度，健全就业、收入分配和社会保障制度，以及完善土地、资金、技术和自然资源等生产要素价格的市场化形成机制等，促进城乡、地区协调发展、经济社会协调发展和人与自然和谐发展。

（八）统筹内外发展

"十一五"时期，必须适应经济全球化趋势的新发展和我国改革发展的新形势，坚持对外开放的基本国策，完善开放型经济体系，统筹国内发展和对外开放，全面提高对外开放水平。①坚持内需主导型经济发展战略。以扩大内需为经济发展的基本立足点和长期战略方针，扩大开放型经济发展的回旋余地。②增强统筹协调内外经济的能力，主要是增强在战略层面、政策层面和体制层次的统筹协调内外经济的能力。③转变对外贸易增长方式。进一步实施以质取胜的战略，优化对外贸易结构，提高出口竞争力，提高对外贸易的质量和效益。要在充分发挥我国比较优势的同时，扩大具有自主知识产权、自主品牌的产品和服务出口，扩大附加值高的产品出口，提高加工贸易的产业层次并增强国内配套能力。④提高利用外资的质量和水平。通过多种方式，吸引跨国公司把更高技术水平、更大增值含量的加工制造环节和研发机构转移到我国，以及设立更多的管理运营中心、物流采购中心、研发中心和地区总部，着重引进先进技术、管理经验和高素质人才，做好引进技术的消化吸收和再创新。积极承接服务业国际转移，特别是承接国际项目外包、软件编程、呼叫中心、金融后台服务、保险精算服务、税务、财务、评估、信息处理等服务的国际代工。⑤实施"走出去"战略。进一步完善对外投资的法律法规和服务体系，赋予企业更大的境外经营管理自主权，健全风险防范机制。⑥深化涉外经济体制改革。形成稳定、透明的涉外经济管理体制，完善对外贸易运行监控体系和国际收支预警机制，切实维护国家根本利益和保障国家经济安全。⑦完善应对涉外经济摩擦的机制，探索建立和完善进口协调机制、出口协调机制、多边和双边经贸关系协调机制，加强行业组织自律协调机制，使中国生产要素组合方面的比较优势得到进一步发挥，国民经济的国际竞争力和抗风险能力有较大提高。

（九）建设和谐社会

"十一五"时期要按照建设和谐社会的总体要求，以解决好关系人民群众切身利益的就业、社会保障、收入分配等问题为重点，力求取得成效，强化政府的公共服务职能，提高公共服务资源配置的公平性和覆盖面，促进社会和谐度的提高。①把促进就业放在经济社会发展的优先地位，促进就业与经济同步增长。鼓励发展就业容量大的劳动密集型产业和服务业，特别是知识密集与劳动密集相结合的产业。促进劳动力合理流动，提高劳动力资源配置效率。促进非公经济发展，拓宽就业渠道。鼓励非正规部门就业。进一步加强和完善政府就业服务体系建设。②加快完善社会保障体系。继续深化社会保障制度改革，进一步完善城镇社会保障制度。逐步提高社会保障标准，扩大社会保障覆盖面，不仅要在不同所有制企业之间实现公平，而且要向农村延伸。在继续做好整顿和规范农村社会养老保险工作的同时，以经济发达地区和城市郊区为重点地区，以失地农民、进城务工农民和农村计划生育对象为重点人群，稳步推进农村社会养老保险制度建设。改进筹资方式和运营机制，建立完善社会保险基金的管理和监督体系，保证社会保障基金的平稳安全运行和有效积累。③加大收入分配调节力度。完善按劳动和其他生产要素进行分配的激励机制，同时努力将收入差距保持在适当范围内，维护社会公正。④建立健全公共安全防控体系。把社会的安全、稳定作为社会和谐的底线、建立健全社会预警体系和应急机制，提高保障公共安全和处置突发事件的能力，保持良好的社会秩序。优先建立突发公共卫生事件应急机制和突发性灾害应急响应体系。⑤加强公共服务体系建设，扩大公共产品供给，提高公共服务水平。⑥加快社会领域体制改革，激发社会发展活力。分类推进社会事业单位改革，建立政府与社会事业单位的新型关系。鼓励和推进部分社会事业的产业化进程，促进社会事业发展。大力发展各类公益性组织，构建现代化社会的基本框架。

（十）坚持可持续发展

"十一五"时期要坚持实施可持续发展战略，生态环境恶化趋势得到有效控制，污染排放总量减少，能源和重要矿产资源的国内保障程度提高。①加强矿产资源开发规划和管理，完善资源开发利用补偿机制和生态环境恢复补偿机制。坚决制止能源和其他矿产资源开发中的滥采乱挖、严重浪费和破坏生态现象。加快开发应用新能源和可再生能源。②控制污染物排放总量。加大对重点流域、区域、海域、重点城市的污染防治力度，从源头上削减大气、水、土地的污染源。③加强环境污染的治理。重点加大"三河三湖"、渤海、三峡库区及其上游、南水北调沿线等重点区域、重大工程污染防治力度，将黄河、松花江纳入重点流域治理范围。④加快推进城市生活垃圾、生活污水处理和再生利用设施建设，加强新型污染的防治，改善城市人居环境。⑤积极推广生态农业，加强农业和农村污染的防治。⑥加强生态环境恢复和建设，继续实施"天保"工程、重点地区生态环境建设综合治理工程，完善退耕还林、退牧还草等措施。⑦加强国际环境合作，借鉴国际经验加强环境保护和生态建设。

四、2020 年、2030 年经济社会发展的主要预期指标分析

（一）1990 年以来产业结构变动状况和主要特点

我国经济发展经历 1996 年的"软着陆"以及 1997 年的亚洲金融危机后，国民经济始终保持了持续发展的态势。1990 ~ 2004 年，经济发展的主要特点是经济增长的稳定性显著提高，年度增长幅度的波动范围显著缩小。特别是 1997 ~ 2001 年的增长速度始终保持在 7% ~ 8%，2002 年处于经济周期的上升期，GDP 增长速度达到 9.1%，2003 年 GDP 增长速度为 10.0%，2004 年 GDP 增长速度达到 10.1%。我国经济结构发生显著变化，第一产业、第二产业、第三产业的比例由 1990 年的 27.1∶41.3∶31.5 转变为 2004 年的 13.4∶46.2∶40.4，第二产业从 2000 年起占 GDP 的比例 45.9%，呈现相对稳定中缓慢上升的趋势。在三次产业结构变动中有以下特点。

1）第一产业增加值在 GDP 中的比例下降。1990 ~ 2004 年，农业（第一产业）增加值在 GDP 中的比例下降了 13.7 个百分点。农业科技水平的提高和适用科技的推广，生产条件的改善，成为农业保持持续增长势头的主要推动力。农业结构调整，在种植和养殖业中，优质产品、高附加值和符合市场需求的产品显著增长也是重要因素。

2）第二产业在 GDP 比例中稳中有升。工业快速发展成为 GDP 增长的主要动力，1990 ~ 2004 年，工业增加值由 6858 亿元增加到 65 210 亿元，按可比价格计算，年均增长 13%。增长速度比同期 GDP 增长速度高 3.8 个百分点，是推动第二产业增长的主要因素。

在工业生产中，纺织服装业在国际市场上有竞争优势的产业；与居民消费升级相关的产业发展较快，如汽车工业、家用电器工业、食品工业。适应工业化水平不断提高、基础设施建设规模不断扩大的产业，由此带动我国设备制造业、原材料工业、能源工业的快速发展。科技含量高、与信息化相关的产业，迅速普及到其他产业，由此带动相关产业的快速发展。

建筑业增长加快。1990～2004年，建筑业增加值由859.4亿元增加到8694.3亿元，年均增长9.7%，占GDP的比例由1990年的4.6%提高到2004年的5.4%。建筑业发展较快的直接原因是，全社会固定资产投资的快速增长。1990～2004年，全社会固定资产投资当年完成额由4517亿元增加到70 073亿元，年均增长21%。主要由于我国工业化、城镇化水平提高，基础设施得到加强、房地产和住宅的商品化程度提高。

3）第三产业中交通、电信、旅游、教育以及新的居民服务业发展速度很快，成为推动第三产业稳定发展的重要力量。

1990年以来，随着居民消费水平的提高，信息技术推广，第三产业在稳定增长的同时，内部结构也发生了变化。特别是交通、电信、旅游、教育、金融服务等服务行业发展速度加快。交通运输和仓储业、邮电通信业增加值占第三产业增加值的比例分别达10.9%、7.1%，邮电业务总量由1990年的155.54亿元增加到2004年的7777亿元，年均增长32%。旅游业已经成为重要产业，2004年国际旅游收入257亿美元，国内居民旅游的总收入4711亿元，两者合计达到6836亿元。

（二）对2010～2030年经济社会发展的分析和预测

本书分析了1990～2004年影响我国经济结构变动和地区布局的变化趋势，综合考虑经济结构、增长速度的合理性，采用趋势外推法、相关分析法等方法，对2010年、2020年、2030年的主要经济社会指标增长速度进行定量分析和预测。为了防止出现大的偏差，应用定性分析与定量分析相结合的方法，对预测的结果进行修正。在本书出版之际，作者采用了2010年的统计数据和国家统计局在两次经济普查后对1990年以来经济结构数据进行整理后的新数据，对2020年和2030年的全国经济总量结构数据进行了更新，最终得到的分析和预测成果见表1-1。

表1-1　全国2001～2030年主要经济指标预测分析

指标	1990年	1995年	2000年	2004年	2005年	2010年	2020年	2030年
全国GDP（亿元）	18 668	60 794	99 214.6	159 878	184 937	268 724	548 718	1 039 731
增速（%）	3.8	10.9	8.4	10.1	11.3	10.5	7.4	6.6
第一产业增加值（亿元）	5 062	12 136	14 945	221 413	22 420	27 141	40 605	56 145
增速（%）	7.3	5.0	2.4	6.3	5.2	4.2	4.1	3.3
比例（%）	27.1	20.0	15.1	13.4	12.1	10.1	7.4	5.4
第二产业增加值（亿元）	7 717.4	28 679.5	45 555.9	73 904.3	87 598.1	125 494	244 728	426 290
增速（%）	3.2	13.9	9.4	11.1	12.1	11.4	6.9	5.7
比例（%）	41.3	47.2	45.9	46.2	47.4	46.7	44.6	41.0

指标	1990 年	1995 年	2000 年	2004 年	2005 年	2010 年	2020 年	2030 年
工业增加值（亿元）	6 858	24 950.6	40 033.6	65 210	77 230.8	107 490	211 805	365 985
增速（%）	3.4	14.0	9.8	11.5	11.6	11.3	7.0	5.6
占 GDP 比例（%）	36.7	41.0	40.4	40.8	41.8	40.0	38.6	35.2
占第二产业比例（%）	88.9	87.0	87.9	88.2	88.2	85.7	86.5	85.9
建筑业增加值（亿元）	859.4	3 728.8	5 522.3	8 694.3	10 367.3	17 736	32 923	60 304
增速（%）	1.2	12.4	5.7	8.1	16.0	12.5	6.4	6.2
占 GDP 比例（%）	4.6	6.1	5.6	5.4	5.6	6.6	6.0	5.8
占第二产业比例（%）	11.1	13.0	12.1	11.8	11.8	14.1	13.5	14.1
第三产业增加值（亿元）	5 888.4	19 978.5	38 714	64 561.3	74 919.3	116 089	263 385	557 296
增速（%）	2.3	9.8	9.7	10.1	12.2	11.2	8.5	7.8
比例（%）	31.3	32.9	39	40.4	40.5	43.2	48.0	53.6
人口总量（亿人）	11.433	12.112	12.674	12.998 8	13.075 6	13.409 1	14.3	15
增速（%）		1.16	0.91	0.63	0.63	0.50	0.58	0.48
城镇人口（亿人）	3.019 5	3.517 4	4.590 6	5.428 3	5.621 2	6.697 8	7.44	8.85
增速（%）		3.10	5.47	4.28	4.13	3.57	2.28	1.75
城镇化率（%）	26.4	29.0	36.2	41.8	43.0	49.95	52	59
失业率（%）						4.1	5	5

1. 确定 GDP 的年均增长速度，并分析预测 2010 年、2020 年、2030 年的 GDP 目标

对于国民生产总值指标，考虑到 2020 年全面建设小康社会的奋斗目标，要实现比 2000 年翻两番就要保证经济增长速度年均增长 7.2%。这个时期经济发展可能会经历几个周期，增长速度会出现一定的起伏，因此不同阶段的增长速度会有所变化，而随着我国经济总量的增大，经济增长速度可能会出现逐步放缓的趋势。进一步考虑到在"十五"时期预计已经完成年均增长 8.5% 左右的速度，"十一五"时期已达到 11.2% 的年均增长速度，2001～2010 年实际实现 10.5% 的年均增长速度；从 1980～2000 年的历史经验看，我国经济一直处于 40～50 年长周期中，而且前 20 年提前 5 年实现了翻两番的目标，可以预计在 2000～2020 年的 20 年内也将提前 3～4 年实现翻两番，根据"十二五"规划，2020 年要实现较 2010 年再翻一番的目标，本书以 2010 年为现状年，将 2011～2020 年年均增长速度设定为 7.4% 左右。进一步确定 2021～2030 年的年均增长速度，由于到 2020 年的 GDP 基数越来越大，经济发展的速度将会逐步放慢，到那时将会进入 6%～7% 的区间内，如果我国国民经济没有大的外来干涉和影响，此期间仍在 50 年长周期的下降期内，但还能保持相对快速的增长，对此我们预计其年均增长速度在 6.6% 左右。以 2000 年当年价作为可比价，2010 年我国的 GDP 已经达到 268 723 亿元，预测 2020 年我国的 GDP 将达到 54 万亿元左右，较 2010 年翻一番，2030 年我国的 GDP 达到 103 万亿元左右。

2. 确定三次产业结构，并分析预测三次产业的增加值和增长速度

2006～2010 年是我国经济结构变化较大的时期。第一产业占 GDP 的比例将持续下降，

各地的第一产业增加值占 GDP 的比例普遍下降，其中经济发达地区第一产业的比例已经低于 10%；第二产业的比例呈逐步增加趋势，大部分省（自治区、直辖市）的第二产业增加值占 GDP 的比例从 40% 左右提高到 50% 左右，在 2020 年前后开始，逐步缓慢下降；第三产业比例前期比较平稳，后期逐步上升，大约在 2020 年前后，超过第二产业增加值占 GDP 的比例，第三产业增加值占 GDP 的比例从 2010 年的 43.2% 逐步提高到 2020 年的 48% 以上。由于各省（自治区、直辖市）的经济基础不同，生态资源环境的差异较大。到 2020 年经济结构呈现出一些新特点：中西部地区第一产业增加值占 GDP 的比例将高于东部地区，成为我国农产品的主要产区。工业将进一步向东部地区集中，建筑业各地区都将保持平稳增长的趋势，经济基础好的东部地区第三产业发展更快一些，进入经济比较发达的产业结构状况。

分析研究 1991~2010 年的三次产业结构，为我们预测分析 2020 年的三次产业结构提供依据。分析预测的基本做法和结论如下。

第一产业的比例逐步减小，但不同时期下降的幅度大小不同，在工业化前期下降较快，这是因为有较大的下降空间，在工业化中期下降的幅度将比前期减小，而在后期由于所占比例已降至 10.1%，所以其下降的幅度更是进一步减小，在 1980~2010 年，第一产业比例从 30.1% 下降到 10.1%，年均下降 0.67 个百分点，但 2000~2010 年该速度已经下降到年均 0.5 个百分点。由此预计到 2020 年将下降到 7.4% 左右，年均下降 0.27 个百分点；2030 年下降到 5.4%，年均下降 0.17 个百分点。

第二产业的比例在重工业化时期，是先上升然后逐步下降，但在工业化之初基本稳定在 50% 左右，在重工业发展加快时期保持在 52%~53%，在重工业化后期将逐步回落到 50% 以下，在 2000~2010 年，我国第二产业占 GDP 比例从 45.9% 上升到 46.7%，其中工业增长速度与 GDP 增长基本同步，而建筑业异常快速增长。按"十二五"产业结构调整的精神，参考 2011 年、2012 年的发展趋势，预测 2020 年第二产业将以略低于国民经济发展的增长速度稳步增长，2020 年第二产业占 GDP 比例下降到 45% 以下，在 2015 年前后实现第二、第三产业占 GDP 比例基本平衡；2030 年第二产业占 GDP 比例下降到 41% 左右。

第三产业的比例在工业化的起步阶段基本保持不变，而在工业化中期阶段第三产业的比例是缓慢上升的，在其后期由于第一、第二产业的比例同时下降，第三产业的比例将有较快的上升，2010 年我国第三产业比例已经达到 43.2%，根据"十二五"规划提出的 2015 年达到 47% 的目标，预测 2020 年的比例达到 48% 以上，超过第二产业的比例；2030 年的比例达到 53% 以上。

综上所述，在 2010 年的 GDP 总量中，第一、第二、第三产业所占比例 10.1%、46.7%、43.2% 的基础上；2020 年分别为 7.4%、44.6%、48%；2030 年分别为 5.4%、41%、53.6%。

在确定三次产业在 2010 年、2020 年、2030 年三个时点所占 GDP 的比例后，由 GDP 的预测分析总量，就可以计算这三个时点的增加值，进一步计算三个 10 年段（2001~2010 年、2011~2020 年、2021~2030 年）的年均增长速度，对照 1991~2000 年以及 2001~2003 年的增长速度，分析判断第一、第二、第三产业在 2010 年、2020 年、2030 年三个时点的年均增长速度是否合理，如有明显不合理的地方，再分析确定比例的合理与否，并作相应的调整，这样反复修正，直至使结构与速度达到基本可以接受为止。

第一产业增加值的分析预测。到 2020 年是我国第一产业发展的重要时期。农业是国民经济的基础，这个作用任何时期都不会改变。解决吃饭穿衣问题，始终是关系国家发展和社会稳定的艰巨任务。2010～2030 年是我国人口持续增长的时期，也是对农产品需求不断增长的时期。2010 年、2020 年和 2030 年全国人口总数分别达到 13.4 亿人、14.3 亿人和 15 亿人。随着人们消费结构的变化，人均粮食消费量也会不断增长。按人均粮食消费量 400kg 测算，我国食粮需求量将分别达到 5.4 亿 t。按国内自给率为 95% 测算，生产量需要分别达到 5.13 亿 t 和 5.84 亿 t。随着农民生活水平的提高，国内对肉、蛋、奶、鱼的消费量会大幅度增长，为农产品的增长创造了非常广阔的需求空间。到 2020 年，随着国家经济实力的增强，政府对农业的支持力度还会进一步增强；随着大量农民人口向城镇转移，农业劳动生产率会不断提高。农村经济体制改革的深化，也将促进农业科学技术的发展，使农业生产组织形式更加适应发展的需要。2001～2010 年第一产业增加值年均增长 4.2%，预测 2011～2020 年年均增长 4.1%，而 2021～2030 年年均增长 3.3%。按 2000 年价，在 2010 年 2.7 万亿元、占 GDP 的比例 10.1% 的基础上，2020 年和 2030 年增加值分别达到 4 万亿元和 5.6 万亿元左右，占 GDP 的比例分别为 7.4% 和 5.4%。

第二产业增加值的分析预测。2010～2020 年，是我国工业化、现代化进程进一步加快的时期，第二产业是这个时期推动经济增长的主导产业。第二产业增长速度在"十一五"时期以高于同期 GDP 的增长速度，在 2001～2010 年达到 11.4%，在 2011～2020 年，在国家产业结构调整和资源环境约束加剧的背景之下，预测为略低于国民经济增长速度，可达到 6.9%，2021～2030 年可达到 5.7%。第二产业增加值在 2010 年 12.5 万亿元的基础上，2020 年、2030 年分别达到 24.5 万亿元、42.6 万亿元左右。但是，由于经济发展水平的提高和经济结构的变化，第二产业增加值占 GDP 的比例将缓慢下降，预计在 2010 年占 GDP 比例为 46.7% 的基础上，分别达到 2020 年、2030 年的 44.6%、41%。

在第二产业内部的结构，先确定占比例较小的建筑业增加值占 GDP 的比例，由于近几年是房地产发展较快的时期，因而建筑业增加值占 GDP 的比例不断上升，2001～2010 年年均增长速度达到 12.5%，建筑业较 20 世纪 90 年代提高 1 倍，2010 年达到 11 735.8 亿元，占 GDP 比例达到 6.6%，占第二产业比例达到 14.1%。根据"十二五"规划精神和近年来的统计数据预测，建筑业增速将放缓，按 2011～2020 年年均增长速度回归正常考虑，预测为 6.4%，2021～2030 年年均增长速度为 6.2%，基本保持略低于国民经济增长的速度稳步发展。再由第二产业占 GDP 的比例计算出工业增加值占 GDP 的比例，并考虑到在 2020 年前后基本完成工业化，由此在 2010 年工业增加值占 GDP 比例 47.6% 的基础上，预测 2020 年、2030 年分别占 GDP 的 48.1% 和 44%。最后计算工业增加值、建筑业增加值在 2010 年、2020 年、2030 年三个时点的总量，如此可以计算出两个 10 年段（2011～2020 年、2021～2030 年）的年均增长速度，利用在三次产业的结构与速度调整的方法，最后得到工业增加值、建筑业增加值在 2020 年、2030 年的预测值。

工业增加值预测分析。2006～2010 年是工业化进程加快的时期，也是工业规模扩大、水平提高的时期。前期工业增加值的速度可能较快，后期的增长速度可能会逐步趋缓。到 2020 年是我国工业化、现代化进程进一步加速的重要时期。这个时期工业仍然是推动经济发展的主要产业，我国工业仍具高速增长的潜力。2001～2010 年我国工业增加值的增长速度为11.3%，预计2011～2020年为7%，2021～2030年为5.6%；工业增加值在2010年10.7万亿元的基础上，预计到2020年、2030年分别达到21.2万亿元、36.6万亿元左右。工业增加值在GDP中的比例将缓慢下降，在第二产业中的比例保持稳定。在2010年工业增加值占同期GDP的比例为40.0%，占同期第二产业增加值的比例为85.7%的基础上，预计2020年和2030年工业增加值占同期GDP的比例分别为38.6%和35.2%，占同期第二产业增加值的比例分别为86.5%和85.8%。

建筑业增加值增长情况的预测分析。2006～2010年，建筑业进入一个异常高速发展时期，根据"十二五"规划精神和近年来的统计数据预测，2011～2020年建筑业增速将放缓，进入正常稳定增长阶段。主要原因在于：一是中国经济保持持续稳定快速增长。随着社会主义市场经济体制的不断完善，科技水平的提高，对外开放的进一步扩大，新的经济增长点的形成和发展，由此带来投资需求的增长，将推动建筑业的持续、快速发展。二是我国工业化、城镇化、现代化水平快速提高的时期。与此相适应，工业交通条件重要设施的建设、重大装备的安装、城乡基础设施建设都将进入一个高峰期，一批重大工程项目，形成巨大的建筑市场需求。三是我们全面建设小康社会，人民生活水平不断提高的时期。与此相关的教育、卫生、文化、公共安全等公共福利和公用事业的建设将进一步加快，住宅建设、环境治理工程的规模将进一步扩大，这些发展都将持续扩大全社会对建筑业的需求。

2020年前，我国固定资产投资将会保持持续增长的势头。在投资的推动下，建筑业增加值、总产值都会保持增长的趋势，建筑业会进入一个相对稳定的发展阶段。在2001～2010年建筑业增加值年均增长速度为12.5%基础上，预计2011～2020年、2021～2030年年均增速分别为6.4%和6.2%。2010年建筑业增加值为1.8万亿元，占GDP的比例为6.6%的基础上，预计2020年和2030年建筑业增加值分别为3.3万亿元和6.0万亿元左右，占GDP的比例分别为6.0%和5.8%。

第三产业增加值的分析预测。2006～2020年，我国第三产业将经历一个由缓慢增长到快速增长，再到平稳增长的过程，在传统服务业继续发展的同时，现代服务业的发展速度将逐步加快。第三产业增加值中，传统服务业的比例逐步下降，现代服务业的比例不断提高，第三产业在结构调整中持续发展。我国将在较长一段时期内面临巨大的就业压力，而第三产业在吸纳大量劳动力就业，通过职业培训、中介信息服务，为劳动力在第三产业的发展提供了良好的机遇。从国际上看，进入21世纪后，服务业在世界经济中的作用将日益突出，服务贸易在世界贸易总额中的比例不断扩大。从我国工业化采取以信息化带动工业化的方式看，第一产业和第二产业发展水平的提高必将推动第三产业中通信、信息、计算机网络服务、综合技术服务业的发展，也对金融保险业、物流业、商务服务、科研服务，以及教育、科技、文化等服务行业的发展提出更多、更高的要求，推动第三产业的发展。

预测分析2006～2020年第三产业的增长速度会略高于同期GDP增长速度，第三产业占GDP的比例会缓慢提高。在2001～2010年第三产业增加值年均增长速度为11.2%的基础上，预计2011～2020年、2021～2030年第三产业增加值年均增长速度分别为8.5%和7.8%左右，略高于同期国民经济增长速度；在2010年第三产业增加值为11.6万亿元，占GDP的比例为43.2%的基础上，2020年和2030年第三产业增加值分别为26.3万亿元和55.7万亿元左右，占GDP的比例分别为48.0%和53.6%左右。第三产业中，批发零售业增加值在"十一五"时期年均增长速度预计可能达到9%。

3. 全国人口预测分析

2006～2010 年，2010 年全国人口总数为 13.5 亿人，2020 年为 14.3 亿人，2030 年为 15 亿人。在我国人口政策的指导下，人口基数、育龄妇女的数量比预计的少。根据我国第五次人口普查资料，2000 年年龄段在 20～24 岁以下的女性所占全部女性的比例明显要低于年龄在 25～49 岁的育龄妇女，因此可以预见我国未来的出生人数将要小于现阶段。但值得注意的是，2000 年年龄在 10～14 岁的女性占很大比例，达 9.38%，这预示着育龄妇女的增加在生育政策不变的情况下 2010～2020 年我国的出生人数将略有回升。综合考虑各方面因素，预计总和生育率 2010 年达到 2.0，而后逐渐小幅度递减，到 2020 年总和生育率为 1.94。据此预计，2020 年和 2030 年全国人口总数分别为 14.3 亿和 15 亿人。到 2030 年前，年新增人口的数量逐渐减少，2011～2020 年年均增加约 800 万人；2021～2030 年年均增加约 700 万人。随着我国工业化、城镇化水平的提高，城乡人口结构将发生较大变化，2010 年城镇人口为 5.94 亿人，城镇化率为 44%；2020 年城镇人口为 7.44 亿人，城镇化率为 52%；2030 年城镇人口为 8.85 亿人，城镇化率为 59%。

五、重点区域（东部沿海、西部、东北、中部地区）现状特征、战略定位和发展趋势

（一）我国地区经济发展的基本态势

"十一五"时期我国经济区和重要经济区分布如图 1-3 所示。这一时期，我国采取了一系列推动地区经济协调发展的战略举措，地区经济运行态势总体良好，呈现以下四个基本特点。

1. 东部沿海地区继续保持强劲发展势头，经济核心区集聚作用增强

在经济全球化和世界产业结构调整加快的背景下，生产要素正在流向回报率高、综合优势明显的区域。我国东部沿海地区，特别是长江三角洲、珠江三角洲和京津冀地区凭借良好的区位条件、较好的产业基础成为国内外生产要素的主要流入地区，经济集聚作用明显增强。2000～2003 年，东部沿海地区生产总值占全国比例提高了 1.2 个百分点；进出口总额占全国比例上升了 0.3 个百分点；利用外资比例虽然略有下降，但仍占全国的 85.8%。长江三角洲、珠江三角洲、京津冀都市圈和山东半岛等经济核心地区的经济集聚作用明显提高。2003 年，这些地区生产总值占全国的比例①分别达到 16.82%、8.37%、7.36% 和 6.15%，分别比 2000 年提高了 2 个、0.78 个、1.03 个和 0.42 个百分点。

---

① 此处比例以全国各地区生产总值之和为分母计算得来，下同。

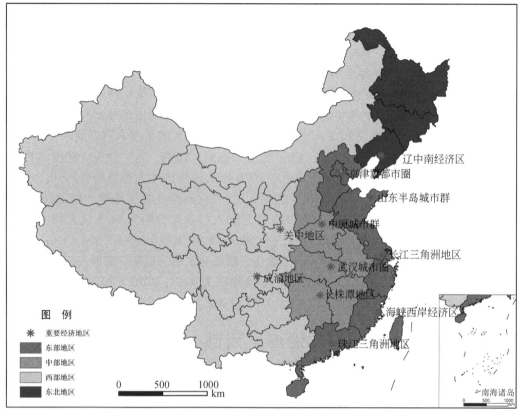

图 1-3 "十一五"时期我国经济区和重要经济区分布

专栏 1-3

20 世纪 80 年代以来，我国逐步形成了东部、中部、西部三大经济地带（不含港澳台地区）。东部包括辽、冀、京、津、鲁、苏、沪、浙、闽、粤、琼、桂，共 12 个省（自治区、直辖市），中部包括黑、吉、内蒙古、晋、豫、皖、鄂、赣、湘，共 9 个省（自治区），其余陕、甘、宁、云、贵、川、渝、青、藏、疆，共 10 个省（自治区、直辖市）属西部（简称"老三区"）。实施"西部大开发"战略之后，将原属东部的广西和原属中部的内蒙古划入西部（简称"新三区"）。2007 年 8 月正式发布《东北地区振兴规划》，由此确定的东北地区包括辽宁、吉林、黑龙江和内蒙古呼伦贝尔市、兴安盟、通辽市、赤峰市和锡林郭勒盟（蒙东地区）。

随着区域的发展，区域间的经济、社会联系日益密切，在上述经济地带内部，进一步形成了城市集群（经济区），具体包括：京津冀都市圈、长江三角洲都市区、珠江三角洲都市区、辽中南城市群、山东半岛城市群、海峡西岸经济区、中原城市群、武汉城市圈、长株潭经济区、关中城市群、成渝经济区。此外，皖南经济带、南昌—九江—景德镇城市群、呼和浩特—包头—鄂尔多斯—榆林经济区、兰州—西宁经济区，以及天山北坡经济区等经济区。

2. 西部大开发成效显著，西部地区城乡面貌有了明显变化

实施西部大开发以来，西部地区经济社会发展步伐明显加快。2000～2003年，西部地区生产总值各年分别增长8.5%、8.8%、10.0%和11.3%，均高于1999年7.3%的经济增长水平，与全国平均增长速度的差距已由1999年的1.5个百分点缩小为2003年0.8个百分点。西部大开发5年间，12个省（自治区、直辖市）经济发展速度都超过了自己的历史最高水平。经济发展带动了居民生活水平的提高，2003年，西部地区城镇居民人均可支配收入和农村居民人均纯收入分别比1999年提高1719元和281元。与此同时，西气东输、青藏铁路、西电东送、干线公路等一批重大基础设施项目开工和建成，退耕还林还草、天然林保护、京津风源沙治理等重点工程的实施为西部地区经济社会的长远发展奠定了良好基础。农村公路、农村能源、人畜饮水工程和生态移民工程等农村基础设施建设进展顺利，农村教育、卫生等社会事业发展步伐加快，明显改善了西部一些地区的基本生产、生活条件。

3. 东北老工业基地振兴迈出实质性步伐，政策效应初步显现

2003年，国家开始实施东北老工业基地振兴战略，并相继出台了一系列政策措施。主要包括增值税转型试点、农业税减免、扩大社会保障试点范围、启动老工业基地调整改造项目和高技术产业化项目等。这些政策已在一定程度上改善了东北地区的发展环境，对国内外投资起到了积极的政策引导作用，东北地区已开始成为投资热点地区之一。2004年黑龙江利用外商直接投资12.4亿美元，同比增长20.1%。辽宁2004年实际利用外商直接投资同比增长91.5%；全省固定资产投资比2003年增长43.1%；GDP比2003年增长12.8%，创近10年来新高。一些重点企业在国家政策扶持下，加快体制改革和机制转换步伐，释放了发展潜能。

4. 中部地区经济增长加快，结构调整取得进展

"十五"时期，中部六省经济增速逐年加快，2001年、2002年、2003年和2004年地区生产总值增长速度分别为8.9%、9.5%、10.5%和12.7%，按2000年不变价计算，年均增长10.4%。地区生产总值由2000年的19 791亿元提高到2004年的32 088亿元。2004年中部地区三次产业结构为17.8：47.7：34.5，与2000年相比，第一产业比例下降了2.4个百分点，第二产业比例上升了3.1个百分点。但与全国相比，第一产业比例仍高2.6个百分点，第二产业比例仍低5.2个百分点。工业地位有所提升，能源原材料产业仍占主导地位。2004年中部地区工业增加值占全国的20.1%，比2000年提高了4.9个百分点。近年来，在市场需求拉动下，能源原材料生产高速增长。2004年原煤产量6.4亿t，占全国的32.8%，化肥产量1359.2万t，占全国的30.4%，发电量、钢、生铁、成品钢材等产量分别占全国的22.3%、22%、24.5%和20%，发电量和成品钢材产量等主要能源、原材料生产占全国的份额有所上升。

（二）"十一五"时期重点区域的战略定位和发展趋势

"十一五"时期，地区经济发展要树立科学发展观，做到"五个统筹"，加强分类指导，鼓励东部有条件地区率先基本实现现代化，继续推进西部大开发，振兴东北地区等老工业基地，有效发挥中部地区综合优势，支持中西部地区加快改革发展。

1. 东部沿海地区率先实现现代化

东部地区城镇化和工业化水平较高，市场机制和政策环境相对完善，外向型经济发达，国内外市场具有较强的竞争力。这一地区的发展水平集中体现了我国的国际竞争能力和综合国力。"十一五"时期，这一地区应以参与国际竞争为主线，促进工业化尽快完成并向后期阶段的过渡，继续带动全国经济发展，并且在此基础上率先实现工业现代化和率先基本实现全面的现代化。

（1）长江三角洲地区

长江三角洲地区交通便利、腹地广阔、经济实力雄厚、技术水平较高，是全国经济社会综合发展水平较高和产业配套最为完善的地区。主要问题是土地资源紧缺，开发区数量过多、布局分散，产业升级和产业转移进程与该区在全国的地位和作用不相适应。

长江三角洲地区的发展方向和重点如下。

1）进一步加强区域在基础设施建设、市场开拓、产业发展和企业联合等方面的资源整合和优化配置，壮大整体区域经济实力，逐步形成在国际上具有重要影响力的城市群。

2）继续深化创新地区协作机制，加快区域经济一体化进程。构建长江三角洲快速交通网络，构筑"两小时通勤圈"。统筹规划建设道路、港口、机场等区域性重大基础设施。

3）加快培育以电子信息、生物医药、新材料等为代表的高新技术产业，发展具有比较优势的精深加工的先进制造业和现代服务业，研发核心技术，培育核心竞争力；劳动密集型和一般初级加工制造业应加快向中西部地区转移。

4）加强区域环境综合整治，统一规划、统一治理。加强江河湖泊、近海岸线的联合保护与治理，促进经济社会协调发展，改善人居环境。

（2）珠江三角洲地区

珠江三角洲地区家用电器和信息技术（IT）加工等制造业的生产规模及集中度、主要产品的国际市场占有率、人均工业增加值和工业产品出口创汇均处于全国领先水平。同时，面临的产业升级压力较大，但技术和人力资源尚难满足结构升级的要求。

珠江三角洲地区的发展方向和重点如下。

1）以内地与港澳地区建立更紧密经贸联系为契机，加强产业的结构性合作，积极扩大对周边省（自治区）的辐射能力，实现经济升级转型的共同目标，提高国际竞争力。

2）发挥IT产业和国家级高新技术开发区密集的优势，以高新技术产业化为主攻方向，加快培育和壮大可持续增长的新型产业和产品，应用高新技术改造和提高纺织服装、家用电器、食品饮料和建筑材料等传统支柱产业，提高档次和技术含量，加快服务业尤其是现代生产性服务业的发展。

3）将整治和保护区域性生态环境问题放在更加重要的位置，主要通过合理规划和调整现有工业企业和产业园区布局，加快高污染、高耗能工业企业的技术改造，大力推行清洁生产和循环经济，大幅度减少污染物排放量总量。

（3）京津冀都市圈

京津冀都市圈是环渤海湾地区的中心地带，交通便利，工业和科技力量雄厚，是全国政治和文化的核心区，我国北方经济最发达的地区之一。主要问题是区域合作存在体制性障碍，以重化工为主的产业结构加剧了区域生态环境恶化和淡水紧缺局面。

京津冀都市圈的发展方向和重点如下。

1）加快天津滨海新区的开发建设和率先发展，将其建设成为我国北方地区经济发展的重要增长极、现代制造业和研发转化基地、北方的国际航运中心和现代国际物流中心。发挥滨海新区的窗口和辐射作用，促进京津冀都市圈的经济发展。

2）建立京津冀合作机制，促进自然资源联合开发、科技教育人才资源共同利用和区域的对外开放，统筹协调基础设施和生态环境建设，推动区域产业分工协作和布局合理化。

3）严格控制高耗水产业，逐步关闭和搬迁用水多、能耗高、污染大的冶金、化工、建材等传统工业企业，大力培育通信、电子计算机、医药、汽车等高新技术产业和精深加工制造业。抓住北京举办奥运会契机，发展与其全国政治和文化中心的优势相适应的旅游会展、科研教育、信息咨询、金融保险等现代服务业。

4）全面推进节水工作和改善近海生态环境，统筹解决淡水供给，有效防治沙尘暴，治理保护渤海海域生态。

（4）海峡西岸经济区

海峡西岸经济区东临台湾、西邻湘赣、北承长三角、南接珠三角，其发展不仅具有重要的经济意义，而且具有重要的政治意义。海峡西岸经济区有漫长海岸线、众多深水良港以及对台区位优势，海洋资源、水能资源、非金属矿产资源、旅游资源丰富，电子、石化、机械制造等产业基础较雄厚，经济较发达。主要问题是区内发展差距较大，区内通道特别是到内陆经济腹地的通道建设还有待进一步完善。

海峡西岸经济区的发展方向和重点如下。

1）加快中心城市建设，统筹城乡和区域发展。发挥厦门、汕头经济特区的龙头作用和福州的省会城市带动作用，以构建福州、厦门、泉州、汕头、温州五大城市基本框架为支撑，连接漳州、莆田、宁德，对接三明、南平、龙岩，加快形成海峡西岸城市体系的总体布局，统筹城乡和区域发展。

2）建立产业集群，集聚规模效益。发挥区位优势，进一步推动要素合理流动和跨地区经济合作，逐步实现行政区经济向经济区经济的转变，着力推进与长三角、珠三角以及台湾地区的产业对接和市场对接，充分发挥与港澳台联系紧密的优势，不断拓展经贸交流。建设电子、石化、机械制造三大临海产业集群。

3）加强交通能源基础设施建设，打通空间屏障，扩大经济腹地和市场空间。目前，同（江）三（亚）线的高速公路已经全线贯通，海峡西岸经济区连接长三角和珠三角的快速通道已经基本建立。今后要重点加快海峡西岸经济区通往内陆经济腹地的通道建设和对台通道建设，使其成为经贸合作与科技文化交流的重要地区和促进祖国统一的重要基地。同时，加快能源基础设施建设，为经济建设提供有力支撑。

（5）辽中南地区

辽中南地区地处环渤海湾区域北部，是东北地区的出海通道，交通基础设施发达，矿产资源丰富，经济和科技实力较强。主要问题是经济结构单一的资源型城市较多，重化工和国有企业集聚度过高，国有经济比例过高，企业经营机制不活和经济效益较差，下岗失业人数较多。

辽中南地区的发展方向和重点如下。

1）加强体制创新和机制转换，加快改革国有资产管理体制，调整国有经济的布局和结构，大力发展非国有、非公有制经济，逐步实现以混合所有制经济为主体的格局。

2）抓住国家振兴东北地区等老工业基地的契机，加快资源型城市的经济转型，加快实现以混合所有制经济为主体的产业发展格局。

3）进一步提高冶金、煤炭、化工、机械、造船等能源原材料工业和装备工业技术水平，大力发展软件、海洋经济等高新技术产业和商贸、金融、信息、旅游等现代服务业。

4）构建全方位对外开放格局，提高利用外资规模和效益，引导外资重点投向创汇农业、传统工业改造和高新技术领域。

（6）山东半岛城市群

山东半岛城市群地处环渤海湾区域南部，资源丰富、工农业发达。主要问题是区内城市战略定位和职能分工不明确，淡水资源短缺，环境状况亟待改善。

山东半岛城市群的发展方向和重点如下。

1）打破各大中城市彼此分割、各自孤立发展的局面。确立青岛在山东半岛城市群中的经济中心地位，青岛、济南、烟台要发展成为各具特色的综合性城市，其他城市应以优势制造业为重点向相对专业化方向发展。通过城市间分工协作，形成地区产业联盟，着力发展家电制造、电子信息、石化、交通运输设备制造、医药制造、农副产品加工、海洋和旅游八大优势产业。

2）把构建现代化交通体系作为打造山东半岛城市群的突破口，形成以中心城市为枢纽，以高速公路、高速铁路为骨干，打造发展协调的都市连绵区。拓展面向华北、中原、西北的经济腹地。

3）抓住产业结构调整、水资源配置、海洋资源利用和保护等关键环节，把可持续发展战略贯彻于经济社会发展的各个层面。

2. 继续推进西部大开发

西部地区生态环境建设要取得突破性进展，社会发展的重大薄弱环节得到实质性加强，经济结构调整取得显著成效，投资环境基本适应对内对外开放要求，广大城乡居民生活水平和质量进一步提高。重点发展成渝地区、关中地区和省会中心城市，带动周边城乡发展，推进沿边口岸城市参与国际次区域合作。

（1）成渝地区

成渝地区资源丰富，自然条件比较优越，人口高度聚集，经济相对发达，是我国西部大开发的战略重点之一。主要问题是国有企业改革进展较慢所造成的制度性障碍导致资金投入不足，传统产业技术改造滞后；对外交通联系不便，水环境和大气污染问题严重。

成渝地区的发展方向和重点如下。

1）发挥重庆长江上游经济中心功能，加强重庆与成都的分工与合作，建成以两大都市为中心的双核城市带，成为我国西部最具经济实力和科技开发能力的产业基地。

2）密切与长江经济带和西南、西北地区的经济联系，通过修建沿江铁路等基础设施建设，建立便捷的对外联络通道。

3）加强生态建设和三峡库区环境整治，以建设城镇生活污水和垃圾处理设施为重点，把库区水污染防治与区域发展、移民安置、基础设施建设和生态保护与建设等有机结合起来。

（2）关中地区

关中地区交通便利，自然条件较好，工农业比较发达，科教资源在全国具有明显的优势。主要问题是科技优势尚未充分转化为经济优势，国有企业改革缓慢，经营机制不活。

关中地区的发展方向和重点如下。

1）加快产业结构调整和国有企业改组改造，加快体制创新和机制创新，放手发展非国有经济。逐步建成我国西北地区最大的经济核心区、我国重要的装备工业、高新技术产业基地和重要的国际旅游目的地。

2）以西安为中心，以西部大开发为契机，加快基础设施建设，改善与西南、华东地区的联系。

3）发挥西安高新区、杨凌农业示范区等国家级高新区的示范带动作用，加强高新技术产业化，培育一批机制灵活、竞争力强的高新技术企业，升级改造传统工业和农业生产方式，在 IT 和其他高新技术产业领域实现跨越式发展。

3. 加快东北老工业基地振兴

东北地区土地面积广阔，水土资源匹配比较合理，拥有充足的宜农土地；矿产资源种类繁多，储量较大，能源原材料等重化工和装备制造业基础雄厚，但是作为老工业基地和资源型城市比较集中的地区，急需国家出台相关配套政策措施加以扶持。

（1）老工业基地

老工业基地主要包括沈阳、哈尔滨、长春、大连等城市，这些城市已经形成了以重化工业为主体的、生产规模较大的工业体系，具有基本的技术和人才储备。主要问题是国有企业比例大，改革滞后，体制障碍突出，观念、体制、机制不活。

老工业基地的发展方向和重点如下。

1）加快改革改制步伐，转变传统观念，推进国有企业制度创新，转换经营机制，大力发展民营经济，促进国有经济比例偏高的所有制结构加快向混合所有的所有制结构转变。切实转变政府职能，创造良好的发展环境。

2）加快产业结构调整和企业技术改造步伐，推进钢铁、石油、汽车等重要支柱产业优化整合，提高装备制造业技术水平和市场竞争力，培育壮大高新技术产业，积极发展第三产业。加大对外开放力度，积极吸引外资参与企业改组改造。

3）促进就业和加快建立规范的社会保障体系，加大对下岗职工的培训，大力发展劳务输出。

（2）资源型城市

资源型城市包括煤炭、石油、森工等类型，主要有 11 个城市。主要问题是资源面临枯竭，经济结构单一，生态环境破坏严重，下岗失业问题突出，群体性事件频发。

资源型城市的发展方向和重点如下。

1）建立健全社会保障体系，对因下岗失业导致生活困难的群众要做到应保尽保，以维护社会稳定。

2）加强城市基础设施建设，增强城市服务功能；加快生态环境治理步伐，树立新的城市形象，为招商引资、产业转型和改善人民生活创造良好条件。

3）大力培育新的接续和替代产业，延长产业链，加强资源综合利用，扩大非资源性产业在经济中的比例，增加就业容量，促进经济转型。

4. 促进中部地区崛起

中部地区农业生产条件较好，能源、有色金属资源丰富，工业已有一定的基础，大中城市数量较多、距离较近，但是缺乏实力强的龙头城市带动，适宜走以城市群带动区域发展的道路。目前，中部地区城市群已具雏形，并显现出良好的发展前景，应加以引导和培育，力争建成经济核心区，带动整个区域的发展。根据已有基础和发展潜力，中部地区应重点抓好如下一些城市群（城市圈、经济带）。

（1）武汉城市圈

武汉城市圈水资源、土地资源和矿产资源丰富，自然条件优越，交通便利，是我国重要的工农业基地。主要问题是城市规模体系不合理，城市间的产业关联度低，新兴产业和第三产业发展缓慢；老工业基地技术改造相对滞后，工业技术装备老化，技术创新和自我发展能力不足；洪涝渍等水患威胁较大。

武汉城市圈的发展方向和重点如下。

1）以武汉为中心，发挥交通便利、工农业发达、科技教育实力较强的优势，加强原材料基地和装备工业基地、全国科研教育和高新技术产业基地建设。

2）走联合发展的道路，构造长江中游地区经济整体优势。选择一批大型骨干企业进行配套改革，推进以武汉钢铁、第二汽车制造厂等大型骨干企业集团为核心的产业整合，支持和鼓励企业按照社会化大生产的要求发展专业化协作。

3）积极建设和完善区域市场体系，加快发展资本、劳动力、技术等生产要素市场，完善生产要素价格形成机制，集中力量建设一些重要能源和原材料等全国性和区域性市场。

（2）中原城市群

中原城市群区位优势十分明显，矿产资源和农副产品资源丰富，具有一定的产业基础。主要问题是中心城市规模较小，辐射带动能力不强；地处内陆，经济对外开放度较低；生态环境有待进一步改善，实现可持续发展的压力较大。

中原城市群的发展方向和重点如下。

1）提高中心城市的聚集辐射能力，明确城市职能分工，加强合作，壮大城市群的整体实力。

2）加强城市群内部及对外的交通联系，发展包括航空、高速公路、高速铁路、城市群内联络线、干线公路、铁路和城市轻轨在内的高效、快速综合交通网络。

3）按照走新型工业化道路的要求，发展高新技术，提升传统产业。努力将以郑州为中心的中原城市群建设成为全国重要的制造业基地和物流中心、区域性金融中心和文化中心。

（3）长株潭地区

长株潭地区存在的主要问题是行政区经济所形成的地区分割，三个城市彼此之间缺乏充分的横向联系，城市规划自成体系，彼此分工不明显，产业结构趋同化。

长株潭地区的发展方向和重点如下。

1）加快经济一体化发展，促进三市经济各有侧重、各具特色地发展由结构雷同向优势互补转变，由行政分割向经济联合转变，由粗放低效型向集约、高效、外向型转变。

2）以"四通"为基础，变目前的"三足鼎立"为"三合一"，实现邮电通信、交通、物流和金融的一体化；尽快形成连接区内外、沟通全国、出入方便、贸易灵活、管理规范、有序竞争的市场网络。

3）加强产业布局的协调和开发区的统筹规划，促进经济要素的合理聚集，壮大整个区域的整体实力。

此外，中部地区还应以省会城市为中心建设（南）昌九（江）景（德镇）、合（肥）芜（湖）安（庆）、大（同）运（城）经济区（带）。

六、十大水资源区的经济发展特征和趋势

（一）十大水资源区经济社会发展现状评价

我国 10 个一级水资源区分布如图 1-4 所示。

专栏 1-4

　　根据《全国水资源分区》（修订稿），我国陆地划分为 10 个一级水资源区，分别是：松花江水资源区、辽河水资源区、海河水资源区、黄河水资源区、淮河水资源区、长江水资源区、东南诸河水资源区、珠江水资源区、西南诸河水资源区和西北诸河水资源区。在一级水资源分区的基础上，按照基本保持河流水系完整性的原则，将 10 个一级水资源区划分为 80 个二级水资源区。

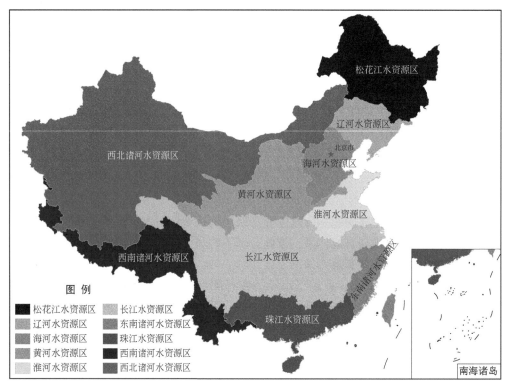

图 1-4　全国一级水资源区分布图

1. 人口发展和分布现状

我国人口分布受多种因素影响，不同地域人口密度相差甚远（图 1-5 和图 1-6）。

从总量上看，人口主要集中分布在长江水资源区、淮河水资源区、珠江水资源区，三个地区的人口总量占全国总人口的 62% 以上；而总人口最少的水资源区为西南诸河水资源区，该区总人口仅占全国总人口的 1.6%。就人口密度而言，淮河水资源区人口密度最大，高达 591 人／km^2，其次是海河区水资源区，为 398 人／km^2；西北诸河水资源区人口密度最小，为 8 人／km^2，仅为全国平均水平的 6%，西南诸河水资源区人口密度也只有 24 人／km^2。

专栏 1-5

我国不同地域人口密度相差甚远。胡焕庸线（漠河—腾冲）的控制作用表现明显。根据 2000 年第五次全国人口普查资料，全国总人口为 12.4 亿人；其中，淮河水资源区人口密度最大，高达 591 人/km^2，其次是海河区水资源区，为 398 人/km^2；西北诸河水资源区人口密度最小，为 8 人/km^2，仅为全国平均水平的 6%。

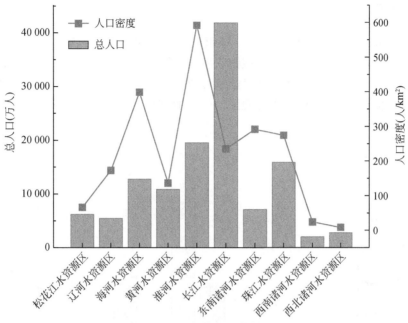

图 1-5　2000 年十大水资源区总人口和人口密度直方图

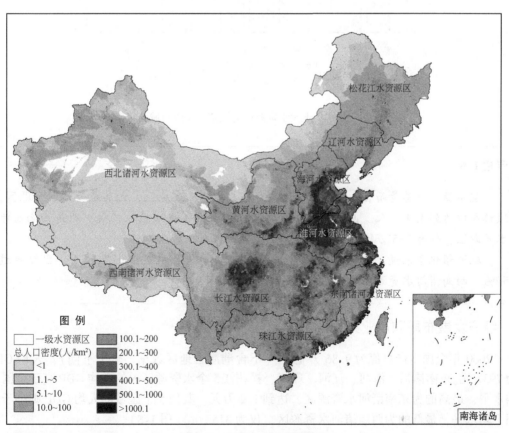

图 1-6　中国人口的空间分布

2. 城镇化水平

2000 年全国城镇人口为 4.53 亿人，城镇化率为 36.4%（图 1-7）。松花江、辽河、海河、东南诸河和珠江五大水资源区的城镇化率均高于全国平均水平，其中最高的是松花江水资源区和辽河水资源区，城镇化率已经超过 50%。其他 5 个水资源区城镇化率均低于全国平均水平，最低的为西南诸河水资源区，仅为 16.9%。

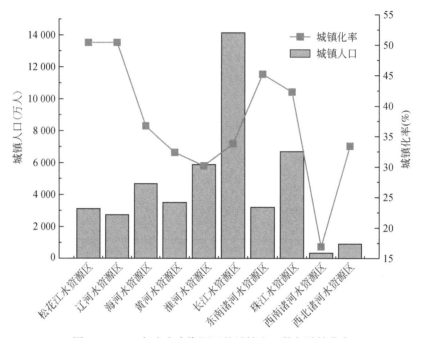

图 1-7　2000 年十大水资源区的城镇人口数与城镇化率

专栏 1-6

就城镇人口总量而言，城镇人口主要分布在中国东部地区，尤其是长江水资源区，城镇人口达到 1.4 亿人，占全国全部城镇人口的 31.3%；城镇人口最少的是西南诸河水资源区，仅有 335 万城镇人口，占全国全部城镇人口的 0.74%。

就城镇化率来说，松花江水资源区和辽河水资源区的城镇化率最高，已经超过 50%。西南诸河水资源区的城镇化率最低，仅为 16.9%。

3. 经济发展布局和产业结构评价

2000 年全国生产总值为 9.86 万亿元（不含港澳台地区数据，全书下同），人均 GDP 为 7937 元。东南诸河、海河、辽河、珠江、松花江 5 个水资源区内的人均 GDP 高于全国平均水平，最高的为东南诸河水资源区，达到 1.2 万元。其他 5 个区域的人均 GDP 则小于全国平均水平，最低的为西南诸河水资源区，仅为 3152 元（图 1-8）。

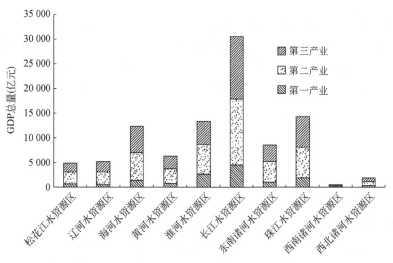

图 1-8　2000 年十大水资源区 GDP 及三次产业结构

专栏1-7

就 GDP 总量而言，长江水资源区 GDP 总量最高，达 3.05 万亿元，占全国 GDP 的 31%；西南诸河水资源区 GDP 总量最低，为 625.9 亿元，仅占全国 GDP 的 0.6%。

就三次产业的构成来看，海河水资源区的第一产业增加值在 GDP 中的比例最低（仅为 11.3%）、第三产业比例最高（42.9%），西南诸河水资源区的第一产业增加值比例最高（36.8%），而第二产业比例最低（23.7%）；第二产业比例最高的区域为松花江水资源区（49.3%），第三产业比例最低的区域为淮河水资源区（34.7%）。

---

4. 工业发展布局与工业结构

2000 年全国工业增加值为 38 492 亿元，占生产总值的 39%。长江水资源区集中了全国 29.6% 的工业增加值，珠江、淮河、海河和东南诸河水资源区工业增加值占全国的比例为 10%~14%；松花江、辽河、黄河水资源区工业增加值占全国的比例为 6% 左右，西南诸河和西北诸河水资源区工业增加值不到全国的 2%（图 1-9）。

专栏1-8

工业行业可以划分为火（核）电工业、高用水工业和一般工业三大类。高用水工业包括化工、食品、冶金、造纸、石化、纺织六大行业；一般工业包括制造业、采掘业、其他工业和规模以下工业。

就工业增加值总体来看，最高的是长江水资源区，其工业增加值达到 1.14 万亿元，占全国全部工业增加值的 29.6%；最低的是西南诸河水资源区，其工业增加值仅为 100.7 亿元，仅占全国全部工业增加值的 0.26%。

就工业增加值的内部构成来看，松花江水资源区一般工业比例最高（82%），而西南诸河水资源区一般工业比例最低（62.6%）；淮河水资源区高用水行业比例最高（30.8%），而松花江水资源区高用水行业比例最低（14.5%）；西南诸河水资源区火（核）电工业比例最高（11.2%），而长江水资源区火（核）电工业比例最低（3%）。

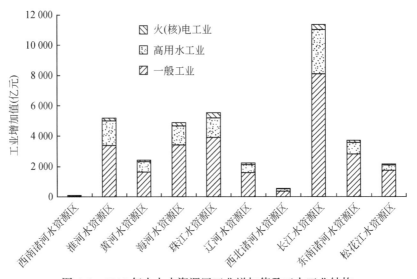

图 1-9　2000 年十大水资源区工业增加值及三大工业结构

从全国三大类工业构成看，火（核）电工业、高用水工业和一般工业增加值分别占全国工业增加值的 4.1%、24.9% 和 71%。十大水资源区的情况是：西南诸河水资源区火（核）电工业占工业增加值的比例最高，为 11.2%；珠江、海河、黄河和辽河水资源区火（核）电工业增加值占全部工业增加值的比例为 5% 左右；其余水资源区均低于全国 4.1% 的平均水平。高用水工业占工业增加值的比例，淮河水资源区最高，达到 30.8%，高出全国平均水平近 6 个百分点，这可能是造成淮河流域水严重污染的重要原因；西北诸河、西南诸河、长江、海河和黄河五大水资源区高用水工业增加值，均占 26% 左右，高出全国平均水平 1~2 个百分点；松花江和东南诸河水资源区高用水工业增加值，分别低于全国平均水平 10.4 个和 4.6 个百分点。松花江和东南诸河水资源区一般工业增加值占工业增加值的比例高于全国平均水平，其余 8 个水资源区接近或低于全国平均水平。

（二）十大水资源区经济社会发展布局与产业结构发展趋势分析

1. 人口数量与分布变化

21 世纪的前 30 年，我国人口总量仍将继续增长，但增长率呈下降趋势。全国总人口数量在 2010 年达 13.41 亿，预测 2020 年全国总人口将达 14.34 亿、2030 年达 15.1 亿，2000~2030 年人口净增加 2.426 亿，年均净增约 800 万人。全国人口增长速度：2001~

2030 年为 0.58%，其中 2011~2020 年为 0.6%，2021~2030 年为 0.49%。

水资源区的人口增长包括自然增长和迁移增长。人口自然增长主要与人口年龄结构、生育水平有关；人口迁移增长则与经济发展水平、劳动力状况和对就业人口的需求有关。从总体上可归纳为以下三种不同的变化趋势。

1）珠江、海河和东南诸河水资源区人口迁移增长速度快，人口数占全国比例上升。

随着经济的快速发展，珠江、东南诸河和海河水资源区对劳动力的需求增长较快，由于人口机械增长的作用，三大水资源区将成为 2030 年人口迁移增长快的地区，人口总量占全国人口比例由 2000 年的 28.8% 上升到 2030 年的 31.5%（图 1-10）。

专栏 1-9

2030 年前十大水资源区人口增长率和人口数量变动情况从总体上可归纳为以下三种不同的变化趋势：①珠江、海河和东南诸河水资源区人口迁移增长速度快，人口数占全国比例上升；②长江、松花江、辽河和淮河水资源区人口增长率较低，人口数占全国比例下降；③黄河、西北诸河和西南诸河水资源区人口自然增长率仍较高，人口数占全国比例变化不大。

珠江水资源区将成为我国人口增长速度最快的地区。该区人口总量将由 2000 年的 1.59 亿人增加到 2030 年的 2.18 亿人，年均增长率达到 1.07%，居十大水资源区之首，其中 2001~2010 年人口年均增长率达到 1.8%，2011~2020 年为 0.8%，2021~2030 年为 0.61%。占全国人口的比例由 2000 年的 12.5% 提高到 2030 年的 14.5%，上升 2 个百分点。

东南诸河水资源区也是人口增长速度快的地区。该区人口总量从 2000 年的 7107.8 万人增长到 2030 年的 9556.8 万人，年均增长率达到 0.99%，在十大水资源区中居第二位，其中 2001~2010 年人口总量的年均增长率为 1.44%，2021~2030 年为 0.85%。占全国人口的比例由 2000 年的 5.7% 提高到 2030 年的 6.3%，上升 0.6 个百分点。

海河水资源区人口总量将由 2000 年的 1.27 亿人提高到 2030 年的 1.62 亿人，年均增长速度达到 0.8%，在十大水资源区中居第三位；占全国人口的比例将从 2000 年的 10.3%，提高到 2010 年的 10.4%，2020 年的 10.7%，2030 继续提高到 11.2%。

2）长江、松花江、辽河和淮河水资源区人口增长率较低，人口数占全国比例下降。

长江、松花江、辽河、淮河水资源区人口自然增长速度减慢，由于四川、安徽、河南等省劳动力输出较多，将成为人口负迁移增长的地区，占全国人口比例逐步下降。四大水资源区人口总量由 2000 年的 7.3 亿人，增加到 2030 年的 8.45 亿人，30 年间人口年均增长 0.49%，低于全国平均水平 0.16 个百分点。四大水资源区人口总量占全国人口的比例 2000 年为 58.8%，2010 年下降到 57.2%，2020 年为 56.5%，2030 年为 56.1%。2001~2030 年人口占全国的比例下降幅度最大的是长江水资源区，下降 1.4 个百分点；淮河、松花江、辽河水资源区下降 0.3~0.6 个百分点。

3）黄河、西北诸河和西南诸河水资源区人口自然增长率仍较高，人口数占全国比例

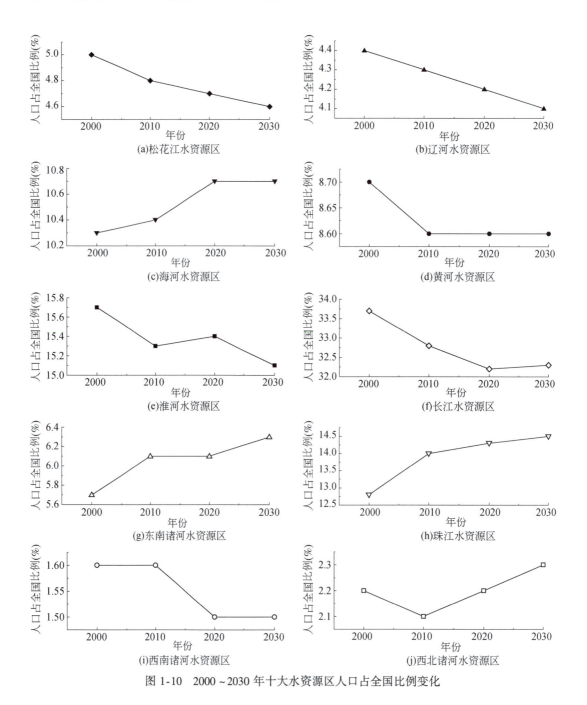

图 1-10　2000～2030 年十大水资源区人口占全国比例变化

变化不大。

　　黄河、西北诸河和西南诸河水资源区是我国少数民族聚居区，经济发展水平相对较低，2030 年前人口自然增长率仍然较高，迁移增长率相对较低，占全国人口比例变化不大。三大水资源区人口总量由 2000 年的 1.56 亿人增加到 2030 年的 1.86 亿人，年均增长 0.59%；占全国人口比例基本上维持在 2000 年的水平。

2. 城镇化水平预测分析

改革开放后，我国经历了长达 20 年多年的高速增长期，已进入工业化中期阶段。今后一段时期，国民经济还将保持较高的增长速度，将为推进城镇化提供发展空间；反过来，快速城镇化所带来的巨大需求又将成为国民经济持续、快速、健康发展的强大动力。在 21 世纪初，我国工业化和城镇化之间的良性互动机制逐步完善，城镇化在政府、企业和个人多元主体的推动下保持较快的发展。

2030 年前我国城乡人口结构将发生较大的变化。2010 年全国城镇化率达到 49.95%，预计 2020 年和 2030 年全国城镇化率将分别达到 52% 和 59%。城镇人口将从 2000 年的 4.52 亿人增加到 2010 年的 6.70 亿人、2020 年的 7.49 亿人、2030 年的 8.93 亿人（图 1-11）。

专栏 1-10

根据城镇化发展水平现状、发展速度和未来城镇化水平，十大水资源区城镇化进程大致可分为四种类型：①松花江、辽河水资源区城镇化水平起点高，城镇化速度减慢，2030 年处于城镇化基本完成阶段；②珠江、东南诸河和海河水资源区城镇化速度较快，2030 年处于城镇化基本完成阶段；③长江、淮河、黄河水资源区城镇化速度略高于全国平均水平，2030 年处在城镇化临界完成阶段；④西南诸河和西北诸河水资源区城镇化发展缓慢，城镇化水平仍然不高。

根据城镇化发展水平现状、发展速度和未来城镇化水平，十大水资源区城镇化进程大致可分为四种类型。

1）松花江、辽河水资源区城镇化水平起点高，城镇化速度减慢，2030 年处于城镇化基本完成阶段。

2000 年，松花江和辽河水资源区目前的城镇化水平均已超过 50%，高出全国平均水平 14 个百分点，步入了城镇化临界完成阶段。预计至 2030 年城镇化速度减缓，松花江水资源区的城镇化率将由 2000 年的 50.4% 提高到 2020 年的 59.7%、2030 年的 63%，30 年间提高 12.6 个百分点，2020 年后开始步入城镇化基本完成阶段。辽河水资源区城镇化率由 2000 年的 50.4% 提高到 2020 年的 58.7%、2030 年的 62.6%，2020 年后步入城镇化基本完成阶段。

2）珠江、东南诸河和海河水资源区城镇化速度较快，2030 年处于城镇化基本完成阶段。

珠江和东南诸河水资源区 2000 年的城镇化率超过 40%，海河水资源区城镇化率也高出全国平均水平，未来经济的快速增长为城镇化快速发展提供动力。2030 年上述三个水资源区城镇化率均超过 60%，处在城镇化基本完成阶段。东南诸河水资源区城镇化率将达到 65.1%，居各大水资源区之首；珠江水资源区为 64.3%，居第二位；海河水资源区为 61.9%，居第五位。

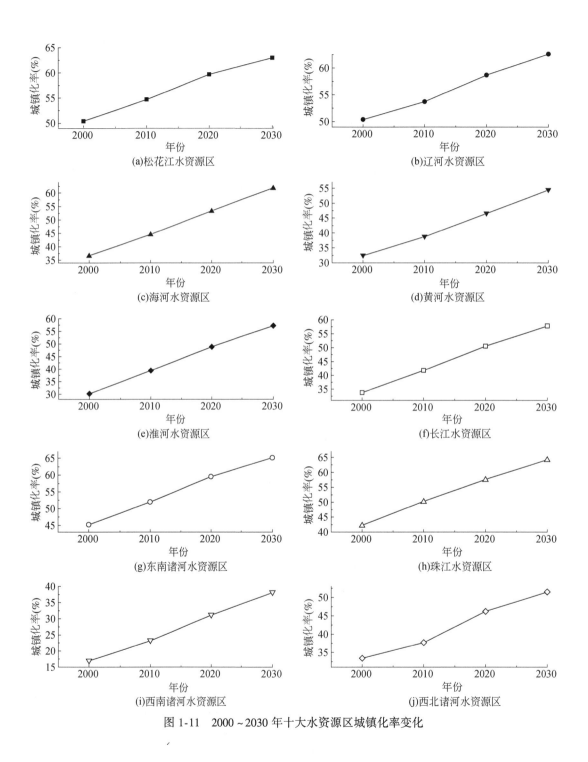

图 1-11 2000～2030 年十大水资源区城镇化率变化

3）长江、淮河、黄河水资源区城镇化速度略高于全国平均水平，2030 年处在城镇化临界完成阶段。

2000 年，长江、淮河和黄河水资源区的城镇化率均低于全国 36.4% 的平均水平。城镇化速度最快的是淮河水资源区，30 年间提高 27 个百分点；其次是长江水资源区，提高 24 个百分点；黄河水资源区提高 22 个百分点。到 2030 年三大水资源区城镇化率为 54%～58%，处于城镇化临界完成阶段。

4）西南诸河和西北诸河区城镇化发展缓慢，城镇化水平仍然不高。

西北诸河水资源区城镇化率将由 2000 年的 33.4% 提高到 2020 年的 46.2% 和 2030 年的 51.5%，30 年间城镇化率提高 18.1 个百分点，低于全国平均水平 4.7 个百分点。西南诸河水资源区城镇化率在十大水资源区中最低，2000 年只有 16.9%，2030 年提高到 38.1%，在十大水资源区中仍然最低，2030 年仍将处在城镇化加速发展阶段。

3. 经济发展和产业结构预测分析

（1）经济总量预测分析

从经济增长方式看，我国将从以追求经济增长速度为主要目标的高速增长阶段转变为以追求经济增长质量为主要目标的适度增长阶段，2001～2010 年为 10.5%，预测未来 20 年经济增长率呈缓慢下降的趋势，2011～2020 年为 7.4%，2021～2030 年为 6.6%。

按 2000 年价格计算，预计 2030 年全国 GDP 将达到 103.97 万亿元，为 2000 年的 10.48 倍（图 1-12）。人均生产总值则由 2000 年的 7828 元（2000 年价）提高到 2020 年的 3.8 万元、2030 年的 6.9 万元。2000～2030 年十大水资源区 GDP 占全国比例变化如图 1-13 所示。

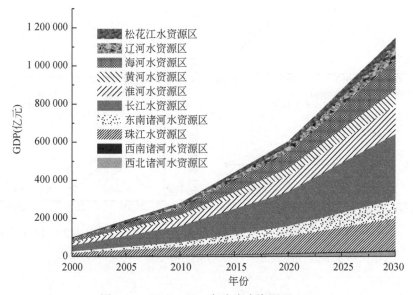

图 1-12　2000～2030 年十大水资源区 GDP

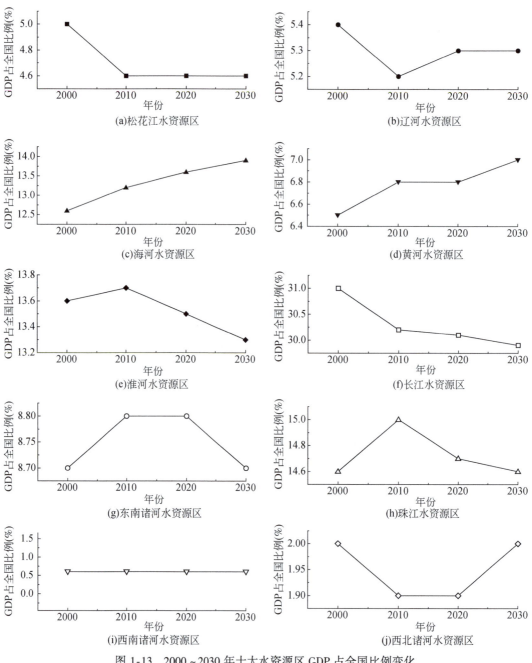

图 1-13 2000～2030 年十大水资源区 GDP 占全国比例变化

专栏 1-11

从十大水资源区经济增长速度和 GDP 占全国比例变化情况，可分为三种类型：①海河、黄河水资源区经济增长速度高于全国平均水平，生产总值占全国的比例呈上升趋势。同 2000 年相比，2030 年生产总值占全国的比例分别上升 1.3 个和 0.5 个百分点。②松花江、辽河、淮河和长江水资源区经济增长速度低于全国平均水平，生产总值占全国的比例呈下降趋势，同 2000 年相比，2030 年生产总值占全国的比例下降 0.1～1.1 个百分点。③珠江、东南诸河、西南诸河和西北诸河水资源区经济增长速度与全国平均水平持平，2030 年生产总值占全国比例保持在 2000 年水平。

（2）十大水资源区人均 GDP 的绝对差距扩大，但相对差距缩小

十大水资源区经济发展水平不同，人均 GDP 也存在较大差异。通过绝对差距和相对差距系数两项指标，分析对比各水资源区人均 GDP 差距的变化趋势。绝对差距是指某水资源区人均 GDP 与十大水资源区中人均 GDP 最大值之差。相对差距系数按以下公式计算：

$$相对差距系数 = \frac{A - B}{A} \times 100 \tag{1-1}$$

式中，A 为十大水资源区中人均 GDP 最大值；B 为某水资源区的人均 GDP。

2000 年人均 GDP 最低的是西南诸河水资源区，人均 GDP 最高的是东南诸河水资源区，二者的绝对差距为 8911 元，相对差距系数为 73.9%；2030 年西南诸河水资源区同东南诸河水资源区相比，人均 GDP 的绝对差距扩大到 7.52 万元，但相对差距系数下降为 72.4%（图 1-14）。

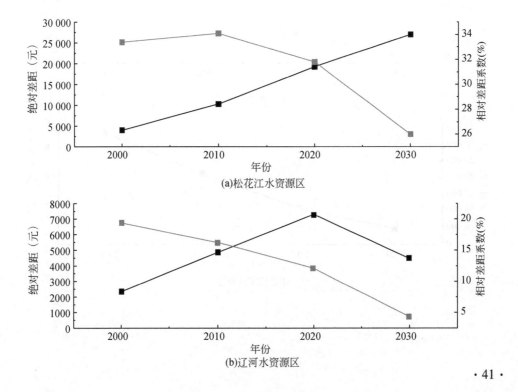

(a)松花江水资源区

(b)辽河水资源区

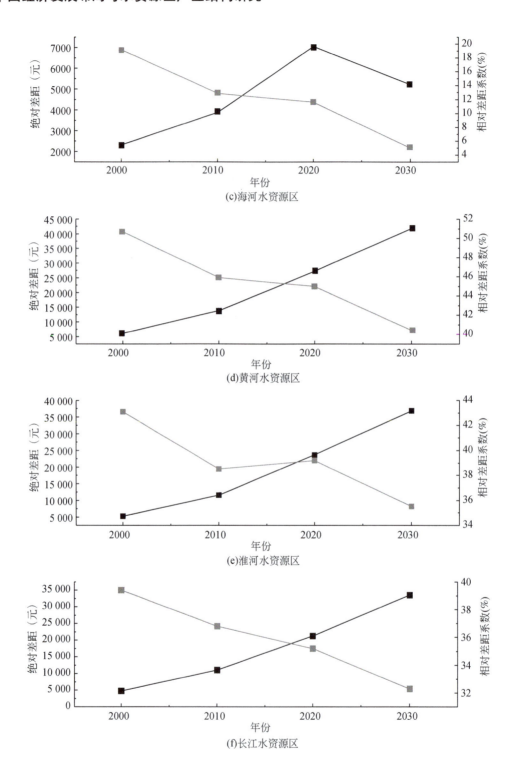

(c)海河水资源区

(d)黄河水资源区

(e)淮河水资源区

(f)长江水资源区

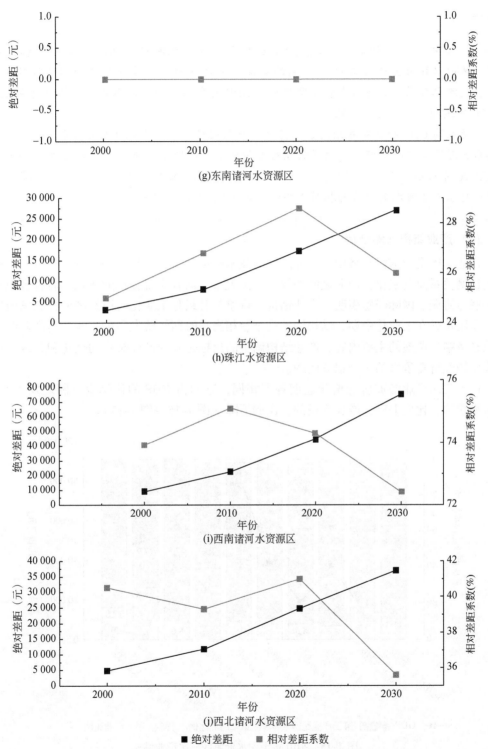

(g)东南诸河水资源区

(h)珠江水资源区

(i)西南诸河水资源区

(j)西北诸河水资源区

■ 绝对差距　■ 相对差距系数

图 1-14　2000~2030 年十大水资源区人均 GDP 绝对差距和相对差距系数

专栏1-12

就人均 GDP 绝对差距而言，除个别水资源区（辽河水资源区、海河水资源区）外，其他水资源区与人均 GDP 最高的东南诸河水资源区，其绝对差距都是持续扩大的，辽河水资源区和海河水资源区与人均 GDP 最高的东南诸河水资源区的绝对差距在2020 年达到顶峰，随后差距减小。

就人均 GDP 的相对差距而言，其变化形态相对复杂。除珠江水资源区以外，其他各水资源区与东南诸河水资源区的相对差距总体上是持续下降的，偶有区域在 2010 年或 2020 年出现略有抬升趋势。但是，在 2030 年，除珠江水资源区以外，其他各水资源区与东南诸河水资源区的相对差距均要比 2000 年的相对差距小。

（3）产业结构预测分析

产业结构是指国民经济中各产业之间的技术经济联系和数量比例关系，它包括产业之间的比例关系及其变化，产业之间的投入产出关系。前者表现为产业演化，后者表现为产业关联与协调。国际经验表明，产业结构的调整与升级是工业化阶段经济增长和发展的主题。我国正处在工业化中期，结构调整是今后相当长时期经济发展的主线。而产业结构调整是经济结构调整的主要内容，产业结构调整的目标是实现产业结构的优化和升级，这是提高中国经济竞争力的一个根本问题。

由于三次产业增加值的增长速度各不相同，它们占 GDP 的比例也将随之发生变化。增长率快的，比例上升；增长率慢的，比例下降（图 1-15 ~ 图 1-17）。

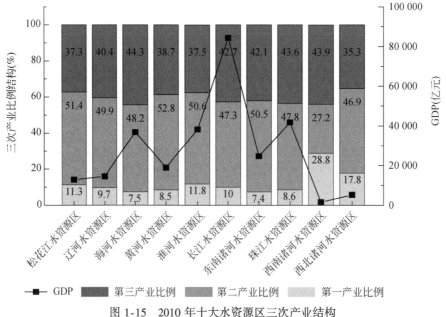

图 1-15　2010 年十大水资源区三次产业结构

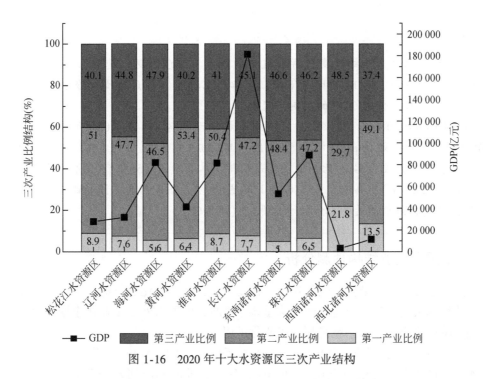

图 1-16 2020 年十大水资源区三次产业结构

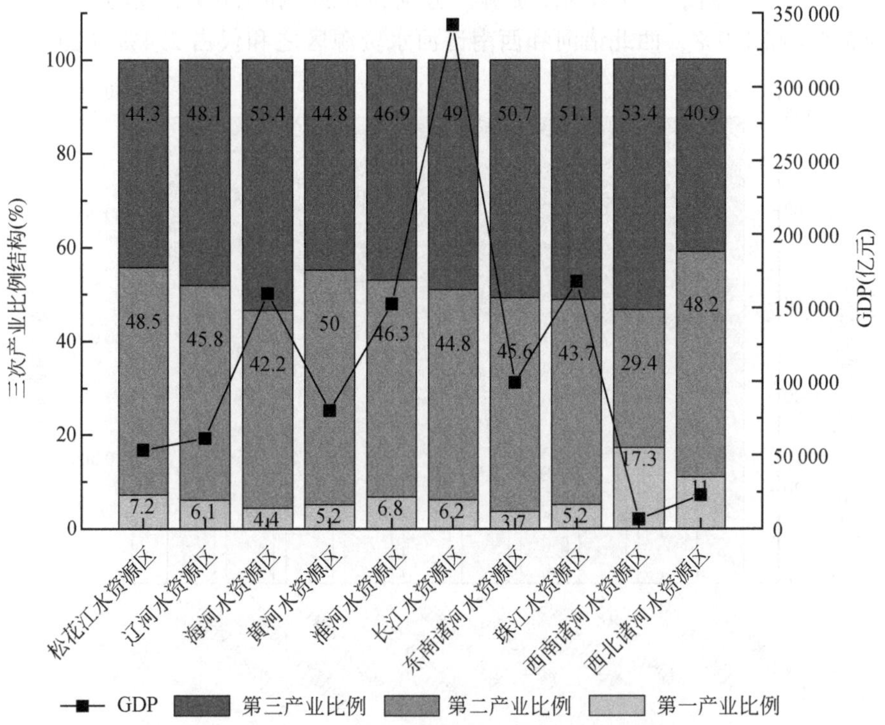

图 1-17 2030 年十大水资源区三次产业结构

专栏 1-13

十大水资源区产业结构变化存在较大的差异，但总的变化趋势基本上是一致的，即第一产业增加值占 GDP 的比例下降，第二产业增加值占 GDP 的比例先上升然后下降，第三产业增加值占 GDP 的比例一直上升。

从 2010~2030 年十大水资源区产业结构变动趋势看，到 2030 年，第一产业占 GDP 比例最高的是西南诸河水资源区 (17.3%)，最低的为东南诸河水资源区 (3.7%)；第二产业占 GDP 比例最高的是松花江水资源区 (50%)，最低的是西南诸河水资源区 (29.4%)；第三产业占 GDP 比例最高的是海河水资源区和西南诸河水资源区 (53.4%)，最低的是西北诸河水资源区 (40.9%)。

4. 工业发展和工业结构预测分析

工业化进程中产业结构的变化在很大程度上是围绕工业化进行的，同时在工业化过程中，工业结构又是不断升级变化的。从总体上判断，中国尚处于工业化中期阶段，今后一个时期面临的主要任务之一就是加速工业化进程。

预计 2030 年全国工业增加值将达到 36.6 万亿元 (2000 年价)，为 2000 年的 9.14 倍。长江水资源区工业增加值占全国的 29.4%，珠江、淮河和海河水资源区分别占 14.6%、13.5% 和 13.1%，东南诸河和黄河水资源区分别为 8.9% 和 7.6%，辽河、松花江水资源区分别为 5.5% 和 4.9%，西北诸河和西南诸河水资源区之和仅占 2.4% (图 1-18~图 1-20)。

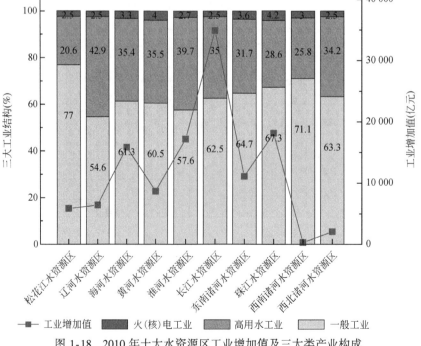

图 1-18　2010 年十大水资源区工业增加值及三大类产业构成

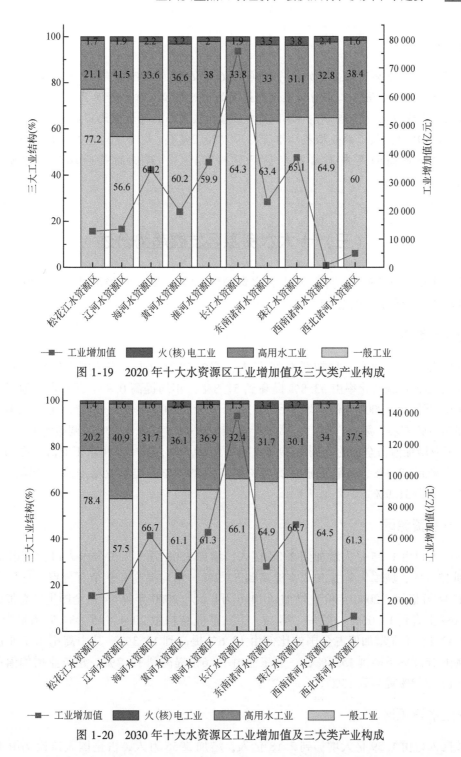

图 1-19　2020 年十大水资源区工业增加值及三大类产业构成

图 1-20　2030 年十大水资源区工业增加值及三大类产业构成

2011~2030 年辽河、长江、黄河、西北诸河和西南诸河五大水资源区工业增加值占全国的比例呈上升趋势，上升 0.1~0.5 个百分点；松花江和海河水资源工业增加值占全国比例没有变化，淮河、珠江和东南诸河水资源区工业增加值占全国的比例下降 0.5~0.8 个百分点。

专栏 1-14

    预计 2030 年全国工业增加值将达到 36.6 万亿元（2000 年价），为 2000 年的 9.14 倍。一般工业增加值占工业增加值比例最高的仍然是松花江水资源区（78.4%），最低的为辽河水资源区（57.5%）；高用水工业增加值占工业增加值比例最高的是辽河水资源区（40.9%），最低的是松花江水资源区（20.2%）；火（核）电工业增加值占工业增加值比例最高的是东南诸河水资源区（3.4%），最低的是西北诸河水资源区（1.2%）。

（三）十大水资源区发展趋势分述

    根据上面的分析研究成果，对十大水资源区 2000～2030 年经济社会发展和产业结构主要指标发展变化趋势分述如下。

1. 长江水资源区

    该区人口由 4.18 亿人增加到 4.86 亿人，增加 6800 万人，占全国人口比例由 33.7% 下降到 32.3%；城镇化率由 33.8% 提高到 57.8%，年均提高 0.8 个百分点。地区生产总值由 3.06 万亿元（2000 年价）增加到 32.36 万亿元（2000 年价），占全国生产总值的比例保持在 31.1% 左右。第一、第二、第三产业结构由 14.8：46.4：38.8 调整为 4.2：43.2：52.6。工业增加值占全国的比例由 29.6% 提高到 29.9%，其中高用水工业占全国的比例由 30.7% 下降到 29.1%，一般工业由 29.7% 提高到 29.9%。建筑业增加值占全国的比例由 31.8% 提高到 31.9%。

2. 淮河水资源区

    该区人口由 1.95 亿人增加到 2.28 亿人，增加 3300 万人，占全国人口比例由 15.7% 下降到 15.1%；城镇化率由 30.2% 提高到 57.2%，年均提高 0.9 个百分点。地区生产总值由 1.34 万亿元（2000 年价）增加到 14.6 万亿元（2000 年价），占全国生产总值的比例由 13.6% 上升到 14.06%。第一、第二、第三产业结构由 20.4：45：34.7 调整为 5.1：42.8：52.1。工业增加值占全国的比例由 13.6% 提高到 13.3%，其中高用水工业占全国的比例由 16.8% 下降到 15.2%，一般工业由 12.6% 提高到 12.7%。建筑业增加值占全国的比例由 13.8% 提高到 15%。

3. 珠江水资源区

    该区人口由 1.59 亿人增加到 2.18 亿人，增加 5966 万人，占全国人口比例由 12.8% 提高到 14.5%；城镇化率由 42.3% 提高到 64.3%，年均提高 0.73 个百分点。地区生产总值由 1.44 万亿元（2000 年价）增加到 14.5 万亿元（2000 年价），占全国生产总值的比例保持由 14.6% 下降到 13.96%。第一、第二、第三产业结构由 13.4：43.9：42.7 调整为

3.9：41.7：54.4。工业增加值占全国的比例由14.5%提高到14.6%，其中高用水工业占全国的比例由13.8%下降到13.4%，一般工业由14.4%提高到15%。建筑业增加值占全国的比例由12.6%下降到10.2%。

4. 海河水资源区

该区人口由1.27亿人增加到1.62亿人，增加3440万人，占全国人口比例由10.3%提高到10.7%；城镇化率由36.7%提高到61.9%，年均提高0.84个百分点。地区生产总值由1.24万亿元（2000年价）增加到13.0万亿元（2000年价），占全国生产总值的比例由12.6%下降到12.52%。第一、第二、第三产业结构由11.3：45.9：42.9调整为3.5：40.6：55.9。工业增加值占全国的比例由12.8%提高到13.9%，其中高用水工业占全国的比例由13%下降到12.7%，一般工业由12.6%提高到13.4%。建筑业增加值占全国的比例由13.1%下降到12.5%。

5. 黄河水资源区

该区人口由1.08亿人增加到1.29亿人，增加2080万人，占全国人口比例由8.7%下降到8.6%；城镇化率由32.4%提高到54.4%，年均提高0.73个百分点。地区生产总值由6444亿元（2000年价）增加到8.4万亿元（2000年价），占全国生产总值的比例由6.5%提高到8.1%。第一、第二、第三产业结构由13.9：45.3：40.8调整为3.8：50.1：46.1。工业增加值占全国的比例由6.4%提高到7%，其中高用水工业占全国的比例由7.2%提高到8.4%，一般工业由6.1%提高到7.1%。建筑业增加值占全国的比例由7.6%提高到9%。

6. 东南诸河水资源区

该区人口由7108万人增加到9560万人，增加2452万人，占全国人口比例由5.7%提高到6.3%；城镇化率由45.2%提高到65.1%，年均提高0.66个百分点。地区生产总值由8574亿元（2000年价）增加到8.16万亿元（2000年价），占全国生产总值的比例保持由8%下降到7.85%。第一、第二、第三产业结构由13.1：49.1：37.8调整为3.1：42.6：54.3。工业增加值占全国的比例由9.7%下降到8.7%，其中高用水工业占全国的比例由7.9%提高到8.6%，一般工业由10.4%下降到8.8%。建筑业增加值占全国的比例由7.9%下降到7.7%。

7. 松花江水资源区

该区人口由6185万人增加到6918万人，增加733万人，占全国人口比例由5.0%下降到4.6%；城镇化率由50.4%提高到63%，年均提高0.42个百分点。地区生产总值由4969亿元（2000年价）增加到4.77万亿元（2000年价），占全国生产总值的比例由5%下降到4.6%。第一、第二、第三产业结构由15.2：49.3：35.6调整为6.2：46.5：47.3。工业增加值占全国的比例由5.7%下降到4.6%，其中高用水工业占全国的比例由3.3%下降到3%，一般工业由6.6%下降到5.9%。建筑业增加值占全国的比例由4.5%提高到 5.9%。

8. 辽河水资源区

该区人口由 5445 万人增加到 6145 万人，增加 700 万人，占全国人口比例由 4.4% 下降到 4.1%；城镇化率由 50.4% 提高到 62.6%，年均提高 0.41 个百分点。地区生产总值由 5293 亿元（2000 年价）增加到 5.30 万亿元（2005 年价），占全国生产总值的比例由 5.4% 下降到 5.1%。第一、第二、第三产业结构由 12.9∶48.1∶39 调整为 4.5∶47.1∶48.4。工业增加值占全国的比例由 5.9% 下降到 4.6%，其中高用水工业占全国的比例由 5.8 提高到 6.9%，一般工业由 5.9% 下降到 4.9%。建筑业增加值占全国的比例由 4.6% 下降到 4.4%。

9. 西北诸河水资源区

该区人口由 2736 万人增加到 3420 万人，增加 684 万人，占全国人口比例由 2.2% 上升到 2.3%；城镇化率由 33.4% 提高到 51.5%，年均提高 0.6 个百分点。地区生产总值由 1964 亿元（2000 年价）增加到 2.26 万亿元（2000 年价），占全国生产总值的比例维持在 2% 的水平。第一、第二、第三产业结构由 22.4∶39.7∶37.9 调整为 8.7∶47.7∶43.6。工业增加值占全国的比例由 1.3% 提高到 2%，其中高用水工业占全国的比例由 1.6% 上升到 2.4%，一般工业由 1.5% 上升到 2%。建筑业增加值占全国的比例由 3.3% 下降到 2.6%。

10. 西南诸河水资源区

该区人口由 1986 万人增加到 2276 万人，增加 290 万人，占全国人口比例由 1.6% 下降到 1.5%；城镇化率由 16.9% 提高到 38.1%，年均提高 0.71 个百分点。地区生产总值由 626 亿元（2000 年价）增加到 0.57 万亿元（2000 年价），占全国生产总值的比例维持在 0.6% 的水平。第一、第二、第三产业结构由 36.8∶23.7∶39.5 调整为 13.9∶29.5∶56.6。工业增加值占全国的比例由 0.3% 提高到 0.6%。建筑业增加值占全国的比例由 0.8% 提高到 1%。

第二章　全国及重点区域产业结构演变与产业发展布局

一、20 世纪 90 年代以来全国产业结构变化和特点

1991 年以来，我国经济发展经历了 1993 年的经济"过热"和随后的结构调整，1997 年的亚洲金融危机，以及各种自然灾害的影响，但国民经济始终保持持续、稳定发展的势头，人民生活总体达到小康水平。1991~2002 年，GDP 年均增长 9.2%，2002 年达到 102 398 亿元；人均 GDP 年均增长 8.1%。2002 年达到 7997 元，提前实现了"十二大"确定的 GDP 翻两番的战略目标。经济增长的稳定性提高。特别是 1997~2002 年，每年的增长速度始终保持在 7%~9%，增长最快年份与增长最慢年份相比，增长幅度相差 2.4 个百分点，是改革开放以来增长速度最平稳的时期。

此期间，在经济发展的同时，经济结构发生显著变化。GDP 中，第一、第二、第三产业的比例由 1990 年的 27.1∶41.6∶31.3，转变为 2002 年的 14.5∶51.8∶33.7。12 年间第一产业的比例下降了 12.6 个百分点，平均每年降低 1 个百分点；第二产业的比例增加了 10.2 个百分点，平均每年提高 0.85 个百分点，从 20 世纪 90 年代末开始稳定在 50% 以上；第三产业的比例增加了 2.4 个百分点，与 80 年代相比呈现相对稳定缓慢上升的趋势。在三次产业结构变动中有以下特点。

1) 第一产业增加值在 GDP 中的比例下降，农业增加值和总产值保持了一定的增长速度，主要农产品产量保持稳定，并有所增长。

1991~2002 年，第一产业增加值在 GDP 中的比例由 27.1% 下降到 14.5%。但是，这个时期农业实现了持续增长。农业增加值增长了 0.54 倍，年均增长 3.9%；农业总产值增长 1.09 倍，年均增长 6.4%。粮食产量增长 2.4%，棉花产量增长 9.1%，糖料产量增长 42.7%，水果产量增长 270.9%。

2) 工业较快发展，成为这个时期 GDP 持续增长的主要动力。

1991~2002 年，工业增加值由 6858 亿元增加到 46 536 亿元，按可比价格计算，增长了 3.4 倍，平均每年增长 13.1%。增长速度比同期 GDP 增长速度高 3.9 个百分点，是推动第二产业增长，提高第二产业在 GDP 中比例的主要因素。

在工业生产中，有四类产业发展速度较快：一是国内外市场需求量大，我国产品在国际市场上有竞争优势的产业。例如，纺织业、普通机械制造业、部分高技术产业、部分五金矿产也有较大幅度的增长。二是与居民消费升级相关的产业。例如，汽车工业、家用电器工业、食品工业以及造纸工业的发展。三是适应我国工业化水平不断提高，基础设施建设规模不断扩大的产业。例如，石化工业、化学工业、冶金工业。四是科技含量高，与信

息化相关的产业，电子类产品发展速度突出。

3）建筑业增长速度加快，增长潜力日益显著，已经成为推动经济发展的积极力量。

1991~2002 年，建筑业增加值由 859.4 亿元增加到 7046.8 亿元，增长了 2.1 倍，平均每年增长 9.8%。建筑业增加值占 GDP 的比例由 1990 年的 4.6% 提高到 2002 年的 6.6%，提高了 2 个百分点，成为推动经济发展的重要力量。

4）第三产业内部结构发生变化，交通、电信、旅游、教育、金融服务以及新形式的居民服务业发展速度很快，发展潜力日益显现，成为推动第三产业稳定发展的重要力量。

二、影响我国产业结构变动的主要因素

2001~2030 年我国产业结构变化趋势在遵循一般规律的同时，也呈现出发展中大国的特殊性。这期间，将是我国经济发展水平和工业化水平不断提高，人均 GDP 从 1000 美元左右增加到 5000 美元左右的重要发展阶段。根据各发达国家发展的经验，工业化、现代化的过程，即是经济总量增长的过程，也是产业结构发生深刻变化的过程，同时还是生产效率提高，社会结构转型，人们的思维方式、生活方式和行为方式发生深刻变化的时期。

由于我国国情不同于西方国家，我国经济发展所处的国内外环境也不同于当年西方国家实现工业化的时期。因此，2001~2030 年，我国人均 GDP 从 1000 美元左右增长到 5000 美元左右，实现工业化、现代化过程中，随着经济总量的增长，产业结构变化虽然会遵循一般规律，但也将遇到许多不同于西方发达国家的困难和问题。

1. 推进工业化的起点比西方国家低得多

在这种情况下，加快基础产业发展、加强基础设施建设，加大教育、科技、文化、卫生事业投入的力度，加快服务业发展，满足工业化需要的最基本的条件，成为今后发展中非常重要而紧迫的任务。因此，与完成这方面任务密切相关的产业将得到较快的发展。

2. 居民收入和消费增长，消费结构的变化，推动了经济结构调整

1991 年以来，随着我国市场供求关系的变化，需求对经济发展的约束作用日益增强。消费需求作为最终需求，对经济发展的影响更加突出。居民收入的增加和消费水平的提高，使居民消费结构发生了变化。1991~2002 年，人均消费支出中，食品、衣着类支出的比例由 54.25% 和 13.36% 下降到 37.68% 和 9.8%，而医疗保健、交通通信、教育文化支出的比例则由 2.01%、1.20% 和 11.12% 增长到 7.13%、10.38% 和 14.96%。消费结构的变化，推动了经济结构的变化。

3. 工业化、城镇化进程的加快促进产业结构的变化

我国实现工业化和现代化与城镇化进程相重叠。由于长期以来限制城镇化水平的提高，积累了大量问题，突出的是面临着大量农村劳动力需要转移到非农产业就业；农村大量存在的小农经济为主的生产方式需要转变为与工业化相衔接的生产组织形式。这种情况的转变，一方面要提高农村经济的生产效率；另一方面要将农业生产中的富余劳动力转移

到非农产业就业。受这一因素的影响，与城镇化相关，有利于增加就业的产业将受到鼓励。

4. 科技的发展推动产业结构的调整

我国实现工业化与推进信息化相重叠，使我国不可能像西方国家那样完成工业化以后，再推进信息化，需要在发展传统工业的同时，加快高技术产业的发展，用信息技术改造传统产业。这种情况将促进我国高技术产业的发展、扩大高技术的使用范围，在提高产业素质的同时，改变着产业结构。

5. 经济全球化对我国产业结构调整产生重要影响

我国工业化与新一轮经济全球化相重叠。我国经济融入世界经济，获得更加广阔发展空间的同时，也必然受到世界范围内产业结构调整的影响和竞争压力。一方面，我们可以利用国内外两个市场、两种资源，加快发展；另一方面，由于我国发展水平低，在许多产业链中，不得不发展技术含量低的产业。一般情况下，我国在劳动密集型、资源密集型产业方面具有很强的竞争力。在资金密集型、技术密集型产业的竞争力将经历一个逐步提高、逐步发展的过程。在全球化的背景下，我国工业化过程也将面对着发达国家在技术经济占优势的竞争压力，他们将会采取多种限制性措施，限制我国经济的发展。这种情况客观上影响着我国产业结构变化。

6. 我国实现工业化的进程与经济体制转轨相重叠带来的影响

传统体制留下的矛盾和问题迫切需要在工业化过程中尽快解决，市场经济体制不完善，又会产生和积累新的矛盾和问题。在这种情况下，西方国家工业化过程中遇到的问题，如果在我国出现，也会因为体制问题而成倍放大。西方国家工业化过程中没有遇到的问题，在我国也可能出现。随着这些矛盾的解决，产业结构调整将会沿着一个比较健康、合理的发展道路前进。

7. 政治、社会因素的影响

我国是在社会主义制度下实现工业化、现代化，不可能像西方国家那样通过战争、侵略等手段掠夺资源，扩大市场，向国外转移矛盾；也不可能用镇压、军事管制等强制性措施，在容忍不同地区、不同群体之间收入差距扩大的情况下，维护社会安定。中国的工业化过程将只能是在国内逐步实现共同富裕，在国际间逐步实现共同发展的过程。非经济因素，特别是政治、社会因素将会对资源的分配和产业结构的变化以及生产力布局产生重要影响。

8. 资源和环境资源是影响产业结构的重要原因

重要资源不足，生态环境容量有限，是制约我国经济发展的重要因素。要保持国民经济的持续发展，产业结构必须适应资源和环境状况，改变"高投入、高增长、高污染、低效益"的增长模式，发展那些资源利用效率高，生态环境压力小的产业。

三、2020年、2030年我国产业结构变化情景分析

1. 国内生产总值增长速度情景分析

2001~2030年，我国经济发展的空间较大。社会总需求不会成为制约经济发展的问题。因此，2001~2003年，我国经济将保持较快的增长速度。但是，根据一般规律，随着经济总量的增大，经济增长幅度可能会缩小。预计2001~2010年，GDP年均增长速度可达到8%以上，2011~2020年增长速度可达到7%以上，2021~2030年，增长速度可维持在6%以上的水平。从国际比较看，即使今后20多年我国经济增长速度不能达到十一届三中全会以来每年增长9%的速度，维持在年均增长7%的水平，在国际上也是一个较高的增长速度。

2. 国内生产总值中的第一、第二、第三产业结构的变化

在工业化、城镇化、全球化的推动下，随着发展水平和居民收入水平的提高，在进一步追求物质生活的同时，人们对教育、文化、卫生等服务方面的需求不断增加。物质生产越来越需要科技、教育、金融、物流等方面的协调发展。社会分工细化和需求结构变化，推动产业结构变化。在宏观上表现为第一、第二、第三产业结构的变化。按一般规律，工业化、现代化的过程，也是一个资源逐步从第一产业向第二产业转移，进而又从第二产业向第三产业转移的过程。总体上看，2030年以前，我国经济发展和产业结构变化也将会遵循这个规律。预计第一产业增加值占GDP的比例将持续下降；第二产业的比例在前期呈逐步增加，大约从2020年前后开始缓慢下降；第三产业比例前期比较平稳，后期逐步上升，大约在2020年以后，可能超过工业增加值占GDP的比例。预计全国GDP中，第一、第二、第三产业所占比例，2010年分别为11.5%、51.7%、36.8%；2020年分别为8.5%、50.8%、40.7%；2030年分别为6.8%、48.1%、45.1%。

四、主要产业发展情况情景分析

（一）高用水工业中主要产业发展情况预测分析

1）石化工业。尽管面临着资源约束和竞争能力弱的限制，但随着国际资源利用的扩大、现有企业技术改造的加快、在建大型石化企业的陆续投产，2000~2030年，我国石化工业将会与国民经济同步增长。预计2010年以前，石化工业增加值增长速度不低于8%；2011~2020年仍可能达到7%左右的增速；2021~2030年年均增长速度保持在6%左右。

2）化学工业。本书中的化学工业是除石油化学工业以外的其他化学工业。不仅包括化工基础材料，还包括日用化工，医药化工等行业，是内容非常宽泛的产业。随着工业化水平的提高和人民生活的改善，化学工业产品的需求量不断增长，化学工业的发展空间非常广阔。预计2001~2010年，我国化学工业增加值年均增长速度在9.5%左右；2011~

2020 年仍可能达到 8% 左右；2021~2030 年保持在 7% 左右。

3）冶金工业。目前我国已经进入工业化快速发展的阶段。这个阶段也是冶金材料需求旺盛的时期。虽然我国冶金工业发展面临着资源、环境、技术、效益等方面的制约，但是在需求的推动下，钢产量 3 亿 t/a 的水平将维持到 2020 年前后。铜、铝等有色金属材料也将维持在较高生产规模，并且每年进口的数量十分可观。因此，从需求看，冶金工业有很大的发展空间。预计，冶金工业增加值在 2010 年以前，仍将以 10% 左右的速度平稳增长；2011~2020 年，增长速度仍可能达到 8% 左右；2021~2030 年，年均增长速度保持在 6% 左右。

4）电力工业。2001~2030 年，是我国电力工业快速发展的时期，据有关资料，2000 年我国人均发电装机容量为 0.25kW，人均发电量为 1078kW·h，均不到世界平均水平的一半，仅有发达国家的 1/6~1/10。今后随着经济社会的发展，人民生活水平的提高，人均用电量将会大幅度提高，为电力行业的发展创造巨大的空间。今后我国以煤炭为主的能源消费结构和以火电为主的电力结构都难以改变。预计到 2030 年，火电发电量占全部发电量的比例有可能维持在 80% 的水平。2030 年以前，为缓解能源紧张的局面，需要提高能源利用效率，力争能源增长不到翻一番，就实现 GDP 翻两番的目标。2001~2010 年、2011~2020 年和 2021~2030 年三个阶段，电力工业增加值的年均增长速度分别为 7.3%、4.5% 和 3.8%。

5）纺织工业。纺织工业是我国的传统支柱产业，也是有较强国际竞争力的产业。虽然今后纺织产品将面临着更加激烈的市场竞争，更加严厉的市场壁垒。但是，由于我国纺织纤维的资源十分丰富，纺织工业的技术水平较高，劳动力成本低、素质好，纺织品的品种齐全，因此，今后相当长的时期内纺织工业的竞争优势依然比较明显。与此同时，我国纺织企业也在积极引进国外资金、技术、管理经验，提高核心竞争力，增强参与国际竞争的能力。预计在今后较长时间内，我国纺织工业仍然有可能保持持续发展的趋势，纺织工业增加值的年均增长速度，2001~2010 年为 9.5%；2011~2020 年仍可能达到 8% 左右；2021~2030 年下降为 6.5%。

6）造纸工业。造纸工业是目前我国为数不多的国内生产能力总量不能满足社会需求的产业。造纸工业的发展面临着原料不足、污染严重、技术落后、企业平均生产规模过小等问题。针对这些问题，企业正在通过加强原料基地建设，提高生产技术水平，开展资源综合利用和治理污染，逐步提高造纸工业可持续发展能力。预计我国造纸工业增加值的年均增长速度，2000~2010 年将达到 9.5% 左右；2011~2020 年可能达到 8% 左右；2021~2030 年达到 6.5% 左右。

7）食品工业。随着生活水平的提高，人民对食品的营养、方便、卫生的要求越来越高，为食品工业提供了广阔的发展空间。农业的发展和农民收入的增加也需要加快食品工业的发展。此外，食品工业也是出口创汇、安置就业的主要部门。虽然食品工业的发展面临着产品结构不合理，加工技术水平落后，产品档次低、品种少，企业规模不经济，以及食品安全管理和竞争秩序比较乱等问题。但是，在市场竞争和政府管理的双重作用下，我国食品工业将进入一个健康、持续发展的新阶段。预计我国食品工业增加值的年均增长速度，2001~2010 年将保持 10% 左右；2011~2020 年，仍可能达到 8% 左右；2021~2030

年，在 7% 左右。

（二）其他工业中主要产业发展情况预测分析

1）制造业。本书所指的制造业，仅限于机械制造业。2030 年以前，随着工业化水平的提高和居民消费结构的变化，机械制造产品的国内市场需求前景非常乐观。随着我国工业化水平的提高和自主开发能力的增强，机械制造产品的出口规模将进一步扩大。特别是装备制造业、电子及通信设备制造业、汽车工业、船舶工业等，随着研发能力和制造能力的提高，核心技术的掌握，将成为机械制造业中发展最快的行业。预计 2000 ~ 2010 年、2011 ~ 2020 年和 2021 ~ 2030 年三个时期，制造业增加值的年均增长速度分别为 10%、8.5% 和 7%。

2）采掘业。2001 ~ 2030 年是我国重化工业持续发展的重要时期。重化工业的发展必然带动采掘业的发展。由于我国重要矿产资源的现有探明储量相对不足，采掘业的企业技术水平普遍偏低，生产方式落后，对环境破坏严重，在一定程度上影响了采掘业的发展。这些问题逐步解决后，采掘业将可以实现健康和可持续发展。其中，煤炭、石油天然气、有色金属、非金属矿的开采有可能保持较快的发展速度。预计 2001 ~ 2010 年、2011 ~ 2020 年和 2021 ~ 2030 年三个时期，全国采掘业增加值的年均增长速度分别为 8.5%、7% 和 6%。

（三）建筑业发展情况预测分析

2000 ~ 2030 年，是我国工业化、城镇化、现代化水平快速提高的时期。与此相适应，重要工业交通设施的建设、重大装备的安装、城乡基础设施建设都将进入一个高峰期。人民生活水平不断提高，教育、卫生、文化、公共安全等公共福利和公用事业的建设将进一步加快，住宅建设、环境治理工程的规模将进一步扩大，广大农村、西部地区的发展将进一步加快。在这些因素的影响下，2030 年前，我国建筑业增加值、总产值都会保持增长的趋势。但与 20 世纪 80 年代和 90 年代相比，2001 ~ 2030 年，建筑业会进入一个相对稳定的发展阶段。预计 2001 ~ 2010 年、2011 ~ 2020 年和 2021 ~ 2030 年三个时期，建筑业增加值的年均增长速度分别为 7.8%、7.2% 和 6.6%。2010 年、2020 年和 2030 年建筑业增加值占 GDP 中的比例分别为 5.8%、5.1% 和 4.6%。我国建筑业保持持续增长的趋势。

（四）第三产业发展情况预测分析

2001 ~ 2030 年，我国第三业将经历一个由缓慢增长到快速增长，再到平稳增长的过程，在传统服务业继续发展的同时，现代服务业的发展速度将逐步加快。第三产业增加值中，传统服务业的比例逐步下降，现代服务业的比例不断提高，第三产业在结构调整中持续发展。2001 ~ 2030 年，第三产业的增长速度会略高于同期 GDP 增长速度，第三产业占GDP 的比例会缓慢提高。预计 2001 ~ 2010 年、2011 ~ 2020 年和 2021 ~ 2030 年三个时期，第三产业增加值的年均增长速度分别为 8.84%、8.29% 和 7.7% 左右。2010 年、2020 年和 2030 年第三产业增加值占 GDP 的比例分别为 36.8%、40.7% 和 45.1%。

五、20 世纪 90 年代以来产业布局的变化及特点

20 世纪 90 年代以来，我国经济布局总体上呈现：第一产业中的一些重要农产品向中西部地区集中，第二产业发展的重心地区在东部地区，第三产业发展最快的地区是东部地区，特别是城市。并且由此形成东部地区的经济发展水平高于中西部地区，中部地区总体上高于西部地区。但西部地区中的一些城市发展水平相对较高。与以往各个发展时期相比，产业地区经济布局没有发生根本性的变化。总体上看有以下特点。

1）各省（自治区、直辖市）的经济都得到较快的发展。特别是在西部大开发战略的推动下，西部的发展速度有所加快。

1991~2002 年，全国各省（自治区、直辖市）的经济都得到较快发展，GDP 的年均增长速度都保持了较高的幅度。最高增长速度相对稳定，而最低增长速度提高幅度较大。例如，1999~2002 年，GDP 增长速度最高由 10.2% 提高到 12.5%，提高了 2.3 个百分点。最低增长速度由 5.1% 提高至 8.1%，提高了 3 个百分点。即使增长速度相对较低的中西部省（自治区），实际上也处于高速发展的阶段。

2）各地区第一产业增加值占 GDP 的比例普遍下降，但中西部地区的第一产业比例相对较高。

1991 年以来，全国及各地区第一产业增加值占 GDP 的比例逐步降低，但是中西部地区的绝大部分省（自治区）的第一产业增加值的比例明显高于全国平均水平。2002 年全国第一产业增加值占 GDP 比例为 15%，超过这个比例的主要有河北、内蒙古、吉林、安徽、江西、湖南、河南、广西、海南、四川、贵州、云南、西藏和新疆 14 个省（自治区），有 12 个位于中西部。

3）各地区第二产业增加值占 GDP 的比例普遍提高，但第二产业的重心进一步偏向东部地区。

第一，各地区第二产业增加值占 GDP 的比例普遍提高。其中，第二产业比例高于 45% 的省（自治区、直辖市）有 17 个，分别为天津、河北、山西、辽宁、黑龙江、上海、江苏、浙江、福建、山东、河南、湖北、广东、陕西、甘肃、青海和宁夏。这 17 个省（自治区、直辖市）中，东部有 9 个，中部有 4 个，西部有 4 个。第二产业发展快、比例高的省（自治区、直辖市）主要集中在东部地区。如果考虑到各地区第二产业在科技含量、品种和质量方面的差距，第二产业向东部地区集中的现象更加突出。

第二，工业主要集中在东部地区。工业是第二产业的主要部分。本书为了配合水资源规划的需要，将工业分为高用水工业和一般工业。不论是高用水工业，还是一般工业，都出现产业向东部地区集中的现象。按 1990 年不变价计算，2002 年东部地区高用水工业实现工业总产值 26 436.28 亿元，占同期全国高用水工业总量的 71.67%，其中，江苏（20.50%）、山东（16.36%）、浙江（16.34%）和广东（14.30%）合计所占比例 67.50%。高用水工业中的各产业也都主要分布在东部地区。按 1990 年价格计算，2002 年

东部地区纺织工业实现工业总产值 8828.29 亿元，占全国纺织工业总量的 85.71%；造纸工业实现工业总产值 1437.53 亿元，占全国造纸工业总量的 76.38%；石化工业实现工业总产值 1666.64 亿元，占全国石化工业总产值的 60.00%；化学工业实现工业总产值 6073.86 亿元，占全国化学工业总产值的 73.01%；冶金工业实现工业总产值 4703.30 亿元，占全国冶金工业总产值的 60.12%；食品工业实现工业总产值 3726.67 亿元，占全国食品工业总产值的 64.42%。

第三，轻重工业布局呈现"南轻北重"的特征。如果以北纬 35°线为界，将我国分为南、北两部分。北方地区包括 15 个省（自治区、直辖市），南方地区包括 16 个省（自治区、直辖市）。北方地区的轻重工业比例为 33：67，南方地区的轻重工业比例为 48：52。全国轻工业中，北方地区占 30%，南方地区占 70%[①]。出现这种状况主要受工业基础和矿产资源布局的影响，但是这种布局与水资源的矛盾日益突出。

4）东部地区建筑业增加值占全国的比例明显高于中西部地区。

1990～2001 年，东部地区建筑业增加值和总产值在全国的比例分别在 1994 年、1995 年以后有所下降，但是，无论增加值还是总产值，东部地区的比例始终稳定在 50% 以上。2001 年建筑业增加值，东部地区为 3570.46 亿元，占全国的 50.87%；中部地区为 1831.37 亿元，占全国的 26.09%；西部地区为 1617.4 亿元，占全国的 23.04%。同期，东部地区建筑业总产值为 9764.71 亿元，占全国的 59.95%；中部地区建筑业总产值为 3269.77 亿元，占全国的 20.08%；西部地区建筑业总产值为 3252.79 亿元，占全国的 19.97%。

5）东部地区第三产业增长速度明显高于中西部地区，但各省（自治区、直辖市）之间第三产业比例差距相对较小。

东部地区第三产业发展速度高于中西部地区。1991～2002 年，长江三角洲地区发展最快，珠江三角洲和环渤海地区次之。例如，1991～2002 年，长江三角洲地区的江苏达到 15.4%，浙江达 14.9%，上海达 13.3%，这一地区成为我国第三产业增长最快的地区。珠江三角洲地区的海南达 13.8%，广东达 12.9%，广西达 11.1%，福建达 13.7%，成为仅次于长江三角洲地区的第三产业快速发展地区。环渤海地区的山东的第三产业年均增长速度达 14.4%，河北达 13.9%，北京达 12.8%，天津达 12.7%，辽宁达 10.2%，也保持了较高的水平。这些省（自治区、直辖市）第三产业增加值的年均增长速度都明显高于同期全国平均水平，并快于中西部省（自治区）。

六、"十一五"及今后一个时期影响产业地区布局的主要因素

1. 经济社会发展基础的影响

新中国成立以后，在相当长的时间内，中央政府采取了加快中西部地区发展的战略，

---

① 工业布局"南轻北重"的数据摘自国家发展和改革委员会宏观经济研究院（以下简称宏观经济研究院）2003 年重点课题"协调空间开发秩序和调整空间结构研究"。课题负责人：肖金成。

但并没有改变历史形成的地区间发展差距。改革开放以来这种差距进一步加大。这种差距不仅表现在经济发展水平，基础设施、经济规模等有形发展方面，还表现在人口素质、思想观念等无形发展方面。这些有形和无形的差距，对各地区发展产生深刻的影响。

2. 国家发展战略和政策的影响

改革开放以来，为了加快发展，缩小我国与发达国家之间的差距，中央政府采取了加快东部地区发展的战略，这是大局的需要。这个战略的实施，使我国经过短短的 20 多年的发展，显著提高了综合国力和国际地位，为在 21 世纪中叶基本实现现代化奠定了比较雄厚的基础。20 世纪末，中央政府提出地区间协调发展，实施西部大开发战略。这也是大局的需要，但是西部开发战略是在不影响东部地区发展的前提下实施的。虽然中央政府增加了对西部地区的投入，西部地区的经济发展速度有所提高，但是要在短时期内根本改变历史形成的经济布局是不现实的。

3. 市场机制的影响

改革开放以来，随着改革的深化，市场机制对资源配置的影响越来越强。这就使资源配置越来越追求利润和效益。由于东、中、西部地区经济发展基础不同，市场体制的完善程度不同，由此形成东部地区投资环境相对较好，投资效益相对较高的状况，致使资源向东部地区集中的情况日益突出。不仅国内的人力、物力、财力等各种生产要素向东部地区流动，国外流入我国的各种生产要素也主要流向东部地区。目前，我国利用外资的90%集中在东部地区。

4. 自然资源和生态环境的影响

我国自然生态环境的基本状况是东部地区优于中部地区，中部地区优于西部地区。南方地区的生态环境优于北方地区。例如，西北地区荒漠化土地面积达 146.9 万 km^2，占全国荒漠化土地总面积的56%；西北地区水土流失面积达 174.06km^2，占全国水土流失总面积的47.41%。西北地区土地面积占全国的1/3，但水资源总量仅为全国的1/10，生态环境十分脆弱。这种状况使生态环境差的西部地区，发展经济的成本明显高于东部地区，直接影响了竞争力。虽然西部地区在一部分资源和产业上有一定的比较优势，但在我国对外开放不断扩大，利用国际资源条件逐步改善的情况下，西部地区原有的矿产资源优势，在国际比较中日益弱化，甚至失去了原有的优势。再加上交通不便，运输成本高，使有些优势逐步失去。

七、2010 年、2020 年、2030 年经济布局和重点区域产业结构变化趋势

（一）各地地区生产总值和布局变化趋势

2001~2030 年，全国各省（自治区、直辖市）的经济将保持持续增长的趋势。本书

预测分析，大部分省（自治区、直辖市）的 GDP 在 2001～2010 年、2011～2020 年和 2021～2030 年三个时期，增长速度分别为 7.5%～8.5%、6.5%～7.5% 和 6%～6.%，有的省（自治区、直辖市）增长速度可能会快一些，有的可能会慢一些。但是，由于原有经济基础的差异较大、产业结构差异明显，投资环境和自然条件存在明显的优劣，因此现已形成的地区经济布局难以有大的改变。东部地区仍然是我国经济的重心，中西部地区与东部地区在经济发展水平方面的差距仍然存在。

（二）各地第一产业增加值及在地区生产总值中的比例变化趋势

2001～2030 年，各省（自治区、直辖市）的第一产业（农业）将保持增长的趋势，根据本研究预测分析，大多数省（自治区、直辖市）第一产业增加值的增长速度，2001～2030 年为 3%～5%，有些地区高于这个水平，有些地区低于这个水平。

到 2030 年，各地第一产业增加值占地区生产总值的比例比 2001 年明显下降。但各地降低的幅度将呈现较大差异。东部地区第一产业增加值占地区生产总值的比例较低。北京、上海、江苏、浙江、山东、广东、福建等省（自治区、直辖市）这个比例低于 5%，有些甚至低于 1%。中西部地区的比例相对较高。有一部分省（自治区、直辖市）低于 10%，有些高于 10%。

（三）各地第二产业及工业布局和产业结构变化趋势

1. 第二产业增加值布局变化趋势

2001～2030 年，各省（自治区、直辖市）第二产业增加值的增长速度在前期较快，在地区生产总值中的比例略有提高，后期增长速度会逐步放缓，比例略有下降。主要由于第二产业的发展需要第三产业提供更多的服务，由此带来第三产业增长速度超过第二产业的增长速度，第三产业增加值的比例逐步赶上第二产业。

根据本研究预测分析，绝大部分省（自治区、直辖市）第二产业增加值在 2001～2010 年、2011～2020 年、2021～2030 年三个时期，年均增长速度，分别为 8%～10%、6.5%～7.5% 和 6%～7%。前半期，东部地区大部分省（自治区、直辖市）的第二产业增长速度可能高于全国平均水平；后半期，中西部地区的许多省（自治区、直辖市）的第二产业增加值的增长速度高于全国平均水平。

2001～2030 年，东部各省（自治区、直辖市）第二产业增加值占地区生产总值的比例逐步下降，有的会下降 10 个百分点，但中西部地区各省（自治区、直辖市）第二产业增加值占地区生产总值的比例会略有增加，有的省份也有所下降，但下降的幅度远小于东部各省（自治区、直辖市）。出现这种情况的主要原因：再经过二三十年的发展，东部许多省（自治区、直辖市）的传统工业化进入后期，有的省（自治区、直辖市）将完成传统工业化的任务，服务业逐步成为经济发展的主要支柱。中西部地区大部分省（自治区、直辖市）的工业化进程还没有结束，工业、建筑业仍然是经济发展的主要支柱产业。

2. 工业增加值布局变化趋势

2001～2030 年，全国各省（自治区、直辖市）工业增加值的增长速度呈现逐步减缓的趋势。预计，2001～2010 年、2011～2020 年和 2021～2030 年三个时期，全国大部分省（自治区、直辖市）工业增加值增长速度分别为 8%～11%、6.5%～8% 和 5.5%～6.5%。有的省（自治区、直辖市）的增长速度会略高于或低于这个幅度。预计各地工业增加值占地区生产总值的比例逐步下降，而占第二产业增加值的比例基本稳定。2010 年，多数省（自治区、直辖市）这个比例为 40%～50%；2020 年，多数省（自治区、直辖市）为40% 左右；2030 年时，近一半的省（自治区、直辖市）低于 40%。这期间，绝大多省（自治区、直辖市）工业增加值占第二产业增加值的比例基本稳定在 90%，略有变化。从工业布局看，东部各省（自治区、直辖市）的工业增加值占全国工业增加值 60% 的格局到 2030 年不会发生根本性变化。

（四）工业主要行业地区布局变化趋势

1. 高用水工业主要行业地区布局变化趋势

总体来看，在未来一个较长时期内我国高用水工业保持增加的趋势。其中东部地区增长的速度将高于全国平均增长速度和中西部地区的增长速度。高用水工业继续呈现向东部地区集中的趋势。北方地区，特别是华北、西北地区受水资源及环境容量的制约，高用水工业占全国的比例将呈现下降的态势。

1）纺织工业。目前我国纺织工业已经形成向东部沿海地区集中的态势。由于我国纺织品出口量大，我国纺织工业，特别是一些高档纺织品对进口化学纤维和国际市场的依赖程度较高。因此，2030 年以前，纺织工业的发展仍然会集中在生产条件较好、进出口方便、信息灵通的东部沿海地区。这些地区的科技水平较高，产品开发能力较强，在纺织工业产品结构调整中，特别是高档产品开发中具有明显优势。因此，目前纺织工业发达的江苏、浙江、广东和山东，仍然是未来我国纺织工业的主产区。预计到 2010 年，纺织工业增加值中，东部地区占 86.7%，中部地区占 9.9%，西部地区占 3.4%；2020 年，东、中、西部地区的比例分别为 90.5%、6.8%、2.7%；2030 年分别为 92.1%、5.5% 和 2.44%。

2）造纸工业。造纸工业受水资源和原料制约的产业。至 2030 年前，北方地区和西部地区水资源紧张的状况难以缓解，制约了造纸工业在这些地区的发展。我国造纸工业原料基地建设将主要集中在南方地区。造纸工业也是一个资金密集型产业，按 2002 年造价计算，建成 1 万 t 纸浆生产能力，大约需要 10 亿元左右的投资。而我国沿海地区和南方地区投资条件较好，因此，今后造纸工业的布局仍然将主要集中在广东、山东、江苏和浙江等沿海地区和南方地区。"南纸北运"的局面将更加突出。预计造纸工业增加值中，东、中、西部地区所占的比例，到 2010 年分别为 74.77%、16.61%、8.62%；2020 年分别为76.72%、14.76%、8.52%；2030 年分别为 77.58%、13.76%、8.66%。

3）石化工业。从现在起到 2030 年，是我国石化工业大发展的时期。这个时期，影响石化工业布局的主要因素有两方面：一是规模效益。石化工业是规模效益非常突出的行业。发达国家努力通过扩大单系列装置的生产能力，取得较好的效益。目前，国外最大单系列乙烯装置生产能力已经达到 127 万 t（加拿大），准备建设的最大的单系列乙烯装置生产能力达 140 万 t（伊朗和法国）。一般也达到 60 万 ~ 100 万 t。我国乙烯装置平均规模只有 26.1 万 t，规模效益明显不足。为了适应我国加入世界贸易组织（WTO）后国际竞争的需要，扩大现有装置的生产规模，是石化工业发展的必然战略选择。这一战略将使原有石化企业得到发展，不会从根本上改变石化工业的布局。二是原料供应。石化工业的原料主要是石油和天然气。我国是国内石油资源不能满足发展需要的国家之一。今后石化工业的发展将越来越多地依赖进口石油。因此新建石化企业，或扩大现有企业规模，都需要考虑与进口石油运输相衔接。进口石油比较方便的地区是沿海地区、东北地区、西北地区。这些地区也是现有石化工业基地。我国天然气资源相对丰富，在今后石化工业原料供应中，天然气的比例将会不断提高。天然气资源丰富的地区，石化工业也会得到一定程度的发展。其他地区石化工业的发展可能不如这些地区发展得快。根据以上判断，本书认为，2000 ~ 2030 年，我国石化工业主要分布在辽宁、黑龙江、广东和山东等已经有一定规模，石油天然气资源比较丰富，进口石油比较便利的地区。预计辽宁、黑龙江、广东和山东仍然是我全国重要的石化产品生产地区。这期间天津、上海、陕西、新疆的石化工业将快速发展，在全国的比例显著提高。在石化工业增加值中，东、中、西部地区所占的比例 2010 年分别为 45.71%、36.97%、17.33%；2020 年分别为 45.50%、33.63%、20.87%；2030 年分别为 44.82%、30.90%、24.28%。

4）化学工业。目前上海、江苏、山东、广东和浙江在我国化学工业布局中所占的份额较大。预计到 2030 年时，重庆、四川、云南、青海等地区的化学工业也将形成可观的规模，在全国化学工业增加值中东、中、西地区所占的比例，2010 年分别为 74.04%、15.26%、11.70%；2020 年分别为 77.24%、11.81%、10.95%；2030 年分别为 79.84%、9.89%、10.27%。

5）冶金工业。冶金工业是对水资源、矿产资源、能源依赖程度高的产业。今后冶金工业的发展将主要集中在水资源和能源比较丰富的地区。从现在起到 2030 年，我国冶金工业的发展对进口资源的依赖程度不断增强，因此冶金工业的布局更加受交通条件的制约，特别是进口资源所需要的交通条件。我国西部地区虽然有一定的矿产资源优势，但是由于矿石的品位低，生产环境相对较差，交通条件不太方便，技术水平较低，因此在国内外两种资源的比较中，西部地区的优势并不突出。这些地区的冶金工业会保持一定的发展速度，但不会是全国冶金工业发展的主体。而东部地区的经济基础较好，进口矿石的运输条件比较便利，水资源比较丰富。这些优势弥补了矿产资源不足的劣势，将成为今后冶金工业发展的主要地区。根据本研究预测分析，江苏和河北是未来一个时期我国冶金工业发达地区，另外山东、上海、浙江、河南以及广东也是我国冶金工业相对比较发达地区。预测分析全国冶金工业增加值中，东、中、西部地区所占的比例，2010 年分别为 55.68%、27.44%、16.88%；2020 年分别为 57.03%、27.15%、15.82%；2030 年分别为 57.77%、26.29%、15.95%。

6）食品工业。食品工业是与农业生产和人民生活密切相关的产业。由于各地区都有丰富的农产品和特色食品加工原料，具备发展食品工业的基本条件，因此2001~2030年，各地区食品工业都会有较快的发展。但是，从食品工业的发展趋势看，食品工业的技术含量不断提高，高新技术的应用越来越广泛。食品工业规模效益的提高，使食品工业的一次投资增加，资金密集程度也在不断提高。食品工业的产品更新快，市场信息、技术信息和企业经营管理水平对食品工业的影响越来越突出。在这种情况下，非生产原料因素对食品加工业发展的影响不断加大，甚至成为主要原因。仅有原料优势已经不能实现食品工业的发展，而需要技术、资金、市场信息、经营管理等方面的综合优势。目前各地区的综合优势差异较大。一般来说，东部地区相对较好，中西部地区相对较弱。因此，2001~2030年，东部地区，中西部部分条件较好的地区，食品工业将得到较快的发展，而其他地区的食品工业也能有所发展，但发展速度不理想，据本研究预测分析，我国未来食品工业发展较快的是东部地区的山东、广东、江苏和中部地区的河南。这些省食品工业在全国的比例会进一步提高。全国食品工业增加值中，东、中、西部地区所占比例，2010年分别为64.26%、25.74%、10.00%；2020年分别为67.66%、23.89%、8.45%；2030年分别为68.15%、24.07%、7.77%。

7）电力工业。2010~2030年，随着经济的发展，人民生活水平的提高，全国各省（自治区、直辖市）的电力需求将保持持续增长，推动电力工业持续发展。期间，华东、华南、西南三个地区电力消费增长较快，东北、华中、西北的电力增长速度相对较慢。主要由于这些地区经济发展水平和人民生活水平差异，影响电力消费的增长。影响火电发展的主要因素是资源、运输和环境。我国煤炭资源的地理分布不平衡，主要集中在秦岭—昆仑山以北地区。东部经济发达地区能源资源严重不足，所需煤炭要从西部地区调运，或者进口。目前铁路运量的40%以上、水运的30%左右是煤炭。因此，煤炭资源分布和煤炭运输是影响火电布局的主要因素之一。今后，火电厂建设将会继续积极发展坑口电站，变输煤为输电。坑口电站的重点建设地区是山西、内蒙古、陕西、宁夏。在运输干线附近、交通方便的地区和负荷中心地区也会建设一批港口电站和路口电站。根据本研究预测分析，2001~2010年、2011~2020年和2021~2030年三个时期，主要地区火电增长速度，华北地区分别为7.5%、3.5%、3.8%；东北地区分别为5.6%、3.4%、3.4%；华东地区分别为11.2%、5.3%、3.6%；华中地区分别为7.2%、3.7%、3.2%；南方地区分别为10.4%、5.2%、4.1%；西北地区分别为10.5%、5.4%、5.2%。

2. 一般工业主要行业地区布局变化趋势

本书中的"一般工业"是根据编制全国水资源规划的需要确定的，是指上述高用水工业、电力工业以外的其他工业部门，主要包括制造业、采掘工业和其他工业等。

1）采掘业。影响各地采掘业发展的主要因素是各地区矿产资源禀赋状况和采掘业发展的基础条件。我国矿产资源区域间分布不平衡。虽然总体上呈现中西部地区矿产资源丰富，东部地区矿产资源相对较少的态势，但是具体到每一种矿产，分布上存在很大差异。例如，煤炭的探明储量，90%以上分布在长江以北地区，其中山西、陕西、内蒙古三省（自治区）的保有储量占全国的将近70%。石油天然气资源主要集中在渤海湾盆地、松辽盆地、塔里木盆地和鄂尔多斯盆地，东北、华北、西北地区的探明储量，占全国的50%以上。铁矿主要集中在辽宁、河北、山西、四川，这些地区占全国铁矿保有储量的60%。铝土矿主要集中在山西、贵州、河南、广西等省（自治区），这些地区约占全国总储量的80%。磷矿主要集中在云南、贵州、四川、湖北，这4个省的保有储量占全国的70%左右。钾盐90%以上集中在青海。各地区矿产资源的开采条件、开采成本也有很大差别。边远地区、工业基础薄弱的地区，矿产资源开采条件较差，开采成本较高。只有待矿产品价格上升到一定程度，技术水平有所突破时，才具备大规模工业化开采的可能。一般来说，资源丰富、开采条件较好的地区，采掘业的发展将会加快；已经开采时间较长、资源接近枯竭的地区，采掘业的增速将放慢。根据本研究预测分析，采掘业增加值，2001~2010年东部地区的增长速度为5%~9.5%，中部地区为6%~10%，西部地区为9%~11%。2011~2020年，东部地区的增长速度为4%~8%，中部地区为5%~9%，西部地区保持在7%~9%。2021~2030年，东部地区为6%左右，中部地区为6%左右，西部地区为7%左右。总产值的增长速度高于增加值的增长速度。具体到每个省（自治区、直辖市）的采掘业增加值和总产值的增长速度，将或高于，或低于上述东、中、西部地区的增长速度。

2）制造业。各地区制造业的发展，主要取决于当地制造业基础条件和研究开发能力。有些地区具有较好的基础条件，虽然目前遇到一些困难，但未来增长的空间较大，增速可能较快。例如，在国家实施振兴东北等老工业基地战略后，辽宁、吉林、黑龙江等省的制造业有望得到快速增长。反之，一些基础薄弱的地区，虽然现在形成一定的规模，但市场竞争力不强，未来增长的空间相对较小，增速可能较慢。由于制造业是对外开放程度高，与世界经济分工体系联系十分密切的产业之一。因此制造业的发展，还受各地区投资环境的影响。投资环境较好，外资投入量较大的地区，技术水平和竞争力提高较快，发展速度较高。反之，发展速度就会较慢。从总体上看，东部地区制造业基础和投资环境较好，未来发展速度可能较快，中部地区次之，西部地区的制造业发展速度可能较慢。根据本研究预测分析，制造业增加值的增长速度，2001~2010年东部地区为9.5%~11.5%，中部地区为9%~10%，西部地区为9%~11%。2011~2020年，东部地区为8.5%左右，中部地区为9%左右，西部地区保持在8.5%左右。2021~2030年，东部地区为6.5%左右，中部地区为7%左右，西部地区为7%左右。总产值的增长速度高于增加值的增长速度。具体到每个省（自治区、直辖市）的制造业增加值和总产值的增长速度，将或高于，或低于上述东、中、西部地区的增长速度。

3. 建筑业地区布局变化趋势

2001~2030年，各省（自治区、直辖市）的建筑业将保持持续发展的趋势，地区布局不会有大的变化。主要原因有以下三方面。

1）为了促进地区经济协调发展，缓解地区间差距拉大的趋势，中央政府会进一步加大对中西部地区的政策扶持力度。这些政策的落实将有助于中西部地区政策性投资的增长。但是，由于市场机制的强化，东部地区投资环境较好，综合优势明显，因此目前的投资分布格局不会发生改变。

2）尽管西部地区建筑业是国民经济发展的支柱产业，到2030年中西部地区一些省

（自治区、直辖市）建筑业增长速度可能会快于东部地区部分省（自治区、直辖市），但由于江苏、浙江、广东、山东、上海等东部省（自治区、直辖市）建筑业增加值和总产值的基数大，同样的增长速度带来的增量比中西部地区大。受这一因素的影响，在各地区建筑业普遍增长的情况下，建筑业总产值和增加值仍将继续表现为缓慢地向东部地区集聚的趋势。

3）2001~2030 年，我国建筑业发展的热点区域依次为长江三角洲地区（沪、苏、浙）、珠江三角洲及闽东南地区、环渤海地区（京、津、山东半岛、辽东半岛及河北东部）以及内陆沿江城市带地区。在振兴东北老工业基地战略和西部大开发战略的推进下，东北地区以及以西安为中心的关中地区、以成渝为中心的地区将成为我国国民经济空间格局中的重要支点，这些地区的建筑业也将得到持续快速发展。

总的来看，大部分省（自治区、直辖市）2000~2010 年，建筑业增加值和总产值的增长速度为 8%~11%，2010~2020 年增长速度为 7%~10%，2020~2030 年增长速度为 6%~7%，有的省（自治区、直辖市）低于或高于上述水平。

八、第三产业地区布局变化趋势

从现在起到 2030 年，各省（自治区、直辖市）都会非常重视服务业的发展。各地区第三产业将保持增长的趋势。但是，在不同时期增长的速度会有所不同。不同地区第三产业的增长速度以及第三产业增加值占地区生产总值的比例会有所不同。主要由于各地区服务业内部结构、服务质量、创新能力以及外部发展环境、城镇化进程、人民生活水平、第一和第二次产业发展情况存在很大的不同，因此各地区对第三产业的需求不同，推动第三产业发展的条件也不同。一般情况下，第一、第二产业比较发达的地区，第三产业的发展也较快；市场经济比较完善，居民消费中商品化程度高的地区，第三产业需求较大，发展空间比较广阔，如东部沿海地区的第三产业在 2030 年前可能会经历一个快速增长时期；现在第三产业基础比较薄弱的地区，今后在一定时期内会出现第三产业发展速度较快，如西部地区在经济发展水平提高后，第三产业在"快速跟进"阶段会出现较高的增长时期。现在第三产业发展水平较高，第三产业增加值占地区生产总值比较高的地区，今后的第三产业的增长速度将会比较平稳，比例变化小，但增长的绝对额会比较大，如北京、上海、天津等城市。

总的来看，大部分省（自治区、直辖市）2001~2010 年，第三产业增加值的增长速度为 7%~10%，2010~2020 年增长速度为 6%~8%，2020~2030 年增长速度为 8%，有的省（自治区、直辖市）低于或高于上述水平。东部地区第三产业增加值占全国第三产业增加值的比例将呈现一个持续上升的势头，2010 年达到 61.9%，2020 年达到 63.8%，2030 年为 64.2%。中部地区第三产业增加值占全国第三产业增加值的比例，在"十一五"时期会略有上升，但从长期来看，仍会逐渐降低。2010 年上升到 23.3%，2020 年下降到 22.5%，2030 年为 22.6%。西部地区第三产业增加值占全国第三产业增加值的比例呈现持续下滑趋势。2010 年降为 14.8%，2020 年为 13.7%，2030 年为 13.3%。

2000~2030 年，在第三产业中的批发零售餐饮业增加值的增长速度，东部地区各省

（自治区、直辖市）一般为9%左右，中部地区各省（自治区、直辖市）为8%左右，西部地区各省（自治区、直辖市）为6%左右。其他服务业增加值的增长速度，东部地区各省（自治区、直辖市）会超过10%。中部地区各省（自治区、直辖市）的增速为9%左右，西部地区各省（自治区、直辖市）为8%左右。

第三章　社会发展情况及其未来可能的走向

一、我国人口增长现状特点分析

据 2000 年人口普查数据，我国 31 个省（自治区、直辖市）和现役军人的人口总数共 124 260 万人，比 1990 年第四次人口普查时的 113 050 万人增加了 11 210 万人，增长 9.92%，年均增长 0.95%。从全国和各地区人口增长情况看，20 世纪 90 年代以来我国人口增长呈如下特征。

（一）总人口持续增长，但增长幅度在下降

我国人口总量在不断增长。根据人口普查资料，从 1964 年的 6.91 亿人增加到 2000 年的 12.43 亿人，共增加了 5.52 亿人。从人口增长率来看，即使步入 20 世纪 90 年代以来，我国每年的人口增长率①也高于 6‰（图 3-1）。人口在持续增长的同时，增长幅度呈下降趋势。根据人口普查资料，1964～2000 年共四次人口普查中，每相邻两次的人口年均增长量都在下降。例如，1964～1982 年，年均净增人口 1739 万人；1982～1990 年，年均增加 1587 万人；而 1990～2000 年，年均增加人数已降至 1120 万人。

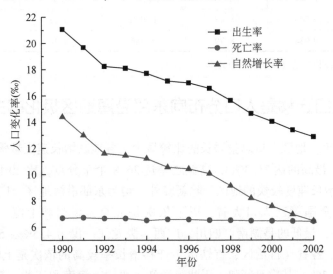

图 3-1　1990～2002 年中国出生率、死亡率和自然增长率

---

① 在全国来看，忽略国际迁移的因素，人口自然增长率在数值上与人口增长率是相等的。

专栏 3-1

据统计，全国人口的年均增长率从 20 世纪 80 年代的 14.9‰，下降到 90 年代的 9.5‰，下降了 5.4 个千分点。从人口自然增长率来看，20 世纪 90 年代以来一直在逐年下降。1990 年人口自然增长率为 14.39‰，1995 年末降至 10.55‰，2002 年降到了 6.45‰。

（二）四大地区中，东部沿海地区人口增长较快，占全国的比例在上升

1990 ~ 2000 年我国各地区人口均呈现不同程度的增长，但总体来看，东部沿海地区人口增长最快（表 3-1）。1990 年东部沿海地区人口总量为 38 637 万人，而到 2000 年已增长到 44 231 万人，人口年均增长率达到 13.6‰，分别比同期的中部、西部与东北地区高 6.7、5.4 和 8.2 个千分点。10 年来，各地区的人口占全国的比例只有东部沿海地区有所增加，从 1990 年的 34.18% 增加到 2000 年的 35.60%；而中部、西部、东北地区分别下降了 0.71、0.35 和 0.35 个百分点。

表 3-1 1990 年和 2000 年我国分地区人口分布比较

地区	1990 年		2000 年		年均增长率（‰）
	总量（万人）	百分比（%）	总量（万人）	百分比（%）	
东部沿海	38 637	34.18	44 231	35.60	13.6
中部	32 281	28.55	34 589	27.84	6.9
西部	32 200	28.48	34 950	28.13	8.2
东北	9 934	8.79	10 486	8.44	5.4

资料来源：根据第四次、第五次人口普查计算

（三）人口迁移是人口分布向东部沿海地区极化的主导因素

1990 ~ 2000 年，地区人口总量增长的比较显示，各地区增长速度悬殊较大，增长率最低的仅为 4.5‰，最高的达 31.3‰，高低之差达 26.8 个千分点，比 20 世纪 80 年代扩大了 1 倍多。人口增长速度较快的地区，除新疆外，均为东部沿海地区。广东人口增长率最高，该省已跃为全国第三人口大省，以下依次是北京、新疆和上海，分别为 24.0‰、23.4‰ 和 22.2‰，最低的是湖南、四川、广西、黑龙江，仅为 4.5‰ ~ 5.9‰。排除人口自然增长因素后，各省（自治区、直辖市）迁移增长率较高的依次是上海 22.5‰、北京 21.1‰、广东 18.7‰，其次是新疆、天津、浙江、福建、海南和江苏，都在 3‰ ~ 9.4‰，最低的为贵州、广西、安徽、黑龙江、江西、四川、河南、湖南，在 -6.3‰ ~ 2.2‰。由此可以看出，导致东部沿海地区大多数省（自治区、直辖市）人口快速增长的主要因素不

是自然增长，而是人口的迁移增长。

（四）全国已形成了广东、上海、北京三大人口强势吸引中心

在全国范围内，已形成了广东、上海、北京三大人口强势吸引中心。根据 2000 年人口普查资料，1995～2000 年，我国省际迁移人口规模达 3398.12 万人，年平均规模约为 679.6 万人。从净迁入人口来看，广东、上海、北京人口的净迁入明显要高于其他省（自治区、直辖市），成为我国人口的强势吸引中心（表 3-2）。并且，随着与这三大人口强势吸引中心的距离越来越远，对人口的吸引也基本上呈现越来越弱的态势，即基本遵循人口吸引的距离衰减规律。

表 3-2　人口迁移的迁入、迁出规模　　　　　　（单位：万人）

东部沿海	迁入	迁出	中部	迁入	迁出	西部	迁入	迁出	东北	迁入	迁出
北京	198.92	18.35	山西	40.29	35.11	广西	30.26	193.49	吉林	26.73	55.72
天津	51.79	10.98	安徽	33.00	304.52	重庆	47.13	116.12	黑龙江	31.71	98.93
河北	81.04	91.81	江西	24.83	282.17	四川	62.06	462.68	辽宁	79.45	39.99
上海	228.19	17.15	河南	49.46	243.05	贵州	27.52	129.68			
江苏	200.88	130.63	湖北	63.81	232.65	云南	77.13	41.91			
浙江	285.76	102.08	湖南	38.17	343.29	西藏	7.44	3.72			
福建	141.71	65.74				内蒙古	34.26	46.43			
山东	95.17	92.44				陕西	44.53	75.72			
广东	1210.64	46.11				甘肃	21.44	59.03			
海南	22.91	13.64				青海	8.10	12.96			
						宁夏	13.56	9.20			
						新疆	120.23	22.82			

资料来源：2000 年中国人口普查资料

二、2010 年、2020 年、2030 年我国人口变化趋势和情景分析

（一）人口总量预测分析

为了客观准确地描述我国人口在 21 世纪的发展趋势，我们利用 2000 年人口普查提供的相关数据，预测分析 2030 年前人口总量的变化趋势。

1. 影响人口总量变动的因素分析

人口总量变动是指人口数随着时间的推移不断的变动，出生、死亡与迁移是影响人口总量变动的三大决定因素，而对于一个国家，国际间的人口迁移只占很小的比例，对人口总量变动的影响几乎可忽略不计。因此，对于我国人口预测分析的可靠与否，首先取决于

对今后我国人口的生育、死亡的正确认识和判断。

1）出生趋势分析：出生受人为因素的强烈影响，在未来人口发展中起重要作用。人口性别年龄结构及其妇女未来生育率的走向，是未来出生人数多少与出生率高低的两大决定因素。未来妇女生育率的高低取决于下述两因素的作用：一是妇女按现行生育政策的生育率走向；二是人口的控制能力，即对政策外计划外生育的控制能力。妇女未来生育率的走向除受政策因素的影响外，还受到人口控制能力大小的强烈影响。随着我国生育观念的逐渐改变，以及对外来人口生育管理的逐渐完善，我国的人口控制能力也将随之加强。

2）死亡趋势分析：未来死亡人口的多少，既取决于我国人口的年龄结构，也取决于分性别按年龄死亡率状况。按年龄死亡率大小的总体水平可以用预期寿命来反映。第五次人口普查资料表明，2000年我国男、女的预期寿命分别为69.54岁和73.01岁。随着我国社会经济的发展，人民生活和医疗水平的提高，以及环境保护和卫生的进一步改善，预计我国预期寿命每10年将增加1岁，这也是国际上人口预期寿命增长的一般性的规律（图3-2）。

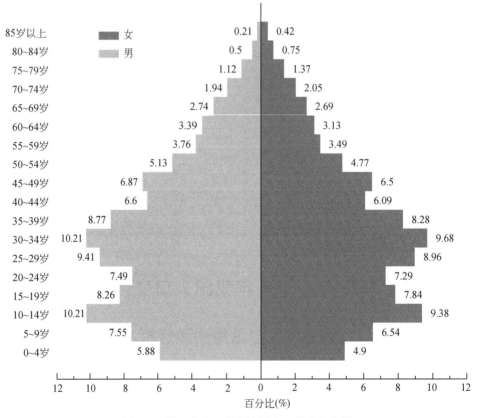

图3-2 第五次人口普查资料人口构成金字塔

专栏 3-2

　　根据我国第五次人口普查资料，年龄段在 20~24 岁以下的女性所占全部女性的比例明显要低于年龄在 25~49 岁的育龄妇女，因此可以预见我国未来的出生人数将要小于现阶段。但值得注意的是 2000 年年龄在 10~14 岁的女性占很大比例，达 9.38%，这预示着育龄妇女的增加在生育政策不变的情况下 2010~2020 年我国的出生人数也将略有回升。

2. 总人口预测分析

（1）预测分析方法——人口簇生存模型方法

　　该方法是结合人口结构与动态作预测分析，主要考虑到人口的性别与年龄结构，出生和死亡等人口动态因素作预测分析。该方法主要利用了 2000 年人口普查资料等相关数据，具体的预测分析方法可概括如下。

　　从时间 t 经过固定的时间间隔 Δt 到 t+1 之和，各人口簇的人口数据为

$$
\begin{aligned}
&\text{人口簇为 } 2 \sim n-1: \ P^s_{i+1, t+1} = S^s_i P^s_{i, t} \\
&\text{人口簇为 } n: \ P^s_{n, t+1} = S^s_{n-1} P^s_{n-1, t} + S^s_n P^s_{n, t} \\
&\text{人口簇为 } 1: \ P^s_{1, t+1} = f^s B_{t+1} = f \sum b_i P^f_{i, t}
\end{aligned}
\tag{3-1}
$$

式中，s 为性别；i 为人口簇；S^s_i 为人口簇 i 性别 s 的生存率；$P_{i, t}$ 为人口簇 i 性别 s 在时间 t 时的人口数量；f^s 为新出生的人口性别 s 的比例；B_{t+1} 为新出生的人口总数，为人口簇的女性人口生育率，$B_{t+1} = f^s \sum b_i P^f_{i, t}$。

（2）数据来源及参数设定

　　根据我国第五次人口普查资料与实际情况，此次预测分析采用了 5 岁年龄组距，相应的 S 为 5 年生存率。根据人口普查资料可得出各年龄组的妇女年龄别生育率和生存率资料（表3-3）。

表 3-3　我国人口预测分析的若干指标

年龄组	第五次人口普查人口年龄结构（%）		妇女年龄别生育率（‰）	5 年生存率（‰）	
	男	女		男	女
0~4 岁	5.88	4.90		994.75	993.02
5~9 岁	7.55	6.54		999.35	999.56
10~14 岁	10.21	9.38		999.5	999.67
15~19 岁	8.26	7.84	5.96	999.23	999.53
20~24 岁	7.49	7.29	114.49	998.79	999.28
25~29 岁	9.41	8.96	86.19	998.64	999.16
30~34 岁	10.21	9.68	28.62	998.34	999.02

年龄组	第五次人口普查人口年龄结构（%）		妇女年龄别生育率	5 年生存率（‰）	
	男	女	（‰）	男	女
35～39 岁	8.77	8.28	6.22	997.85	998.82
40～44 岁	6.60	6.09	1.46	996.95	998.3
45～49 岁	6.87	6.50	0.68	995.67	997.43
50～54 岁	5.13	4.77		993.29	995.81
55～59 岁	3.76	3.49		989.43	993.37
60～64 岁	3.39	3.13		982.08	988.57
65～69 岁	2.74	2.69		970.41	980.94
70～74 岁	1.94	2.05		948.97	965.89
75～79 岁	1.12	1.37		920.11	944.3
80～84 岁	0.50	0.75		866.72	902.52
85 岁以上	0.21	0.42		795.08	828.82

资料来源：2000 年中国人口普查资料

对于妇女年龄别生育率，根据以下的三种总和生育率预测分析方案，按照我国第五次人口普查的生育模式分配比例，得出育龄妇女分年龄别的生育率，最后计算出不同总和生育率水平下的分年龄组（5 岁组）别的生育率。

（3）预测情景方案

生育假设方案，是对现行生育政策下可能达到的生育水平的推测。2000 年中共中央、国务院颁布了《关于加强人口与计划生育稳定低生育水平的决定》，进一步明确了新时期计划生育的工作方向。2002 年 9 月 1 日开始实施的《中华人民共和国人口与计划生育法》，是稳定加强现行计划生育政策的具体措施，近期妇女生育不会有太大起伏。根据国家统计局的统计公报数，2000 年我国的总和生育率为 1.71，也就是现行生育政策和现有工作力度下的妇女生育水平。据前所述，这里设计三种生育方案（表3-4）。

表3-4　三种方案的我国人口总量预测分析　　　　　　　　（单位：亿人）

年份	方案一	方案二	方案三
2010	13.37	13.49	13.49
2020	14.16	14.38	14.31
2030	14.43	15.04	14.92

方案一：2001～2030 年维持总和生育率保持 2000 年 1.71[①] 的水平不变。

方案二：2000 年总和生育率为 1.71，到 2005 年增加到 2.00，2006～2030 年总和生育率维持在 2.00 不变，这也是国家计划生育委员会的推荐方案。

---

① 该数据来自《中国统计年鉴》报告数。

　　方案三：2010 年总和生育率增加到 2.00，而后逐渐小幅度递减，到 2020 年、2030 年总和生育率分别为 1.94 和 1.88，这也是中国人口信息研究中心的推荐方案。

（4）预测分析结果

　　按照 2002 年 9 月 1 日开始实施的《中华人民共和国人口与计划生育法》及各地制定的《人口与计划生育条例》，已经进入婚育期的独生子女夫妇可以生育两个孩子，这样城镇生育水平将会提高，必将带动全国生育水平的回升，这样总和生育率也将随之升高。因此方案一的预测分析结果偏低。根据三种方案的预测分析结果，并考虑到第五次人口普查数据有一些漏报的情况，对三种方法作综合判断并相应调整，推荐我国 2010 年、2020 年、2030 年人口总量预测分析结果分别为 13.7 亿人、14.6 亿人和 15.3 亿人。

（二）中国省际人口预测分析

1. 中国省际人口增长与迁移趋势的定性判断

　　1）人口的增长态势。以全国平均水平以上作为 1990~2000 年人口的高增长地区，不难得出，从人口的增长态势来看，广东、北京、上海、新疆、西藏、宁夏、海南、云南、福建、山西、甘肃、天津、浙江、湖北均为我国 20 世纪 90 年代人口增长较快的地区（图 3-3～图 3-5）。

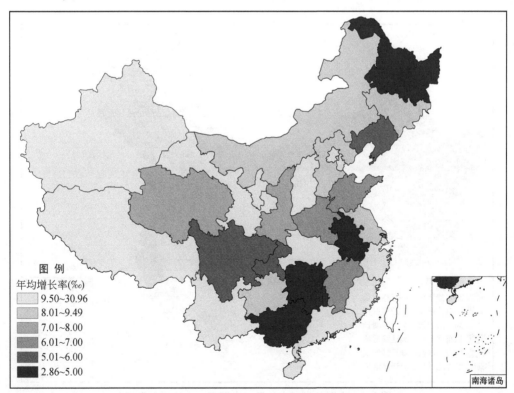

图 3-3　1990 年以来各省（自治区、直辖市）人口年均增长率

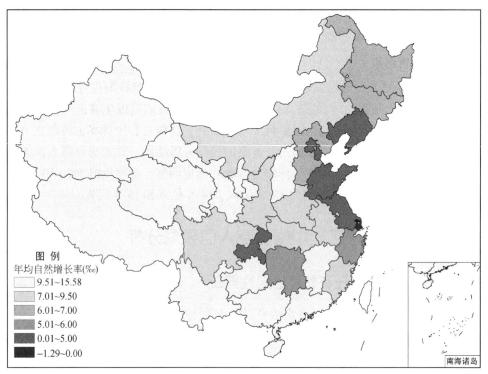

图 3-4　1994 年以来各省（自治区、直辖市）人口平均自然增长率

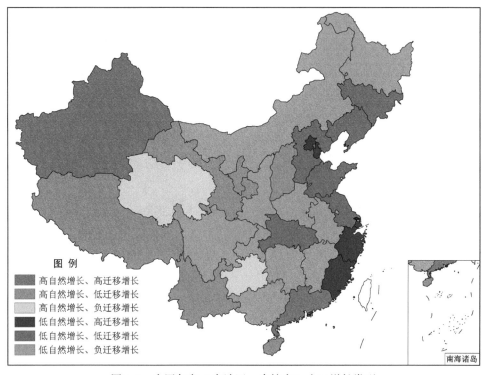

图 3-5　中国各省（自治区、直辖市）人口增长类型

　　人口的增长主要来源于人口的自然增长和迁移增长。自然增长主要与人口的年龄结构、生育控制水平息息相关，因此从生育惯性来看，现有的人口自然增长水平将在一定程度上影响未来的人口自然增长情况；而人口的迁移增长在市场经济条件下则与经济发展水平密切相关。由此，为了更好地判断我国各省（自治区、直辖市）未来人口的增长态势，需要对我国人口增长中哪些地区的人口增长主要依靠人口自然增长，哪些主要是依靠人口的迁移增长，或两者兼之进行判断。

专栏 3-3

　　对人口的增长方式按增长类型进行划分，可划分为以下 6 种类型：①高自然增长、高迁移增长；②高自然增长、低迁移增长；③高自然增长、负迁移增长；④低自然增长、高迁移增长；⑤低自然增长、低迁移增长；⑥低自然增长、负迁移增长。

　　2）我国未来人口的省际迁移基本判断。宏观经济研究院 2003 年度重点课题"协调空间开发秩序和调整空间结构研究"的研究成果表明，我国未来将形成国家级意义上人口、经济高密集地区主要有沪苏浙、京津冀、东北地区、成渝地区、以武汉为中心的湘鄂赣核心地区、珠三角地区、山东半岛、闽东南、中原地区、关中地区等，即未来我国人口将主要向上述地区迁移，但随着时间的推进，各个地区的迁移强度将有所不同。具体来说，前 10 年，人口迁移增长较快的仍将是沪苏浙、广东、山东，西部开发直接受益的人口、经济相对密集分布的成渝地区以及部分东北地区；随后，其他国家意义的人口高密集地区的人口迁移强度也将进一步加强。

2. 中国省际人口预测分析

　　省际人口预测分析要建立在总人口预测分析的基础上，以人口综合增长预测方法进行定量预测分析，用建立在对省际人口增长和迁移分析基础上的综合定性分析对定量预测结果进行调整。省际人口综合增长率的确定，主要是考虑到各省（自治区、直辖市）1990～2000 年的年均人口增长情况以及未来我国人口总量的变化。即假定未来我国各省（自治区、直辖市）的年均人口综合增长率也将由于我国人口综合增长率的变化而相应变化。根据总人口预测分析，以普查人口为统计口径，计算出 1990～2000 年、2001～2010 年、2011～2020 年、2021～2030 年我国人口的增长率分别为年均 9.50‰、8.54‰、5.77‰、4.79‰。各省（自治区、直辖市）人口预测分析的最终结果见表 3-5。

表 3-5　我国省际总人口分阶段预测分析①　　　　　　（单位：万人）

地区	2000 年	2010 年	2020 年	2030 年
北京	1 382	1 594	1 763	1 905
天津	1 001	1 212	1 475	1 739

---

　　① 预测数据是以人口普查数据为其计算数据的，计算结果是针对常住人口而言的。

地区	2000 年	2010 年	2020 年	2030 年
河北	6 744	7 297	7 698	7 945
山西	3 297	3 677	3 959	4 108
内蒙古	2 376	2 560	2 693	2 809
辽宁	4 238	4 465	4 626	4 764
吉林	2 728	2 940	3 092	3 226
黑龙江	3 689	3 786	3 852	3 908
上海	1 671	1 793	1 881	1 960
江苏	7 438	8 235	8 664	9 036
浙江	4 677	5 530	5 858	6 350
安徽	5 986	6 256	6 445	6 707
福建	3 471	3 889	4 200	4 579
江西	4 140	4 261	4 449	4 755
山东	9 079	9 819	11 311	11 740
河南	9 256	9 708	10 203	10 541
湖北	6 028	6 582	6 985	7 440
湖南	6 440	6 688	6 862	7 315
广东	8 642	11 373	12 688	13 463
广西	4 489	4 642	4 749	4 942
海南	787	894	974	1 151
重庆	3 090	3 261	3 352	3 474
四川	8 329	8 519	8 715	8 850
贵州	3 525	3 704	3 845	4 040
云南	4 288	4 644	4 759	5 134
西藏	262	307	341	373
陕西	3 605	3 851	4 025	4 177
甘肃	2 562	2 639	2 705	2 828
青海	518	556	582	606
宁夏	562	648	715	777
新疆	1 925	1 985	2 278	2 446

三、人口空间变化和重点区域的人口变化

（一）人口将向东部沿海地区进一步极化，中部、西部、东北地区人口在全国的比例减少

　　根据人口预测分析结果，我国四大地区的人口将呈现不同程度的增长，但总体来说，人口将向东南沿海地区进一步极化，而中部、西部和东北地区人口在全国比例均略有下降。由表 3-6 可知，2030 年东部沿海、中部、西部和东北地区的人口分别大约为 5.99 亿人、3.89 亿人、4.27 亿人和 1.16 亿人，均比 2000 年的人口总量有所增加。从各地区的

人口在全国的比例来看，东部沿海地区人口比例一直在上升，从 2000 年的 35.6% 上升到 2030 年的 39.11%，即增加了 3.51 个百分点；而中部、西部、东北地区在 30 年内人口比例将分别下降 2.43 个百分点、0.21 个百分点和 0.88 个百分点。

表3-6 2000～2030 年分地区人口分布变化

地区	2000 年		2010 年		2020 年		2030 年	
	总量（万人）	比例（%）	总量（万人）	比例（%）	总量（万人）	比例（%）	总量（万人）	比例（%）
东部沿海	44 231	35.60	51 636	37.60	56 512	38.77	59 868	39.11
中部	34 589	27.84	35 147	25.60	37 172	25.50	38 903	25.41
西部	34 950	28.13	39 877	29.04	40 869	28.04	42 747	27.92
东北	10 486	8.44	10 655	7.76	11 191	7.68	11 570	7.56

（二）广东、山东、河南、京津地区和长三角人口将高度集聚

从人口密度分布来看（图 3-6～图 3-8），我国 2030 年将形成广东、山东、河南、京津地区和长三角地区人口将高度集聚的趋势。由表 3-7 可知，到 2030 年在我国北京、天津、上海、江苏、浙江、山东、河南和广东的人口密度均高于 620 人/km²；而其他省（自治区、直辖市）的人口密度均低于 500 人/km²。

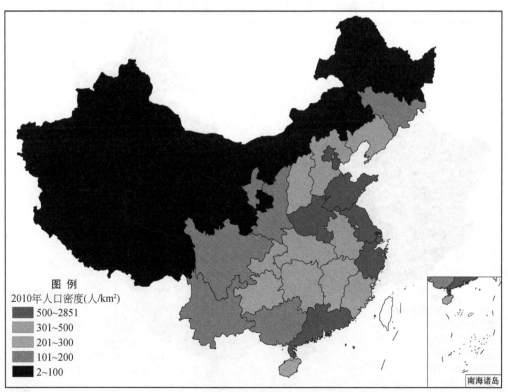

图 3-6 我国 2010 年各省（自治区、直辖市）的人口密度

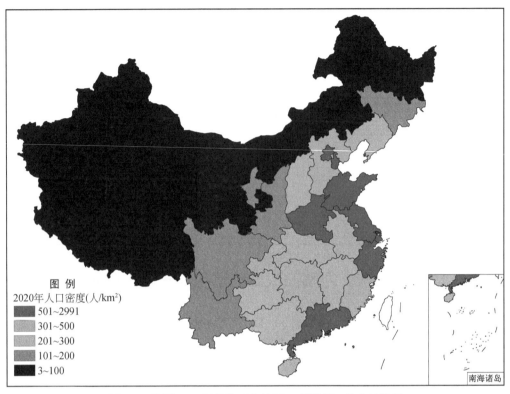

图 3-7　我国 2020 年各省（自治区、直辖市）的人口密度

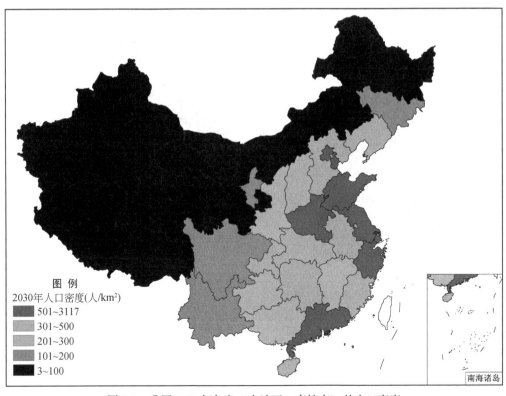

图 3-8　我国 2030 年各省（自治区、直辖市）的人口密度

表 3-7　中国各省（自治区、直辖市）人口密度预测分析　（单位：人/km²）

地区	2010 年	2020 年	2030 年
北京	949	1050	1134
天津	1073	1306	1539
河北	388	410	423
山西	235	253	263
内蒙古	22	23	24
辽宁	306	317	326
吉林	157	165	173
黑龙江	83	85	86
上海	2851	2991	3117
江苏	803	845	881
浙江	543	575	623
安徽	448	462	481
福建	320	346	377
江西	255	267	285
山东	626	721	749
河南	581	611	631
湖北	354	375	400
湖南	316	324	345
广东	640	714	757
广西	196	201	209
海南	264	287	339
重庆	396	407	422
四川	176	180	183
贵州	210	218	229
云南	118	121	131
西藏	2	3	3
陕西	187	195	203
甘肃	58	59	62
青海	8	8	8
宁夏	125	137	149
新疆	12	14	15

四、2000～2030 年城乡居民生活水平提高和消费结构变化

（一）城乡居民生活水平提高趋势

1. 居民生活水平逐渐提高

1990 年，城镇居民家庭人均可支配收入为 1510 元，农村居民家庭人均纯收入为 686 元，2003 年二者分别为 8472.2 和 2622.2 元。根据线性外推结果，2010 年、2020 年、2030 年城镇居民家庭人均可支配收入分别为 11 825 元、17 062 元、22 299 元；农村居民家庭人均纯收入分别为 3811 元、5326 元、6841 元。1993 年和 2003 年，城镇人均消费性支出分别为 2851 元、6511 元，预计到 2010 年、2020 年、2030 年，城镇人均消费性支出分别可达到 9040 元、12 916 元和 16 791 元；同期，农村人均生活消费支出约为城镇的 1/3。除消费之外，居民尚有余钱存入银行，1990 年居民储蓄存款年底余额为 7119.8 元，2003 年末总额为 103 617.7 亿元，按照这一时期的平均增长速度，2010 年、2020 年、2030 年居民储蓄存款余额预计分别为 141 690 亿元、213 784 亿元、285 878 亿元。

2. 城乡居民恩格尔系数不断降低

1978 年城镇居民恩格尔系数为 57.51%，1990 年为 54.24%，2003 年为 37.10%。1978 年农村居民恩格尔系数为 67.7%，1990 年为 58.8%，2003 年为 45.6%。伴随着消费水平的提高，总体消费结构基本实现从小康型到富裕型转变。预计 2010 年、2020 年、2030 年，城镇居民的恩格尔系数分别为 32%、28%、25%，农村居民的恩格尔系数分别为 40%、35%、30%，居民生活的富裕程度进一步提高。

3. 住房条件不断改善

住房条件是衡量人民生活水平的重要组成部分，1979 年城镇人均住房面积为 3.7m²，2003 年人均住房面积达 20m² 以上，成套率达 80% 以上，实现了小康住房水平。按照每年 1 个百分点的增长速度，预计 2010 年、2020 年、2030 年，城镇人均住房面积分别为 30m²、35m²、40m²。到 2030 年三口之家将拥有 120 多平方米的宽敞、舒服标准的住房。

4. 老龄人口比例增加

近年来，我国老龄人口以每年 3.2% 的速度增长，目前 60 岁以上老龄人口达 1.2 亿多，占总人口的 10% 以上。预计 2010 年、2020 年、2030 年，60 岁以上老龄人口占总人口的比例，分别为 12.57%、16.96% 和 24.46%，65 岁以上老龄人口比例分别为 8.29%、11.96% 和 16.68%。预计 2010 年、2020 年、2030 年全国平均预期寿命分别达到 73 岁、74 岁和 75 岁。

（二）消费结构变化趋势

世界发达国家的经济发展历程表明，在人们的温饱需求得到满足之后，将进入以公共交通、廉价住房、邮电通信为主导产业的小康阶段；之后便是以私人轿车、高级住宅为主导产业的富裕阶段；最后进入以服务业为主导产业，以消费品需求高级化、丰富化为特点的高度富裕阶段。预计在 2010～2030 年的消费意向中，剔除生活必需的日常开支外，新的支出结构呈现出三个特征：一是以产品消费为主转变为以教育为龙头的服务消费为主；二是由千元级、万元级家电设备消费为主转变为电脑、轿车、住房等高价位产品为主；三是居民结余购买力由偏重储蓄转变为偏重投资和旅游消费。

随着中等收入阶层的崛起，中国消费率（消费占 GDP 的比率）将不断上升，从 2002 年的 58% 上升到 2010 年的 62%、2020 年的 66% 和 2030 年的 70%，逐渐接近发达国家水平。迅速增长的中等收入阶层的消费倾向是购买高端、新型商品，从而推动消费结构和产业结构的升级。在中等收入阶层消费支出中，预计 2002～2030 年食品、衣着等生存型的消费倾向将下降 20 个百分点，而医疗保健、交通通信、娱乐文化教育、居住等享受型和发展型的消费倾向将显著上升，预计将提高 20 个百分点。中等收入人群的成长势必带来消费的转型，即生活质量更加受到关注，从追求数量型向讲求质量型迅速转变；在可支配收入中，消费开支绝对量增长，投资类消费（保险、住房储蓄、债券、股票）比例上升。

2006～2030 年，我国居民消费结构变动将由平面扩张蠕变期进入升级换代的剧变期。城镇消费结构跨过小康门槛后，升级的主题是以居住、交通通信、教育等新消费热点逐步成熟来带动城镇居民消费走向更加全面的小康阶段；农村消费结构升级的主题是由总体小康向全面小康迈进，恩格尔系数继续下降，教育文化、耐用消费品等新消费热点逐渐升温。在消费结构方面，城乡差别将逐步缩小。

从主流消费热点看，当一个国家人均 GDP 达到 3000～10 000 美元时，将进入汽车消费快速发展的时期，2006～2030 年是我国人均 GDP 由 1000 美元到 5000～8000 美元过渡时期。因此，汽车消费将出现较快增长，预计我国每年汽车销售量会在 600 万～650 万辆，到 2020 年汽车总保有量在 7780 万辆，其中轿车 3000 万辆。2003 年广播综合人口覆盖率为 93.7%，电视人口覆盖率为 95.0%。城镇百户居民有彩电为 130.5 台，农村居民百户有电视为 67.8 台。每百户家用计算机拥有量城镇为 27.8 台，农村为 1.4 台。居民家庭文教娱乐支出比例城镇为 14.4%，农村为 12.1%。当物质生活达到小康之后，文化娱乐和教育消费会成为消费的持续热点，2006～2030 年城乡家电拥有量和教育文化消费将大幅度上升。

五、2010 年、2020 年、2030 年社会发展的趋势和特征

（一）2006～2010 年：宽裕的小康社会

按 GDP 年递增速度 7.8% 计算，GDP 的绝对额 2010 年为 26.87 万亿元，国民生产总

值比 2000 年翻一番的目标可以实现。人民的小康生活更加宽裕；尤其是农村小康水平明显地提高，逐步消灭局部贫困。到 2010 年中国人口将达到 13.8 亿，年均增长 0.83%；人均 GDP 为 12 800～13 320 元，按世界银行的购买力平价（PPP）测算，2010 年人均 GDP 为 3200 美元，达到发展中国家中等偏上的水平。

2010 年我国城镇人口比例将提高到 45%，年递增速度为 0.4%。这 10 年间，人民生活质量将大幅度提高，年均增长 7% 左右，按 1990 年不变价格计算，到 2010 年全国居民人均消费水平约为 2850 元。农村居民基本消除绝对贫困，在各个领域和综合进程上全面达到既定的小康标准，从而使全国人民生活达到小康水平，并向比较富裕的生活迈进。到那时，住房面积和质量、平均预期寿命、平均受教育年限、摄入的食物热量、衣着消费、每千人拥有的医生和病床数、婴儿死亡率、电话普及率等项指标，都应超过世界平均水平，达到发展中国家的先进水平。2010 年我国的基尼系数将维持现有水平（0.48）不再扩大，2020 年前有望缩小，2030 年可能缩小到 0.4 以内。

社会发展程度全面提高，2010 年人口规模控制在 14 亿以内，平均预期寿命为 73 岁。普及九年义务教育，基本扫除文盲，教育投入占 GDP 的 4%。预计到 2010 年我国大学生普及率将达到 25%，在校生总规模超过 2500 万人。通过发展各类社会保险制度、劳动保护制度和医疗保健事业，形成覆盖城乡的比较完善的社会保障体系，使人民享受到比较完善的社会保障和医疗卫生服务。生态环境恶化的趋势初步得到遏制，作为小康社会核心指标的森林覆盖率将达到 19.4%。

社会发展的战略重点是把社会主义文化建设摆在更加突出的位置，促进两个文明的进一步协调发展；继续实施可持续发展战略，使城乡环境建设质量有比较明显的改善；加大科教兴国战略实施力度，建设国家创新体系，提高国家的创新能力，增强全民创新意识，使国民经济技术水平和全民族科学文化素质显著提高。科学技术在一些重要的领域接近或达到国际先进水平。

（二）2011～2020 年：全面的小康社会

按 GDP 年递增速度低线 6.5%～7.0%，2020 年为 33.11 万亿元；按年递增速度高线 7.0%～7.6%，2020 年为 36.16 万亿元，大约是美国当时 GDP 的 70%。到 2020 年将再增 1 亿人，达到 14.8 亿人，年递增度降为 0.7%。2020 年人均 GDP 年为 22 370～24 430 元，按世界银行的购买力平价测算是 5900 美元，有可能超过 2020 年的中等发达国家水平。

2020 年，中国城乡居民的生活质量将有明显的改善，收入不平等的程度要有明显的缓解，基尼系数达 0.44。城镇化率为 53%，年递增速度为 0.8%，接近目前的中等收入国家水平。城镇居民生活更加富裕，电话普及，轿车进入更多的居民家庭，人均住房面积进一步扩大，城镇居民人均建筑面积 35m²，每套住宅平均面积在 100～120m²；城镇住宅成套率达到 95%。鉴于目前农村居民生活水平落后于城市居民 15～20 年，预期经过 20 年的发展之后，农村居民可以过上宽裕的小康生活，彩电、冰箱、洗衣机等耐用消费品得到普及，居住质量进一步提高，农村人均住房建筑面积为 40m²，平均每套住宅占地面积不超过 140m²，享受较高的生活水准、配套的生活服务设施，10～12 年的义务教育，比较完善的医疗保健服务。

2020 年，我国平均预期寿命为 74 岁，接近目前高收入国家的水平。大学生普及率到 2020 年将达到 28%，达到中等收入国家的平均水平。

这一阶段社会发展的战略重点将是提高居民生活质量，建立比较完善的社会服务体系，基本实现法制化，促进经济与生态环境的协调发展。

（三）2021~2030 年：发达的小康社会

到 2030 年我国基本实现工业化、城镇化和国民经济现代化。农村人口和直接从事农业生产的劳动力降到 30% 以下。按照 GDP 年均 6%~7% 的增长速度，2030 年 GDP 总量将达到 59.3 万亿~71.1 万亿元。国民经济的综合实力位居世界前列，在一些重要的科学技术领域进入世界先进行列。城乡居民的生产达到中等发达国家水平。生态环境明显改观，森林覆盖率将达到 24%。从总体上讲，到 2030 年，我国社会经济形态将开始向后工业化和全面信息化时代过渡。到 2030 年，三次产业的结构将变为 9.4%、48.0% 和 42.6%。地区发展差距绝对缩小。到 2030 年基尼系数可能缩小到 0.4 以内。

这一历史时期，我国经济社会发展的重点是以知识化为主，以代表 21 世纪中叶世界科学技术发展水平和方向的先导产业，作为发展的战略重点。建立起适应知识时代的政治、法律、经济和社会体制，形成适合我国国情的知识经济、工业经济和农业经济协调发展的格局，全国城乡环境质量基本符合现代化的要求，实现现代化基础上全社会的共同富裕。

六、重点区域社会发展的差异和特点

目前，从人口、教育、卫生、科技、文化、环境污染、基础设施等社会发展指标看，少数沿海地区已达到世界较高水平，但许多内陆地区仍处在世界低水平。2000 年人类发展指标（HDI）中国为 0.726，已经属于世界上中上等人类发展水平，但从各地区看，1999 年有 5 个西部地区人类发展指数为 0.65~0.50，属于下中等人类发展水平；有 23 个地区人类发展指数为 0.80~0.65，属于上中等人类发展水平；有上海、北京、天津 3 个直辖市人类发展指数大于 0.80，属于高人类发展水平。中西部还有 15 个地区人类发展指标在世界 174 个国家和地区的排位在 100 位之后。预计到 2010 年、2020 年和 2030 年，中国人类发展指标有可能分别达到 0.75、0.79、0.83。

根据 2002 年全国各地区 5 类 30 项社会发展指标值综合评价，可以把全国 31 个省（自治区、直辖市）分为三个层级：处于小康社会上游层的有上海、北京、浙江、天津、广东、江苏和山东 7 省（直辖市），全部为东部沿海城市。7 省（直辖市）的经济、人民生活和生态环境水平远高于全国平均水平。处于小康社会中游层的有福建、辽宁、黑龙江、河北、湖北、吉林、重庆、湖南、河南、山西、四川、安徽、陕西 13 省（直辖市），其中东部沿海省（直辖市）2 个，中部 5 个，东北 3 个，西部 3 个。处于小康社会下游层的有内蒙古、广西、新疆、海南、江西、甘肃、宁夏、云南、青海、西藏、贵州 11 省

（自治区），11 个地区的经济水平和社会生活水平指标远低于全国平均水平，除江西为中部省份外，其余 10 个均为西部省份。

在重点地区优先发展和整体国力迅速增强的同时，我国区域间发展差距在不断增大，表现在沿海与内陆的差距、城乡的差距复合在一起，越是落后的地区，城乡差距越大；在经济发达的地区，城乡一体化进程明显，甚至农村地区较中心市区的发展势头更猛。这样不仅使我国多数地区城乡二元结构特征突出，也导致东中西部地区之间发展的差距问题在乡村表现得更为严重。这种差异的特点已经从量（主要是区域间经济社会发展速度的差异导致的人均水平的差异）的差距，转变为质（主要是区域间发展活力和发展潜力）的差距。在未来的区域经济发展中，一方面，导致地区差距扩大的主要因素（如要素条件、产业基础、区位和人文环境等）将继续存在；另一方面，抑制差距进一步扩大趋势的有利因素也正在形成。

东部沿海地区的上海、深圳等一批具有国际水准的城市涌现出来，产业结构、生活水平等逐步同发达国家接轨。2003 年，长三角、珠三角、京津冀三大经济圈的 GDP、实际利用外资额和出口额分别占全国的 39%、69% 和 72%，真正成为拉动我国经济持续快速发展的引擎，也成为提高我国综合国力、国际竞争力的核心区以及世界最具发展潜力的制造业基地。其社会发展的战略重点将转向提高工业化和城镇化的质量，提升经济发展层次和综合竞争能力，优化和改善空间结构，创造良好的人居环境，防止经济过度集聚，促进区域可持续发展。按现有增长速度，预计经过 25 年的发展，东部地区的人类发展指数将整体超过 0.87，达到高人类发展水平。

西部地区在过去不到 10 年的时间里，初步形成了以西安、成都、重庆等中心城市为核心的城市群和经济集聚区，社会事业也有较快发展，但不利因素很多，西部地区的社会发展与发达地区的差距还会扩大。西部地区社会发展比其他区域更加强调 "知识、环保、致富" 原则，努力提高全民文化素质，大力开发人力资源，在完善基础设施和生态环境建设的基础上，发挥地区优势，推进特色优势产业发展，搞好资源综合开发利用和产业链延伸，培育一批具有竞争力的特色优势产业群，推进新型工业化和新型城镇化进程。特别是那些生态环境脆弱，不具备大规模开发条件的区域，应按照保护优先、适度开发的原则，实行退耕还林还草，加强生态环境整治，鼓励生态性移民，大力发展特色经济，实现人与自然的和谐发展。预计 25 年后，西部 12 省（自治区、直辖市）人类发展指数平均达到 0.78，达到上中等人类发展水平。

目前东北地区社会发展的主要矛盾是失业问题，东北地区有大量破产的地方国有企业，不少资源型城市面临资源枯竭的压力，失业人员从业技能单一，择业观念陈旧，以及农村剩余劳动力向城市转移加快，都进一步加剧了就业和再就业的供求矛盾。失业问题背后的经济增长方式的转变和产业结构的优化。东北地区今后经济社会发展的战略重点是更新发展观念，扩大改革开放的力度，加快国有企业重组改造和产业转型步伐，积极发展民营经济，培育接续产业，推进劳动和社会保障事业发展，加大教育和人力资本投资。由于东三省有着较好的经济社会基础，预计 25 年后，人类发展指数将接近或达到 0.85，达到高人类发展水平。

中部地区在全国的地位一直在下降，1980 年中部地区人均 GDP 相当于全国平均数的

88%，1990 年下降到 83%，而到了 2003 年只相当于全国水平的 75%。中部与东部地区的 GDP 差额比已增加了 6 倍。从居民收入看，中部地区人均可支配收入比全国平均水平低甚至比西部地区也低；城镇居民人均收入排名前 10 位的省中部一个没有。中部地区是我国农业商品生产基地和能源原材料建设基地，对于那些资源环境承载能力较强，经济开发密度不大，目前已具备大规模开发条件的区域，要大力推进工业化和城镇化进程，实行优先重点开发，引导人口、要素和产业合理集聚，形成新的产业和城镇密集带，在经济社会发展中特别注意缩小城乡差距。预计 25 年内中部地区人类发展指数会达到 0.81 的高人类发展水平。

第四章　国民经济和社会发展对农业及城市发展的要求及其定位

一、改革开放以来特别是 20 世纪 90 年代以来农业发展的特点和问题

改革开放以来，我国农业获得了长足发展。特别是 20 世纪 90 年代后半期以来，我国农产品供求关系实现了供求基本平衡，丰年有余，农业发展进入一个新的阶段。总结改革开放以来的农业发展情况，具有以下主要特点。

（一）国家财政对农业的支持力度不断加大，国民经济进入由"以农哺工"向"以工补农"、"以城带乡"转变的阶段

长期以来，国家为了发展工业化，通过剪刀差和税收等形式从农业拿走了大量的剩余。改革开放特别是进入 20 世纪 90 年代后，这种状况得到了很大改善。主要反映在以下三个方面：一是国家先后多次提高农副产品收购价格，使得主要农产品价格由低于国际市场价格转向高于或持平于国际市场价格。二是连续大幅度增加了农业投资。"九五"以来，特别是 1998 年国家实施积极的财政政策以来，国家财政加大了对农业支持的力度，使国民收入分配进一步向"三农"倾斜。2001~2003 年，中央财政用于农业的支出总量达到4792 亿元，比新中国成立后前 35 年安排的总和还要多。三是逐步取消农业税。2003 年国家在全国范围内全面开展农业税费改革试点，下调农业税税率；2004 年进一步规定取消了除烟叶以外的农业特产税，分 5 年逐步取消农业税；2005 年又将明确指出将取消农业税的期限缩短为 3 年。这些政策调整意味着国民经济进入由"以农哺工"向"以工补农"、"以城带乡"转变的阶段。

（二）农业综合生产能力不断提高，农产品供求由全面短缺走向总量基本平衡

改革开放以来，随着国家对农业投入的持续增加和农业技术的不断创新，我国农业综合生产能力稳步提高，农产品生产全面增长，使国内主要农产品供求关系发生了转折性变化。在粮食供给方面，20 世纪 90 年代中期，国内粮食综合生产能力达到了 1 万亿斤[①]的

---

① 1 斤 = 0.5kg。

水平，导致国内粮食供给一度（1999～2002 年）出现总量和结构的相对剩余。其他农产品（如棉花、蔬菜、水果及部分畜产品等）的供求关系呈现出类似的变化。目前，我国粮食、油料、水果、豆类、肉类、蛋类、水产品等产量均居世界第一位。这些都表明我国农产品供求关系实现了由长期短缺向丰年有余的历史性转变。

（三）农业结构战略性调整不断深入，农业生产布局进一步优化

随着农产品供求关系的转折性变化，过去那种以追求农产品产量最大化为目标的生产方式再也适应不了市场的需要，增产不一定能增收甚至减收。为此，中央适时做出了对农业结构实行战略性调整的重大决策，相关政府部门也制定并实施了优势农产品区域布局规划，引导优势农产品和特色农产品向优势产区集中。在政府的政策引导和国内外市场需求的驱动下，农民积极调整和优化农业生产结构，增加科技含量高、品质优良的农产品生产。一些各具特色、各显优势的作物带、产业带逐步形成，不同区域农业发展开始呈现合理分工的新格局。目前，我国小麦、玉米和水稻在优势产区的集中度分别达到60%、55%和69%。

（四）农民收入在波动中增长，非农收入成为农民增收的重要渠道

改革开放以来，农民收入经历了超常规增长（1978～1984 年）、缓慢增长（1985～1990 年）、反弹回升（1991～1996 年）和增速回落（1997～2000 年）。"十五"以来，农民收入出现了恢复性增长，前三年分别增长了4.2%、4.8%和4.3%，2004 年增幅达到6.8%。在农民收入来源中，农民外出务工收入已占同期工资性收入增量的60%以上和农民人均纯收入增量的1/3 以上，成为农民增收的重要渠道。外出务工的农民数量由2000年的7800 万增加到2003 年的1.14 亿。随着农民外出务工数量的增加，农业劳动力在结构上也发生了两个转折性变化。一个是以1992 年为转折点，农业部门就业的劳动力绝对数量开始持续减少。到2003 年第一产业从业人数比1991 年减少了2552 万。第二个转折点是到1997 年农业部门就业的劳动力数量占全社会劳动力的比例已下降到50%以下，表明非农就业已经成为就业的主导。

（五）农业和农村基础设施逐步改善，农村社会事业稳步发展

随着我国综合国力的增强和农业与工业开始进入平行发展阶段，进入20 世纪90 年代中期以来，国家逐步加大了农业基础设施建设的力度，特别是将国债投资的重点向农业倾斜，完成了一批多年想完成而未完成的工程，使农业生产条件明显改善。例如，完成一批大江大河干流堤防加固工程，实施了大型商品粮基地、大型灌区改造、病险水库除险加固等农业基础设施项目，开展了天然林资源保护、退耕还林、水土流失综合治理等重点生态工程，全面启动了节水灌溉、人畜饮水、农村沼气、农村水电、乡村道路和草场围栏等农村"六小工程"。在农业和农村基础设施出现明显好转的同时，农村文化教育、医疗卫生、

社会保障等事业发展也得到一定改善。

在看到我国农业发展取得巨大成就的同时，也要重视存在的一些突出矛盾和问题，主要有以下五方面。

1. 粮食综合生产能力下降，粮食安全隐患依然存在

粮食问题一直是我国现代化建设中不容忽视的问题。虽然我国粮食生产在20世纪90年代中期达到了5亿t的水平，但最近几年来我国粮食的播种面积、单产及总产均有较大幅度的下降，2003年比1998年分别下降了12.7%、3.8%和15.9%，并引发国内粮食价格较大波动。2004年我国粮食大幅度增产，扭转了多年连续减产的局面，但产需之间仍存在缺口400亿~500亿斤。受资源供给不足和政策空间有限等因素影响，实现未来粮食增长的目标还需做出很大努力，粮食安全的隐患不可忽视。

2. 耕地和水资源短缺矛盾突出，农业可持续发展面临新的挑战

这些年来，部分地区片面追求工业化、城镇化外延扩张，大量土地资源（包括基本农田）被乱占，大量水资源遭到破坏，导致耕地面积减少，水资源质量下降，农业生产能力受到较大损害。在土地资源方面，1996~2003年全国耕地由19.51万亩①减少到18.51万亩，7年时间净减少耕地1万亩；在水资源方面，据有关方面测算，正常年份我国灌区每年缺水约300亿 m^3，到2010年我国农业用水仍然有356亿 m^3 的缺口。农业用水短缺不仅形势严峻，而且用水浪费和效率低下问题相当突出，农业灌溉用水利用系数只有0.43，与国外先进水平有较大差距。从发展趋势看，非农产业的发展和城镇的扩张，对耕地和水资源的需求将进一步增加，工业、城市用水同农业用水的矛盾将越来越尖锐。更值得注意的是，我国工业化、城镇化进程最快的地区，恰好是水资源供给充足、耕地质量比较好的地区。有水无地（或少地）和有地无水的问题将越来越突出，将对农业的可持续发展带来相当大的压力。

3. 城乡居民收入差距不断扩大，农民收入稳定增长的长效机制尚未建立

自1997年以来，农民的收入增长一直比较困难。1997~2003年，农民人均纯收入年均增长仅为4%，相当于同期城镇居民可支配收入年均增长幅度的一半，导致城乡居民收入差距不断扩大。1997年城乡收入差距为1∶2.47，2003年扩大到1∶3.24。从今后的变化趋势看，在未来几年内，国家对农民增收的政策空间将是有限的，农产品价格也不可能像之前那样继续保持大幅度上涨的势头，甚至还可能会有所下降，而农业生产的成本仍将高居不下，因此，"十一五"时期农民收入尚不具备快速增长的条件。

4. 农村基础设施发展滞后，农村公共品供给仍然严重不足

由于长期以来投入偏低，欠账太多，我国农业基础设施远远不能满足农业和农村发展的需要，农民行路难、引水难、上学难、看病难、通信难、用电难等问题依然存在。目

---

① 1亩≈666.7m²。

前，我国农村还有 184 个乡镇、5 万多个行政村和大量的自然村不通公路；还有 33% 的村庄没有喝到饮用水；农村学校办公经费缺乏，校舍和教学设备破烂陈旧；农村基本医疗卫生供给严重短缺，农民看病就医缺乏必要的保障，大约 90% 的农民属于毫无保障的自费医疗群体；农村社会保障制度还未建立起来，到 2003 年全国农村只有 367 万农民享受到最低生活保障政策，只有 5.8% 的农村人口参加了养老保险，不足 10% 的农村人口参加了大病医疗统筹。

5. 农村剩余劳动力向外转移面临诸多障碍，城乡就业矛盾突出

现阶段我国农业剩余劳动力为 1.5 亿~1.8 亿人。当前，农业剩余劳动力向外转移面临诸多制约因素：一是农业发展出现了快速上升的资本替代劳动的趋势，农业就业空间将会进一步收窄。二是工业及其他非农产业的结构升级，导致资本和技术替代劳动力的趋势增强，缩小了农业剩余劳动力进入非农产业领域的就业空间。三是不平等的城乡二元社会制度仍然阻碍着农民进入非农产业和城镇就业。

二、"十一五"和今后一个时期农业发展的战略定位和总体思路

"十一五"时期和今后一个时期是我国全面建设小康社会，加快推进社会主义现代化的重要时期。在这个时期，农业发展面临诸多有利条件。一是党中央、国务院指出了我国现在总体上已经到了以工促农、以城带乡的发展阶段，并明确要求合理调整国民收入分配格局，实行工业反哺农业、城市支持农村的方针，为农业发展指明了方向。二是综合国力增强和国民收入分配结构调整，为国家增加对农业的投入，加大对农业的支持力度，提供了可靠的物质基础和资金保障。三是国民经济发展处于工业化、城市化加快推进阶段，非农产业的进一步发展有利于促进农业剩余劳动力的转移。

抓住历史机遇，把握好农业发展的战略定位，进一步加强农业基础地位，对推进全面小康社会建设进程，实现国民经济的全面、协调和可持续发展具有重要的战略意义。结合国民经济发展发展的趋势和需要，"十一五"和今后一个时期农业发展的战略定位是，以科学发展观为指导，按照统筹城乡发展的要求，坚持"多予、少取、放活"，以提高农业综合生产能力为基础，以促进农民增收为重点，以推进科技进步和体制创新为动力，加快农业产业结构战略性调整，确实转变农业增长方式，加强对农业的支持和保护，构建粮食增产和农民增收的长效机制，促进城乡经济社会协调发展，为满足国民经济和社会的全面、协调、可持续发展对农业的要求奠定坚实的基础。这个战略定位指导下，农业发展的总体思路和对策包括以下六方面。

（一）加强以粮食为主的农业综合生产能力建设，确保国家粮食安全保障

不断加强以粮食为主的农业综合生产能力建设，满足国民经济和社会发展对农业的需

求，是今后一个时期农业发展的首要目标。在耕地面积减少趋势不可逆转的情况下，提高粮食综合生产能力的重点是提高单产。具体思路为：一是进一步完善农田水利基础设施建设，扩大有效灌溉面积，改造中低产田，提高耕地质量，增强农业防灾减灾能力；二是加强粮食增产核心技术、关键技术的研究开发和相关技术的集成，特别是粮食良种繁育和推广，促进先进栽培技术的普及和应用，提高良种良法对粮食等农作物增产的贡献率；三是加大财政支持力度，重点加强粮食主产区建设。目前，全国粮食产量的 70% 以上，粮食商品量的 80% 以上，是由 13 个粮食主产省（自治区）提供，它们的耕地面积占全国的 65%。这 13 个主产区是未来粮食增产的潜力所在。国家要在投入上对粮食主产区给予倾斜，支持主产区粮食综合生产能力建设。

（二）转变农业增长方式，实现农业可持续发展

改革开放以来，我国农产品产量的高增长是建立在高投入和高消耗的基础之上，由此也带来了水土资源的过度开发和生态环境的恶化，危及农业的可持续发展。因此，必须转变农业增长方式，合理利用自然资源，实现资源的综合利用、节约利用及永续利用。主要措施有：一要严格控制征地规模，确保最严格的耕地保护制度能够持续落到实处；同时，严格禁止良田种树、毁田养鱼等破坏基本农田的做法，确保耕地质量不受到损害。二要加强对水资源的保护和治理，倡导节约用水，提高水资源的质量和利用效率；积极发展节水农业和旱作农业，引导农业节水。三要充分发挥农业劳动力资源丰富的优势，采取多种形式开展农业技能培训和科技示范，提高农业劳动者素质，促进资源的优化配置，提高农业劳动生产率，加快农业发展。

（三）调整农业和农村经济结构，促进农民增收

农业、农村经济结构战略性调整是增加农民收入的重要途径。"十一五"时期，要在确保粮食稳定增长的前期下，围绕国内外市场需求，依靠科技进步，积极调整农业和农村经济结构，大力发展畜牧业和以农产品加工业为主的农村第二、第三产业；充分发挥不同区域的农业资源优势，积极发展地方特色产业，形成合理的农业区域布局和分工格局；努力调整农产品品种结构，大力发展高产、优质、专用的农业新产品，满足市场对农产品优质化的多样化的需求。通过农业结构调整，逐步提高我国农产品的质量和档次，增强市场竞争力，促进农民收入的快速增长。

（四）加强农业和农村基础设施建设，提高农村公共品供给水平

"十一五"时期，要继续加强农业、农村公共基础设施建设，特别是要着力提高中西部地区农村公共品的供给水平。国家应加大对中西部地区农村的基础设施建设投入。同时中西部地区也要转变观念，创造有利的发展环境，吸引社会资金投资参与中西部地区的基础设施建设。目前，中西部地区的基础设施建设的重点是：完善农村路网结构，提高农村

道路等级；建设重点骨干水利枢纽和输水工程等水利设施，提高水资源供给和合理利用能力；加强流域水资源合理配置和统一调度，协调生活、生产和生态用水；彻底解决农村饮水困难问题，努力提高农村饮水卫生安全水平；搞好农村电网改造工程的后续建设和管理，大力发展农村水电，保障农村电力供应。通过农业、农村公共基础设施建设，不断改善当地农民的生产和生活条件。

（五）加大对农村社会事业的支持力度，促进农村经济和社会的全面协调发展

"十一五"时期，应该进一步加大对农村社会事业发展的支持力度。一是不断增加农村九年制义务教育的投入，大力发展农村基础教育。已经实现基本普及九年制义务教育的地区要巩固成果、提高水平；尚未普及九年制义务教育的地区要进一步扩大覆盖范围。对农村地区贫困学生，要加快实施"二免一补"政策。二是把国家公共卫生支出的重点放在农村，加强农村医疗卫生体系建设。要以中西部地区、贫困地区和农村基层，作为加强农村公共卫生体系建设的重点地区；把完善疫情信息网络、疾病预防控制和医疗救治体系、建立农村疫病防治机制和应急处理机制，作为加强农村公共卫生体系建设的重点领域。进一步改革农村医疗卫生体制，积极稳妥地推进农村新型合作医疗的试点工作。三是建立农村社会保障制度。按照分地区、广覆盖、有保障的原则，初步构建最基本的农村基本养老保障、基本医疗保障、最低生活保障和规范化的政府救济制度。

（六）加快建立城乡统一劳动力市场，促进农业剩余劳动力转移

"十一五"时期，应逐步废除城乡户籍差别管理制度，统一城乡户口登记制度，使农民享有与城市居民同等的地位和公平发展的机会。在此基础上，按照城乡统筹就业的目标，清理取消所有针对农民工制定的限制性和歧视性就业政策，逐步建立统一开放、竞争有序、城乡一体的劳动力市场，形成企业自主用人、劳动者自由择业的市场化就业制度。另外，要加强对农民工的培训，提高他们的素质和劳动技能，增强他们的就业能力和适应能力。

三、2010 年、2020 年、2030 年农业发展趋势和情景分析

"十一五"时期和今后一个时期，我国农业发展的趋势和情景分析如下。

（一）农业将继续保持稳定增长，但其增加值占国民经济的份额将下降

随着国民经济进入"以工补农"、"以城带乡"的阶段，国民收入分配格局逐步向"三农"方向倾斜，今后中央和各级地方政府将不断加大对农业的公共基础建设投入，农

业公共基础设施状况将会得到明显改善。同时，城乡统筹和一体化发展观念的增强，国家对农民的直接和间接补贴只会加强不会减弱，有利于提高农民的生产积极性。再者，世界新的农业科技进步和我国科技体制改革步伐加快，将为突破农业发展的资源约束提供新的空间和支点。这些因素的积极作用将使农业（第一产业）继续保持稳定增长的趋势。但是，根据国际经验，在工业化、城镇化进程加快的时期，第一产业的增长速度大大低于第二产业和第三产业增长速度，从而也低于 GDP 的增长速度，第一产业增加值占 GDP 的比例进一步下降。

我们预测分析，2005～2030 年，我国第一产业增加值的年均增长率为 4%，其中，2005～2010 年的平均增长率为 4.1%，2011～2020 年的平均增长率为 4.0%，2021～2030 年的平均增长率为 3.9%。2010 年、2020 年、2030 年第一产业增加值分别为 2.25 万亿元、3.33 万亿元、4.86 万亿元左右，占同期 GDP 的比例为 11.5%、8.5%、6.8%。

（二）农产品生产总体增长速度放慢，粮食供求关系将处于偏紧状态

农产品生产的增长受农业资源、农业科技储备、农业投入和市场需求等多方面因素的影响。作为一个人均农业资源相对匮乏，而又处于工业化、城镇化快速发展阶段的国家，我国农业发展所面临的资源约束是显而易见的。同时，目前我国居民对农产品需求在总量上已经放慢。这些因素的共同作用，将使未来农产品生产增长速度比目前平均增长下降。不过，不同类型的农产品受到这些因素影响的程度是不同的，因而它们的增长趋势也是不同的。以下以粮食和畜产品为例进行说明。

在粮食方面，由于人口增长、城镇化水平提高和人均收入水平增加，对粮食需求既有总量的增加，也有消费结构的变化。根据预测，2010 年、2020 年和 2030 年三个时点的全国人口总数分别达到 13.5 亿人、14.3 亿人和 15.0 亿人，同时按照这三个时点每年人均粮食消费量 380kg、400kg 和 412kg 测算，我国粮食需求总量将分别达到 5.13 亿 t、5.72 亿 t 和 6.18 亿 t。而根据影响粮食生产增长因素的未来变动趋势，综合考虑历史趋势外推法、生产函数法、多向量自回归模型法和专家判断等结果，我们预测分析 2010 年、2020 年和 2030 年全国粮食需求总量为 5 亿 t、5.4 亿 t 和 5.9 亿 t。预测分析结果表明，到 2030 年，我国粮食供求关系将经历一个由总量基本平衡转为存在部分缺口的紧平衡过程。

在畜产品方面，由于我国目前人均畜产品消费水平还比较低，而且正处于食物消费结构快速转换阶段（即对植物类食品的消费需求增长由快变慢，而对动物类食品的消费需求增长由慢变快），受需求的拉动，畜产品生产还有较大的增长空间。根据人口、收入和消费结构变化等因素的变化趋势，我们预测分析 2010 年、2020 年和 2030 年全国肉类需求量分别达到 7782 万 t、9810 万 t 和 11 123 万 t，肉类产量分别达到 8062 万 t、10 143 万 t 和 11 483 万 t，肉类供求关系将保持在供大于求的格局。

（三）农民收入增长将进入缓慢攀升的阶段，非农收入
将在农民收入来源中占主导地位

2004 年，在气候、价格和政策等综合因素的共同作用下，农民收入增长创近几年来的

历史最高水平。未来几年内，受价格平稳乃至小幅下调、政策空间有限和农业生产成本上升等趋势的影响，农民收入增长继续保持 2004 年高增长率的可能性不大，增幅将趋于回落，并稳定在 5% 左右的水平。2010 年以后随着城镇化水平明显上升，农村劳动力进入城市和非农产业领域就业的增加，现代农业科技应用所带来的劳动生产率提高，以及城乡经济整合取得成效，农民收入增长将在波动中得到提高，收入来源结构将发生明显变化，来自农业的收入增长贡献将趋于减弱，非农收入成为增收的主体。预计"十一五"时期增长幅度将保持在 5% 左右，2010～2020 年增幅为 5%～6%，2020～2030 年将达到 6%～7%。按 2002 年的价格水平测算，2010 年、2020 年和 2030 年农民人均纯收入将分别达到 4100 元、6300 元和 11 000 元。

（四）农业产业结构调整不断深化，高附加值产业的比例进一步提高

以效益为中心是未来中国农业发展的出发点和根本出路。提高农业效益就必须提高农业的附加值，也就意味着对农业产业结构进行调整，增加高附加值农产品的生产。展望未来 25 年，种植业总产值在农业总产值中的比例将会逐步降低，将在 50% 以下；畜牧业和林业总产值占农业总产值中的比例将会有不同程度的提高，其中畜牧业的比例上升幅度更大，将达到 35% 左右；渔业总产值占农业总产值中的比例也将会有明显的增长。在种植业方面，口粮将基本保持相对稳定，饲料粮将出现较快增长，占比逐步提高，经济作物将稳步增长。在畜牧业方面，牛羊肉将以更快的速度发展，而猪肉、鸡肉生产速度将相对慢一些，肉类结构将更加合理。

四、农业区域布局和重点区域农业结构调整

农业结构战略性调整是现阶段我国农业发展的中心任务，优化农业生产区域布局是农业结构战略性调整的一个重要内容。调整和优化农业区域布局和农业结构，是发挥区域比较优势，合理配置生产要素，提高资源利用水平和配置效率的内在要求。根据不同区域的资源条件和优势，实现农业区域化、专业化生产，建立符合不同区域资源特点的农业产业带，是我们面临的一项重要而迫切的任务。

（一）农业区域布局

经过这些年的努力，我国农业区域布局的调整取得了初步成效，开始出现了一些农产品的优势产区，如黑龙江的大豆、吉林的玉米、新疆的棉花、广西的蔗糖等，尽管如此，农业区域布局中"小而全、大而全"和结构雷同的问题仍很突出，特别是优质专用品种生产还比较分散，区域化布局、专业化分工格局还未形成，地区比较优势未能充分发挥。根据不同区域的资源禀赋、产业基础和产品的市场，进一步推进优化农业区域布局，逐步形成各具特色、既有分工又相互支撑的农业发展新格局，是我们需要解决的迫切任务。

由于我国东部地区和中西部地区之间、南方地区和北方地区之间资源禀赋不同，产业

化基础有强有弱，农业生产成本存在着较大的差异，东部地区和中西部地区未来农业生产将表现为向不同的方向演变。按照农业部的优势农产品区域布局规划，未来我国农业区域布局的格局是：东部地区在保护好基本农田的前提下，逐步压缩土地密集型农产品生产，扩大劳动密集型、外向型农产品生产，大力发展现代高效农业。具体地说，就是有步骤地减少棉油糖等农产品的生产面积，增加蔬菜、花卉和畜禽、水产品等农产品的生产面积，同时，加大农产品出口基地建设力度，大力推进外向型农业发展。中部地区充分发挥粮食、油料等大宗农产品生产的优势和潜力，进一步抓好粮棉油生产，通过发展畜牧业、渔业和农副产品加工业，提高农业效益，增加农民收入。西部地区加快发展特色农业，如糖、烟和水果等产品，并围绕这些产品开展产业化经营，努力发展畜禽养殖和农产品加工业，实现农产品的转化增值，把资源优势转化为经济优势。

（二）重点区域农业结构调整

根据农业部的优势农产品区域布局规划和我们的研究，今后我国将重点扶持和发展十大农产品产业区带，形成区域化、规模化的农业生产格局。这些重点产业区带的农业调整方向如下。

1）在黄淮海、长江下游和大兴安岭沿麓等培育优质小麦产业带，重点在黄淮海发展强筋小麦，在长江下游和大兴安岭沿麓发展弱筋小麦，适当控制中筋小麦的发展。

2）在长江中下游、东北三江平原培育稻谷产业带，重点发展优质和专用化的稻谷。但是，考虑到三江平原稻谷生产发展过快造成大量湿地的破坏，应适当压缩东北三江平原的稻谷面积。

3）建设东北—内蒙古和黄淮海地区的专用玉米产业带，重点发展饲料用玉米和工业专用玉米。

4）在东北—内蒙古东部建设和培育大豆产业带，在松嫩平原、三江平原、吉林中部、辽河平原和内蒙古东四盟，重点发展非转基因的高油大豆。

5）建设西北内陆、黄河流域和长江流域棉花产业带，在新疆、甘肃河西走廊、河北、山东、河南、江苏、安徽和江汉平原、洞庭湖、鄱阳湖、南襄盆地等，重点发展陆地长绒棉和短绒棉产品。

6）培育长江流域的"双低"（低芥酸和低硫甙）油菜籽产业带，在川、黔、渝、滇、湘、鄂、赣、皖、豫、苏、浙等省（自治区、直辖市），重点发展含油率高、低芥酸和低硫甙的油菜籽生产。

7）建设桂中南、滇西南和粤西等"双高"蔗糖产业带，重点发展含糖率高、单产高的甘蔗生产。

8）建设南北水果产业带，在长江上中游、赣南、湘南、桂北、浙南、闽西、粤东重点发展柑橘类优质和专用水果，在渤海湾、西北黄土高原重点发展优质和专用苹果。

9）培育优质畜禽产业带，在中原和东北建设优质肉牛产业化基地，在内蒙古中东部、河北北部和西北地区建设优质肉羊产业化基地，在东北、华北及京津沪地区建设奶及奶制品产业基地，在沿海地区和城市郊区建设禽蛋产业基地。

10）建立水产品养殖产业带，在东南沿海养殖带重点发展优质鱼类和虾类水产品，在渤海黄海养殖带重点发展优质虾类和贝类水产品，在长江中下游养殖带重点发展优质蟹类产品。

五、20世纪90年代以来城市发展的特点和问题

30年来的改革开放，给我国城市带来了蓬勃发展的良好机遇，极大地加快了城镇化进程；20世纪90年代以来，城市发展出现了前所未有的繁荣景象，城市的发展极大地促进了我国的现代化建设，是我国经济高速增长、社会经济全面发展的重要组成部分。

（一）我国城市的数量迅速增长，城镇化步伐明显加快

20世纪90年代以来，伴随着我国改革开放的深化和经济的高速增长扩张，我国城市的数量大量增加。由1990年的467个发展到2001年的662个。其中大中城市和特大城市的数量的增长十分明显，特大城市，从1990年的31个，增加到2001年的166个，大城市从28个增加到279个，中等城市从121个增加到180个。

从改革开放以来的城镇化进程来看，我国城镇化进程明显加快。1978年，我国的城镇化水平仅为17.92%，比1949年增长了7.3个百分点，比20年前的1958年仅增长了1.7个百分点。改革开放的30多年，是我国城镇化水平飞速提高的时期，至2000年城镇化率提高了近20个百分点。其中，1990~2000年，城镇化率提高了近10个百分点，超过了改革开放前30年总的增长幅度。

（二）城市群逐渐形成，经济向全国性超大城市群集聚

从城市单一发展向组团式城市群发展，这种战略转变是我国实现新一轮增长的必然选择，有利于各城市在经济上取得互补效应，加速消除城乡二元结构。在东部沿海地区，开始形成以特大城市为中心、多层次、功能互补的城市群。全国性的城市群主要有以香港、广州、深圳为中心的珠江三角洲城市群；以上海、南京、杭州为中心的长江三角洲城市群；以北京、天津为中心的京津冀地区城市群。同时，在区域间或各省范围内，也形成了不同发展水平的城市群，如以沈阳、大连为中心的辽中南城市群；以济南、青岛为中心的山东半岛城市群，等等。

随着我国从城市单一发展向组团式城市群发展，我国经济增长已形成以珠江三角洲、长江三角洲和环渤海地区等大都市圈为核心的增长极。经济将越来越向全国性的超大城市群集聚，是全球性城镇化发展的共同轨迹。在我国，这种经济的集中趋势也越来越明显，我国目前的三大城市群的GDP占到全国的38%[①]。以大都市为中心的经济增长核心区的快速发展和规模的扩张，将产生强大的辐射力，其发展及其深刻影响在今后数十年内必将越

---

① 蒋正华，吴良镛，周干峙，等．（2002—2003）中国城市发展报告．

来越明显地表现出来。

（三）城市综合实力大大增强

改革开放使得城市的经济结构、城市基础设施等方面都发生了明显的变化，朝着合理化的方向发展，大大增强了城市综合实力。

改革开放以来，城市生产总值（GNP）持续高速增长。据统计，城市生产总值1988～1996年年均增幅为18%。城市产业结构进一步合理化，改革开放以来，城市第三产业得到了充分重视，随着社会主义市场经济体制的发育，以服务业为主体的第三产业，特别是信息、金融、保险、咨询以及各种中介服务业蓬勃发展，显示了信息和知识经济时代的城市特征。1988～1996年，我国城市第三产业增加值平均增幅达19.3%。第三产业已经成为城市三次产业的最重要部分，占GDP的比例由1988年的28.6%上升到1996年的37.2%。

（四）城镇化水平依然滞后

但如果按照世界各国的平均发展水平进行比较，我国仍有较大幅度的落后。东、中、西部地区的城镇化进程落后于自身的工业化进程，落后于地区经济发展水平[①]。目前中低收入国家组的城镇化率平均为52%，高于我国22个百分点。考虑到我国刚步入这一国家组，农村人口一般略高于农业劳动力比例，我国城镇化滞后于工业化进程也至少在10个百分点以上。

据世界发展报告的统计：2000年世界平均城镇化水平达47%、中等发达国家为50%，高收入国家为79%，而我国2002年仅为39.1%，比中等发达国家低11个百分点。由于农村外出的流动人口高达1.2亿人，其中一部分人属于农忙务农、农闲进城打工，流动性较大没有算作城市人口外，有相当多的农村劳动力长期居住在城镇却没有计入城镇人口中，所以我国政府公布的城镇人口比例偏低，据估计约偏低10个百分点左右[②]。

（五）基础设施供给仍然短缺

中国城镇基础设施建设一直滞后于经济的发展，新的基础设施建设缓慢，原有的设施缺乏良好的维护，城镇基础设施处于供给不足的状况。1991～1999年GDP平均增长速度为10.1%，但城镇自来水供应量、下水道长度、铺装道路长度、绿地面积等指标增长率分

---

① 根据测算，1997年我国显性城镇化水平为30.37%，其中，东部地区为33.96%，中部地区为30.65%，西部地区为23.47%，都远低于其相应经济发展阶段世界各国的平均水平。事实上，目前我国城镇化的滞后主要是通过隐性城镇化反映出来的。另据测算，1997年我国隐性城镇化水平已达到16.91%，其中，东部地区为21.67%，中部地区为14.53%，西部地区为12.12%。因此，如何将这部分隐性城镇化人口转化为显性城镇化人口，将是"十五"乃至今后较长一段时期内的一项艰巨任务。

② 数据资料来自中国网。

别仅为 2.3%、9.8%、5.4% 和 5.6%。城市道路面积虽每年都以高于 10% 的速度快速增长，但车均拥有道路面积以每年 10% ~15% 的速度持续下降，行车速度也不断在减慢。城市人均道路面积和道路网密度与世界发达国家相比仍属于低水平的状态，与发达国家的人均拥有道路面积 15 ~25m^2、路网密度 15 ~20km/km^2 相比，差距很大。城市环境保护基础设施更是严重滞后。进入 20 世纪 90 年代后，城市供水能力年平均增长 1000 万 t/d，而城市污水处理厂平均增加日处理能力约 110 万 t，因此污水处理能力的缺口不断增加。还有约 40% 以上的建成区无排水设施。许多城市是直泄式雨污水合流管道，就近分散排水，流入河流或深入地下，而城市污水处理率也只有 31.9%，与欧、美各国 80% ~90% 的污水处理率相比，中国污水处理率极低，大量城市生活污水未经有效处理直接排入河流，对水环境尤其是城市水环境造成很大的危害。城镇基础设施水平的严重不足，造成淡水供应短缺，煤气、供热普及率低，交通拥挤。

（六）水资源短缺与水资源浪费并存

目前在全国 667 多座城市中，有 300 多座属于缺水城市，年缺水量由 1990 年的 50 多亿立方米增加到 2000 年的 180 多亿立方米，水资源短缺已成为制约城市进一步发展的主要瓶颈。然而，在淡水资源严重缺乏的情况下，中国长期以来采取的却是粗放型水资源开发利用模式，城市水资源供给和使用过程中跑冒滴漏现象相当严重，多数城市用水器具和自来水管网的漏失率估计在 20% 以上。城市地表水体 90% 以上受到不同程度的污染。一些城市的供水水源地水质恶化，部分城市河段和湖泊已经难以承担供水任务。根据全国 118 座大城市浅层地下水的调查，97.5% 的城市受到不同程度的污染。其中 40% 的城市受到重度污染。目前全国地下水超采区共有 164 片，其中城市超采区就有 103 片，占 63%。深层地下水超采区 90% 以上集中在城市。超采地下水，导致区域性地下水位大幅度下降，出现地面沉降、塌陷，一些沿海城市发生海水入侵等严重生态环境问题。近年来，虽然在节水方面取得了一定进展，但从整体上看，还远远没有摆脱水危机的威胁。

六、2000 年不同流域城镇化发展状况

2000 年全国城镇人口 4.53 亿人，城镇化率为 36.4%。松花江、辽河、海河、东南诸河和珠江五大水资源区的城镇化率均高于全国平均水平；其余五大水资源区城镇化率均低于全国平均水平。

（一）松花江、辽河水资源区城镇化率超过 50%，达到世界平均水平

松花江和辽河水资源区的城镇化率均为 50.4%，已达到世界平均水平，比全国平均水平高 14 个百分点。这与该水资源区分布着大量工矿企业有关。

（二）东南诸河和珠江水资源区城镇化率在 42% 以上，处于较高水平

2000 年东南诸河水资源区城镇化率为 45.2%，在十大水资源区中居第三位。东南诸河水资源区呈现沿海地区明显要高于非沿海地区的特点。在福建境内则恰恰相反，位于山区的闽江水资源区的城镇化水平高于该区的沿海部分。

2000 年珠江水资源区的城镇化率为 42.3%。其中包括广州、深圳、珠海等城市在内的珠江三角洲水资源区城镇化率高达 70.2%。但是以广西、贵州部分地区为主体的红柳江二级水资源区城镇化率却只有 22.9%，比珠江三角洲水资源区低 47.3 个百分点。

（三）海河、黄河、淮河、长江和西北诸河水资源区城镇化率均在 30% ~37%

2000 年海河水资源区城镇化率为 36.7%，略高于全国 36.4% 的平均水平。但二级水资源区城镇化水平差异很大，包括北京、天津在内的海河北系水资源区城镇化率达到 56.4%；而包括鲁西北的德州、聊城等地的徒骇马颊河流域城镇化率只有 27.2%，高低相差 29.2 个百分点，相差近 1 倍。

2000 年长江水资源区城镇化率为 33.8%。二级水资源区城镇化水平呈现自西向东递增的态势，与人口密度的区域分布规律基本一致。成渝、武汉和长江三角洲这三大城市群所在二级水资源区的城镇化水平明显高于其他区域，如太湖水系城镇化率高达 65.2%；宜昌以上二级水资源区的城镇化水平除岷沱江外，均低于水资源区平均水平，如金沙江石鼓以上流域只有 7.6%，嘉陵江流域也只达到 23.9%，乌江流域为 25.7%。

2000 年西北诸河水资源区城镇化率为 33.4%，比全国平均水平低 3 个百分点。2000 年黄河水资源区城镇化率为 32.4%，比全国平均水平低 4 个百分点。2000 年淮河水资源区城镇化率为 30.2%，比全国平均水平低 6.2 个百分点。二级水资源区中城镇化水平最高的山东半岛沿海诸河，为 49%；城镇化水平最低的淮河上游，只有 16.6%，高低相差 32.4 个百分点。

（四）西南诸河水资源城镇化率比全国平均水平低近 20 个百分点

2000 年西南诸河水资源区城镇化率仅为 16.9%，在十大水资源区中最低。各二级水资源区的城镇化水平都很低，最高的是雅鲁藏布江流域也只有 26.7%，比全国平均水平低近 10 个百分点。

七、2010 年、2020 年、2030 年各流域城镇化发展趋势和情景分析

改革开放后，我国经历了长达 20 年多年的高速增长期，已进入工业化中期阶段。今

后一段时期，国民经济还将保持较高的增长速度，将为推进城镇化提供发展空间；反过来，快速城镇化所带来的巨大需求又将成为国民经济持续、快速、健康发展的强大动力。预计在21世纪初，我国工业化和城镇化之间的良性互动机制逐步完善，城镇化在政府、企业和个人多元主体的推动下保持较快的发展。

目前，我国市镇人口比例为1/3左右，处于城镇化迅速发展期的临界点。我国将进入一个较长的经济快速发展、产业结构迅速升级的时期。在制造业获得迅速发展的同时，第三产业也将迅速扩张，非农产业就业比例迅速提高，农村人口不断进入城市，推动着城镇化的迅速发展。据预测分析，到2010年我国城镇化水平将达到44.0%。2020年将达到54.5%，也即到时将有一半人口生活在城市，我国城乡人口结构将发生较大的变化。2010年、2020年和2030年全国城镇化率将分别达到44%、52%和59%[1]。

城镇人口将从2000年的4.52亿人增加到2010年的5.95亿人、2020年的7.49亿人、2030年的8.93亿人。根据城镇化发展水平现状、发展速度和未来城镇化水平，十大水资源区城镇化进程大致可以分为四种类型。

（一）松花江、辽河水资源区城镇化水平起点高，城镇化速度减慢，2030年处于城镇化基本完成阶段

松花江和辽河水资源区目前的城镇化水平均已超过50%，高出全国平均水平14个百分点，步入了城镇化临界完成阶段。预计2030年前城镇化速度减缓，松花江水资源区的城镇化率将由2000年的50.4%提高到2010年的54.7%、2020年的59.7%、2030年的63%，30年间提高12.6个百分点，2020年后开始步入城镇化基本完成阶段。辽河水资源区城镇化率由2000年的50.4%提高到2010年的53.7%、2020年的58.7%、2030年的62.6%，2020年后步入城镇化基本完成阶段。

（二）珠江、东南诸河和海河水资源区城镇化速度较快，2030年处于城镇化基本完成阶段

珠江和东南诸河水资源区目前城镇化率超过40%，海河水资源区城镇化率也高出全国平均水平，未来经济的快速增长为城镇化快速发展提供动力。2030年上述三个水资源区城镇化率均超过60%，处在城镇化基本完成阶段。东南诸河水资源区城镇化率将达到65.1%，居各大水资源区之首；珠江水资源区为64.3%，居第二位；海河水资源区为61.9%，居第五位。

---

① 国内有的预测明显高于我们预测的城镇化水平，据有的专家预测，从人口学、经济学、社会学等多方面考虑，到2010年，城镇人口比例将提高到48%，年递增速度为2.7%，2020年为60%，年递增速度为2.3%，接近目前中等收入国家的水平。

（三）长江、淮河、黄河水资源区城镇化速度略高于全国平均水平，2030 年处在城镇化临界完成阶段

长江、淮河和黄河水资源区的城镇化率均低于全国 36.4% 的平均水平，未来 30 年城镇化速度最快的是淮河水资源区，30 年间提高 27 个百分点；其次是长江水资源区，提高 24 个百分点；黄河水资源区提高 22 个百分点。到 2030 年三大水资源区城镇化率在 54%～58%，处于城镇化临界完成阶段。

（四）西南诸河和西北诸河水资源区城镇化发展缓慢，城镇化水平仍然不高

西北诸河水资源区城镇化率将由 2000 年的 33.4% 提高到 2010 年的 37.7%、2020 年的 46.2% 和 2030 年的 51.5%，30 年间城镇化率提高 18.1 个百分点，低于全国平均水平 4.7 个百分点。西南诸河水资源区城镇化率在十大水资源区中最低，2000 年只有 16.9%，2030 年提高到 38.1%，在十大水资源区中仍然最低，2030 年仍将处在城镇化加速发展阶段。

八、我国未来城市发展的总体格局

（一）我国区域经济发展的格局中城镇化空间分布方式及其特征

随着我国城镇化过程的迅速推进，大批城市将涌现，我国将形成比较合理的城市格局。从分布形态上看，东部沿海地区将以若干个连绵成带的都市圈（带）为主要特征；中西部内陆地区城镇化则将以点轴方式发展形态为主。

1. 都市圈（带）方式发展

东部沿海地区将形成若干由密集城市带组成的，具有全国乃至全球影响力的超大都市圈（带），相互毗邻，互为网状结构。从全国来看，以香港、广州、珠海为核心的珠江三角洲地区都市带、以上海为中心的长江三角洲地区都市带及以北京、天津为核心的环渤海地区都市带仍将构成全国三大核心区。这些地区不仅经济发达，产业结构先进，创新能力强，而且也是我国对外开放的前沿阵地。因此，不同层次核心区在全国的分布实际上反映了全国的空间经济格局。

未来我国经济将越来越向珠江三角洲、长江三角洲、环渤海地区三大城市群集聚，而且不久的将来这三大城市群将成长为具有巨大影响力的经济空间。今后我国必须坚持发展三大具有世界竞争力的组团式大城市集群，使之成为国家新一轮增长的"火车头"。目前三大城市群发展程度不一，其中珠江三角洲地区发展已趋向成熟，长江三角洲地区则基本形成规模，而发展最慢的环渤海地区还只是具备雏形。要实现更快的发展，还需要国家在

城镇化整体战略设计中有一套明确的大城市区、大城市群的政策作为支撑。未来我国城市发展将呈"三维分布",即培育三大城市群（面）、创建七大城市带（线）、发展中心城市（点）。这一格局形成后,将有全国人口的 55%、全国 GDP 的 75%、全国工业总产值的 85%,以及全国进出口总额的 95% 在这些地域产生。同时,三大城市群对国民经济的贡献率也将由现在占全国 GDP 的 38% 提升到 2010 年的 50% 和 2020 年的 65%。到 2020 年,我国会在 3% 的国土面积上,产生出占国家总财富 2/3 的 GDP[①],真正形成世界大国中具有全球意义的三大组团式城市群和我国经济积聚的战略性载体。

2. 点轴方式发展

西部内陆地区则随着梯度的变化,依交通物流枢纽及资源富集区,形成的以若干相距较远的大都市,并作为增长极,带动周边中心城市网络的点轴分布、群体发展。哈大沿线、武汉地区、汉中地区、成渝地区、兰州地区和乌鲁木齐地区将构成全国二级经济发展的核心区,它们担负着带动各自周围腹地发展的任务。

3. 省级经济中心多极化

各不同层次的核心区是相应不同范围的经济社会发展中心,它们不仅集聚着区域内最先进的制造业,也是区域内的信息中心和服务中心,对区域的经济活动起着调节、辐射的作用。各省（自治区、直辖市）范围内都将形成多个经济中心。在市场经济条件下,各省（自治区、直辖市）的经济中心有可能与行政中心出现偏离,如已经形成或初见端倪的新的省（自治区、直辖市）内经济中心有青岛、柳州、大连、厦门、深圳、九江等。此外,随着各省（自治区、直辖市）,特别是中西部地区各省（自治区、直辖市）经济的发展,会逐步改变省（自治区、直辖市）内单一经济中心的格局,逐步发展起一批新的经济增长极,如襄樊、宝鸡、绵阳、梧州、北海、芜湖等。

（二）未来我国城市经济高增长的地区分布

我国未来城市发展较快的地区主要应集中在以下八个地区。这些地区也是开展各水资源区经济社会发展预测分析中着重可虑的区域。

1. 长江三角洲都市圈

长江三角洲都市圈,是我国城市最密集、经济实力最强的经济核心区之一,也是最大和现代化程度最高的工业密集区、重工业与新兴产业基地。该都市圈所在的长三角地区,包括我国的上海、南京、宁波、杭州、苏州、无锡、常州、镇江、南通、扬州、泰州、湖州、嘉兴、绍兴、舟山。区域总面积为 97 521km²,占全国土地面积的 1%;2001 年人口为 8086.63 万人,占全国总人口的 6.28%;2001 年实现地区生产总值占全国的 16.64%。未来该都市圈的发展重点是继续强化上海对该区域的龙头带动作用以及增强长江三角洲城

---

① 蒋正华,吴良镛,周干峙,等.（2002—2003）中国城市发展报告。

市区域间聚合力，进一步加快城镇化进程，促进都市连绵区的形成。在 2010~2020 年，该地区完全有可能成为全球性制造业中心、东亚地区首屈一指的金融贸易服务业中心、中国新兴产业的"孵化器"和对外开放的基地。

2. 京津冀都市带

以北京、天津中心城市组成的京津冀都市带位于我国华北、东北和西北三大区域的结合部，是我国北方地区进入东北亚、走向太平洋的重要门户和对外通道，又是连接我国内陆与中亚、西亚和欧洲的亚欧大陆桥的重要起点之一，处在"东来西往、南联北开"的重要位置，是我国政治中心、文化中心、国际交往中心和北方经济中心。京津地区工业基础和科技优势十分明显，目前已经形成以石化、电子、钢铁、建材、机械等为支柱的重工业体系，是华北乃至全国重要的能源、原材料生产基地和电子信息产业基地。京津地区集中了全国众多的科技与教育力量，拥有雄厚的综合科技实力、综合科研机构，其科研成果代表着全国一流水准。特别是京津两市汇集了许多著名高等院校和科研院所，是全国科技人才最密集的地区。该区域是我国北方城市最密集的地区之一，未来的发展重点是加强区域内城市协作与分工，特别是明确天津与北京的定位与区域分工；规划建设跨行政区的各种基础设施；继续加强金融服务业、新兴产业基地与重化工业的功能。形成在东北亚具有重要影响力的地区。

3. 珠江三角洲都市圈

珠江三角洲都市圈所在的珠三角地区，即广州、深圳、东莞、佛山、中山、珠海、江门、肇庆与惠州九市，区域总面积为 28 542km²，约为全国的 3%，而 2001 年的人口与 GDP 却分别为全国的 2.8% 与 8%，是我国最为发达、人口与经济最为密集的地区之一。该地区初步形成了以电子及通信设备制造业为主的珠江东部产业、以传统制造业为主的珠江中部产业带以及以耐用消费品为主的珠江西部产业带，都市连绵区基本成型。未来的发展重点是加强珠三角与外围地区的联系、拓展腹地，强化珠三角在我国华南经济圈的龙头带动作用；加强区域内各城市间的协调以及与香港、澳门和台湾的融合，继续强化广州与香港双核心作用。

4. 山东半岛城市群——山东半岛地区

山东半岛地区，包括日照、东营、济南、青岛、淄博、烟台、潍坊、威海八个地市组成，土地面积为 59 700km²，占山东省的 38.82%，2001 年人口为 3980.7 万人，GDP 为 6228.72 亿元，分别占山东省的 44.03%、65.99%，是山东省经济核心区，在我国经济发展中也有举足轻重的地位。该地区主要以电力、纺织、煤炭采选等传统产业为主，新兴产业的发展严重不足，区域内空间集聚与区域协调有待进一步加强。针对该半岛地区现处于城市带雏形发展阶段以及社会经济发展情况，今后的发展重点：一是继续深化改革开放，特别是强化与日本、韩国的经济贸易往来；二是引导人口的空间集聚（包括区域外人口向半岛集聚与区域内人口向城市集聚），着力培育都市连绵区；三是加强区域内城市间的经济协同发展，提高半岛经济的综合竞争力。

5. 辽中南城市群

辽中南地区是指包括沈阳、鞍山、抚顺、本溪、丹东、营口、辽阳、铁岭八市，地处辽宁省中部，区域面积占辽宁省的45%，人口占57%，地区生产总值占58%。该地区的发展重点是抓住振兴东北老工业基地的历史机遇，加快国有企业改革与对内、外开放的力度，建设成为我国重要的装备制造业、石化等产业基地；在此进程中人口的集聚将加快，城镇化进程将快速推进，成为继长三角、珠三角、京津唐、山东半岛后又一经济增长极与都市连绵区。

6. 成渝都市带

成渝都市带区域范围包括成都、德阳、绵阳、眉山、自贡、泸州、资阳、内江的全部县（市、区）和重庆的渝中、大渡口、江北、沙坪坝、九龙坡、南岸、北碚、万盛、双桥、渝北、巴南、江津、合川、永川、綦江、潼南、铜梁、大足、荣昌、璧山 20 个县（市、区），总面积为 97 440km²，总人口为 5409.72 万人，是我国西部地区人口与城镇数量最密集区域，也是西部地区工农业生产最为发达的区域。建议加快整合成渝地区，使成都、重庆两大增长极转化整合成一条巨大的增长轴，并使此增长轴具有两个单增长极所不具有的功能。其重点是加快改革开放的力度，使成渝地区迅速成为我国西部高速城镇化地区、经济活跃地区和带动周边发展的中心地带。

7. 武鄂黄九都市连绵区

武鄂黄九都市连绵区所在地区，包括武汉周边地区（孝感、黄冈、咸宁）以及武汉—九江沿江地区，其中武汉—九江沿江地区西起我国长江流域中游地区最大的中心城市武汉，沿长江东至九江，中间包括沿江的湖北鄂州、黄石、大冶、武穴和江西瑞昌。区域总面积为 69 667.67km²。其发展重点是加快武鄂黄九都市连绵区的形成，发展成为我国长江流域中游地区最大的以钢铁、机械、纺织、电子为主的综合性产业基地，以进一步促进和推动长江经济带的发展，尤其是其中段的区域经济的全面发展，从而加速我国区域经济发展由东南沿海向沿江、内地的推进进程。

8. 中原城市群

中原城市群以郑州商贸城为中心，由郑州、洛阳、焦作、新乡、开封、许昌、平顶山七市组成，区域内城市相对集中，距郑州最近的开封仅 70km，最远的洛阳125km。区域面积为 54 208km²，2001 年人口为 3525 万人，地区生产总值为 2733 亿元。城市群内，矿产资源丰富，科教水平较高，是河南经济社会较发达的地区，但同时也存在核心城市辐射力弱，区域内经济建设粗放发展不足等问题。未来该区域的发展重点应放在加快以郑州为中心的中原城市群发展步伐，迅速扩张其经济实力，增强对周围区域的辐射力、影响力，使其在我国开发中部地区和西部地区起到重要作用，特别在资金、技术、人才、管理经验等各个方面起到"二传手"和"中转站"的作用，并通过亚欧大陆桥的东西两个出口，提高中西部地区的开放度，加快外向型经济的发展。

第五章 全面建设小康社会对水资源的需求分析

水资源是经济社会发展的重要物质基础和不可替代的自然资源。我国是水资源短缺的国家，党中央和国务院历来十分重视水资源问题，党的十六届五中全会将水资源同粮食、石油资源一样列为国家的重要战略资源，水资源在支撑经济社会发展和改善生态环境中起着重要作用。

一、我国经济社会发展与水资源利用的关系分析

新中国成立以来，特别是在 1978 年改革开放以后，我国经济建设和社会发展取得了举世瞩目的成就，经济总量跃居世界第六位，水资源的开发利用对经济社会发展起到了重要的保障作用。

（一）全国用水总量不断增加，用水弹性系数明显下降

1952 ~ 2002 年，我国 GDP 由 679 亿元增加到 104 790 亿元，按可比价格计算，增加了近 40 倍；全国用水总量从 1949 年的 1031 亿 m³ 增加到 2002 年的 5497 亿 m³，增加了 4.3 倍。

从国民经济用水弹性系数变化趋势看，可大致分为三个阶段：1950 ~ 1980 年全国用水量净增加 3406 亿 m³，年均增加 110 亿 m³，年均增长 4.8%；GDP 年均增长 6.3%，用水弹性系数为 0.76。1980 ~ 1997 年全国用水量净增加 1130 亿 m³，年均增加 66 亿 m³，年均增长 1.3%；GDP 年均增长 10.1%，用水弹性系数为 0.13。1997 ~ 2002 年全国用水量变化不大，基本上在 5500 亿 m³ 左右波动，GDP 实现 7.7% 的年均增长速度，用水弹性系数在 -0.3 ~ 0.3 变化（表 5-1）。

表 5-1　全国用水弹性系数变化

时段	用水增长（%）	GDP 增长（%）	用水弹性系数
1950 ~ 1980 年	4.8	6.3	0.76
1981 ~ 1997 年	1.3	10.1	0.13
1997 ~ 2002 年	年用水量在 5500 亿 m³ 左右波动	7.7	-0.3 ~ 0.3

资料来源：据《中国统计年鉴》和《中国可持续发展水资源战略研究》有关数据计算

我国用水总量的变化趋势是：随着经济发展水平的不断提高，用水总量的增幅变小。全国 GDP 指数与用水量之间的量化关系，如图 5-1 所示。

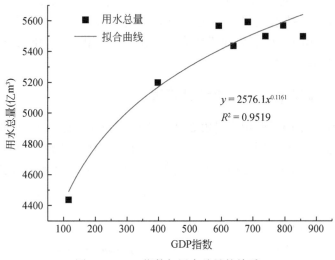

图 5-1　GDP 指数与用水总量的关系

（二）用水结构与产业结构的变化趋于同步

全国农业、工业和生活用水量占总用水量的比例，1949 年分别为 92.7%、2.3% 和 5.0%，到 2002 年变为 68%、20.8% 和 11.2%（图 5-2）。农业用水比例下降 24.7 个百分点，工业用水和生活用水比例分别提高 18.5 个百分点和 6.2 个百分点。农业、工业和第三产业增加值占 GDP 的比例由 1952 年的 50.9%、17.6% 和 28.6% 调整为 2002 年的 15.4%、44.4% 和 33.5%，农业增加值比例下降 35.5 个百分点，工业和第三产业增加值比例分别提高 26.8 个百分点和 4.9 个百分点。用水结构与产业结构变化基本同步，也与世界上大多数发达国家用水结构演变规律基本类似。

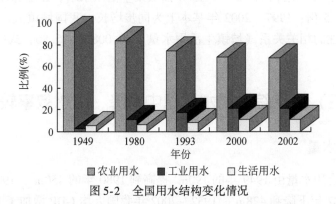

图 5-2　全国用水结构变化情况

1. 农业用水量趋于稳定，用水比例下降

1949 ~ 1980 年，全国农业用水量由 956 亿 m³ 增加到 3699 亿 m³，增加了 2.9 倍，年

均增长 4.5%；1981 ~ 1993 年农业用水量增加了 3.2%；1993 ~ 2002 年农业用水量在 3740 亿 ~ 3920 亿 m³ 波动，基本上趋于稳定。全国农业用水占用水总量的比例由 1949 年的 92.7% 下降到 2002 年的 68%；农业增加值占 GDP 的比例由 1952 年的 50.9% 下降到 2002 年的 15.4%，二者基本同步。

2. 工业用水量大幅度增加，增长速度趋缓

1949 ~ 1980 年，全国工业用水量由 24 亿 m³ 增加到 457 亿 m³，年均增长 10%；1980 ~ 1997 年由 457 亿 m³ 增加到 1121 亿 m³，年均增长 5.4%；1997 ~ 2002 年在 1120 亿 ~ 1160 亿 m³ 波动。工业用水量变化趋势是：随着工业化水平的提高，用水量的增长速度趋缓（图 5-3）。

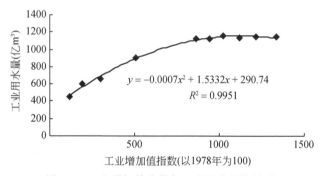

图 5-3 工业增加值指数与工业用水量的关系

3. 城镇生活用水量与城镇人口数量增长趋于同步

1949 ~ 2002 年，全国城镇人口净增加 40 771 万人，年均增长 3.2%；城镇生活用水量增加了 315 亿 m³，年均增长 7.8%。1993 年前城镇生活用水增长速度总体上为城镇人口增长速度的 1.5 ~ 2.5 倍；1997 ~ 2002 年基本上为同步增长。我国城镇人口与城镇生活用水量之间存在着线性的相关关系（城镇生活用水量 $y = 0.0081x - 85.86$，式中 x 为用水人口）（图 5-4）。

（三）人均综合用水量稳中有降，用水效率较低

1. 人均综合用水量

我国人均综合用水量由 1949 年的 190m³ 提高到 1980 年的 450m³；1980 年后呈现稳中有降的趋势，2002 年下降到 428m³。1952 ~ 2002 年我国人均 GDP 增加了 17 倍，同期人均综合用水量只增加了 1.3 倍（图 5-5）。

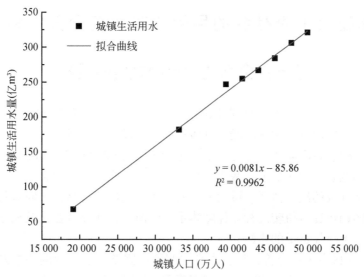

图 5-4　城镇人口与城镇生活用水量的关系

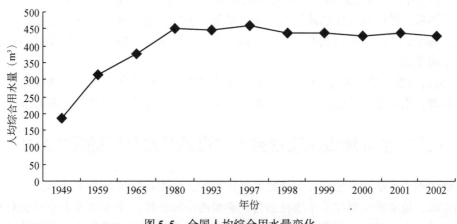

图 5-5　全国人均综合用水量变化

2. 用水方式粗放，水资源利用效率和效益较低

按照《2000/2001 年世界发展报告》提供的数据计算，1999 年我国每方[①]水产出的 GDP 为 1.9 美元，仅为美国的 10% 、日本的 4.2% 、德国的 4.1% 。按购买力平价计算，我国单方水产出 GDP 为美国的 41.7% 、日本的 23.4% 、德国的 20% 。

---

① 1 方 = 1t。

二、全面建设小康社会的目标和对水资源开发利用的需求

（一）全面建设小康社会的目标

党的"十六大"提出了全面建设小康社会的奋斗目标，包括物质文明、政治文明和精神文明等诸多方面的内容和深刻内涵。具体目标包括以下四方面。

1）在优化结构和提高效益的基础上，全国 GDP 到 2020 年要比 2000 年"翻两番"，综合国力和国际竞争力明显加强。基本实现工业化，建成完善的社会主义市场经济体制和更具活力、更加开放的经济体系。城镇人口的比例较大幅度提高，工农差别、城乡差别和地区差别扩大的趋势逐步扭转。社会保障体系比较健全，社会就业比较充分，家庭财产普遍增加，人民过上更加富足的生活。

2）社会主义民主更加完善，社会主义法制更加完备，依法治国基本方略得到全面落实，人民的政治、经济和文化权益得到切实尊重和保障。基层民主更加健全，社会秩序良好，人民安居乐业。

3）全民的思想道德素质、科学文化素质和健康素质明显提高，形成比较完善的现代国民教育体系、科技和文化创新体系、全民健身和医疗卫生体系。人民享有接受良好教育的机会，基本普及高中阶段教育，消除文盲。形成全民学习、终身学习的学习型社会，促进人的全面发展。

4）可持续发展能力不断增强，生态环境得到改善，资源利用效率显著提高，促进人与自然和谐，推动整个社会走上生产发展、生活富裕、生态良好的文明发展道路。

（二）全面建设小康社会对水资源开发利用的需求分析

水资源作为基础性自然资源和战略性经济资源，是支撑经济社会可持续发展必不可少的基础资源，是实现全面建设小康社会目标必要的保障条件。全面建设小康社会对水资源开发利用的需求包括对水资源数量的需求和水环境质量的需求，需要建立可靠的水资源供给与有效利用的保障体系。

1. 保障饮水安全

获得安全饮用水是人类基本需求，也是我国全面建设小康社会的重要内容。保障饮水安全是指要建立与城乡居民生活水平相适应所需的饮用水量和水质标准的安全保障能力。21 世纪的前 20 年，全国人口总量继续增加，城镇化水平不断提高，对居民生活供水需求将有较大幅度的增加；随着人民生活水平和生活质量的不断提高，对饮用水的供水保证率和供水水质标准的需求也相应提高。因此，在生活、生产和生态用水中，首先确保人民生活用水，并提供清洁、安全的饮用水，以保障人民生活质量的提高。在现阶段，保障饮水安全的重点是解决农村饮水困难问题。根据我国的国情，农村饮水要求大致分为三个层次：第一层次是饮水困难，解决有水喝问题，有 2100 多万人；第二层次是饮水安全，解

决水量和水质问题，有 3 亿多人；第三个层次是普及自来水，不仅解决有水喝，而且要求饮用安全卫生、方便的自来水，有 5 亿人左右。城镇保证饮水安全主要是提高自来水普及率和供水保障率。

2. 保障经济供水安全

随着经济的快速增长、经济结构及布局的战略性调整、工业化进程加快，对未来供水总量、供水保证率、供水效率、水资源区域与行业配置的需求提高。我国正处于工业化中期阶段，按照目前的发展速度估计，预计到 2030 年进入工业化后期阶段，到那时中国的用水量可能达到最大，随后进入稳定时期。从现在起到 2020 年，全国经济发展对水资源的需求量还会缓慢增长。其中工业需水量增加较多，农业需水量受水资源条件制约，以提高水资源利用效率为主，为满足人口增长和小康生活水平条件下的粮食需求，需要水利为农业灌溉提供水源保障，在保持现状灌溉总用水量基本不增加的前提下，提高灌溉供水保证率、供水效率和效益，减少因干旱少雨、灌溉不足造成的粮食损失。加大节水型社会建设工作力度，初步形成全国范围内的水资源合理配置和高效利用格局，基本解除缺水对经济社会可持续发展的严重威胁，为水资源可持续利用奠定基础。

3. 维护生态和水环境安全

生态和环境是维系人类社会生存与发展的两大自然支持系统，其质量好坏直接关系到人类的生存与发展。在基本保证生活、经济发展用水的同时，还需要逐步满足生态改善和水环境恢复的需水要求，提高生态环境用水保障程度，协调好人与自然的关系，维护生态和水环境安全。加强水污染防治和水资源保护，大力治理水污染、重视江河源头区、调水水源区和城市供水水源地保护与建设，以提高城市废污水集中处理率为重点，根据不同水域的功能和水质标准要求，以及河流的纳污能力，控制排污总量，并将排污总量指标进程分配，建立污水排放权分配、管理制度，确保水功能区达标。强化地下水污染防治工作。为建立环境优美、生活富裕的发展模式，实现资源消耗低、污染环境少、经济效益高的新型发展道路，需要保证基本的生态环境用水，逐步解决地下水超采、湿地萎缩、河道断流等生态环境问题，促进人与自然的和谐相处。

三、对水资源需求和水资源供需平衡分析

（一）2010 年、2020 年全国水资源需求量预测分析

预测分析水资源需求量，不仅要考虑经济结构、工农业生产布局、城乡居民生活水平等诸多因素，同时还要考虑水资源开发条件约束和节约用水等因素。采用情景分析方法预测 2010 年和 2020 年全国水资源需求量，在设定不同的经济社会发展指标预测值的基础上，分析计算不同情景的需水总量。需水数量预测分析采用了多种方法进行分析对比，有分类用水定额法、人均综合用水量推算法、数学模型推算法等。供水量预测分析根据中国工程院和水利部的研究成果进行推算。

1. 分类用水定额法预测分析

受水资源条件的约束，到 2020 年前用水效率需要大幅度提高，城乡生活用水和生态环境用水量将有所增加。估计全国万元农业增加值用水量由 2000 年的 2665m³ 下降到 2010 年的 1500m³，2020 年的 1000m³（2001～2020 年万元农业增加值用水量年均下降 4.8%）；万元工业增加值用水量由 2000 年的 288m³ 下降到 2010 年的 160m³，2020 年的 90m³（2001～2020 年万元工业增加值用水量年均下降 5.6%）；城乡居民人均生活用水定额有一定提高，生态环境用水量增加。按设定的情景进行匡算，2010 年和 2020 年全国需水量预测分析如下（表5-2）。

表5-2　2010 年和 2020 年全国需水结构

年份	需水总量（亿 m³）	需水结构（%）			
		农业用水	工业用水	生活用水	生态环境用水
2010	5960	57.9	25.5	13.0	3.6
2020	6400	54.7	27.5	14.1	3.7

1) 农业需水。农业需水量 2010 年为 3450 亿 m³；2020 年为 3500 亿 m³，低于 2000 年 3784 亿 m³ 的水平。农业需水中考虑了部分林牧业需水。

2) 工业需水。工业需水量 2010 年达到 1520 亿 m³；2020 年达到 1760 亿 m³，同 2000 年 1139 亿 m³ 用水量相比有较大幅度的增加。

3) 生活需水。生活需水量 2010 年达到 775 亿 m³，2020 年达到 900 亿 m³，同 2000 年 575 亿 m³ 用水量相比增幅较大。按照 $y=0.0081x-85.86$ 推算，2010 年和 2020 年城镇生活用水量分别为 400 亿 m³ 和 520 亿 m³。

4) 生态环境用水。预计 2010 年水土保持、林业生态工程建设等需要增加水量为 215 亿 m³ 左右；2020 年为 235 亿 m³ 左右。

据上述预测分析成果，2010 年全国需水总量为 5960 亿 m³，同 2000 年用水量相比增加 460 亿 m³，2001～2010 年需水量年均增长 0.81%；2020 年全国需水总量为 6400 亿 m³，同 2000 年相比，增加 900 亿 m³，2011～2020 年需水量年均增长 0.71%。

2. 人均综合用水量推算法预测分析

20 世纪 90 年代，全国人均综合用水量在 430～450m³ 变化，并呈现下降的趋势。考虑到我国工业将进入重化工业主导的工业化中后期阶段，2010 年人均综合用水量按照 440～450m³ 估算，全国需水总量为 5940 亿～6075 亿 m³；2020 年人均综合用水量按照 430～440m³ 估算，全国需水总量为 6150 亿～6300 亿 m³。

3. 数学模型推算法预测分析

利用本书的分析结果，我国总用水量与 GDP 指数的相关关系（总用水量 $y=2576.1x^{0.1161}$，式中 x 为 GDP 指数），推算 2010 年需水总量为 6070 亿 m³；2020 年的需水总量为 6550 亿 m³。

综合上述三种方法的预测分析结果，2010 年全国需水总量为 6000 亿 m³ 左右；2020 年在 6200 亿~6500 亿 m³ 变化。

（二）2020 年全国水资源供需平衡分析

1. 可供水量

参照中国工程院和水利部对 2010 年和 2030 年的供水量分析预测成果，在强化节水和水资源管理的同时，通过对现有供水设施进行配套建设，统筹规划雨水、地表水、地下水利用和污水处理再利用、海水和微咸水利用，逐步减少地下水超采量，并兴建必要的跨流域调水工程的前提下，预测分析 2020 年全国可供水量为 6100 亿~6500 亿 m³。

2. 水资源供需总量平衡分析

根据 2020 年全国可供水量 6100 亿~6500 亿 m³，需水量 6200 亿~6500 亿 m³ 进行供需平衡，在需水量为低限情景下，供水总量可基本上满足农业、工业、生活和部分生态环境的用水需求，但当出现供水量是下限值，需水量为上限值的组合情况，将缺水 400 亿 m³ 左右，届时农业和生态环境用水将受到较大的影响。

四、重点地区水资源对经济社会发展支撑能力分析

华北地区（含北京、天津、河北、山东、山西和内蒙古）和西北地区（含陕西、甘肃、宁夏、青海和新疆）属于水资源严重短缺的地区。华北地区水资源量占全国的 4.54%，人口和 GDP 分别占全国的 19% 和 24%，当地水资源开发利用程度超过 70%。西北地区（包括陕西、甘肃、宁夏、青海和新疆）地处欧亚大陆腹地，单位面积产水量只有全国平均水平的 1/4，而蒸发量为降水量的 4~10 倍，水资源量的承载能力要比其他地区低得多，地区经济社会发展和生态环境改善受到水资源的严重制约。

（一）华北地区

1. 水资源对经济社会发展保障能力的现状评价

1）经济社会发展用水需求得到"基本满足"，用水结构不断调整。1995~2001 年，华北地区年用水总量基本维持在占全国 14% 的水平，除遇到持续干旱年的特殊情况外，经济社会发展用水量得到"基本满足"，但这是以牺牲区域生态环境为代价的。华北地区实际用水量已超过当地水资源的承载能力。1995~2001 年，华北地区总人口年均增长 0.85%，GDP 年均增长 11.9%，用水总量年均增长 0.7%。由于人口年均增长速度高于用水总量增长速度 0.15 个百分点，人均综合用水量由 330m³ 下降至 320m³，这在一定程度上反映了水资源不足对地区经济社会发展的制约。用水结构不断调整，农业用水占用水总量的比例逐年下降；工业用水比例微量上升；城乡生活用水比例呈快速增长的态势。2001 年

工业、农业和城乡生活用水量的比例分别为 13.8%、74.8% 和 11.4%。

2）水资源开发利用超过承载能力，生态环境日趋恶化。为满足经济社会发展需要的水量，大量占用了维持生态环境稳定所必需的用水量，导致地区生态环境恶化。海河主要支流干涸，下游出现季节性断流，河流自净能力下降，水质恶化，河流水生态系统遭到严重破坏。黄河入海流量减少，河口水生态环境日益恶化；黄河冲沙流量大幅度减少，下游河床淤积严重。平原区严重超采地下水，形成大面积漏斗，引发了地面沉降、地面裂缝；滨海区出现海水入侵等一系列地质环境问题。

2. 2020 年经济社会发展主要指标预测分析

1）人口增长。据统计数据分析，1980 年以来华北地区人口一直占全国总人口的 19% 左右，2020 年前估计仍基本维持在这一水平。考虑人口流动因素，华北地区 2020 年高方案为 2.78 亿人，低方案为 2.73 亿人。

2）地区生产总值。据统计数据分析，1980 年以来华北地区 GDP 占全国总量的比例从 22% 增至 24%。2020 年华北地区生产总值，按照占全国 GDP 的 1/4 推算，为 10 万亿元。

3. 2020 年经济社会发展需水量预测分析

据统计，1997～2001 年华北六省（自治区、直辖市）人均综合用水量为全国人均综合用水量的 72%～75%。到 2020 年全国人均综合用水量为 430～440m³，按华北地区人均综合用水量为全国平均水平的 72% 估算，为 310～317m³。2020 年华北六省（自治区、直辖市）需水总量按人口为 2.74 亿人估算，为 850 亿～869 亿 m³。

4. 2020 年供水能力预测分析

华北六省（自治区、直辖市）的主要供水水源包括：地表水、地下水、污水处理后的再生水、微咸水和海水利用，以及引用黄河水和长江水等。供水方案组成原则是合理开采地下水，大幅度削减深层水开采量；增加长江供水量，压缩黄河供水量；增加污水处理后的回用量和海水、咸水利用量。据 2020 年华北地区各种水源的供水能力的初步分析结果，组成以下三种供水方案（表 5-3）。

表 5-3　2020 年华北地区供水预测分析的水源构成情况　（单位：亿 m³）

方案	地表水			地下水		污水处理回用	海水替代淡水	咸水利用	合计
	当地水	长江水	黄河水	浅层水	深层水				
方案一	273	78.4	60	270	50	55	5.5	7.4	799.3
方案二	273	105	60	270	50	60	6.0	7.4	831.4
方案三	273	122.8	60	270	50	65	6.0	7.4	854.2

方案一：地区总供水能力为 799 亿 m³。南水北调工程引长江水 78 亿 m³，污水处理回用和海水替代淡水量分别为 55 亿 m³ 和 5.5 亿 m³。

方案二：地区总供水能力为 831 亿 m³。南水北调工程引长江水 105 亿 m³，污水处理回用和海水替代淡水量比方案一增加 5.5 亿 m³。

方案三：地区总供水能力为 854 亿 m³。南水北调工程引长江水 123 亿 m³，污水处理回用和海水替代淡水量比方案二增加 5 亿 m³。

5. 2020 年水资源供需平衡分析

按照两种需水情况和三种供水方案，组合成六种水资源供需平衡情景。在需水量 850 亿 m³ 情况下，实施方案三可完全满足需要；在需水量 869 亿 m³ 情况下，实施最大供水量的方案三，仍缺水 14.8 亿 m³（表5-4）。

表 5-4　2020 年华北地区水供需平衡预测情景分析

组合方案	需水量预测值（亿 m³）	供水量（亿 m³）	供需差值（亿 m³）	缺水率（%）
情景 1		799.3	−50.7	6.0
情景 2	850	831.4	−18.6	2.0
情景 3		854.2	4.2	
情景 4		799.3	−69.7	8.0
情景 5	869	831.4	−37.6	4.3
情景 6		854.2	−14.8	1.7

6. 全面建设小康社会目标的水资源保障能力分析

1）南水北调工程是华北地区经济社会可持续发展的必要条件。华北地区实现全面建设小康社会的宏伟目标，到 2020 年 GDP 在 2000 年基础上"翻两番"，初步测算总需水量为 850 亿 ~ 869 亿 m³，人均综合用水量为 310 ~ 315m³，需南水北调工程引长江水 120 亿 m³ 左右。

2）2020 年地区生态环境用水将得到较大改善。在三个供水方案中，均较大幅度地削减了地下水供给量，由 2000 年的 440 亿 m³ 降至 2020 年的 320 亿 m³，减少了 120 亿 m³。另外，到 2020 年华北地区城乡生活和工业总用水量将达到 300 亿 m³ 左右，废污水年排放量约 200 亿 m³，扣除计入生产、生活用水供需平衡的污水处理回用量，还有 110 亿 m³ 左右经处理的废污水用作河道内、外的生态环境用水。

3）遇特枯年、连续干旱年需要实施应急方案。华北地区受中高纬度西风环流周期性变化影响，不仅降水量年际变化大，而且有丰水段和枯水段交替出现的规律。因此，制定遇连续枯水年的供水应急预案和对策是十分必要的，特别是人口密集的北京、天津等大中城市，应制定遭遇连续枯水年的供水应急预案。应急预案包括：建立备用应急水源、应急状态下确保重点供水的用水户排序方案、应急状态下压缩各类用户用水定额标准、应急状态下实行浮动水价方案等。

（二）西 北 地 区

1. 水资源开发利用现状评价

1）水资源开发利用率接近警戒线，部分地区处于过度开发状态。2001 年西北地区水资源利用率为 38.8%，已接近国际上公认 40% 的警戒线。不少内陆河流域和经济较为发达的地区水资源处于过度开发状态，如石羊河流域水资源利用率高达 154%、黑河流域为 112%、塔里木河流域为 79%、准噶尔盆地为 80%、湟水流域和关中地区均超过 60%。

2）用水量增长趋缓，用水结构仍不合理。1980～2001 年，西北地区用水总量增长了 7%，而 GDP 翻了两番多，以年均 0.32% 的用水增长率，支撑了年均 9.1% 的 GDP 增长和 1.46% 的人口增长。按可比价格计算，单方水产出 GDP 年均增长 8.8%。农业、工业和生活用水比例由 1980 年的 94：2.9：3.1 调整为 2001 年的 89.4：5.9：4.6，但农业用水比例仍然高出全国平均水平约 20 个百分点。

3）水资源利用效率低，浪费严重。西北地区单方水产出的 GDP 仅为全国平均水平的 36.5%，省（自治区）间水资源利用效率差异很大。西北五省（自治区）农业灌溉定额为全国平均水平的 1.4～1.5 倍，其中宁夏为陕西的 4～8 倍；城镇生活用水定额比全国平均水平低 10%～15%，但也存在不同程度的浪费。

4）水资源开发利用不合理，加速生态环境恶化。随着人口增加和经济快速发展，塔里木河等内陆河上中游用水量迅速增加，下游生态环境用水得不到保障，导致部分地区天然绿洲萎缩和湖泊干涸，荒漠化面积扩大。同时，农业用水浪费又导致土壤次生盐碱化加重，灌区盐碱化面积已占有效灌溉面积的 15%～30%。

5）水环境污染加重，加剧水资源供需矛盾。黄河干流、渭河干流、石羊河、疏勒河及伊犁河流经 21 个城市所在的主要河段，水质属于 V 类或劣 V 类，已失去使用价值；新疆乌鲁木齐、甘肃白银、陕西铜川等重要城市河段的水质多数属于 IV 类，已不能作为饮用水源。由于有限的水资源受到污染，加剧水资源供需矛盾。

2. 2020 年经济社会发展主要指标预测分析

1）人口与城镇化。预计西北地区 2010 年总人口将达到 10 130 万人，城镇化率为 42%；2020 年总人口将达到 11 000 万人，城镇化率为 52%。

2）地区生产总值。根据实现全面建设小康社会奋斗目标的要求，2001～2020 年西北地区 GDP 年均增长速度按照低方案 7.5% 测算，2020 年 GDP 将达到 19 800 亿元（2000 年价格，下同）；如果能实现 8.5% 的增长速度，2020 年 GDP 将达到 23 500 亿元。人均 GDP 由目前的 600 美元增加到 2020 年的 2300～2600 美元。

3）产业结构变化。西北地区三次产业结构将由 2001 年的 17.5：43.9：38.6 调整为 2020 年的 10：45：45，其中工业增加值占 GDP 的比例由 32.1% 提高到 38% 左右。

3. 经济社会发展和生态环境建设对水资源需求预测分析

1）按人均综合用水量变化趋势预测分析。西北地区人均综合用水量由 1980 年的 1100m³ 下降到 2001 年的 868m³，年均下降 1.1%。预计 2020 年全国人均综合用水量为 430～440m³，如果西北地区人均综合用水量下降到为全国平均水平的 1.7 倍，2020 年经济社会发展总需水量为 805 亿～825 亿 m³。

2）按万元 GDP 需水量变化趋势预测分析。1981～2001 年西北地区万元 GDP 用水量年均下降 8.1%，考虑到水资源条件的制约，产业结构调整和节水技术水平的提高，万元

GDP 用水量会继续下降（表5-5）。

表 5-5　2020 年西北地区需水量预测分析

指标	情景一	情景二
2001～2020 年万元 GDP 用水量年均下降（%）	7.5	7.0
2020 年万元 GDP 需水（m³）	360	400
2020 年经济社会发展需水量预测（亿 m³）	710～850	792～940

3）按用水弹性系数预测分析。1981～2001 年西北地区用水弹性系数为 0.035。2001～2020 年 GDP 年均增长 7.5%～8.5%，用水弹性系数仍按 0.032 计算，用水增长速度为 0.24%～0.27%，2020 年需水总量为 834 亿～848 亿 m³。

4）分类需水预测分析。主要包括以下三方面：①工业需水。2000 年西北地区万元工业增加值用水为 338.5m³，为 1980 年的 54%。预计 2020 年万元工业增加值用水量可能下降到 140m³，届时工业需水量为 105 亿～125 亿 m³。②生活需水。预计 2020 年西北地区城镇生活用水定额提高到 220L/d 左右，农村生活用水定额达到 120L/d（含牲畜用水），届时城镇生活需水量为 46 亿 m³，农村生活需水量为 24 亿 m³，生活需水总量为 70 亿 m³。③农业需水。1981～2000 年西北地区灌溉定额年均下降 1.5%。2020 年前农业需水按实现三种有效灌溉面积方案，灌溉定额年均下降 1.0% 和 1.5% 两种情景预测分析（表5-6）。

表 5-6　西北地区农业需水预测分析

灌溉面积 （万 hm²）	情景Ⅰ（灌溉定额年均下降 1.0%）		情景Ⅱ（灌溉定额年均下降 1.5%）	
	灌溉需水（亿 m³）	农业需水（亿 m³）	灌溉需水（亿 m³）	农业需水（亿 m³）
700	580	725	525	655
650	540	675	490	610
600	500	625	450	560

注：农业需水中含林草植被建设需水

5）生态环境需水预测分析。综合有关研究成果，西北地区要实现全面建设小康社会对生态环境的要求，内陆河生态环境用水量占水资源总量的比例应达到 50% 左右，估计 2020 年西北五省（自治区）生态环境需水量为 500 亿 m³ 左右。

4. 全面建设小康社会的水资源保障支撑能力分析

1）水资源可开发利用量。全国水资源评价成果尚未完成，西北地区水资源可开发利用量没有准确资料。综合有关研究成果，西北内陆河水资源可开发利用量按 50% 估算，为 530 亿 m³；黄河流域西北片按 1987 年国务院分水方案，为 105 亿 m³；长江流域西北片按 30% 估算，为 180 亿 m³；澜沧江西北片按 5% 估算，为 5 亿 m³。西北地区水资源可开发利用量为 820 亿 m³。

2）供水能力预测分析。主要从以下三方面进行：①地表水。预计 2020 年前可新增供水能力 50 亿 m³，正常年份地表水供水量为 600 亿 m³ 左右。②地下水。西北五省（自治区）地下水供水量由 1995 年的 117.4 亿 m³ 增加到 2001 年的 129.2 亿 m³，预计 2020 年地下水供水量将增加到 150 亿 m³。③污水资源化利用。2020 年西北地区工业和生活需水量达到 175 亿 ~ 195 亿 m³，按照污水排放系数 0.7、废污水综合处理率达到 80% 测算，污水处理量为 98 亿 ~ 110 亿 m³；若回用率为 45%，可回用量约 45 亿 m³。综上所述，2020 年西北地区可供水量为 795 亿 m³。

3）水资源对经济社会发展的支撑能力分析。2020 年西北地区需水总量要控制在 800 亿 m³ 以内，其中农业用水量控制在 610 亿 m³ 左右（包括部分生态环境用水），比现状减少 105 亿 m³，工业需水 105 亿 ~ 125 亿 m³，生活需水 70 亿 m³ 左右（包括城市生态环境用水）。未来 20 年西北地区水资源利用效率必须年均提高 7.5% 以上，否则水资源难以支撑经济社会发展和生态环境保护对水资源的需要。

第六章　面临的主要问题和对策建议

一、面临的主要问题

1）新中国成立以来，我国水资源基本满足了经济社会发展的需求，但北方地区和沿海地区水资源供需矛盾日益凸显。

2）从全国水资源供需总量平衡的角度考察。2020 年全国可供水量 6100 亿～6500 亿 m^3，需水量为 6200 亿～6500 亿 m^3 进行供需平衡，在需水量为低限情景下，供水总量可基本满足农业、工业、生活和部分生态环境的用水需求，但当出现供水量是下限值，需水量为上限值的组合情况，将缺水 400 亿 m^3 左右。由于水资源地区分布极不均衡，北方地区资源型缺水问题仍然突出，尤其是生态环境用水尚难以全面保障，对北方地区的水资源问题仍需给予特别关注。

3）实施南水北调工程是支撑华北地区经济社会可持续发展的必要条件。2020 年华北地区即使南水北调中线一期和东线工程一、二期竣工后，缺水率仍在 6% 左右；若南水北调中、东线工程按规划全部建成，遇到特枯年、连续干旱年仍需要实施应急方案。华北地区地下水已处于严重透支状态，未来供水量中地下水超采等不合理现象会在一定程度上减少，但要使地下水位恢复到不透支状态，难度很大。

4）发展节水型产业，提高水资源利用效率是西北地区实现水资源可持续利用的前提。2020 年西北五省（自治区）经济社会发展用水总量要控制在 800 亿 m^3 左右，其中农业用水量控制在 610 亿 m^3 左右（包括部分生态环境用水），比现状减少 105 亿 m^3，工业需水 105 亿～125 亿 m^3，生活需水 70 亿 m^3 左右（包括城市生态环境用水）。未来 20 年西北地区水资源利用效率必须年均提高 7.5% 以上，否则水资源将难以支撑全面建设小康社会目标的实现。

二、对　策　建　议

水资源短缺和水环境污染将在较长时期内制约我国经济社会的发展，特别是北方地区。要满足经济社会的全面、协调、可持续发展对水资源的要求，到 2020 年实现全面建设小康社会的目标，必须全方位、多措施、大力度地解决水资源供求矛盾问题，重点构筑四大体系，并在不同地区采取各有侧重的针对性措施。

（一）通过结构调整，构筑与水资源承载力相适应的经济体系

结构调整是经济发展的主线，也是促进水资源可持续利用的重要措施。根据水资源承载能力，制定地区产业结构和布局调整方案；调整与水资源条件和水资源供应不相适应的经济结构，使国民经济各产业发展和产业布局与水资源配置相协调，逐步建立与区域水资源和水环境承载力相适应的经济结构体系。

1. 适应水资源承载力，调整经济空间结构

根据水资源条件制定区域经济社会发展规划，逐步调整与水资源条件不相适应的经济布局，在水资源丰富地区和水资源紧缺地区打造各具特色的经济体系，使国民经济各产业布局与水资源空间分布相协调。在缺水地区限制发展高耗水项目，并压缩耗水量大、效益低的行业，重点发展高新技术产业和服务业。鼓励火电、纺织、石油化工、造纸、钢铁等高用水行业向水资源丰富地区或沿海地区转移。

2. 依据水资源条件，调整城镇发展规模

水资源条件作为构建区域城镇体系、制定城镇经济社会发展规划、确定城镇发展规模的重要前提条件。要从水资源角度，建立起"以水定城市发展合理规模，以水定城镇产业发展"的宏观调控机制。严格实行建设项目水资源论证和行业用水定额取水管理。

3. 依据水资源条件，调整农业种植业布局和结构

制定农业发展战略要充分考虑全国及各区域的水资源条件，在缺水地区减少水稻、冬小麦等大耗水农作物种植比例。加强作物品种改良，调整种植业结构，大力发展节水型农业，促进种植业由传统的"粮食作物+经济作物"的二元结构向"粮食作物+经济作物+饲料作物"的三元结构转变，发展雨热同期或积极培育耐旱的优质高效农业品种。

4. 按照两种资源、两个市场的思路，实施水资源替代战略

增加国内需求量大且耗水多的粮食、纸浆、钢铁等产品进口，努力实现重要资源进口来源多元化，间接实现水资源的国际贸易。从全球范围来看，我国粮食生产并不具有优势，而且粮食是水资源耗用大户，可以在不威胁国家经济安全的条件下，适当多进口粮食等大耗水产品。

（二）通过法制建设，构筑与建设节水型社会相适应的制度保障体系

建设节水型社会是我国实施可持续发展战略的必然选择，是应对水资源短缺问题的根本出路。建设节水型社会是一场深刻的社会革命，需要建立健全法律、法规和制度保障体系。

1. 完善有关法律法规，推进全社会节水

在《水法》的基础上建议尽快出台《节水法》，将节水纳入法制化轨道。加强培训，提高执法者素质，严格依法行政，规范执法，加大执法力度。引导和规范建立各类用水组织，如成立农民用水者协会、行业用水协会，使其成为政府与社会达成共识的桥梁，降低水资源管理的成本。建立发达的信息互通机制，包括信息采集、管理和发布系统，及时向全社会发布用水信息、水权和水市场信息。开展广泛的宣传教育，提高全民节水意识和节水的法律意识，促进全社会节水。

2. 加强节水制度和标准建设

制定行业和产品用水标准，并强制执行行业和产品用水定额标准。对现有企业和新建企业区别对待，新建和列入国家和地方政府支持的技术改造项目要按照单位产品、产值用水量的国际先进水平进行设计。建立节水器具和节水设备的认证制度和市场准入制度。

3. 组织制定全国性和区域性节水规划

在《全国节水规划纲要》、《全国节水农业发展规划》和《工业节水"十五"规划》的基础上，制定"全国建设节水型社会规划"和区域性节水规划。华北和西北地区的有关省（自治区、直辖市）要将节水规划列入编制经济社会发展规划的专项规划，明确节水目标和任务，使建设节水型社会成为各级政府的一项重要工作。

4. 完善水资源价格体系

水资源可持续利用的核心是提高用水效率，建设节水社会。水价是促进水资源优化配置的重要经济杠杆，是激励提高用水效率、减少浪费的有效措施。合理的水价应包括资源水价、工程水价和环境水价，要将其作为水资源定价的基本依据，尽快到位。逐步推广实行定额管理，基本水价和超额加价的累进制水价制度。要按照《水利工程供水价格管理办法》，适时、适地、适量调整水价，引导人们自觉调整用水数量、用水结构。要建立和完善农业用水的计量体系和社会监督体系，加快实行按单位计量、按户收费，尽快扭转喝"大锅水"的不合理局面。

5. 新机制，建立多元化的节水投入机制

在国家层面上，对农业节水、工业节水工程要给予大力支持，调整水利投资结构，增加农业节水投资比例。在地方层面上，要加快健全地方财政对节水投入的政策，各省（自治区、直辖市）财政预算中应明确用于节水投入的比例。在用户层面上，按照"谁投资、谁受益、谁所有"的原则确定节水投资主体，对节水项目国家给予政策扶持和资金资助，采取多种形式鼓励节水单位和个人。西北地区可先行试点，在国家支持西部大开发资金中设立西北地区农业节水专项，用于支持该地区农业节水工程建设；地方政府在财政性专项资金（如水利建设基金）中安排一定比例用于农业节水。制定农业节水优惠政策，扶持和鼓励企业和非农户投资建设农业节水工程，政府通过贴息贷款和以奖代补形式予以扶持，

通过租赁、拍卖小型水利工程所获的收入作为农业节水基金，鼓励农民建设节水工程。

（三）通过技术创新，构筑与水资源优化配置相适应的工程技术体系

科学、全面地分析水资源承载能力，遵从社会、经济、资源和生态环境的规律，制定水资源综合利用和保护规划，提高规划和工程建设的科学性，积极实施跨流域调水、节水、污水资源化、海水利用、雨洪利用等重要工程，优化水资源配置，提高水资源利用效率。

1. 兴建必要的跨流域调水工程，从空间上实现水资源的合理配置

调水是解决我国水资源空间分布不均衡的手段之一。我国北方地区资源型缺水十分严重，尤其是黄淮海平原、山东半岛和辽宁中部等经济发达、城市密集地区，跨流域调水是解决这些地区缺水的重要途径。通过实施"南水北调"东线、中线和西线等工程的建设，将长江、黄河、淮河和海河四大江河相互联结，构建"四横三纵、南北调配、东西互济"的水资源空间配置格局，形成全国水资源配置网络，使缺水的流域、区域水资源条件有明显改善，逐步实现水资源优化配置。

2. 大力推广农业节水新技术，促进节水灌溉技术产业化

研究开发适合我国不同地区特点的节水灌溉技术，不断提高节水技术水平，降低节水投入成本。组织开展节水灌溉设备的标准化体系研究，逐步规范节水灌溉设备生产和销售市场。研究制定鼓励节水技术推广应用的财政、税收、信贷等优惠政策，引导节水技术的推广应用和产业化发展。

3. 全面推行清洁生产，大幅度提高污水处理后的回用率

要全面推行清洁生产，实现从末端治理向以源头治理为主的生产全过程控制的转变，达到减污增效的双重作用，提高水资源利用率。要加快污水处理及其配套管网设施，以及污水处理后的回用设施建设，实现废污水资源化。

4. 扩大海水利用规模，推进海水淡化技术产业化

为促进海水利用及其产业化发展，国家应给予政策方面的支持，采取相应的优惠措施。对海水淡化生产厂、海水淡化技术开发兼专业设备生产的企业给予税收优惠政策。海水淡化企业生产的淡水，参照自来水给予同等补贴，检验合格的淡水允许直接进入城市自来水管网。利用海水作冷却水和海水淡化水作锅炉用水的生产企业，实行税收优惠政策，建议每年由公共财政返还给企业一定的所得税。鼓励具备制造海水淡化设备的生产企业与有关科研单位组成联合体，合作开发、制造成套海水淡化技术设备，走产业化发展道路。

5. 实施地下水人工调蓄工程，加强地下水水源地储备

借鉴国外的做法，建立"水银行"，来调节和缓解供水紧张的局面。建议在华北地区

先行实施地下水资源补给工程。修建地下水回灌设施和建立雨洪利用系统，利用丰水年或一般年来水较多的汛期，把地表水回灌到地下，补充地下水，提高地下水位。

（四）建立政府调控、市场引导、用水户参与的水资源管理体系

1. 加强政府宏观调控

完善流域管理与行政区域管理相结合的水资源管理体制。政府要加强对水资源使用权和用水指标分配管理，进行水资源总量控制；引导利用市场机制对水资源进行合理配置；建立合理的水价形成机制；制定水市场交易规则，并加强水市场的监管。

2. 重视用水户参与

鼓励公众广泛参与水资源管理，通过多种形式，让公众全面了解情况，充分表达意见，参与民主决策。在政策制定和实施全过程，要积极培育和发展用水者组织及参与水权、水量分配和水价制定。

第二篇

行业篇

第七章　中国经济发展布局与产业结构预测研究

水资源作为国民经济社会发展不可缺少的基础资源，其资源禀赋和资源的合理利用直接影响国民经济社会发展与布局。为配合全国水资源规划的编制，宏观经济研究院承担了"国民经济发展布局与产业结构预测研究"，主要任务是根据编制新的全国水资源规划的需要，对 2010 年、2020 年、2030 年我国国民经济发展布局与产业结构进行预测，并要求预测中需要充分考虑水资源的供给和开发利用因素。

研究中将这一任务分解为两大部分。一是以 2000 年为基年，以省（自治区、直辖市）为单位，在现有国民经济行业发展布局的基础上，根据国家、行业和地区未来 20 年发展的规划，按国民经济 45 个行业对未来发展的总量和空间布局进行预测；然后在各地水资源条件分析的基础上，重点将工业行业归并为 3 个耗水程度不同的部门，即电力工业、高用水工业、一般工业进行发展预测，简称为"行业篇"。二是在"行业篇"的基础上，以流域为单位进行预测，简称为"流域篇"。

本章是"行业篇"的研究预测的综合报告。"行业篇"共分 9 章开展研究，分别对全国和各省（自治区、直辖市）的 2010 年、2020 年、2030 年三个时点的人口、经济发展总量与产业结构、高用水工业、火电业、一般工业、建筑业、第三产业的发展速度、发展规模和产业布局，以及相关问题进行研究和预测。

一、国民经济发展布局与产业结构预测方法与实际步骤

（一）预测方法与采用的技术路线

本篇采用定性分析与定量分析相结合的预测方法。定量预测中使用的是实际工作部门和学术界公认比较成熟的预测方法。有些行业采取用多种方法预测，并对各种预测结果进行综合平衡后，确定定量预测结果。

一般情况下，数量预测方法是在历史数据基础上建立预测模型，利用预测模型进行预测。实际上是用历史上经济发展规律来预测今后经济发展趋势。由于今后我国经济发展水平、发展阶段、经济体制、运行机制不同于历史上的任何阶段，经济发展规律也将发生变化，因此这类预测方法不能满足长期预测的需要。针对这种情况，作者在预测中特别注意用定性分析的方法修正定量分析的结果，保证预测结果的合理性、科学性。在合理、科学的基础上探索预测结果的准确性。

本篇主要通过以下技术路线进行分析和预测。

1）主要通过分析 1991 ~ 2003 年（有的指标到 2005 年）我国国民经济、主要产业和各省（自治区、直辖市）经济发展情况，总结出我国经济发展规律和影响发展的主要

因素。

2）通过分析 2001~2030 年，特别是 2006~2030 年影响我国经济发展、经济结构变动和地区布局主要因素的变化趋势，对经济结构和经济布局变化趋势做出定性判断和预测。

3）通过定量预测方法对 2006~2030 年的经济发展趋势进行分析，并对 2010 年、2020 年、2030 年三个时点的经济发展水平、经济结构和地区经济布局状况进行预测；对 2001~2010 年、2011~2020 年、2021~2030 年，GDP、各产业和地区的增加值（总产值）增长速度进行预测。

4）通过定性分析与定量分析相结合，结合经验判断，对定量预测的结果进行修正，形成各产业、地区的预测结果。

5）对全国、各省（自治区、直辖市）各项预测结果进行综合平衡，确定本篇的最终预测结果。

（二）关于预测工作的说明

1. 关于增长速度与产业结构的关系

在综合平衡中，增长速度的预测值与经济结构预测值之间的矛盾非常突出，很难同时得到满意的结果。本篇在处理这个矛盾时采取以下原则：经济总量预测结果的调整（如GDP），主要考虑增长速度的合理性，兼顾结构的合理性；各产业预测结果的调整，主要考虑经济结构的合理性，兼顾速度的合理性。

2. 关于 GDP 与其他指标的关系

本篇目前反映宏观经济的指标主要是 GDP 及第一、第二、第三产业增加值。反映各产业情况的指标，除增加值外，还有总产值。虽然总产值指标对分析水资源利用状况有积极意义，但由于宏观经济分析中已经不使用总产值指标，因此不具备以总产值为核心对各项指标进行平衡、协调的条件。本篇是以 GDP 和各产业增加值为核心，对各行业、各地区的预测结果进行平衡、协调。在确定各地区、各行业的增加值后，再推算相关的总产值，以此确保各项预测指标的协调、合理。

3. 关于预测工作的阶段

在研究过程中，由于经济普查数据的发布，国家和地区的统计数据发生了重大变化。为了充分反映经济普查后我国经济发展总量与结构的实际情况，各个行业的预测工作进行了两轮全面系统的调整。"行业篇"的工作大致分为六个阶段。

第一阶段，2004 年 1 月~2004 年 8 月，形成初步结果阶段。这个阶段的成果曾经于 2004 年 7 月 17 日向水利水电规划设计总院和有关专家做了汇报。8 月初在成都会议上向全国各省（自治区、直辖市）的同志做了汇报。

第二阶段，2004 年 8 月~2005 年 1 月，调整预测结果阶段。2004 年 10 月初，根据国家统计局提供的修正后的数据、水利水电规划设计总院反馈的意见对预测结果进行了平衡、调整，并送该院，再次征求各方面意见。2004 年底根据反馈意见，再次对部分预测结果进行调整。2005 年 1 月，提出了预测成果。

第三阶段，2005 年 1 月～2005 年底，对预测结果再调整阶段。这个阶段宏观经济研究院根据水利水电规划设计总院的要求，再次对预测数据进行了调整，并于 2005 年夏向专家组作汇报。2005 年底，水利水电规划设计总院要求我们根据各流域的意见，对预测结果再做一次调整。这时国家统计局开始公布全国经济普查数据。与年度统计数据相比，普查数据反映的全国及各省（自治区、直辖市）GDP、主要行业增加值发生很大变化，需要进行全面系统的调整。

第四阶段，2005 年底～2006 年初，课题组根据国家和各省统计局经济普查数据再次对预测结果进行调整。由于国家和各省普查数据公布时间、详简程度，与国家统计数字之间存在很大差异，给预测结果的调整工作带来不便。

第五阶段，2006 年夏，根据项目总体要求，在参考"十一五"规划、近两年发展情况，以及各流域预测数据，对以往的预测结果进行再次调整，形成以 2005 年数据作为预测现状年，以 2000 年为基年的各专题研究报告。

第六阶段，2007 年，国家统计局公布了 1993～2007 年经利用全国经济普查数据修订后各地的经济发展与结构数据。各专题研究组在此基础上对综合预测结果再次进行了修改，形成本书。

（三）关于预测中使用数据的说明

1. 采用的基础数据

"行业篇"使用的基础数据主要来自以下几方面。

1）中国共产党第十六次全国代表大会文件及相关报告。

2）国家统计局公开出版的有关年份的《中国统计年鉴》及有关专业的统计年鉴。

3）各省（自治区、直辖市）统计局公开出版的有关年份的统计年鉴。

4）根据本篇研究的需要，由国家统计局提供的，可以公开使用的数据。

5）第五次人口普查数据。

6）宏观经济研究院近年来的相关研究成果。

7）有关部门和科研单位的研究成果。

8）本书第八章至第十五章。

在第四、第五、第六阶段的工作中还参考了 2005 年全国经济普查数据以及《中华人民共和国国民经济和社会发展第十一个五年规划》有关数据。

2. 所采用统计数据之间的一致性分析

1）现行统计制度中，国家统计局公布的全国统计数据与各省（自治区、直辖市）的汇总数据之间存在一定的差额。受这一因素的影响，本篇预测结果中，各省（自治区、直辖市）数据之和与全国数据之间有一定差额。调整中力图将这个差额控制在-10%~10%。

2）国家统计局提供给本篇的数据中，有一些与国家统计局公开出版的统计年鉴中的数据不一致。同一年份的数据，在不同的统计年鉴和统计提要中也不完全一致。受这一因素的影响，预测结果中可能会出现前后数据不一致的情况。

3）由于本篇水利水电规划设计总院要求的行业分类与国家标准的行业分类不同。根据预测的需要，国家统计局对有关数据进行了调整。因此预测结果中有些指标的口径与统计年鉴的指标口径不一致，基础数据也不一致，不能直接对比。

4）国家统计局最初只公布了2004年当年全国经济普查数据，后来又对1993~2005年GDP和第一、第二、第三产业的数据进行了调整，但是没有对行业增加值进行调整，因此无法根据普查数据判断经济发展规律，也无法调整各行业的预测结果。针对这一情况，本次调整中：①只能根据以往的数据判断发展趋势，预测增长速度；②对已经公布普查数据的指标进行调整，对没有公布普查数据的指标没有进行调整；③用普查数据作基础，调整绝对值的预测结果。由于同时使用了两套数据，因此预测结果之间有可能出现不协调的问题。

在研究过程中，研究人员尽力避免以上情况给研究和预测带来的负面影响。

3. 关于引用数据中的价格因素的处理办法

1）对历史和现状的分析中，均采用国家统计局公布的数据，绝对额按当年价计算，增长速度用可比价计算。由于国家统计局提供的数据中，有些行业没有按不变价计算的增长速度。在分析中我们采用现价增长速度加相关物价指数的修正，并参考有关指标的不变价增长速度，来判断这些行业的发展规律。

2）在第一、第二、第三阶段工作中2010年、2020年、2030年的预测数据，不论是绝对额，还是增长速度，都是以2000年当年价的统计数据为基础进行预测，不考虑2000年以后的价格变动影响。在第四阶段和第五阶段工作中，尽可能使用经济普查数据的情况下，绝对额和增长速度都是用2004年普查数据的价格为基础进行预测的，没有考虑2005年及以后价格变动的影响。第六阶段为了使基础数据样本更好地反映发展规律，并考虑到国家统计局已经根据普查资料对有关数据进行了调整，因此将预测价格调整回2000年可比价。

二、对2030年以前影响经济发展和产业布局主要因素的判断

本篇对2030年以前我国经济社会发展主要指标进行预测。从时间跨度看，本篇的预测属于长期预测。因此预测中需要考虑的因素与短期预测不同。一些在短期发展中影响较大的因素，在长期发展中的影响将发生变化。本篇在进行长期预测时，重点考虑了两类因素及其在2030年以前可能发生的变化。一类是在今后相当一个时期内对我国经济发展将持续产生影响的重大因素；另一类是虽然目前对经济发展的影响有限，但在今后经济发展水平提高、规模扩大后，可能会对经济发展全局带来影响的因素。这些因素主要包括以下

十方面。

（一）国家发展战略和方针、政策的影响

从党的十一届三中全会以来，我国提出了分三步走的现代化发展战略。2000 年，提前实现了前两步战略目标，人民生活总体达到小康水平，开始迈向第三步战略目标，即到 21 世纪中叶基本实现现代化。为了实现第三步战略目标，1998 年召开的党的第十五次全国代表大会提出了 21 世纪的新的三个阶段的发展目标，"第一个十年实现国民生产总值比 2000 年翻一番，使人民的小康生活更加宽裕，形成比较完善的社会主义市场经济体制；再经过 10 年的努力，到建党 100 周年时，使国民经济更加发展，各项制度更加完善；到 21 世纪中叶新中国成立 100 周年时，基本实现现代化，建成富强民主文明的社会主义国家。""十六大"在此基础上进一步明确提出，要在 21 世纪前 20 年，集中力量，全面建设惠及十几亿人口的更高水平的小康社会。在这个基础上，再继续奋斗几十年，到 21 世纪中叶基本实现现代化，把我国建设成为富强民主文明的社会主义国家。明确提出党执政兴国的第一要务是发展，当前解决中国所有问题的基础是发展。十六届三中全会以后，中央又进一步明确用科学的发展观指导发展。科学发展观的要义是发展。这些战略部署和战略思想将极大地调动各方面发展经济的积极性。

可以肯定，从现在起到 2030 年，坚持以经济建设为中心的方针不会变，坚持社会主义市场经济体制改革的方向不会变，坚持对外开放的方针不会变，坚持科学发展观不会变。这将为我国经济持续稳定发展创造良好的社会环境。

（二）经济体制改革的影响

根据"十六大"的部署，2020 年实现全面建设小康社会目标时，社会主义市场经济体制将初步建立起来。据此预计，到 2030 年，社会主义市场经济体制将更加完善。我们认为，从现在起到 2030 年，改革将在解决深层次矛盾方面取得进展，化解经济发展中遇到的制度性障碍和一些制约因素，克服隐形矛盾和问题，增强经济发展的活力，为经济的稳定发展提供有利的制度保证。但是，改革不可能再像 20 世纪 80 年代和 90 年代初期那样，带来社会生产和需求的爆发式增长。随着市场竞争机制在资源配置中的作用不断规范、不断增强，将给今后经济发展带来以下影响。

一是非经济因素对经济发展的干扰减弱，经济运行的稳定性增强。即使经济发展出现一些周期性波动，在政府宏观调控政策的引导下，仍然能够保持稳定增长的趋势。

二是随着市场机制作用的增强，资金密集型和技术密集型等高附加值产业将进一步向基础较好的东部地区集中。现已存在的区域经济布局、地区间经济发展差距，在 2030 年以前难以改变。但是，在中央政府区域政策的干预下，在中西部地区的努力下，中西部地区会形成一批具有地区特色和市场竞争力的产业，经济发展水平得到提高，地区间发展差距拉大的趋势有可能减缓。从根本上改变地区发展差距扩大的状况，还需要经过更长时间的努力。

（三）对外开放的影响

预计从现在起到 2030 年，我国全面开放局面不会改变，我国将在一个更加开放的环境中发展经济。经济发展将面对国内外两个市场，可以利用国内外两方面资源，既面临着更加激烈的竞争，也面临更多的发展机遇。外部环境总体上有利于我国经济发展，但是不稳定、不确定因素可能会增加。随着我国经济实力的增强，对外开放的扩大，与一些发达国家的竞争与合作的关系变得复杂。大国或周边国家联合起来对付我国的可能性不大，但是，他们在制造摩擦，给我国发展设置障碍方面可能会形成某种默契。

2030 年前，世界经济虽然会出现若干个发展周期，也可能会出现一段时间内增长速度下降的情况，但持续增长的总体趋势不会改变，这将给我国经济发展带来更大的国际空间。我国各产业将进一步融入国际分工体系，我国经济在国际竞争中将进一步发挥比较优势，积极开拓国际市场，利用国际资源、引进国外的先进技术和管理方法，不断提高我国经济的科技水平和管理水平，使我国经济的国际竞争进一步提高，特别是制造业中的劳动密集型产业、一部分技术密集型产业将得到较快的发展。

国内石油、铁矿石、铜、铝、土地、水等重要资源保障程度低，是制约经济发展的重要因素。在对外开放中，通过开辟和利用国外资源，在一定程度上缓解资源压力，促进资源密集型产业，如钢铁、石化等产业顺利发展。

与此同时，我国各产业也将努力摆脱被动接受国际产业调整对国内产业的整合，以及长期处于国际分工低端的状况，千方百计地提升国内产业竞争力和国际分工地位，增强自主参与经济全球化能力。这将使我国的高技术产业，以及与其相关的制造业、科研和信息等现代服务业得到较快发展。

（四）经济发展阶段和已有经济基础的影响

2003 年我国人均 GDP 首次突破 1000 美元，2007 年将超过 2000 美元，标志着我国经济发展迈上了一个新的平台，进入现代化建设的新阶段。在这个阶段，我国工业化、城镇化进程进一步加快；人民生活水平进一步提高，消费结构进一步升级，住宅、汽车等十万元级的消费品成为居民购买的热点。因此，这个阶段也是重化工业增长较快的时期。钢铁、化工、汽车、机械、电信等产业将成为这个时期的主导产业。根据国际经验，这个趋势将会持续 20 年左右。我国是一个发展中大国，国内需求潜力巨大，这个趋势可能会保持更长一段时间。

但是，由于过去及当前，我国工业发展中存在着盲目投资、低水平重复建设、重复引进等问题，并由此造成一部分行业的生产能力过剩、布局不合理，企业的规模过小、效益低、竞争力弱。在对外开放不断扩大，国际竞争日益激烈的情况下，这类企业的经营发展将会遇到越来越大的困难，在结构调整中面临着兼并、重组甚至破产的压力。而这类企业占用了大量资金，不仅是当前银行坏账、呆账的重要源头，也是今后金融风险的重要隐患。如果处理不当，可能给经济发展和社会稳定带来不利影响。

（五）人口和就业的影响

根据本篇预测，2001～2030年，我国总人口将新增2.7亿人。2010年、2020年和2030年三个时点的全国人口总数分别为13.7亿人、14.6亿人和15.3亿人。随着我国工业化、城镇化水平的提高，城乡人口结构将发生较大变化，2010年、2020年和2030年的城镇人口比例将分别提高到44%、52%和59%。城镇人口将从2000年的4.58亿人增加到2010年的6.04亿人、2020年的7.6亿人和2030年的9.3亿人。

人口的增加和城镇化水平的提高，一方面使国内消费需求有可能长期保持增长的势头，拉动经济持续发展；另一方面庞大的人口量和不断增加的新增人口，也带来了新增劳动力的大量增加。预计，2001～2010年年均增加人口1100万人；2011～2020年年均增加人口850万人；2021～2030年年均增加人口730万人。虽然新增人口逐步减少，但是庞大的人口基数，再加上大批农民需要进城务工，转移到非农产业，2030年以前，就业始终是我国经济社会发展面临的突出难题之一。为了增加就业岗位，各级政府将会把发展劳动密集型产业放在突出位置，重点发展服务业和传统加工业。就业压力使我国产业结构调整呈现多层次、多方向的态势，不仅资金密集、技术密集型产业得到发展，劳动密集型产业也会得到发展。

（六）资源和环境的影响

从现在起到2030年，为了适应工业化、城镇化的要求，满足居民消费结构升级的需要，在市场机制的推动下，以钢铁、化工、汽车、机械、有色金属等为代表的重化工业将进入快速成长的阶段。重化工业具有资源消耗高、环境污染大的特点。要保证重化工业的持续发展，需要处理好资源供给和环境保护问题。

以往的经济发展是在大量、低效消耗资源，牺牲环境的基础上实现的，给2030年以前以及更长时期的经济发展带来许多严重问题。目前，许多重要资源的需求与国内供给的缺口日益增大，仅靠国内资源难以满足经济发展的需要。据有关专家预测，到2010年，我国重要矿产资源的对外依存度，石油达到57%，铁矿石达到57%，铜达到70%，铝达到80%。如果在科学技术和资源利用效率上没有突破性提高，到2030年，矿产资源、水资源、土地资源紧张的状况将更加突出，成为影响经济发展的主要因素。目前的增长方式在资源短缺问题日益突出的情况下，难以维持经济的持续发展。

为了突破资源环境对经济发展的约束，必须改变增长方式，调整经济结构，加快相关科技的发展，提高资源利用效率。这个时期，在资源短缺的压力下，资源价格将会上升。为了改善环境，将实行更加严格的环境保护政策，对破坏环境的行为实施更加严厉的处罚。那些资源利用效率低、污染严重的企业、产品将难以生存和发展。而有利于提高资源利用效率，开发替代短缺资源，综合利用资源，减少污染排放，改善环境质量的技术、产品、产业将获得更多的发展机遇，例如，在2030年以前，以煤炭为原料的化工、能源以及海水淡化等产业有可能进入快速发展的时期。

（七）科技教育发展的影响

2001～2030 年，科教兴国战略将得到更加有效的实施，科技教育进一步加快了发展，科技教育对经济发展的促进作用将更加突出。

2005 年，我国全社会研究与试验发展（R&D）经费总支出为 2450 亿元，比 2004 年增长 24.6%，相当于同期 GDP 的 1.34%。其中各类企业 R&D 经费支出为 1673.8 亿元，比 2004 年增长 27.4%，占全国总支出的比例达 68.3%，比 2004 年提高 1.5 个百分点。预计，今后随着经济实力的增强，科技意识的提高，各级政府和各类企业在科技方面的投资力度会逐年增强。2030 年时，R&D 经费支出占 GDP 的比例可以再提高 1 个百分点，甚至再高一些，达到甚至超过发达国家 2001 年 2% 以上的水平。科技投入的增加和科技水平的提高，将会使我们有能力化解制约经济发展的困难，增强我国经济的可持续发展能力和市场竞争力。

2005 年，我国教育经费合计达 8418.8 亿元，比 2000 年增长了 118.7%，相当于同期 GDP 的 4.58%，比 2000 年提高了 0.7 个百分点，但是人均水平只有 646 元，水平还很低。今后随着科教兴国战略、人才战略的实施，财政支出结构的调整，教育投入，特别是基础教育的投入会有较大幅度的增加；改革教育管理体制，社会办学条件的改善，将调动各方面参与教育的积极性。预计教育投入的增长将会达到甚至略高于《教育法》规定的比例，2030 年人均教育经费有可能达到 3000 元左右，教育事业将得到较快的发展。由此带来劳动者素质的提高，将对提高我国经济发展水平发挥重要作用。

（八）消费需求的影响

消费，特别是居民消费对经济发展具有关键性作用。1990～2005 年，我国城镇居民人均收入和人均支出平均每年分别增长 14.3%，消费支出年均增长 12.95%；农民人均纯收入年均增长 10.9%，支出年均增长 10.7%，生活消费支出年均增长 10.3%。这期间，我国按支出法计算的 GDP 的最终消费率保持在 60% 左右。在最终消费中居民消费始终占 80% 左右。2030 年以前，我国的最终消费需求会随着人口的增长、居民收入水平的提高和财政收入的增加而不断增长。特别是城镇化进程的加快，越来越多的农民变为城镇居民，就业岗位的变动，收入将增长，消费也将进一步提高。农村居民由于农村人口的减少，生产效率的提高，收入也会大幅度提高。社会保障制度的健全，不仅稳定了低收入者的生活水平，还会增加中等收入者的消费欲望。2006～2030 年，我国消费支出增长的幅度可能会比 1991～2005 年有所缩小，但增长的趋势不会改变，预计在 10% 左右。这些将使国内消费需求总量保持持续增长的势头，为经济发展提供广阔的空间。

随着人均收入水平的提高，消费结构将发生变化。1990～2005 年，城镇居民的恩格尔系数由 54.2% 下降到 36.7%，农村居民的恩格尔系数从 58.8% 下降到 45.5%。基本生活以外的消费有较快增长。到 2030 年，随着收入的增加，不仅电冰箱、洗衣机、彩色电视机在城乡更加普及，家庭用轿车、休闲旅游为代表的更高层次的消费也将进入更多的家庭，居住条件显著改善，对教育、文化、卫生、信息等方面的需求不断增加，消费方式、消费内容、消费观念将发生一系列变化。这些变化推动农业、工业、服务业不断调整结构的同时，也推动了经济持续发展。

（九）投资需求的影响

从现在起到 2030 年，投资始终是拉动经济发展，促进产业结构调整的主要力量。按 GDP 支出法计算的资本形成率，"八五"（1991～1995 年）时期平均为 40.3%，"九五"（1996～2000 年）时期平均为 37.6%，进入"十五"（2001～2005 年）时期平均为 40.7%，2006 年为 42.7%。投资是仅次于消费的第二大社会需求。预计，2030 年以前，我国投资需求将保持稳定增长的势头。主要由于工业化、城镇化进程的加快，消费需求的增长，经济结构的调整，都要求加大投资，加快城市基础设施建设和基础产业发展，由此带动其他产业的快速发展。

资金供给将可以满足投资需求的稳定增长。1990～2005 年，我国金融机构存款余额由 1.4 万亿元增加到 28.72 万亿元，贷款余额由 1.77 万亿元增加到 19.47 万亿元，本外币存贷款余额之间的差额由 -0.37 万亿元，增加到 9.34 万亿元。存款持续增长，贷款供应充裕是此期间投资稳定增长的重要原因之一。从现在起到 2030 年，我国国内储蓄率将保持较高的水平。主要由于，目前我国在经济发展水平不高的情况下，已经进入老龄化社会。到 2030 年，虽然经济实力会进一步提高，但相对于老龄化程度的提高，还不可能由国家将养老的责任全部承担下来，还需要个人和家庭承担相当一部分。至 2030 年，城乡九年义务教育和一部分高等教育仍然由国家投资兴办，但高等教育中的研究生教育、成人教育和继续教育将可能主要由个人负担。个人承担的医疗费也将是较大的数额。这些因素决定了我国居民在今后相当长的时间内，为了保证个人在养老、教育、医疗等方面的费用，还需要不断增加储蓄，由此使我国居民储蓄率居高不下。2030 年以前，资本市场的建立和规范，使我国储蓄转化为投资的机制更加完善，国内投资增长有可靠的资金来源做保证。

与此同时，随着我国对外开放的扩大，投资环境的改善，我国一些方面的竞争优势更加显现出来，外国公司会进一步增加在我国的投资。在国内外优势的比较中，有可能出现我国国内的资金大量到国外投资，国外的资金大量来我国投资的"有进有出"的局面。这将对推动投资的增长，提高投资效益产生积极的影响。

在市场机制的推动下，社会投资更加向效益高的产业和地区集中，使这些行业和地区投资规模持续增长，发展加快。政府职能转变的深入，使财政性投资更多地投入到社会公益性事业、公共产品、贫困地区和经济欠发达地区。由此推动经济结构、地区发展结构的变化。但是，在市场机制的作用下，地区经济布局不会发生根本性的变化。

（十）出口需求的影响

1990～2006 年，我国货物进出口总额从 1154.4 亿美元增加到 17 606.7 亿美元，增长了 14.3 倍，年均增长 18.6%；外贸依存度由 29.9% 提高到 67.7%，平均每年提高 2.36

个百分点。从今后发展趋势看，随着外贸结构的变化，我国的外贸依存度不可能再像1990年以来那样大幅度提高。预计从现在起到2030年，外贸依存度将在稳定一段时间后缓慢下降。但是，这种情况并不能说明外贸对我国经济发展的重要性下降。随着我国与世界经济的融合程度和我国产品国际竞争力的不断提高，外商在我国投资兴办的企业不断增加，我国各产业将会更加深入地参与国际分工。尽管我国外贸出口会遇到更多的摩擦，但随着世界经济的发展，各主要国家和地区经济增长，我国扩大出口的空间仍然很大。预计2030年前，我国出口继续大幅度增加，进口也会大幅度增长，顺差将会缩小，有些年份还会出现一定规模的逆差。总体上看，我国进出口额的增长幅度将与经济增长速度大体持平，在推动经济发展中发挥积极作用。

外贸总额增长的同时，也对进出口产品结构提出新的要求。纺织、服装、农产品等劳动密集型产品出口仍然会保持增长的趋势。但是随着居民收入水平的提高，社会保障制度的完善，我国劳动力成本低的优势将逐步减弱。为了保持出口的增长，技术含量高、附加值高的产品占出口额中的比例会不断上升。各国更加频繁地使用技术标准和技术壁垒保护本国企业，也迫使我国出口产品不断提高技术水平。我国科技水平的提高，也将有能力扩大高技术、高附加值产品的出口。今后，在劳动密集型产品出口的同时，机械、电子、通信、大型设备的出口将会增加，外贸和对外经济交流服务的金融、咨询、律师、会计师、物流等产业也将得到较快发展，并成为推动我国经济发展和对外贸易的重要力量。

（十一）小　　结

1）总体上看，上述每一项因素对经济发展的影响都是双重的，既有促进经济发展的一面，也有制约或影响经济发展的一面，不存在绝对有利于经济发展的因素，也不存在绝对不利于经济发展的因素。机遇和挑战并存。关键在于我们在今后发展中如何把握积极因素和发展机遇，妥善处理好制约因素，迎接挑战。

2）上述10项因素可以归纳为需求或供给两方面的因素。需求仍然是影响我国经济发展和结构变动的主要因素。社会需求中，消费、投资、出口仍然是拉动经济增长的主要力量。三大需求的持续增长将推动国民经济的持续势头。需求结构的变化，将推动经济结构不断调整。经济在结构调整中保持持续增长的势头。

3）总体上，供给总量完全可以满足需求，相当一部分产业会出现供过于求的状况。这是保持市场竞争的需要，也是重复建设的结果。但是能源、原材料的供给能否保证经济发展的需要，供给结构能否适应需求结构的变化，是制约经济发展的严重问题。如果处理不好，可能成为经济发展的"瓶颈"。

4）改革将为经济发展提供有利的制度保证。但是，在市场机制的作用下，资源将会更加向效益高的产业和地区集中，也有可能忽视长期效益和社会效益，给社会造成不稳定，影响经济的发展。

5）现有经济体系为今后发展奠定了经济技术基础，也隐含着因重复建设、盲目投资带来的风险。

6）对外开放为我们带来了竞争，同时也带来了机遇，有利于我们利用国内外两种资源、两个市场，缓解发展中的困难，促进我国经济持续发展。

7）人口、就业、资源、环境是影响今后发展的重要因素。但是这些因素在制约经济发展的同时，也为调整经济结构，促进科技发展，培育新的增长点提出需求。只要处理得当，有可能变成促进经济发展的积极作用。

8）教育和科技的发展对今后的经济发展具有直接和重要的作用。预计，教育科技将会有较大的发展，为经济持续稳定发展提供更多的人才和技术。

三、全国 2010 年、2020 年、2030 年经济发展和产业状况的预测

（一）国内生产总值的预测

根据对各方面因素的分析和判断，对从现在起到 2030 年国民经济发展可能出现以下三种情况。

一是我国国民经济保持高速增长。年均增长速度将会保持在 10% 左右，甚至更高的发展水平。出现这种情况需要经济体制有新的、更深层次的改革；科学技术进步有比较全面的大突破；市场需求大幅度的增加。国内外市场需求、资源环境对经济发展的制约有可能进一步增强；特别是我国社会主义市场经济体制进一步完善，非经济因素对经济发展的影响逐步减弱，经济增长的冲动将会减少；未来我国技术进步是一个渐进的过程，不会再出现 20 世纪 80 年代引进大量技术带来的爆发性增长，因此经济发展长期保持在 10% 及以上的水平有一定的困难。

二是经济发展出现大的波动。前期经过一个时期 10% 以上的高速增长后，后期的增长幅度出现较大幅度的下降。出现这种大波动的原因可能是宏观调控、经济结构、经济体制等方面出现大的变动或者问题，不得不进行调整。目前，虽然经济结构存在问题，但是这些问题都处于正在解决和调整阶段。经过 50 多年，特别是近 20 多年的发展，我国政府积累了比较丰富的宏观调控经验，不会让矛盾和问题累积到非常严重时再解决。因此今后经济发展出现大波动的可能性也不存在。

三是经济增长速度可能会出现逐步放缓的趋势。从目前的 10% 左右的增长速度逐步下降到 8% 左右的水平。这个速度在国际上也属于较高的发展速度，但是与改革开放以来的速度相比，还是降低了许多。这是各国，特别是新兴工业化国家在赶超发达国家过程中出现的一般情况。这种情况是否是一般规律，是否适用于我国还有待进一步研究，但是我国今后发展中出现这种情况的可能性比较大。

做出上述判断的主要理由包括以下三方面。

1）从我国国情看，从现在起到 2030 年，随着现代化、工业化、城镇化水平的提高，城乡居民收入的增加，国内需求将会持续扩大，基本能够满足经济增长 7% 左右的需要。

2）改革的深化，对外开放的扩大，科技进步将会提高我国经济的国际竞争力，缓解制约经济增长的矛盾，较好地满足各方面的需求。因此保持国民经济持续、快速增长是有可能的。

3）但是，各国经济发展的实践表明，当经济发展基数比较大，科学技术没有突破性进展时，增长速度会逐步减缓。这个规律同样适用于我国未来经济发展。因此，从现在起到2030年，我国经济发展有可能出现速度减缓的情况。但总体上看，增长速度仍然比较高，是在一个较高水平上逐步减缓的趋势。

本篇经过对各方面因素统筹考虑，并对经济增长的必要性和可能性经过综合平衡后认为，2010年、2020年和2030年全国GDP总量分别为252 697亿元、535 536亿元和1 005 274亿元，三次产业结构分别为10.4：49.1：40.5、7.4：48.3：44.3和5.8：46.3：47.9，2001～2010年、2011～2020年和2021～2030年GDP增长速度分别为9.8%、7.8%和6.5%。

（二）第一产业增加值的预测

2001～2030年是我国第一产业发展的重要时期。农业是国民经济的基础。这个作用任何时期都不会改变。对我国这样一个人口众多，耕地资源不足的国家，解决十几亿人口的吃饭穿衣问题，始终是一个关系国家发展和社会稳定的艰巨任务。从现在起到2030年是我国人口持续增长的时期，也是对农产品需求不断增长的时期。依据本篇预测，2010年、2020年和2030年三个时点的全国人口总数分别达到13.5亿人、14.3亿人和15.0亿人。随着人们消费结构的变化，人均直接粮食消费量可能会稳定在一个较低的水平，人均综合粮食消费量还是会有所增长。按这三个时点人均粮食综合消费量400kg、430kg和450kg测算，我国食粮需求量将分别达到5.4亿t、6.15亿t和6.75亿t。按国内自给率为95%测算，生产量需要分别达到5.13亿t、5.84亿t和6.41亿t。今后25年粮食产量的增长速度要始终保持在1%以上，高于同期人口增长速度。目前，我国肉、蛋、奶、鱼、蔬菜的产量也已经居世界首位，但人均消费水平很低，主要由于农民的消费水平低，虽然他们从事生产农产品的劳动，但对高蛋白食品消费的水平还比较低。随着农民生活水平的提高，国内对肉、蛋、奶、鱼的消费量会大幅度增长，为农产品的增长创造了非常广阔的需求空间。

2001～2030年，制约第一产业发展的主要因素是农业收益低，农业发展所需资源不足，农业生产技术落后，农业生产的组织方式和相关体制还不适应农民发展的需要。目前，农民种植1亩粮食的收益只有100多元，全年种粮收益只有几百元。而农民到城镇务工的收益每年可达数千元。其他产业利用土地的收益，每亩可达到万元，甚至几十万元。巨大的收益差距，影响农民种粮的积极性，也造成农业资源流向其他产业。例如，近几年，每年有数百万亩优质耕地变为建设用地，加上其他用途占用的耕地，每年减少耕地达千万亩。现有农业科技研究和推广体制，农业生产经营体制也存在着不适应大规模生产要求的问题，影响农业的发展。针对这些情况，中央作出建设社会主义新农村的决定，并将发展产业作为工作中心，通过贯彻工业反哺农业、城市支持农村和多予少取的方针，加快建立有利于改变城乡二元结构的体制机制，推进农村综合改革，促进农业不断增效、农村加快发展、农民持续增收。强化支农力度，调整优化农村经济结构，增加对农村基础设施、社会事业和扶贫的投入，实行最严格的耕地保护制度，逐步建立农民就业和社会保障制度。在中央和各级政府的推动下，今后农业（第一产业）会保持持续增长的趋势。

本篇预测，2001～2030年，全国第一产业增加值将保持增长的趋势。2001～2010年平均每年增长5.97%，2011～2020年平均每年增长4.19%，2021～2030年平均每年增长3.94%。2010年、2020年和2030年第一产业增加值分别达到26 281亿元、39 630亿元和58 306亿元，第一产业增加值占GDP的比例分别为10.4%、7.4%和5.8%。

（三）第二产业增加值的预测

2001～2030年是我国工业化、现代化进程进一步加快的时期。第二产业是这个时期推动经济增长中的主导产业。

本篇预测，第二产业增长速度将高于同期GDP的增长速度，在2001～2010年可达到10.54%，2011～2020年可达到7.62%，2021～2030年可达到6.05%。第二产业增加值在2010年、2020年、2030年分别达到124 074亿元、258 664亿元、465 442亿元。但是，由于经济发展水平的提高和经济结构的变化，第二产业增加值占GDP的比例将缓慢下降，预计2010年、2020年和2030年分别达到49.1%、48.3%和46.3%。

（四）工业增加值和重点行业发展情况的预测

1. 工业增加值的预测

从现在起到2030年是我国工业化、现代化进程进一步加速的重要时期。这个时期工业仍然是推动经济发展的主要产业，我国工业仍具高速增长的潜力。主要由于：①我国经济已拥有比较雄厚的物质基础，又是世界上最大的发展中国家，蕴藏着巨大的发展潜力，为经济的长期快速增长提供了广阔的国内需求空间。②目前我国已经形成了比较完善的工业体系和基础设施，许多工业产品产量位居世界前列，为工业经济的长期快速发展奠定了坚实的物质基础。③我国已经初步形成了全球最具竞争力的制造业，在继续保持劳动力优势的同时，在科技开发、企业管理、产品营销等方面的能力也将不断提高。④改革的深化，现代企业制度的建立，基本经济制度的完善，不仅进一步增强国有企业的活力，也会进一步促进民营企业的成长。⑤对外开放的扩大，投资环境的改善，使我国工业与世界经济的融合程度进一步提高，吸引世界加工工业加快向我国转移的步伐，使我国成为世界制造业的重要基地之一，为我国工业品出口提供更加有利的条件。

综合分析，预计我国工业增加值的增长速度，2001～2010年为10.6%，2011～2020年为7.7%，2020～2030年为6.0%。2010年、2020年和2030年工业增加值分别达到109 923亿元、229 745亿元、413 168亿元，工业增加值在GDP中的比例将缓慢下降，在第二产业中的比例保持稳定。预计2010年、2020年和2030年工业增加值占同期GDP的比例分别为43.5%、42.9%和41.1%。

2. 高用水工业发展情况的预测

纺织工业、造纸工业、石化工业、化学工业、冶金工业和食品工业等高用水工业是我国工业的重要组成部分，特别是化学工业、纺织工业及冶金工业等对工业增长的贡献位居各工业部门前列。2002 年六大工业部门共实现工业总产值（1990 年不变价）36 887.25 亿元，占全部工业的 35.96%。综合分析各工业部门的发展状况，预计 2001～2030 年，高用水工业继续保持平稳发展态势，2010 年，工业增加值达到 39 133 亿元左右，占工业增加值的比例为 35.6%；2020 年，工业增加值达到 76 275 亿元左右，占工业增加值的比例为 33.2%；2030 年，工业增加值达到 131 387 亿元左右，占工业增加值的比例为 31.8%。

1）纺织工业。纺织工业是我国的传统支柱产业，也是有较强国际竞争力的产业。2005 年，全国规模以上纺织工业企业产品销售收入达到 19 794 亿元，年均增长 18.9%；规模以上企业利税总额、利润总额分别达到 1231 亿元、690 亿元，比 2000 年增长 104.6% 和 133.5%；全社会口径纺织纤维加工量达到 2690 万 t，化纤、纱、布、呢绒、丝织品、服装等大类产品产量均居世界第一位；纺织品服装出口额实现 1175 亿美元，占世界纺织品服装出口额的 24%。今后相当长的时期内纺织工业的总体竞争优势依然比较明显。主要原因有以下四方面。

一是我国有资源的丰富。据有关资料，我国拥有近 1300 万 t 纤维资源和占世界 1/4 的纤维加工工业体系。棉花产量占世界棉花产量的 1/4 左右，羊毛年产量居世界前列，羊绒年产量 10 000t，占世界产量的 2/3 以上。麻的产量占世界产量的 90% 以上，蚕茧和厂丝产量占世界产量的 70% 以上。此外，我国还有兔毛、大麻等天然纤维资源。国内化纤产量逐步上升，种类比较齐全。面料生产的技术水平也得到较大幅度的提高。经过"九五"、"十五"的努力，目前我国出口服装的面料自给率从 50% 提高到 70%，自主开发的竹浆纤维、各类蛋白纤维、超高强高模聚乙烯纤维、芳砜纶、碳纤维、聚对苯二甲酸二酯（PTT）纤维、芳纶 1313 等新型纤维品种对提高我国纺织品的国际竞争力发挥了重要作用。今后，随着科研水平的提高，一批功能更加突出，质量更加好的纤维将进一步产业化，保证我国纺织工业的持续发展。

二是劳动力成本低、素质好。纺织工业属于劳动密集型产业。我国劳动力价格和素质有较强的国际竞争。虽然今后我国东南沿海地区的劳动力价格将逐步提高，会达到较高的水平，但从中国整个劳动力市场看，劳动力仍是供大于求，在中西部、不发达地区的剩余劳动力大量存在，劳动力成本大幅度上涨的可能性不大。目前，一些发展中国家的劳动力成本比我国低，如当前印度的劳动力价格仅为我国的 34%，巴基斯坦仅为我国的 64%，印度尼西亚、越南、孟加拉等国家劳动力成本低的优势更加突出。但是，这些国家劳动力素质、服务水平低和配套能力低，加工品种少，接受订单的能力有限。因此，至少在 2020 年以前，我国纺织品在国际市场上仍然保持较强的竞争优势。

三是国内需求潜力大。2000～2005 年我国城镇和农村居民每人平均衣着类消费，依价格计算每年平均成长率分别为城镇 11.9%、农村 8.0%；据有关专家预测，2006～2030 年我国人均衣着类消费水平将保持快速成长的趋势，人口将在 2030 年前后将达到 15 亿人左右。再加上家用和产业用纺织品的增长，国内消费需求和消费结构升级将给纺织业发展创造了巨大的发展空间。

四是拥有一批水平较高的生产企业和遍布全球的销售网络。在长期的竞争和发展中，我国纺织工业装备拥有量已居世界前列，生产、加工能力很强，工业体系比较完善。一些大型企业在长期的市场竞争过程中，已经积累了相当大的技术、人才和资本优势，具有较强的国际竞争能力，在国外中低档产品市场已具相当规模，已经开始向高档产品发展。

但是，我国纺织工业的发展也面临着许多制约因素，突出的是：①国际市场竞争加剧。2005 年，根据 WTO 有关规定将取消对我国纺织品出口的配额限制，为我国纺织工业的发展创造了更加广阔的空间，但是也面临着更加激烈的竞争。发达国家依靠资金、技术等优势，掌控世界纺织品高阶市场，为了国内社会稳定的需要，没有完全放弃低端市场。发展中国家依靠廉价劳动力的优势，在纺织成衣制造业低端市场快速发展。许多国家针对我国纺织品，采取了一系列非关税和非配额的限制进口措施，使我国纺织品出口市场比较严峻。2030 年以前，这种情况只能加剧，不会减弱。②研发能力不强和研发投入不足。近年来，我国纺织全行业研发投入不足销售收入的 1%，与发达国家企业研发投入占销售收入的 5% 以上有较大差距。由此导致纺织行业的自主创新能力不强，技术水平低，效益低。③在创新自主品牌方面还缺少经验。2005 年，纺织工业已经有 175 个产品获得中国名牌称号，但还没有一个世界名牌，出口产品主要以贴牌加工为主。④纺织原料的对外依存度过大。虽然我国有丰富的纤维资源，形成一定规模和水平的面料生产能力，但受土地和石油资源的影响，我国棉花与化纤原料的对外依存度较高。2005 年，棉花总需求量为 940 万 t，进口依存度为 40%，根据预测，到 2010 年棉花用量将超过 1000 万 t，而内地棉花产量仅650 万 t 左右，近年来国际棉花贸易量每年约为 800 万~900 万 t，棉花供应不足的局面更加突显，市场风险也随之加大。2005 年化纤原料进口比率平均超过 60%。今后，即使我国棉花和化纤的对外依存度有所降低，但进口的数量仍然很大。这种情况下，一旦国际市场上的石油价格、棉花价格止涨，就会导致编织企业效益下降甚至亏损，影响健康发展。⑤纺织行业的高水平、高技术设备自主开发、生产和推广能力较弱。2001~2005 年，纺织行业进口国外的先进设备占全行业设备投资的 50%。这种情况在一定程度上影响了纺织行业的技术进步和设备更新。⑥纺织工业生产能力过剩的问题非常突出，是国家重点整顿的行业之一。对上述问题，中央有关部门和各企业的认识都非常清醒，出台了一系列措施，提高纺织工业的技术含量和自主品牌的比例，发展高技术、高性能、差别化、绿色环保纤维和再生纤维，扩大产业用纺织品、丝绸和非棉天然纤维开发利用，推进纺织工业梯度转移。规范市场竞争循序，改进经营、管理、竞争策略。

总体看，我国纺织工业发展困难较大，前景较好。国际资本也都看好中国市场和中国纺织工业发展的商机，不断增加对我国纺织纤维出口的同时，也不断增加对我国纺织工业的投资。我国纺织企业也在积极引进国外资金、技术、管理经验，提高核心竞争力，并通过改进管理、加强产品开发，提高技术水平，增强参与国际竞争的能力。

2）造纸工业。造纸工业是目前我国为数不多的国内生产能力总量不能满足社会需求的产业。因此未来 20~30 年发展潜力很大。2005 年，我国机制纸及纸板生产量为 6205 万 t，居世界第二位，比 1990 年增长了 3.5 倍，年均增长 10.6%。其中，2000~2005 年增长了 1.5 倍，年均增长 20.1%，平均每年增加 744 万 t 的生产能力。尽管我国造纸工业快速发展，但仍然不能满足国内需要。2005 年进口纸浆、纸及纸板用汇为 72.7 亿美元，加上纸制品、废纸的用汇，纸类产品的用汇总量近百亿元。目前我国人均纸的消费量相对较低。据有关资料，2002 年人均消费纸及纸板为 33kg，只相当于世界平均水平的一半，只有美国、欧洲、日本等地区人均消费水平的 1/10～1/8。随着经济发展水平和人民生活水平的提高，纸的消费量将持续增长。据有关部门预测，2010 年消费量有可能会突破 8000 万 t，因此，"十一五"时期我国纸张和纸板的消费量还有很大的上升空间。这个趋势还会保持相当长的一个时期。

目前，制约制纸工业增长的主要因素有以下两方面。

一是原料。我国制纸工业的原料总量中，废纸浆用量占 50% 左右，木浆占 20% 左右，非木浆占 30% 左右。这充分说明我国造纸工业对废纸资源已有较大的依赖性。国内废纸的回收状况不是很理想。目前，国内废纸回收率仅为 30% 左右。国内造纸企业所需的废纸来源，很大一部分是依靠进口，2005 年已达 1600 万 t。我国现在已是世界上最大的废纸进口国，占世界可贸易废纸量的近 50%，不仅引起国际废纸价格猛升，同时也带动国内废纸价格上涨。国内原生木浆的增长远远落后于总用浆量的增长。木浆对进口的依赖程度较高。2005 年进口纸浆 739 万 t，如果考虑到进口原木中有一部分用于制浆，进口纸浆的数量可能将近 800 万 t。由于我国进口木材和木浆的数量急剧增长，不仅引起价格的上涨，还引起国际社会对由此大量砍伐木材带来的生态环境问题的高度关注。中国是世界上以草类纤维原料制浆造纸历史最悠久的国家，是非木材纤维原料制浆造纸产量最多的国家。当前制浆造纸利用的非木材纤维原料，主要是麦草、芦苇、竹子和蔗渣，其中麦草比例最大。我国农作物秸秆年产量高达 6 亿 t，其中可收集部分约 4.5 亿 t，但是综合利用率却不足 40%。

二是水资源消耗过大、环境污染严重问题。当前，我国一般纸厂吨纸水耗高达 100m³ 以上，吨浆纸综合水耗高达 300m³ 以上。大量的小纸厂技术水平低，装备落后，生产管理差，因此，单位产品耗水量大得惊人，吨纸耗用水量高达 400m³。而国外纸厂吨纸水耗仅为 10～20m³，甚至低于 10m³，吨浆纸综合水耗为 35～50m³，水重复利用率约为 40%。耗水量大，重复利用率低，必然导致造纸过程中的污染大量排放，环境污染。主要污染源是小型造纸厂，以稻草为原料，生产工艺落后，污水不能综合开发、循环使用，带来水资源的浪费和环境污染。目前，我国年销售额在 500 万元及以下的小纸厂多达 2500 多家。这些企业规模过小、生产设备和技术落后，资源综合利用能力弱，劳动生产率低，造成的环境污染和资源浪费比较严重。

针对上述问题，国家有关部门已经采取措施。利用当前社会各方面对环境保护的要求越来越强烈和产业结构调整的时机，加大治理的力度，促进大企业发展，淘汰落后的草浆生产线，开发"无污染"、"少污染"的草类纤维原料制浆新技术、新工艺和新设备。在有条件的地区实施林纸一体化工程，加强资源综合利用工作。积极推进设备国产化进程，加快国内制浆造纸技术装备和节水、治污措施的研究开发和利用。制约造纸工业发展的原料不足、污染严重、水资源利用率低等问题将逐步得到解决。同时，要适应需求结构的变化，不断调整和优化产品结构，大力发展市场短缺和急需的胶印新闻纸、高档文化用纸、涂布纸、涂布白纸板、牛皮箱纸和高强瓦楞原纸等产品，不断提高产品的质量和档次。

3) 石化工业。石化工业是国民经济的重要基础产业。石化工业的代表性产品是乙烯。乙烯是一系列重要化工产品的基础。随着工业化、现代化水平的提高，尤其是汽车、电子、建材、纺织等相关产业的发展，给乙烯衍生产品带来强劲的需求，这些产品的增长不仅会超过乙烯及其下游产品的增长速度，也会超过国民经济的增长速度，成为推动石化工业发展的主导力量。

2005 年我国乙烯生产量为 755.5 万 t，只能满足国内需求的 45%。根据有关资料，1990~2005 年，我国乙烯消费量年均增长速度达 12%。据有关方面预测，2010 年乙烯当量需求为 2400 万~2600 万 t，国内产量仅 1500 万 t 左右，国内生产满足率为 57.7%~62.5%；2020 年乙烯当量需求率 3600 万~3800 万 t，国内乙烯产量为 2200 万 t，国内满足率为 57.9%~61.5%。至 2030 年，我国乙烯需求量的增长速度不会低于 7%，国内生产能力仍然难以满足需求，大量进口的局面一时难以改变。因此，需求增长将会拉动石化工业快速发展。

制约石化工业发展的主要因素是国内原油资源不足和加工能力规模小、水平低。20世纪 90 年代以来，我国每年新增加的石油可采储量不足以弥补当年的采出量，储采比稳中趋降，从 1990 年的 15.8 下降到 2005 年的 13.8。增储上产的难度越来越大。为了解决资源约束，保证原油供应，在国家政策的鼓励下，各石化集团积极扩大国外油田的开采能力，开辟更多的原油进口渠道，保证石化企业的正常生产。据此判断，从现在起到 2030年，我国原油的对外依存度会进一步提高，但不会影响石化工业的正常发展。

我国石化工业的发展也面临着日益激烈的国际竞争。欧美国家的大型石化公司的规模大，技术先进，效益高竞争力强。由于当地的石化产品市场已经趋于饱和，他们正积极向以亚洲为主的发展中国家拓展空间。而我国周边国家和地区积极吸引国际资本进入本地区石化产业，并且将我国作为目标市场。这无疑将挤压我国石化工业发展的空间，加大了发展的难度。

为了扩大我国石油加工能力，增加乙烯产量，近几年我国已经开始着手对现有石化企业进行大规模的技术改造，以增强我国石化企业参与国际竞争的能力。目前，全国 16 个乙烯生产企业都在进行不同规模的技术改造，以增加生产能力，提高加工水平和经济效益水平。今后石化工业还会有一批新建项目或技术改造项目陆续开工建设。外资也看好我国石化产品市场，积极来我国投资建设石化企业。这些生产能力的投产，不仅可以更好地满足经济社会发展对石化产品的需要，也必将推动石化工业的持续发展。

4) 化学工业。本书中的化学工业是除石油化学工业以外的其他化学工业。不仅包括化工基础材料，还包括日用化工、医药化工等行业，是内容非常丰富的产业。这些产业都是国民经济的基础，我国化学工业已经形成了门类比较齐全、品种大体配套并基本可以满足国内需要、部分行业自给有余产品可以出口的化学工业体系，已有 20 多种化工产品生产和消费居世界前列，化学工业对国民经济发展的支持作用进一步增强。

总体上看，我国化学工业的发展已经由供给约束转为需求约束，化学工业发展面临着激烈的市场竞争。但正在发生深刻的结构变化。相当一部分基本化工原料产品不仅可以满足国内市场需要，还有一定数量的出口。但是，技术含量高的产品，包括化肥、农药，特别是精细化工产品，还不能满足经济社会发展的需要，每年需要大量进口。在化学工业中，煤化式和医药工业是非常有前景的部分。

目前，煤化工中以煤为原料生产汽油、柴油已经进入大规模工业化试验阶段。石油价格的上涨也为这个产业的发展创造了有利的利润空间。据有关资料，"十一五"时期，我国将完成煤炭液化、煤制烯烃的工业化示范，为后10年产业化发展奠定基础。示范工程包括：采用国内开发的工艺和高效催化剂技术，建成100万 t/a 的煤炭直接液化示范工程，完成具有自主知识产权的煤直接液化工艺的工业化示范；引进国外成熟技术，建设300万 t/a 的间接液化工厂，并完成商业化运行示范；采用不同的自主知识产权技术，分别完成16万 t/a 和100万 t/a 的间接液化示范装置和示范工程；采用自主知识产权技术，完成60万 t/a 的煤制烯烃示范工程。

医药工业发展前景也非常良好。目前，我国已成为全球化学原料药的生产和出口大国之一，同时还是全球最大的药物制剂生产国。中药、生物制药、医疗器械等方面也在世界具有重要地位。2005年，全国医药工业实现现价总产值4508亿元，比2000年增加2637亿元，2000~2005年年均递增19.2%；实现工业增加值1606亿元，比2000年增加934亿元，年均递增19.0%；实现销售收入4271亿元，比2000年增加2510亿元，年均递增19.4%；实现利润361亿元，比2000年增加218亿元，年均递增20.4%。从现在起到2030年，医药产品的市场需求巨大。国内市场，随着全面建设小康社会的推进，迫切需要加快医药行业发展势在必行。据统计，目前全国结核病患者人数约450万，仅次于印度，列世界第二位；乙型肝炎病毒感染者超过1.2亿人，占全世界的1/3；血吸虫病患者约有85万人。各种传染病以及恶性肿瘤、高血压、心脑血管病、糖尿病等严重疾病的患病人数也在不断增加，已成为威胁人民健康的主要病种。据调查，我国18岁以上居民高血压患病率为18.8%，糖尿病患病率为2.6%。因患恶性肿瘤和心脑血管病死亡的人数已经列在我国人口死因的第一位和第二位。精神卫生问题已经成为我国的重大公共卫生问题和社会问题。我国60岁以上的老年人口占总人口的10.2%，并以每年3%的速度增长，进入老龄化国家行列。城镇化推进了医疗卫生事业的发展。这些变化对医药行业提出更高的要求。随着经济的发展、世界人口总量的增长、社会老龄化程度的提高，以及人们保健意识的不断增强，全球医药市场持续快速扩大。国际市场，2005年全球主要国家药品市场规模已达6020亿美元，以7%的速度继续增长，远高于全球经济的增长速度，2010年将达到7600亿美元。到2030年国际市场对医药的需求将保持增长的势头，为我国医药工业的发展创造了广阔的空间。

化学工业普遍存在着生产规模不经济、技术水平低、生产工艺落后、开发研究能力弱、产品结构不合理、产品质量不稳定、能源和原料消耗量大、环境污染严重，以及经营管理落后等问题。特别是一些中小型化工企业的问题更加突出。在对外开放不断扩大、国际竞争日益激烈的情况下，我国只有少数企业，在少数产品上真正具有国际竞争力。为了解决这些问题，各级政府和企业采取了一系列措施，向大型化、一体化方向调整化学工业。优化发展基础化工原料、积极发展精细化工，淘汰高污染化工企业。通过引进和开发，不断提高研究开发能力和生产技术水平。通过企业重组、改造，转变企业产权结构和运行机制，改善企业内部治理结构，改进经营管理。加大化工企业在环境保护和资源综合利用方面的监督和管理。预计，经过若干年的努力，我国化工企业的生产水平会有显著提高。因此，2030 年以前，在高技术化工产业的推动下，我国化学工业的发展仍然具有广阔的空间。

5）冶金工业。冶金工业，特别是钢铁工业是近年来发展快、争议大的产业。对今后发展趋势的判断有多种意见。但是，总体判断，从现在起到 2030 年，冶金工业将进一步发展。

目前，我国已经进入工业化快速发展的阶段。这个阶段也是冶金材料需求旺盛的时期。以钢铁为例，据有关资料，欧洲、美国、日本在进入工业化快速发展时期，人均钢产量曾经达到 170kg/a。发达国家钢产量的高峰期一般维持 30 年左右，累计钢产量达到 50 亿~70 亿 t 后，钢铁生产才进入平稳发展期[①]。2006 年我国人均钢产量达 321kg/a，考虑出口和进口的影响，人均水平也在 300kg 左右，已经进入钢产量的高峰期。我国的国土面积大、人口多，实现现代化过程中需要的累计钢产量要比其他国家数额大得多，预计累计钢产量可能达到 150 亿 t 后才进入稳定生产期。"十一五"时期，国家将严格控制新增钢铁生产能力，加速淘汰落后工艺、装备和产品，提高钢铁产品的档次和质量。如果每年钢产量控制在 4 亿 t 左右，近几年每年淘汰 1000 万 t 落后生产能力。钢铁产量有可能在相当长的时期内维持在高水平。此外，铜、铝等有色金属材料的国内生产数量也还满足不了经济发展的需要，每年进口的数量十分可观，发展潜力非常大。因此，从需求看，冶金工业有很大的发展空间。

2030 年以前，我国冶金工业发展面临的主要制约因素：一是资源。从资源看，我国冶金矿产资源有限。据有关资料，国内现有矿产资源，铁矿可开采 30 年左右，焦煤可开采 40~60 年，锰矿可开采 15 年左右。虽然我国铁矿石资源居世界第九位，但储量中大部分是贫矿，或者开采条件不好的矿。按目前年产铁矿 2.3 亿~2.5 亿 t 计算，加上国内其他资源，可维持钢产量 1 亿 t 左右。其余需要通过进口铁矿石解决。2005 年，铁矿石、铜精矿和废杂铜（折金属量）、氧化铝进口量分别达到 2.6 亿 t、257 万 t、730 万 t，对外依存度居高不下。我国进口已经引起国际市场供应紧张。此外，与冶金工业发展密切相关的炼焦煤资源、水资源，也已经出现全面紧张的局面。二是环境。我国吨钢综合能耗比世界先进水平高 15%~20%，吨钢粉尘排放量是世界先进水平的 5 倍，平均吨钢排放的二氧化硫比发达国家高 5~10 倍，排放的二氧化碳高近 30%。钢铁工业粉尘排放量占工业粉尘排放总量的 13%，造成严重的环境污染。三是企业结构和产品结构不合理。以钢铁工业为例。年产 300 万 t 以上钢铁企业的钢产量占全国的比例，2000 年为 51.89%。近年来，这个比例下降到 40% 多些。相对于大企业，小企业的资源利用率低，环境污染严重，问题比较突出。发达国家钢铁消费的板管比大约为 60∶40，我国目前大约为 50∶50。而我国钢铁生产的板管比为 40∶60。生产结构不适应消费结构。

目前，国家正在调整冶金工业发展战略，今后将加快产品结构调整，推动冶金工业发展循环经济，提高进入冶金工业的技术、经济、环境标准，限制小型冶金企业的发展，建设一批技术水平高的大型冶金企业，进一步提高冶金工业的资源综合利用水平，降低水资源、能源的消耗水平，减少污染。鼓励提高产品的档次和质量，发展目前还不能生产或产

---

① 张寿荣. 2004-02-05. 中国需要多少钢. 科技日报，第 5 版。

量不能满足市场需求的技术含量高、附加值高的产品。加强国际合作，增加对国外冶金矿山的投资，扩大利用国际资源的能力，缓解国内冶金矿产资源不足的矛盾。

6）食品工业。食品工业是一个行业繁多，内容丰富的产业，也是一个与农业和人民生活联系密切的产业。这个行业今后发展前景良好。主要原因有以下两方面。

第一，随着人民生活水平的提高，对食品的营养、方便、卫生的要求越来越高。为食品工业提供了广阔的发展空间。目前，我国经过工业加工的食品约占饮食消费总量的25%，而发达国家达到90%以上。食品加工的品种、质量方面也存在很大的差距，还不能很好地适应居民生活的需要。今后发展的空间和潜力很大。

第二，农业的发展和农民收入的增加需要加快食品工业的发展。2000～2030年，我国农业将继续保持增长的趋势。而要在农业发展中增加农民收入，必须对农产品进行深加工。目前，我国粮食、油料、水果、豆类、肉类、蛋类、水产品等都居世界第一位，但加工程度低。食品工业产值与农业总产值的比值一直维持在0.3～0.4∶1，而发达国家食品工业产值与农业产值的比例一般在1.5～2∶1的水平，食品工业产值大大高于农业产值。如果经过20多年的努力，使食品工业产值与农业产值的比例达到1∶1的水平，不仅食品工业得到快速发展，农业也会保持良好的发展趋势，农民收入水平也会显著提高。

至2030年，各级政府会进一步扶持食品工业的发展，食品工业发展的环境将会进一步改善。

目前，食品工业发展中的突出问题是：产品结构不合理，烟草和高度白酒产值占食品工业产值的比例较大，而为居民一日三餐服务的餐桌食品基本没有实现工业化生产。食品加工技术水平相对落后，加工食品的档次低、品种少、更新慢，不适应消费需要。食品企业规模不经济。经济规模的面粉加工为400～600t/d，稻米加工为200～400t/d，浓缩果汁为5万t，啤酒为20万t。而我国近80%的面粉企业的日处理小麦规模只有50～100t，80%的稻米加工企业的日处理能力不足50t，啤酒生产企业的平均规模不到4万t，浓缩苹果汁生产企业的平均规模不到1万t。食品工业标准和质量控制体系不完善，食品安全和环境污染问题突出。特别是那些小作坊式的食品加工点的产品质量和食品安全问题更加严重。虽然它们不属于统计意义上的食品工业，但其行为给食品工业的发展造成了严重的干扰和破坏。这些问题的存在，使我国食品工业在日益激烈的市场竞争中面临严峻的形势。目前，各级政府非常重视食品工业的发展和食品安全，并希望通过食品加工企业与原料产地建立紧密联系，促进农村种植业和养殖业的结构调整。带动农业发展和农民增收。目前，我国已经出现一批大型食品加工企业集团。这些企业坚持以市场为导向，调整产品结构，提高产品的精深加工水平，将成为推动食品工业发展的骨干力量。在发展的同时，政府加强对食品安全的监督和食品市场的整顿。因此，从总体上看，2006～2030年，我国食品工业将进入一个健康、持续发展的新阶段。

3. 电力工业

2005～2030年是我国电力工业快速发展的时期，主要由于经济社会的发展，电力需求迅速增加，推动电力工业的快速发展。据有关资料，2006年我国人均发电量为2156kW·h，接近世界平均水平，仅为发达国家的1/5～1/3。今后随着经济社会的发展，生活水平的提高，人均用电量将会大幅度提高，为电力行业的发展创造巨大的空间。

我国发电量中的绝大部分是火电。2005 年底，全国发电装机容量达到 50 841 万 kW，其中火电为 38 413 万 kW，占 75.6%；水电装机为 11 652 万 kW，占 22.9%；核电为 685 万 kW，占 1.3%，其他为 91 万 kW，占 0.2%。2005 年全国发电量为 24 747 亿 kW·h，其中火电为 20 180 亿 kW·h，占 81.5%；水电为 4010 亿 kW·h，占 16.2%。火电中主要是煤电。我国能源消费总量中，煤炭的比例长期维持在 70% 左右，2005 年为 68.7%。主要由于我国能源资源总量中，煤炭占 90% 以上。因此，今后我国以煤炭为主的能源消费结构和以煤电为主的电力结构难以改变。预计到 2030 年，火电站发电量占全部发电量的比例有可能维持在 80% 的水平。这种能源结构遇到的突出问题：一是运输量大；二是水资源紧张；三是环境污染严重；四是电网建设任务重。目前，各级政府正在着手解决这些问题。一是加快铁路、港口建设，调整和优化负荷中心大电站建设布局，增强西电东送的能力以缓解运输压力。二是加强电厂水资源循环利用能力，节约利用水资源。在富煤少水地区建设大型空冷机组。在一些有条件的城市利用中水发电。三是淘汰工艺落后的小机组，发展技术先进的大机组。2007 年关停 1000 万 kW 小火电机组。力争 2010 年我国超临界、超超临界机组达到煤电装机的 15%，到 2030 年这个比例有更大的提高。四是加大洗煤能力。在煤炭主要产区着力发展使用大型流化床技术的电站，提高煤炭综合燃烧的效率，减少煤炭消费对环境的污染。与此同时，在保护生态的基础上有序开发水电。2030 年以前是我国水电发展的高峰期。"十一五"时期将建设金沙江、雅砻江、澜沧江、黄河上游等水电基地和溪洛渡、向家坝等大型水电站。国家将积极推进核电建设，重点建设一批百万千瓦级核电站，核电在发电量中的发展将会显著提高。2030 年以前各种可再生能源的发展速度将越来越快。开发风能，将在内蒙古、河北、江苏、甘肃等地建设百万千瓦级风电基地。生物质能、太阳能、地热能和海洋能也将得到大规模的开发和利用。总之，随着科技水平的提高和政策措施的落实，电力工业将解决好面临的矛盾和问题，健康顺利发展。

改革开放以来，我们以能源的翻一番保证了 GDP 的翻两番，能源弹性系数不断降低，单位能源创造的 GDP 不断增加。2030 年以前，为缓解能源紧张的局面，满足经济社会发展对能源的需求，还需要大力推广节能技术，提高能源利用效率，力争能源增长不到翻一番，就实现 GDP 翻两番的目标。预计，2010 年电力需求量为 33 040 亿 kW·h，年均增长速度为 6.3%；2020 年电力需求量为 52 338 亿 kW·h，年均增长速度 4.7%，2030 年电力需求量为 78 511 亿 kW·h，年均增长速度为 4.1%。2001～2030 年，我国电力工业增长速度将低于 GDP 的增长速度。火电发电量 2010 年达 29 720 亿 kW·h，5 年年均增长率为 8.1%；2020 年 46 360 亿 kW·h，10 年年均增长率为 4.5%，2030 年达 65 872 亿 kW·h，10 年年均增长率为 3.6%。2010 年、2020 年和 2030 年的增加值分别为 3363 亿元、5670 亿元和 9632 亿元。

4. 一般工业发展情况的预测

除高用水工业、火电以外的其他工业增加值，2010 年、2020 年和 2030 年分别达到 67 428 亿元、147 800 亿元和 272 148 亿元；占工业增加值的比例分别为 61.3%、64.3% 和 65.9%。

1）采掘业。2001～2030 年是我国工业化进程加快的时期，重化工业将保持持续发展的趋势。重化工业是能源、原材料消耗量大的产业。重化工业的发展必然带动采掘业的发展。但是，我国有些矿产资源相对不足，采掘业中中小企业技术水平低，对环境破坏严重。为了解决这些问题，国家将严格执行相关法律，加强规划，适当控制开采规模，以实现采掘业的健康和可持续发展。

煤炭工业是采掘业中的重要产业。至2030年，煤炭工业将保持较快发展。主要由于：首先，在能源生产和消费结构中，煤炭的主导地位不可替代。近几年，虽然我国石油、天然气和水电等能源发展较快，但煤炭在一次能源中的比例一直保持在67%以上。这种格局在今后相当一段时期内不会改变。其次，我国煤炭资源丰富，供应可靠。在能源需求增长速度加快，国内石油、天然气资源有限的情况下，煤炭及煤化工将获得发展的机遇。再次，科技进步为煤炭工业持续发展创造了条件。洁净煤技术以及水煤浆、煤炭液化、煤炭气化和煤基燃料甲醇等技术的成熟和广泛采用，降低了煤炭污染，为煤炭变成优质能源提供了广阔的发展空间。

石油、天然气工业作为我国重要的战略性支柱产业，在国民经济发展中占有举足轻重的地位，是今后为数不多的供应短缺的产业之一。随着我国社会经济的发展与人民生活水平的提高，石油、天然气的消费会进一步上升。特别是全社会汽车保有量大幅度增加，对石油、天然气的消费需求将稳步攀升。制约石油、天然气工业发展的主要因素是国内资源有限。国家从保证经济安全角度考虑，将会增加石油、天然气勘探与开采力度，保持国内石油工业稳定发展。随着新的找油理论的突破，陆上油气和海上油气的勘探前景都将比以前乐观。原油产量将会维持现有规模，或略有增加，天然气产量会有较大幅度的增长。石油、天然气工业总体上将保持稳定或低速增长的态势。

2）制造业。至2030年，随着工业化水平的提高和居民消费结构的变化，机械制造产品的国内市场需求前景非常乐观。国际市场，为制造业的发展提供更加广阔的空间。2006年我国装备制造业实现销售收入8万亿元，比2005年增长20%，实现利润3800亿元，增长15%。机械和运输设备出口达到4564亿美元，进口为3571亿美元，顺差近1000亿美元，已经成为世界机械设备的重要生产地。从现在起到2030年，我国制造业的发展将面临日益激烈的国内和国际竞争。我国制造业能否抓住机遇，实现持续、健康、快速发展，关键看我国制造业的竞争力。迫切需要尽快提高研究开发水平、制造装配水平和经营管理水平。根据有关资料的分析，我国制造业中，核心竞争力真正达到世界先进水平的行业很少，国际竞争力极低的行业也是极少数，一半以上行业的国际竞争力处于中等水平。我国政府和企业都十分重视核心竞争力和自主发展能力，并采取多种措施，提高我国制造业的研发能力和制造能力。在各项措施的综合作用下，从现在起到2030年，我国制造业将进入一个快速发展的时期。其中，装备制造业、电子及通信设备制造业、汽车工业、船舶工业是机械制造业中发展最快的行业。

装备制造业是国民经济重要支柱产业。2000～2030年是我国经济结构调整和产业技术升级不断加快的时期，各行业对技术装备的需求持续增长。由于我国在部分领域的制造技术水平与国际先进水平的差距明显缩小，面临着国家间技术转移的种种限制性因素的制约，再完全依靠引进设备和技术，难以满足各产业发展对技术装备的需要，更难以满足提高我国综合国力的需要，迫切需要提高国内装备制造业研发和制造水平。国家从"十五"

时期以来，不断增加装备工业技术改造和研究开发的投入，积极扩大对外合作，引进先进制造技术，努力振兴装备制造业。"十一五"规划进一步明确重点扶持和鼓励发展大型高效清洁发电设备、超高压输电设备、大型乙烯成套设备、大型煤化工成套设备、大型冶金设备、煤矿综合采掘设备，大型船舶装备、铁路交通装备、环保及资源综合利用装备和数控机床。今后 20～30 年，我国重大装备的制造能力将会较快提高，不断满足需求市场，实现稳步增长。

以电子及通信设备制造业为龙头的高新技术产业是工业乃至国民经济的支柱产业。未来 20～30 年，不论是各行业技术升级带来的对高技术装备的需求，还是居民消费水平提高后带来的对高新技术消费品的追求，都为电子及通信设备制造业，以及其他高技术产业的发展，创造了巨大的发展空间。我国快速增长的国内需求和低成本、高素质的劳动力资源，吸引国际上大型跨国公司增加在我国的研发和制造投入，推动电子通信产业的发展。我国自主研发和制造能力的提高，正在成为这一产业发展的重要力量。

汽车工业在未来 20～30 年是我国极具发展潜力和高成长性的行业之一。从需求看，随着我国经济发展水平和人民生活质量的提高，汽车成为新的消费热点。特别是 2003 年我国人均 GDP 超过 1000 美元后，轿车需求进入高速增长期。据有关研究报告，这个势头有可能保持 20～30 年。我国将成为全球最大的汽车市场。有的专家预测。经过一二十年的发展，我国汽车年销售量有可能超过 1500 万辆，汽车保有量超过 1 亿辆①。随着我国汽车制造水平的提高，汽车出口量也将逐步增加，2005 年我国出口汽车和汽车底盘 108.4 万辆，在国际市场上已经占有一席之地。目前，世界上主要汽车制造公司已经全部进入中国。未来 20～30 年是这些公司争夺中国市场最激烈的时期。不仅产量会增加，生产技术和产品的技术含量都会大幅度提高。因此，不论是需求，还是供给，都可以保证汽车工业持续增长。

船舶工业是具有广阔发展前景的产业。2030 年以前是中国船舶工业发展极为重要的战略机遇期。船舶工业具有劳动、资金、技术三密集的特征，中国既拥有素质较高、成本较低的丰富劳动力资源，又拥有较其他发展中国家更好的资金、技术条件，加快发展船舶工业有明显的综合比较优势。国际国内市场在相当长的时期持续兴旺。据有关部门预测，2010 年以前全世界每年造船需求可保持在 7000 万～8000 万载重吨。我国国内市场的年均新船需求量达到 400 万载重吨/年以上。从 1995 年起，我国造船产量已连续 10 年居世界第三位。"十五"时期造船产量年均增长 28%，特别是后 3 年年均增长 45%。2005 年全国造船产量达到 1212 万载重吨，占世界产量的 18%。目前我国船舶工业综合技术实力与先进造船国家相比存在差距。一是船舶设计基础共性技术薄弱。许多关键技术至今还处于空白或落后状态。二是船用配套设备国产化研制水平和能力需要进一步提高。三是先期技术储备不足，缺乏前瞻性。四是制造和管理技术落后，信息化应用水平低，导致我国造船企业平均生产效率约为韩国、日本的 1/6，在很大程度上抵消了低劳力成本优势。为了把握机遇，迎接挑战，2006 年 8 月国务院常务会议审议并原则通过的《船舶工业中长期发展规划》提出，今后一个时期要努力保持船舶工业平稳较快发展，要注重提高增长的质量和

---

① 曹建海.2003.经济全球化与中国汽车产业发展.管理世界，(4)：68-76。

效益，走全面协调可持续发展道路；要大力转变经济增长方式，尽快从主要依靠廉价劳动力、以量的扩张实现增长，转向更加依靠科技进步，以提高效率推动发展，努力实现转型升级；要加快提升三种能力，即自主创新能力、先进造船能力和船舶配套能力，迅速缩小与先进造船国家的差距，努力强化综合竞争优势。重点做好五方面工作；加快三大造船基地建设，优化产能发展与布局；加大新船型开发力度，着力增强核心竞争力；全面建立现代造船模式，切实转变经济增长方式；集中解决船舶配套瓶颈，努力提高本土化率；加强船舶行业管理，促进船舶工业发展。可以相信，2030 年以前，我国船舶工业会保持持续发展的势头。

（五）建筑业增加值增长情况的预测

2000 ~ 2030 年，我国建筑业将保持持续增长的趋势。主要原因有以下四方面。

1）2001 ~ 2030 年，中国经济有可能保持持续稳定快速增长。尽管我国经济发展中还存在着资源约束、就业压力大、经济结构不合理、国有资产管理不适应，企业内部治理结构不合理等诸多问题，但是随着社会主义市场经济体制的不断完善，科技水平的提高，对外开放的进一步扩大，新的经济增长点的形成和发展，国家综合实力和宏观调控能力将不断提高，为我们克服前进中遇到的困难，把握发展机会创造了条件。由此带来投资需求的增长，将推动建筑业的持续、快速发展。

2）2001 ~ 2030 年，是我国工业化、城镇化、现代化水平快速提高的时期。与此相适应，工业交通条件重要设施的建设、重大装备的安装、城乡基础设施建设都将进入一个高峰期，一批重大工程项目，如南水北调、大城市间高速铁路或客运专用铁路线、能源、石油化工和煤化工、大规模集成电路、航空航天工程等将陆续开工建设，形成巨大的建筑市场需求。

3）2001 ~ 2030 年，是我国全面建设小康社会，人民生活水平不断提高的时期。与此相关的教育、卫生、文化、公共安全等公共福利和公用事业的建设将进一步加快，住宅建设、环境治理工程的规模将进一步扩大，广大农村、西部地区的发展将进一步加快。这些发展都将持续扩大全社会对建筑业的需求。

4）随着市场经济体制的不断完善，资本市场的完善，各种融资手段的成熟，以及利用外资的进一步扩大，使资金供给能够基本满足各方面对建设投资的需求。改革的深化，经济的发展，也将使影响建筑业发展的诸多不利因素逐步化解。

据此，作者认为，2030 年以前，我国固定资产投资将会保持持续增长的势头。在投资的推动下，建筑业增加值、总产值都会保持增长的趋势。但与 20 世纪 80 年代和 90 年代相比，2001 ~ 2030 年，建筑业会进入一个相对稳定的发展阶段。预计，2001 ~ 2010 年、2011 ~ 2020 年、2021 ~ 2030 年三个时期，建筑业增加值年均增长速度分别为 9.9%、7.4% 和 6.1%。2010 年、2020 年和 2030 年建筑业增加值分别达到 14 151 亿元、28 919 亿元和 52 274 亿元，占 GDP 中的比例分别为 5.6%、5.4% 和 5.2%。

（六）第三产业增长情况的预测

2001 ~ 2030 年，我国第三产业将经历一个由缓慢增长到快速增长，再到平稳增长的过程，在传统服务业继续发展的同时，现代服务业的发展速度将逐步加快。第三产业增加值中，传统服务业的比例逐步下降，现代服务业的比例不断提高，第三产业在结构调整中持续发展。主要原因有以下四方面。

1）从国际上看，进入21世纪后，服务业在世界经济中的作用将日益突出，服务贸易在世界贸易总额中的比例不断扩大。据分析，2001~2030年，服务贸易在世界贸易中的比例大约每年提高1个百分点。世界经济发展趋势给我国服务业带来更大的发展空间和发展动力，也给我国第三产业的发展带来巨大的竞争压力。这种压力，近期有利于我国服务体制改革，提高服务业发展水平，促进服务业开放，远期则将有利于提高我国第三产业开拓国际市场的能力，推动第三产业的发展。

2）工业化水平的提高，特别是走新型工业化道路，将促进第三产业的发展。2030年以前，是我国工业化、现代化进程不断加快的重要时期。由于我国工业化采取以信息化带动工业化的方式，因此第一产业和第二产业发展水平的提高必将推动第三产业中的通信、信息、计算机网络服务、综合技术服务业的发展，也对金融保险业、物流业、商务服务、科研服务，以及教育、科技、文化等服务行业的发展提出更多、更高的要求，推动第三产业的发展。

3）城镇化水平和人民生活水平的提高对服务业的需求不断增长，为第三产业的发展创造更加广阔、丰富的空间。

4）我国将在较长一段时期内面临巨大的就业压力。进入21世纪以来，工业大规模吸纳农村剩余劳动力的能力减弱，服务业作为扩大就业的主渠道日益突出。第三产业在吸纳大量劳动力就业的同时，还通过培训、职业介绍、信息服务、中介服务等，为劳动力在第二产业就业创造了条件。这就使各级政府更加重视第三产业的发展，为第三产业的快速发展提供了良好机遇。

第三产业的发展也面临着人力资源素质不高的问题。目前，传统服务业的发展空间相对较小，其中商贸、餐饮等行业基本达到饱和的状态，而现代服务业发展空间很大。现代服务业，如咨询、中介、法律等行业，是高素质人员从业的行业，人力资源素质状况对这些行业的发展具有决定性的作用。目前我国人力资源状况还不适应第三产业发展的需要。根据第五次人口普查数据分析，2000年第三产业从业人员中，受过大专及大专以上教育的不足10%，只接受过初中及初中以下水平教育的超过50%。现有的人力资源不足以支撑现代服务业的快速发展。加大人力资源的投入，培养专业技术人员对推动第三产业的发展具有重要的意义。同时，教育事业的发展也是第三产业的重要部分。

总的看来，2001~2030年，影响我国第三产业发展的有利因素与不利因素相互交织在一起。随着我国产业的进一步升级和第三产业自主创新能力的提高，第三产业有可能出现人们期待的加快发展的局面，增长速度高于同期GDP和第二产业增加值的增长速度。2030年前后，第三产业增加值占GDP中的比例有可能超过第二产业的比例，成为国民经济发展的主导力量。

根据本篇预测，2001~2030年，第三产业的增长速度会略高于同期GDP的增长速度，第三产业占GDP的比例会缓慢提高。预计，2001~2010年、2011~2020年、2021~2030年，第三产业增加值年均增长速度分别为10.14%、8.77%和7.34%左右。2010年、2020

年和 2030 年第三产业增加值分别达到 102 342 亿元、237 242 亿元和 481 526 亿元,占 GDP 的比例分别为 40.5%、44.3% 和 47.9%。

(七) 总人口和城镇人口预测

2001 ~ 2030 年,我国人口总量增长有可能少于原来预计的 16 亿,主要由于数十年来,在我国人口政策的指导下,人口基数比预计的少,育龄妇女的数量也比预计的少。根据我国第五次人口普查资料,2000 年年龄段在 20 ~ 24 岁以下的女性所占全部女性的比例明显要低于年龄在 25 ~ 49 岁的育龄妇女,因此,可以预见我国未来的出生人数将要小于现阶段。但值得注意的是,2000 年年龄在 10 ~ 14 岁的女性占很大比例,达 9.38%,这预示着育龄妇女的增加在生育政策不变的情况下,2010 ~ 2020 年我国的出生人数将略有回升。

综合考虑各方面因素,预计 2001 ~ 2030 年,我国总人口将新增 2.9 亿人。2010 年、2020 年和 2030 年三个时点的全国人口总数分别为 13.52 亿人、14.35 亿人和 15.07 亿人。

随着我国工业化、城镇化水平的提高,城乡人口结构将发生较大变化,2010 年、2020 年和 2030 年的城镇人口比例将分别提高到 44%、52% 和 59%。城镇人口将从 2000 年的 4.58 亿人增加到 2010 年的 5.95 亿人、2020 年的 7.5 亿人和 2030 年的 8.9 亿人。

四、各省 (自治区、直辖市) 2010 年、2020 年、2030 年经济布局和经济发展状况预测

(一) 预测方法的简要说明

从预测方法上看,对各省 (自治区、直辖市) 国民经济发展进行长期预测,与对全国宏观经济发展进行预测没有明显的差别。实际预测中,各章更多地采用了趋势外推法、比例系数法、相关分析法等,主要考虑以下三个方面。

1) 各省 (自治区、直辖市) 的情况差异很大,统一的方法难以满足预测的需要。

2) 2030 年以前,各省 (自治区、直辖市) 发展情况的变化很大,用多变量的复杂模型,预测误差可能会比较大,简单的方法可能更加合理、准确。

3) 统计数据难以满足复杂预测方法的需要。

预测中,尽可能将定量分析与定性分析结合起来,用定性分析和因素分析得出的判断,对定量分析结果进行比较、修正,选择相对合理的数据作为预测结果。

在进行数据平衡时,不仅考虑了省 (自治区、直辖市) 内部数据关系的合理性,还尽可能在合理速度与合理的结构中寻找合理的预测结果,同时还考虑了各省 (自治区、直辖市) 数据与全国数据之间的合理性。由于平衡中同时达到理想状态非常困难,因此最终确定的预测结果也存在不理想的情况。

（二）各省（自治区、直辖市）国内生产总值增长情况预测

2001～2030 年，全国各省（自治区、直辖市）的经济将保持持续增长的趋势。这是全国经济持续增长的基础。总体上看，地区间增长速度上的差异可能有所缩小，主要由于以下三方面。

1）从中央提出科学发展观，统筹地区经济发展以来，在继续保持东部地区发展的同时，进一步加大了实施西部大开发和振兴东北等老工业基地的力度，同时还提出中部地区崛起的构想，为各地区发挥积极性，加快发展创造有利的宏观环境。

2）经过改革开放以来 30 多年的发展，东部地区已经进入经济结构升级的时期，一些高技术产业成为保持经济发展的重要支柱。而一些劳动密集型产业逐步向劳动力成本相对更低的中部和西部地区转移。这种调整不仅有利于东部地区经济的持续发展，也有利于中西部地区的发展。

3）各地区经过 30 多年的探索，在市场机制的推动下，正在形成各自的比较优势，发现各自的新增长点。特别是中西部地区培育出一批适合当地条件的，有较强竞争力的产业，增长潜力不断显现出来。

但是，由于原有经济基础的差异较大、产业结构差异明显，投资条件和自然条件存在明显的优劣，因此地区间经济布局难以有大的改变。东部地区仍然是我国经济的重心，中西部地区虽然有较快的发展，差距拉大趋势可能会有所缓解，但与中西部地区及东部地区在经济发展水平方面的差距仍然存在。

本篇预测，大部分省（自治区、直辖市）的 GDP 在 2001～2010 年、2011～2020 年、2021～2030 年三个时期，增长速度分别为 10%～12%、7%～8%、6%～7%，有的省（自治区、直辖市）的增长速度可能会快一些，有的可能会慢一些。

（三）各省（自治区、直辖市）第一产业增长情况预测

2001～2030 年，各省（自治区、直辖市）的第一产业（农业）将保持增长的趋势。但各地区农业发展的重点不同。东部地区的一些省（自治区、直辖市）以出口创汇为主要目标的农业，主要发展高技术、高附加值农业和养殖业。中西部地区的农业主要以满足国内农产品市场需求为主的大宗农产品为主。各省（自治区、直辖市）根据各自的自然条件、技术条件将形成各具特色的农业产业带。

尽管各地农业都保持发展的趋势，但由于各地发展水平不同，非农产业的规模不同，使各省（自治区、直辖市）第一产业增加值占 GDP 的比例不同，一般情况下，东部地区第一产业增加值占 GDP 的比例较低。中西部地区第一产业增加值占 GDP 的比例相对较高。但是总体上看，各地第一产业增加值占 GDP 的比例都呈现逐步降低的趋势。预测在 2020 年以后，基本上稳定在一个相对较低的水平。

本篇预测，大多数省（自治区、直辖市）第一产业增加值的增长速度，2001～2030 年在 3%～5%，有些地区高于这个水平，有些地区低于这个水平。到 2030 年，第一产业

增加值占 GDP 的比例比 2001 年明显下降。东部地区的北京、上海第一产业增加值的比例低于 1%，江苏、浙江、山东、广东、福建等地第一产业增加值占 GDP 的比例低于 5%。中西部地区有一部分省（自治区、直辖市）第一产业增加值占 GDP 的比例低于 10%，但仍然有一些省（自治区、直辖市）的第一产业增加值占 GDP 的比例高于 10%。

（四）各省（自治区、直辖市）第二产业增长情况预测

2001～2030 年，是全国各省（自治区、直辖市）加快工业化、现代化、城镇化进程的重要时期。根据经济发展规律，这个时期也是第二产业增长速度加快的时期。但是由于各省（自治区、直辖市）工业化、现代化发展水平不同，由此带来的第二产业增加值增长速度、在 GDP 中的比例变化情况不同。总体上看，各省（自治区、直辖市）第二产业增加值的增长速度在前期较快，在 GDP 中的比例略有提高，后期增长速度会逐步放缓，在 GDP 中的比例略有下降。主要由于随着现代化进程的加快，国民经济发展，特别是第二产业发展需要第三产业提供更多的服务，由此带来第三产业增长速度超过第二产业的增长速度，第三产业增加值占 GDP 的比例逐步赶上第二产业。

本篇预测，2001～2030 年，绝大部分省（自治区、直辖市）第二产业增加值的年均增长速度，在 2001～2010 年、2011～2020 年和 2021～2030 年，分别为 11%～14%、7%～8% 和 5%～7%。前半期，东部地区大部分省（自治区、直辖市）的第二产业增加值的增长速度可能高于全国平均水平；后半期，中西部地区的许多省（自治区、直辖市）的第二产业增加值的增长速度高于全国平均水平。

本篇预测，2001～2030 年，东部各省（自治区、直辖市）第二产业增加值占当地生产总值的比例逐步下降，有的会下降 10 个百分点，但中西部地区各省（自治区、直辖市）第二产业增加值占当地生产总值的比例会略有增加，有的省（自治区、直辖市）也有所下降，但下降的幅度远小于东部省（自治区、直辖市）下降的幅度。出现这种情况的主要原因：再经过二三十年的发展，东部许多省（自治区、直辖市）的传统工业化进入后期，有的省（自治区、直辖市）将完成传统工业化的任务，服务业发展水平提高，成为经济发展的主要支柱。中西部地区大部分省（自治区、直辖市）的工业化进程还没有结束，工业、建筑业仍然是经济发展的主要支柱产业。

（五）各省（自治区、直辖市）工业增加值增长情况预测

本篇预测，2001～2030 年，全国各省（自治区、直辖市）工业增加值的增长速度呈现逐步减缓的趋势，工业增加值占 GDP 的比例逐步下降，而占第二产业增加值的比例基本稳定。

预计，2001～2010 年、2011～2020 年、2021～2030 年，全国大部分省（自治区、直辖市）工业增加值增长速度分别为 8%～10%、7%～9%、6%～8%。有的省（自治区、直辖市）的增长速度会略高于或低于这个幅度。

预计工业增加值占 GDP 的比例，2010 年时，多数省（自治区、直辖市）在 40%～

50%；2020 年时，多数省（自治区、直辖市）在 40% 左右；2030 年时，近 1/3 以上的省（自治区、直辖市）低于 40%。这期间，绝大多当选省（自治区、直辖市）工业增加值占第二产业增加值的比例基本稳定在 90%，略有变化。

从工业布局看，东部省（自治区、直辖市）的工业增加值占全国工业增加值的 60% 的格局到 2030 年不会发生根本性变化。

1. 高用水工业发展情况预测

总体来看，在未来一个较长时期内我国高用水工业保持增加的趋势。其中东部地区增长的速度将高于全国平均增长速度和中西部地区的增长速度。高用水工业继续呈现向东部地区集中的趋势。

北方地区，特别是华北、西北地区受水资源及环境容量的制约，高用水工业占全国的比例将呈现下降的态势。

1）纺织工业。目前我国纺织工业已经形成向东部沿海地区集中的态势。由于我国纺织品出口量大，对我国纺织纤维的需求量大，特别是一些高档纺织品对进口化学纤维的依赖程度较高。纺织工业也是一个市场变化非常快的行业，一般情况下，纺织企业需要建立在获取市场信息比较方便的地区。因此，2030 年以前，纺织工业的发展仍然会集中在生产条件较好，进出口方便、信息灵通的东部沿海地区。这些地区的科技水平较高，产品开发能力较强，在纺织工业产品结构调整中，特别是高档产品开发中具有明显优势。因此江苏、浙江、广东和山东目前纺织工业发达的地区，仍然是未来我国纺织工业的主产区。

2）造纸工业。造纸工业受水资源和原料制约的产业。至 2030 年，北方地区和西部地区水资源紧张的状况难以缓解，制约了造纸工业在这些地区的发展。南方地区雨热条件适合速生林生长。目前和今后一个时期，我国造纸工业原料基地建设将主要集中在南方地区。造纸工业也是一个资金密集型产业，按 2002 年造价计算，建成 1 万 t 纸浆生产能力，大约需要 10 亿元的投资。而我国沿海地区和南方地区投资条件较好，目前在建的大型纸浆和造纸项目，主要集中在这些地区。因此，今后造纸工业的布局仍然将主要集中在广东、山东、江苏和浙江等沿海地区和南方地区。"南纸北运"的局面将更加突出。

3）石化工业。从现在起到 2030 年，是我国石化工业大发展的时期。这个时期，影响石化工业布局的主要因素有以下两方面。

一是规模效益。石化工业是规模效益非常突出的行业。发达国家努力通过扩大单系列装置的生产能力，取得较好的效益。目前国外最大的单系列乙烯装置生产能力已经达到 127 万 t（加拿大），准备建设的最大的单系列乙烯装置生产能力达 140 万 t（伊朗和法国）。一般也达到 60 万～100 万 t。我国乙烯装置平均规模只有 26.1 万 t，规模效益明显不足。为了适应我国加入 WTO 后国际竞争的需要，扩大现有装置的生产规模，是石化工业发展的必然战略选择。这一战略将使原有石化企业得到发展，不会从根本上改变石化工业的布局。

二是原料供应。石化工业的原料主要是石油和天然气。我国是国内石油资源不能满足发展需要的国家之一。今后石化工业的发展将越来越多地依赖进口石油。因此新建石化企业，或扩大现有企业规模，都需要考虑与进口石油运输相衔接。进口石油比较方便的地区是沿海地区、东北地区、西北地区。这些地区也是现有石化工业基地。我国天然气资源相对丰富，在今后石化工业原料供应中，天然气的比例将会不断提高。天然气资源丰富的地区，石化工业也会得到一定程度的发展。其他地区石化工业的发展可能不如这些地区发展得快。

根据以上判断，本篇认为，2000～2030年，我国石化工业主要分布在辽宁、黑龙江、广东和山东等已经有一定规模，石油、天然气资源比较丰富，进口石油比较便利的省。预计辽宁、黑龙江、广东和山东仍然是我国重要的石化生产省。这期间天津、上海、陕西、新疆的石化工业将快速发展，在全国的比例显著提高。

4）化学工业。目前上海、江苏、山东、广东和浙江在我国化学工业中所占的比例较大。预计，到2030年时，资源丰富的重庆、四川、云南、青海等省（自治区、直辖市）的化工业也将形成可观的规模。

5）冶金工业。冶金工业是对水资源、矿产资源、能源依赖程度高的产业。今后冶金工业的发展将主要集中在水资源和能源比较丰富的地区。从现在起到2030年，我国冶金工业的发展对进口资源的依赖程度不断增强，因此冶金工业的布局更加受交通条件的制约，特别是进口资源所需要的交通条件。我国西部地区虽然有一定的矿产资源优势，但是由于矿石的品位低，生产环境相对较差，交通条件不太方便，技术水平较低，因此在国内外两种资源的比较中，西部地区的优势并不突出。这些地区的冶金工业会保持一定的发展速度，但不会是全国冶金工业发展的主体。而东部地区的经济基础较好，进口矿石的运输条件比较便利，水资源比较丰富。这些优势弥补了矿产资源不足的劣势，将成为今后冶金工业发展的主要地区。

本篇预测，江苏和河北是未来一个时期我国冶金工业发达的地区，另外山东、上海、浙江、河南以及广东也是我国冶金工业相对比较发达的地区。

6）食品工业。食品工业是与农业生产和人民生活密切相关的产业。由于各地都有丰富的农产品和特色食品加工原料，具备发展食品工业的基本条件，因此2001～2030年，各地食品工业都会有较快的发展。

但是，从食品工业的发展趋势看，食品工业的技术含量不断提高，高新技术的应用越来越广泛。食品工业规模效益的提高，使食品工业的一次投资增加，资金密集程度也在不断提高。食品工业的产品更新快，市场信息、技术信息和企业经营管理水平对食品工业的影响越来越突出。在这种情况下，非生产原料因素对食品加工业发展的影响不断加大，甚至成为主要原因。仅有原料优势已经不能实现食品工业的发展，而需要技术、资金、市场信息、经营管理等方面的综合优势。目前各地的综合优势差异较大。一般来说，东部地区相对较好，中西部地区相对较弱，因此，2001～2030年，东部地区，中西部部分条件较好的地区，食品工业将得到较快的发展，而其他地区的食品工业也能有所发展，但发展速度不理想。

本篇预测，我国未来食品工业发展较快的是东部地区的山东、广东、江苏和中部地区的河南。这些省食品工业在全国的比例会进一步提高。

根据上述分析，本篇研究表明，2001～2030年，我国各地高用水工业将保持较快的发展速度，其中2001～2010年增长速度在10%以上，2011～2020年增长速度在7%～10%，

2021～2030 年增长速度在 5%～7%。

2. 电力工业

2010～2030 年，随着经济的发展，人民生活水平的提高，全国各省（自治区、直辖市）的电力需求将保持持续增长，推动电力工业持续发展。期间，华东、华南、西南三个地区电力消费增长较快，东北、华中、西北地区的电力增长速度相对较慢。主要由于这些地区经济发展水平和人民生活水平差异，影响电力消费的增长。

影响火电发展的主要因素是资源、运输和环境。我国煤炭资源的地理分布不平衡，主要集中在秦岭—昆仑山以北地区。东部经济发达地区能源资源严重不足，所需煤炭要从西部地区调运，或者进口。目前，铁路运量的 40% 以上、水运的 30% 左右是煤炭。因此，煤炭资源分布和煤炭运输是影响火电布局的主要因素之一。今后，火电厂建设将会继续积极发展坑口电站，变输煤为输电。坑口电站的重点建设地区是山西、内蒙古、陕西、宁夏。在运输干线附近、交通方便的地区和负荷中心地区也会建设一批港口电站和路口电站。

本篇预测，2001～2010 年、2011～2020 年、2021～2030 年三个时期，主要地区火电增长速度，华北地区分别为 7.5%、3.5%、3.8%；东北地区分别为 5.6%、3.4%、3.4%；华东地区分别为 11.2%、5.3%、3.6%；华中地区分别为 7.2%、3.7%、3.2%；南方地区分别为 10.4%、5.2%、4.1%；西北地区分别为 10.5%、5.4%、5.2%。

根据上述分析，2001～2030 年我国各地的电力工业持续增长，其中 2001～2010 年各地电力工业增加值的增长速度为 10% 以上，2011～2020 年在 7% 以上，2021～2030 年在 5% 左右。有的省（自治区、直辖市）高于这个水平，有的省（自治区、直辖市）低于这个水平。

3. 一般工业发展情况预测

本篇的"一般工业"是根据编制全国水资源规划的需要确定的，是指前述高用水工业、电力工业以外的其他工业部门，主要包括采掘业、制造业和其他工业等。

1）采掘业。影响各地采掘业发展的主要因素是各地区矿产资源禀赋状况和采掘业发展的基础条件。我国矿产资源区域间分布不平衡。虽然总体上呈现中西部地区地矿产资源丰富，东部地区矿产资源相对较少的态势，但是具体到每一种矿产，分布上存在很大差异。例如，煤炭的探明储量，90% 以上分布在长江以北地区，其中山西、陕西、内蒙古三省（自治区）的保有储量占全国的近 70%。石油、天然气资源主要集中在渤海湾盆地、松辽盆地、塔里木盆地和鄂尔多斯盆地，东北、华北、西北地区的探明储量，占全国的50% 以上。铁矿主要集中在辽宁、河北、山西、四川，这些省占全国铁矿保有储量的60%。铝土矿主要集中在山西、贵州、河南、广西等省（自治区），这些地区约占全国总储量的 80%。磷矿主要集中在云南、贵州、四川、湖北，这 4 个省的保有储量占全国的70% 左右。钾盐 90% 以上集中分布在青海。

各地矿产资源的开采条件、开采成本也有很大差别。边远地区、工业基础薄弱的地区，矿产资源开采条件较差，开采成本较高。只有待矿产品价格上升到一定程度，技术水平有所突破时，才具备大规模工业化开采的可能。一般来说，资源丰富、开采条件较好的地区，采掘工业的发展将会加快，已经开采时间较长、资源接近枯竭的省（自治区、直辖市），采掘业的增速将放慢。

2）制造业。各地制造业的发展，主要取决于当地制造业的基础条件和研究开发能力。有些地区具有较好的基础条件，虽然目前遇到一些困难，但未来增长的空间较大，增速可能较快。例如，在国家实施振兴东北等老工业基地战略后，辽宁、吉林、黑龙江等省的制造业有望得到快速增长。反之，一些基础薄弱的地区，虽然现在形成一定的规模，但市场竞争力不强，未来增长的空间相对较小，增速可能较慢。

由于制造业是对外开放程度高，与世界经济分工体系的联系十分密切的产业之一。因此，制造业的发展，还受各地投资环境的影响。投资环境较好，外资投入量较大的地区，技术水平和竞争力提高较快，发展速度较高。反之，发展速度就会较慢。

从总体上看，东部地区制造业基础和投资环境较好，未来发展速度可能较快，中部地区次之，西部地区的制造业发展速度可能较慢。

上述分析表明，2001～2030年各地一般工业保持增长的趋势，其中2001～2010年的增长速度在8%～12%，有的省（自治区、直辖市）可能达到13%～15%；2011～2020年的增长速度在8%～10%，2021～2030年的增长速度在6%～8%。有的省（自治区、直辖市）高于这个水平，有的省（自治区、直辖市）低于这个水平。

（六）各省（自治区、直辖市）建筑业增加值增长情况预测

2001～2030年，各省（自治区、直辖市）的建筑业将保持持续发展的趋势，地区布局不会有大的变化。主要原因有以下三方面。

1）为了促进地区经济协调发展，缓解地区间差距拉大的趋势，中央政府会进一步加大对中西部地区的政策扶持力度。这些政策的落实将有助于中西部地区政策性投资的增长。但是，由于市场机制的强化，东部地区投资环境较好，综合优势明显，因此目前的投资分布格局不会发生改变。

2）尽管西部地区建筑业是国民经济发展的支柱产业，至2030年中西部地区一些省（自治区、直辖市）建筑业增长速度可能会高于东部地区部分省（自治区、直辖市），但由于江苏、浙江、广东、山东、上海等东部省（直辖市）建筑业增加值和总产值的基数大，同样的增长速度带来的增量比中西部地区大。受这一因素的影响，在各地建筑业普遍增长的情况下，建筑业总产值和增加值仍将继续表现为缓慢地向东部地区集聚的趋势。

3）2001～2030年，我国建筑业发展的热点区域依次为长江三角洲地区（沪、苏、浙）、珠江三角洲及闽东南地区、环渤海地区（京、津、山东半岛、辽东半岛及河北东部）以及内陆沿江城市带地区。在振兴东北老工业基地战略和西部大开发战略推进下，东北地区以及以西安为中心的关中地区、以成渝为中心的地区将成为我国国民经济空间格局中的重要的支点，这些地区的建筑业也将得到持续快速发展。

总的来看，大部分省（自治区、直辖市）2000～2010年，建筑业增加值和总产值的增长速度在8%～12%，2010～2020年增长速度在6%～8%，2020～2030年增长速度在

6%～7%，有的省（自治区、直辖市）低于或高于上述水平。

（七）各省（自治区、直辖市）第三产业增长情况预测

从现在起到2030年，各省（自治区、直辖市）都会非常重视服务业的发展。各地第三产业将保持增长的趋势。但是在不同时期增长的速度会有所不同。

不同地区第三产业的增长速度以及第三产业增加值占GDP的比例会有所不同。主要由于各地区服务业内部结构、服务质量、创新能力以及外部发展环境、城镇化进程、人民生活水平、第一、第二产业发展情况存在很大的不同，因此各地区对第三产业的需求不同，推动第三产业发展的条件也不同。一般情况下，第一、第二产业比较发达的地区，第三产业的发展也较快；市场经济比较完善，居民消费中商品化程度高的地区，第三产业需求较大，发展空间比较广阔，如东部沿海地区的第三产业在未来20～30年可能会经历一个快速增长时期；现在第三产业基础比较薄弱的地区，今后在一定时期内会出现第三产业发展速度较快，如西部地区在经济发展水平提高后，第三产业在"快速跟进"阶段会出现较高的增长时期。现在第三产业发展水平较高，第三产业增加值占GDP比较高的地区，今后的第三产业的增长速度将会比较平稳，比例变化小，但增长的绝对额会比较大，如北京、上海、天津等城市。

总的来看，大部分省（自治区、直辖市）2001～2010年，第三产业增加值的增长速度在9%～12%，2010～2020年增长速度在7%～9%，2020～2030年增长速度在7%～9%，有的省（自治区、直辖市）低于或高于上述水平。

（八）各省（自治区、直辖市）人口变动情况预测

1. 各省（自治区、直辖市）总人口预测

对各省（自治区、直辖市）人口总量的预测，关键是确定人口的综合增长率。本篇确定各省（自治区、直辖市）的综合增长率时，主要根据各省（自治区、直辖市）1990～2000年的年均人口增长情况以及未来我国人口总量的变化而确定的。即，假定未来我国各省（自治区、直辖市）的年均人口综合增长率的变化规律，与全国人口综合增长率的变化规律基本一致。根据总人口预测，以普查人口为统计口径，即2000年取总人口为12.4亿人，这样计算出2001～2010年、2011～2020年、2021～2030年我国人口的增长率分别为年均8.5‰、6.0‰、4.9‰，人口年均增长率逐步下降。各省（自治区、直辖市）的人口年均增长率的变化趋势应与全国人口增长率的变化趋势基本一致。

对各省（自治区、直辖市）人口预测，还考虑到人口迁移对各地人口的影响。人口迁移实际上是经济发展对地区间劳动需求的变化，引起的劳动力在地区间配置情况的调整。一般情况下，劳动力向经济发展水平高、就业机会多的地区迁移，由此带来各省（自治区、直辖市）人口总量的变化。宏观经济研究院2003年度重点专题"协调空间开发秩序和调整空间结构研究"的成果表明，我国未来将形成的国家级意义上人口、经济高密集的

地区主要有沪苏浙、京津冀、东北地区、成渝地区、以武汉为中心的湘鄂赣核心地区、珠三角地区、山东半岛、闽东南、中原地区、关中地区等，即未来我国人口将主要向上述地区迁移，但随着时间的推进，各个地区的迁移强度将有所不同。具体来说，前10年，人口迁移增长较快的仍将是沪苏浙、广东、山东，西部大开发、东北等老工业基地建设直接受益的东北地区和成渝地区；随后，其他国家级意义的人口高密集地区的人口迁移强度也将进一步加强。

各地区总人口预测结果显示，总人口在东部、中部、西部三地区的分布呈现出人口重心进一步东移的趋势。东部地区人口占全国总人口的比例从2000年的38.9%上升到2030年的42.0%。2010年前后，广东、山东和河南陆续成为人口超1亿的省。广东从2000年的第三人口大省，2010年前后成为第一人口大省，是全国人口增长最快地区。

2. 各省（自治区、直辖市）城镇人口预测

城镇人口预测主要依据各省（自治区、直辖市）城镇化水平提高变化的情况。城镇化水平的变化与经济发展水平密切相关。一般情况下，经济发展水平高的地区，城镇化水平比较高，城镇人口的比例比较高；反之，城镇化水平比较低，城镇人口的比例也比较低。2030年以前，我国东部、中部、西部地区经济发展差距仍然存在，因此城镇化水平也存在着一定的差异。但是，由于东部地区的一些省（自治区、直辖市）目前城镇化水平已经很高，未来进一步提高的空间相对较小，提高的速度较慢，而中西部地区，城镇化水平提高的空间较大，提高的速度可能会快一些。因此，从短期看，东部、中部、西部地区的发展梯度还可能呈进一步扩大之势，东部地区城镇化发展速度要继续明显快于中部、西部地区。但是目前东部地区局部地区的城镇化水平已很高，三个直辖市已步入城镇化的发达阶段，部分省，如广东和辽宁已步入城镇化中期的临界完成阶段。因此，到2030年，我国东部、中部、西部地区城镇化水平差异趋于缩小。

本篇预测，2001~2030年，城镇化水平提高较快的省（自治区、直辖市）有河北、山西、江苏、安徽、江西、河南、广西和重庆，提高幅度在25个百分点以上，其中河南和安徽最快，分别提高30个百分点。由于中部、西部地区城镇化快速发展将持续较长时间，因此，全国省际间（不包括京、津、沪）城镇化率的差距将趋于缩小，最高和最低间的差距将由2000年的36个百分点降为2030年的26个百分点。

第八章 人口布局与产业结构预测

一、1990 年以来全国和地区人口增长及其城乡分布现状与特点

（一）全国和地区总人口增长及分布现状与特点

据 2000 年人口普查主要数据公报，我国 31 个省（自治区、直辖市）和现役军人的人口总数共 126 853 万人，比 1990 年第四次人口普查时的 113 368 人增加了 13 215 万人，增长 11.66%，平均每年增加 1279 万人，年平均增长 1.07%。从全国和各地区人口增长情况看，20 世纪 90 年代以来我国人口增长的态势呈现如下特征。

1. 人口整体生育水平下降，但总人口持续增长

1971 年我国人口出生率高达 30.7‰，人口自然增长率达 23.3‰，总和生育率达 5.44‰，2000 年分别下降到 14.0‰、7.6‰、1.22 个（统计公报调整为 1.71 个）。随着人口增长速度的下降，平均每年人口增长的绝对量也同步下降。1964～1982 年两次人口普查，平均每年净增人口 1742 万人，1982～1990 年两次人口普查，平均每年增加 1569 万人，1990～2000 年两次人口普查，每年增加人数已降至 1279 万人。1982～1990 年和 1990～2000 年两次人口普查间隔相比，人口的年均增长率从 20 世纪 80 年代的 1.48%，下降到 90 年代的 1.07%，下降了 0.41 个百分点，平均每年少增加 289 万人。从 90 年代初，我国人口自然增长率开始逐年下降。1990 年人口自然增长率为 14.5‰，1995 年末降至 10.6‰，1998 年首次降到 10.0‰以下，此后逐年下降，2002 年已降到 6.5‰（图 8-1）。

目前我国人口再生产类型基本完成了从典型的"高出生、高死亡、低增长"向典型的"低出生、低死亡、低增长"的转变，已经由 50 年前世界著名的高生育率国家，变成典型的低生育率国家。据有关统计，2000 年世界人口出生率、人口自然增长率、总和生育率分别为 22.0‰、13.0‰、2.8 个。与之相比，我国的相同指标均远远低于世界水平，更大大低于亚洲以及世界发展中国家的平均水平。据有关推算，中国实行计划生育以来，全国累计少出生人口 3 亿多人，缓解了人口对资源和环境的压力，促进了经济发展和人民生活水平的提高。

20 世纪 90 年代我国人口增长之所以能大幅度减缓的原因之一是长期以来各级政府领导坚持贯彻"计划生育"这一基本国策不动摇。新中国成立初期，我国人口发展曾一度处于盲目状态。在认识到人口膨胀将产生众多严重的社会经济问题之后，中国政府对人口问题予以了高度重视，1971 年起在全国范围内开始了深入细致的计划生育工作。1982 年政府又将计划生育确立为基本国策，从而使我国人口的发展从盲目状态走上了有计划的状

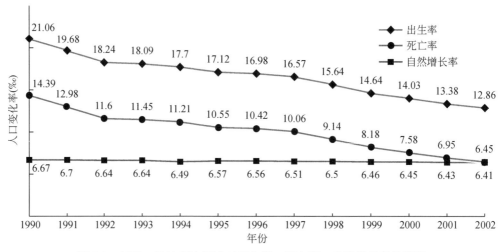

图 8-1　1990~2002 年中国人口出生率、死亡率、自然增长率曲线图

态。原因之二是随着经济社会的发展和人民生活水平的不断提高，人们的文化素质随之提高，广大群众，特别是年轻人的生育观念发生了明显的转变，"多子多福"的传统观念正在逐步向"少生优生"的现代观念转变。原因之三是人口年龄结构变化对降低生育率产生了积极的影响。尽管 90 年代 15~49 岁育龄妇女人数是逐年增加的，"九五"与"八五"相比，15~49 岁育龄妇女人数增长了 5.5%，但 20~29 岁生育旺盛期的妇女人数减少了 9.1%，生育峰值年龄（23 岁）妇女人数减少了 17.6%。

但值得注意的是，中国人口在较短的时间内完成了人口再生产类型由高出生、高死亡、低增长向高出生、低死亡、高增长（1949~1952 年）的转变；之后又先后经历了 1953~1957 年的第一次生育高潮，1958~1961 年的第一次生育低潮，1962~1973 年的第二次生育高潮，1974 年以来的第二次生育低潮的几个阶段，形成很不规则的年龄结构，其中 1962~1973 年第二次生育高潮期间出生了 3.1 亿多人，形成了人口金字塔中异常庞大的部分，对未来的人口变动将起到决定性的影响。这一庞大人群于 1977~1988 年先后进入生育年龄人口，直到 2022~2033 年才退出生育年龄人口，形成了 21 世纪前 20~30 年生育年龄人口激增的高潮。因此，在人口再生产的惯性作用下，21 世纪前 30 年，我国人口再生产的规模仍将沿着过去的增长轨迹继续增长。此外，发达国家生育率的降低是靠发展推进的"自发型"，即随社会、经济的发展，总和生育率持续下降，这些国家人民生活质量高，人力资源的素质好，人口社会保障体系完善。而我国生育率的降低是靠各种控制机制推进的"约束型"生育率降低模式。我国的二元社会结构决定了生育模式具有二元性。城市生育率已达到极限水平，已无进一步降低生育率水平的潜力，特别是特大城市，如上海人口已连续 10 年负增长。而广大农村地区生育水平还远离政府预期的目标，如西部地区还有 6 个省份的出生率仍然高于 16‰，自然增长率高于 10‰，农村地区早婚早育还较严重。显然，控制人口数量仍是我国面临的首要任务。在中国这样一个以农村人口为主的人口大国，如果单纯依靠社会发展来促进生育率下降将是一个漫长的过程。所以必须继续通过各种生育控制政策和社会经济约束机制来促使生育率迅速下降。计划生育工作的重点应该放在中西部人口贫困地区。

2. 人口迁移增长是东部地区人口增长的主导因素

1990~2000 年地区人口总量增长的比较显示，各地区增长速度悬殊较大，增长率最低的仅为 0.45%，最高的达 3.13%，高低之差达 2.68 个百分点，比 20 世纪 80 年代扩大了 1 倍多。人口增长速度较快的地区，除新疆外，均为东部省（自治区、直辖市）和特大城市。广东人口增长率最高，该省已跃为全国第三人口大省，以下依次是北京、新疆和上海，分别为 2.40%、2.34% 和 2.22%，最低的是湖南、四川、广西、黑龙江，仅为 0.45%~0.59%。排除人口自然增长因素后，各省（自治区、直辖市）平均增长率较高的依次是上海（2.25%）、北京（2.11%）、广东（1.87%），其次是新疆、天津、浙江、福建、海南和江苏，都在 0.3%~0.94%，最低的为贵州、广西、安徽、黑龙江、江西、四川、河南、湖南都在-0.63%~0.22%。由此可以看出，导致大城市和东部地区大多数省份人口快速增长的主要因素不是人口的自然增长，而是人口的迁移增长。国家统计局将 2000 年人口普查的人口数与各地 1999 年底户籍人口数作比较后发现，人口跨省流动的态势十分强大。全国流动人口共 12 107 万人，其中跨省流动人口 4242 万人，占总流动人口的 35%。流出人口大省为四川、安徽、湖南、江西、河南、湖北，其流出人口占全国跨省流动人口的比例分别为 16.4%、10.2%、10.2%、8.7%、7.2%、6.6%，六省合计 59.3%。流入人口大省为广东、浙江、上海、江苏、北京、福建，其流入人口占全国跨省流动人口的比例分别为 35.5%、8.7%、7.4%、6.0%、5.8%、5.1%，六省（直辖市）合计达 68.5%。

3. 人口分布重心进一步东移

从历史上看，我国人口分布的总体格局相对稳定，一直是东密西疏。按著名地理学家胡焕庸先生提出的 "爱辉—腾冲线" 为分界线，2000 年我国人口地域分布的基本格局不仅未变，反而东密西疏的分布格局更为显著。按东、中、西三大地区分，1990 年人口普查与 2000 年人口普查相比发现，三个地区人口各占全国总人口的比例发生了明显的变化（表 8-1），而且随着整体生育水平的下降，人口流动逐渐成为影响这种变化的主要因素。

表 8-1 1990 年和 2000 年我国三大地区人口分布比较　　　　（单位:%）

年份 地区	1990	2000
东部	37.6	38.9
中部	33.8	33.0
西部	28.5	28.1

资料来源：根据第四次、第五次人口普查数据计算

从表 8-1 可以看出，受人口流动的影响，我国内地人口重心已经向东部地区移动。东部地区的总人口占全国总人口的比例已从 1990 年的 37.6% 提高到 2000 年的 38.9%。中部和西部地区人口比例分别下降了 0.8 和 0.4 个百分点。从三大地区的人口密度看，1990 东部地区人口密度为 392.0 人/km²，中部地区为 241.4 人/km²，西部地区为 52.5 人/km²，与此相比，2000 年东部地区为每平方公里人口密度上升到 462.2 人、中部和西部地区变化

不大，分别为249.2人和51.7人。2000年人口在东、中、西部地区的分布分别为4.9亿人、4.2亿人、3.6亿人。而三个地区的面积大小排序却相反，依次为108.6万 km²、158.5万 km² 和 692.7万 km²。

4. 结论

由于实行了计划生育政策，我国人口整体生育水平迅速下降，但总人口持续增长。随着人口增长速度的下降，平均每年人口增长的绝对量也同步下降。但是目前我国各地的生育水平还存在巨大差异。整体上是城市低，农村高，东部地区低，西部地区高。东部地区人口快速增长是人口迁移所致。我国人口的地区分布格局仍然是东密西疏。20世纪90年代以来，人口分布重心出现东移的现象，是社会经济发展的地区差异所致。改革开放以来，我国东部沿海地区的大部分省（直辖市）的经济快速发展，提供了大量的就业机会，从而吸引了大量中西部地区的劳动力。

（二）1990年以来全国和地区城乡人口结构变化及特点

第五次人口普查结果显示，我国城乡人口结构发生了较大的变化。1990年人口普查全国城镇人口比例为26.2%，2000年上升到36.1%，提高了9.9个百分点。这一时期我国城乡人口结构变化呈现如下特点。

1. 城镇化水平持续快速提高

新中国成立初至20世纪80年代末，我国城镇人口比例增长的速度一直处于缓慢状态，只有在1949~1957年较为正常，从10.6%上升到15.4%，年均增长0.6个百分点。之后便是时起时落，长期徘徊，到1978年仅为17.9%。

改革开放前，我国城镇人口增长出现的上下波动是人为控制所制。20世纪50~80年代初，人口城镇化走了一条人为控制缓慢增长的道路。其特征是用一系列的政策人为地控制农村人口向城市迁移。由于控制的力度时有变化，从而使中国的城镇化发展具有明显的阶段性。

20世纪90年代初我国城镇人口比例开始稳步提高（表8-2）。1990~2000年，城镇人口净增1.565亿人，相当于近3个法国或英国的总人口。90年代后5年城镇人口比例开始大幅度增长。1995年，我国城镇人口总数为35 174万，比例为29%。1995~2000年城镇人口增加了10 842万，年均增加2170万人，年平均增长速度高达5.58%，为新中国成立以来各历史阶段中的最高水平。

表8-2　1990年以来我国城乡人口数及比例

年份	年底总人口数（万人）	按城乡分			
		城镇总人口		乡村总人口	
		人口数（万人）	比例（%）	人口数（万人）	比例（%）
1990	114 333	30 195	26.41	84 138	73.59
1991	115 823	31 203	26.94	84 620	73.06

年份	年底总人口数（万人）	按城乡分			
		城镇总人口		乡村总人口	
		人口数（万人）	比例（%）	人口数（万人）	比例（%）
1992	117 171	32 175	27.46	84 996	72.54
1993	118 517	33 173	27.99	85 344	72.01
1994	119 850	34 169	28.51	85 681	71.49
1995	121 121	35 174	29.04	85 947	70.96
1996	122 389	37 304	30.48	85 085	69.52
1997	123 626	39 449	31.91	84 177	68.09
1998	124 761	41 608	33.35	83 153	66.65
1999	125 786	43 748	34.78	82 038	65.22
2000	126 743	45 906	36.22	80 837	63.78
2001	127 627	48 064	37.66	79 563	62.34
2002	128 453	50 212	39.09	78 241	60.91

注：1990~2000 年数据根据 2000 年人口普查数据进行了调整。2001 年、2002 年数据为人口变动情况抽样调查推算数

资料来源：2003 年《中国人口年鉴》

2. 增长速度地区差异显著

2000 年各省（自治区、直辖市）城镇人口比例的排序显示，上海最高，为 88.3%，随后依次为北京、天津、广东、辽宁、黑龙江、吉林、浙江、内蒙古、福建、江苏、湖北、海南，其城镇人口比例均高于 40%；排在最后 5 位的是甘肃、贵州、云南、河南和西藏，其城镇人口比例低于 25%；直辖市重庆的城镇人口比例仅为 33.1%。

与 1990 年第四次人口普查相比，各省（自治区、直辖市）的城镇人口比例都有所提高。但东南沿海新兴经济增长区域城镇人口比例提高尤为迅速，其中上海增长了 22.08 个百分点，其城镇人口比例比北京高出 10 个百分点；其次是福建和江苏，分别增长了 21.21 和 20.25 个百分点，再次是广东，增长了 18.23 个百分点。这些地区城镇人口的增长速度是最低省份的 10 倍多。广东的城镇人口比例已超过东北三省。福建和江苏在全国排位分别前移了 10 位和 8 位，位次后移较多的有甘肃、新疆、广西，分别后移了 10 位、8 位和 7 位。排次的变化说明新中国成立初建立的老工业基地的城镇人口增长速度较慢（东三省的城镇人口增长率均低于全国平均 9.86% 的速度，其中辽宁和黑龙江仅为 3.39% 和 4.37%），而东南沿海新兴经济增长区域城镇人口则迅速增长，因此而导致随新中国成立初工业化布局而形成的城镇化格局被逐步改变。

市镇规模的扩大和大量农村人口向城镇迁移，是 20 世纪 90 年代城镇人口大幅度增加的主要原因。1990 年，我国有地级市 185 个，县级市 268 个，镇 12 084 个，到 2000 年，分别增加到 259 个、400 个和 20 312 个。10 年中，由于农业生产力的提高和第二、第三产业的发展，农村有 1 亿多农民转移到城镇。

3. 三大地区城乡人口比例差距进一步扩大

2000 年各地区城乡人口分布情况表明，我国城乡人口分布的总体格局与总人口的地区分布相同，也是东多西少。从三大地区分布情况看，东部地区城镇人口比例均高于全国平均水平；西部 12 个省（自治区、直辖市）除内蒙古外，都低于全国平均水平；中部的农业省，如河北、安徽、江西、河南、湖南和山西也低于全国平均水平。与 1990 年相比，2000 年东西部地区城镇人口比例的差距进一步扩大，两地的差距高达 26.6 个百分点，比 1990 年扩大了 15.3 个百分点。东部地区与中部地区的差距也有所增加，从 1990 年的 7.8 个百分点上升到 2000 年的 19.2 个百分点；中部地区与西部地区的差距略有扩大，从 3.5 个百分点上升到 7.4 个百分点（表 8-3）。

表 8-3　1990 年和 2000 年我国三大地区城镇人口比例　　　　（单位：%）

地区 \ 年份	1990	2000
东部	32.1	48.6
中部	24.3	29.4
西部	20.8	22.0
全国	26.2	36.9

资料来源：根据第四次、第五次人口普查数据计算

我们还可以从每平方公里建制镇数目和城镇人口密度来看我国人口城乡分布的地区差异。东、中、西三个地区建制镇的平均密度差别悬殊。2000 年，东部地区的建制镇平均密度为 65.5 个/万 km^2，高于全国平均密度 44.9 个/万 km^2；中部地区平均密度为 44 个/万 km^2；而西部地区平均密度仅为 5 个/万 km^2。

4. 结论

综上所述，20 世纪 90 年代以来，从总体看，我国各地区城镇人口都有较大幅度的增长，但东部沿海地区和大城市的增长速度明显快于中西部。我国人口无论是地区分布还是城乡分布均存在巨大差异。人口分布的特点是东密西疏，城镇化水平是东高西低，而这一分布格局与我国生产力水平分布格局呈明显的一致性。我国社会生产力的水平，由东向西梯度下降。东部地区经济基础好，工农业生产发达，生产力水平较高，相应的人口密度和城镇人口比例也高；而西部地区经济基础较差，工农业生产相对落后，生产力水平较低，因而人口密度小，城镇人口比例低。

世界各国人口分布变动的历史证实，随着社会生产力和科学技术的发展，人类征服自然和改造自然的能力大大增强，自然条件和地理环境对人口分布的影响逐渐减弱，而产业结构的变化，农业所需劳动人口日趋减少，制造业和服务业日益兴起和发展，大量人口城市化等则将成为影响人口分布的主要因素。我国正在加速四个现代化建设，随着现代化的推进，各地生产力水平不断提高。国家西部开发和振兴东北老工业基地等政策也将对人口城乡结构变动产生影响。2002 年，我国的城镇化率已达 39.1%。按城镇化发展规律，当

城镇化水平达到30%时应该进入城镇化高速发展阶段。照此规律，我国已经进入高速发展阶段。从加速城镇化所应具备的必要条件看，我国已具备了条件，正处于城镇化高速发展的最佳时期。目前，我国产业结构升级在加快，有大量的剩余农业劳动力待转移，资金比较充裕，融资环境也得到大大改善。可以说，加快城镇化发展已经是势在必行。为及时了解未来我国总人口发展及城乡结构变动的趋势，研究并制定应对各种变化的对策，确保我国人口与社会、经济的协调发展，下面对全国和地区人口的发展和城乡结构变动进行预测。

二、2030年前中国人口发展和城镇化趋势预测

（一）中国人口总量预测

1. 影响人口总量变动的因素分析

人口总量变动是指人口数随着时间的推移不断地变动，出生、死亡与迁移是影响人口总量变动的三大决定因素，而对于一个国家，国际间的人口迁移只占很小的比例，对人口总量变动的影响几乎可忽略不计。因此，对于我国人口预测的可靠与否，首先取决于对今后我国人口的生育、死亡的正确认识和判断。

1）出生趋势分析。出生受人为因素的强烈影响，它在未来人口发展中起重要作用。人口性别年龄结构及其妇女未来生育率的走向，是未来出生人数多少与出生率高低的两大决定因素。未来妇女生育率的高低取决于以下两因素的作用：一是妇女按现行生育政策的生育率的走向；二是人口的控制能力，即对政策外、计划外生育的控制能力。

根据我国第五次人口普查资料，年龄在20～24岁以下的女性所占全部女性的比例明显要低于年龄在25～49岁的育龄妇女，因此可以预见我国未来的出生人数将要小于现阶段。但值得注意的是，2000年年龄在10～14岁的女性占很大比例，达9.38%，这预示着育龄妇女的增加在生育政策不变的情况下，2010～2020年我国的出生人数也将略有回升。

妇女未来生育率的走向除受政策因素的影响外，还受人口控制能力大小的强烈影响。随着我国生育观念的逐渐改变，以及对外来人口生育管理的逐渐完善，我国的人口控制能力也将随之加强（表8-4）。

表8-4　我国49岁以下的妇女分年龄段人数比例　　　　　　（单位：%）

年龄段	0～4岁	5～9岁	10～14岁	15～19岁	20～24岁	25～29岁	30～34岁	35～39岁	40～44岁	45～49岁
比例	4.90	6.54	9.38	7.84	7.29	8.96	9.68	8.28	6.09	6.50

资料来源：2000年中国人口普查资料

2）死亡趋势分析。未来死亡人口的多少，既取决于我国人口的年龄结构，也取决于分性别按年龄死亡率状况。按年龄死亡率大小的总体水平可以用预期寿命来反映。第五次人口普查资料表明，2000年，我国男、女的预期寿命分别为69.54岁和73.01岁。随着我国社会经济的发展，人民生活和医疗水平的提高，以及环境保护和卫生的进一步改善，预计我国预期寿命每10年将增加1岁，这也是国际上人口预期寿命增长的一般性规律。

2. 总人口预测

1）预测方法——人口簇生存模型方法。该方法是结合人口结构与动态作预测，主要考虑到人口的性别与年龄结构，出生和死亡等人口动态因素作预测，该方法主要利用了2000 年人口普查资料等相关数据，具体的预测方法可概括如下。

从时间 t 经过固定的时间间隔 Δt 到 $t+1$ 之和，各人口簇的人口数据为

$$\text{人口簇为 } 2 \sim n-1：P^s_{i+1,\,t+1} = S^s_i P^s_{i,\,t} \tag{8-1}$$

$$\text{人口簇为 } n：P^s_{n,\,t+1} = S^s_{n-1} P^s_{n-1,\,t} + S^s_n P^s_{n,\,t} \tag{8-2}$$

$$\text{人口簇为 } 1：P^s_{1,\,t+1} = f^s B_{t+1} = f \sum b_i P^f_{i,\,t} \tag{8-3}$$

式中，s 为性别；i 为人口簇；S^s_i 为人口簇 i 性别 s 的生存率；$P_{i,t}$ 为人口簇 i 性别 s 在时间 t 时的人口数量；f^s 为新出生的人口性别 s 的比例；B_{t+1} 为新出生的人口总数，为人口簇的女性人口生育率，$B_{t+1} = f^s \sum b_i P^f_{i,\,t}$。

2）数据来源及参数设定。根据我国第五次人口普查资料与实际情况，此次预测采用了 5 岁年龄组距，相应的 S 为 5 年生存率。根据人口普查资料可得出各年龄段的妇女年龄别生育率和生存率资料（表8-5）。

表 8-5　我国人口预测的若干指标

年龄段	第五次人口普查人口年龄结构（%）		妇女年龄别生育率（‰）	5 年生存率（‰）	
	男	女		男	女
0~4 岁	5.88	4.90		994.75	993.02
5~9 岁	7.55	6.54		999.35	999.56
10~14 岁	10.21	9.38		999.50	999.67
15~19 岁	8.26	7.84	5.96	999.23	999.53
20~24 岁	7.49	7.29	114.49	998.79	999.28
25~29 岁	9.41	8.96	86.19	998.64	999.16
30~34 岁	10.21	9.68	28.62	998.34	999.02
35~39 岁	8.77	8.28	6.22	997.85	998.82
40~44 岁	6.60	6.09	1.46	996.95	998.30
45~49 岁	6.87	6.50	0.68	995.67	997.43
50~54 岁	5.13	4.77		993.29	995.81
55~59 岁	3.76	3.49		989.43	993.37
60~64 岁	3.39	3.13		982.08	988.57
65~69 岁	2.74	2.69		970.41	980.94
70~74 岁	1.94	2.05		948.97	965.89
75~79 岁	1.12	1.37		920.11	944.30
80~84 岁	0.50	0.75		866.72	902.52
85 岁以上	0.21	0.42		795.08	828.82

资料来源：2000 年中国人口普查资料

对于妇女年龄别生育率，我国根据下面的三种总和生育率预测方案，按照我国第五次人口普查的生育模式分配比例，得出育龄妇女分年龄别的生育率，最后计算出不同总和生育率水平下的分年龄组（5 岁组）别的生育率。

3）预测情景方案。生育假设方案，不是指不同生育政策下可能达到的生育水平，而是对现行生育政策下可能达到的生育水平的推测。2000 年，中共中央、国务院颁布了《关于加强人口与计划生育稳定低生育水平的决定》，进一步明确了新时期计划生育的工作方向。2002 年 9 月 1 日开始实施的《中华人民共和国人口与计划生育法》，是稳定加强现行计划生育政策的具体措施，近期妇女生育不会有太大起伏。根据国家统计局的统计公报数 2000 年我国的总和生育率为 1.71，也就是现行生育政策和现有工作力度下的妇女生育水平。如前所述，这里设计三种生育方案。

方案一：2001～2030 年维持总和生育率保持 2000 年 1.71[①] 的水平不变。

方案二：2000 年总和生育率为 1.71，到 2005 年增加到 2.00，2006～2030 年总和生育率维持在 2.00 不变，这也是国家计划生育委员会的推荐方案。

方案三：2010 年总和生育率增加到 2.00，而后逐渐小幅度递减，到 2020 年、2030 年总和生育率分别为 1.94 和 1.88，这也是中国人口信息研究中心的推荐方案。

4）预测结果。按照 2002 年 9 月 1 日开始实施的《中华人民共和国人口与计划生育法》及各地制定的《人口与计划生育条例》，已经进入婚育期的独生子女的夫妇就可以生育两个孩子，这样城镇生育水平将会提高，必将带动全国生育水平的回升，这样总和生育率也将随之升高。因此，方案一的预测结果偏低。根据三种方案的预测结果，综合考虑我国人口的年龄结构、生育水平的变化趋势，依据第五次人口普查上调后的数据将结果作出相应调整，推荐我国 2010 年、2020 年、2030 年人口总量预测结果分别为 13.7 亿人、14.6 亿人和 15.3 亿人（表 8-6）。

表 8-6　三种方案的我国人口总量预测　　　　　　　　（单位：亿人）

年份	方案一	方案二	方案三
2010	13.37	13.49	13.49
2020	14.16	14.38	14.31
2030	14.43	15.04	14.92

（二）中国省际人口预测

1. 中国省际人口增长与迁移趋势分析（定性预测）

1）从人口的增长态势来看。表 8-7 是我国各省（自治区、直辖市）1990～2000 年普查人口增长情况，如以全国平均水平以上作为 1990～2000 年人口的高增长地区，就不难得出，从 20 世纪人口的增长态势来看，广东、北京、上海、新疆、西藏、宁夏、海南、

---

① 该数据来自《中国统计年鉴》报告数。

云南、福建、山西、甘肃、天津、浙江、湖北均为我国 20 世纪 90 年代人口增长较快地区。但为了更好地把握未来人口增长情况，需要对增长来源进行进一步的分析。

表 8-7　1990 年以来各省（自治区、直辖市）人口增长情况

地区	1990 年人口 增长量（万人）	2000 年人口 增长量（万人）	年均增长率（‰）
广东	6 283	8 523	30.96
北京	1 082	1 357	22.90
上海	1 334	1 641	20.93
新疆	1 516	1 846	19.89
西藏	220	262	17.63
宁夏	465	547	16.37
海南	656	756	14.29
云南	3 697	4 236	13.70
福建	3 005	3 410	12.72
山西	2 876	3 247	12.21
甘肃	2 237	2 512	11.66
天津	879	985	11.45
浙江	4 145	4 590	10.25
湖北	5 397	5 951	9.82
河北	6 108	6 668	8.81
江苏	6 706	7 304	8.58
贵州	3 239	3 525	8.50
吉林	2 466	2 680	8.36
内蒙古	2 146	2 332	8.35
青海	446	482	7.79
陕西	3 288	3 537	7.33
江西	3 771	4 040	6.91
河南	8 553	9 124	6.48
山东	8 439	8 997	6.42
辽宁	3 946	4 182	5.83
四川	10 722	8 235	5.14
安徽	5 618	5 900	4.91
湖南	6 066	6 327	4.22
广西	4 224	4 385	3.75
黑龙江	3 522	3 624	2.86
重庆		3 051	
全国	113 052	124 256	9.49

资料来源：2000 年中国人口普查资料

　　人口的增长主要来源于人口的自然增长和迁移增长。人口的自然增长主要与人口的年龄结构、人口生育控制水平息息相关，因此从生育惯性来看，现有的人口自然增长水平将

在一定程度上影响未来的人口自然增长情况；而人口的迁移增长在市场经济条件下则与经济发展水平密切相关。由此，为了更好地判断我国各省（自治区、直辖市）未来人口的增长态势，需要对我国人口的增长中哪些地区的人口增长主要依靠人口自然增长，哪些主要是依靠人口的迁移增长，或两者兼之进行判断。表8-8是我国各省（自治区、直辖市）1994~2001年人口的自然增长情况，并相应计算出了各省（自治区、直辖市）的平均自然增长率。在表8-7、表8-8的基础上，我们绘出了20世纪90年代我国各省（自治区、直辖市）人口增长情况图（图8-2）。根据表8-7、表8-8与图8-2，我们对我国20世纪90年代人口的增长方式按增长类型进行了划分，其结果见表8-9。

表8-8　1994年以来各省（自治区、直辖市）人口自然增长率分布情况　（单位：‰）

地区	1994年	1995年	1996年	1997年	1998年	1999年	2001年	平均自然增长率
西藏	16.93	16.10	16.20	16.00	15.90	15.80	12.10	15.58
青海	15.24	15.12	14.69	14.85	14.48	13.90	12.62	14.41
贵州	14.78	14.26	14.36	14.48	14.26	14.24	11.33	13.96
宁夏	13.65	13.79	13.78	13.47	13.08	12.32	11.71	13.11
海南	14.48	14.51	14.20	13.56	12.92	12.03	9.47	13.02
新疆	13.39	12.45	12.85	13.11	12.81	11.80	11.13	12.51
云南	13.80	12.72	12.93	12.91	12.10	11.66	10.94	12.44
广东	12.42	12.40	11.96	11.50	10.90	9.92	8.83	11.13
甘肃	13.98	14.16	11.79	11.02	10.04	9.17	7.15	11.04
江西	12.38	11.66	10.51	10.87	9.80	9.49	9.38	10.58
山西	10.76	10.48	10.34	10.12	9.92	9.86	7.16	9.81
广西	12.24	11.01	10.01	9.53	9.01	8.03	7.73	9.65
安徽	9.84	9.66	9.50	9.30	9.20	8.60	6.61	8.96
内蒙古	12.48	10.53	9.66	8.25	8.23	7.24	4.98	8.77
四川	9.94	9.87	9.33	8.75	7.48	6.78	4.37	8.07
河南	9.02	8.13	7.84	7.67	7.80	7.72	6.94	7.87
陕西	10.99	9.36	8.48	7.62	7.13	6.13	4.16	7.70
湖北	11.49	9.27	9.15	8.12	5.88	5.20	2.44	7.36
福建	10.29	9.30	7.28	6.32	5.33	5.21	6.04	7.11
河北	8.43	7.61	7.30	6.29	6.83	6.73	4.98	6.88
黑龙江	9.68	7.90	7.35	6.85	6.36	5.06	2.99	6.60
吉林	7.76	6.81	6.93	6.80	6.05	5.23	3.38	6.14
湖南	6.85	5.87	5.61	5.60	5.21	4.60	5.08	5.55
浙江	6.64	5.91	5.51	4.93	4.82	4.29	3.77	5.12
辽宁	6.23	6.02	5.96	5.40	4.58	3.33	1.64	4.74
江苏	6.92	5.76	5.53	4.59	4.13	3.56	2.41	4.70
山东	3.02	3.35	3.84	4.63	5.46	4.81	4.88	4.28

续表

地区	1994 年	1995 年	1996 年	1997 年	1998 年	1999 年	2001 年	平均自然增长率
天津	4.79	4.00	3.56	3.03	3.40	2.95	1.64	3.34
重庆				6.24	5.51	4.96	2.80	2.79
北京	3.20	2.80	2.68	1.89	0.70	0.90	0.80	1.85
上海	−1.20	−1.30	−1.40	−1.30	−1.80	−1.10	−0.95	−1.29
全国	11.21	10.55	10.42	10.06	9.14	8.18	6.95	9.50

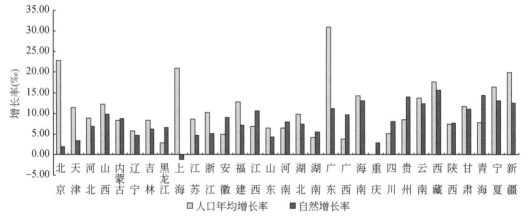

图 8-2　20 世纪 90 年代我国各省（自治区、直辖市）人口增长情况图

表 8-9　1990～2000 年我国各省（自治区、直辖市）按增长类型划分结果

类型	高自然增长、高迁移增长	高自然增长、低迁移增长	高自然增长、负迁移增长	低自然增长、高迁移增长	低自然增长、低迁移增长	低自然增长、负迁移增长
地区	广东、新疆	宁夏、海南、云南、西藏、甘肃、山西	青海、贵州	福建、浙江、天津、北京、上海	湖北、河北、吉林、辽宁、江苏、山东	安徽、内蒙古、四川、河南、陕西、黑龙江、重庆、湖南

　　2）从对我国未来人口的省际迁移基本判断来看。宏观经济研究院 2003 年度重点课题"协调空间开发秩序和调整空间结构研究"的研究成果表明，我国未来将形成的国家级意义上人口、经济高密集地区主要有沪苏浙、京津冀、东北地区、成渝地区、以武汉为中心的湘鄂赣核心地区、珠三角地区、山东半岛、闽东南、中原地区、关中地区等，即未来我国人口将主要向上述地区迁移，但随着时间的推进，各个地区的迁移强度将有所不同。具体来说，前 10 年，人口迁移增长较快的仍将是沪苏浙、广东、山东以及西部开发、东北开发直接受益的人口、经济相对密集分布的成渝地区以及部分东北地区；随后，其他国家意义的人口高密集地区的人口迁移强度也将进一步加强。

　　3）综合定性预测判断。综上所述，未来我国人口增长与迁移将呈现上述趋势，我国各省（自治区、直辖市）未来人口的预测也将建立在下列基础上。

现阶段人口自然高增长地区在生育惯性以及地区生育政策（如少数民族地区）作用下，人口仍然将保持相对较高的自然增长，从而影响人口的增长水平。

人口迁移的基本态势是人口将逐渐向我国未来人口、经济高密集地区迁移集聚，只是随着时间的演进、国家大的区域政策的改变将表现不同的特点，即在我国未来不同发展时期，将形成不同的人口强势吸引中心，如现阶段已形成了以长三角、珠三角、京津三个强势吸引中心。具体来说，前10年，人口迁移增长较快的仍将是沪苏浙、广东、山东以及西部开发、东北开发直接受益的人口、经济相对密集分布的成渝地区以及部分东北地区；随后，其他国家意义的人口高密集地区（或人口强势吸引中心）的人口迁移强度也将进一步加强。

在人口强势吸引中心的强势吸引作用下，强势吸引中心周边地区将成为主要的人口迁出区，并一般遵循人口距离衰减吸引原则。

北京、天津、上海由于受人口容量的限制将持续实行较高的人口进入门槛，这将在一定程度上影响这些地区的人口增长。

2. 中国省际人口预测

省际人口预测要建立在总人口预测的基础上，采取以人口综合增长预测方法为主，结合如前所述的建立在对省际人口增长和迁移分析基础上的综合定性预测对预测结果进行调整，最终预测结果见表8-10。

省际人口综合增长率的确定，主要是考虑到各省（自治区、直辖市）1990～2000年的年均人口增长情况以及未来我国人口总量的变化而确定的。即，假定未来我国各省（自治区、直辖市）的年均人口综合增长率也将由于我国人口综合增长率的变化而相应变化。根据总人口预测，以普查人口为统计口径，即2000年取总人口为12.4亿人，这样不难计算出1990～2000年、2001～2010年、2011～2020年、2021～2030年我国人口的增长率分别为年均9.50‰、8.54‰、5.77‰、4.79‰，即人口的年均增长率也相应分别以-1.06%、-3.85%、-1.84%的速率下降。表8-10为按本书要求，将上调后的第五次人口普查人口数作为预测起始年数据预测的结果。

表8-10　我国省际总人口分阶段预测①　　　　　（单位：万人）

地区	2000年	2010年	2020年	2030年
北京	1 382	1 594	1 763	1 905
天津	1 001	1 212	1 475	1 739
河北	6 744	7 297	7 698	7 945
山西	3 297	3 677	3 959	4 108
内蒙古	2 376	2 560	2 693	2 809
辽宁	4 238	4 465	4 626	4 764

① 预测数据是以人口普查数据为其计算数据的，计算结果是针对常住人口而言的。

地区	2000 年	2010 年	2020 年	2030 年
吉林	2 728	2 940	3 092	3 226
黑龙江	3 689	3 786	3 852	3 908
上海	1 671	1 793	1 881	1 960
江苏	7 438	8 235	8 664	9 036
浙江	4 677	5 530	5 858	6 350
安徽	5 986	6 256	6 445	6 707
福建	3 471	3 889	4 200	4 579
江西	4 140	4 261	4 449	4 755
山东	9 079	9 819	11 311	11 740
河南	9 256	9 708	10 203	10 541
湖北	6 028	6 582	6 985	7 440
湖南	6 440	6 688	6 862	7 315
广东	8 642	11 373	12 688	13 463
广西	4 489	4 642	4 749	4 942
海南	787	894	974	1 151
重庆	3 090	3 261	3 352	3 474
四川	8 329	8 519	8 715	8 850
贵州	3 525	3 704	3 845	4 040
云南	4 288	4 644	4 759	5 134
西藏	262	307	341	373
陕西	3 605	3 851	4 025	4 177
甘肃	2 562	2 639	2 705	2 828
青海	518	556	582	606
宁夏	562	648	715	777
新疆	1 925	1 985	2 278	2 446

（三）中国城镇化进程预测

1. 中国城镇人口预测

1）联合国法。这是联合国用来定期预测世界各国、各地区城镇人口比例时常用的方法，函数是一条 S 型曲线，符合城镇化过程的发展规律。这种方法的关键是根据已知的两次人口普查的城镇人口和乡村人口，求取城乡人口年均增长率差，假设城乡人口年均增长率差在预测期内保持不变，则外推可以求得预测期末的城镇人口比例。

预测模型假设如下：

$$1 / U(t) \cdot \mathrm{d}(u/t) - 1/R(i) \cdot \mathrm{d}(R/t) = K \tag{8-4}$$

式中，$U(i)$ 为 i 时的城镇人口；$R(i)$ 为 i 时的乡村人口；t 为时间；K 为城乡人口年均增长率差。

对式（8-4）解微分方程，经过转换，可以得到

$$\frac{\mathrm{PU}(i)}{1 - \mathrm{PU}(i)} = \frac{\mathrm{PU}(1)}{[1 - \mathrm{PU}(1)] \cdot e^{K \cdot t}} \tag{8-5}$$

式中，$\mathrm{PU}(i)$ 为 i 时的城镇人口比例；$\mathrm{PU}(1)$ 为第五次人口普查的城镇人口比例；t 为距离第一次人口普查的年数。

根据有关资料，2000 年我国城镇化水平为 36.09%；并经过计算得到 1990～2000 年城乡人口年均增长率差 $K = 0.030\ 609$。代入式（8-5），得到如下预测结果：到 2010 年，城镇人口占总人口比例为 43.56%；到 2020 年为 51.20%；到 2030 年为 58.78%。

2）城镇化与经济发展相关系数预测法。城镇化是经济发展的结果和体现，两者之间具有密切的相关关系。以 1980～2002 年的人均 GDP（按 1980 年可比价计算）代表我国的经济发展水平，以《中国人口统计年鉴》（2002 年）调整后的城镇人口比例作为城镇化水平，观察散点图（图 8-3）可以发现，两者之间呈明显的对数相关关系。

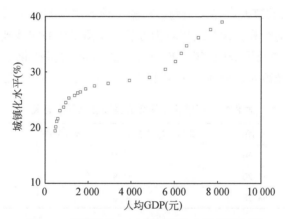

图 8-3　我国人均 GDP 与城镇化水平的散点图

根据散点图，我们做出对数相关关系方程：$Y = -12.298 + 5.854 \cdot \ln X [\mathrm{Sig}(F) = 0.000,\ \mathrm{Sig}(t) = 0.000]$。

根据有关资料，我国的经济发展将保持稳定的较高速度发展，到 2010 年我国人均 GDP 将达到 1.4 万元，到 2020 年、2030 年将分别达到 2.9 万元、4.2 万元。按可比价格换算后利用对数相关关系方程，不难算出 2010 年、2020 年、2030 年的城镇化水平将分别达到 43.59%、47.85%、50.02%。

3）时间趋势外推法。我国从 1980 年以来的城镇化进程基本是持续稳定的发展过程。以时间为横坐标轴，以第五次人口普查的城乡划分口径对我国历史的城镇化水平进行调整后的数据为纵坐标轴，作出 1980 年以来各年份的城镇化水平变化图（图 8-4），观察图 8-4 可以发现，城镇化发展近似一条直线。

采用《中国人口统计年鉴》（2002 年）调整后的城镇化水平数据，用 1980～2002 年

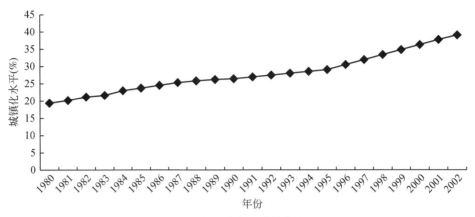

图 8-4　1980 年以来中国城镇化发展历程

的资料，拟合曲线为 $Y = -1567.24 + 0.801 \cdot X$ ［Sig（F）= 0.000，Sig（t）= 0.000］。根据这一曲线（线性）关系预测，2010 年、2020 年、2030 年城镇化水平分别为 42.77%、50.78%、58.79%。

4）城镇化水平与城镇人口综合预测。根据三种方法预测的结果（表 8-11），对照世界和我国城镇化速度的经验，预测结果较为可靠。在预测结果的基础上，综合考虑我国宏观经济发展形势，预测我国 2010 年、2020 年、2030 年的城镇化水平分别大约为 44%、52%、59%，相应地城镇人口分别为 6.04 亿人、7.60 亿人、9.05 亿人。

表 8-11　城镇化水平多方案预测结果汇总表　　　　　　　（单位：%）

年份	联合国法	城镇化与经济发展相关系数预测法	时间趋势外推法
2010	43.56	43.59	42.77
2020	51.20	47.85	50.78
2030	58.78	50.02	58.79

2. 中国省际城镇人口预测

（1）中国省际城镇化发展趋势分析（综合定性预测）

从我国各省（自治区、直辖市）所处的城镇化发展阶段来看，第五次人口普查的城乡划分口径对第四次人口普查出现的问题进行了较好的修正，在理论上无疑更科学、数据上更真实，更能反映城镇化的真实水平，这在国家权威机构和学术界基本上得到认可，因此第五次人口普查数据基本上反映各省（自治区、直辖市）真实的城镇化水平（表 8-12）。根据城镇化进程的一般性规律［见美国地理学家诺瑟姆（1975）的城镇化进程的 S 型曲线（图 8-5）以及依据城镇化水平对城镇化阶段的划分（表 8-13）］，可以将我国各省（自治区、直辖市）划分为不同的城镇化发展阶段，其结果见表 8-14。根据表 8-14，我国除西藏、广东、辽宁、黑龙江以及直辖市北京、上海和天津外，其余各省（自治区、直辖市）均处于城镇化的加速发展阶段，城镇化水平有望得到较快提高。

表 8-12 1990 年以来全国各省（自治区、直辖市）城镇化水平增长情况

地区	第五次人口普查		第四次人口普查		差异	
	城镇化水平（%）	位次	城镇化水平（%）	位次	城镇化水平（%）	位次
全国	36.09		26.23		9.86	
上海	88.31	1	66.23	3	22.08	2
北京	77.54	2	73.08	1	4.46	−1
天津	71.99	3	68.65	2	3.34	−1
广东	55.00	4	36.77	7	18.23	3
辽宁	54.24	5	50.86	4	3.38	−1
黑龙江	51.54	6	47.17	5	4.37	−1
吉林	49.68	7	42.65	6	7.03	−1
浙江	48.67	8	32.81	9	15.86	1
内蒙古	42.68	9	36.12	8	6.56	−1
福建	41.57	10	21.36	19	20.21	9
江苏	41.49	11	21.24	21	20.25	10
湖北	40.22	12	28.91	11	11.31	−1
海南	40.11	13	24.05	16	16.06	3
山东	38.00	14	27.34	14	10.66	0
山西	34.91	15	28.72	12	6.19	−3
青海	34.76	16	27.35	13	7.41	−3
新疆	33.82	17	31.91	10	1.91	−7
重庆	33.09	18	17.38	27	15.71	9
宁夏	32.43	19	25.72	15	6.71	−4
陕西	32.26	20	21.49	18	10.77	−2
湖南	29.75	21	18.23	25	11.52	4
广西	28.15	22	15.10	29	13.05	7
安徽	27.81	23	17.90	26	9.91	3
江西	27.67	24	20.40	22	7.27	−2
四川	26.69	25	21.29	20	5.40	−5
河北	26.08	26	19.08	23	7.00	−3
甘肃	24.01	27	22.04	17	1.97	−10
贵州	23.87	28	18.93	24	4.94	−4
云南	23.36	29	14.72	30	8.64	1
河南	23.20	30	15.52	28	7.68	−2
西藏	18.93	31	12.59	31	6.34	0

资料来源：第五次人口普查资料

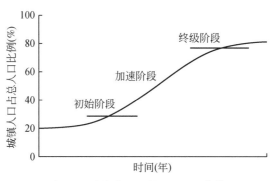

图 8-5 城市化过程的"S"型曲线

资料来源: Northam, 1979

表 8-13 依据城镇化水平对城镇化阶段的划分

城镇化初期阶段	史前城镇化阶段	低于 10%
	城镇化起步阶段	10%~20%
城镇化中期阶段	城镇化加速阶段	20%~50%
	城镇化临界完成阶段	50%~60%
	城镇化基本完成阶段	60%~75%
城镇化发达阶段	>75%	

表 8-14 我国各省(自治区、直辖市)城镇化发展阶段划分

城镇化发展阶段	城镇化起步阶段	城镇化加速阶段	城镇化临界完成阶段	城镇化基本完成阶段	城镇化发达阶段
省（自治区、直辖市）	西藏	吉林、浙江、内蒙古、福建、江苏、湖北、海南、山东、山西、青海、新疆、重庆、宁夏、陕西、湖南、广西、安徽、江西、四川、河北、甘肃、贵州、云南、河南	广东、辽宁、黑龙江	天津	上海、北京

　　从各省（自治区、直辖市）城镇化水平的增长态势来看，表 8-12 是我国各省（自治区、直辖市）依据人口普查的城乡划分口径测定的城镇化水平增长情况。根据表 8-12，1990~2000 年的全国各省（自治区、直辖市）的城镇化水平虽然呈现全面提高的局面，但存在较大的区域增长差异性。例如，城镇化水平增长最快的是上海，增长幅度达 22.08%，年均增长 2.2 个百分点；增长最慢的是处于西部的新疆和甘肃，仅 1.97 个百分点，即年均仅增长 0.197 个百分点。为了更好地说明我国各省（自治区、直辖市）城镇化水平的增长态势，在表 8-12 的基础上，对我国各省（自治区、直辖市）的城镇化增长态势进行了增长类型的划分，具体结果如图 8-6 所示。具体来说，东南沿海各省（直辖市）（包括海南、广东、福建、江苏、浙江和上海）及直辖市重庆是我国城镇化水平增长最快的区域，增长幅度超过 15%，即年均增长达 1.5 个百分点，这些地区也是我国的新兴经济增长区域；城镇化水平增长较快区域是中部的湖南、湖北及西部的广西、陕西，增长幅度为 10%~15%，即年均城镇化水平达到 1% 以上；而城镇化水平增长最为缓慢的是我国北

部经济较为发达的北京、天津、黑龙江、辽宁及西部的新疆、甘肃和贵州等，10 年来城镇化水平增长不到 5%，年均增长不到 0.5 个百分点；其余包括内蒙古、吉林、河北、宁夏、山西、河南、安徽、江西、云南、四川、青海和西藏共 12 个省（自治区）城镇化增长水平为 5%～10%，是我国城镇化水平一般发展地区。未来城镇化水平的预测也要考虑到如上所述的各省（自治区、直辖市）城镇化增长态势。

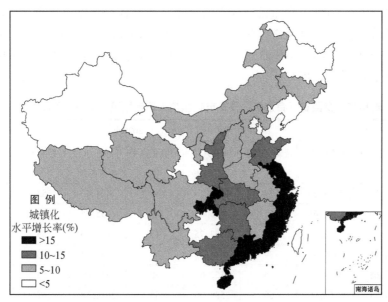

图 8-6　第四次人口普查至第五次人口普查城镇化水平差异示意图

从未来我国区域格局变化的影响因素。西部大开发、东北开发的实施，在一定程度上将影响我国现有的区域格局，总体上来看，东部地区的经济发展将得到进一步强化，而其他地区，特别是西北地区、东北地区与东部地区的经济发展差距将逐渐缩小。结合我国现有区域经济发展格局，并对我国各地社会经济综合发展组合条件进行分析，我们认为未来将形成国家级意义上的沪苏浙、京津冀、东北地区、成渝地区、以武汉为中心的湘鄂赣核心地区、珠三角地区、山东半岛、闽东南、中原地区、关中地区等人口、经济、城镇高密集地区。在这些地区，城镇化水平将伴随着经济的快速发展而得到相对较快的提高。

综合定性预测。综上所述，未来我国各省（自治区、直辖市）城镇化发展将呈现上述趋势，对各省（自治区、直辖市）未来城镇化水平以及城镇人口的预测也需要建立在下列基础上。

1）各省（自治区、直辖市）由于处于不同的城镇化发展阶段，未来城镇化水平的增长也将呈现不同的特点，如天津、上海、北京由于已处于高度城镇化发展阶段，城镇化水平的提高将相对缓慢。

2）城镇化水平的提高是多因素作用的结果，20 世纪 90 年代以来各省（自治区、直辖市）的城镇化发展态势，在经济发展惯性或城镇化发展惯性下，仍将在很大程度上决定未来的城镇化进程。

3）国家宏观区域政策的作用，将在一定程度上刺激宏观区域政策所受惠地区的经济发展以及城镇化水平的提高。

4）如上所述的未来我国的人口、经济、城镇高密集地区的城镇化水平的增长速度一般要高于其他地区，只是有些地区由于处于城镇群中高级发展阶段而城镇化增长速度将有所降低。

（2）中国省际城镇化水平与城镇人口预测

各省（自治区、直辖市）城镇化水平的预测是建立在全国城镇化水平预测的基础上，以联合国法为主，其中参数 K 来自各分区的第五次和第四次人口普查结果的城乡人口增长率差。再结合如上所述的定性预测，进行综合调整，最后预测出各省（自治区、直辖市）的城镇化水平，结果见表 8-15。

表 8-15　我国省（自治区、直辖市）城镇人口与城镇化水平分阶段预测[①]

地区	2000 年		2010 年		2020 年		2030 年	
	城镇化水平（%）	城镇人口（万人）	城镇化水平（%）	城镇人口（万人）	城镇化水平（%）	城镇人口（万人）	城镇化水平（%）	城镇人口（万人）
北京	77.54	1071.60	79	1259.26	81	1428.03	83	1581.15
天津	71.99	720.61	74	896.88	77	1135.75	79	1373.81
河北	26.08	1758.83	35	2553.95	45	3464.10	53	4210.85
山西	34.91	1150.98	39	1434.03	46	1821.14	60	2464.80
内蒙古	42.68	1014.08	45	1152.00	50	1346.50	53	1488.77
辽宁	54.24	2298.69	58	2589.70	63	2914.38	67	3191.88
吉林	49.68	1355.27	54	1587.60	59	1824.28	63	2032.38
黑龙江	51.54	1901.31	55	2082.30	60	2311.20	63	2462.04
上海	88.31	1478.30	89	1595.77	90	1692.90	91	1783.60
江苏	41.49	3086.02	51	4199.85	60	5198.40	68	6144.48
浙江	48.67	2276.30	55	3041.50	63	3690.54	69	4381.50
安徽	27.81	1664.71	38	2377.28	48	3093.60	58	3890.06
福建	41.57	1442.89	47	1827.83	54	2268.00	59	2701.61
江西	27.67	1145.54	37	1576.57	47	2091.03	56	2662.8
山东	38	3456.86	44	4320.36	52	5881.72	59	6926.60
河南	23.2	2147.39	34	3300.72	45	4591.35	54	5692.14
湖北	40.22	2424.46	45	2961.90	52	3632.20	57	4240.80
湖南	29.75	1915.90	37	2474.56	46	3156.52	53	3876.95
广东	55	4753.10	60	6823.80	66	8374.08	72	9693.36
广西	28.15	1263.65	37	1717.54	46	2184.54	54	2668.68
海南	40.11	315.67	46	411.24	52	506.48	58	667.58
重庆	33.09	1022.48	42	1369.62	52	1743.04	63	2188.62

---

① 预测数据是以我国第五次人口普查的城乡划分标准为其统计口径的。

地区	2000 年		2010 年		2020 年		2030 年	
	城镇化水平 （%）	城镇人口 （万人）	城镇化水平 （%）	城镇人口 （万人）	城镇化水平 （%）	城镇人口 （万人）	城镇化水平 （%）	城镇人口 （万人）
四川	26.69	2223.01	33	2811.27	43	3747.45	50	4425.00
贵州	23.87	841.42	30	1111.20	38	1461.10	47	1898.80
云南	23.36	1001.68	31	1439.64	39	1856.01	46	2361.64
西藏	18.93	49.60	26	79.82	38	129.58	47	175.31
陕西	32.26	1166.58	38	1463.38	45	1811.25	51	2130.27
甘肃	24.01	615.14	30	791.70	38	1027.90	45	1272.6
青海	34.76	180.06	40	222.40	46	267.72	51	309.06
宁夏	32.43	182.26	36	233.28	44	314.60	49	380.73
新疆	33.82	651.03	37	734.45	46	1047.88	51	1247.46

三、未来人口发展及其地区布局和城乡结构预测结果

（一）地区人口增长趋势

根据预测数据，21 世纪前 30 年我国人口再生产的规模仍沿着过去的增长轨迹继续增长，但增长速率呈下降趋势。2001～2010 年，年均增长 8.54‰，年均增加 1109 万人；2011～2020 年，年均增长 5.77‰，年均增加 843 万人；2021～2030 年，年均增长 4.79‰，年均增加 734 万人；总人口将从 2000 年的 12.6 亿人增加到 2010 年的 13.7 亿人、2020 年的 14.6 亿人和 2030 年的 15.3 亿人，共增加约 2.7 亿人。各地区总人口预测结果显示，2030 年我国的广东、山东和河南三省的人口将超过 1 亿，分别为 13 463 万人、11 740 万人和 10 541 万人。广东从 2000 年的第三人口大省跃为 2030 年的第一位，新增人口 4821万人，是全国人口增长最快的地区。人口增加较快的地区还有海南、西藏、宁夏、浙江、山东、新疆和山西。人口增长最慢的地区为黑龙江和四川（表8-16）。

表 8-16 2000～2030 年我国和地区总人口及城镇人口 （单位：万人）

地区	2000 年		2010 年		2020 年		2030 年	
	总人口	城镇人口	总人口	城镇人口	总人口	城镇人口	总人口	城镇人口
北京	1 382	1 072.00	1 594	1 259.26	1 763	1 428.03	1 905	1 581.15
天津	1 001	720.61	1 212	896.88	1 475	1 135.75	1 739	1 373.81
河北	6 744	1 758.83	7 297	2 553.95	7 698	3 464.10	7 945	4 210.85
山西	3 297	1 150.98	3 677	1 434.03	3 959	1 821.14	4 108	2 464.80
内蒙古	2 376	1 014.08	2 560	1 152.00	2 693	1 346.50	2 809	1 488.77
辽宁	4 238	2 298.69	4 465	2 589.70	4 626	2 914.38	4 764	3 191.88

地区	2000 年		2010 年		2020 年		2030 年	
	总人口	城镇人口	总人口	城镇人口	总人口	城镇人口	总人口	城镇人口
吉林	2 728	1 355.27	2 940	1 587.60	3 092	1 824.28	3 226	2 032.38
黑龙江	3 689	1 901.31	3 786	2 082.30	3 852	2 311.20	3 908	2 462.04
上海	1 671	1 478.30	1 793	1 595.77	1 881	1 692.90	1 960	1 783.60
江苏	7 438	3 086.02	8 235	4 199.85	8 664	5 198.40	9 036	6 144.48
浙江	4 677	2 276.30	5 530	3 041.50	5 858	3 690.54	6 350	4 381.50
安徽	5 986	1 664.71	6 256	2 377.28	6 445	3 093.60	6 707	3 890.06
福建	3 471	1 442.89	3 889	1 827.83	4 200	2 268.00	4 579	2 701.61
江西	4 140	1 145.54	4 261	1 576.57	4 449	2 091.03	4 755	2 662.80
山东	9 079	3 456.86	9 819	4 320.36	11 311	5 881.72	11 740	6 926.60
河南	9 256	2 147.39	9 708	3 300.72	10 203	4 591.35	10 541	5 692.14
湖北	6 028	2 424.46	6 582	2 961.90	6 985	3 632.20	7 440	4 240.80
湖南	6 440	1 915.90	6 688	2 474.56	6 862	3 156.52	7 315	3 876.95
广东	8 642	4 753.10	11 373	6 823.80	12 688	8 374.08	13 463	9 693.36
广西	4 489	1 263.65	4 642	1 717.54	4 749	2 184.54	4 942	2 668.68
海南	787	315.67	894	411.24	974	506.48	1 151	667.58
重庆	3 090	1 022.48	3 261	1 369.62	3 352	1 743.04	3 474	2 188.62
四川	8 329	2 223.01	8 519	2 811.27	8 715	3 747.45	8 850	4 425.00
贵州	3 525	841.42	3 704	1 111.20	3 845	1 461.10	4 040	1 898.80
云南	4 288	1 001.68	4 644	1 439.64	4 759	1 856.01	5 134	2 361.64
西藏	262	49.60	307	79.82	341	129.58	373	175.31
陕西	3 605	1 166.58	3 851	1 463.38	4 025	1 811.25	4 177	2 130.27
甘肃	2 562	615.14	2 639	791.70	2 705	1 027.90	2 828	1 272.60
青海	518	180.06	556	222.40	582	267.72	606	309.06
宁夏	562	182.26	648	233.28	715	314.60	777	380.73
新疆	11 925	651.03	1 985	734.45	2 278	1 047.88	2 446	1 247.46
全国	126 225	46 576	137 315	60 441.4	145 744	76 013.27	153 088	90 525.33

（二）总人口布局变化趋势

在东、中、西三地区的分布变化显示，人口重心进一步东移。东部地区人口从 2000 年的 38.9% 上升到 2030 年的 42.2%（表 8-17）。东部地区与西部地区人口比例的差距从 2000 年的 10.8 个百分点上升到 2030 年的 15.7 个百分点。

从表 8-17 可知，东部地区人口占全国总人口的比例呈稳步上升趋势。中部、西部地区前 10 年下降幅度较大，之后缓慢下降。

地区 ＼ 年份	2000	2010	2020	2030
东部	38.9	40.9	41.9	42.2
中部	33.0	32.0	31.5	31.3
西部	28.1	27.1	26.6	26.5

表 8-17　我国三大地区人口比例变化趋势　　（单位：%）

（三）城乡人口结构变化趋势

我国城乡人口结构将发生较大变化，2010 年、2020 年和 2030 年的城镇化率将分别提高到 44%、52% 和 59%。城镇人口将从 2000 年的 4.65 亿人增加到 2010 年的 6.04 亿人、2020 年的 7.60 亿人和 2030 年的 9.05 亿人。2001～2030 年，全国城镇人口将增加 4.39 亿人，城镇化率提高约 23 个百分点。提高最多的地区达 30 个百分点（河南和安徽），其次是江西、西藏、河北、江苏、广西和山西，在 25～29 个百分点。北京、上海和天津除外，城镇化水平提高最慢的是东三省和内蒙古，在 10～13 个百分点（表8-16）。

我国三大地区城镇人口比例将发生较大变化。2030 年东部地区城镇人口比例从 2000 年的 46.1% 提高到 65.9%，西部地区从 28.7% 提高到 50.8%，西部地区提高的幅度大于东部地区，东、西两地的差距从 2000 年的 17.4 个百分点下降到 15.2 个百分点（表8-18）。

表 8-18　我国三大地区城镇人口比例变化趋势　　（单位：%）

地区 ＼ 年份	2000	2010	2020	2030
东部	46.1	52.6	59.8	65.9
中部	33.0	40.5	49.1	56.9
西部	28.7	35.2	43.7	50.8
全国	36.9	44.0	52.1	59.1

（四）东、中、西部地区城镇化水平差异趋于缩小

目前，东部地区局部地区的城镇化水平已很高，三个直辖市已步入城镇化的发达阶段，部分省，如广东和辽宁已步入城镇化中期的临界完成阶段。由于各地经济社会发展水平悬殊，未来潜力难以在同一时期发挥，从短期看，东部、中部、西部这种发展梯度还可能呈进一步扩大之势，东部地区城镇化发展速度要继续明显快于中西部地区。未来 30 年城镇化水平提高较快的地区有河南、安徽、重庆、江西、河北、江苏和广西；提高较慢的地区有内蒙古和起点较高的辽宁、黑龙江、吉林。从长远看，中西部城镇化快速发展将持续较长时间，因此，全国省际间城镇化差异将趋于缩小，最高和最低间的差异将由 2000

年的 4.6 倍降为 2030 年的 2 倍。

四、21 世纪前 30 年我国人口分布及其城乡结构变动对水资源需求的影响分析

展望我国 21 世纪的人口与发展，可以说希望与忧患共存。未来人口城镇化速度加快将为农村剩余劳动力打开更多的就业空间。然而，人口总量的持续增加，使我国面临的人口压力更为沉重。人口与发展之间的矛盾还将继续深化。随着总人口数量的增多和人民对生活质量要求的提高，人们对各种资源的需求将急剧增长，如人类赖以生存的水。依据本研究对我国未来人口发展和布局及其城乡结构变化趋势的预测，我们认为未来人口发展与水资源供给方面将出现很多问题。这些问题包括以下方面。

（一）人均水资源量进一步降低

我国大江大河较多，产水量较高的有十大水系。据统计，流域面积在 100km² 以上的河流有 5 万多条，流域面积在 1000km² 以上的河流有 1580 多条。全国径流总量达 2.6 万亿 m³，占亚洲全部径流量的 19.3%。此外，还有 2800 多个面积达 1km² 以上的湖泊。湖泊总储水量达 0.7 万亿 m³。除地表水资源外，我国还有 5.1 万亿 m³ 的冰川及 0.8 万亿 m³ 的地下水资源。扣除重复计算，我国共有水资源 2.8 万亿 m³，居世界第六位。

就总量而言，我国属水资源较丰富的国家，但按人均占有量计算则是世界上人均水资源最缺乏的 13 个国家之一。2002 年，我国人均水资源量仅为 2200m³，扣除难以利用的洪水径流和散布在偏僻地区的地下水资源后，现实可利用淡水资源仅为 11 000 亿 m³，人均可利用的水资源约为 900m³。我国人均径流量约为世界人均占有量的 1/4，加拿大的 1/5，日本的 1/2。随着我国人口的持续增加，人均水资源量将随之下降。按本研究预测的人口数计算，我国人均水资源量将从 2002 年的 2200m³ 下降到 2010 年的 2058m³，2020 年的 1939m³ 和 2030 年的 1846m³。

（二）水资源地区分布与人口分布不匹配情况加重

我国不仅人均水资源短缺，而且地域之间，水资源分布与人类活动对水的需求呈反向。我国水资源分布总的特征是东南多西北少，其数量由东南向西北递减。水能资源的 68% 左右集中于西南部，与人口、耕地、矿产资源的分布极不匹配。长江以北水系的流域面积占全国国土面积的 63.5%，其水资源量却只占全国的 19%；西北内陆河地区面积占 35.5%，水资源量仅占 4.6%。干旱缺水是我国尤其是北方地区的主要自然灾害。

据历年《中国水资源公报》，我国水资源总量相对稳定。例如，1997～2002 年，除 1998 年较高（3.4 万亿 m³）外，其他年份水资源总量始终保持在 2.7 万亿～2.8 万亿 m³。为此，我们假设未来 30 年我国水资源总量保持在 2002 年的 28 261.32 万 m³ 的水平上不变，根据本研究预测的 2030 年各地区人口总数来计算出 2030 年各地人均水资源量，并计

算出三大地区水资源总量占全国水资源总量的比例与人口的三大地区分布作比较，计算结果可以清楚地看出水资源与人口地区分布的严重不匹配（表8-19 和表8-20）。

表 8-19　按 2002 年水资源总量计算的 2030 年各行政分区人均水资源量

地区	2002 年水资源总量及人均拥有量		2030 年人均水资源量（m³）
	水资源总量（亿 m³）	人均拥有量（m³）	
全国	28 261.32	2 200	1 846
北京	16.99	119	89
天津	3.67	36	21
河北	86.14	128	108
山西	78.73	239	192
内蒙古	314.89	1 324	1 121
辽宁	148.26	353	311
吉林	368.69	1 366	1 143
黑龙江	632.62	1 659	1 619
上海	46.07	284	235
江苏	268.02	363	297
浙江	1 230.48	2 648	1 938
安徽	824.68	1 301	1 230
福建	1 201.43	3 466	2 624
江西	1 983.26	4 697	4 171
山东	98.11	108	84
河南	319.99	333	304
湖北	1 155.46	1 930	1 553
湖南	2 566.63	3 872	3 509
广东	1 884.63	2 398	1 400
广西	2 372.59	4 920	4 801
海南	333.12	4 148	2 894
重庆	545.84	1 757	1 571
四川	2 066.16	2 382	2 335
贵州	1 117.57	2 913	2 766
云南	2 308.87	5 329	4 497
西藏	4 243.49	158 932	113 753
陕西	255.43	695	612
甘肃	150.32	580	532

地区	2002 年水资源总量及人均拥有量		2030 年人均水资源量（m³）
	水资源总量（亿 m³）	人均拥有量（m³）	
青海	558.23	10 553	9 212
宁夏	12.76	223	164
新疆	1 068.20	5 607	4 376

注：①人均水资源量按 2002 年水资源总量除以 2002 年人口计算；②上海未计算浅层地下水资源量；③2030 年人均水资源量按 2002 年水资源总量除以 2030 年人口计算，2030 年人口为研究所做的预测数

资料来源：2002 年中国水资源公报

表 8-20　2000 年我国三大地区人口分布与水资源分布比较　　　（单位：%）

地区	2000 年人口	2000 年水资源总量
东部	38.9	19.3
中部	33.0	23.8
西部	28.1	56.9

从表 8-19 不难看出，随着人口总量的增长，我国人均水资源量将逐渐下降。2030 年，我国人口总数达 15.3 亿人，届时人均水资源量将从 2002 年的 2200m³ 下降到 1846m³。各省（自治区、直辖市）也相应减少。按"国际人口行动"提出的"可持续水——人口和可更新水的供给前景"报告采用的人均水资源评价标准：少于 1700m³ 为用水紧张国家，少于 1000m³ 为缺水国家，少于 500m³ 为严重缺水国家的标准来衡量我国各地区的水资源状况，发现 2030 年我国将有 10 个地区人均水资源少于 500m³，其中最低的地区仅为 30m³；人均不足 1000m³ 的地区有 12 个，不足 1700m³ 的地区有 19 个。可见，2030 年，我国将有一半以上的地区用水紧张，其中有 10 个地区为严重缺水区。北京、天津、河北和山东将是我国人均水资源量最低的地区。

表 8-20 是按东、中、西三个地区划分的地区人均水资源量。从表中可以看出我国水资源的分布与人口分布严重不匹配。人口的分布是由东向西递减，而水资源则是由东向西递增。2000 年东部地区人口占全国总人口的 38.9%，而东部地区的水资源总量仅占全国总量的 19.3%。我国一大半的水资源集中在西部地区，且主要分布在西南部的山区。因此，西北部地区也是我国严重缺水区。未来我国人口的分布将进一步东移，2030 年我国东部地区人口将提高到 42.2%。显然，人口与水资源分布不匹配的情况将进一步恶化。

（三）城镇缺水更加突出

21 世纪随着我国城镇化进程的加快，城镇用水需求将迅速增长。一方面城市工业等快速发展对水的需求迅速增加；另一方面，自来水供水人口也将迅速增长。在节约用水的同时，城镇人口的用水标准也将逐步提高。根据我们的预测，2030 年，我国将有 59% 的人口（9.05 亿人）居住在城镇，也即城镇人口比 2000 年增加近 1 倍。这无疑给早已严重

缺水的城市雪上加霜。据 2002 住房和城乡建设部发表的《2002 年城市建设统计公报》，2002 年末，我国已有设市城市 660 个，其中有 400 多个城市缺水。缺水城市主要分布在华北、东北和沿海地区。

城市作为一定地域的政治、经济和文化中心，一般建在自然环境和水资源条件相对较好的地方。但因人口密集，工业发达，用水需求过度集中，人均拥有的水资源却很少，远远低于全国平均水平。大城市和特大城市缺水现象尤为严重。例如，北京、上海和天津，2002 年人均水资源量分别为 119m³、284m³ 和 36m³，远低于全国平均 2200m³ 的水平。未来 30 年，随人口增加和生活要求的提高，以上三大城市的人均水资源将分别下降到 89m³、235m³ 和 21m³。导致我国城市缺水的情况各不相同，大致可分为三种类型，即设备型缺水、污染型缺水和资源型缺水。

（四）解决水资源供需矛盾的战略选择

我国水资源短缺，却存在极大的浪费现象，如我国农业上用水使用效率极低，仅为 30% 左右。事实上，我国每年水资源的利用量仅约 7000 亿 m³，还不足水资源总量的 30%。解决中国水的问题的唯一有效出路只能是开源节流。两者在水资源开发利用中互为依存。节流是开源的前提，只有在水资源得到充分合理的有效利用的基础上，开辟新的水源才是可行和必要的。

据有关部门调查，供水设施能力不足是导致城市缺水的直接原因。水源污染是导致城市缺水的主要原因，水源短缺是导致城市缺水的重要原因。因此，城市缺水主要是供水设施能力不足和水源污染所导致。我国城镇化和工业化都已进入高速发展初期，城市综合用水将保持一段时间的高增长。供水不足无疑将严重制约城市的经济社会发展。

因此，为缓解人口发展与水资源短缺之间的矛盾，必须严格控制人口增长，调整生产结构，节约用水，根治水资源污染，增强海水淡化的能力，增加供水基础设施的投资。

五、主要结论和建议

（一）主要结论

1）自 20 世纪 90 年代初我国人口自然增长率逐年下降，目前人口再生产类型基本完成了从典型的"高出生、高死亡、低增长"向典型的"低出生、低死亡、低增长"的转变。但是，我国人口生育率的下降主要是靠通过各种生育控制政策和社会经济约束机制推进而实现的，而不是完全靠社会经济的发展而实现的自然转变。此外，由于地区和城乡之间计划生育工作的力度不同，人们的生育观念地区差异大，从而导致地区间的生育水平存在巨大差异。所以，人口再生产虽已达到"三低"，但这种人口转变是不完全、不彻底的，还是初步的，容易出现反弹。在这种情况下，我国必须继续坚持计划生育这一基本国策不动摇。

2）1990 年以来各地区人口总量增长速度差异大、东部地区和特大城市人口增长快于其他地区，但导致东部地区和特大城市人口增长的主因素是人口迁移。

3）1990 年以来各地区城镇人口增长速度差异也很大，东部地区明显高于西部地区。目前，我国各地区城镇人口比例是东高西低，与总人口的分布格局基本一致。总人口和城镇人口分布的格局与我国生产力水平分布格局呈明显的一致性。

4）由于人口再生产的惯性作用，我国人口再生产的规模还将沿着过去增长的轨迹继续增长。2010 年、2020 年、2030 年我国总人口将分别达 13.7 亿人、14.6 亿人和 15.3 亿人。由于经济发展水平的地区差异，东部经济发达地区对中西部地区的劳动力仍具有较强的吸引力。因此，2000～2030 年，中国总人口的分布趋势是人口重心继续东移。

5）2000～2030 年，是中国城镇化加速发展的阶段。中国城镇人口呈持续上升趋势。2010 年、2020 年、2030 年城镇化率分别达到 44%、52% 和 59%，城镇人口分别达到 6.04 亿人、7.60 亿人、9.05 亿人。城镇化速度还将存在较大的地区差异。从短期看，东部地区城市化速度将仍快于西部地区，但从长远看，东部地区的速度将逐渐缓慢下来，而中西部地区将保持较长时间的高速增长。城镇化水平的地区差距趋于缩小，高低之差将由 2000年的 4.6 倍下降到 2030 年的 2 倍。总体上看，城镇人口分布将进一步趋向沿海、沿江、陆上交通枢纽和自然条件优越的农业区。

6）我国水资源地区分布上存在巨大差异，水资源与人口及其经济活动的地区分布不相适应。东北、西北和某些沿海地区水资源的短缺已成为制约这些地区实现经济社会可持续发展的重要因素。如不采取有效措施，今后的水资源供需形势仍将十分严峻。

7）城镇缺水问题更加突出。人口城镇化是社会经济发展的必然产物，也是现代文明的标志。但由于城市人口密集，工业发达，用水需求过度集中，人均拥有的水资源却很少，远远低于全国平均水平。目前，我国现有城市中已有 2/3 的城市缺水。随着城镇化速度的加快，城市人口迅速膨胀，将使早已是严重缺水的城市雪上加霜。

（二）建　议

我国人口发展与水资源供给所面临的问题涉及经济、社会、环境和资源等方方面面，因此，解决这些问题必须坚持综合治理和可持续发展的原则。我们建议如下。

1）继续控制人口总量增长规模。解决我国人口与水资源供需矛盾的第一途径是控制人口总量增长的规模。人口增长的控制还须坚持贯彻计划生育基本国策不动摇。由于人口再生产的惯性作用，我国人口还将继续增长。人口增加越快，水资源供给压力越大。当前，在控制人口总量方面，我们必须继续依靠生育控制政策和社会经济约束机制来稳定目前的生育低水平。有关部门须针对我国在生育水平、生育观念和与之有关的社会经济的地区差异这一特点做好计划生育的分类指导，以保证人口生育水平不出现反弹。计划生育的开展必须和农村的经济发展、家庭的脱贫致富、社区的移风易俗相结合。实行综合治理，加快发展教育事业和医疗卫生事业，完善农村养老保障事业，是进一步降低农村生育水平的关键。

2）水资源短缺影响到人类生存与发展的各个领域，面对 21 世纪水资源的严峻形势，我国必须坚持优化配置、合理开发、高效利用和有效保护水资源，走一条可持续利用和良性循环的发展道路。

3）解决城市人口增加对水资源的需求压力，需首先从提高水资源的利用率，防止水资源污染，加大污水处理和沿海地区海水淡化的能力做起。要加大对污染源的处罚力度，完善各种环境保护法律法规。

第九章　经济发展布局和产业结构现状分析

20世纪90年代以来，我国经济和社会持续、快速发展。从经济发展布局看，总的趋势是：东部各地区发展迅速，而中西部多数地区发展相对滞后，从而导致我国经济发展重心逐渐向东部地区转移；从各地区产业结构的变动趋势看，则基本上是：第一产业增加值占GDP的份额逐渐下降，第二产业增加值占GDP的份额则快速或稳步上升，第三产业增加值占GDP的份额则保持稳中有升或较快上升。

一、20世纪90年代以来我国经济总量及产业结构变动趋势分析

（一）经济总量变动趋势分析

20世纪90年代以来，我国经济持续、快速发展。按现价计算，1990年我国GDP总量为18 668亿元，到2006年增长到210 871亿元（国家统计局2007年初步核实数），人均GDP则从1644元增加到16 085元。按2000年不变价计算，1990年全国GDP总量为36 806亿元，2006年达到174 137亿元，相当于1990年的4.7倍。

1991～2006年，全国GDP年均增速达到10.2%。从不同计划期看，"八五"时期全国GDP年均增速为12.3%，"九五"时期下降为8.6%，"十五"时期又上升为9.6%，2006年则比2005年增长11.1%。2007年上半年GDP增速达到10.9%，分析全年达到11.0%，如图9-1所示。

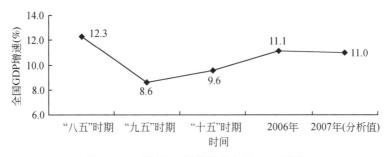

图9-1　20世纪90年代以来全国GDP增速

（二）产业结构变动趋势分析

1. 第一产业变动趋势

1990 年全国第一产业增加值为 5062 亿元（现价），到 2006 年增长到 24 737 亿元（现价）。按 2000 年不变价计算，1990 年第一产业增加值为 10 287 亿元，2006 年则达到 19 026 亿元，相当于 1990 年的 1.8 倍。

1991~2006 年，全国第一产业增加值年均增速仅为 3.9%，大大低于同期全国 GDP 的增速 10.2%。从不同计划期看，"八五"时期全国第一产业增加值年均增速为 4.2%，"九五"时期下降到 3.5%，"十五"时期则回升到 3.9%。

从 20 世纪 90 年代以来的发展状况看，全国第一产业所占比例呈现持续下降的趋势。"八五"时期，第一产业增加值占全国 GDP 的比例为 21.9%，"九五"时期下降为 16.6%，"十五"时期则进一步下降只有 12.7%。

2. 第二产业变动趋势

1990 年全国第二产业增加值为 7717 亿元（现价），到 2006 年增长到 103 162 亿元（现价）。按 2000 年不变价计算，1990 年全国第二产业增加值为 12 793 亿元，2006 年则达到 85 693 亿元，相当于 1990 年的 6.7 倍。

1991~2006 年，全国第二产业增加值年均增速达到 12.6%，大大高于同期全国 GDP 增速 10.2%。第二产业的快速发展成为推动全国经济增长的主导力量。从不同计划期看，"八五"时期全国第二产业增加值年均增速达到 17.4%，"九五"时期则下降到 9.8%，"十五"时期则回升到 10.7%，三个时期的第二产业增速均高于同期全国 GDP 的平均增速。

从 20 世纪 90 年代以来的发展趋势看，全国第二产业所占比例呈现上升的趋势。"八五"时期，全国第二产业增加值占 GDP 的比例为 40.7%，"九五"时期上升到 45.2%，"十五"时期则进一步上升到 47.3%。

3. 第三产业变动趋势

1990 年全国第三产业增加值为 5888 亿元（现价），到 2006 年增长到 82 972 亿元（现价）。按 2000 年不变价计算，1990 年全国第三产业增加值为 14 681 亿元，2006 年达到 69 271 亿元，相当于 1990 年的 4.7 倍。

1991~2006 年，全国第三产业增加值的年均增速为 10.2%，与同期全国 GDP 增速持平。从不同计划期看，"八五"时期全国第三产业增加值年均增速为 10.8%，低于全国 GDP 同期增速；"九五"时期，全国第三产业增加值年均增速下降到 9.5%，但高于全国同期 GDP 增速；"十五"时期，全国第三产业增加值年均增速又进一步上升到 10.2%，与同期全国 GDP 增速持平。

从 20 世纪 90 年代以来的发展趋势看，全国第三产业所占比例保持稳中有升的趋势。

"八五"时期、"九五"时期所占比例分别为 38.4%、38.2%，但"十五"时期则上升至 40.0%。

从图 9-2 可以看出，20 世纪 90 年代以来，我国第一产业增加值降低的份额主要转移到第二产业。

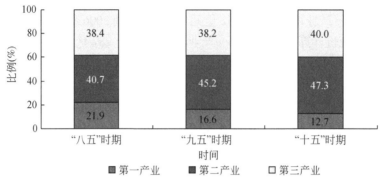

图 9-2　20 世纪 90 年代以来全国产业结构变动趋势

注：基础数据来源于全国第一次经济普查数据和《2007 中国统计摘要》，按 2000 年不变价计算

二、20 世纪 90 年代以来各地区经济总量及产业结构变动趋势分析

（一）北京经济总量及产业结构变动趋势分析

1. 经济总量变动趋势分析

20 世纪 90 年代以来，北京经济保持了持续、快速发展的态势。按现价计算，1990 年北京 GDP 总量仅为 501 亿元，到 2006 年快速增长到 7720 亿元，人均 GDP 则从 4536 元增加到 49 505 元，列全国第二位。

按 2000 年不变价计算，1990 年北京 GDP 占全国 GDP 总量（指 31 个地区生产总值的合计数，下同）的比例为 3.50%，2005 年、2006 年分别只有为 3.22%、3.18%，总体上呈下降趋势。

1991～2000 年，北京 GDP 的年均增速为 11.0%，2001～2006 年则上升为 12.0%。

2. 产业结构变动趋势分析

从 20 世纪 90 年代以来的发展状况看，北京第一产业所占比例呈持续下降的态势。"八五"时期，北京第一产业增加值占 GDP 的比例为 4.8%，大大低于全国平均水平 21.9%；"九五"时期下降为 2.8%，"十五"时期则进一步下降到只有 1.9%，均大大低于同期全国平均水平。20 世纪 90 年代以来，北京第二产业所占比例也呈现下降的趋势。"八五"时期，北京第二产业增加值占 GDP 的比例为 34.8%，"九五"时期下降 32.7%，

"十五"时期又进一步下降到31.7%。在第一产业和第二产业所占比例均下降的同时,北京第三产业所占比例保持较快上升的态势,"八五"时期为56.2%,"九五"时期上升到64.1%,"十五"时期又进一步上升到66.4%。10多年来,北京第三产业所占比例一直处于全国最高水平。

(二)天津经济总量及产业结构变动趋势分析

1. 经济总量变动趋势分析

20世纪90年代以来,天津经济持续、快速发展。按现价计算,1990年天津GDP总量仅为311亿元,到2006年则快速增长到4338亿元,人均GDP则从3591元增加到40 961元,列全国第三位。

按2000年不变价计算,1990年天津GDP占全国GDP总量的比例为1.79%,到2005年、2006年则均达到1.90%、1.91%,总体上呈缓慢上升的趋势。

1991~2000年,天津GDP的年均增速为11.5%,2001~2006年则上升为14.1%。

2. 产业结构变动趋势分析

20世纪90年代以来,天津第一产业所占比例持续下降。"八五"时期,天津第一产业增加值占GDP的比例为6.6%,大大低于全国平均水平21.9%;"九五"时期下降为4.9%,"十五"时期进一步下降到只有3.5%,均大大低于同期全国平均水平。10多年来,天津第二产业在GDP中占据重要地位,所占比例呈上升趋势。"八五"时期、"九五"时期,天津第二产业增加值占GDP的比例分别达到50.9%、50.4%,"十五"时期又进一步提升到54.0%(位居全国第四)。与此同时,天津第三产业所占比例先升后降,"八五"时期所占比例为41.9%,"九五"时期上升到44.7%,但"十五"时期下降到42.5%。

(三)河北经济总量及产业结构变动趋势分析

1. 经济总量变动趋势分析

20世纪90年代以来,河北经济持续、快速发展。按现价计算,1990年河北GDP总量为896亿元,到2006年快速增长到11 614亿元,人均GDP则从1455元增加到16 894元。

按2000年不变价计算,1990年河北GDP占全国GDP总量的比例为4.74%,到2005年、2006年所占比例分别为4.97%、4.95%,呈现上升趋势。这说明20世纪90年代以来,河北经济总量在全国的地位逐渐上升。

1991~2000年,河北GDP的年均增速为12.8%,2001~2006年则下降为11.6%。

2. 产业结构变动趋势分析

20世纪90年代以来,河北第一产业所占比例持续下降。"八五"时期,河北第一产业增加值占 GDP 的比例为 23.9%，高出全国平均水平 2 个百分点；"九五"时期下降为 17.8%，"十五"时期则进一步下降到 14.2%，比全国平均水平高出 1.2～1.5 个百分点。10 多年来，河北第二产业所占比例保持稳定上升的态势。"八五"时期，河北第二产业增加值占 GDP 的比例为 44.1%，"九五"时期则快速上升到 48.9%，"十五"时期又进一步上升到 51.5%。在第一产业份额下降、第二产业份额上升的同时，河北第三产业所占比例基本保持不变，"八五"时期、"九五"时期均为 33.6%，"十五"时期微升到 34.3%。

（四）山西经济总量及产业结构变动趋势分析

1. 经济总量变动趋势分析

按现价计算，1990 年山西 GDP 总量仅为 429 亿元，到 2006 年则快速增长到 4747 亿元，人均 GDP 则从 1481 元增加到 14 106 元。

按 2000 年不变价计算，1990 年山西 GDP 占全国 GDP 总量的比例为 2.18%，2005 年、2006 年所占比例则分别为 1.98%、1.95%，呈下降的趋势。这说明 20 世纪 90 年代以来，山西在全国的经济地位在逐渐下降。

1991～2000 年，山西 GDP 的年均增速为 10.3%，2001～2006 年则上升为 12.9%。

2. 产业结构变动趋势分析

20 世纪 90 年代以来，山西第一产业所占比例呈现持续、快速下降的趋势。"八五"时期，山西第一产业增加值占 GDP 的比例为 16.0%；但"九五"时期下降为 11.5%，"十五"时期又进一步下降到只有 7.5%，均大大低于同期全国第一产业的平均水平。10 多年来，山西第二产业所占比例保持稳定、快速上升的态势。"八五"时期，山西第二产业增加值占 GDP 的比例为 44.8%，"九五"时期则快速上升到 46.2%，"十五"时期又进一步上升到 48.9%。与此同时，山西第三产业所占比例也呈现缓慢上升的趋势，"八五"时期为 41.9%，"九五"时期上升到 42.9%，"十五"时期又进一步上升到 44.3%。

（五）内蒙古经济总量及产业结构变动趋势分析

1. 经济总量变动趋势分析

按现价计算，1990 年内蒙古 GDP 总量为 319 亿元，到 2006 年则快速增长到 4790 亿元，人均 GDP 则从 1476 元增加到 20 047 元。

按 2000 年不变价计算，1990 年内蒙古 GDP 占全国 GDP 总量的比例为 1.75%，2005 年、2006 年则上升到 1.96%、2.04%。这说明，20 世纪 90 年代以来，内蒙古经济总量在全国的地位总体上有所上升。

1991～2000 年，内蒙古 GDP 的年均增速为 10.7%，2001～2006 年则上升为 17.3%，列全国第一位。

2. 产业结构变动趋势分析

20 世纪 90 年代以来，内蒙古第一产业所占比例呈现持续、快速下降的态势。"八五"时期，内蒙古第一产业增加值占 GDP 的比例为 31.8%，"九五"时期下降为 26%，"十五"时期又进一步下降 17.0%，但均高于同期全国平均水平。10 多年来，内蒙古第二产业所占比例保持稳定上升的态势。"八五"时期，内蒙古第二产业增加值占 GDP 的比例仅为 36.4%，"九五"时期则上升到 37.3%，"十五"时期又进一步上升到 42.4%。与此同时，内蒙古第三产业所占比例也不断上升，"八五"时期为 32.8%，"九五"时期、"十五"时期则上升到 37.1%、40.6%。

（六）辽宁经济总量及产业结构变动趋势分析

1. 经济总量变动趋势分析

按现价计算，1990 年辽宁 GDP 总量为 1063 亿元，到 2006 年则快速增长到 9257 亿元，人均 GDP 则从 2712 元增加到 21 802 元。

按 2000 年不变价计算，1990 年辽宁 GDP 占全国 GDP 总量的比例达到 5.96%，2005 年、2006 年则分别只有 4.58%、4.59%。这说明，20 世纪 90 年代以来，辽宁经济总量在全国的地位大幅下降了。

1991 ~ 2000 年，辽宁 GDP 的年均增速为 9.4%，2001 ~ 2006 年则上升为 11.6%。

2. 产业结构变动趋势分析

20 世纪 90 年代以来，辽宁第一产业所占比例持续下降。"八五"时期，辽宁第一产业增加值占 GDP 的比例为 13.3%，"九五"时期下降为 11.8%，"十五"时期进一步下降到 9.8%，均明显低于同期全国第一产业平均水平。10 多年来，辽宁第二产业所占比例保持稳中有升的态势。"八五"时期，辽宁第二产业增加值占 GDP 的比例为 48.3%，"九五"时期上升到 49.5%，"十五"时期又上升到 50.8%。与此同时，辽宁第三产业所占比例也保持缓慢上升的趋势，"八五"时期、"九五"时期、"十五"时期，分别为 38.4%、38.7%、39.6%。

（七）吉林经济总量及产业结构变动趋势分析

1. 经济总量变动趋势分析

按现价计算，1990 年吉林 GDP 总量为 425 亿元，到 2006 年增长到 4249 亿元，人均 GDP 则从 1743 元增加到 15 625 元。

按 2000 年不变价计算，1990 年吉林 GDP 占全国 GDP 总量的比例为 2.38%，2005 年、2006 年又进一步下降到 1.87%、1.90%。这说明，20 世纪 90 年代以来，吉林经济在全国的地位有所下降。

1991 ~ 2000 年，吉林 GDP 的年均增速为 9.9%，2001 ~ 2006 年则上升为 11.4%。

2. 产业结构变动趋势分析

20 世纪 90 年代以来，吉林第一产业所占比例持续下降。"八五"时期，吉林第一产业增加值占 GDP 的比例为 26.9%，"九五"时期下降为 23.3%，"十五"时期进一步下降到 18.2%，但均明显高于同期全国平均水平。10 多年来，吉林第二产业所占比例呈缓慢上升的态势。"八五"时期，吉林第二产业增加值占 GDP 的比例为 32.1%，"九五"时期上升到 34.0%，"十五"时期则进一步上升到 41.8%。与此同时，吉林第三产业所占比例也保持缓慢上升的趋势，"八五"时期、"九五"时期、"十五"时期，分别为 36.0%、38.9%、40.0%。

（八）黑龙江经济总量及产业结构变动趋势分析

1. 经济总量变动趋势分析

按现价计算，1990 年黑龙江 GDP 总量为 715 亿元，到 2006 年增长到 6217 亿元，人均 GDP 则从 2019 元增加到 16 268 元。

按 2000 年不变价计算，1990 年黑龙江 GDP 占全国 GDP 总量的比例为 4.46%，2005 年、2006 年又进一步下降到 3.02%、2.98%。这说明，20 世纪 90 年代以来，黑龙江经济在全国的地位有所下降。

1991~2000 年，黑龙江 GDP 的年均增速为 8.3%，2001~2006 年则上升为 10.8%。

2. 产业结构变动趋势分析

20 世纪 90 年代以来，黑龙江第一产业所占比例缓慢下降。"八五"时期，黑龙江第一产业增加值占 GDP 的比例为 16.5%，"九五"时期下降为 14.1%，均明显低于同期全国平均水平，"十五"时期进一步下降到 11.0%，仍略低于同期全国平均水平。10 多年来，黑龙江第二产业在 GDP 中占据十分重要的地位，且仍呈上升趋势。"八五"时期，黑龙江第二产业增加值占 GDP 的比例即达到 52.4%，"九五"时期则上升到 54.0%，"十五"时期又进一步上升到 56.6%（列全国最高水平），均大大高于全国同期平均水平。与此同时，黑龙江第三产业所占比例保持稳中有升的趋势，"八五"时期、"九五"时期、"十五"时期，分别为 29.7%、31.3%、32.3%。

（九）上海经济总量及产业结构变动趋势分析

1. 经济总量变动趋势分析

20 世纪 90 年代以来，上海经济保持了持续、快速发展的势头。按现价计算，1990 年上海 GDP 总量为 756 亿元，到 2006 年迅速增长到 10 297 亿元，人均 GDP 则从 5896 元增加到 57 310 元，位居全国第一。

按 2000 年不变价计算，1990 年上海 GDP 占全国 GDP 总量的比例为 4.69%，2005 年、2006 年分别为 4.83%、4.77%。这说明，20 世纪 90 年代以来，上海经济总量在全国的地位总体上有所上升，但近两年呈现下降趋势。

1991~2000 年，上海 GDP 的年均增速为 12.3%，2001~2006 年则下降为 11.9%。

2. 产业结构变动趋势分析

20 世纪 90 年代以来，上海第一产业所占比例一直处于全国最低水平，且仍保持缓慢下降趋势。"八五"时期，上海第一产业增加值占 GDP 的比例仅为 2.9%，"九五"时期下降 1.8%，"十五"时期又进一步下降到 1.2%。10 多年来，上海第二产业所占比例呈现先降后升的态势。"八五"时期，上海第二产业增加值占 GDP 的比例为 49.7%，"九五"时期则下降到 47.4%，"十五"时期又回升到 48.4%。与此同时，上海第三产业所占比例保持上升势头，"八五"时期为 43.9%、"九五"时期达到 49.5%，"十五"时期又进一步上升到 50.4%。

（十）江苏经济总量及产业结构变动趋势分析

1. 经济总量变动趋势分析

20 世纪 90 年代以来，江苏经济保持了持续、快速发展的势头。按现价计算，1990 年江苏 GDP 总量为 1417 亿元，到 2006 年增长到 21 548 亿元，人均 GDP 则从 2093 元增加到 28 685 元，列全国第五位。

按 2000 年不变价计算，1990 年江苏 GDP 占全国 GDP 总量的比例为 7.22%，列全国第三位（仅次于广东和山东）。2005 年、2006 年又进一步上升到 9.08%、9.19%，列全国第二位（仅次于广东）。这说明，20 世纪 90 年代以来，江苏经济总量在全国的地位不断上升。

1991~2000 年，江苏 GDP 的年均增速为 14.0%，2001~2006 年则下降为 13.2%。

2. 产业结构变动趋势分析

20 世纪 90 年代以来，江苏第一产业所占份额一直低于全国平均水平，但仍保持快速下降趋势。"八五"时期，江苏第一产业增加值占 GDP 的比例为 19.0%，"九五"时期下降到 13.8%，"十五"时期又进一步下降到 9.3%，大大低于全国平均水平。10 多年来，江苏第二产业所占比例保持上升态势。"八五"时期，第二产业增加值占 GDP 的比例为 47.8%，"九五"时期上升到 51%，"十五"时期则进一步上升到 54.9%（与浙江并列全国第二，仅低于黑龙江）。与此同时，江苏第三产业所占比例基本保持稳定，"八五"时期为 34.2%，"九五"时期为 35.4%，"十五"时期则为 35.8%。

（十一）浙江经济总量及产业结构变动趋势分析

1. 经济总量变动趋势分析

20 世纪 90 年代以来，浙江经济保持了持续、快速发展的势头。按现价计算，1990 年浙江 GDP 总量为 898 亿元，到 2006 年迅速增长到 15 649 亿元，人均 GDP 则从 2120 元增加到 31 684 元，列全国第四位。

按 2000 年不变价计算，1990 年浙江 GDP 占全国 GDP 总量的比例为 4.77%，列全国第六位。2005 年、2006 年则分别进一步上升到 6.55%、6.66%，均居全国第四位（仅次于广东、江苏和山东）。这说明，20 世纪 90 年代以来，浙江经济在全国的地位不断上升。

1991~2000 年，浙江 GDP 的年均增速为 15.0%，2001~2006 年则下降为 13.1%。

2. 产业结构变动趋势分析

20 世纪 90 年代以来，浙江第一产业所占份额大大低于全国平均水平，且保持快速下降趋势。"八五"时期，浙江第一产业增加值占 GDP 的比例为 17.6%，"九五"时期下降到 11.5%，"十五"时期又进一步下降 8.0%。10 多年来，浙江第二产业所占比例保持上升态势。"八五"时期，浙江第二产业增加值占 GDP 的比例为 46.7%，"九五"时期上升到 52.5%，"十五"时期则进一步上升到 54.9%（与江苏并列全国第二，仅低于黑龙江）。与此同时，浙江第三产业所占比例保持基本稳定，"八五"时期、"九五"时期、"十五"时期分别为 37.1%、36.1%、37.1%。

（十二）安徽经济总量及产业结构变动趋势分析

1. 经济总量变动趋势分析

按现价计算，1990 年安徽 GDP 总量为 658 亿元，到 2006 年增长到 6142 亿元，人均 GDP 则从 1162 元增加到 10 044 元，列全国倒数第四。

按 2000 年不变价计算，1990 年安徽 GDP 占全国 GDP 总量的比例为 3.14%。2005 年、2006 年却下降到 2.17%、2.16%，总体上看，20 世纪 90 年代以来，安徽经济在全国的地位略有下降。

1991~2000 年，安徽 GDP 的年均增速为 11.2%，2001~2006 年则下降为 10.9%。

2. 产业结构变动趋势分析

20 世纪 90 年代以来，安徽第一产业所占份额一直大大高于全国同期平均水平，但呈现快速下降的趋势。"八五"时期，安徽第一产业增加值占 GDP 的比例达到 33.0%，"九五"时期下降到 27.7%，"十五"时期又进一步下降到 19.7%。10 多年来，安徽第二产业增加值占 GDP 的比例稳中有升。"八五"时期，安徽第二产业所占比例为 35.0%，"九五"时期上升到 36.2%，"十五"时期则上升到 38.8%。与此同时，安徽第三产业所占比例保持较快上升的趋势，"八五"时期、"九五"时期、"十五"时期分别为 33.1%、36.3%、41.5%。

（十三）福建经济总量及产业结构变动趋势分析

1. 经济总量变动趋势分析

20 世纪 90 年代以来，福建经济持续快速发展。按现价计算，1990 年福建 GDP 总量为 522 亿元，到 2006 年快速增长到 7502 亿元，人均 GDP 则从 1741 元增加到 211 523 元。

按 2000 年不变价计算，1990 年福建 GDP 占全国 GDP 总量的比例为 2.96%。2005 年、2006 年则分别达到 3.63%、3.62%，这说明，20 世纪 90 年代以来，福建经济在全国的地位有所提升。

1991~2000 年，福建 GDP 的年均增速为 14.9%，2001~2006 年则下降为 11.2%。

2. 产业结构变动趋势分析

20 世纪 90 年代以来，福建第一产业所占份额均略低于全国同期平均水平，且也呈现快速下降的趋势。"八五"时期，福建第一产业增加值占 GDP 的比例为 24.6%，"九五"时期下降到 18.7%，"十五"时期又进一步下降到 13.9%。10 多年来，福建第二产业占 GDP 的比例保持快速上升势头。"八五"时期，福建第二产业所占比例仅为 36.5%，大大低于全国同期平均水平；"九五"时期迅速上升到 42.1%，"十五"时期则进一步上升到 46.9%，略低于全国同期平均水平。与此同时，福建第三产业所占比例呈现缓慢下降的趋势，"八五"时期为 40.7%，"九五"时期为 39.5%，"十五"时期则下降到 39.1%。

（十四）江西经济总量及产业结构变动趋势分析

1. 经济总量变动趋势分析

按现价计算，1990 年江西 GDP 总量为 429 亿元，到 2006 年增长到 4619 亿元，人均 GDP 则从 1125 元增加到 10 679 元。

按 2000 年不变价计算，1990 年江西 GDP 占全国 GDP 总量的比例为 2.42%。2005 年、2006 年则分别只有 2.01%、1.99%。这说明，20 世纪 90 年代以来，江西经济在全国的地位略有下降。

1991~2000 年，江西 GDP 的年均增速为 10.0%，2001~2006 年则上升为 11.8%。

2. 产业结构变动趋势分析

20 世纪 90 年代以来，江西第一产业增加值占 GDP 的比例一直大大高于全国同期平均水平，但下降趋势比较明显。"八五"时期，江西第一产业增加值占 GDP 的比例高达 32.6%，"九五"时期迅速下降到 25.9%，"十五"时期又进一步下降到 20.1%。10 多年来，江西第二产业发展相对较快。"八五"时期，江西第二产业增加值占 GDP 的比例仅为 32.7%（基本与第一产业持平），"九五"时期则上升到 34.9%，"十五"时期又进一步上升到 42.5%。与此同时，江西第三产业占 GDP 的比例先升后降，"八五"时期为 33.3%，"九五"时期上升到 38.8%，"十五"时期又下降到 37.4%。

（十五）山东经济总量及产业结构变动趋势分析

1. 经济总量变动趋势分析

20 世纪 90 年代以来，山东经济持续、快速发展。按现价计算，1990 年山东 GDP 总量为 1511 亿元，到 2006 年增长到 21 847 亿元，人均 GDP 则从 1794 元增加到 23 546 元。

按 2000 年不变价计算，1990 年山东 GDP 占全国 GDP 总量的比例达到 7.32%，位居全国第二（仅次于广东）。2005 年、2006 年又进一步上升到 8.94%、9.03%，位居全国第三（仅次于广东和江苏）。从所占比例看，20 世纪 90 年代以来，山东经济总量在全国的地位有所提升。

1991~2000 年，山东 GDP 的年均增速为 13.6%，2001~2006 年则下降为 13.4%。

2. 产业结构变动趋势分析

20 世纪 90 年代以来，山东第一产业所占份额与全国同期平均水平基本相当，也呈现快速下降的趋势。"八五"时期，山东第一产业增加值占 GDP 的比例为 23.9%，"九五"时期则迅速下降到 17.0%，"十五"时期又进一步下降到 12.1%。10 多年来，山东第二产业占 GDP 的比例一直较高，且发展较快。"八五"时期，山东第二产业增加值占 GDP 的比例达到 44.6%，"九五"时期上升到 48.6%，"十五"时期又进一步上升到 53.9%（位居全国第五），大大高于全国同期平均水平。与此同时，山东第三产业所占比例先升后降，"八五"时期为 32.5%，"九五"时期上升到 34.7%，但"十五"时期又下降到 34.1%（处于全国倒数第三）。

（十六）河南经济总量及产业结构变动趋势分析

1. 经济总量变动趋势分析

按现价计算，1990 年河南 GDP 总量为 935 亿元，到 2006 年增长到 12 464 亿元，人均 GDP 则从 1081 元增加到 13 279 元。

按 2000 年不变价计算，1990 年河南 GDP 占全国 GDP 总量的比例为 5.32%。2005 年、2006 年分别上升到 5.01%、5.04%，这说明 20 世纪 90 年代以来，河南经济在全国的地位略微下降。

1991~2000 年，河南 GDP 的年均增速为 11.5%，2001~2006 年则上升为 11.8%。

2. 产业结构变动趋势分析

20 世纪 90 年代以来，河南第一产业所占份额一直高于全国同期平均水平，但呈现稳步下降的趋势。"八五"时期，河南第一产业增加值占 GDP 的比例为 29.2%，"九五"时期则下降到 24.2%，"十五"时期又进一步下降到 19.4%。10 多年来，河南第二产业发展较快。"八五"时期，河南第二产业增加值占 GDP 的比例为 40.2%，"九五"时期上升到 44.7%，"十五"时期又进一步上升到 49.2%，高于全国同期平均水平。与此同时，河南第三产业增加值占 GDP 的比例基本不变，10 多年来一直保持在 31%~32% 的水平，其中"十五"时期为 31.5%（列全国最低水平）。

（十七）湖北经济总量及产业结构变动趋势分析

1. 经济总量变动趋势分析

按现价计算，1990 年湖北 GDP 总量为 824 亿元，到 2005 年增长到 6485 亿元，人均 GDP 则从 1516 元增加到 11 390 元。

按 2000 年不变价计算，1990 年湖北 GDP 占全国 GDP 总量的比例为 4.47%。2005 年、2006 年则分别下降到 3.36%、3.30%，这说明 20 世纪 90 年代以来，湖北经济总量在全国的地位有所下降。

1991～2000 年，湖北 GDP 的年均增速为 10.9%，2001～2006 年则下降为 10.5%。

2. 产业结构变动趋势分析

20 世纪 90 年代以来，湖北第一产业所占份额呈现快速下降的趋势。"八五"时期湖北第一产业增加值占 GDP 的比例为 28.1%，"九五"时期下降到 21.0%，"十五"时期又进一步下降到 15.7%。10 多年来，湖北第二产业所占比例稳步上升。"八五"时期，湖北第二产业增加值占 GDP 的比例为 35.4%，"九五"时期上升到 39.9%，"十五"时期又进一步上升到 42.0%。与此同时，湖北第三产业增加值占 GDP 的比例呈上升趋势，"八五"时期为 37.1%，"九五"时期上升到 38.9%，"十五"时期又进一步上升到 42.3%。

（十八）湖南经济总量及产业结构变动趋势分析

1. 经济总量变动趋势分析

按现价计算，1990 年湖南 GDP 总量为 744 亿元，到 2006 年增长到 7493 亿元，人均 GDP 则从 1218 元增加到 11 830 元。

按 2000 年不变价计算，1990 年湖南 GDP 占全国 GDP 总量的比例为 4.21%，但 2005 年、2006 年分别只有 3.35%、3.30%，这说明 20 世纪 90 年代以来，湖南经济总量在全国的地位逐渐下降。

1991～2000 年，湖南 GDP 的年均增速为 10.2%，2001～2006 年则上升为 10.6%。

2. 产业结构变动趋势分析

20 世纪 90 年代以来，湖南第一产业所占份额大大高于全国同期平均水平，但下降趋势也比较明显。"八五"时期，湖南第一产业增加值占 GDP 的比例达到 31.6%，但"九五"时期下降到 24.4%，"十五"时期又进一步下降到 18.7%。10 多年来，湖南第二产业发展所占比例稳步上升。"八五"时期，湖南第二产业增加值占 GDP 的比例仅为 30.4%，"九五"时期上升到 35.4%，"十五"时期又进一步上升到 38.7%，但均大大低于全国同期平均水平。与此同时，湖南第三产业增加值占 GDP 的比例保持缓慢增长的态势，"八五"时期为 37.4%，"九五"时期上升到 39.9%，"十五"时期则进一步上升到 42.5%。

（十九）广东经济总量及产业结构变动趋势分析

1. 经济总量变动趋势分析

20 世纪 90 年代以来，广东经济持续、快速发展。按现价计算，1990 年广东 GDP 总量为 1559 亿元，到 2005 年增长到 25 969 亿元，人均 GDP 则从 2496 元增加到 290 774 元，列全国第六位。

按 2000 年不变价计算，1990 年广东 GDP 占全国 GDP 总量的比例达到 8.18%，位居全国第一。2005 年、2006 年又进一步上升到 11.57%、11.68%，仍位居全国第一。这说明，20 世纪 90 年代以来，广东经济总量在全国的地位显著上升了。

1991～2000 年，广东 GDP 的年均增速为 15.2%，2001～2006 年则下降为 13.4%。

2. 产业结构变动趋势分析

20 世纪 90 年代以来，广东第一产业所占份额一直大大低于全国同期平均水平，而且呈现快速下降的趋势。"八五"时期，广东第一产业增加值占 GDP 的比例为 16.1%，"九五"时期则下降到 10.5%，"十五"时期又进一步下降到只有 6.9%。10 多年来，广东第二产业持续、快速发展，所占比例稳步上升。"八五"时期，广东第二产业增加值占 GDP 的比例为 40.8%，"九五"时期上升到 45.9%，"十五"时期又进一步上升到 49.6%，均略高于全国同期平均水平。与此同时，广东第三产业增加值占 GDP 的比例略微下降，"八五"时期为 44.8%，"九五"时期、"十五"时期分别下降为 43.6%、43.5%。

（二十）广西经济总量及产业结构变动趋势分析

1. 经济总量变动趋势分析

按现价计算，1990 年广西 GDP 总量为 449 亿元，到 2006 年增长到 4802 亿元，人均 GDP 则从 1059 元增加到 10 240 元，列全国倒数第五。

按 2000 年不变价计算，1990 年广西 GDP 占全国 GDP 总量的比例为 2.15%，2005 年、2006 年则均只有 2.01%，这说明 20 世纪 90 年代以来，广西经济总量在全国的地位略微下降。

1991～2000 年，广西 GDP 的年均增速为 11.7%，2001～2006 年则下降为 11.2%。

2. 产业结构变动趋势分析

20 世纪 90 年代以来，广西第一产业所占份额呈现缓慢下降的趋势，但一直大大高于全国同期平均水平。"八五"时期，广西第一产业增加值占 GDP 的比例高达 30.7%，"九五"时期下降到 27.6%，"十五"时期则进一步下降到 22.3%。10 多年来，广西第二产业发展一直较慢，所占比例只是略有上升。"八五"时期，广西第二产业增加值占 GDP 的比例仅为 31.7%（仅与第一产业所占比例相当），"九五"时期上升到 35.2%，"十五"

时期上升到37.5%，均大大低于全国同期平均水平。与此同时，广西第三产业增加值占GDP的比例先降后升，"八五"时期为38.0%，"九五"时期下降到37.2%，"十五"时期又回升到40.2%。

（二十一）海南经济总量及产业结构变动趋势分析

1. 经济总量变动趋势分析

按现价计算，1990年海南GDP总量为102亿元，到2006年则增长到1052亿元，人均GDP则从1574元增加到12 650元。

按2000年不变价计算，10多年来，海南GDP占全国GDP的比例和地位基本保持稳定。1990年海南GDP占全国GDP总量的比例为0.51%，到2005年、2006年则均为0.49%。

1991~2000年，海南GDP的年均增速为12.4%，2001~2006年则下降为10.4%。

2. 产业结构变动趋势分析

20世纪90年代以来，海南第一产业所占份额一直大大高于全国同期平均水平，而且基本保持稳定。"八五"时期，海南第一产业增加值占GDP的比例达到34.9%，"九五"时期、"十五"时期仍分别达到35.7%、35.4%的高水平，位居全国第一。10多年来，海南第二产业发展相当缓慢，占GDP的比例基本保持在20%~22%的全国最低水平（除西藏外），"十五"时期为22.1%，远远落后于全国同期平均水平。与此同时，海南第三产业增加值占GDP的比例也基本保持稳定，"八五"时期、"九五"时期和"十五"时期基本保持在42%~44%的水平。总之，海南是全国10多年来三次产业结构变化最小的省。

（二十二）重庆经济总量及产业结构变动趋势分析

1. 经济总量变动趋势分析

按现价计算，1990年重庆GDP总量为298亿元，到2006年增长到3486亿元，人均GDP则从1023元增加到12 437元。

按2000年不变价计算，1990年重庆GDP占全国GDP总量的比例为1.74%，2005年、2006年分别下降到1.55%、1.54%，这说明，20世纪90年代以来，重庆经济总量在全国的地位略微下降。

1991~2000年，重庆GDP的年均增速为11.2%，2001~2006年则下降为11.1%。

2. 产业结构变动趋势分析

1990年以来，重庆第一产业所占份额略高于全国同期平均水平，也呈快速下降的趋势。"八五"时期重庆第一产业增加值占GDP的比例为29.0%，"九五"时期下降到20.2%，"十五"时期又进一步下降到14.6%。10多年来，重庆第二产业稳步发展，所占比例逐步上升，"八五"时期为35.7%，"九五"时期上升到38.0%，"十五"时期进一步上升到43.0%，但仍略低于全国同期平均水平。与此同时，重庆第三产业增加值占GDP的比例也略有上升，"八五"时期为36.3%，"九五"时期上升到42.0%，"十五"时期上升到42.3%。

（二十三）四川经济总量及产业结构变动趋势分析

1. 经济总量变动趋势分析

按现价计算，1990年四川GDP总量为891亿元，到2006年增长到8638亿元，人均GDP则从1129元增加到10 546元。

按2000年不变价计算，四川GDP占全国GDP的比例和地位在逐渐下降，1990年四川GDP占全国GDP总量的比例为4.67%，2005年、2006年分别下降到3.86%、3.85%。

1991~2000年，四川GDP的年均增速为10.2%，2001~2006年则上升为11.5%。

2. 产业结构变动趋势分析

20世纪90年代以来，四川第一产业所占份额尽管在持续、快速下降，但一直大大高于全国同期平均水平。"八五"时期，四川第一产业增加值占GDP的比例达到32.6%，"九五"时期下降到26.0%，"十五"时期则进一步下降到20.8%。10多年来，四川第二产业发展相对较快，所占比例稳步上升。"八五"时期，四川第二产业增加值占GDP的比例为34.3%，仅略高于第一产业比例，"九五"时期上升到36.5%，"十五"时期则进一步上升到39.6%，但仍大大低于全国同期平均水平。与此同时，四川第三产业增加值占GDP的比例保持较快增长的态势，"八五"时期、"九五"时期分别为33.2%、37.4%，"十五"时期进一步上升到39.6%。

（二十四）贵州经济总量及产业结构变动趋势分析

1. 经济总量变动趋势分析

按现价计算，1990年贵州GDP总量为260亿元，到2006年增长到2267亿元，人均GDP则从796元增加到5750元，处于全国最低水平。

按2000年不变价计算，1990年贵州GDP占全国GDP总量的比例为1.40%，但到2005年、2006年分别只有0.97%、0.95%。这说明，尽管贵州属于全国最落后地区，但20世纪90年代以来，贵州经济总量在全国的地位还在下降。

1991~2000年，贵州GDP的年均增速为8.7%，2001~2006年则上升为10.4%。

2. 产业结构变动趋势分析

20世纪90年代以来，贵州第一产业所占份额尽管保持持续、快速下降的态势，但一直大大高于全国同期平均水平。"八五"时期，贵州第一产业增加值占GDP的比例最大，达到 37.6%，"九五"时期下降到 29.0%，"十五"时期则进一步下降到 21.6%，仍大大高出全国同期平均水平。10 多年来，贵州第二产业发展比较迅速，所占比例上升较快。"八五"时期，贵州第二产业比例仅为 31.7%，大大低于第一产业比例，但"九五"时期快速上升到 36.8%，"十五"时期又进一步上升到 40.7%，但与全国同期平均水平相比，仍有一定差距。与此同时，贵州第三产业增加值占 GDP 的比例保持稳步上升的势头，"八五"时期为 32.4%，"九五"时期上升到 34.4%，"十五"时期又进一步上升到 37.6%。

（二十五）云南经济总量及产业结构变动趋势分析

1. 经济总量变动趋势分析

按现价计算，1990 年云南 GDP 总量为 452 亿元，到 2005 年增长到 4002 亿元，人均 GDP 则从 1211 元增加到 8961 元，位于全国倒数第三。

按 2000 年不变价计算，云南经济总量在全国的地位处于缓慢下降中。1990 年云南 GDP 占全国 GDP 总量的比例为 2.52%，到 2005 年、2006 年则分别下降到只有 1.79%、1.76%。

1991～2000 年，云南 GDP 的年均增速为 9.6%，2001～2006 年则下降为 9.5%。

2. 产业结构变动趋势分析

20 世纪 90 年代以来，云南第一产业所占份额保持缓慢下降的趋势，但一直大大全国同期平均水平。"八五"时期，云南第一产业增加值占 GDP 的比例为 29.9%，"九五"时期下降到 22.7%，"十五"时期则进一步下降到 19.1%。10 多年来，云南第二产业发展基本保持平稳增长的态势，占 GDP 的比例变化不大。"八五"时期，云南第二产业比例为 39.3%，"九五"时期上升到 41.8%，"十五"时期又回落到 40.9%，与全国同期平均水平相比，仍有较大差距。与此同时，云南第三产业增加值占 GDP 的比例稳步上升，"八五"时期为 31.0%，"九五"时期上升到 35.6%，"十五"时期又进一步上升到 40.1%。

（二十六）西藏经济总量及产业结构变动趋势分析

1. 经济总量变动趋势分析

按现价计算，1990 年西藏 GDP 总量仅为 28 亿元，到 2006 年增长到 290 亿元，人均 GDP 则从 1253 元增加到 10 396 元，列全国倒数第六。

按 2000 年不变价计算，10 多年来，西藏 GDP 占全国 GDP 总量的比例基本保持不变，均约为 0.12%。

1991～2000 年，西藏 GDP 的年均增速为 12.0%，2001～2006 年则上升为 12.5%。

2. 产业结构变动趋势分析

20 世纪 90 年代以来，西藏第一产业所占份额保持持续、快速下降的趋势，但一直大大高于全国同期平均水平。"八五"时期，西藏第一产业增加值占GDP的一半以上，达到55.3%，"九五"时期迅速下降到35.7%，"十五"时期又进一步下降到24.1%。10多年来，受自然资源、地理位置和市场环境等客观因素的制约，西藏第二产业发展十分缓慢。"八五"时期所占比例只有17.0%，"九五"时期和"十五"时期虽分别上升到20.8%、26.2%，但也只有全国同期平均水平的一半左右。与此同时，由于第二产业发展缓慢，客观上也推高了西藏的第三产业比例。西藏第三产业增加值占GDP的比例，"八五"时期虽仅为33.4%，但"九五"时期迅速上升到44.5%，"十五"时期又进一步攀升到49.2%，仅次于北京、上海，列全国第三高位。

（二十七）陕西经济总量及产业结构变动趋势分析

1. 经济总量变动趋势分析

按现价计算，1990年陕西GDP总量为404亿元，到2006年增长到4384亿元，人均GDP则从1219元增加到11 762元。

按2000年不变价计算，1990年陕西GDP占全国GDP总量的比例为2.15%，2005年、2006年分别只有1.81%、1.80%，这说明，20世纪90年代以来陕西经济总量在全国的地位有所下降。

1991～2000年，陕西GDP的年均增速为10.2%，2001～2006年则上升为11.8%。

2. 产业结构变动趋势分析

20世纪90年代以来，陕西第一产业所占份额与全国同期平均水平相当，也保持持续、快速下降的势头。"八五"时期，陕西第一产业增加值占GDP的22.9%，"九五"时期下降到16.6%，"十五"时期又进一步下降到11.6%。10多年来，陕西第二产业发展相对较快。"八五"时期，陕西第二产业所占比例只有37.2%，"九五"时期和"十五"时期则分别上升到42.3%、46.8%。与此同时，陕西第三产业增加值占GDP的比例基本保持稳定，"八五"时期、"九五"时期、"十五"时期分别为40.7%、41.0%、41.5%。可以说，陕西第一产业降低的份额基本直接转移到第二产业。

（二十八）甘肃经济总量及产业结构变动趋势分析

1. 经济总量变动趋势分析

按现价计算，1990年甘肃GDP总量为243亿元，到2006年增长到2275亿元，人均GDP则从1077元增加到8749元，列全国倒数第二。

按2000年不变价计算，1990年甘肃GDP占全国GDP总量的比例为1.29%，2005年、2006年分别下降到1.01%、1.00%，这说明，20世纪90年代以来，甘肃经济总量在全国的地位有所下降。

1991～2000年，甘肃GDP的年均增速为9.8%，2001～2006年则上升为10.9%。

2. 产业结构变动趋势分析

20世纪90年代以来，甘肃第一产业所占份额持续、快速下降，但略高于全国同期平均水平。"八五"时期，甘肃第一产业增加值占GDP的24.5%，"九五"时期下降到21.4%，"十五"时期又进一步下降到16.4%。10多年来，甘肃第二产业基本保持稳定增长的态势。"八五"时期，甘肃第二产业所占比例为37.1%，"九五"时期和"十五"时期则分别为40.1%、40.5%。与此同时，甘肃第三产业增加值占GDP的比例也稳步上升，"八五"时期、"九五"时期均为39.0%左右，"十五"时期则上升到43.1%。

（二十九）青海经济总量及产业结构变动趋势分析

1. 经济总量变动趋势分析

按现价计算，1990年青海GDP总量为70亿元，到2006年增长到641亿元，人均GDP则从1561元增加到11 753元。

按2000年不变价计算，1990年青海GDP占全国GDP的比例为0.38%，但2005年、2006年均只有0.27%，说明10多年来青海经济总量占全国的比例有所下降。

1991~2000年，青海GDP的年均增速为8.2%，2001~2006年则上升为12.0%。

2. 产业结构变动趋势分析

20世纪90年代以来，青海第一产业所占份额与全国同期平均水平基本持平，也呈现持续、快速下降的态势。"八五"时期青海第一产业增加值占GDP的比例为24.5%，"九五"时期下降到18.0%，"十五"时期又进一步下降到12.3%。10多年来，青海第二产业保持快速上升的趋势。"八五"时期，青海第二产业所占比例为37.1%，"九五"时期上升到39.9%，"十五"时期则进一步上升到46.4%。与此同时，青海第三产业增加值占GDP的比例先升后降，"八五"时期为39.1%，"九五"时期上升到42.3%，"十五"时期又下降到41.6%。

（三十）宁夏经济总量及产业结构变动趋势分析

1. 经济总量变动趋势分析

按现价计算，1990年宁夏GDP总量为65亿元，到2006年增长到707亿元，人均GDP则从1391元增加到11 784元。

按2000年不变价计算，1990年宁夏GDP占全国GDP的比例为0.40%，2005年、2006年则下降到0.29%。

1991~2000年，宁夏GDP的年均增速为8.8%，2001~2006年则上升为11.3%。

2. 产业结构变动趋势分析

20 世纪 90 年代以来，宁夏第一产业所占份额呈下降的态势。"八五"时期，宁夏第一产业增加值占 GDP 的 20.3%，"九五"时期下降到 17.6%，"十五"时期又进一步下降到 12.3%，与全国同期平均水平基本相当。10 多年来，宁夏第二产业占 GDP 的比例保持缓慢上升趋势。"八五"时期，宁夏第二产业所占比例为 38.2%，"九五"时期、"十五"时期分别上升到 39.8%、46.4%。与此同时，宁夏第三产业增加值占 GDP 的比例也略有上升，"八五"时期为 38.9%，"九五"时期、"十五"时期分别上升到 41.4%、41.6%。

（三十一）新疆经济总量及产业结构变动趋势分析

1. 经济总量变动趋势分析

按现价计算，1990 年新疆 GDP 总量为 274 亿元，到 2002 年增长到 2640 亿元，人均 GDP 则从 1792 元增加到 13 184 元。

按 2000 年不变价计算，1990 年新疆 GDP 占全国 GDP 总量的比例为 1.69%，2005 年、2006 年则分别只有 1.27%、1.24%，这说明，20 世纪 90 年代以来，新疆经济总量在全国的地位有所下降。

1991～2000 年，新疆 GDP 的年均增速为 9.7%，2001～2006 年则上升为 10.2%。

2. 产业结构变动趋势分析

20 世纪 90 年代以来，新疆第一产业所占份额呈缓慢下降的态势，但均大大高于全国同期平均水平。"八五"时期，新疆第一产业增加值占 GDP 的 25.0%，"九五"时期下降到 22.2%，"十五"时期又进一步下降到 18.5%。10 多年来，新疆第二产业占 GDP 的比例基本保持稳定，"八五"时期、"九五"时期、"十五"时期分别为 40.1%、40.0%、39.8%。与此同时，新疆第三产业增加值占 GDP 的比例也保持持续上升的态势。"八五"时期为 33.2%，"九五"时期上升到 37.3%，"十五"时期又进一步上升到 41.6%。

附表 9-1 20 世纪 90 年代以来全国及各地区 GDP 增速 （单位:%）

地区	"八五"时期	"九五"时期	"十五"时期	1991~2000 年	2001~2006 年
全国	12.3	8.6	9.6	10.4	9.8
北京	11.7	10.3	12.0	11.0	12.0
天津	11.7	11.3	14.0	11.5	14.1
河北	14.6	11.0	11.2	12.8	11.6
山西	10.6	9.9	13.1	10.3	12.9
内蒙古	10.3	11.1	17.1	10.7	17.3
辽宁	10.2	8.6	11.2	9.4	11.6
吉林	10.0	9.8	10.7	9.9	11.4
黑龙江	7.7	8.8	10.6	8.3	10.8
上海	13.1	11.5	11.9	12.3	11.9
江苏	17.0	11.2	12.9	14.0	13.2
浙江	19.1	11.0	13.0	15.0	13.1
安徽	12.4	10.0	10.5	11.2	10.9
福建	18.4	11.5	10.7	14.9	11.2
江西	10.6	9.4	11.7	10.0	11.8
山东	16.4	10.8	13.1	13.6	13.4
河南	13.0	10.1	11.4	11.5	11.8
湖北	12.1	9.7	10.2	10.9	10.5
湖南	10.7	9.7	10.3	10.2	10.6
广东	19.6	11.0	13.2	15.2	13.4
广西	15.1	8.4	10.8	11.7	11.2
海南	17.5	7.5	10.0	12.4	10.4
重庆	13.2	9.3	10.9	11.2	11.1
四川	11.2	9.2	11.2	10.2	11.5
贵州	8.7	8.7	10.2	8.7	10.4
云南	10.5	8.7	9.0	9.6	9.5
西藏	12.0	12.0	12.3	12.0	12.5
陕西	9.6	10.8	11.6	10.2	11.8
甘肃	9.8	9.9	10.7	9.8	10.9
青海	7.6	8.7	12.0	8.2	12.0
宁夏	8.2	9.4	11.0	8.8	11.3
新疆	11.8	7.7	10.1	9.7	10.2

附表 9-2　20 世纪 90 年代以来全国及各地区三次产业结构变化趋势　（单位：%）

地区	时期	第一产业	第二产业	第三产业
全国	八五	21.9	40.7	38.4
	九五	16.6	45.2	38.2
	十五	12.7	47.3	40.0
北京	八五	4.8	34.8	56.2
	九五	2.8	32.7	64.1
	十五	1.9	31.7	66.4
天津	八五	6.6	50.9	41.9
	九五	4.9	50.4	44.7
	十五	3.5	54.0	42.5
河北	八五	23.9	44.1	33.6
	九五	17.8	48.9	33.6
	十五	14.2	51.5	34.3
山西	八五	16.0	44.8	41.4
	九五	11.5	46.2	42.9
	十五	7.5	48.9	44.3
内蒙古	八五	31.8	36.4	32.8
	九五	26.0	37.3	37.1
	十五	17.0	42.4	40.6
辽宁	八五	13.3	48.3	38.4
	九五	11.8	49.5	38.7
	十五	9.8	50.8	39.6
吉林	八五	26.9	32.1	36.0
	九五	23.3	34.0	38.9
	十五	18.2	41.8	40.0
黑龙江	八五	16.5	52.4	29.7
	九五	14.1	54.0	31.3
	十五	11.0	56.6	32.3
上海	八五	2.9	49.7	43.9
	九五	1.8	47.4	49.5
	十五	1.2	48.4	50.4
江苏	八五	19.0	47.8	34.2
	九五	13.8	51.0	35.4
	十五	9.3	54.9	35.8

续表

地区	时期	第一产业	第二产业	第三产业
浙江	八五	17.6	46.7	37.1
	九五	11.5	52.5	36.1
	十五	8.0	54.9	37.1
安徽	八五	33.0	35.0	33.1
	九五	27.7	36.2	36.3
	十五	19.7	38.8	41.5
福建	八五	24.6	36.5	40.7
	九五	18.7	42.1	39.5
	十五	13.9	46.9	39.1
江西	八五	32.6	32.7	33.3
	九五	25.9	34.9	38.8
	十五	20.1	42.5	37.4
山东	八五	23.9	44.6	32.5
	九五	17.0	48.6	34.7
	十五	12.1	53.9	34.1
河南	八五	29.2	40.2	32.1
	九五	24.2	44.7	31.4
	十五	19.4	49.2	31.5
湖北	八五	28.1	35.4	37.1
	九五	21.0	39.9	38.9
	十五	15.7	42.0	42.3
湖南	八五	31.6	30.4	37.4
	九五	24.4	35.4	39.9
	十五	18.7	38.7	42.5
广东	八五	16.1	40.8	44.8
	九五	10.5	45.9	43.6
	十五	6.9	49.6	43.5
广西	八五	30.7	31.7	38.0
	九五	27.6	35.2	37.2
	十五	22.3	37.5	40.2
海南	八五	34.9	20.4	44.5
	九五	35.7	20.0	44.2
	十五	35.4	22.1	42.5
重庆	八五	29.0	35.7	36.3
	九五	20.2	38.0	42.0
	十五	14.6	43.0	42.3

地区	时期	第一产业	第二产业	第三产业
四川	八五	32.6	34.3	33.2
	九五	26.0	36.5	37.4
	十五	20.8	39.6	39.6
贵州	八五	37.6	31.7	32.4
	九五	29.0	36.8	34.4
	十五	21.6	40.7	37.6
云南	八五	29.9	39.3	31.0
	九五	22.7	41.8	35.6
	十五	19.1	40.9	40.1
西藏	八五	55.3	17.0	33.4
	九五	35.7	20.8	44.5
	十五	24.1	26.2	49.2
陕西	八五	22.9	37.2	40.7
	九五	16.6	42.3	41.0
	十五	11.6	46.8	41.5
甘肃	八五	24.5	37.1	39.1
	九五	21.4	40.1	39.0
	十五	16.4	40.5	43.1
青海	八五	24.5	37.1	39.1
	九五	18.0	39.9	42.3
	十五	12.3	46.4	41.6
宁夏	八五	20.3	38.2	38.9
	九五	17.6	39.8	41.4
	十五	12.3	46.4	41.6
新疆	八五	25.0	40.1	33.2
	九五	22.2	40.0	37.3
	十五	18.5	39.8	41.6

注：按 2000 年不变价计算

第十章 全国和各地区经济发展与产业结构预测研究

党的"十六大"提出了全面建设小康社会的宏伟目标，明确了21世纪前20年我国经济建设和经济体制改革的主要任务。党的十六届三中全会明确提出坚持以人为本，树立全面、协调、可持续的发展观。党的十六届六中全会提出构建社会主义和谐社会。从发展需要和支撑发展的条件看，未来全国仍将保持较高的增长速度，区域经济格局在地区协调发展思想指导下，将呈现东部发达地区快速发展，中西部地区加速发展的局面。

一、总 论

1. 研究目的和预期目标

研究目的：在研究未来支撑经济发展的有利条件与不利因素的基础上，通过选择科学的预测方法，定量描绘出至2030年全国和各地区经济发展的总量水平和三次产业结构状况，分析水资源对未来经济发展的影响。

预期目标：预测2010年、2020年和2030年全国GDP总量和三次产业结构，以及2001～2010年、2011～2020年和2021～2030年全国GDP增长速度。预测2010年、2020年和2030年各省（自治区、直辖市）GDP总量和三次产业结构，以及2001～2010年、2011～2020年和2021～2030年各省（自治区、直辖市）GDP增长速度。探讨未来水资源对全国和地区经济发展的影响。

2. 主要依据

在研究中所依据的主要文献、技术文件和数据来源如下。

1)《中共中央关于完善社会主义市场经济体制若干问题的决定》，人民出版社，2003年10月；

2)《中华人民共和国国民经济和社会发展第十一个五年规划纲要》，2000年3月14日，第十届全国人民代表大会第四次会议批准，人民出版社，2006年3月第1版；

3)《中国统计年鉴》，1991～2006年，中国统计出版社；

4)《2007中国统计摘要》，中国统计出版社，2007年5月第1版；

5) 国家统计局1991～2006年有关GDP、投资、消费、进出口、外资、三次产业结构数和部分行业的数据；

6) 31个省（自治区、直辖市）1991～2006年统计年鉴；

7)《我国发展潜力研究》，国家发展和改革委员会投资研究所，2003～2004年；

8）《"十一五"投资展望》，国家发展和改革委员会投资研究所，2003～2004年；

9）《中国水资源公报》，1999～2005年，水利部；

10）《全国水中长期供求规划》，国家计划委员会、水利部；

11）《中国可持续发展水资源战略研究》，中国工程院，2000年7月。

3. 主要预测方法

选用的主要定量预测方法为生产函数法，研究结论如下。

1）综合考虑未来我国经济增长的有利条件与不利因素，结合经济增长的必要和可能，2010年、2020年和2030年全国GDP总量分别为252 697亿元、535 536亿元和1 005 274亿元，三次产业结构分别为10.4%：49.1%：40.5%、7.4%：48.3%：44.3%和5.8%：46.3%：47.9%，2001～2010年、2011～2020年和2021～2030年GDP增长速度分别为9.8%、7.8%和6.5%。

2）考虑到各地区经济发展基础、未来发展条件和因发展水平差异所决定的不同发展阶段的经济增长特征，2010年、2020年和2030年各省（自治区、直辖市）GDP总量和三次产业结构，以及2001～2010年、2011～2020年和2021～2030年GDP增长速度在本章均有论述。

3）未来全国和地区发展对水资源的需求与水资源的有限供给之间的矛盾将更加突出。2020年万元GDP用水量需从2000年的550 m^3 左右（调整后的GDP）下降为116m^3，水资源供需才能基本平衡。如果不进一步提高用水效率降低万元GDP用水量和增加可供水量，2030年国民经济与社会发展将会面临比2020年更加严峻的局面。

4）未来华北和西北地区水资源供需矛盾更加尖锐，经济增长将面临更大的水资源压力。按照预测结果，华北和西北地区2030年GDP总量分别为2000年的13.6倍和10.9倍（分别为2006年的6.6倍和5.8倍），即使大幅度提高用水效率，也无法满足经济增长对水的需求，实施跨流域工程调水已成为保障两地区水资源供给的必要条件。2030年东部地区GDP总量为2000年的12.0倍（为2006年的5.1倍），东部部分地区目前的用水效率已接近部分发达国家的水平，未来进一步提高水资源利用效率的余地有限，经济总量的大幅度提高必然会面临水资源有限供应的更大压力。东部经济相对发达的重心区长江三角洲和珠江三角洲未来经济仍会保持较强的增长势头，因目前这两个地区用水效率相对其他地区较高，未来提高用水效率的难度较大，水资源对这两个经济重心区经济增长的制约会越来越大。

5）三次产业结构变动方向有利于缓解水资源制约，但目前水资源供求紧张区域未来通过三次产业结构升级缓解水资源供求矛盾的余地相对较小。到2010年，全国和各地区第一产业比例将会出现较大幅度下降，由于第一产业用水占总用水量的近80%，第一产业比例下降对用水量下降的贡献会比较明显。但2010年以后，全国和各地区第一产业比例下降余地已很小，依靠降低第一产业比例减少用水量的效果已十分有限。目前缺水比较严重的华北，未来第一产业比例下降幅度相对较小，通过三次产业结构升级减少第一产业用水的余地在六个大区中最小。

4. 几点建议

1）经济增长正在面临越来越严重的土地、水、能源、矿产资源等方面的制约，生态环境不断恶化，经济发展长期积累下来的金融风险、就业压力、社会保障等问题，要求我们必须贯彻落实科学发展观，高度重视经济与社会、环境的协调发展，否则，经济发展将是不可持续的。

2）未来东、中、西部发展差距仍会延续目前扩大的趋势，但扩大的速度会逐步下降，中央政府必须采取有效措施，逐步缩小发达地区与欠发达地区的人均福利水平差距。

3）严重缺水地区在降低第一产业比例减少第一产业耗水的同时，要注意通过第二、第三产业内部的结构调整缓解水的制约，地区产业结构调整和升级必须从长期和可持续发展角度，充分考虑水资源的承载能力。

4）为了解决水资源空间分布极不均衡的状况，满足严重缺水的华北和西北地区未来经济发展和人民生活所必需的用水，应在统筹考虑各地区水资源供需状况的前提下，妥善安排"南水北调"的中线工程建设进度，并及时动工建设西线工程。

二、影响我国未来发展的主要因素

（一）影响全国发展的主要因素

1. 支撑我国经济长期发展的有利条件

1）工业化阶段决定了未来经济长期快速增长具有较大空间。2006 年，我国人均 GDP 按现行汇率换算超过 1000 美元，如果按照发展经济学所确定的，人均 GDP 400～2000 美元为经济起飞阶段，2000～10 000 美元为加速成长阶段，10 000 美元以上为稳定发展阶段来考察，目前我国仍然处在快速发展的经济起飞阶段。如果将我国人均 GDP 由 2006 年的 1000 多美元提高到 10 000 美元，需要增长约 10 倍，至少需要 30 年以上的时间，即到 2030 年左右，我国才能达到目前韩国的经济发展水平；而提高到 20 000 美元以上，至少需要 50 年时间，即到 2050 年左右才能够达到目前中等发达国家的水平。由此推算，我国未来经济发展的空间和余地仍然非常大。

2）国内市场增长潜力大。我国人口占世界总人口的 1/5 左右，据预测，到 2010 年全国总人口将达到 13.8 亿人，到 2020 年将达到 14.8 亿人，到 2050 年将达到 16 亿人左右。我国人口多，但人均 GDP 低于中低收入国家平均值（1700 美元左右），仅相当于发达国家的 1/10 乃至 1/20。低收入水平决定居民消费水平很低，同时城乡之间、地区之间居民消费能力和消费水平相差悬殊。由此可见，我国未来国内市场的增长潜力依然很大。

3）区域发展差距为未来经济长期增长提供了很大空间。经过改革开放以来的快速发展，我国东部地区部分省（直辖市）的经济发展水平正在逐步接近中等发达国家水平，而资源丰富、人口众多的广大中西部地区国土面积约占全国的 87%，人口约占全国的 58%，但经济总量和消费市场却只占全国的 40% 左右，加快经济发展的要求十分迫切。东北地区重化工业基础雄厚，在我国开始进入以住宅、汽车、石化等重化工业为核心的新一轮经济增长周期中，发展前景广阔。从发展趋势看，中西部地区和东北老工业基地有可能成为我国未来经济发展的接替地区，成为推动我国经济继续快速增长的新生力量。

4）有待完善的市场经济体制为未来经济增长提供了较大的体制空间。国家将在消除法律法规等体制性障碍、市场准入、投融资、税收、土地和对外贸易等方面，给予各种所有制经济同等待遇，实现公平竞争，这将极大地增强个人、私营等非公有制企业的活力，提高非公有制企业在促进经济增长、扩大就业和活跃市场等方面的积极作用。

通过不断完善市场体系，加强和改善宏观调控，可为未来经济增长创造良好的运行环境。加快建设全国统一市场，打破行业垄断和地区封锁，整顿和规范市场经济秩序，促进商品和生产要素在全国的自由流动，建立健全信用体系，大力发展资本市场和土地、技术、劳动力等生产要素市场，形成统一、开放、竞争、有序的现代市场体系等措施，将极大地改善企业经营和经济运行的市场环境，促进资源的有效配置和经济发展。完善政府宏观调控体系，积极推进财政、金融、投资和政府行政管理体制改革，将有效增强政府对全社会经济运行的调控能力，减少社会盲目重复建设和经济波动对经济发展的不利影响，有利于促进政府职能转变，增强政府的经济调节、市场监管、社会管理和提供社会公共服务的职能，为企业投资建设和生产经营创造良好的投资环境，增强企业加快经济发展的活力。

各种改革措施的稳步推进，将极大地调动社会各方面的积极性，增强经济发展的整体活力。财税、金融和投资体制改革，不仅直接增强政府宏观调控能力，化解财政风险和金融风险，而且还可为经济活动的各类主体在市场准入、融资服务、财税政策支持等方面创造良好的经营环境，促进社会资源优化配置。涉外经济体制改革将直接扩大我国对外开放水平，增强我国经济的国际竞争力，充分发挥对外开放对我国经济增长的推动作用。就业、分配和社会保障制度改革，不仅可以直接促进作为经济增长重要因素的劳动力市场的培育，调动广大劳动者的积极性，而且可以有效解决我国当前收入分配差距过大和有效需求不足问题，增强社会消费能力和消费需求，促进经济持续、快速、健康和协调增长。总之，逐步推进的各项市场经济体制改革，将对我国未来经济增长发挥十分重要的促进和保障作用。

5）不断加快的城镇化进程为未来经济增长提供了强大动力。我国目前的城镇化水平严重滞后于工业化进程和经济发展水平，截至 2006 年底，我国城镇化率约为 43.9%，不仅低于世界平均 47% 左右的水平，甚至还低于许多同等或更低经济发展水平国家。而从世界各国和我国国内经济发展进程看，城镇化对经济发展的促进作用非常明显，据相关研究，改革开放后，我国农村工业化进程促进农村劳动力向工业部门转移而导致的劳动力配置对 GDP 增长率的贡献平均在 1.5 个百分点左右，这其中还不包括其对产业结构调整所做的贡献。按照全面建设"小康"社会的发展目标，我国城镇化率到 2010 年将达到 50% 左右，2020 年将达到 60% 左右，与目前中等收入国家的城镇化水平相当。由此可见，我国未来城镇化进程给经济增长提供的空间是巨大的。

6）相对较高的储蓄率和投资率为未来经济增长提供了有力支撑。由于历史文化传统，我国居民长期保持着相对较高的储蓄率。据测算，近年来我国城市居民的边际储蓄倾向在 50% 以上，农村居民的边际储蓄倾向在 35% 左右。截至 2006 年底，我国城乡居民银行储蓄存款余额已经超过 16 万亿元。较高的储蓄率是改革开放以来我国长期保持较高投资率和经济快速增长的重要支撑因素。今后尽管人口老龄化使社会福利支出增加、社会负担加重，但据国内外相关机构预测，未来相当长时期，我国仍将有可能保持20%~40%的高储蓄率。

7）劳动力资源成本低的优势仍将维持相当长时间。我国劳动力不仅数量巨大，而且劳动力成本很低。据调查，我国劳动成本仅相当于发达国家的2%左右，我国产业工人每小时工资只相当于美国的1/36。我国劳动力成本低，但劳动者平均受教育水平和技术熟练程度远高于其他发展中国家，这使得我国在参与贸易和投资的国际分工中，具有世界其他国家不可比拟的优势，为我国在经济日益融入全球化和国际化浪潮的新格局中，保持经济长期持续、快速发展提供了良好的支撑条件。

2. 制约我国经济长期发展的不利因素

（1）资源约束

1）土地资源稀缺。体现在以下方面：一是人均土地少。我国土地总面积居世界第三位，但人均土地面积仅 0.777hm²，相当于世界平均水平的1/3，人均耕地面积为0.106hm²，不足世界人均数的43%。二是未开发利用土地资源十分有限。根据全国土地利用现状调查，未开发的土地资源仅占全部土地资源的27%。在十分有限的未开发土地中，相当一部分属于荒漠化等不可开发利用的土地。三是耕地资源极为稀缺。在全部国土中，关系国民生命线的耕地只占14%，总体质量不高，且耕地资源的下降趋势在不断加大。

2）水资源短缺。体现在人均资源少、时空分布不均、水污染严重。水资源短缺已成为我国工业化、城镇化、现代化的严重制约因素，也是可持续发展的重大阻碍。

3）能源问题。能源问题是我国社会经济发展面临的最大和最具有挑战性的问题之一。能源短缺及其对经济增长的制约表现在以下方面：一是能源储备不足。煤炭精查储量中可供建大型矿井的煤炭资源量300多亿吨，而优质煤炭资源（低硫、低灰）仅约120亿t；石油剩余探明可采储量约24亿t，占世界剩余可采储量的比例不到2%，储采比较低，约为15t；天然气可采储量不到2万亿m³，仅占世界剩余探明可采储的1.2%。二是国内能源保障供应难度大。据预测，到2020年，我国煤炭需求量在18.5亿~28.5亿t。到2020年，我国煤炭合计需要新增加产能17亿t，平均年新增产能9000万t（相当于3个大同矿业集团）。如此大规模和高强度的增加新产能，纵观国内外，亘古未见。石油国内供应能力可以增加的余地也很有限。乐观的估计，我国原油将在2010~2020年达到2亿t的产量高峰，这显然远不能满足届时4亿~5.2亿t的原油需求量。三是能源资源对外依存度加大将对我国经济安全产生较大威胁。当一个高速发展的大国的国内油气资源的自给能力较低时，国家的经济安全就可能会受到外部威胁与制约。

4）矿产资源的保障程度很低。表现为人均矿产资源占有量低，发展建设所需重要矿产储量贫乏，资源品质较差。据预测，未来20年矿产资源缺口将达30亿t，能否平衡供求缺口直接关系到工业化进程。矿产资源供应能力下降将制约中国经济的稳定与安全，矿产资源分布与生产力布局不匹配影响地区协调发展，矿产资源枯竭将给资源区经济的可持续发展带来较大威胁。

（2）生态环境约束

生态环境是人类赖以生存和发展的物质基础。长期以来，我国生态环境保护力度不够，污染严重，损失巨大，未来 20 年可能成为社会经济发展的重大制约因素。生态环境约束主要表现在：一是生态环境破坏严重，生态环境面临因过度、低效开发导致的土地沙漠化扩大、水土流失严重、湿地规模缩减、濒危物种居高不下四大问题。二是生态环境污染严重，水、空气和土地三大基础生态资源污染严重，城市生活垃圾、工业固体废物、噪声污染和近海环境恶化问题同样严重。逐渐恶化的生态环境会严重制约社会发展水平的提高，制约经济效益水平的提高，制约经济社会的可持续发展。

（3）金融体系效率低下且风险大

金融安全与金融效率是一个国家经济安全与经济效率的核心环节。我国金融体系效率低下且风险大已对未来社会经济的稳定发展构成严重制约。国有金融机构的运营效率低下且资产质量不高；不良资产问题仍很突出；资本充足率严重不足；盈利能力差，高度依赖存贷款利率差；新的金融风险仍在形成。金融系统的效率低下已在一定程度上对我国经济运行体系产生消极影响。如果金融系统的薄弱部分由于某些外部力量的冲击而发生断裂，就有可能引发货币危机、财政危机，进而出现经济增长停滞的局面。

（4）社会保障体系不完善

我国目前社会保障统筹层次较低、覆盖面较窄、社会保障基金征缴率偏低。不合理和不完善的社会保障体系可能引致社会不稳定，影响地区之间的协调发展，影响低收入群体的基本生存环境，并直接影响到广大农村地区的社会稳定。

（5）就业压力较大

就业问题已成为未来我国经济持续、快速、健康、协调发展的重要制约因素。就业方面的问题：一是就业机会严重短缺，就业形势越来越严峻。如果城镇化率每年提高 1.2%，大约每年有 650 万的农村劳动力需要在城市寻找就业岗位，再加上城镇就业人数的自然增长，城镇就业面临极大的压力。2008 年以前，我国城镇就业面临着城镇就业人口的自然增长与乡村劳动力转移的双重压力，2008～2020 年城镇就业将面临乡村劳动力转移的压力。二是部分就业环境恶化。频繁发生的煤矿、油井等特大采矿事件在一定程度上说明了我国采矿工业就业环境的恶劣。如果这种状况长期持续下去，随着劳资矛盾的不断尖锐，有可能会出现较大规模的旨在维护劳工权益的群体性事件。

（6）技术要素对经济增长的贡献度较低

从国际经验看，经济增长越来越依赖于技术进步与创新。1956 年美国经济学家索洛用"余值法"计算结果表明，美国经济增长有 80% 由技术进步所带来；到 20 世纪 70 年代，日本依靠技术进步取得的 GNP 已超过 60%；德国也在 2/3 以上。我国技术进步率在 1961～1970 年仅为 1%，1991～1999 年平均值也仅为 2.4%，1991～1999 年技术对经济增长的推动作用仅为 25.8%，距离发达国家相去甚远。未来支持经济增长的主要因素已经不是资本与劳动，而是技术。技术进步滞后会制约我国社会经济增长质量的提高，技术自主创新能力不足会制约我国产业结构的升级，缺乏关键性技术成为国家安全与发展的重大隐患，技术创新能力弱可能会导致我国国际竞争力下降。

3. 综合判断

尽管未来我国经济发展面临上述六大制约因素，但这些因素的存在并不会改变我国经济长期发展的总趋势。

一方面，政府可以通过管理政策、调控手段和改革措施，最大限度地降低这些制约因素对经济发展的负面影响。有的制约因素可以通过转变经济增长方式、提高利用效率、寻找替代产品来缓解；有的制约因素可以通过正在进行的各项改革来逐步地加以消除，从而将这些因素对发展的制约控制在一定范围内。

资源对经济社会发展的约束是人类社会发展过程中始终面临的难题，所不同的是，不同的发展时期所受到的资源约束不同，约束程度不同，人类社会正是通过技术手段和适时地改变对资源利用的态度与方式，将资源约束对发展的负面影响减少到一定程度，从而保持社会的向前发展。水资源短缺对经济发展的制约可以通过提高用水效率、经济结构转型、工程措施等手段来进行缓解。能源和矿产资源短缺对经济发展的制约，可以通过技术进步提高利用效率、寻找替代资源等手段，在一定程度上得到解决。

目前，生态环境制约经济和社会发展的主要原因，并不是经济和社会发展总量和速度超过了原有生态环境的承载能力，而是在以往的发展过程中我们没有处理好发展与生态环境的关系，导致生态环境的过度破坏，已被我们破坏的生态环境可能无法长期承载未来的发展速度和发展规模。或者说，按照过去和目前发展对生态的破坏程度，生态环境将无法承受未来的发展速度与发展总量。如果我们改变以往发展对生态环境的影响模式，并逐步恢复生态从而提高生态环境对发展的承受能力，生态环境对发展的制约是可以在一定程度上得到解决的。

金融体系、社会保障体系、就业在我国从传统的计划经济体制向市场经济体制转变过程中，这几个方面的改革相对滞后，如果不下大力气推进这些方面的改革，将严重制约经济与社会的发展。正因如此，这几个方面的改革已成为目前和未来我国改革的重点，稳步推进改革将会减少这些因素对发展的制约。

技术进步是推动经济发展的重要力量，目前技术进步对经济发展的贡献相对较小，使经济增长的质量不高。各方面已对技术进步的作用以及它对经济长期增长的重要性有了比较充分的认识，党和政府以及社会各界也从多方面采取措施，提高技术要素在经济增长中的贡献。从长期看，随着市场经济体制的逐步完善，通过技术进步提高市场竞争力，必将成为市场主体更加自觉的行为，技术要素在经济增长中的贡献度会有较大幅度的提高。

另一方面，无论是工业化阶段所决定的经济长期增长的趋势性，还是国内市场增长潜力、地区发展差距和城乡发展差距为经济增长所提供的空间，以及有待完善的体制为经济增长提供的体制空间，都为未来我国经济和社会的长期快速发展提供了可能性。由民族和文化背景所决定并将有可能长期存在的高储蓄率和投资率，为未来经济增长提供了很好的资金基础。丰富的劳动力资源所决定的劳动力低成本优势将长期存在。

以上这些优势是世界上绝大多数发达国家和工业化国家所不具备或不完全具备的，也正是我国改革开放30多年来经济长期高速增长的重要原因。被过去经济长期高速增长所证明了的，能对我国经济增长提供动力的这些因素，必将对未来经济和社会的长期发展提供强有力的支撑。

4. 经济增速和产业结构变动趋势

改革开放至今，我国 GDP 保持了超过 9% 的平均增长速度，从支撑未来经济发展的一系列有利条件，以及通过各种手段减弱经济发展制约因素的负面影响的可能性看，至 2030 年全国经济增长维持 7% 以上的速度是有可能的，从未来国民经济与社会发展的战略任务看，这一增长速度也是必要的。从经济长期增长的趋势性分析，未来经济增长速度会出现一个由高转低的过程，即 2000～2010 年 GDP 增速会从 1990～2000 年的 9% 以上进一步上升到 9.8% 左右，2011～2020 年下降到 7.8% 左右，2021～2030 年会进一步下降至 6.5% 左右。

产业结构变动快是工业化初期和中期经济增长的显著特征，这可以从 20 多年前我国三次产业结构的变动中清楚地看出。从经济增长的阶段性特征和支撑经济增长的有利条件与不利因素考虑，三次产业结构中第二产业比例的最高点可能出现在未来 5～10 年，此后，第二产业增加值比例会逐步下降；因农业产业化水平较低，农业人口多且向第二、第三产业转移的过程缓慢，未来第一产业比例下降的速度会比较慢；第三产业增加值比例将继续保持逐步增长的趋势。

值得注意的是，我们对全国未来 30 年经济增长与产业结构变动的趋势性判断，基于以下前提：不发生政治波动和其他导致经济发展出现中断的意外事件；我国经济体制顺利转轨，市场经济制度逐步趋于完善；政府通过经济、法律和必要的行政手段，将不利因素对经济增长的制约控制在一定的范围内。这说明，为经济发展创造一个和平安定的环境，继续深化改革、扩大开放，不断完善社会主义市场经济体制，转变经济增长方式，不断提高政府调控经济运行的能力，对实现未来经济增长的预期极为重要。

（二）影响地区经济发展的主要因素

1. 市场因素

1）投入回报地区的差异决定了生产要素区域流动格局。市场体制的不断完善和市场一体化程度的提高，使生产要素在地区间和行业间流动的壁垒得以逐步减少，生产要素按照投入回报率在地区间流动的自由度增强。投资环境好，投入回报率高的地区将聚集更多的资金、技术和劳动力，经济总量进一步增加，随着发展水平的提高，产业结构也会不断升级。

东西部地区在融资成本、生产技术和管理技术上的差距在相当长时期内仍将存在，这些差距必然会带来企业生产经营效益的差距，总体上西部地区投入回报率会低于东部发达地区。

西部地区自然条件较差，交通设施建设成本较高，基础设施水平较低，这些决定了西部地区企业生产经营的外部成本较东部地区企业高，在企业内部成本相同时，资金投入回报率西部地区较东部地区低。西部地区自然条件的相对较差所带来的基础设施建设成本较东部地区高的状况，并不会随着西部地区经济社会发展水平的提高而得到很大改变，相对东部地区较差的发展水平也使西部地区能用于改善基础设施的投入，在未来的增长相对较慢；来自于区外的资金，包括中央政府和东部地区政府的支持毕竟有限，尽管国家实施西部大开发战略，加大了西部地区基础设施的投资力度，并将对西部地区基础设施的投资继续保持一定的支持力度，但相对广袤的西部地区和庞大的基础设施投资需求，这部分支持资金也无法从根本上改变西部地区基础设施落后于东部地区的状况。所以，在未来几十年内，东西部地区在企业生产经营外部条件上的差距仍会在一定程度上存在，东西部地区企业生产经营的外部成本差距也将长期存在。

东西部地区以及发达地区与欠发达地区因客观条件决定的投资环境差异，所导致的生产要素从投入回报较低的地区向较高地区流动的现象，改革开放以来一直存在，生产要素如资金、人才从经济欠发达的西部地区向东部地区流动，虽然与西部地区急需资金、技术要素投入的现实要求、政府鼓励资金、人才向西部地区流动的意愿相悖，但却是市场经济中的客观规律使然。至 2030 年，总体上东西部地区投资环境所决定的要素投入回报东高西低的格局不会出现根本变化，生产要素从相对不发达的西部地区向相对发达的东部地区流动的总趋势也不会有大的改变。

在市场力量作用下，生产要素的流动格局将可能使发达地区相对欠发达地区得到更快的发展，而欠发达地区的发展条件将可能会更加恶化。但政府区域调控政策的反方向作用会使市场力量所能发挥的效果有所降低，尽管如此，由于我国实行的是市场经济体制，且全国总体发展水平决定了政府区域政策不可能过度牺牲效率而片面追求公平目标，区域政策作用的效果不可能从根本上改变市场力量决定的生产要素向发达地区流动的格局，从全国经济发展的需要看，这种情况也不应该出现。

2）技术要素禀赋差异决定了各地区不同的生产率增长率。技术对经济增长的贡献越来越大，提高技术对经济增长的贡献度是确保经济持续、快速、健康、协调发展的关键，也是保持经济竞争力的核心所在。从地区经济发展看，欠发达地区往往技术水平较差，有些欠发达地区的资金要素并不一定稀缺，但技术要素相对缺乏。

我们选取了近 3 年各地区识字率、高中以上人口比例、人均专业技术人员数和三项专利批准量考察各地区的技术要素状况，结果显示，东部地区的技术水平相对西部地区较高，而经济欠发达地区的技术水平排序都比较靠后（表 10-1）。

表 10-1 各地区技术水平综合分值排序

排序	地区	技术水平	排序	地区	技术水平	排序	地区	技术水平
1	北京	0.6633	12	新疆	−0.0122	23	江西	−0.0617
2	上海	0.3187	13	山东	−0.0222	24	云南	−0.0700
3	天津	0.1976	14	湖南	−0.0238	25	宁夏	−0.0748
4	广东	0.1001	15	陕西	−0.0255	26	四川	−0.0752
5	辽宁	0.0354	16	湖北	−0.0315	27	安徽	−0.0880
6	浙江	0.0345	17	山西	−0.0368	28	甘肃	−0.1013
7	重庆	0.0077	18	内蒙古	−0.0413	29	青海	−0.1162
8	江苏	0.0032	19	河北	−0.0467	30	贵州	−0.1290
9	吉林	0.0015	20	广西	−0.0482	31	西藏	−0.2365
10	福建	−0.0052	21	海南	−0.0522			
11	黑龙江	−0.0057	22	河南	−0.0578			

注：负值表示技术水平在全国平均水平以下

资料来源：2004~2006 年《中国统计年鉴》

提高一个地区的技术水平只有依靠自身培养技术人才和通过外部技术要素的输入这两个途径。技术人才的培养需要一个长期过程，需要持续、大量的资金投入，且一个地区培养的技术人才能否为本地区所用，还取决于本地区技术要素的投入回报率。经济欠发达地区能否从相对发达地区引进所需的技术人才，关键看欠发达地区对人才的吸引力。在市场机制作用下，技术要素是流向发达地区还是欠发达地区，取决于哪类地区技术要素的回报较高。由于资金条件、政策环境、生活环境等方面的差异，总体上发达地区技术要素的投入回报高于欠发达地区，在市场配置资源发挥基础性作用的前提下，欠发达地区在吸引技术要素方面与发达地区相比并不具备优势。

目前和未来一段时期，技术要素禀赋在欠发达地区和发达地区的差异，使得经济欠发达地区在未来经济增长和结构调整中处于相对不利地位，也就是说，在市场机制作用下，目前技术水平相对较差的地区未来经济增长的速度和产业结构升级的步伐有可能落后于经济发达地区。

当然，不排除个别欠发达地区在某些技术方面有可能获得突破，从而改变技术水平相对落后的状况；或者个别欠发达地区通过营造有利于技术人才成长和创业的环境，逐步改变某些领域技术要素相对稀缺的状况；或者中央政府长期加大对欠发达地区技术领域投入的力度，使欠发达地区中的部分地区能够借助外部投入，在短期内改变技术相对落后的状况。但所有这些都是特例，并不能成为我们下面将要对各地区经济增长速度和产业结构预测的普遍依据。

3）收入水平差异决定了各地区不同的最终需求。经济增长依靠投资、消费和净出口拉动，从地区角度看，经济增长通过区内投资、区内消费和净出口三部分拉动。消费作为拉动区域经济增长和推动产业结构调整的重要力量，从长期看，无论是经济发达地区还是欠发达地区，消费对经济增长会发挥更大的作用。人们的收入水平对消费需求起着重要作用，收入水平高的地区消费需求对经济增长的作用就越大。

尽管未来东、中、西部地区发展水平的差距仍会扩大，但收入水平的差距会小于经济发展水平上的差距。原因是，国家公共财政体系的建立和完善会使西部部分贫困地区来自中央财政转移支付的收入增加，经济欠发达地区在享受公共福利水平上相对发达地区要多；西部大开发已投入西部地区的大量资金将逐步发挥效益，在带动西部地区经济发展和增加财政收入中的作用会逐步显现；东部地区较多的就业机会和相对较高的工资收入，以及劳动力地区间流动壁垒的不断减少，会使西部地区部分人口流向东部地区，人口向东部发达地区的转移会使欠发达地区人口数量相对减少，在收入既定的前提下，欠发达地区人均收入会相应增加。

4）目前处于不同城镇化阶段的地区未来城镇化过程对经济发展的促进作用存在一定差异。城镇化初期、中期和后期，城镇化对地区经济增长和产业结构升级所起的推动作用并不相同。城镇化初期，城镇化对经济增长的带动作用十分明显，伴随城镇化的深入，经济增长速度较快，三次产业结构变动也比较明显；而当进入城镇化中期和后期时，城镇化对经济增长的促进作用会比初期小。但是，城镇化中期和后期尽管对经济增长速度的作用不如初期显著，但较小的增长速度所带来的经济总量相对较大，因为此时经济总量基数较大；伴随城镇化从初期向中期和后期的推进，三次产业结构变动虽不如城镇化初期显著，但三次产业的内部结构，特别是第二、第三产业内部的结构升级会非常明显。

目前，东部地区的城镇化率高于中部地区，中部地区又高于西部地区。城市相当密集的东部地区已经形成了以经济为纽带、大城市为中心的连片的城市群，个别地区已进入城镇化中期或中后期。东部地区城市群内部正在形成新一轮合作，城际间正在进行大规模的快速联结通道的建设，这种城际间的大规模基础设施建设，是中西部地区无法相比的。中西部地区尤其是西部地区城市规模相对东部地区较小、城市间空间跨度较大，总体上处于城镇化初期或初期向中期的过渡时期。因此，从城镇化进程看，未来东部地区因城镇化所带来的经济总量和增长质量将会高于中西部地区，但中西部地区因城镇化带动的经济增长速度和三次产业结构变动的幅度，有可能高于东部地区。

2. 产业政策与区域政策的空间效果

区域经济格局在市场机制和政府区域政策共同作用下形成，区域政策从属于宏观政策和产业政策，一国之内的区域经济格局是全国经济总量和经济结构的地域表现形式。

1）在产业政策作用下的产业结构演进进程，决定了未来相当长时期内空间结构不会有大的变化。未来产业结构调整的中心任务是优化升级，形成以高新技术产业为主导、基础产业和制造业为支撑、服务业全面发展的产业格局。调整和重点巩固和加强农业的基础地位；走新型工业化道路，依靠科技进步改善增长质量；优先发展信息产业；大力发展现代服务业。党的"十六大"报告特别强调，21世纪前20年要基本实现工业化，在这个阶段，工业会一直是我国经济的主体。

产业结构与空间结构之间存在着一种对应关系，在这种对应关系中，空间结构处于被动的和从属的地位，因为它是产业结构的空间投影。工业与服务业规模的持续增长，意味着以工业、服务业为主的地区将获得较快的发展；特别是拥有代表工业、服务业未来走向的优势地区，会取得较快的增长。

我国商品粮主产区以及牧业产区集中在中部地区，但整个农业在国民经济中的产出份额与投资份额分别只有14.5%和5.6%，不足以推动中部地区成为经济增长的热点地区。走新型工业化道路、优先发展信息产业和大力发展现代服务业，将无疑以东部地区为主，目前东部地区的工业、服务业增加值占全部工业、服务业的比例均高达60%以上；信息化程度也远远领先于中西部地区。从实现上述产业结构调整的中心任务的空间分工格局上看，完成上述调整任务的主体区域仍将是东部沿海地区。

2）西部大开发和振兴东北地区等老工业基地战略，对扩大相关地区经济总量和产业结构调整将产生积极促进作用。1999年9月中央提出西部大开发战略；党的十六届三中全会提出要积极推进西部大开发，有效发挥中部地区综合优势，支持中西部地区加快改革发展，振兴东北地区等老工业基地，以抑制地区差距扩大的趋势。为缩小地区发展差距，今后国家将会通过各种政策措施，包括加大水利、能源、交通等基础设施、基础产业和生态环境建设的投入力度，来扶持这些地区的发展，这将有力地推动这些地区投资规模的扩大和经济份额的上升。

3）区域经济协调、可持续发展战略的实施，将对地区经济格局发挥长期作用。在全面、协调和可持续发展的科学发展观和"五个统筹"的指导下，全面建设小康社会、实现

"五个统筹"的重点不在东部地区而在中西部地区，特别是西部地区。未来相当长的一段时间内，中央政府的财政性资金将会更多地投向经济欠发达、地方财力有限的中西部地区。经济相对发达的东部地区自筹资金能力较强，获得中央政府财政性投资的机会会少于经济发达地区。中央财政投资的地区倾斜，将促进中西部地区政府投资比例的上升，这对拉动中西部地区经济增长和促进三次产业结构的调整将会起到积极的促进作用。

3. 综合判断

市场力量发挥作用的结果，总是使发达地区在未来发展中相对欠发达地区具有更多的发展机会，会使区域经济中强者恒强，弱者恒弱，目前发展水平高的地区未来经济发展水平更高、经济总量更大、产业结构层次更高，欠发达地区则在未来处于更加不利的地位，这从我们对未来生产要素流动格局和生产率增长率、最终需求变动、城镇化、总体发展水平的地区差异等几个方面的分析中可以清楚地看出。

政府区域政策的作用方向正好与市场力量作用的方向相反，政府区域调控政策与市场反方向的作用，会有利于促进区域经济持续、健康、协调地发展。未来产业政策的空间效果、西部大开发和振兴东北地区等老工业基地政策的效应、区域经济协调和可持续发展战略的实施结果，都会促进欠发达地区的经济发展和产业结构的提高。

未来市场力量在形成地区经济格局中将发挥主导作用，市场和政府两种力量作用的综合结果，会使经济相对发达地区的经济发展水平更高，发达地区与欠发达地区经济总量上的差距进一步扩大，产业结构层次上的差距会更加明显。

4. 地区经济增长和产业结构变动趋势

按照上述我们对全国经济增长速度和产业结构的分析，考虑到各地区目前所处的经济发展阶段，以及未来各地区在市场和政府双重力量作用下发展的基本趋势，我们对未来各省（自治区、直辖市）经济增长和产业结构变动的趋势有以下几点基本判断。

1）总体上看，未来欠发达地区的经济增速虽然不会低于发达地区，但经济总量仍会处于较低水平，全国经济总量的空间格局不会发生根本性变化。

2）基于第一点判断，未来经济增长速度的地区差距会有所缩小，估计2015年以后，各地在经济增长速度上的差距会呈现不断下降的趋势。

3）发达地区与欠发达地区三次产业结构的演进速度会存在差异，总体上，经济欠发达地区也就是三次产业结构层次较低的地区，未来结构演进的速度会稍快于经济发达地区。

5. 应该注意的问题

上述分析表明，尽管今后一段时期欠发达地区的经济增长速度和三次产业结构演进速度并不一定落后于经济发达地区，但因经济发展基础和发展条件的限制，在市场机制和政府区域政策双重力量的作用下，地区经济和社会发展的差距仍然会明显存在，且这种差距在一段时间内可能会继续扩大。

但地区间发展差距的扩大并不一定表明人均收入或人均国民福利差距的扩大，中央政府可以通过各种手段，如加大中央财政转移支付力度，缩小欠发达地区与发达地区人均收入和人均福利的差距。同时，通过消除劳动力地区流动的障碍，可以逐步减少经济欠发达地区的人口，从而提高这些地区人们的人均收入水平。

三、对未来发展状况的预测与分析

（一）全国和各省（自治区、直辖市）经济增长速度和经济总量预测

基于已有的经济预测方法，从可行性角度出发，研究组在预测 2010 年、2020 年和 2030 年全国经济增长速度和经济总量，以及预测各省（自治区、直辖市）经济增长速度和经济总量时，选用了相同的预测方法。全国和地区经济增长速度和经济总量预测的差异，主要体现在预测中对模型参数的设定上。

1. 定量预测方法的比较

一国或一个地区经济增速和经济总量的预测常常运用生产函数法和时间序列法。两种方法预测经济增长的基本思路和特点如下。

（1）生产函数法

基本思路：1987 年获得诺贝尔经济学奖的美国经济学家索洛（1956），建立了生产函数模型。阿罗和卢卡斯及罗默分别于 1988 年和 1990 年将技术进步因素内生化，使生产函数模型更加科学。后来，部分经济学家在利用该模型进行预测时，考虑到土地、水、石油等资源和生态环境对人类经济行为的制约，引入了资源与环境因子。以诺斯为代表的新制度经济学派指出制度对经济发展起着基础作用，数量经济学家又在预测模型中引进了制度变动因素对经济发展的影响。

用生产函数预测经济增长率和经济总量的基本模型为

$$\mathrm{GDP}(t) = A t K_t^{\alpha} L_t^{\beta} \tag{10-1}$$

$$A(t) = A(t-1)\left[1 + \mathrm{ga}(t)\right] \tag{10-2}$$

$$\mathrm{ga}(t) = \mathrm{ea}(t) + \left[p.\,\mathrm{sr}(t-1) + q.\,\mathrm{fc}(t-1)\right]B(t) \tag{10-3}$$

含义：生产率的增长率由体制改革、投资率、外资流入率和后发优势决定。

资本积累方程式：

$$K(t) = (1-d)K(t-1) + I(t) \tag{10-4}$$

$$I(t) = \left[1 - \mathrm{ep}(t) + \mathrm{fc}(t)\right]\mathrm{GDP}(t) - \mathrm{CH}(t) \tag{10-5}$$

含义：国内投资为国内储蓄与外资流入之和。

式中，GDP（t）为国内生产总值；A（t）为 t 年全要素生产率；K（t）为 t 年资本存量；L（t）为劳动力；ga（t）为 t 年生产率增长率；ea（t）为 t 年体制改革引致的生产率增长率；sr（t）为 t 年投资率；fc（t）为 t 年外资占 GDP（t）比例，满足正态分布；B（t）为 t 年的后发优势，随发展水平的提高而减少；I（t）为 t 年全社会固定资产投资额；ep（t）为 t 年环境保护费用占 GDP（t）的比例；CH（t）为 t 年居民消费额；t 为时间；α、

β 为弹性系数，$\alpha+\beta<1$；p 为投资率；q 为外资流入率系数；d 为折旧率，一般取 $d=0.05$。

特点：该模型是目前国内外预测经济增长的比较科学和普遍的方法，该方法的特点是理论基础比较扎实，系统性和权威性较强。

（2）时间序列法

基本思路：时间序列预测法的基本思想是，未来的经济增长总体上将延续过去的增长路径，通过考察过去的经济增长，来预测未来经济增长速度和经济总量。

特点：该方法更多地考虑经济增长的结果，未来各种因素对经济增长的影响主要通过定性研究来调整相关参数。运用这一方法进行预测时，往往需要大量定性分析，以确定未来经济增长路径与过去增长路径的差异，以及这些差异对未来经济增长速度的影响有多大。

2. 选用的预测法

为了综合利用上述两种方法的优点，结合本研究预测期较长的特点，我们先用时间序列法对未来 GDP 增长速度和三次产业结构进行控制，再用生产函数法进行定量预测。

3. 对预测模型中外生变量的确定

上述生产函数模型中，ea（t）即体制改革引致的生产率增长率、fc（t）即外资占 GDP（t）比例、ep（t）即环境保护费用占 GDP（t）的比例和 B（t）即后发优势为外生变量。在全国和各省（自治区、直辖市）GDP 总量预测中，外生变量的确定将根据历史数据分析和对未来经济发展与改革的判断进行。

通过定量计算和定性分析，全国和各省（自治区、直辖市）外生变量的变动范围如下。

ea（t）即体制改革对经济增长的作用不超过 3.5%；fc（t）即外资流入占 GDP 比例呈正态分布；ep（t）即环境保护费用占 GDP 比例在 1%～3%，且逐年增加；B（t）即后发优势在 1%～2%，且随经济发展水平的提高而减少。

另外，预测中弹性系数 $\alpha=0.45$，$\beta=0.45$（$\alpha+\beta=0.9<1$）；d（折旧率）= 5%。

4. 对数据的说明

预测全国和各省（自治区、直辖市）未来 GDP 增速和总量时，所依据的历史数据为 1990～2006 年数，其中 2004 年为普查数，2005 年为基于普查数的统计数，2006 年为摘要数，并按国家统计局当时最新发布的数据对摘要数进行了调整。

全国 GDP 增速和总量预测中所需的历史数据，以国家统计局发布的统计数据为准。各省（自治区、直辖市）GDP 增速和总量预测中所需的历史数据，国家统计局发布过的，以国家统计局发布的数据为准；国家统计局没有发布过的，以国家统计局掌握的数据为准，或根据相关数据进行推算；国家统计局没有掌握的部分历史数据，以地方统计局的数据为准。

如个别年份数据缺失，则按照该年之前和之后若干年的平均变动规律推算该年的数据。

5. 预测结果

通过时间序列法对预测结果进行控制，运用生产函数法预测的 2010 年、2020 年和 2030 年全国和各省（自治区、直辖市）GDP 增长速度和 GDP 总量见表 10-2。

表 10-2 **2010 年、2020 年和 2030 年全国和各地区经济增长率与 GDP 预测值（2000 年价）**

地区	GDP 增长率（%）			GDP（亿元）		
	2010 年	2020 年	2030 年	2010 年	2020 年	2030 年
全国	9.8	7.8	6.5	252 697	535 536	1 005 274
北京	11.6	8.5	7.1	9 473	20 256	36 275
天津	12.4	9.0	7.6	5 478	21 417	42 526
河北	11.0	8.2	6.9	14 322	12 968	26 976
山西	12.0	7.8	6.5	5 733	31 497	61 383
内蒙古	13.2	9.0	7.9	5 318	12 149	22 805
辽宁	10.5	8.1	6.9	12 672	12 589	26 929
吉林	10.2	8.0	6.7	5 155	27 613	53 813
黑龙江	9.7	7.9	6.6	7 954	11 128	21 285
上海	11.0	8.0	6.5	13 547	17 013	32 237
江苏	11.2	8.0	6.5	24 729	29 248	54 902
浙江	12.0	8.1	6.6	19 073	53 387	100 215
安徽	10.1	7.9	6.7	7 596	41 560	78 750
福建	10.0	7.8	6.6	9 764	16 248	31 077
江西	11.3	8.1	6.6	5 843	20 693	39 210
山东	11.4	7.9	6.5	24 541	12 732	24 126
河南	11.3	8.0	6.6	14 740	52 493	98 536
湖北	9.8	7.8	6.5	9 030	31 823	60 299
湖南	10.0	7.7	6.5	9 212	19 137	35 923
广东	11.6	7.8	6.6	32 188	19 342	36 307
广西	11.0	8.0	6.9	5 906	68 216	129 258
海南	10.2	7.9	6.8	1 391	12 751	24 849
重庆	10.2	8.2	6.9	4 234	2 976	5 747
四川	10.4	7.9	6.8	10 565	9 312	18 149
贵州	9.9	7.6	6.7	2 647	22 599	43 633
云南	9.2	7.8	6.8	4 849	5 507	10 533
西藏	12.6	8.9	8.0	386	10 277	19 842
陕西	10.2	7.9	6.7	4 765	905	1 955
甘肃	9.9	7.5	6.6	2 706	10 192	19 494
青海	11.1	7.9	7.0	755	5 578	10 569
宁夏	10.6	7.9	6.9	808	1 616	3 179
新疆	10.0	8.1	7.1	3 537	1 728	3 368

6. 预测结果的分析与说明

（1）关于全国数与地方汇总数的差异

由于统计体系的原因，历年全国 GDP 总数与各地区汇总数并不吻合，地区汇总数往往大于全国数。由于预测全国 GDP 增长率和总量时所依据的数据为全国统计数，预测各地区 GDP 增长率和总量时所依据的数据为各地区统计数，全国 GDP 总量预测结果与各地区的汇总数并不完全一致。考虑到全国数与各地区汇总数不一致的历史性，预测时以全国预测数为准，对三个时点的各地区预测数按照地方汇总数不大于全国数 15% 的比例，对各地区 GDP 总量的预测结果进行了统一调整；2010 年、2020 年和 2030 年各地区 GDP 汇总数分别大于全国数 10%、12% 和 15%。

（2）关于全国经济增长预测结果的合理性

2010 年、2020 年和 2030 年全国 GDP 增长率预测结果分别为 9.8%、7.8% 和 6.5%，2000 ~ 2030 年平均增速在 8% 左右，对这一预测结果合理性的定性判断已在前述中有详细的分析。

我们收集了近年来国内外主要研究咨询机构对我国未来经济增长的预测结果（表 10-3），不难发现，我们的预测值高于境外机构的预测值，略低于"中国科学院国情分析研究小组"的预测值。从对未来我国和各地区经济发展可能性和必要性的定性分析、预测模型中变量数值的选取、按照历史发展情况的外推结果看，上述预测结果是比较科学和可信的。

表 10-3　部分机构对我国未来经济增长率的预测

研究咨询机构	未来增长率预测值
中国科学院国情分析研究小组	8% ~ 8.9%
国务院发展研究中心课题组	6.5% ~ 7.5%
世界银行	从 8.4% 下降到 5%
亚洲开发银行	6.60%
美国兰德公司	4.90%

（二）全国和各省（自治区、直辖市）三次产业结构预测

1. 预测方法的选取

运用 GDP 增长速度和 GDP 总量中的生产函数，分别预测第一、第二和第三产业增加值，可以达到预测产业结构的目的。

（1）定量预测——生产函数法

1）第一产业增加值，模型表达如下：

$$\log[\text{NVA}(t)/\text{LFA}(t)] = c + a_1 \log[\text{KFA}(t)/\text{LFA}(t)] + a_2(t - 1990) \qquad (10\text{-}6)$$

式中，NVA（t）为 t 年第一产业增加值；LFA（t）为 t 年农业劳动力人数；KFA（t）为 t 年农业生产成本；c、a_1、a_2 为系数。

2）第二产业增加值，模型表达如下：

$$NVSEC(t) = NVIND(t) + NVCS(t) \tag{10-7}$$

$$NVIND(t) = c + a_1\{I(t) + CH(t) + a_2[EXM(t) \cdot rate(t)]\} \tag{10-8}$$

$$NVCS(t) = c + a_1 NVCS(t-1) + a_2 I(t) \tag{10-9}$$

式中，NVSEC（t）为 t 年第二产业增加值；NVIND（t）为 t 年工业增加值；NVCS（t）为 t 年建筑业增加值；I（t）为 t 年全社会固定资产投资；CH（t）为 t 年居民消费；EXM（t）为 t 年出口额；rate（t）为 t 年的汇率；c、a_1、a_2 为系数。

3）第三产业增加值，模型表达如下：

$$NVTH(t) = NVCM(t) + MVNM(t) \tag{10-10}$$

$$NVCM(t) = c + a_1 NVCM(t-1) + a_2 RETALL(t) \tag{10-11}$$

$$\log[MVNM(t)] = c + a_1\log[NVNM(t-1)] + a_2\log[YHR(t)] + a_3\log[YHU(t)] \tag{10-12}$$

式中，NVTH（t）为第三产业增加值；NVCM（t）为 t 年商业增加值；MVNM（t）为 t 年第三产业中除商业外的其他行业的增加值；RETALL（t）为 t 年社会商品零售总额；YHR（t）为 t 年农村居民纯收入；YHU（t）为 t 年城镇居民可支配收入；c、a_1、a_2、a_3 为系数。

（2）定性与定量分析依据

因各地区发展基础和发展条件相差较大，为了在各地区三次产业增加值预测中科学确定外生变量，并准确判断各地区预测结果的合理性，我们运用了区域产业结构演进理论——霍夫曼定理、库兹涅茨法则和钱纳里等对工业化和经济增长的比较研究，对各地区未来产业结构变化的趋势进行定性分析和定量比较，并对预测结构进行合理性判断。

1）霍夫曼定理：霍夫曼根据多个国家的历史数据，考察消费资料工业和生产资料工业（或以轻、重工业来划分）之间的净产值比例关系的变化，总结出消费资料和生产资料工业的比值与工业化阶段的关系。用于判断工业化阶段的霍夫曼比例为消费资料工业净产值/资本品工业净产值，20 个国家的历史数据表明：当工业化处于第一阶段时，霍夫曼比例=5（±1）；工业化处于第二阶段时，霍夫曼比例=2.5（±1）；工业化处于第三阶段时，霍夫曼比例=1（±1）；工业化处于第四阶段时，霍夫曼比例≤1。

2）库兹涅茨法则：佩蒂-克拉克定理由科林·克拉克（C. G. Clark）于 1940 年在威廉·佩蒂（William Petty）关于国民收入与劳动力流动关系学说基础上提出的。佩蒂-克拉克定理认为，随着经济的发展，各产业之间存在着收入相对差异，而劳动力总是倾向于流向高收入的产业，劳动力开始从第一产业向第二产业并进而向第三产业转移，结果是，第一产业劳动力减少，第二和第三产业的劳动力增加。

库兹涅茨（Simon Kuznets）在佩蒂-克拉克研究的基础上，通过对各国国民收入和劳动力在产业间分布结构的变化进行统计分析，得出如下结论：随着经济的发展，农业部门的国民收入在整个国民收入中的比例和农业劳动力在全部劳动力中的比例不断下降；工业部门的国民收入在整个国民收入中的比例上升，工业部门劳动力在全部劳动力中的比例大体不变或略有上升；服务部门的劳动力在全部劳动力中的比例上升，其国民收入在整个国民收入中的比例大体不变或略有上升。

3）钱纳里等对工业化和经济增长的比较研究：钱纳里等（1989）根据人均国民收入将所研究国家从不发达经济到成熟工业经济过程划分为六个阶段。第一阶段，人均国民收入 140～280 美元；第二阶段，人均国民收入 280～560 美元；第三阶段，人均国民收入 560～1120 美元；第四阶段，人均国民收入 1120～2100 美元；第五阶段，人均国民收入 2100～3360 美元；第六阶段，人均国民收入 3360～5040 美元。

对应于不同的发展阶段，各产业产出结构各不相同。例如，人均 140 美元时，按附加值分，农业、矿业、制造业、社会基础设施和服务业分别占 37%、1%、15%、11% 和 36%；人均 2100 美元时，农业、矿业、制造业、社会基础设施和服务业分别占 6%、3%、36%、16% 和 39%。

上述区域产业结构演进理论为我们预测未来全国和各地区三次产业结构提供了理论上的指导。同时，上述理论分析中所依据的部分与我国现行统计口径一致或相近的行业数据，可为我们判断预测结果的合理性提供直接参考。

2. 预测方法的应用

（1）运用生产函数法预测第二、第三产业增加值

运用生产函数法，依据全国和各地区产业结构变动的历史数据，同时考虑全国和各地区预测期经济发展环境和发展水平的变化，对 2010 年、2020 年和 2030 年全国和各地区的三次产业增加值进行测算。

（2）运用时间序列法预测第一产业增加值

用生产函数法预测第一产业增加值时，需要完全市场化前提下的农业劳动力人数，因体制和相关政策原因，我国农业劳动力严重过剩，隐性失业严重，生产函数法不适用于预测第一产业增加值。我们对第一产业增加值的预测采用的方法为时间序列法和区间法。

3. 对模型中外生变量变动趋势的定性判断

（1）第二产业

预测第二产业 GDP 需要确定的外生变量主要有 $I(t)$ 即全社会固定资产投资、$CH(t)$ 即居民消费、$EXM(t)$ 即出口额和 $rate(t)$ 即汇率。

1）关于全社会固定资产投资 $I(t)$ 和居民消费 $CH(t)$。未来全社会固定资产投资和居民消费的增长态势与投资率和消费率的变化密切相关。目前，我国投资率和消费率分别处于新中国成立后历史最高点和最低点，受经济发展阶段、居民消费水平和消费结构等因素的影响，未来投资率维持高位振荡和消费率处于低位徘徊的局面还将持续一段时间。从发展阶段看，目前我国人均 GDP 无论是按汇率或是按购买力评价计算，均处于中等收入国家的低层次水平，根据日韩两国的经验，当人均收入水平进入中等收入国家中上等水平时，消费率将位于"马鞍形"曲线底部并开始上升。我国城镇化率低于同等发展水平的其他国家；工业化和农村工业化正处于加速过程中，工业化和城镇化过程中需要大量投资。居民消费刚刚跨入富裕生活的初级阶段；从居民消费结构看，我国居民仍处于以食品和工

业品为主和工业制成品消费加速扩张阶段，远未达到引致投资率由升转降、消费率由降转升的阶段。由此我们推断，至少到 2020 年，全国和各地区投资仍会在较长时期内维持较高的增长势头，投资对经济增长的贡献仍将维持较高水平，从 2020 年左右开始，投资增长速度会逐渐趋于下降，但下降幅度有限；对应的居民消费，在 2020 年以前会维持低位徘徊并小幅增长的态势，之后，居民消费会逐渐小幅上升。

2）关于出口额 EXM（t）。尽管未来净出口对经济增长的贡献增长有限，但出口额会保持增长的总趋势，理由是，长期看，世界经济形势总体向着好的方面发展，与此相对应的国际贸易、对外投资和跨国并购会呈现上升的总趋势。尽管各种贸易壁垒会对我国未来出口带来一些负面影响，但随着产业结构的升级和国际竞争力的提高，我国产业的竞争力趋于上升，出口额也会呈现出总体上升的态势。

3）关于汇率 rate（t）。目前，我国实行有管理的浮动汇率制度。从长期趋势看，未来人民币对美元会保持趋升的走势。理由有以下五方面：一是人民币汇率长期低估，升值是必然的趋势；二是我国经济长期较高速度的增长，必然会造就强势货币；三是未来我国经济长期快速增长对国际资金、技术和人才的吸引力会呈现总体增强的趋势，外资的增加会支持人民币汇率的坚挺；四是产业结构升级会带动出口竞争力的提高，出口能力的增长也会带来人民币的升值趋势；五是从国际经验看，人民币汇率升值符合发展中国家和经济转型国家，如日本、新加坡、韩国等在经济起飞和转型阶段的一般规律。

（2）第三产业

1）关于社会商品零售总额 RETALL（t）。社会商品零售总额会随着经济和第三产业的发展而稳定增长，按照未来三次产业结构的变动方向，社会商品零售总额相对 GDP 的增长弹性应该有所提高。

2）关于农村居民纯收入 YHR（t）。农村居民纯收入的增长主要取决于农业的产业化进程带来的生产率的提高、城镇化过程中农村人口的减少、支农政策的效果和实施可持续、协调发展战略的相关措施的效应。长期趋势是，未来农村居民收入会呈现小幅上升的态势，相对城镇居民收入的绝对差距在 10 ~ 20 年内变化不会太明显，之后会逐步减少。欠发达地区因来自农业和非农产业的收入增长的潜力较小，这一差距缩小的时间比发达地区要长一些。

3）关于城镇居民可支配收入 YHU（t）。城镇居民可支配收入随经济发展持续增长是必然的，但国有企业改革、事业单位改革和政府机构改革会影响一部分城市居民的收入。中远期看，城镇化过程中大量农村剩余劳动力会进入城市寻求就业，劳动力的长期供给特点必然带来劳动力成本长期维持较低水平，城镇就业人口的工资性收入不可能随经济增长而获得相应增长，城镇居民可支配收入的增长速度不会太快。由于发展水平和产业结构水平的地区差异，以及由此带来的地区收入上的差异，发达地区城镇居民收入增长的速度会快于欠发达地区。

4. 对数据的说明

全国三次产业结构预测以国家统计局发布的 1991 ~ 2006 年的数据为依据；各省（自治区、直辖市）三次产业结构预测以各地统计局发布的 1991 ~ 2006 年的数据为依据。

部分地区个别指标个别年份的数据缺失，预测时按照该指标在缺失年份之前或之后的变动情况的平均水平，对缺失年份的数据进行测算和补充。

5. 预测结果

经过定性分析和模型计算，2010 年、2020 年和 2030 年全国和各省（自治区、直辖市）三次产业结构见表10-4（因第二产业增加值平减指数低于第一、第三产业，按当年价显示的第二产业比例会比按 2000 年价显示的数值略大）。

表10-4 三个时点全国和各地区三次产业结构预测值 （单位：%）

地区 产业	2006 年			2010 年			2020 年			2030 年		
	第一产业	第二产业	第三产业	第一产业	第二产业	第三产业	第一产业	第二产业	第三产业	第一产业	第二产业	第三产业
全国	11.7	48.9	39.4	10.4	49.1	40.5	7.4	48.3	44.3	5.8	46.3	47.9
北京	1.3	28.7	70.0	1.2	29.3	69.5	0.8	27.0	72.2	0.6	25.1	74.3
天津	2.7	57.3	40.0	2.3	56.4	41.3	1.9	53.5	44.6	1.4	47.8	50.8
河北	13.8	52.3	33.9	12.5	51.8	35.7	9.6	50.5	39.9	7.5	46.5	46.0
山西	5.8	57.8	36.4	5.6	56.7	37.7	4.6	56.9	38.5	4.1	52.8	43.1
内蒙古	13.4	48.6	38.0	13.6	46.4	40.0	10.8	47.9	41.3	8.6	46.8	44.6
辽宁	10.5	51.0	38.5	8.3	51.3	40.4	6.3	48.6	45.1	4.9	47.7	47.4
吉林	16.1	44.4	39.5	14.1	46.3	39.6	12.4	46.1	41.5	9.3	45.9	44.8
黑龙江	11.8	54.7	33.5	9.7	54.4	35.9	6.8	53.8	39.4	5.9	49.8	44.3
上海	0.9	48.5	50.6	0.7	46.0	53.3	0.5	43.0	56.5	0.4	38.8	60.8
江苏	7.2	56.5	36.3	6.2	53.0	40.8	4.1	51.0	44.9	3.1	48.1	48.8
浙江	5.9	53.9	40.2	5.5	49.8	44.7	3.7	47.7	48.6	2.8	45.6	51.6
安徽	16.7	43.3	40.0	15.6	43.2	41.2	12.2	45.8	42.0	9.6	44.7	45.7
福建	11.8	49.8	38.4	10.5	51.1	38.4	7.1	49.1	43.8	5.1	47.2	47.7
江西	17.0	50.2	32.8	15.1	50.6	34.3	12.5	50.2	37.3	9.6	45.9	44.5
山东	9.8	58.3	31.9	8.4	55.4	36.2	6.0	54.9	39.1	4.8	49.6	45.6
河南	16.4	54.3	29.3	15.1	51.4	33.5	11.5	50.9	37.6	8.8	48.5	42.7
湖北	15.2	44.9	39.9	14.4	43.9	41.7	10.9	46.1	43.0	8.9	45.6	45.5
湖南	17.8	41.7	40.5	15.5	43.0	41.5	12.1	44.5	43.4	9.9	45.6	44.5
广东	6.1	51.7	42.2	5.4	49.3	45.3	4.1	48.1	47.8	3.2	44.2	52.6
广西	21.5	39.2	39.3	18.6	42.8	38.6	14.1	44.3	41.6	11.3	44.5	44.2

地区	2006 年			2010 年			2020 年			2030 年		
产业	第一产业	第二产业	第三产业	第一产业	第二产业	第三产业	第一产业	第二产业	第三产业	第一产业	第二产业	第三产业
海南	32.7	27.4	39.9	29.8	30.5	39.7	22.4	32.6	45.0	18.2	29.7	52.1
重庆	12.3	43.0	44.7	13.1	43.4	43.5	10.9	46.8	42.3	8.6	44.1	47.3
四川	18.6	43.7	37.7	18.1	43.1	38.8	14.2	45.1	40.7	11.6	44.6	43.8
贵州	17.3	43.3	39.4	16.6	43.9	39.5	12.1	46.8	41.1	9.5	45.4	45.1
云南	18.8	42.7	38.5	17.5	42.8	39.7	12.7	44.1	43.2	10.1	42.9	47.0
西藏	17.6	27.6	54.8	20.3	26.8	52.9	16.2	30.8	53.0	12.1	31.6	56.3
陕西	11.1	52.9	36.0	8.9	53.0	38.1	6.8	54.6	38.6	5.4	50.3	44.3
甘肃	14.6	46.1	39.3	13.8	44.6	41.6	9.1	47.8	43.1	7.1	46.7	46.2
青海	10.9	51.6	37.5	9.1	49.8	41.1	7.2	50.6	42.2	6.2	47.1	46.7
宁夏	11.2	49.2	39.6	9.3	47.4	43.3	6.6	49.3	44.1	5.0	47.8	47.2
新疆	17.7	47.6	34.7	17.8	47.3	34.9	13.7	49.1	37.2	11.3	47.6	41.1

6. 对预测结果的分析与评价

（1）全国三次产业结构的合理性判断

对世界上 100 多个国家的国民收入水平（人均 GDP）与三次产业关系的分析结果表明，当人均 GDP 为 3000 美元时，三次产业结构为 9.8∶38.9∶51.3。我国广大中西部地区经济发展水平较低，工业化任务繁重；在未来工业化进程中，农村转移出的人口进入第二产业的比例，会高于其他与我国处于相同发展阶段的国家。工业化的特殊性决定了我国工业化过程相对其他国家可能要漫长一些，工业化过程中第二产业比例上升的时间会相对较长，比例也会相对较大。需要说明的是，国际比较应按购买力平价折算，但世界银行计算的中国购买力平价偏高，远高于按汇率折算的 GDP。如按目前名义汇率高 1 倍的比例折算，2010 年和 2020 年我国人均 GDP 约为 3000 美元和 6000 美元（李长明，1994）。

测算结果显示，我国第二产业比例由升转降的时点在 2015~2020 年，此时第一产业比例下降至 8% 左右，第三产业比例上升至 43% 左右。综合考虑三次产业结构的历史变化和未来我国工业化过程的特征，我们认为测算结果是比较合理的。

（2）各地区三次产业结构的合理性

预测结果表明，经过一段时期的发展，发达地区与欠发达地区三次产业的结构差异有所缩小。这与未来我国产业结构变动趋势一致。从经济发展阶段看，经过改革开放以来的快速结构转变，2010~2020 年（全国第二产业比例达到最高点），产业结构快速变动的特征仍将会保持，但 2020 年后经济相对发达地区三次产业结构变动的速度会有所下降，欠发达地区三次产业结构演进速度可能会高于发达地区。发达地区相对欠发达地区产业结构水平较高主要不是体现在三次产业结构上，而是第二产业内部信息化的程度和技术密集型行业的比例，以及第三产业内部技术密集度和资金密集度较高的现代服务业所占的比例。

经过未来 20 多年的发展，东部经济相对发达的地区，如广东、浙江的三次产业结构已具有工业化后期的特征，其他地区三个时点产业结构演进梯次明显，符合我国区域经济结构的未来发展格局。

四、水资源条件对 2010 年、2020 年和 2030 年经济发展总量和产业结构的影响

我国水资源总量居世界第四位，但时空分布极不均衡，人均占有水资源量只有世界的 1/4，是全球 13 个贫水国家之一，水资源分布与经济社会活动分布错位，这使得水资源成为我国经济社会发展的重要制约因素。总体上看，未来全国和各地区经济总量的增长对水资源的需求与水资源有限供给之间的矛盾将更加突出，经济增长受水资源的制约越来越大，总体上看，三次产业结构的变化特别是第一产业比例的下降有利于缓解水资源的供需矛盾。

（一）水资源对未来全国经济总量与三次产业结构的影响

1. 水资源对经济总量增长的制约越来越大

根据 2000 年全国万元 GDP 用水量的平均值计算全国可供水量（在计算 2000 年万元 GDP 用水量应采用多年的平均值，但因各地数据波动较大，1999～2001 年三年平均可供水量为 5570 亿 m³；1999～2004 年五年平均可供水量为 5493 亿 m³，为此计算中直接采用 2000 年数据），按 2004 年经济普查后调整的 2000 年 GDP 数计算，2000 年万元 GDP 用水量为 550m³（对应原 2000 年 GDP 数的万元 GDP 用水量为 610m³）。据宏观经济研究院 "2001～2020 年实现 GDP '翻两番' 背景下的水资源利用若干重大问题研究" 的结论进行折算（该项研究中 2020 年 GDP 总量的预测值为 36.7 万亿元，对应的需水量数为 6212 亿 m³；本章中 2020 年 GDP 的预测值为 53.6 万亿元，书中对需水数用这两个 GDP 数的比例关系进行了折算），在提高农业用水效率、工业用水结构变化、生活用水增加和一定程度上满足生态环境用水的前提下，满足 2020 年国民经济与社会发展的需水量为 9073 亿 m³ 左右；按照国家计划委员会和水利部共同主持编制的《全国水中长期供求规划》和中国工程院组织开展的《中国可持续发展水资源战略研究》，通过节水和需水管理以及跨流域调水，2020 年可供水量在 6300 亿 m³ 左右，供需缺口为 2773 亿 m³。要使供需平衡，此时万元 GDP 用水量需下降为 118m³，为 2000 年的 21.5%。换言之，如果要使 2020 年国民经济与社会发展对水的需求与水资源供给基本平衡，用水效率必须大幅提高；如果农业用水不能得到有效控制，工业用水定额下降达不到预期，生活用水增长过快，并满足一定量的生态环境用水，2020 年需水量将大大超过供水量，水资源将会对国民经济与社会发展形成严重制约。

2030 年的 GDP 总量为 1 005 274 亿元，是 2020 年的 1.9 倍，如果不进一步降低万元

GDP 用水量，并大幅度增加可供水量，国民经济与社会发展将会面临比 2020 年更加严重的制约。

2. 三次产业结构变动方向有利于缓解水资源制约

目前，农业用水量占总用水量的 80% 左右，工业用水接近 10%，生活用水略高于 10%。2010 年、2020 年和 2030 年第一产业在三次产业结构中的比例分别比 2006 年下降 1.3 个百分点、4.3 个百分点和 5.9 个百分点。因用水主要集中在第一产业，第一产业比例大幅度下降对用水量下降贡献很大。但 2020 年后，第一产业比例下降幅度较小，依靠降低第一产业比例减少用水量的效果有限。

（二）水资源对地区经济总量与三次产业结构的影响

1. 未来华北和西北地区水资源供需矛盾更加尖锐

华北和西北地区为水资源严重匮乏地区，目前两个地区水资源利用严重超负荷，生态环境日趋恶化。按照对各省（自治区、直辖市）经济增长的预测，华北地区 2010 年、2020 年和 2030 年 GDP 总量分别是 2006 年的 1.5 倍、3.3 倍和 6.6 倍，西北地区分别是 2006 年的 1.4 倍、3.0 倍和 5.8 倍（表 10-5）。即使大幅度提高用水效率，也无法完全满足经济社会发展对水的需求，两大地区经济社会发展不得不依靠相当数量的工程调水。

表 10-5 2010 年、2020 年和 2030 年各地区 GDP 与 2006 年的比较及 GDP 增速

地区	目标年 GDP/2006 年 GDP			GDP 增长速度（%）		
	2006~2010 年	2006~2020 年	2006~2030 年	2007~2010 年	2011~2020 年	2021~2030 年
华北	1.5	3.3	6.6	10.0	8.4	7.1
东北	1.4	3.0	5.8	8.5	8.0	6.8
华东	1.4	3.0	5.7	9.0	8.0	6.5
华南	1.4	3.1	5.8	9.4	7.8	6.6
西南	1.4	3.0	5.8	8.9	7.9	6.8
西北	1.4	3.0	5.8	8.7	7.9	6.8

2. 经济重心区经济增长将面临更大的水资源压力

据宏观经济研究院课题"2001~2020 年实现 GDP'翻两番'背景下的水资源利用若干重大问题研究"提供的数据，东部地区各省（直辖市）目前的用水效率已接近部分发达国家的水平，未来进一步提高水资源利用效率的余地并不很大。如前所述，东部地区 12 个省（直辖市）2030 年的 GDP 是 2006 年的 5.1 倍，占全国的份额有所上升（表 10-6）。在目前东部地区水资源并不很充裕且进一步提升利用效率余地不大的情况下，经济总量的大幅度提高必然会受到水资源的更大制约。

表 10-6　三大地带 GDP 占全国比例及目标年 GDP 与 2006 年 GDP 之比

地区	GDP 占全国比例（%）				目标年 GDP/2006 年 GDP		
	2006 年	2010 年	2020 年	2030 年	2010 年	2020 年	2030 年
东部	61.7	62.1		62.2	1.2	2.7	5.1
中部	25.4	25.3		25.3	1.2	2.6	5.0
西部	12.9	12.6		12.5	1.2	2.5	4.9

　　东部地区的经济重心区长江三角洲和珠江三角洲，未来经济总量占全国的比例，目标年 GDP 相对 2006 年的增长幅度与上述整个东部地区的情形相类似（表 10-7）。而按 GDP 未调整的 2000 年数据计算，万元 GDP 用水量上海为 240m³、江苏为 520m³、浙江为 330m³、广东为 450m³，低于或者远低于全国 610m³ 的平均水平，这两个区域进一步提高用水效率的难度较大，提高用水效率的余地要小于其他地区，未来经济增长受水资源制约的程度会越来越大。

表 10-7　长江三角洲和珠江三角洲 GDP 占全国比例及目标年 GDP 与 2006 年 GDP 之比

地区	GDP 占全国比例（%）				目标年 GDP/2006 年 GDP		
	2006 年	2010 年	2020 年	2030 年	2010 年	2020 年	2030 年
长江三角洲	20.7	20.6	20.6	20.3	1.2	2.6	4.9
珠江三角洲	11.3	11.5	11.3	11.2	1.2	2.6	5.0

3. 未来沿海城镇化重点地区的水资源供求形势将更加严峻

　　根据国际经验，城镇化水平的提高比工业化水平的提高导致的水资源需求量增加的比例要高很多，原因是，城镇化过程必然伴随大量城市人口的增加和由此带来的人们生活用水的增长。目前，城镇化水平较高的区域，如长江三角洲和珠江三角洲未来会出现连片的城市群，城市人口的快速增长必然带来城市人口用水量的增长，从而使这些地区水资源供求形势变得更加严峻。

4. 目前水资源供求紧张区域未来通过三次产业结构升级缓解供求矛盾的余地相对较小

　　从三次产业结构层次看，由于第一产业用水量所占比例甚大，产业结构升级即第二、第三产业比例的上升和第一产业比例的下降，必然使用水效率提高，从而有利于缓解水资源供求之间的矛盾。

　　从六大区域三次产业结构变动趋势看，目前水资源紧张的华北地区，2007~2030 年第一产业结构下降的幅度为 3.5 个百分点，东北地区、华东地区、华南地区、西南地区、西北地区分别为 6.0 个百分点、4.4 个百分点、5.7 个百分点、6.8 个百分点和 6.1 个百分点。目前缺水比较严重的华北地区，未来通过三次产业结构升级，即第一产业比例下降所能缓解的用水压力的余地并不太大。除调整三次产业结构使第一产业用水量不增长或少增长外，未来还应从废污水利用、微咸水和海水利用、工程引水等多方面入手，全方位提高用水效率（表10-8）。

表10-8　六大区域2006～2030年三次产业结构　（单位:%）

地区	2006 年			2010 年			2020 年			2030 年		
产业	第一产业	第二产业	第三产业	第一产业	第二产业	第三产业	第一产业	第二产业	第三产业	第一产业	第二产业	第三产业
华北	8.2	47.7	44.0	7.6	47.1	45.3	5.9	45.9	48.2	4.7	42.5	52.8
东北	12.1	50.7	37.1	9.9	51.3	38.9	7.7	49.7	42.6	6.1	48.0	46.0
华东	8.5	53.7	37.8	7.5	51.1	41.5	5.3	49.7	45.0	4.1	46.3	49.6
华南	12.6	48.7	38.7	11.3	47.4	41.3	8.7	47.4	44.0	6.9	45.2	48.0
西南	17.3	43.1	39.6	16.9	42.9	40.2	13.0	45.1	41.8	10.5	44.0	45.6
西北	13.6	49.7	36.6	12.5	49.0	38.5	9.3	51.0	39.7	7.5	48.4	44.1

五、研究结论与建议

（一）研究结论

1. 未来我国经济可以保持长期快速增长

　　未来一段时期，支撑经济增长的有利因素，即目前和今后一段时期我国所处工业化阶段决定的经济长期快速增长的空间，庞大的人口为国内市场增长提供的巨大市场空间，相当长时期内仍将存在的区域发展差距为经济长期增长提供的潜力，逐步完善的市场经济体制为经济增长提供的较大体制空间，较低的城镇化水平和正在加快的城镇化为经济增长提供的强大动力，由历史文化传统决定的相对较高的储蓄率为经济增长提供的有力保障，以及长期存在的低劳动力成本优势为保持和提升我国经济整体竞争力提供的有力支撑，是世界上许多发达国家和工业化国家所不具备或不完全具备的，也是我国改革开放30多年来经济长期高速增长的一个重要原因。同时，政府可以通过一系列产业政策、调控政策、法律法规和改革措施，降低资源、生态、金融体制、社会保障、就业、技术进步等领域存在的制约因素对经济发展的负面影响。尽管未来我国经济发展面临诸多制约因素，但这些因素的存在并不会改变经济长期快速发展的总趋势。

2. 未来由市场力量主导的经济活动的空间格局不会发生大的变化

　　未来影响地区经济发展的市场因素主要表现在：发达地区与欠发达地区在投入回报上的差异决定了未来生产要素从欠发达地区向发达地区流动的总体格局；技术要素禀赋差异决定了各地区不同的生产率增长率，而生产率增长率又在一定程度上决定了未来经济发展的水平；收入水平差异决定了各地区不同的最终需求和不同地区最终需求对经济增长的不同拉动作用；目前发达地区与欠发达地区所处的城镇化阶段不同，决定了未来城镇化对经济发展的促进作用存在地区差异。

在产业政策作用下的产业结构演进进程，决定了未来相当长时期内我国经济的空间结构。西部大开发和振兴东北地区等老工业基地战略，对扩大西部和东北地区等老工业基地的经济总量和产业结构调整将产生积极的促进作用；在促进全面、协调和可持续发展的科学发展观和"五个统筹"的战略思想指导下，区域经济协调、可持续发展将对地区经济格局的形成长期发挥作用。

市场力量发挥作用的结果是使地区经济发展中强者恒强，弱者恒弱。政府区域调控政策与市场反方向的作用，将会在一定程度上促进欠发达地区的经济发展和产业结构的提高。但由于市场力量在未来地区经济发展中将起主导作用，政府区域政策对区域经济发展的影响比市场力量对区域经济发展的影响要小得多，市场和政府两种力量作用的综合结果，会使目前经济相对发达地区的经济发展水平更高，发达地区与欠发达地区经济总量上的差距进一步扩大，产业结构层次上的差距会更加明显。

3. 全国和各省（自治区、直辖市）经济增长速度和经济总量

在综合考虑影响全国和各地区未来经济增长的有利条件和不利因素的基础上，按照我们对未来全国和各地区经济增长的基本判断，运用生产函数法预测的全国2010年、2020年和2030年GDP增长速度分别为9.8%、7.8%和6.0%，全国2010年、2020年和2030年GDP总量（2000年价）分别为252 697亿元、535 536亿元和1 005 274亿元。各省（自治区、直辖市）GDP增长速度和GDP总量见表10-2。

4. 全国和各省（自治区、直辖市）三次产业结构

依据1990~2002年国家统计局和各省（自治区、直辖市）统计局发布的各年数据，我们预测全国2010年、2020年和2030年三次产业结构分别为10.4%：49.1%：40.5%、7.4%：48.3%：44.3%和5.8%：46.3%：47.9%，三个时点各地区三次产业结构见表10-4。

5. 水资源对全国经济总量增长的制约越来越大

总体上看，未来全国和地区发展对水资源的需求与水资源的有限供给之间的矛盾将更加突出，经济总量的增长受水资源的制约越来越大。根据相关资料测算，满足2020年国民经济与社会发展对水的需求难度较大，水资源供需能否平衡，关键取决于能否大幅度降低万元GDP用水量。如果农业用水不能得到有效控制，工业用水定额下降达不到预期，生活用水增长过快，使万元GDP用水量不能大幅下降，2020年需水量将大大超过供水量，水资源将对国民经济与社会发展形成严重制约。大体上，2030年的GDP总量在2020年的基础上还会翻番，如果不进一步提高用水效率降低万元GDP用水量和大幅度增加可供水量，国民经济与社会发展将会面临比2020年更加严重的水资源制约。

6. 未来华北和西北地区水资源供需矛盾更加尖锐，经济重心区经济增长将面临更大的水资源压力

华北地区2010年、2020年和2030年GDP总量分别为2006年的1.5倍、3.3倍和6.6

倍,西北地区分别是 2006 年的 1.4 倍、3.0 倍和 5.8 倍。即使大幅度提高用水效率,也无法满足经济增长对水的需求,实施工程调水已成为保障两大区域水资源供给的必要条件。

东部地区目前的用水效率已接近部分发达国家水平,未来进一步提高水资源利用效率的余地并不太大。而东部地区 2030 年 GDP 总量会达到 2006 年的 5.1 倍。在东部地区总体上水资源并不充裕且进一步提升利用效率余地不大的情况下,经济总量的大幅度提高必然会面临水资源供应的更大压力。

东部地区的经济重心区长江三角洲和珠江三角洲,未来经济总量占全国比例和目标年 GDP 相对 2006 年的增长与上述整个东部地区情形类似。因目前这两个地区用水效率较高,未来进一步提高用水效率的余地要小于其他地区,经济增长受水资源制约的程度会越来越大。

7. 三次产业结构变动方向有利于缓解水资源制约,但目前水资源供求紧张区域未来通过三次产业结构升级缓解供求矛盾的余地相对较小

2010 年、2020 年和 2030 年第一产业在三次产业结构中的比例分别比 2006 年下降 1.3 个百分点、4.3 个百分点和 5.9 个百分点。到 2010 年及 2020 年后,第一产业比例下降即三次产业变动方向对用水量下降贡献相对较小,2010~2020 年,第一产业比例下降幅度较快。目前水资源紧张的华北地区,未来 20 多年第一产业结构下降的幅度为 3.5 个百分点,通过减少第一产业用水的余地并不大。

(二) 几 点 建 议

1. 高度重视经济与社会、环境的协调发展

一系列支持条件为我国未来经济的长期增长提供了可能,而实现国民经济发展战略目标需要经济长期保持一个较高的增长速度;经济增长中正在和将要面临的越来越严重的土地、水、能源、矿产资源的制约,生态环境的恶化,以及经济发展中长期积累和将会遇到的金融风险、就业压力、社会保障等问题,使我国未来的发展具有很大的不确定性。能否实现经济的持续、快速、健康和协调发展,使 GDP 增长达到预期目标,关键看我们采取的发展战略能否有效缓解发展过程中所面临的一系列制约因素。其中,能否缓解水资源对发展越来越严重的制约,也是能否顺利实现经济增长目标的关键。

2. 采取有效措施控制和逐步缩小各地区人均福利水平的差距

各地经济发展基础和未来经济增长速度的差异,使得在市场和政府双重力量的作用下,未来经济发达地区与欠发达地区在经济发展水平上的差距会进一步扩大,但差距扩大的速度会逐步减小。过大的福利差距有悖于公平,也会带来一系列社会问题,不利于长期发展。中央政府应该通过有效的财政转移支付和其他有力措施,提高欠发达地区的自我发展能力,尤其在支持欠发达地区的基础教育、生态环境建设、基础设施建设上加大支持,通过提高这些地区的自我发展能力,为逐步缩小与发达地区的经济发展水平和人均福利水

平的差距提供条件。

3. 地区产业结构调整和升级必须充分考虑水资源的制约

目前至 2030 年我国所处的工业化阶段决定了第一产业比例会逐步下降，第二、第三产业比例不断上升，由于三次产业中第一产业耗水量远大于第二、第三产业，各地三次产业结构变化有利于缓解水资源对经济发展的制约。部分地区，如华北、西北水资源供需矛盾目前已十分突出，尽管第一产业的下降会有利于缓解这些地区水资源供需矛盾，但未来经济总量的快速增长会使这些地区对水资源的需求大幅增加，今后这些地区仍将处于水资源极度短缺的状态。所以，在降低第一产业比例减少第一产业耗水的同时，第二、第三产业内部行业的发展也要考虑到如何有利于缓解水的制约。

4. 提高用水效率的同时实施工程调水

提高用水效率是解决我国水资源总量不足的重要措施，也是其他贫水国家的基本经验，我国在这方面的潜力还很大。通过完善的法规体系，形成一整套有利于节水的体制和运行机制，是在水资源不足的前提下，确保长期发展的战略性选择。

经济相对发达和城市比较密集的黄淮海平原、山东半岛、辽宁中部等地区，水资源量少，资源型缺水严重，通过大型跨流域调水工程解决水资源空间分布已成为必要措施。按照经济发展对水资源的需求和经济实力，在统筹考虑各地区经济发展阶段对水的不同需求的前提下，推进南水北调工程建设，统筹调配长江流域、黄河流域、淮河流域和海河流域的水资源，可以在一定程度上缓解水资源分布与经济社会活动分布不一致的矛盾。

第十一章 全国和地区火（核）电工业发展布局现状和预测

一、总 论

1. 目的和目标

通过分析我国火（核）电工业的发展现状，研究预测了 2010 年、2020 年和 2030 年的全国及各省（自治区、直辖市）火（核）电工业的发展，作为编制新的全国水资源规划的参考依据。

2. 资料来源

数据资料主要来源于以下方面。

1）国家统计局公开出版相关年份的《中国统计年鉴》；
2）根据本书研究的需要，由国家统计局提供的可以公开使用的其他数据；
3）电力部门相关年份统计资料；
4）能源研究所近年来的相关研究成果；
5）有关部门和科研单位的研究成果。

按照现行统计制度，经济数据（如产值、增加值）来自国家统计局公布，而实物量（如装机、发电量）数据来自电力部门统计，由于统计口径的分类、差异、不一致性，给研究组分析预测带来困难。我们在研究中尽力分析产生差异可能的情况，预测中尽量避免差异带来的负面影响。

产值现状和历史数据绝对量用现价计算，增长速度用可比价计算。由于没有增加值不变价的增长速度，增加值现状和历史数据均用当年价。

对 2010 年、2020 年和 2030 年的预测数据，是以 2000 年不变价为基础的预测，未考虑价格变动的影响。

3. 预测方法

通过分析 20 世纪 90 年代以来我国及各省（自治区、直辖市）火（核）电工业产值发展与电力需求、电力建设之间的关系及变化规律，分析了影响火（核）电工业发展的主要因素。根据未来社会经济发展目标，预测了未来我国及各省（自治区、直辖市）的电力需求。通过分析我国发电资源和电网建设情况，预测了未来火（核）电源发展及布局。根据产值与发电量之间的关系，增加值与产值之间的关系，最终预测了未来火（核）电工业产值和增加值及其增长速度。

二 、火（核）电工业发展现状和发展规律分析

（一）全国的现状和发展规律分析

1. 近年的发展现状及特点

（1）火电量的增长趋势和特点

2000 年以来随着我国国民经济和电力需求的持续快速增长，发电增长加快，"十五"时期电力发电量增长速度分别达到 9.7% 和 9.9%，而火电发电量增长率要高于全国发电量的增长，达到 12.7%。2005 年全国发电量为 24 747 亿 kW·h，其中水电为 3952 亿 kW·h，火电为 20 180 亿 kW·h，核电为 523 亿 kW·h，火核电量合计为 20 703 亿 kW·h，占全国发电量的 83.7%。

2005 年底，全国发电装机容量达到 50 841 万 kW，其中水电装机容量为 11 652 万 kW，占 22.9%；火电为 38 413 万 kW，占 75.6%；核电为 685 万 kW，占 1.3%，其他为 91 万 kW，占 0.2%。2000~2004 年净增发电装机容量 12 306 万 kW，其中水电为 2589 万 kW，占 21.0%；火电为 9194 万 kW，占 74.4%；核电为 474 万 kW，占 3.8%。新增装机分布不均，主要集中在东部沿海少数地区，山东、广东、浙江、江苏四省占了近 40%。

由于"九五"后期和"十五"初期我国电力建设没有赶上电力需求的发展，2000 年以后我国电力供应开始出现不足，因此火电发电量的增长率要大于火电装机的增长率，致使发电设备平均利用小时数快速提高。2004 年火电发电设备平均利用小时达到 5991h，较 2001 年提高了 991h，很多地区如北京、河北、山西、内蒙古、上海、江苏、浙江、安徽、福建、广西、贵州、云南、陕西、宁夏、青海、甘肃和宁夏火电设备平均利用小时数超过 6000h，有些地区如北京、浙江、贵州、甘肃和宁夏超过或接近 7000h。图 11-1 为火（核）电工业发展变化趋势。

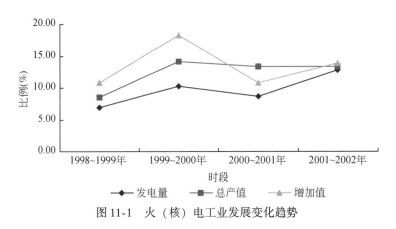

图 11-1　火（核）电工业发展变化趋势

（2）电力需求与经济发展的关系

2000 年、2001 年和 2002 年我国电力需求年增长速度分别为 11.7%、8.7% 和 11.6%，而同期 GDP 增长速度为 8.0%、7.3% 和 8.0%，2000 年后电力弹性系数均大于 1。

2000 年、2001 年、2002 年和 2003 年上半年分别增长 11.7%、8.7%、11.6% 和 15.43%，电力弹性系数均大于 1，各大电网最高负荷持续攀升。2002 年我国全社会用电量达到 16 386 亿 kW·h。

1999～2002 年全社会用电量年均增长 10.66%，其中第一、第二、第三产业及居民生活用电的年均增长率分别为 4.00%、10.73%、12.47% 和 10.84%。2002 年全社会用电结构为第一产业 3.6%、第二产业 73.0%、第三产业 11.2%、居民生活 12.2%，而 1999 年相应的数字为 4.3%、72.8%、10.7%、12.2%，可以看出第二、第三产业的用电比例上升，第一产业下降，居民生活未变。

2002 年工业用电量完成 11 793 亿 kW·h，与 1999 年相比年均增长 10.74%，占全社会用电量的 72.0%。工业用电增长速度超过了全社会用电增长的速度，对全社会用电量快速增长的拉动作用进一步增强。2000 年、2001 年和 2002 年工业对全社会用电增长的贡献率分别为 69.0%、71.5% 和 75.8%，逐年上升。

1999～2002 年制造业用电年均增长 11.61%，成为全社会用电增长最强劲的动力，2002 年制造业用电达 10 641 亿 kW·h，占全社会用电量的 64.9%。1999～2002 年各制造业的年均增长排序为：橡胶及塑料制品业 19.47%、其他工业 16.25%、交通运输电气电子设备制造业 15.53%、有色金属冶炼压延加工业 15.17%、金属制品业 14.76%、纺织业 14.75%、黑色金属冶炼压延加工业 12.40%、化学纤维 12.37%、造纸及纸制品业 12.25%、机械工业 11.20%、炼焦煤气及煤制品业 10.80%、医药工业 10.32%、石油加工业 9.97%、建材及其他非金属矿制品业 9.94%、电力蒸汽热水生产和供应业 9.82%、化学工业 8.23%、食品饮料和烟草制造业 7.76%。

（3）火电产值、增加值与发电量增长的关系

2000 年、2001 年和 2002 年火电工业总产值分别达到 3103 亿元、3516 亿元和 3983 亿元，年增长率分别为 14.1%、13.3% 和 13.3%（现价），如按不变价计算年增长率分别为 16.5%、13.5% 和 9.3%。火电工业增加值分别达到 1592 亿元、1764 亿元和 2010 亿元，年增长率分别为 18.3%、10.9% 和 13.9%。

近年来，火电增加值的增长速度的变化趋势与火电量增长速度的变化趋势比较吻合，但火电增加值增长速度要略高于火电量的增长速度，如图 11-1 所示。而且近年增加值的增长速度与火电量增长速度的差距在缩小，到 2002 年火电增加值的增长速度只比火电量的增长速度高 1.2 个百分点。

从不变价的火电总产值与火电量增长速度的变化趋势看，2000 年和 2001 年的变化趋势基本吻合，火电总产值增长速度要高于火电量增长速度约 6 个百分点和 5 个百分点，但 2002 年火电总产值增长速度要低于火电量的增长速度 3.5 个百分点。导致此现象的主要原因我们估计可能是：①2002 年我国电力体制改革有实质性进展，厂网分开，电力企业改制分家引起统计口径不一致；②上网电价水平有所下降，由于我国 20 世纪 90 年代后期新建电厂上网电价水平偏高，国家出台一系列政策降低上网电价，而 2000 年前后又是我国电厂建设的低谷，新建电厂上网电价水平比 90 年代后期有一定下降；而且上网电价按经营期方法核定，也降低了整个经营期内的电价水平。

需要说明的是，火电产值和增加值数据来自国家统计局，它是行业统计，是按电力行业发电企业进行的统计，未涵盖企业自备发电厂，且它的产值不仅包括发电产生的价值量，还包括其他附属产业产生的价值量，因为统计难以分开，所以只能将它看作是主业发电产生的价值。而发电量数据来自国家电力部门，它是全口径统计数据，包括所有发电企业的发电量。这两组数据由于统计口径等方面存在偏差，给分析工作带来很大的困难，出现有些难以解释的现象。

（4）单位火电量产值变化及与电价的关系

2000 年、2001 年和 2002 年单位火电发电量的产值分别为 0.276 元/kW·h、0.288 元/kW·h 和 0.289 元/kW·h（现价），增长率分别为（按不变价）7.1%、5.6% 和 4.5%，增长率在逐年下降。

（5）火电增加值占产值的比例

近年火电增加值在产值中的比例比较稳定，几乎没有太大的变化。2000 年、2001 年和 2002 年火电增加值在产值中的比例分别为 51%、50% 和 50%。

2. 近 10 年的发展规律

1990 年以来，全国火电发电装机容量以年均 8.3% 的速度增长，平均每年新增火电装机 1364 万 kW；火电发电量以年均 8.7% 的速度增长，同期全国发电量增长速度为 8.5%，火电发电量增长速度略高于全国发电量增长速度。

我国"八五"时期电力需求年均增长 10%，"九五"时期我国经济开始实施结构性调整，电力需求受市场需求影响较大，增长速度有所降低，电力需求市场逐步由卖方市场转向买方市场，电力供需矛盾缓和。电力消费弹性系数连续 4 年小于 1，2000 年后电力消费弹性系数大于 1。电力需求受经济波动影响呈现波动性，处于低速增长。"九五"时期全国平均年用电增长率为 6.4%。

受电力需求的影响，"九五"时期火电发电量年均增长速度也放缓，为 6.8%，略高于用电增长率。火电发电量增长速度略高于用电增长速度的特点与近期特点也一致。

从产值看，1998～2002 年火电工业总产值增长速度为 13.4%（不变价计算），增加值增长速度也为 13.4%（现价计算）。单位火电发电量产值由 1998 年的 0.263 元/kW·h 增加到 2002 年的 0.289 元/kW·h（现价），年均增长率为 3.6%（不变价）。火电增加值占产值的比例由 1998 年的 48% 增加到 2002 年的 50%。

（二）分省、地区的现状和发展规律分析

1. 近两年的发展现状及特点

从分省、地区火电产值和增加值近两年的发展看，规律性不强，而且数据增长忽高忽

低，难以解释，但较长期看还具有一定规律性。

从火电发电量的变化趋势看有着地区特点。经济发展较快的地区火电发电量增长较快，电力外供地区火电发电量增长也较快，煤炭资源相对富裕的地区火电发电量增长也较快，较长期看规律性更强。

从单位火电发电量产值变化看，除个别省份、年份外与各省、地区的上网电价的变化基本一致。

从火电增加值占产值比例看，通常东部地区要稍高于全国平均水平，中西部地区稍低，但有些省份并不如此，而且近年变化也是忽高忽低（表11-1）。

表11-1　分省、地区火（核）电发电量发展现状　　（单位：亿 kW·h）

地区	1993 年	1994 年	1996 年	1997 年	1998 年	1999 年	2000 年	2001 年	2002 年
全国	6 838.77	7 464.31	8 924.39	9 396.37	9 529.14	10 195.69	11 246.69	12 219.50	13 786.91
北京	139.26	127.60	133.46	135.74	145.93	162.57	179.49	173.91	178.86
天津	126.48	134.31	145.82	178.49	181.46	190.43	216.21	221.66	272.63
河北	498.78	537.76	632.33	681.00	680.85	763.23	839.53	928.65	1 009.70
山西	410.85	449.61	519.52	540.26	545.24	555.97	604.75	694.19	822.56
内蒙古	234.10	259.72	322.76	341.32	348.75	377.04	432.75	458.21	513.82
辽宁	476.79	484.52	539.01	586.24	582.53	586.63	630.10	639.82	704.50
吉林	195.02	198.53	233.07	239.36	231.45	245.35	243.63	244.99	260.34
黑龙江	366.79	373.68	405.14	420.69	411.96	405.34	418.63	433.47	450.61
上海	368.88	399.40	430.15	459.62	482.86	500.30	558.27	576.97	616.48
江苏	535.86	631.48	756.35	776.20	780.33	845.27	971.85	1 040.62	1 167.16
浙江	230.57	252.13	396.04	424.28	439.00	496.68	606.84	681.63	748.99
安徽	255.57	286.11	314.18	319.64	302.42	307.01	360.84	408.16	457.03
福建	105.52	107.80	139.05	117.41	137.74	172.17	208.46	211.70	308.50
江西	110.51	115.11	136.31	119.30	121.67	134.72	148.81	161.91	186.48
山东	610.33	676.90	792.23	839.74	847.77	914.22	1 000.54	1 104.04	1 241.60
河南	424.53	468.01	577.19	617.53	609.43	642.49	679.99	760.22	847.34
湖北	147.10	181.48	196.93	244.62	262.21	283.88	277.73	320.45	343.01
湖南	143.95	149.10	173.22	153.02	154.15	166.11	165.74	194.03	200.58
广东	459.31	529.10	781.10	827.31	884.88	1 028.38	1 196.36	1 241.19	1 439.58
广西	73.67	71.39	87.35	80.68	98.08	99.47	120.21	121.10	130.69
海南	18.11	18.75	20.50	19.71	26.50	28.09	26.84	29.31	35.89
重庆			0.00	116.78	118.54	125.99	129.68	136.87	147.27
四川	275.00	315.42	349.20	246.85	222.88	188.64	187.33	208.08	278.79
贵州	91.95	112.00	142.85	149.25	174.82	209.18	225.03	273.76	332.31
云南	72.01	69.16	71.20	85.51	94.72	113.29	101.38	143.05	157.87
西藏	0.13		1.34	1.29	0.07	0.02	0.04	0.03	0.04

地区	1993 年	1994 年	1996 年	1997 年	1998 年	1999 年	2000 年	2001 年	2002 年
陕西	174.37	188.54	234.01	247.31	221.04	241.53	247.00	281.82	319.41
甘肃	125.70	139.30	151.12	163.23	157.58	144.92	165.90	184.85	235.04
青海	15.17	15.95	28.21	34.06	33.65	26.99	29.09	46.51	49.80
宁夏	77.03	87.05	103.21	106.23	102.60	102.46	122.96	135.00	155.05
新疆	75.43	84.40	111.54	123.70	128.03	137.32	150.71	163.30	174.98

2. 近 10 年的变化趋势

从火电发电量的变化趋势看有着地区特点。经济发展较快的地区火电发电量增长较快，电力外供地区火电发电量增长也较快，煤炭资源相对富裕的地区火电发电量增长也较快。

各地区用电增长速度差异较大。东南沿海地区、西部大部分地区及北京、河北、内蒙古等地区用电增速较快。中部内陆地区、东北地区以及甘肃、陕西等地区用电增速较低。

从分省、地区火电产值和增加值近 10 年的发展规律看，电力需求增长速度较快地区，火电产值和增加值的增长速度也较快；外输电地区火电产值和增加值增长速度也较快。

从单位火电发电量产值变化看，除个别省份、年份外与各省、地区的上网电价的变化基本一致。

从火电增加值占产值比例变化趋势看，大部分省份与全国的变化趋势基本一致，由低向高增加。但也有不少省份看不出变化趋势（表 11-2 ～ 表 11-8）。

3. 主要因素分析

产值和增加值是以货币表现的工业企业生产的产品量。主要与火电发电量和电价相关。而影响火电发电量的因素则较多，如电力需求、电力供应等。

经济发展、产业结构等直接影响着电力需求。

电力政策、电网发展、资源状况等直接影响着电力供应。

表 11-2　各省、地区火（核）电发电量增长率变化现状　（单位：%）

地区	1998～2002 年 5 年平均	1994～2002 年 8 年平均	2000 年	2001 年	2002 年
全国	8.0	8.0	10.3	8.6	12.8
北京	5.7	4.3	10.4	-3.1	2.8
天津	8.8	9.3	13.5	2.5	23.0
河北	8.2	8.2	10.0	10.6	8.7
山西	8.8	7.8	8.8	14.8	18.5
内蒙古	8.5	8.9	14.8	5.9	12.1
辽宁	3.7	4.8	7.4	1.5	10.1
吉林	1.7	3.4	-0.7	0.6	6.3

地区	1998～2002年5年平均	1994～2002年8年平均	2000年	2001年	2002年
黑龙江	1.4	2.4	3.3	3.5	4.0
上海	6.0	5.6	11.6	3.3	6.8
江苏	8.5	8.0	15.0	7.1	12.2
浙江	12.0	14.6	22.2	12.3	9.9
安徽	7.4	6.0	17.5	13.1	12.0
福建	21.3	14.0	21.1	1.6	45.7
江西	9.3	6.2	10.5	8.8	15.2
山东	8.1	7.9	9.4	10.3	12.5
河南	6.5	7.7	5.8	11.8	11.5
湖北	7.0	8.3	-2.2	15.4	7.0
湖南	5.6	3.8	-0.2	17.1	3.4
广东	11.7	13.3	16.3	3.7	16.0
广西	10.1	7.9	20.9	0.7	7.9
海南	12.7	8.5	-4.4	9.2	22.4
重庆	4.7		2.9	5.5	7.6
四川	2.5	-1.5	-0.7	11.1	34.0
贵州	17.4	14.6	7.6	21.7	21.4
云南	13.0	10.9	-10.5	41.1	10.4
西藏	-50.1		100.0	-25.0	33.3
陕西	5.2	6.8	2.3	14.1	13.3
甘肃	7.6	6.8	14.5	11.4	27.2
青海	7.9	15.3	7.8	59.9	7.1
宁夏	7.9	7.5	20.0	9.8	14.9
新疆	7.2	9.5	9.8	8.4	7.2

表11-3　各省、地区火（核）电工业总产值现状　　　　（单位：亿元）

地区	1998年	1999年	2000年	2001年	2002年
全国	2507.07	2720.24	3103.04	3515.51	3983.17
北京	42.34	37.15	65.62	66.36	34.24
天津	38.48	37.63	44.82	48.05	47.05
河北	146.72	166.51	189.09	205.70	231.63
山西	93.78	97.36	104.74	125.62	143.08
内蒙古	60.05	62.71	76.70	84.78	96.89
辽宁	115.44	154.31	161.04	178.16	191.55
吉林	55.02	62.99	70.07	71.25	61.56

续表

地区	1998 年	1999 年	2000 年	2001 年	2002 年
黑龙江	95.97	76.00	141.21	123.31	198.64
上海	37.73	35.69	39.68	133.37	151.68
江苏	201.56	224.54	183.18	200.08	215.04
浙江	162.00	180.13	207.91	236.73	260.26
安徽	64.56	64.67	71.78	85.12	108.54
福建	81.04	90.88	101.93	109.84	137.46
江西	38.80	45.60	28.80	33.23	38.37
山东	188.80	218.45	256.43	317.97	375.55
河南	156.26	166.88	194.95	212.82	263.66
湖北	100.29	103.37	115.35	119.72	126.77
湖南	57.43	69.21	68.20	76.29	85.23
广东	399.00	459.55	535.89	568.70	615.97
广西	36.03	40.34	47.42	53.31	57.85
海南	10.36	10.98	10.96	11.87	13.38
重庆	28.88	21.73	25.73	25.96	28.75
四川	83.10	54.91	87.70	112.49	131.78
贵州	42.41	50.07	66.54	84.14	99.86
云南	46.81	50.47	56.10	61.39	67.98
西藏	1.26	1.42	1.58	1.81	1.93
陕西	47.33	54.99	54.16	62.92	64.76
甘肃	22.35	23.30	31.80	38.72	60.66
青海	17.55	19.59	23.82	23.51	23.62
宁夏	14.21	14.63	15.01	16.18	19.04
新疆	21.48	24.19	24.82	26.14	30.38

表 11-4　各省、地区火（核）电工业总产值增长速度（不变价）　　　　（单位:%）

地区	1998~2002 年 5 年平均	1998~1999 年	1999~2000 年	2000~2001 年	2001~2002 年
全国	13.44	14.62	16.46	13.51	9.28
北京	-4.81	-9.69	90.78	5.74	-54.94
天津	-0.90	-1.22	7.53	62.77	-44.22
河北	10.48	12.74	10.72	9.02	9.48

地区	1998~2002年 5年平均	1998~1999年	1999~2000年	2000~2001年	2001~2002年
山西	8.35	4.50	4.73	18.28	6.46
内蒙古	10.47	8.81	18.09	4.65	10.77
辽宁	16.33	35.87	15.17	17.05	-0.02
吉林	4.62	17.09	8.99	6.51	-11.85
黑龙江	19.18	-29.00	117.22	-24.50	73.27
上海	41.25	-14.50	18.66	243.02	14.36
江苏	10.53	46.53	0.20	17.20	-13.25
浙江	14.40	27.58	22.65	0.26	9.16
安徽	11.86	-3.42	14.84	19.39	18.24
福建	10.57	0.40	15.98	2.48	25.23
江西	-3.31	7.34	-43.37	16.44	23.46
山东	24.05	6.62	36.02	27.45	28.14
河南	28.68	64.89	18.55	11.54	25.75
湖北	3.50	4.63	8.66	6.08	-4.84
湖南	11.41	17.31	10.48	11.03	7.05
广东	8.79	15.95	8.38	3.93	7.26
广西	6.92	20.31	4.38	0.99	3.04
海南	7.37	0.96	5.22	13.67	10.09
重庆	-0.90	-28.12	26.45	-9.68	17.48
四川	17.40	-29.46	70.60	25.11	26.16
贵州	18.15	13.79	25.96	17.00	16.19
云南	8.78	11.31	9.09	7.30	7.46
西藏	12.05	8.55	11.65	14.67	13.43
陕西	7.81	7.73	6.97	7.81	8.75
甘肃	21.93	-9.37	27.21	54.14	24.37
青海	9.60	24.25	-4.33	17.83	3.03
宁夏	8.60	1.60	6.49	7.72	19.34
新疆	6.55	3.12	2.58	8.89	11.91

表11-5　各省、地区火（核）电工业增加值现状　　（单位：亿元）

地区	1998年	1999年	2000年	2001年	2002年
全国	1214.40	1346.04	1591.78	1764.41	2010.15
北京	18.46	15.14	41.84	43.59	17.75
天津	9.15	15.37	20.47	21.13	23.74

地区	1998 年	1999 年	2000 年	2001 年	2002 年
河北	66.62	78.07	94.43	104.26	117.14
山西	35.17	40.72	48.04	61.85	74.26
内蒙古	27.14	24.56	28.76	33.81	42.10
辽宁	48.21	74.70	94.98	92.42	90.52
吉林	24.63	27.14	33.52	33.51	23.52
黑龙江	35.40	50.47	52.61	25.11	106.10
上海	18.66	20.02	23.80	73.08	86.42
江苏	96.25	118.35	97.13	100.81	107.06
浙江	82.83	89.71	106.06	122.07	131.52
安徽	29.43	26.83	33.88	32.25	45.42
福建	47.21	55.68	55.66	68.65	86.28
江西	14.72	19.57	15.21	13.91	16.48
山东	80.47	105.03	126.99	153.84	165.02
河南	97.21	74.32	121.60	119.52	133.14
湖北	54.37	59.67	60.39	60.48	55.44
湖南	30.33	34.55	40.22	41.29	42.79
广东	191.63	214.55	239.74	274.54	329.48
广西	21.85	24.06	28.85	31.56	35.43
海南	4.18	5.31	7.81	6.27	6.83
重庆	15.22	10.62	15.08	16.42	18.81
四川	66.74	28.11	57.89	75.83	90.43
贵州	14.04	34.12	43.85	47.19	42.76
云南	32.93	32.03	33.14	36.59	40.86
西藏	0.73	0.83	0.82	0.16	1.10
陕西	18.73	25.59	29.44	28.19	26.06
甘肃	6.53	8.91	10.92	13.18	22.18
青海	10.77	13.51	9.92	12.31	12.18
宁夏	4.87	5.28	5.56	7.02	4.46
新疆	9.93	13.21	13.16	13.57	14.90

表 11-6　各省、地区火（核）电工业增加值增长速度　　　　（单位:%）

地区	1998～2002 年 5 年平均	1998～1999 年	1999～2000 年	2000～2001 年	2001～2002 年
全国	13.43	10.84	18.26	10.85	13.93
北京	-0.98	-17.97	176.29	4.18	-59.28

地区	1998～2002 年 5 年平均	1998～1999 年	1999～2000 年	2000～2001 年	2001～2002 年
天津	26.92	68.05	33.17	3.24	12.33
河北	15.15	17.18	20.96	10.40	12.36
山西	20.54	15.77	17.97	28.75	20.06
内蒙古	11.60	-9.51	17.11	17.56	24.51
辽宁	17.06	54.95	27.14	-2.69	-2.06
吉林	-1.15	10.18	23.50	0.00	-29.84
黑龙江	31.57	42.56	4.24	-52.27	322.47
上海	46.71	7.30	18.89	207.09	18.24
江苏	2.70	22.97	-17.94	3.79	6.20
浙江	12.25	8.30	18.23	15.09	7.74
安徽	11.46	-8.82	26.27	-4.82	40.84
福建	16.27	17.95	-0.04	23.35	25.68
江西	2.88	32.98	-22.26	-8.58	18.52
山东	19.67	30.52	20.91	21.14	7.27
河南	8.18	-23.55	63.62	-1.71	11.40
湖北	0.49	9.76	1.21	0.14	-8.33
湖南	8.99	13.92	16.41	2.66	3.63
广东	14.51	11.96	11.74	14.52	20.01
广西	12.85	10.13	19.90	9.40	12.25
海南	13.08	27.00	47.21	-19.71	8.94
重庆	5.44	-30.20	41.91	8.94	14.54
四川	7.89	-57.89	105.98	30.98	19.25
贵州	32.11	143.03	28.53	7.61	-9.38
云南	5.54	-2.74	3.47	10.39	11.68
西藏	10.65	13.58	-0.98	-80.31	577.08
陕西	8.60	36.60	15.05	-4.25	-7.55
甘肃	35.77	36.49	22.60	20.66	68.29
青海	3.12	25.45	-26.53	24.02	-1.08
宁夏	-2.14	8.45	5.30	26.42	-36.47
新疆	10.66	33.03	-0.39	3.07	9.80

表 11-7　各省、地区单位火电发电量产值　　［单位：元/（kW·h）］

地区	1998 年	1999 年	2000 年	2001 年	2002 年
全国	0.263	0.267	0.276	0.288	0.289
北京	0.290	0.229	0.366	0.382	0.191
天津	0.212	0.198	0.207	0.217	0.173
河北	0.216	0.218	0.225	0.222	0.229
山西	0.172	0.175	0.173	0.181	0.174
内蒙古	0.172	0.166	0.177	0.185	0.189
辽宁	0.198	0.263	0.256	0.278	0.272
吉林	0.238	0.257	0.288	0.291	0.236
黑龙江	0.233	0.187	0.337	0.284	0.441
上海	0.078	0.071	0.071	0.231	0.246
江苏	0.258	0.266	0.188	0.192	0.184
浙江	0.369	0.363	0.343	0.347	0.347
安徽	0.213	0.211	0.199	0.209	0.237
福建	0.588	0.528	0.489	0.519	0.446
江西	0.319	0.339	0.194	0.205	0.206
山东	0.223	0.239	0.256	0.288	0.302
河南	0.256	0.260	0.287	0.280	0.311
湖北	0.382	0.364	0.415	0.374	0.370
湖南	0.373	0.417	0.411	0.393	0.425
广东	0.451	0.447	0.448	0.458	0.428
广西	0.367	0.406	0.394	0.440	0.443
海南	0.391	0.391	0.408	0.405	0.373
重庆	0.244	0.172	0.198	0.190	0.195
四川	0.373	0.291	0.468	0.541	0.473
贵州	0.243	0.239	0.296	0.307	0.301
云南	0.494	0.445	0.553	0.429	0.431
西藏	17.997	71.021	39.447	60.272	48.372
陕西	0.214	0.228	0.219	0.223	0.203
甘肃	0.142	0.161	0.192	0.209	0.258
青海	0.521	0.726	0.819	0.505	0.474
宁夏	0.139	0.143	0.122	0.120	0.123
新疆	0.168	0.176	0.165	0.160	0.174

表 11-8　各省、地区火电增加值占产值比例　　　　　　（单位：%）

地区	1998 年	1999 年	2000 年	2001 年	2002 年
全国	0.48	0.49	0.51	0.50	0.48
北京	0.44	0.41	0.64	0.66	0.44
天津	0.24	0.41	0.46	0.44	0.24
河北	0.45	0.47	0.50	0.51	0.45
山西	0.38	0.42	0.46	0.49	0.38
内蒙古	0.45	0.39	0.37	0.40	0.45
辽宁	0.42	0.48	0.59	0.52	0.42
吉林	0.45	0.43	0.48	0.47	0.45
黑龙江	0.37	0.66	0.37	0.20	0.37
上海	0.49	0.56	0.60	0.55	0.49
江苏	0.48	0.53	0.53	0.50	0.48
浙江	0.51	0.50	0.51	0.52	0.51
安徽	0.46	0.41	0.47	0.38	0.46
福建	0.58	0.61	0.55	0.63	0.58
江西	0.38	0.43	0.53	0.42	0.38
山东	0.43	0.48	0.50	0.48	0.43
河南	0.62	0.45	0.62	0.56	0.62
湖北	0.54	0.58	0.52	0.51	0.54
湖南	0.53	0.50	0.59	0.54	0.53
广东	0.48	0.47	0.45	0.48	0.48
广西	0.61	0.60	0.61	0.59	0.61
海南	0.40	0.48	0.71	0.53	0.40
重庆	0.53	0.49	0.59	0.63	0.53
四川	0.80	0.51	0.66	0.67	0.80
贵州	0.33	0.68	0.66	0.56	0.33
云南	0.70	0.63	0.59	0.60	0.70
西藏	0.58	0.59	0.52	0.09	0.58
陕西	0.40	0.47	0.54	0.45	0.40
甘肃	0.29	0.38	0.34	0.34	0.29
青海	0.61	0.69	0.42	0.52	0.61
宁夏	0.34	0.36	0.37	0.43	0.34
新疆	0.46	0.55	0.53	0.52	0.46

三、影响今后 10～30 年发展的主要因素分析

（一）电力需求增长

党的"十六大"提出了全面建设小康生活的总体发展目标：到 2020 年全国 GDP 比 2000 年翻两番，基本实现工业化；到 2050 年 GDP 比 2020 年再翻两番，实现从工业化向现代化的过渡。按照这一目标，在未来几十年中我国经济仍将保持较高的发展速度。

电力工业是国民经济的基础产业，为了顺利实现全面建设小康社会的宏伟目标，电力工业必须保持先行，适度超前。

随着发展阶段的变化，电力工业与经济之间的关系也随之变化。带来这种变化的原因主要有以下几点。

1）产业结构的变化。结构调整一般有两种情况：一是由于科学技术的不断发展带动社会生产力提高到一个新水平，并出现了新产业，从而引起原有结构的相应变化；二是由于现有结构不够合理，与经济发展不够协调，而进行的调整，各国的发展经验表明，不同的发展阶段具有不同的产业结构特点，由于各个产业的电耗系数差别较大，一般来说，第一产业与第三产业电耗系数较小，而以工业为主的第二产业电耗系数大，大约为第一产业或第三产业的 4 倍之多。因此，不同的发展阶段，电力工业与经济之间关系是变化的。

2）消费结构的变化。随着经济的发展，人们收入日益增加，消费水平不断提高，进而促进人们的消费观念、消费结构与消费内容的变化。首先是食品支出份额随收入水平上升而下降，住房、教育文化娱乐等随收入水平上升而上升，这些也影响电力需求的变化。

3）居民生活水平的提高。居民生活用电增长与居民收入水平提高相关性最高，近几年来城镇居民住宅条件的改善，不仅提高了居民生活质量，也为家用电器普及提供更多空间，大大促进了城镇居民生活用电量的增长。未来随着居民人均收入和生活水平及生活质量的提高，城镇及农村居民生活用电量将呈上升趋势，而且上升幅度大，生活用电比例也将上升。

4）电价的影响。电价对电力需求影响较大，特别是用户对电价的承受能力对电力需求的影响较大。对于工业用户，特别是一些高耗电工业，电费占其成本比例大多超过 10%，甚至为 30% 左右，它们对电价的承受能力低。农村居民对电价敏感度高，承受能力弱，应该说，农村居民生活用电量上升空间还很大，根本在于收入的提高幅度与电价水平的合理性。

5）环保措施的影响。从长远看，环境保护是实现未来可持续发展的主题，要改变我国目前的环境状况，必须将环境保护作为一个产业来发展，届时环境保护产品的生产、环境保护措施的使用都将使相应的用电量明显增加。从近期看，因一些高污染设备的限制使用，对用电量会产生一定的影响。

（二）火电发电量的增长

为了满足电力需求，需要建设相应的电源。影响火电发电量的主要因素有以下几点。

1）电力发展政策。为了适应电力需求的发展，可以有多种满足的方案，影响着火电

的发展。电力发展政策明确提出未来电力发展的方向，电源结构调整的力度。

2）资源状况。我国和各地区能源资源状况主要决定了未来电源的构成，水电丰富的地区应优先发展水电，相应建设火电支撑电源；能源资源缺乏的地区可以有多种选择，输入电力，输入发电能源建设火电。资源状况决定了电源的构成。

3）电网建设状况。未来跨区电网建设的步伐影响了火电的发展。输入电力的多少影响着本地区电源的发展，影响着本地区火电的发展。

四、今后 10～30 年发展状况的预测分析

（一）预测方法

本章的目的是预测火（核）电工业未来用水趋势。采用产值预测方法推断用水会导致偏差大，产值是经济量，产值的变化涉及的因素多，而且火（核）电工业产值和增加值数据是行业部门统计，不能涵盖所有发电企业创造的产值，如企业自备电厂等非电力工业行业的发电企业。而且创造的产值也不单纯反映电力行业发电所创造的产值，还包括了电力行业的发电企业辅助及附属生产所创造的产值。而且现状火（核）电工业产值和增加值及变化趋势与电力工业的增长趋势比较相关但又有许多难以解释的问题。

我们认为，火（核）电的发电量数据直接反映火（核）电工业生产情况，用发电量的数据分析发电用水情况应比较准确。因此，选择的预测方法是首先预测未来电力需求，然后分析未来火（核）电发电量的发展。由于最终要与整个研究进行衔接，要求得出电力工业产值预测数，因此我们根据现状的产值和增加值与发电量及电价之间的关系，预测出单位发电量创造出的增加值和产值及变化趋势，最终预测出火（核）电工业的产值及增加值。

（二）数据说明

全国及分省、地区市火（核）电发电量历史数据采用国家电力工业公司统计数据，火（核）电工业总产值和工业增加值数据来自国家统计局，火（核）电工业总产值的增长速度采用不变价格。预测值采用 2000 年价格作为不变价。

（三）预测结果

1. 电力需求预测

1）华东地区。华东地区包括上海、江苏、浙江、安徽和福建，该地区位于我国东南沿海，是我国经济、科技、文化最为发达的地区之一，在全国经济发展中具有举足轻重的地位。2002 年全地区人口为 2.284 亿人，占全国总人口的 18%；人均 GDP 为 1366 美元，是全国平均水平的 1.59 倍。经过多年的经济高速增长，华东地区已完成工业化早期的结

构转换，2000 年时的产业结构状况为：第一产业降至 12%，第二产业保持在 49%，第三产业已升至 39%。该地区 2000 年时的城市化率为 42.8%。

华东地区四省一市经济发展较不平衡，上海、浙江和江苏是我国经济发达的省（直辖市），各项经济指标均远超出全国平均水平，而安徽的发展则落后于全国平均水平。

华东地区经济自 1995 年以来一直保持 10% 以上增长速度的原因有：一是依靠扩大内需和固定资产投资的迅猛增长；二是出口呈现高速增长态势；三是消费支出稳步上升；四是工业持续快速增长，多种工业产品产量在全国占有重要比例。

由于华东地区已经具有相当的经济发展基础，未来 20 年经济发展速度仍将高于全国平均水平。未来华东地区经济发展将具有以下特点：①以上海为中心的"长江三角洲"区域一体化经济的发展，将加速华东地区的经济发展；②华东地区将继续发挥区位优势，成为连接中国和世界的经济枢纽；③国际资本向华东地区大量转移，将使华东地区逐渐成为世界金融、贸易和制造业中心；④民营资本的崛起增强了内在的投资能力，将促进经济的快速发展。

2）华北地区。华北地区包括北京、天津、河北、山西、内蒙古和山东，其中北京、天津、河北、山东经济相对较发达，而山西、内蒙古则相对落后，因此各地经济发展存在较大差异。

北京是全国政治和文化中心，在科技、人才和信息方面具有很大优势，但同时能源和水资源匮乏，环境容量也有限，未来高耗能行业发展将受到限制，经济发展将主要依赖高新技术产业和第三产业。

天津是我国的老工业基地之一，工业基础雄厚，商业历史悠久，同时由于优越的地理位置，经济发展占有优势。未来天津的产业结构将实现优化升级，第一产业将积极发展沿海都市型农业，加快农业现代化和产业化进程。工业将向高技术含量、高附加值、高外向型、高效益发展，形成技术先进的综合性工业基地。发展机械工业、化学工业、冶金工业、电子工业四个支柱产业，大力发展高新技术产业，使电子信息产品制造业逐步成为带动和支撑天津经济发展的主导产业之一，大力发展和壮大商贸、物流、金融、房地产等现代服务业。

河北农业比例较高，在华北地区仅次于内蒙古，是农业大省。河北的优势工业为机械、电子、冶金和建材业。从近十几年河北经济发展的趋势看，经济增长稳步上升，结构调整力度加大，第二产业和第三产业比例逐年上升。未来河北随着工业结构的调整和占经济总量 50% 以上的国有企业的经营状况的改善，河北经济还将稳步发展。此外，国家西部大开发要求大量的基础设施建设，将拉动建材、黑色金属冶炼和压延等河北支柱产业的发展。

山西是全国的能源重化工基地，经济结构长期保持以重工业为主，属资源导向的重型结构，煤炭工业是山西工业发展的生命线。煤炭、化工、电力和冶金工业是山西的支柱产业，煤炭和电力在全国的经济布局中处于重要的战略地位。未来山西经济发展受国际市场和国内需求的影响较大，由于我国将在 2020 年前实现全面建设小康社会，全国经济将以较快速度发展，对能源和重化工产品的需求旺盛，因此，预测山西经济 2000~2020 年将会以较高速度增长。但同时也要看到煤炭开发与利用带来的环境恶化问题，这一问题将是山西未来经济发展的制约因素。预测山西未来 GDP 增速是先较快后减慢的趋势，第二产业比例还将上升，第三产业比例也将上升，而第一产业比例将持续下降。

内蒙古经济发展相对全国属于偏落后的地区，1995 年，第二产业与第三产业比例相当，分别为 37% 和 35%，而第一产业比例较高，达 29%。到 2000 年，第一产业比例降至 25%，第二产业比例升至 40%，而第三产业仍保持在 35%。未来内蒙古农牧业多元化结构将更加明显，第一产业比例将会有所下降。在国家西部大开发和华北地区经济快速发展的大背景下，内蒙古的电力和基础设施建设还将迈上新台阶，成为拉动经济增长的重要动力。而电力的发展必将拉动煤炭、冶金、建材、化工、机械和交通运输产业的发展。今后，内蒙古工业仍将稳步增长，第三产业比例也会缓慢提高。

3）东北地区。东北地区包括辽宁、吉林和黑龙江。该地区是我国最大的商品粮基地和最大的林业基地，也是以石油开采、机械、化工和冶金而著名的重工业基地。

东北地区具有区位和资源两大优势，既沿海又沿边，同时又与环渤海经济区相连。东北地区矿产资源丰富，如石油、煤炭、铁矿。

东北地区同时还具有经济基础和科技基础两大优势。地区农业基础雄厚，人均占有耕地比全国平均水平高 1 倍多。工业已形成以冶金、机械、化工、能源和汽车为支柱的重化工产业群。该地区城镇化率高，大城市集中，且距离较近，产业关联密切。

未来东北经济发展存在一些有利和不利因素。有利因素为：一是目前国家把东北老工业基地的振兴放在了重要位置，并将加大对东北地区国有企业改革的力度，工业企业有望走入新阶段；二是东北地区具有一定的产业优势；三是我国目前尚处于工业加工度化阶段，机械、电子、石化和汽车等产业确定为支柱产业，而这些产业正是东北地区的优势所在；四是东北地区的人才优势。

东北地区是我国城镇化水平高的地区之一。未来该地区将以大城市为中心，集中和节约各种能源与资源，向以装备制造业为主转型，优先发展高附加值的工业部门以及其他高新技术产业，使老工业基地转变为一个新型的工业化基地。

虽然世界经济一体化可能会对东北地区的冶金和化工产业带来一定的冲击，但东北地区地处东北亚的中心，这为该地区进一步扩大开放、吸引国际资本提供了条件，通过改造和提升老的传统工业，从品种和质量上取得竞争力，将推动东北地区工业的再次复兴，预计今后东北地区经济复苏是可能的。

4）华中地区。华中地区包括湖南、湖北、江西、河南、四川和重庆。该地区地处祖国腹地，是联系南北、承接东西的重要地区，是我国重要的农业和原材料工业基地。自 1990 年以来，华中地区国民经济一直保持较高的增长势头，国家西部大开发战略的实施为华中地区的经济发展提供了极好的机遇。2000 年，华中地区总人口为 3.7 亿人，约占全国总人口的 29.5%，GNP 为 22 633 亿元，约占全国总量的 25.4%，人均 GDP 为 6071 元，低于全国 7028 元的平均水平，约为全国平均水平的 86%。华中地区 2000 年产业结构状况为 20∶43.3∶36.6，第一产业比例高于全国 15.9% 的平均水平，第二产业比例低于全国 50.9% 的平均水平。从人均 GDP 和产业结构特征来看，华中地区尽管 1990 年以来经济以较高速度增长，但目前在全国范围内，属于仅稍好于西北地区的经济落后地区。

预测未来华中地区经济增长会高于全国平均水平。因为华中地区具有交通与通信方面的优势，而且随着全国生产力布局和区域开发的战略转移，近年来，国家开始重视沿江、沿铁路主干线地区的开发。华中地区因处于长江与京广铁路的交汇处，具有较强的经济技术优势和区位优势。华中地区经济发展面临的机遇条件与竞争态势都较好。因此，形势要求华中地区在提高综合实力的基础上加快发展，在全国经济格局中发挥应有的作用。未来华中地区经济增长快于全国是有可能的。

华中地区的工业发展虽较全国稍落后些，但有些工业的发展前景可观。四川的支柱产业为电力信息、水电业、机械工业、冶金工业、医药化工业、建材建筑业、饮料食品业。尤其四川的电子信息产业将要建成西部最大的网络和信息交换服务中心，国家级信息安全产品产业化基地，西部地区最大的软件产业化基地，重要集成电路设计和生产、国际合作开发、电子信息人才教育基地，成为西部地区最大的电子产品和信息服务市场。四川可开发水电装机容量和全年可发电量分别占全国总量的 27.5% 和 26.9%，居全国第一位，大力开发水电不仅为四川的经济发展，而且也是西部大开发战略的需要，同时也是全国优化能源配置，实现"西电东送"，减少化石燃料使用，实现可持续发展的需要。

湖北的支柱产业为钢铁、汽车、水电和石化等。河南的支柱产业为煤炭和钢铁。

总体来看，华中地区除四川的电子信息产业外，其他省（直辖市）的工业仍是以重工业为主，高耗能工业比例仍较高。

5）华南地区。华南地区包括广东、广西、贵州、云南和海南，该地区 20 世纪 90 年代以来经济增长较快，1991~2000 年 GDP 年均增长率为 12.9%，高于全国同期 10.1% 的年均增长速度。与全国平均水平相比，华南地区经济增长的特点是：20 世纪后 10 年 GDP 的快速增长明显超前于全国平均水平，但超前幅度逐步减少。华南地区产业结构变动趋势与全国基本相似，2000 年，第二产业比例为 46%，低于全国 50% 的平均水平，第三产业比例为 38%，高于全国 33% 的平均水平。

从华南地区内各省（自治区）之间的比较来看，广东经济一直占全区经济总量的主要地位，2000 年，广东 GDP 占全区总量的 65% 左右，比 1990 年提高了近 10 个百分点。广西、贵州、云南和海南 GDP 占全区总量的比例逐年下降。但 1996~2000 年，广东 GDP 增长率与广西、云南和贵州的差距开始缩小，广西、贵州和云南的经济增长率开始高于全国平均水平。

1990~2000 年，广东和广西工业化进程较快，第二产业占华南地区 GDP 总量的比例分别提高了 17.4% 和 12.7%，贵州和云南分别提高了 7.3% 和 7.6%，随着各地区工业化水平的提高，第一产业占 GDP 总量的比例逐年下降，第二产业和第三产业比例呈上升趋势。

未来第二产业在华南地区经济结构中的主导地位继续加强，在巩固传统支柱产业的基础上，将大力发展新兴产业和特色优势产业。广西、贵州和云南将以发展绿色食品、医药、特色农牧业、水电和煤电、有色金属和磷矿等优势资源的合理开发和深度加工，逐步实现由资源优势向经济优势的转化。广东凭借其已有的经济实力和在人才、技术和体制等方面的优势，在体制创新、科技创新、对外开放和经济发展中继续走在前列，在基本实现初步现代化的基础上，向更高阶段的现代化继续迈进。

6）西北地区。西北地区包括陕西、甘肃、青海、宁夏和新疆，该地区地处祖国西北部，总面积为 309.3 万 km²，几乎占全国陆地面积的 1/3。2000 年总人口为 9172 万人，约占全国总人口的 7.2%，GDP 为 4358 亿元，约占全国总量的 4.9%，人均 GDP 为 4947 元，仅为全国平均水平 7028 元的 70%，可见，西北地区是我国经济落后地区。

从产业结构看，西北地区也呈落后特征。2000 年，第一产业比例为 18.6%，高于全国 15.9% 的平均水平，第二产业比例仅为 44%，低于全国 50.9% 的平均水平。

西北地区资源丰富，矿产资源、动力资源在全国占有重要的地位。主要矿产资源是金属和非金属矿产资源，多种矿种的储量在全国居首位。水能、煤炭、石油、天然气资源较为丰富。

改革开放以来，西北地区的国民经济保持了持续增长，1990~1995 年 GDP 年均增长率为 10.4%，比全国平均水平低 1.6 个百分点。1996~2000 年 GDP 年均增长率为 8.7%，略高于全国平均水平。2000 年以来，在国家实施西部大开发战略的影响下，西部地区经济发展显示了良好的开端。2001 年、2002 年的 GDP 年均增长率分别为 9.1% 和 9.3%，均高于全国同期平均水平，且保持持续稳定的增长趋势。20 年来，产业结构调整取得了显著的成绩，第一产业比例逐步下降，第二产业和第三产业比例逐步上升。1990 年三次产业比例为 29：36：35，2000 年为 18.6：44：37.4。

从地区内各省（自治区）的经济发展水平看，陕西、新疆的经济实力较强，青海、宁夏的经济实力较弱，甘肃处于中等水平。

以西北地区工业发展状况看，2000 年，地区工业增加值占 GDP 的比例为 32.5%，低于全国同期 44.2% 的平均水平，说明西北地区工业发展水平落后。从工业部门的分布来看，陕西以煤炭、石油天然气开采、石油加工及炼焦、机械设备加工、电子及通信设备制造、医药制造为支柱产业。甘肃以核工业为核心的加工业、石化工业、黑色和有色金属为冶炼为主。青海则以铝冶炼、盐湖化工为主。新疆以石油开采、石油化工为支柱产业。总体来看，西北地区工业以低附加值的原材料工业为主，重工业比例大，高耗能产品多。重工业产值占工业总产值的 80% 以上，尤其是化工、石油天然气开采、机械制造、黑色金属、有色金属、建材及非金属矿 6 个高耗能行业总产值占的比例较高。

按各地区经济发展的不平衡性，对地区电力需求用产值单耗、人均生活用电、弹性系数，综合分析等方法进行预测（表 11-9）。

表 11-9　未来各省（自治区、直辖市）电力需求预测

地区	2000 年	2002 年		2010 年		2020 年		2030 年	
	需电量（亿 kW·h）	需电量（亿 kW·h）	增长率（%）	需电量（亿 kW·h）	增长率（%）	需电量（亿 kW·h）	增长率（%）	需电量（亿 kW·h）	增长率（%）
全国总计	13 541	16 391	10	34 544	9.8	59 104	5.5	89 700	4.3
华北地区	3 184	3 788	9.1	8 269	10.0	14 453	5.7	22 346	4.5
北京	384	440	7	839	8.1	1 353	4.9	2 082	4.4
天津	234	274	8.2	800	13.1	1 400	5.8	2 200	4.6
河北	809	966	9.3	2 000	9.5	3 400	5.4	5 500	4.9
山西	502	629	11.9	1 348	10.4	2 500	6.4	3 800	4.3

地区	2000 年	2002 年		2010 年		2020 年		2030 年	
	需电量(亿 kW·h)	需电量(亿 kW·h)	增长率(%)	需电量(亿 kW·h)	增长率(%)	需电量(亿 kW·h)	增长率(%)	需电量(亿 kW·h)	增长率(%)
蒙西	254	237	-3.4	620	9.3	1 200	6.8	1 900	4.7
山东	1 001	1 242	11.4	2 662	10.3	4 600	5.6	6 864	4.1
东北地区	1 548	1 668	3.8	2 904	6.5	4 950	5.5	7 350	4.0
辽宁	749	810	4.0	1 392	6.4	2 300	5.1	3 400	4.0
吉林	291	306	2.5	526	6.1	850	4.9	1 250	3.9
黑龙江	442	469	3.0	806	6.2	1 350	5.3	2 000	4.0
蒙东	66	83	12.1	180	10.6	450	9.6	700	4.5
华东地区	3 020	3 789	12.0	8 290	10.6	13 943	5.3	21 000	4.2
上海	561	646	7.3	1 287	8.7	1 961	4.3	2 820	3.7
江苏	973	1 245	13.1	2 669	10.6	4 500	5.4	6 498	3.7
浙江	745	1 011	16.5	2 440	12.6	4 200	5.6	6 400	4.3
安徽	339	390	7.3	836	9.4	1 388	5.2	2 197	4.7
福建	402	497	11.2	1 058	10.2	1 894	6.0	3 085	5.0
华中地区	2 521	3 112	11.1	6 390	9.7	10 900	5.5	16 250	4.1
河南	719	916	12.9	1 730	9.2	3 000	5.7	4 500	4.1
湖北	503	562	5.7	1 200	9.1	2 000	5.2	3 000	4.1
湖南	406	478	8.5	1 050	10.0	1 800	5.5	2 650	3.9
江西	208	247	9.0	550	10.2	900	5.0	1 300	3.7
四川	521	661	12.6	1 300	9.6	2 200	5.4	3 300	4.1
重庆	164	248	23	560	13.1	1 000	6.0	1 500	4.1
华南地区	2 249	2 814	11.9	6 163	10.6	10 394	5.4	15 979	4.4
广东	1 335	1 688	12.4	3 618	10.5	5 894	5.0	8 979	4.3
广西	314	357	6.6	800	9.8	1 400	5.8	2 100	4.1
贵州	288	367	12.9	820	11.0	1 500	6.2	2 400	4.8
云南	274	353	13.5	820	11.6	1 400	5.5	2 200	4.6
海南	38	49	13.6	105	10.7	200	6.7	300	4.1
西北地区	1 016	1 216	9.4	2 521	9.5	4 450	5.8	6 750	4.3
陕西	293	356	10.2	750	9.9	1 300	5.7	2 000	4.4
甘肃	295	340	7.4	700	9.0	1 200	5.5	1 800	4.1
青海	109	126	7.5	300	10.7	500	5.2	750	4.1
宁夏	136	179	14.7	331	9.3	550	5.2	800	3.8
新疆	183	215	8.4	440	9.2	900	7.4	1 400	4.5
西藏	3	4	15.5	7	8.8	14	7.2	25	6.0

2. 火电发电量预测

（1）水电资源及水电发展状况

我国水能资源总量丰富，居世界第一。据 1980 年全国水力资源普查成果，水能资源蕴藏量（未包括台湾）为 6.76 亿 kW，相应年发电量 5.92 亿 kW·h，约占世界总量的 1/6。据近年河流规划设计统计资料，全国水能技术可开发资源量为 5.21 亿 kW，年发电量为2.24 万亿 kW·h。

我国可开发水电资源约占世界总量的 15%，但人口占世界的 21%，因此人均资源量只有世界平均值的 70% 左右，并不富裕。

我国水能资源 90% 以上集中在京广铁路以西，经济相对落后的西部 12 个地区水力资源约占全国的 79.3%，特别是云南、四川和西藏就占 57%。我国经济相对发达的东部沿海 12 个省（直辖市）（辽、京、津、冀、鲁、苏、浙、皖、沪、桂、闽、琼）水能资源仅占全国总量的 8.9%。地区经济发展水平与水能资源拥有量不相匹配。

虽然水电装机容量增长很快，但我国水能资源开发程度还很低，且地区间差异较大。按 2000 年我国的水电装机与技术可开发的水力资源 5.21 亿 kW 相比仅为 15%，以电量计算开发率约为 10%，列在世界 80 位左右。低于世界平均水平 18.4%，远低于工业发达国家开发水平（50%~100%），也排在很多发展中国家，如印度、越南、泰国、巴西等国家之后。

我国地区间开发程度差别很大，东部地区水电开发程度达到 68%，可开发的大型水电所剩无几。西部地区水电开发程度很低，尽管西部地区已建成了一批 100 万 kW 以上的大型水电站，如广西岩滩、天生桥一级和二级，云南漫湾，甘肃刘家峡、李家峡，四川二滩等水电站，但西部地区水电总装机为 3320 万 kW，只占西部地区技术可开发水力资源的8%。可见，我国西部地区水电开发程度相当低，尚有近 92% 的技术可开发水力资源等待开发，未来西部地区水电开发前景广阔。

根据我国水电资源及分布特点，未来要积极推进水电流域梯级综合开发，大幅度提高水电开发率。在水能资源丰富的中西部地区，结合西部大开发和西电东送，加快大型水电流域开发。力争到 2020 年水电装机容量达到 2.2 亿 kW 左右，2030 年左右争取全国经济可开发容量基本开发完成（表 11-10 和表 11-11）。

表 11-10 全国省际可开发水能资源

地区	装机容量（亿 kW）	年发电量（亿 kW·h）	占全国比例（%）
全国	37 853	19 233	100.0
华北地区	692	232	1.2
北京、天津、河北	184	42	0.2
山西	264	107	0.6
内蒙古	244	84	0.4

续表

地区	装机容量（亿 kW）	年发电量（亿 kW·h）	占全国比例（%）
东北地区	1 199	384	2.0
辽宁	163	56	0.3
吉林	433	110	0.6
黑龙江	603	219	1.1
华东地区	1 790	688	3.6
上海、江苏	10	3	
浙江	466	146	0.8
安徽	88	26	0.1
福建	705	320	1.7
江西	511	191	1.0
山东	11	2	
中南地区	6 743	2 974	15.5
河南	293	112	0.6
湖北	3 309	1 494	7.8
湖南	1 084	489	2.5
广东	639	240	1.3
广西	1 418	639	3.3
西南地区	23 234	13 050	67.8
四川	9 167	5 153	26.8
贵州	1 292	652	3.4
云南	7 117	3 945	20.5
西藏	5 659	3 300	17.1
西北地区	4 194	1 905	9.9
陕西	551	217	1.1
甘肃	911	424	2.2
青海	1 799	772	4.0
宁夏	80	32	0.2
新疆	854	460	2.4

表 11-11　2000～2030 年全国水电装机开发设想　　（单位：亿 kW）

地区	可开发装机规模	2000 年	2010 年	2015 年	2020 年	2030 年
全国	37 853	7 378	13 832	18 597	21 990	29 347
开发率		19.5	36.5	49.1	58.1	74.9
东北电网	1 371	565	699	709	709	709
华北电网	531	213	213	263	263	413
华北四省（自治区）	520	205	205	255	255	406
山东	11	8	8	8	8	8

续表

地区	可开发装机规模	2000 年	2010 年	2015 年	2020 年	2030 年
西北电网	4 194	869	1 645	1 999	2 319	3 183
西北四省（自治区）	3 340	782	1 473	1 777	2 045	2 809
陕西	551	145	162	194	194	381
甘肃	911	295	352	527	638	778
青海	1 799	311	915	1 012	1 109	1 546
宁夏	79	31	44	44	104	104
新疆	854	87	172	222	274	374
华东电网	1 268	936	1 268	1 296	1 296	1 296
华东四省（直辖市）	563	404	482	482	482	482
福建	705	532	786	814	814	814
华中电网	14 364	2 861	6 345	8 462	9 863	12 524
华中四省	5 197	1 627	3 866	4 286	4 286	4 286
川渝	9 167	1 234	2 479	4 176	5 577	8 238
四川		1 101	2 220	3 861	5 212	7 717
重庆		133	259	315	365	521
南方电网	10 466	1 914	3 619	5 806	7 464	10 124
南方四省（自治区）	10 407	1 860	3 565	5 738	7 396	10 056
广东	580	461	604	651	678	731
广西	1 418	668	1 360	1 495	1 540	1 720
贵州	1 292	236	554	935	1 135	1 217
云南	7 117	495	1 047	2 657	4 043	6 406
海南	59	54	54	68	68	68
西藏	5 659	20	43	62	76	98

（2）电力发展战略

根据我国全面建设小康社会的发展目标及对电力工业的总体要求，我国未来电力工业的发展应遵循以下基本发展原则：①坚持开发与节约并重的原则。在继续贯彻能源开发以电力为中心的同时，加强节能。②坚持电力工业适度超前，以适应国民经济和社会发展需要的原则。③坚持资源优化配置原则。努力实现最大范围的资源优化配置，合理安排电源与布局。西部能源基地的电源建设在满足本地需要的前提下，逐步扩大东送能力，在东部地区负荷中心建设必要的支撑电源，以保持电网的安全稳定运行。

发展方针：加强电网建设，大力发展水电，优化发展煤电，积极发展核电，适度发展天然气发电，因地制宜发展新能源发电，重视生态环境保护，提高能源效率。把水电作为优化能源及电力结构，减少电力行业大气污染，实现能源与电力可持续发展的重要战略措施。把核电作为我国常规能源供应不足的重要补充。充分认识到我国能源资源的客观条件，煤电在未来20～30年对我国电力发展的重要性。

（3）煤炭资源及运输发展

据第三次全国煤炭资源预测结果：我国垂直深度在2000m以内的煤炭地质理论资源总量为5.57万亿t，其中1000m以内的资源量为2.86万亿t。在总的煤炭资源量中已发现的资源量为1.04万亿t（埋深均小于1000m），预测资源量为4.53万亿t。我国煤炭资源在世界煤炭资源总量中的比例并不高，仅为4.2%。而由于我国人口众多，人均煤炭资源量低于世界平均水平（表11-12）。

表11-12 各省（自治区、直辖市）煤炭资源总量排序表　　（单位：亿t）

序次	省（自治区、直辖市）	煤炭资源			序次	省（自治区、直辖市）	煤炭资源		
		探明	预测	总量			探明	预测	总量
1	新疆	1 136	18 037	19 174	16	辽宁	71	59	130
2	内蒙古	2 226	12 250	14 477	17	北京	29	87	116
3	山西	2 501	3 899	6 400	18	江苏	37	50	88
4	陕西	1 555	2 031	3 586	19	湖南	33	45	78
5	贵州	508	1 897	2 405	20	江西	14	41	55
6	宁夏	309	1 721	2 030	21	天津	10	45	54
7	甘肃	93	1 429	1 522	22	吉林	23	30	53
8	河南	238	920	1 158	23	广西	22	18	39
9	安徽	274	612	885	24	福建	11	26	36
10	河北	186	601	787	25	广东	6	9	15
11	云南	241	438	679	26	西藏	0.9	8	9
12	山东	267	405	672	27	湖北	5	2	7
13	四川	138	304	442	28	海南	0.9	0	0.9
14	青海	42	380	423	29	浙江	0.1	0.4	0.5
15	黑龙江	201	176	377					

我国煤炭资源分布较广，除上海外，其余各省（自治区、直辖市）均有煤炭资源。但煤炭资源地理分布极不均匀，形成"北多南少"、"西多东少"的分布格局，与我国区域经济发展水平和消费水平不一致。昆仑山—秦岭—大别山以北煤炭保有储量占90.37%，其中山西、陕西、内蒙古占64%；以南占9.7%，而且主要集中在云贵，占77%。大兴安岭—太行山—雪峰山以西占85.98%，以东占14.02%。京津冀、华东六省一市，再加上广东是我国经济最发达的地区，而煤炭保有储量为703.03亿t，仅占全国的7.0%。年煤炭净调入量4亿t以上；未来随着我国东部老矿区煤炭资源逐步枯竭，新开建矿井资源接替不足，东部地区煤炭供需缺口有可能进一步扩大。煤炭资源分布与区域经济发展不一致性的特点，将使"北煤南运"和"西煤东调"的格局难以改变。长距离的运输：一方面增加我国本来已经十分紧张的运输压力；另一方面增加煤炭的使用成本，降低我国煤炭的国际竞争力。

我国中部地区煤炭资源高度集中，以山西为中心，包括陕西、河南西部、宁夏和内蒙古西部地区是我国煤炭开发的重点，集中分布了全国近70%的保有储量，受地域条件的限制，很难形成与资源量相适应的开发规模。

根据我国煤炭资源特点和开发现状，未来我国煤炭资源的开发战略应是：稳定东部地区煤炭生产规模，提高区内煤炭自给能力；在环境容量范围内，加快西部地区煤炭资源开发力度，重点开发山西、陕西、内蒙古西部（简称三西）地区的煤炭资源；积极开发西南地区；适当开发新疆、甘肃、宁夏、青海。

由于我国煤炭生产和消费的地理分布极不均衡。煤产地主要在北部地区和西部地区，主要消费地则在东部沿海地区，因此形成北煤南运、西煤东运的基本格局。

西煤东运。西煤东运主要是由"三西"运往东部沿海地区，从贵州运往广东、广西和湖南以及新疆向甘肃流动。

北煤南运。北煤南运主要是由"三西"以及河北、山东运往东南沿海和中南地区。

煤炭出关。煤炭出关主要是指"三西"和河北煤向山海关外移动。

煤入川。煤入川主要是指陕西、甘肃煤向四川方向流动。

煤炭的运输方式有铁路运煤、水路运煤和公路运煤。

1）铁路煤炭运输。我国煤炭运输主要靠铁路。2001年，铁路运煤量为766Mt，约占煤炭总运量的72%；其中，"三西"煤炭经铁路外运323Mt，占铁路总运煤量的42.3%。反过来看，煤炭是中国铁路运量最大的货物，2001年铁路运煤占铁路总货运量的42.9%。

"三西"煤炭铁路外运有三个通道。北通道铁路包括大秦线（大同—秦皇岛）、丰沙大线（北京丰台—沙城—大同）和京原线（北京—山西原平）；中通道为石太线（石家庄—太原）和神黄线（神木—黄骅港）；南通道有太焦线（太原—焦作）、邯长线（邯郸—长治）、南同蒲（太原—风陵渡）和侯月线（侯马—月山）。北、中、南通道运煤量分别占"三西"煤炭外运量的55%、25%和20%。

出关煤炭运输除少部分运到营口和大连外，主要由京沈、京通铁路承运。另外，还有连接东北地区和西北地区的集宁—通辽铁路线。

北煤南运铁路主要有京沪线、京广线、京九线和焦枝线，连接"三西"和南北主干线的铁路线主要有石德线、新荷线；连接"三西"和北方主要煤运港口铁路线主要有陇海线、胶济线、荷兖日线等。西安—南京铁路将陕西和内蒙古西部煤炭产地与华东沿海煤炭消费区联系起来。2003年陇海线宝鸡—兰州段将完成复线建设，实现陇海线全线复线，并将继续建设兰州—乌鲁木齐兰新复线，最终实现陇海、兰新全线复线。陇海与兰新线和西安—南京线路的建设将增强西北地区煤炭向东部的输送能力。

西南地区煤炭运输主要采取"南出北进"的方式，即贵州煤炭供应广东、广西和海南，四川缺煤由北方供应。"南出"铁路线主要有南昆线、湘黔线、黔桂线，重庆—怀化铁路将整体缓解西南地区铁路运输紧张状况；"北进"铁路线主要有宝成线和渝襄线，西康线和宝中线的建成直接将陕西、内蒙古、甘肃和宁夏等煤产地与西南煤炭需求地区联系起来。

西北地区煤炭主要在区内移动，煤炭运输路线主要有兰新线、兰包线。随着甘肃华亭煤炭资源的开发，西北地区煤炭将向外供应。

2）水路煤炭运输。水路煤炭运输包括内河和沿海海运。

内河运煤主要是长江和京杭大运河。长江水运煤炭主要由南京、芜湖、武汉和枝城港装船，新建煤码头可停靠 10 000 载重吨运煤船。2001 年，长江港口煤炭发运量 1400 万 t；京杭大运河徐州—杭州段经过扩建，运河底宽达 60~70m，通航水深超过 4m，可航行 2 艘 1000 载重吨或 2000 载重吨级驳船的顶推船队。2001 年全国运河港口煤炭发运量为 733.8 万 t

近海海运是北煤南运的主通道，华北煤炭供应华东和华南地区，经海路运输的占 55%。北方沿海港口秦皇岛、天津、青岛、日照和连云港是主要煤炭输出港。2001 年，这 5 个港口的煤炭输出量（包括出口）达 194.5Mt，其中秦皇岛为 100.02Mt，占 47.6%。接卸港主要是上海、宁波、福州、厦门、汕头和广州。

3）公路煤炭运输。公路煤炭运输主要是从"三西"运到河北、北京、山东、河南等地。1998 年，山西煤炭公路外运量为 37.4Mt，公路长距离运煤采用 15~35t 货运汽车。

（4）电网发展

我国的能源资源主要分布在西部及经济落后地区，而负荷发展的中心则主要分布在经济发达的东部及东南沿海地区，因此客观上决定了未来我国电力主要流向为西电东送。西电东送、南北互供、全国联网战略是资源优化配置的具体体现。

目前，我国已形成华北（覆盖北京、天津、华北、山西及内蒙古西部）、东北（覆盖辽宁、吉林、黑龙江及内蒙古东部）、华东（覆盖上海、江苏、浙江、安徽及福建）、华中（覆盖河南、湖北、江西、四川及重庆）、西北（覆盖陕西、宁夏、甘肃、青海）和南方（覆盖广东、广西、贵州、云南）6 个跨省（自治区、直辖市）大区电网及山东、新疆、海南、西藏 4 个独立电网。

目前大区之间联网有四条线路，连接华中—华东两条、连接东北—华北一条和连接华北—华中的一条线路。

未来我国联网格局概括为：全国将形成以三峡为中心，向东西南北辐射，以三横（北、中、南）三大输电通道一纵（华北—华中—南方互连）为主体，北、中、南输电通道之间因地制宜多点互联的网状型电网。

北部通道包括东北、华北、西北三个区域电网，主要通过开发陕西、山西和内蒙古西部煤电基地和西北黄河水电东送华北京津冀和山东，远景"三西"煤电基地送电东北、华中地区。考虑 2030 年陕北煤电基地达到最终规模，可有 1440 万 kW 的外送规模，其中 3/4 送往华北、1/4 送往山东。

中部通道包括华中和华东两个区域电网，通过葛洲坝、二滩、三峡输电华东，远景通过开发金沙江水电基地和四川水电东送华东、华中。南部通道包括南方电网和香港、澳门电网，随着天生桥、龙滩、云南澜沧江和金沙江中游梯级电站及贵州火电基地的建设，加大西电东送力度。根据国家电网公司 2030 年西部水电开发规划及全国电力流向的初步结论，中、南通道 2030 年西部水电外送中、东部地区规模将达到 6880 万 kW，其中送电华东 3500 万 kW、华中 2030 万 kW、广东 1050 万 kW、山东 350 万 kW。

南北电网之间不可能形成长期的送受电关系，电网互联主要是互为备用、水火互济，取得调峰等联网效益。

区域间送电能力考虑：溪洛渡、向家坝送华中 2020 年 810 万 kW，送华东 1050 万 kW。川电外送规划 2020 年前锦屏送华东 350 万 kW。

（5）火电发电量预测

各大区电源构成主要依据其经济发展水平及能源结构。

1）华北电网。华北电网由能源资源较为紧缺的京津唐电网、河北南网和煤炭资源极为丰富的山西、内蒙古西部电网三部分组成。

京津唐电网电力发展方针是"输煤与输电并举"，其电源布局一方面考虑京津唐是华北电网的负荷中心，受端电网应当有足够的电源支撑，为提高电网供电的可靠性建设负荷中心电厂。另一方面，考虑到京津唐地区环境承载容量和铁路运输较紧张状态，将在蒙西、晋北煤炭基地和张家口地区建设坑口、路口电厂，向京津唐地区送电。

河北南网将沿负荷中心地带建设，利用晋中、晋东南煤及沿太行山麓的水源建电厂。此外，将考虑山西向河北南网输送一部分电力。

山西是我国主要的煤炭基地，应加快其境内坑口电厂的建设，在满足本省用电的基础上，变输煤为输电。向京津唐地区、河北南网、华东电网和山东电网送电。

山东电网是纯火电电网，考虑建设本地燃煤电厂外，并考虑建设天然气、核电及外来电。

2）东北电网。东北电网火电电源布局分四大块：一是依靠内蒙古东部三大露天矿的褐煤和集通线来煤建设坑口电厂及集通沿线路口电厂，向三省负荷中心供电；二是在黑龙江东部建设一批坑口电厂向主网送电；三是沿哈大铁路两侧建设铁岭、长春、九台电厂等负荷中心电厂；四是利用大秦铁路部分运量，在沿海建设绥中、丹东、营口电厂等港口电厂。

3）华东电网。华东地区经济发展较快，但能源资源紧缺，"无油、少煤、缺水"。为适应沿海外向型经济的发展，一方面要继续靠"三西"地区供应煤炭建设港口电厂；另一方面，要积极参与跨大区办电，并抓紧核电站的前期工作，争取早日开工建设一批核电站，以改善电源结构，减轻铁路运输压力和环境污染。

华东电网的电源布局除利用两淮煤炭基地和徐州煤炭产地建设电厂外，主要是在沿海、沿江接海上来煤建设火电厂。同时，配合京九铁路的建设，安排一定容量的火电电源。另外，考虑用进口天然气建设适当规模的联合循环机组，以解决调峰和弥补一次能源供应不足，积极开发核电。

4）华中电网。华中电网"南水北煤"，除河南外，其他地区一次能源贫乏。电源布局大体上是在河南北部建设沁北、三门峡等大型坑口电厂，向南送电。南部湖南、湖北水、火并举，并在贵州合作开发水电；江西主要是沿京九铁路建路口电厂，另外要尽量利用本地劣质煤炭，建电厂作为补充。湖北火电布置在负荷中心周围，湖南也是以水电为主，湖南有少量煤炭，在本省负荷中心建设电厂，也可利用外来煤建设火电厂。江西大型水电站有万安、柘林等水电站，火电多为负荷中心电厂，江西动力资源缺乏，除运进煤建火电外，应适当建设核电站。

5）西北电网。西北地区煤炭资源主要在陕西、宁夏，水电资源主要在青海，应采取"水火并举"的方针。水电方面，重点开发黄河上游的水电，并开发汉江上游及白龙江上的水电。火电方面，陕西建设电厂除满足地方负荷外，尚需考虑将部分容量送到缺少基荷的四川电网。宁夏建设火电其富裕电力送往甘肃，青海则以水电为主。西北电网将西部水电群与东部火电群紧密地连接起来，有效地提高了水火电补偿调剂作用。

2010 年，西北电网"水火打捆"向华北送电 540 万 kW，2020 年 2040 万 kW。

新疆电网是独立电网，电力发展应就地建设水火电解决，同时研究与中亚国家建立送、受电关系的可能性。

6）南方电网。广东电源布局，主要考虑充分利用广西、贵州、云南的水和煤炭建电厂。同时，考虑进口一部分煤炭供港口电厂使用，进口部分天然气，建设适当规模的联合循环机组，弥补一次能源供应缺口。并在负荷中心和山区建设燃煤电厂。

广西、贵州、云南电网都是水电比例较大的电网，充分发挥其水电优势；同时，还要建设一批火电站以利于水火电配合运行，送电广东、华东。

7）火电发电量预计。为了减轻电煤对运输的压力，考虑煤炭基地的电力开发和外送，特别是山西、陕西、宁夏、内蒙古、贵州、东四蒙等煤电基地的开发。山西煤藏丰富，查明资源储量 2600 多亿吨，占全国的 1/4，根据水资源量，可将 2000 万 kW 以上，内蒙古西部根据水量，可建 6000 万 kW，东四蒙可建 2500 万 kW，陕北基地可建 1000 万 kW，宁夏为 1000 万 kW，贵州为 3000 万 kW。煤电基地的电站建设规模，主要受水资源的制约。今后可大力发展空冷机组，节约电厂用水。根据各地区的电力需求预测，可能的水电建设规模及跨区送电规模，预测了未来各省（自治区、直辖市）的火电发电量（表 11-13）。

表 11-13　各省（自治区、直辖市）火电发电量预测

地区	2000 年	2004 年	2010 年		2020 年		2030 年	
	火电发电量（亿 kW·h）	火电发电量（亿 kW·h）	火电发电量（亿 kW·h）	增长率（%）	火电发电量（亿 kW·h）	增长率（%）	火电发电量（亿 kW·h）	增长率（%）
全国	11 249	18 609	29 311	10.1	46 794	4.8	67 053	3.7
华北地区	3 275	5 268	8 130	9.5	11 890	3.9	17 200	3.8
北京	180	185.79	230	2.5	280	2.0	300	0.7
天津	216	339.52	500	8.8	650	2.7	800	2.1
河北	840	1 249.70	1 600	6.7	1 900	1.7	2 800	4.0
山西	605	1 049.26	1 600	10.2	2 300	3.7	3 300	3.7
内蒙古	433	804.27	1 500	13.2	2 860	6.7	4 500	4.6
山东	1 001	1 639.18	2 700	10.4	3 900	3.7	5 500	3.5
东北地区	1 293	1 713	2 375	6.3	3 285	3.3	4 500	3.2
辽宁	630	845.43	1 200	6.7	1 735	3.8	2 500	3.7
吉林	244	332.42	410	5.3	550	3.0	720	2.7
黑龙江	419	534.82	765	6.2	1 000	2.7	1 280	2.5
华东地区	2 706	4 623	7 515	10.8	13 055	5.7	19 640	4.2
上海	558	711.27	825	4.0	1 270	4.4	1 600	2.3
江苏	972	1 635.45	2 800	11.2	4 200	4.1	5 500	2.7
浙江	607	1 172.43	1 790	11.4	3 485	6.9	5 400	4.5
安徽	361	598.75	1 200	12.8	2 400	7.2	4 000	5.2
福建	208	504.90	900	15.8	1 700	6.6	3 140	6.3

续表

地区	2000 年	2004 年	2010 年		2020 年		2030 年	
	火电发电量 （亿 kW·h）	火电发电量 （亿 kW·h）	火电发电量 （亿 kW·h）	增长率 （%）	火电发电量 （亿 kW·h）	增长率 （%）	火电发电量 （亿 kW·h）	增长率 （%）
华中地区	1 590	2 708	3 880	9.3	5 550	3.6	7 520	3.1
河南	680	1 093.52	1 500	8.2	2 100	3.4	2 900	3.3
湖北	278	430.34	550	7.1	700	2.4	850	2.0
湖南	166	371.86	650	14.6	1 000	4.4	1 400	3.4
江西	149	301.27	450	11.7	700	4.5	1 000	3.6
四川	187	346.27	500	10.3	700	3.4	900	2.5
重庆	130	165.20	230	5.9	350	4.3	470	3.0
华南地区	1 669	2 977	5 500	12.7	9 992	6.2	13 920	3.4
广东	1 196	1 978.70	3 250	10.5	6 000	6.3	8 300	3.3
广西	120	201.43	390	12.5	842	8.0	1 600	6.6
贵州	225	497.20	1 100	17.2	1 850	5.3	2 500	3.1
云南	101	243.22	650	20.5	1 100	5.4	1 300	1.7
海南	27	56.87	110	15.1	200	6.2	220	1.0
西北地区	716	1 319	1 910	10.3	3 020	4.7	4 270	3.5
陕西	247	444.39	700	11.0	1 300	6.4	2 010	4.5
甘肃	166	332.42	450	10.5	600	2.9	800	2.9
青海	29	62.08	90	12.0	120	2.9	160	2.9
宁夏	123	252.98	320	10.0	550	5.6	750	3.2
新疆	151	227.52	350	8.8	450	2.5	550	2.0
西藏	0.04	0.06	0.70	33.1	1.80	9.9	3.00	5.2

（6）火电产值和增加值预测

产值是以货币量计算的产品产量，与发电价格有关。因此，我们以 2004 年的价格为参考，考虑未来各地区火电上网电价可能的涨落因素，预测了未来火（核）电工业总产值。

发电电价也称上网电价，一般指省级以上电力公司向独立发电厂（包括合资电厂、集资电厂等）购电时的电价。独立发电企业的发电价格以单个电厂或是单个机组为基础分别核定，执行"新电新价"的政策。"新电新价"的主要原则是"还本付息电价"，即制定上网电价保证电厂投资者在相对短的时间（一般为 10 年左右）内偿还所有贷款本金和利息，并获得较高的投资回报。省和省级以上的电网调度的独立发电厂上网电价由国家级部门审批，地方独立电网调度的发电厂上网电价由省级部门审批。

1985 年以前全部由国家投资建成的老电厂及 1985～1992 年由电建基金投资建成的电厂没有发电电价，只能通过国家批准的目录电价回收直接的运行成本，包括折旧、燃料费用、维护检修费用及人工工资等，但不包括投资回报。

目前，全国发电环节平均电价约 0.282 元/（kW·h）。其中，1985 年以前建成的电网直属电厂没有独立的上网电价，与电网的内部结算价平均约为 0.20 元/（kW·h）；1985年以后建成的独立核算电厂上网电价平均为 0.32 元/（kW·h）。其中，1997 年核批的 62

个电厂上网电价平均为 0.41 元/（kW·h），1999~2000 年核定的 70 个电厂上网电价平均约为 0.36 元/（kW·h）。

国家计划委员会 2001 年颁布了制定电厂上网电价的新规定：①对于新建电厂将按照经营期测算平均上网电价，对于现有电厂，则按剩余经营期核定上网电价。②电厂的成本按省级电网内同时期建设的同类型技术先进的发电机组的社会平均成本为基础核定。对于符合环境保护要求的机组所增加的投资，可以另行计算。这将有利于促进环境保护机组的发展。③经营期内资本金内部收益率按略高于同期国内银行 5 年期以上贷款利率计算。

根据新的规定，预计现有电厂的上网电价将会有不同程度的下降。对于新建电厂，同类电厂的上网电价将相同，打破了"一厂一价"的还本付息定价模式，为未来市场公平竞价打下良好基础（表 11-14）。

表 11-14　全国有关省（自治区、直辖市）电价水平

[单位：元/（kW·h）]

序次	省（自治区、直辖市）	1999 年	2000 年
1	上海	0.327	0.327
2	江苏	0.348	0.348
3	安徽	0.313	0.303
4	福建	0.335 1	0.335 1
5	河南	0.271 43	0.3
6	湖北	0.212	0.222
7	湖南	0.297	0.297
8	江西	0.319	0.333
9	云南	0.190	0.215
10	广西	0.304	0.316
11	广东		0.493
全国平均		0.276	0.282

由于近期各地区的火电增加值占火电总产值的比例变化不大，因此根据 2004 年的比例，预测了未来火电增加值。个别地区的个别年份由于数据差异较大，我们比较各年的变化情况进行了相应的调整（表 11-15~表 11-17）。

表 11-15　2004 年火电发电量、产值、增加值

地区	火电发电量（亿 kW·h）	总产值（亿元）	增加值（亿元）
北京	185.79	57.56	32.38
天津	339.52	81.80	42.60
河北	1249.70	287.24	143.99
山西	1049.26	184.76	90.27
内蒙古	804.27	158.07	80.98
辽宁	845.43	178.14	79.04
吉林	332.42	78.74	29.49

地区	火电发电量（亿 kW·h）	总产值（亿元）	增加值（亿元）
黑龙江	534.82	179.60	63.30
上海	711.27	172.94	78.13
江苏	1635.45	434.79	161.91
浙江	1172.43	419.00	187.83
安徽	598.75	149.65	56.87
福建	504.90	149.45	77.28
江西	301.27	56.30	16.83
山东	1639.18	420.60	204.08
河南	1093.52	382.10	131.45
湖北	430.34	119.90	55.32
湖南	371.86	90.34	39.05
广东	1978.70	769.01	361.47
广西	201.43	46.87	21.02
海南	56.87	16.18	6.08
重庆	165.20	26.92	14.21
四川	346.27	63.94	30.09
贵州	497.20	87.66	39.93
云南	243.22	45.13	24.85
西藏	0.06	0.12	0.03
陕西	444.39	96.44	43.71
甘肃	332.42	57.17	24.47
青海	62.08	23.11	7.82
宁夏	252.98	36.40	19.97
新疆	227.52	30.77	17.66

表 11-16　各省（自治区、直辖市）火电总产值预测

地区	2000 年 火电总产值（亿元）	2004 年 火电总产值（亿元）	增长率（%）	2010 年 火电总产值（亿元）	增长率（%）	2020 年 火电总产值（亿元）	增长率（%）	2030 年 火电总产值（亿元）	增长率（%）
全国	3 101	4 901	12.1	8 279	10.3	14 303	5.6	21 851	4.3
华北地区	737	1 190	12.7	1 991	10.4	3 123	4.6	4 838	4.5
北京	66	57.56	-3.2	76	1.5	98	2.6	111	1.3
天津	45	81.80	16.2	130	11.3	183	3.4	241	2.8
河北	189	287.24	11.0	400	7.8	513	2.5	812	4.7

中国经济发展布局与水资源区产业结构研究

地区	2000 年	2004 年		2010 年		2020 年		2030 年	
	火电总产值（亿元）	火电总产值（亿元）	增长率（%）	火电总产值（亿元）	增长率（%）	火电总产值（亿元）	增长率（%）	火电总产值（亿元）	增长率（%）
山西	105	184.76	15.2	314	11.6	497	4.7	779	4.6
内蒙古	77	158.07	19.8	325	15.5	677	7.6	1 154	5.5
山东	256	420.60	13.2	747	11.3	1 157	4.5	1 741	4.2
东北地区	372	436	4.1	654	5.8	963	3.9	1 397	3.8
辽宁	161	178.14	2.6	277	5.6	435	4.6	677	4.5
吉林	70	78.74	3.0	105	4.2	152	3.8	214	3.4
黑龙江	141	179.60	6.2	272	6.8	376	3.3	507	3.0
华东地区	604	1 326	21.7	2 301	14.3	4 296	6.4	6 889	4.8
上海	40	172.94	44.5	217	18.5	360	5.2	485	3.0
江苏	183	434.79	24.1	800	15.9	1 285	4.8	1 792	3.4
浙江	208	419.00	19.1	675	12.5	1 385	7.4	2 254	5.0
安徽	72	149.65	20.2	324	16.3	696	7.9	1 240	5.9
福建	102	149.45	10.0	284	10.8	571	7.2	1 118	6.9
华中地区	521	740	9.2	1 127	8.0	1 711	4.3	2 471	3.7
河南	195	382.10	18.3	554	11.0	818	4.0	1 187	3.8
湖北	115	119.90	1.0	164	3.6	223	3.1	288	2.6
湖南	68	90.34	7.3	171	9.6	283	5.2	424	4.1
江西	29	56.30	18.2	93	12.4	159	5.5	247	4.5
四川	88	63.94	−7.6	102	1.6	157	4.4	220	3.4
重庆	26	26.92	1.1	42	5.0	71	5.4	105	4.0
华南地区	717	965	7.7	1 810	9.7	3 515	6.9	5 178	4.0
广东	536	769.01	9.4	1 328	9.5	2 572	6.8	3 724	3.8
广西	47	46.87	−0.3	99	7.6	230	8.8	468	7.4
贵州	67	87.66	7.1	216	12.5	400	6.4	591	4.0
云南	56	45.13	−5.3	134	9.1	248	6.4	319	2.6
海南	11	16.18	10.2	33	11.8	65	6.8	76	1.6
西北地区	150	244	13.0	394	10.2	691	5.8	1 072	4.5
陕西	54	96.44	15.5	166	11.8	334	7.3	557	5.2
甘肃	32	57.17	15.8	86	10.5	127	3.9	186	3.9
青海	24	23.11	−0.8	35	4.0	49	3.4	69	3.4
宁夏	15	36.40	24.8	52	13.3	101	6.8	153	4.2
新疆	25	30.77	5.5	54	8.2	79	3.8	107	3.1
西藏	2	0.12	−47.7	1	−1.2	4	10.0	6	5.3

表 11-17　各省（自治区、直辖市）火电增加值预测

地区	2000 年	2004 年		2010 年		2020 年		2030 年	
	火电增加值（亿元）	火电增加值（亿元）	增长率（%）	火电增加值（亿元）	增长率（%）	火电增加值（亿元）	增长率（%）	火电增加值（亿元）	增长率（%）
全国	1 334	2 182	13.1	3 720	10.8	6 434	5.6	9 679	4.2
华北地区	328	594	16.0	993	11.7	1 558	4.6	2 265	3.8
北京	20	32.38	12.5	43	7.8	55	2.6	62	1.3
天津	27	42.60	12.6	68	9.9	95	3.4	125	2.8
河北	97	143.99	10.4	200	7.5	257	2.5	260	0.1
山西	41	90.27	21.8	153	14.1	243	4.7	381	4.6
内蒙古	43	80.98	17.5	166	14.6	347	7.6	591	5.5
山东	101	204.08	19.2	362	13.6	561	4.5	845	4.2
东北地区	152	172	3.2	258	5.5	382	4.0	559	3.9
辽宁	77	79.04	0.7	123	4.8	193	4.6	300	4.5
吉林	20	29.49	9.9	39	6.9	57	3.8	80	3.4
黑龙江	55	63.30	3.8	96	5.8	132	3.3	179	3.0
华东地区	334	562	13.9	969	11.2	1 821	6.5	2 946	4.9
上海	54	78.13	9.7	98	6.1	162	5.2	219	3.0
江苏	87	161.91	16.8	298	13.1	478	4.8	667	3.4
浙江	116	187.83	12.8	303	10.1	621	7.4	1 010	5.0
安徽	29	56.87	18.3	123	15.6	264	7.9	471	5.9
福建	48	77.28	12.6	147	11.8	295	7.2	578	6.9
华中地区	184	287	11.8	462	9.6	691	4.1	971	3.5
河南	87	131.45	10.9	191	8.2	281	4.0	408	3.8
湖北	34	55.32	12.9	92	10.5	113	2.1	136	1.9
湖南	22	39.05	15.4	81	14.0	138	5.4	194	3.5
江西	10	16.83	14.5	28	11.0	47	5.5	74	4.5
四川	20	30.09	10.8	48	9.2	74	4.4	104	3.4
重庆	11	14.21	6.1	22	7.1	37	5.4	55	4.0
华南地区	269	453	13.9	853	12.2	1 655	6.9	2 434	3.9
广东	225	361.47	12.6	624	10.7	1 209	6.8	1 750	3.8
广西	12	21.02	14.1	44	13.6	103	8.8	210	7.4
贵州	18	39.93	21.4	98	18.3	182	6.4	269	4.0
云南	10	24.85	25.6	74	22.1	137	6.4	176	2.6

地区	2000 年	2004 年		2010 年		2020 年		2030 年	
	火电增加值（亿元）	火电增加值（亿元）	增长率（%）	火电增加值（亿元）	增长率（%）	火电增加值（亿元）	增长率（%）	火电增加值（亿元）	增长率（%）
海南	4	6.08	14.2	13	13.4	24	6.8	28	1.6
西北地区	67	114	14.1	184	10.6	324	5.8	502	4.5
陕西	25	43.71	15.6	75	11.9	151	7.3	252	5.2
甘肃	16	24.47	11.9	37	9.0	54	3.9	79	3.9
青海	6	7.82	8.4	12	7.8	17	3.4	23	3.4
宁夏	12	19.97	13.6	29	9.1	55	6.8	84	4.2
新疆	9	17.66	17.1	31	12.7	45	3.8	62	3.1
西藏	0	0.03	33.3	0.4	43.6	1.0	10.0	1.7	5.3

第十二章　全国和各地区高用水工业
发展布局现状及预测

　　20 世纪 90 年代以来，随着我国工业化进程的加快，工业规模迅速扩大，工业经济增长质量和效益不断提高，工业在国民经济中的地位持续上升。21 世纪，全面建设小康社会的宏伟战略目标对我国经济社会发展提出了更高的要求，也为我国工业发展提供了重要的历史性机遇。21 世纪前 30 年，是我国实现工业化、现代化的关键性时期。

　　我国工业化水平的不断提高和工业经济规模的迅速扩大，对环境和资源造成了巨大压力。资源是工业发展的基础，工业发展必须充分考虑我国的资源，特别是水资源的状况。

　　我国是世界上水资源相对短缺的国家之一，分布也极不均衡。研究和把握我国工业，特别是高用水工业的总量规模、经济结构和空间布局等方面的演变规律和未来发展趋势，对工业和国民经济的持续健康发展、水资源的保护和高效合理利用无疑具有重要的战略价值。

　　本章是水利部重大规划前期研究项目"国民经济发展布局与产业结构预测研究"的子课题成果之一，重点研究我国高用水工业的现状和未来发展趋势，并分别对 2010 年、2020 年和 2030 年三个时点各省（自治区、直辖市）的高用水工业的发展速度、规模水平、地区布局等进行预测分析。

　　高用水工业包括纺织工业、造纸工业、石化工业、化学工业、冶金工业和食品工业六个工业部门。研究分析过程以历年来（2000 年不变价）的工业增加值为主。

一、我国工业运行状况

　　"十五"时期，我国政府及工业管理有关部门和企业，按照走新型工业化道路和科学发展观的要求，不断加强和改善宏观调控，努力推进增长方式的转变，积极利用国际国内两种资源、两个市场，克服部分行业盲目投资和低水平扩张、贸易摩擦加剧、油价上涨等一系列因素的影响，在改革、发展、创新等诸多方面都有不少突破，结构调整和产业升级步伐明显加快，工业增长质量、整体发展水平得到了较大提升，并继续呈现出快速增长的势头。2000~2004 年，工业增加值由 2000 年的 40 033.6 亿元增加到 2004 年的 60 204.76 亿元，年均增长 10.74%。

　　除云南、西藏外，各地区工业均保持两位数增长。广东、江苏和山东是我国工业最发达的地区，2004 年实现工业增加值分别达到 8300.58 亿元、6782.27 亿元和 6647.11 亿元，并继续保持高速增长的态势，工业增加值占全国的比例分别由 2000 年的 11.61%、10.01% 和 9.53% 上升到 2004 年的 12.71%、10.39% 和 10.18%（表 12-1）。我国工业呈现出向东部发达地区进一步集聚的明显趋势。

表 12-1 工业增加值变化情况（2000 年不变价） （单位：亿元）

地区	2000 年	2001 年	2002 年	2003 年	2004 年
全国	40 033.6	43 516.52	47 868.18	53 995.30	60 204.76
北京	844.01	930.10	1 002.65	1 124.97	1 342.09
天津	785.96	885.75	1 014.65	1 203.17	1 461.44
河北	2 201.73	2 397.68	2 661.43	3 031.37	3 489.10
山西	748.65	830.25	955.62	1 115.21	1 314.83
内蒙古	484.19	533.58	607.74	740.23	924.55
辽宁	2 114.90	2 271.40	2 494.00	2 783.30	3 206.37
吉林	655.68	735.02	810.72	917.74	1 073.76
黑龙江	1 566.40	1 719.91	1 912.54	2 145.87	2 424.83
上海	1 998.96	2 240.83	2 525.42	2 969.89	3 448.05
江苏	3 848.52	4 291.02	4 887.48	5 757.45	6 782.27
浙江	2 945.70	3 269.73	3 714.41	4 297.57	5 028.16
安徽	885.10	964.76	1 077.64	1 204.80	1 373.47
福建	1 422.34	1 575.95	1 813.92	2 093.27	2 413.54
江西	543.88	602.62	711.69	850.47	1 006.11
山东	3 665.74	4 076.30	4 671.44	5 488.95	6 647.11
河南	2 000.04	2 192.04	2 448.51	2 867.21	3 354.63
湖北	1 243.24	1 368.81	1 507.06	1 660.78	1 884.98
湖南	1 094.76	1 203.14	1 335.49	1 505.09	1 744.40
广东	4 463.06	4 962.92	5 702.40	6 899.90	8 300.58
广西	612.33	661.32	733.40	840.48	983.36
海南	70.46	77.72	90.07	110.97	129.50
重庆	512.07	569.42	647.43	753.61	880.22
四川	1 154.46	1 272.21	1 427.43	1 660.10	1 988.79
贵州	328.73	358.97	398.46	451.46	523.24
云南	704.00	731.46	804.60	886.67	991.30
西藏	10.17	10.85	11.47	12.67	14.75
陕西	629.88	704.21	811.25	947.53	1 123.78
甘肃	327.60	360.36	399.64	451.19	514.36
青海	78.80	87.47	100.68	117.89	143.95
宁夏	96.70	106.56	120.95	141.27	167.69
新疆	418.63	451.28	486.03	540.47	618.84
地区合计	38 456.69	42 443.66	47 886.22	55 571.55	65 300.04

二、我国高用水工业运行状况

（一）基本情况

以纺织工业、造纸工业、石化工业、化学工业、冶金工业和食品工业为代表的高用水工业是我国工业的重要组成部分，特别是化学工业、纺织工业及冶金工业等对工业增长的贡献位居各工业部门前列（表 12-2）。

表 12-2 高用水工业发展情况（2000 年不变价）

地区	2004 年增加值（亿元）	2000 年增加值（亿元）	2000～2004 年增速（%）	比例（%）	
				2000 年	2004 年
全国		9 946.83			
北京	490.43	298.53	13.21	3.14	2.35
天津	468.52	229.34	19.55	2.41	2.24
河北	1 192.57	525.32	22.75	5.52	5.71
山西	472.85	197.77	24.35	2.08	2.26
内蒙古	374.77	153.16	25.07	1.61	1.79
辽宁	1 345.89	487.47	28.90	5.12	6.44
吉林	291.00	177.01	13.23	1.86	1.39
黑龙江	346.66	177.72	18.18	1.87	1.66
上海	1 230.52	660.30	16.84	6.94	5.89
江苏	2 669.56	1 175.02	22.77	12.34	12.77
浙江	1 541.27	673.94	22.97	7.08	7.37
安徽	431.41	178.96	24.60	1.88	2.06
福建	609.97	239.19	26.37	2.51	2.92
江西	261.76	122.01	21.03	1.28	1.25
山东	2 563.05	1 091.30	23.80	11.47	12.26
河南	874.50	455.65	17.70	4.79	4.18
湖北	588.30	298.83	18.45	3.14	2.81
湖南	541.59	185.55	30.71	1.95	2.59
广东	2 072.89	1 088.24	17.48	11.43	9.92
广西	294.75	158.80	16.72	1.67	1.41
海南	50.21	28.45	15.26	0.30	0.24
重庆	174.75	85.27	19.65	0.90	0.84
四川	753.28	279.24	28.16	2.93	3.60
贵州	179.07	92.73	17.88	0.97	0.86

地区	2004 年增加值（亿元）	2000 年增加值（亿元）	2000~2004 年增速（%）	比例（%）	
				2000 年	2004 年
云南	228.42	111.86	19.54	1.18	1.09
西藏	5.01	1.68	31.41	0.02	0.02
陕西	225.96	127.39	15.40	1.34	1.08
甘肃	241.99	138.74	14.92	1.46	1.16
青海	44.55	24.46	16.17	0.26	0.21
宁夏	70.01	35.71	18.33	0.38	0.33
新疆	157.07	91.71	14.40	0.96	0.75
地区合计	20 898.80	9 518.46	21.73	100.00	100.00

我国高用水工业增长速度远远高于全部工业的增长速度。按各地区的数据资料，2000~2004 年，高用水工业增加值由 2000 年的 9518.46 亿元增加到 2004 年的 20 898.80 亿元，年均增长 21.34%，超过全部工业年均增速 7 个百分点。

不仅广东、江苏、山东等工业发达地区，而且河北、山西、内蒙古、辽宁、四川等地区的高用水工业增速也超过了 20%。湖南的高用水工业年均增长甚至达到了 30.71%。

与全部工业的情况类似，广东、江苏、山东也是我国高用水工业最发达的地区，2004 年实现工业增加值分别达到 2072.89 亿元、2669.56 亿元和 2563.05 亿元。高用水工业增加值占全国的比例分别达到 9.92%、12.77% 和 12.26%。

2000~2004 年，江苏、山东高用水工业增速仍高达 22.77% 和 23.80%，在全国高用水工业中的地位继续提高。2000 年，江苏、山东高用水工业增加值占全国高用水工业增加值的比例为 12.34% 和 11.47%，2004 年又上升到 12.77% 和 12.26%。

广东高用水工业表现出明显的下降趋势。2000~2004 年，广东高用水工业增速为 17.48%，高用水工业增加值占全国高用水工业增加值的比例由 2000 年的 11.43% 下降为 2004 年的 9.92%。

北京、上海等中心城市高用水工业也呈下降趋势。2000~2004 年，北京、上海高用水工业增速分别为 13.21% 和 16.84%，高用水工业增加值占全国高用水工业增加值的比例由 2000 年的 3.14% 和 6.94% 下降为 2004 年的 2.35% 和 5.89%。

（二）东、中、西部地区高用水工业发展与构成

1. 总量构成

（1）东部地区

东部地区高用水工业 2004 年实现工业增加值（2000 年不变价）为 14 234.87 亿元，占全国高用水工业总量的 68.46%，其中，江苏（12.77%）、浙江（7.37%）、山东（12.26%）和广东（9.92%）构成了东部地区高用水工业的主体内容，合计所占比

例 42.32%。

（2）中部地区

中部地区高用水工业 2004 年实现工业增加值（2000 年不变价）为 4182.82 亿元，占全国高用水工业总量的 20.11%，其中，河南（4.18%）、湖北（2.81%）具有相对优势。

（3）西部地区

西部地区高用水工业 2004 年实现工业增加值（2000 年不变价）为 2374.87 亿元，占全国高用水工业总量的 11.42%，其中，四川（3.60%）、广西（1.41%）、云南（1.09%）构成了西部地区高用水工业的主体内容。

2. 增长速度

东部地区 2000~2004 年东部地区高用水工业平均增长 21.66%，略高于全国 21.34% 的平均增长水平；中部地区 2000~2004 年中部地区高用水工业平均增长 21.07%。略低于全国 21.34% 的平均增长水平；西部地区 2000~2004 年西部地区高用水工业平均增长 19.94%。低于全国 21.34% 的平均增长水平，也低于东、中部地区的平均增长水平。

考察 2000 年以来的情况，与全部工业的布局演变趋势相同，我国高用水工业向东部工业发达地区集中的特征也比较突出。2000 年比例最大的江苏（12.34%）、广东（11.43%）、山东（11.47%）和浙江（7.08%）四个省份占全国的比例为 42.00%；2004 年，四个比例领先的省份未发生变化，占全国的比例也上升到了 42.33%。

3. 布局演变

受水资源条件等多种因素的影响，我国高用水工业形成了东多西少的局面，2000~2004 年，这种格局也未发生实质性的改变。

2000~2004 年，我国高用水工业总体规模迅速壮大，在东部、中部和西部地区都保持较高速度的增长。尽管各工业部门的情况有所区别，但从总体上看，与东部地区相比，西部地区比例下降幅度更大，中部地区的比例也有所下降，继续保持向东部地区集中的趋势。

上述格局见表 12-3。

表 12-3　2000~2004 年东、中、西部高用水工业

地区	增加值（亿元）		比例（%）		2000~2004 年增速（%）
	2000 年	2004 年	2000 年	2004 年	
东部	6 497.11	14 234.87	67.74	68.46	21.66
中部	1 946.65	4 182.82	20.30	20.12	21.07
西部	1 147.60	2 374.87	11.96	11.42	19.94
合计	9 518.46	20 898.8	100.00	100.00	21.34

（三）发展趋势与特点

自 20 世纪 90 年代以来，我国工业结构发生了重大变化。轻工业增长速度放慢，重工业受投资需求的拉动和消费结构升级的影响，呈现出快速增长的态势。特别是在 20 世纪 90 年代后期以来，我国的工业化进程表现出明显的重化工化和高加工度化的发展特征。就高用水工业而言，具有如下特点。

1. 保持快速增长

自 2000 年以来，我国高用水工业继续保持快速增长的势头，2000～2004 年增加值平均年增长速度达到 21.34%。总体而言，我国高用水工业在经过了"九五"时期的相对低迷后，"十五"时期增速开始加快。

2. 发展极不均衡

东部地区高用水工业规模大，仍保持较高速度增长；中西部地区高用水规模小，发展速度低于全国平均水平；山西、内蒙古、河北等地区，水资源严重匮乏，但近年来高用水工业也在高速发展，在全国高用水工业中的比例明显上升。

3. 集中在东部地区

随着市场配置资源的基础性作用的不断加强，高用水工业产业集中度迅速提高，特别是在地域分布上的表现尤其突出。包括江苏、山东、浙江、广东等的东部地区的高用水工业不但规模大，而且发展速度也保持较高水平。近年来，尽管中西部地区高用水工业得到了较快发展，但受投资环境、资源条件及发展基础等诸多因素的限制，与东部地区的差距未见明显缩小，甚至有进一步扩大的迹象，并且这种局面仍将延续。

三、高用水工业未来发展预测

（一）预测的基本前提

在未来一个较长时期内，我国工业仍具有高速增长的潜力。第一，我国经济已拥有比较雄厚的物质基础，又是世界上最大的发展中国家，蕴藏着巨大的发展潜力，为经济的长期快速增长提供了广阔的市场空间；第二，通过连续多年的不断努力，已形成了比较完善的基础设施体系，为工业经济的长期快速发展奠定了坚实基础；第三，我国已经形成了全球最具竞争力的制造业以及与之相配套的高水平的设备和能力，国有及民营企业综合成长能力不断提高，许多工业产品产量位居世界前列；第四，经济全球一体化，推进了世界加工工业向我国转移的步伐。

综合考察国内外经济学家和有关政府部门的预测结论，在未来 20 年内我国经济能够保持稳健、快速增长的态势，综合中国经济增长的条件、基础和动力等因素，以 6%～8%

的速度保持增长具有充分可能性。

工业仍将是带动我国经济增长的主导因素。尤其是在我国加入 WTO 以后，参与国际分工的程度将大大提高，将进一步提高工业在国民经济中的地位。

纺织工业、造纸工业、石化工业、化学工业、冶金工业和食品工业等高用水工业是我国工业的重要组成部分，特别是化学工业、纺织工业及冶金工业等对工业增长的贡献位居各工业部门前列。综合分析各工业部门的发展状况，预计未来一个较长时期内，包括纺织工业、造纸工业、石化工业、化学工业、冶金工业和食品工业等高用水工业在内的我国高用水工业仍可能保持较快的增长速度。

（二）高用水工业总体发展趋势判断

1. 造纸工业

"十五"时期以来，在国家扩大内需、促进经济较快增长的宏观政策支持下，我国造纸工业市场环境较好，消费和生产同步稳定增长，产品结构继续改善，企业所有制结构不断优化，企业规模明显扩大，地区结构日趋集中，劳动生产率逐步提高，市场需求旺盛，投资踊跃。在世界经济一体化进程加快、科技飞速发展的大环境下，我国造纸工业得到了快速健康发展，结构优化升级在稳步推进。

"十五"时期，造纸工业总产值由 1063 亿元增至 2628 亿元，增长 147.2%，年均增长 19.8%；销售收入由 1011 亿元增至 2546 亿元，增长 151.8%，年均增长 20.3%；利税总额由 95.7 亿元增至 225.2 亿元，增长 135.4%，年均增长 18.7%；利润总额由 43.9 亿元增至 123.2 亿元，增长 180.6%，年均增长 22.9%；实物劳动生产率由 29.6 t/（人·a）提高至 73.4 t/（人·a），年均递增 19.9%。2005 年产量超过 100 万 t 的 11 个地区山东、浙江、广东、河南、江苏、河北、福建、湖南、安徽、四川和广西的销售收入比 2004 年分别增长 39.06%、9.72%、28.07%、40.83%、25.88%、20.61%、11.04%、35.07%、13.13%、18.74% 和 14.95%。

2002 年 2 月，经国务院批准，国家发展和改革委员会、财政部、国家林业局印发了《关于加快造纸工业原料基地建设若干意见的通知》，其目的就是要保证我国造纸工业的持续和快速发展，该通知明确了国家对于发展造纸原料林基地给予一系列优惠政策，包括国家安排专项投资支持造纸林基地建设、将造纸林基地建设贷款纳入国家政策性银行贷款范围、适当延长贷款期限以及给予贴息等，对我国造纸工业提供了难得的发展机遇。种种迹象表明，在需求的拉动和投资的推动下，我国造纸工业在"十五"进入了一个快速发展时期。

据有关部门预测，2010 年我国纸产品消费量将达到 7000 万～8000 万 t，甚至有可能会突破 8000 万 t。因此，未来一个时期内我国纸张和纸板的消费量还有很大的上升空间。我国造纸工业发展面临极好的机遇。

企业个数太多，集中化发展水平过低，落后技术装备占有相当大比例等是我国造纸工业目前存在的比较突出的问题。年销售额在 500 万元水平的企业还有 2500 多家，企业规模过小、产业分散制约了先进设备的采用和劳动生产率的提高，同时也造成了比较严重的环境污染和资源浪费。

2. 石化工业

"十五"时期以来，在国家政策的引导下，我国经济继续保持快速增长，国内石化产品需求量创历史新高，主要石化产品产量稳步增长，进口量继续大幅度增加，投资主体呈现多元化趋势。

石化产品进口数量的持续上涨，表明我国石化产品市场需求旺盛，对进口产品的依赖程度较高，也表明我国石化产品的消费处于上升阶段。

尽管近年来我国石化产品产量持续上升，新装置也在不断建成投产，但生产能力的增长幅度仍小于国内市场消费量的增长幅度，我国石化产品供不应求，国内生产满足率仅50%左右，一半左右依赖进口，预计在"十一五"时期这种状况仍然不会根本改变。据有关方面预测，2010 年乙烯当量需求为 2400 万～2600 万 t，国内产量仅 1500 万 t 左右，国内生产满足率为 57.7%～62.5%；2020 年乙烯当量需求为 3600 万～3800 万 t，国内乙烯产量为 2200 万 t，国内生产满足率为 57.9%～61.5%。国内石化产品需求巨大，市场前景很好。未来一个较长时期内，我国石化工业既面临更激烈的竞争和挑战，也面临重要的历史性发展机遇。适应国民经济发展的要求，我国石化市场需求仍将保持较高的增长速度，石化工业发展空间极为广阔。

近几年来，世界石化工业生产能力过剩，大多数产品供大于求，欧美等地的大型石化公司由于当地的石化产品市场已经趋于饱和，正积极向以亚洲为主的发展中国家拓展空间，而我国周边的远东和东南亚地区吸引了大部分国际资本进入本地区石化市场，亚洲石化工业发展空间为此受到抑制，我国石化市场也已成为众矢之的，这无疑加大了我国石化工业发展的难度。

3. 纺织工业

"十五"时期是我国纺织工业历史上发展最快的五年。"十五"时期以来，我国纺织工业充分重视加入 WTO 后经济稳步增长、纺织出口贸易环境逐步改善等有利因素，推进出口创汇和工业经济效益再上一个新台阶，各主要产品产量基本保持两位数增长。2005年，全国规模以上纺织工业企业产品销售收入达到 19 794 亿元，年均增长 18.9%；规模以上企业利税总额、利润总额分别达到 1231 亿元、690 亿元，比 2000 年增长 104.6% 和133.5%；全社会口径纺织纤维加工量达到 2690 万 t，化纤、纱、布、呢绒、丝织品、服装等大类产品产量均居世界第一位；纺织品服装出口额实现 1175 亿美元，占世界纺织品服装出口额的 24%。

纺织工业是我国的传统支柱产业，对国民经济贡献巨大。近年来尽管我国纺织业的整体竞争力系数不断下降，原料优势尚未得到充分发挥，劳动力方面的优势也有所削弱，但总体优势依然比较明显。同时，产业集群效应也已初见端倪，国内市场潜力巨大，整体优势突出。

我国丰富的天然纤维资源和迅速发展的化学纤维资源在世界上有着得天独厚的优势。

据统计，我国拥有近 1300 万 t 纤维资源和占世界 1/4 的纤维加工工业体系。我国是世界上最大的棉花生产国和消费国，棉花产量一直处于世界首位，占世界棉花产量的 1/4 左右。我国羊毛年产量也居世界前列，其中羊绒年产量为 10 000t，占世界的 2/3 以上。麻类作物是我国的特色经济作物之一，麻的产量占全球 90% 以上，麻纤维虽然只占我国纤维总量的 1%，但在世界上则占到 99%。我国丝绸在国际市场上也具有垄断地位，拥有全球 70% 左右的生产能力，是世界上最大的茧丝生产国，蚕茧和厂丝产量要占到世界的 70% 以上。此外，我国还有兔毛、大麻等天然纤维资源。我国化纤原料种类齐全，国内化纤产量逐步上升，进口依赖度已呈下降趋势。

我国纺织工业仍属于劳动密集型产业，劳动力价格和素质在产品的国际竞争中很大程度上起着决定作用。从劳动力价格看，国际货币基金组织的测算结果表明，中国制造业工资成本处于较为有利的地位，中国纺织产品在相当长一个时期内在价格上具有竞争优势。虽然我国东南沿海地区的劳动力价格已处于较高的水平，但从中国整个劳动力市场看，在中西部、不发达地区的剩余劳动力仍大量存在。从劳动力的素质价格比来看，或者说从劳动生产率来看，我国的劳动力仍具有较强的竞争力。

纺织工业面对的国内外市场潜力巨大，产业整体优势较强。我国国内消费市场潜力巨大，为纺织工业的发展提供了一个绝好的发展和竞争环境。在长期的竞争和发展中，我国纺织工业装备拥有量已居世界前列，一些大型企业在长期的市场竞争过程中，已经积累了相当的技术、人才和资本优势，具有较强的国际竞争能力，发展前景广阔。

比较优势和竞争优势共同决定了一个产业的国际竞争力。而我国纺织工业的竞争优势明显不足，体现在产品品种、档次、生产工艺、研发水平、创新能力均有不足，品牌运作及市场网络方面与发达国家间的差距则更大，导致我国纺织工业大而不强，在国际竞争中处于被动地位。特别是我国已经成为 WTO 的一员，虽然可以获得国外市场的更大准入，但国内市场同样也要受到国外纺织产品的剧烈冲击。这对我国纺织工业的未来发展是一个严峻挑战。

4. 食品工业

新中国成立以来，特别是改革开放以来，我国食品工业持续发展，长期以来保持了较高的发展速度，已成为制造业中的第一大产业，不仅为提高人民生活水平发挥了重要作用，为农产品转化和农业发展发挥了重要作用，也是整个工业中为国家提供积累和吸纳就业人数最多的工业部门之一。

"十五"时期，在市场需求和政策导向的双驱动下，我国食品工业进入新一轮的快速增长期。2005 年，全国国有及规模以上非国有食品工业企业实现总产值 20 344.8 亿元，比 2000 年增长 97.2%，年均增长 19.4%；工业增加值 6300.0 亿元，比 2000 年增长 87.8%，年均增长 17.6%；销售收入 19 900.0 亿元，比 2000 年增长 101.3%，年均增长 20.3%；利税总额 3365 亿元，比 2000 年增长 91.9%，年均增长 11.4%。其中，粮油加工、肉类加工、乳制品加工等行业的工业增加值和利润年均增长率均超过 20%。

投资主体多元化是近年来我国食品工业的一个十分明显的特点。一是民营资本所占比例越来越大，不仅在饮料、粮食加工、食用油、方便食品、保健食品等行业，而且在原来计划性比较强的行业和国有资本占绝对优势的行业，都有民营资本在进入；二是国际资本踊跃进入我国食品工业，独资、合资和合作企业已成为我国食品工业中占有相当比例、在多方面起着重要作用的组成部分。

近年来，我国食品工业结构调整成效明显，通过企业重组、整合，涌现出一批区域性和跨区域甚至全国性的大型企业集团，对食品工业的发展发挥了积极推动作用。

与世界先进水平相比，我国食品工业总体仍处于较低水平。生产结构和产品体系不能很好地适应市场供求格局和消费结构的变化，加工程度低，缺乏统一的行业协调管理，企业小而分散，整体竞争能力不足。

未来一个较长时期内，我国食品工业前景广阔，仍将以较高的速度增长。一方面，我国食品工业具有全世界最大的市场，也是最有潜力的市场。庞大的人口规模，每年数以千万计的新增人口，而且这种增长态势还将持续一个时期，这是食品消费增加的直接因素。另一方面，居民的食品消费总支出将继续增加。伴随我国现代化水平的提高和生活水平的改善，城市化进程不断加快，小城镇的发展将加速农村人口向城市转移等，都加大了对工业化食品的需求。

5. 冶金工业

改革开放以来，冶金工业作为国民经济的基础产业，得到了迅速发展。经过多年来的建设，已形成了包括由矿山、烧结、焦化、炼铁、炼钢、轧钢以及相应的铁合金、耐火材料、碳素制品和地质勘探、工程设计、建筑施工、科学研究等部门构成的完整工业体系。

钢铁产业作为冶金工业的主体内容，改革开放以来取得了巨大成就，在规模迅速扩大的同时，产业集中化程度不断提高，钢铁企业布局结构得到了一定程度的优化，钢铁工业主要技术经济指标大幅度提高，精细产品比例不断增大，发展质量得到了实质性提升，为国民经济的稳定、健康和持续快速发展做出了巨大贡献。

2001~2005 年是我国钢铁工业快速发展的 5 年，全行业累计完成固定资产投资 6865 亿元，是"九五"时期完成投资 2154 亿元的 3.19 倍。粗钢产量由 2000 年的 1.285 亿 t，2005 年上升到 3.493 亿 t，净增加粗钢 2.208 亿 t，增长 2.72 倍。粗钢生产能力由 2000 年的 1.496 亿 t，2005 年上升到 4.14 亿 t，净增加生产能力 2.644 亿 t，增长 2.77 倍。

我国钢铁工业生产与消费的矛盾，突出表现为低档次产品产能过剩，品种、规格、质量水平都要求相对较高的板材产品的供应不足。我国钢铁工业长期以来主要依靠增加资本、劳动投入单纯追求数量和速度的增长，产品结构的升级未得到应有的重视，形成了以技术含量和附加值不高的低档次初级产品为主的产品结构。同时，与世界先进水平相比，以产业集中度低为主要特征的产业组织结构缺陷，也是我国钢铁工业部面临的重大问题。

21 世纪，钢铁产品仍将是人类社会最主要的不可替代的结构材料和产量最大、覆盖面最广的功能材料。世界冶金工业结构调整步伐加快，生产的重心将由发达国家向发展中国家转移。2005 年我国人均 GDP 超过 1700 美元，正处在工业化、城镇化、现代化加速发展的进程中，国民经济各部门的持续、快速发展和产业结构的优化升级对钢铁产品的数量、品种和质量提出了更高的要求，也为我国冶金工业的发展提供了重要机会。根据国际经验，美国实现工业化，全社会共消费粗钢资源 72 亿 t，日本共消费 58 亿 t。因此，我国在今后相当长的一段时期内，全社会钢铁资源的消耗量仍将保持稳定的增长。

冶金工业是我国国民经济发展的重要基础产业，近20多年来我国冶金工业取得了令人瞩目的成就，已发展成为世界第一产钢大国和重要的有色金属生产大国。今后10~20年是我国冶金工业更快发展、总体实现现代化、走在世界前列的重要时期。快速发展的我国经济和巨大的市场需求，促使我国冶金工业在一个时期以来一直处于高速发展阶段。预计在未来一个时期，伴随产业结构的进一步升级，这一发展速度仍将会保持在较高的水平。

6. 化学工业

经过50多年的发展，我国已经形成了门类比较齐全、品种大体配套并基本可以满足国内需要、部分行业自给有余产品可以出口的化学工业体系。

拥有一大批具有先进水平的大型骨干生产装置，成为我国化学工业的中间力量。例如，乙烯装置18套、年产30万t以上合成氨厂32套、60万t以上的纯碱厂6个、30万t以上的硫酸厂36个、12万t以上的高浓度磷肥厂31个、10万t以上的烧碱厂40个、10万t以上的PVC厂20家。一批大型有机原料和精细化工装置达到和接近国际先进水平。"十五"时期，化工行业还建设了一批具有自有知识产权的大型国产化示范装置，对全国化学工业的发展起到了非常大的带动作用。

我国化学工业已建立起了门类比较完整的科研开发和工程设计队伍，化学工业共有独立的科研院所200多家，从事研究的科技人员达5万多人，建立了一批部级和国家级工程中心，这些为我国今后化学工业的发展和创新能力的提高奠定了基础。

"十五"时期，我国化学工业取得了长足进展，各项技术经济指标都达到了历史上最好水平，超额完成了"十五"初期确定的目标，是我国化学工业历史上发展最快的时期。化工产品产量快速增长，目前我国已有20多种化工产品生产和消费居世界前列，化学工业对国民经济发展的支撑作用进一步增强。

由于国民经济的快速发展和化工下游行业的需求高速增长带动了化学工业的快速发展，尤其是2003年以来基本原材料和能源价格不断攀升，化工产品价格随之上涨，化学工业利润空间加大，经济效益比以往有较大幅度的增长，取得了前所未有的好形势。2005年化学工业实现销售收入、利润和税收都达到历史最高纪录，与2000年相比，全行业利润和税收的年递增率分别为46.9%和18.25%。

目前，国内大部分化工产品市场供需矛盾已由短缺转向了相对过剩，化工的发展由供给约束转为需求约束。根据国民经济和相关行业的发展情况，以近年来国内化工产品消费情况为基础，化工产品市场需求将呈平稳增加的态势。

（三）预测方法选择

高用水工业的未来发展预测，结合各地区、各工业部门2000~2004年及各阶段的平均增长速度，特别是近两年的发展水平以及发展规划等实际情况，并充分考虑结构和布局变动等因素，运用相关趋势外推法对2010年、2020年和2030年的高用水工业的增加值增长速度、规模水平及各地区的比例进行预测。

相关趋势外推法主要是借助高用水工业的增长率与 GDP 增长率之间的相关性，在设定 2010 年、2020 年和 2030 年三个节点 GDP 增长率的基础上，对高用水工业在上述三个节点的工业增加值增长速度和规模进行趋势预测。同时，设定以下基础条件。

1）2004 年为预测基年。充分考虑经济普查工作的因素，2010 年的工业增加值规模预测以 2004 年为基年，以 2000 年价格的工业增加值为预测基数；2020 年的预测以 2010 年为基年，2030 年的预测以 2020 年为基年。

2）高用水工业的增长率与 GDP 增长率之间具有强相关性。尽管在个别年份出现过较大波动，但从长期趋势看，GDP 增长率与高用水工业增长率具有较强的正相关性。

3）采用 2004 年的高用水工业增加值和增长率等数据准确。

4）2001~2010 年，我国 GDP 年均增长率设定为 9.8%，2010~2020 年和 2020~2030 年的 GDP 年均增长率分别设定为 7.8% 和 6.5%。与之相适应，随着我国国民经济总量规模的不断增加和经济增长方式的进一步转变，在 2020 年前后达到高点后，高用水工业的增长速度应是逐步降低的趋势。

5）预测高用水工业 2005~2010 年的增长速度时，在考虑 2000~2004 年增长趋势的基础上，设定基准增长速度，并依据各工业部门的具体情况对高用水工业的增长速度进行适当调整和修正。

6）国内、国际环境保持稳定，国内社会、经济正常平稳发展。

（四）发展速度与规模预测

1. 高用水工业总体发展预测

2005~2030 年，全国高用水工业继续保持平稳发展态势，包括纺织、造纸、石化、化学、冶金和食品等工业部门在内的全国高用水工业，2005~2010 年工业增加值年均增长约 12.04%，按 2000 年可比价格，到 2010 年，增加值达到 4.11 万亿元左右；2011~2020 年，增加值年均增长率约 7.93%，到 2020 年，增加值达到 8.82 万亿元左右；2021~2030 年，增加值年均增长率约 5.69%，到 2030 年，增加值达到 15.35 万亿元左右。预测结果见表 12-4。

表 12-4　高用水工业增加值年均增长速度预测（2000 年不变价）　　（单位：%）

地区	2005~2010 年	2011~2020 年	2021~2030 年
全国			
北京	8.81	6.03	4.86
天津	11.09	7.43	4.92
河北	12.67	7.73	5.67
山西	14.75	8.27	5.45
内蒙古	16.08	10.48	7.55

续表

地区	2005~2010 年	2011~2020 年	2021~2030 年
辽宁	11.06	7.12	6.52
吉林	11.94	8.66	6.20
黑龙江	10.62	7.68	4.81
上海	8.52	5.64	4.18
江苏	11.12	7.05	5.36
浙江	11.00	7.38	5.57
安徽	13.13	8.89	6.35
福建	12.74	9.08	5.76
江西	16.77	7.99	5.57
山东	12.7	7.36	5.06
河南	14.45	7.93	5.51
湖北	10.58	7.79	6.24
湖南	12.81	9.09	6.97
广东	11.91	8.64	5.26
广西	15.86	8.38	6.89
海南	18.67	10.11	5.84
重庆	10.29	10.15	4.87
四川	11.76	8.57	6.49
贵州	12.09	11.02	6.14
云南	10.04	9.63	6.28
西藏	22.18	18.10	10.17
陕西	13.73	8.02	5.52
甘肃	12.37	9.71	6.39
青海	15.17	10.64	6.30
宁夏	14.82	9.94	6.63
新疆	16.49	10.59	6.73
地区合计	12.04	7.93	5.69

2. 各省（自治区、直辖市）高用水工业发展预测

各省（自治区、直辖市）高用水工业的发展预测与全国高用水工业发展预测设定的基础条件基本相同。即增长速度在 2020 年达到高点后逐步放慢，在设定 2005~2010 年各地区高用水工业增速时，一是依据 2000~2004 年增长的历史趋势；二是重点考虑近两年的发展水平。

与此同时，预测确定各地区高用水工业未来各历史阶段的增长速度时，重点考虑了国家重大发展战略和重大工程项目等因素的影响。西部大开发战略以及西电东送、西气东输

等工程的建设与运营，将为西部地区许多省（自治区、直辖市）的部分高用水工业提供良好的发展机遇。在振兴东北等老工业基地的重大发展战略影响下，辽宁、吉林、黑龙江等地区的高用水工业也有望得到进一步增长。

部分高用水工业发达省（自治区、直辖市），随着规模的不断扩大，发展速度有所下降；部分落后省（自治区、直辖市）的发展速度保持较高水平，但其规模占全国的比例仍处于较低水平。

各省（自治区、直辖市）高用水工业 2010~2030 年工业增加值增长预测结果见表 12-4~表 12-6。各省（自治区、直辖市）合计数与全国水平略有差距，分析过程以各省（自治区、直辖市）数据为主要依据。预测结果见表 12-5。

表 12-5　高用水工业增加值规模预测（2000 年不变价）　　（单位：亿元）

地区	2010 年	2020 年	2030 年
全国			
北京	813.71	1 461.56	2 349.33
天津	880.65	1 803.17	2 914.73
河北	2 440.23	5 136.59	8 919.87
山西	1 079.55	2 390.23	4 061.84
内蒙古	916.93	2 483.92	5 143.46
辽宁	2 524.98	5 022.95	9 444.08
吉林	572.64	1 314.00	2 397.13
黑龙江	635.23	1 330.90	2 129.81
上海	2 009.41	3 477.41	5 237.38
江苏	5 026.16	9 933.47	16 740.00
浙江	2 883.17	5 877.95	10 103.31
安徽	904.41	2 118.96	3 921.85
福建	1 252.32	2 987.61	5 232.87
江西	663.61	1 431.93	2 461.86
山东	5 252.48	10 687.14	17 504.30
河南	1 965.07	4 214.48	7 204.31
湖北	1 075.59	2 278.04	4 171.64
湖南	1 116.14	2 664.74	5 229.63
广东	4 071.49	9 320.99	15 565.60
广西	712.89	1 593.87	3 103.57
海南	140.24	367.56	648.26
重庆	314.43	826.95	1 329.96
四川	1 467.88	3 341.42	6 265.86
贵州	355.17	1 010.52	1 834.03
云南	405.48	1 016.93	1 869.51

地区	2010 年	2020 年	2030 年
西藏	16.65	87.90	231.55
陕西	488.90	1 056.98	1 808.46
甘肃	487.14	1 230.98	2 286.18
青海	103.96	285.73	526.49
宁夏	160.46	414.07	787.18
新疆	392.45	1 074.29	2 059.95
地区合计	41 129.42	88 243.25	153 484.00

表 12-6　高用水工业增加值比例预测　　　　　（单位:%）

地区	2000 年	2004 年	2010 年	2020 年	2030 年
全国					
北京	3.14	2.35	1.98	1.66	1.53
天津	2.41	2.24	2.14	2.04	1.90
河北	5.52	5.71	5.93	5.82	5.81
山西	2.08	2.26	2.62	2.71	2.65
内蒙古	1.61	1.79	2.23	2.81	3.35
辽宁	5.12	6.44	6.14	5.69	6.15
吉林	1.86	1.39	1.39	1.49	1.56
黑龙江	1.87	1.66	1.54	1.51	1.39
上海	6.94	5.89	4.89	3.94	3.41
江苏	12.34	12.77	12.22	11.26	10.91
浙江	7.08	7.37	7.01	6.66	6.58
安徽	1.88	2.06	2.20	2.40	2.56
福建	2.51	2.92	3.04	3.39	3.41
江西	1.28	1.25	1.61	1.62	1.60
山东	11.47	12.26	12.77	12.11	11.40
河南	4.79	4.18	4.78	4.78	4.69
湖北	3.14	2.81	2.62	2.58	2.72
湖南	1.95	2.59	2.71	3.02	3.41
广东	11.43	9.92	9.90	10.56	10.14
广西	1.67	1.41	1.73	1.81	2.02
海南	0.30	0.24	0.34	0.42	0.42
重庆	0.90	0.84	0.76	0.94	0.87
四川	2.93	3.60	3.57	3.79	4.08
贵州	0.97	0.86	0.86	1.15	1.19

地区	2000 年	2004 年	2010 年	2020 年	2030 年
云南	1.18	1.09	0.99	1.15	1.22
西藏	0.02	0.02	0.04	0.10	0.15
陕西	1.34	1.08	1.19	1.20	1.18
甘肃	1.46	1.16	1.18	1.39	1.49
青海	0.26	0.21	0.25	0.32	0.34
宁夏	0.38	0.33	0.39	0.47	0.51
新疆	0.96	0.75	0.95	1.22	1.34
地区合计	100.00	100.00	100.00	100.00	100.00

3. 布局变化预测

总体来看,在未来一个较长时期内,我国高用水工业的基本格局呈现出逐步向中西部地区转移的迹象,但转移的进程十分缓慢;我国高用水工业的基本格局难有实质性的变化,到 2030 年,东部地区仍将是我国高用水工业最重要的地区,所占比例仍高达 60% 以上;江苏、浙江、山东和广东高用水工业发展速度逐渐下降,但仍将是我国高用水工业最发达的地区,所占比例接近 40%,见表 12-7 ~ 表 12-8。

北京、天津、上海等部分地区受水资源及环境容量的制约,高用水工业占全国的比例不断下降。

表 12-7 各地区高用水工业总产值比例变化

地区	增加值（亿元）			比例（%）		
	2010 年	2020 年	2030 年	2010 年	2020 年	2030 年
东部	27 294.84	56 076.40	94 659.73	66.36	63.55	61.67
中部	8 929.17	20 227.20	36 721.53	21.71	22.92	23.93
西部	4 905.41	11 939.64	22 102.74	11.93	13.53	14.40
合计	41 129.42	88 243.24	153 484.00	100.00	100.00	100.00

表 12-8 重点地区高用水工业总产值占全国比例变化　　　　　（单位:%）

地区	2004 年	2010 年	2020 年	2030 年
江苏	12.77	12.22	11.26	10.91
浙江	7.37	7.01	6.66	6.58
山东	12.26	12.77	12.11	11.40
广东	9.92	9.90	10.56	10.14
合计	42.32	41.90	40.59	39.03

第十三章　全国和地区一般工业发展布局现状和预测

进入 21 世纪，我国社会经济发展正面临一个重要的战略机遇期，全面建设小康社会的宏伟战略目标以及新的科学发展观，对今后相当长一个时期的社会经济发展将产生重大影响，同时对我国工业经济发展也提出了更高的要求。21 世纪前 30 年是我国实现工业化和现代化的决定性阶段，在我国工业经济规模继续扩张，工业化程度不断提高的同时，将面临资源、环境以及社会经济条件的制约，特别是我国水资源相对缺乏，且水资源的地区分布又极不平衡。因此，研究和把握我国工业发展在总量规模、产业结构与地区布局等方面的趋势，对科学合理调配、利用水资源，促进国民经济可持续发展具有十分重要的现实意义和深远的历史意义。

本章是水利部重大规划前期研究项目"国民经济发展布局与产业结构预测研究"的专题研究成果之一。为便于开展此专题研究，同时便于对研究报告的理解，有必要作出以下几点说明：①研究及预测分析的主要内容是，在对"十五"时期一般工业（所指一般工业是相对于高耗水工业而言，包括采掘业、制造业、其他工业、规模以下非国有工业）的发展状况与趋势进行整体分析、把握的基础上，重点对 21 世纪前 30 年我国一般工业发展的速度、规模及地区布局进行预测分析。②由于我国开展了 2004 年经济普查工作，工业及其工业各行业统计数据相对系统、准确。因此，在开展分析预测时将 2004 年作为基年。③在开展分析预测时，无论是工业、一般工业的增加值规模还是增长速度，都将换算为2000 年价格。④如果个别省（自治区、直辖市）一般工业中某些行业（如其他工业）在预测基年（2004 年）的工业增加值出现负值时，则主要依据该省（自治区、直辖市）在2001~2004 年的平均值，对基年（2004 年）的工业增加值进行调整。

一、"十五"时期以来一般工业及其各行业发展现状、特征分析

（一）"十五"时期我国工业发展简况

自 20 世纪 90 年代以来，特别是"十五"时期，我国经济社会迅猛发展。从工业经济领域看，"十五"时期，随着我国工业化进程的加快，工业规模迅速扩大，工业在国民经济中的地位持续上升。2001~2005 年，我国工业增加值（2000 年价）年均增长 10.8%，高于同期 GDP 的增长速度，使得工业经济在国民经济中的地位维持了持续上升的势头，工业在 GDP 中的比例由 2000 年的 40.3% 提高到 2005 年的 42% 左右。在工业增长的同时，工业结构发生了重大变化。受投资需求的拉动，重化工业呈现出快速增长的势头。工业品

的供求关系由过去的供不应求状态转向相对过剩。表 13-1 和表 13-2 详细列出了 2000 ~ 2004 年我国各地区工业增加值规模、增速以及占全国工业增加值的比例。

表 13-1　2000 ~ 2004 年我国各地区工业增加值规模及增速（2000 年价）

地区	2000 年工业增加值（亿元）	2001 年工业增加值（亿元）	2002 年工业增加值（亿元）	2003 年工业增加值（亿元）	2004 年工业增加值（亿元）	2001 ~ 2004 年增速（%）
北京	844.01	930.10	1002.65	1124.97	1342.09	12.29
天津	785.96	885.75	1014.65	1203.17	1461.44	16.77
河北	2201.73	2397.68	2661.43	3031.37	3489.10	12.20
山西	748.65	830.25	955.62	1115.21	1314.83	15.12
内蒙古	484.19	533.58	607.74	740.23	924.55	17.55
辽宁	2114.90	2271.40	2494.00	2783.30	3206.37	10.96
吉林	655.68	735.02	810.72	917.74	1073.76	13.12
黑龙江	1566.40	1719.91	1912.54	2145.87	2424.83	11.54
上海	1998.96	2240.83	2525.42	2969.89	3448.05	14.60
江苏	3848.52	4291.02	4887.48	5757.45	6782.27	15.22
浙江	2945.70	3269.73	3714.41	4297.57	5028.16	14.30
安徽	885.10	964.76	1077.64	1204.80	1373.47	11.61
福建	1422.34	1575.95	1813.92	2093.27	2413.54	14.13
江西	543.88	602.62	711.69	850.47	1006.11	16.62
山东	3665.74	4076.30	4671.44	5488.95	6647.11	16.04
河南	2000.04	2192.04	2448.51	2867.21	3354.63	13.80
湖北	1243.24	1368.81	1507.06	1660.78	1884.98	10.97
湖南	1094.76	1203.14	1335.49	1505.09	1744.40	12.35
广东	4463.06	4962.92	5702.40	6899.90	8300.58	16.78
广西	612.33	661.32	733.40	840.48	983.36	12.57
海南	70.46	77.72	90.07	110.97	129.50	16.44
重庆	512.07	569.42	647.43	753.61	880.22	14.50
四川	1154.46	1272.21	1427.43	1660.10	1988.79	14.57
贵州	328.73	358.97	398.46	451.46	523.24	12.32
云南	704.00	731.46	804.60	886.67	991.30	8.93
西藏	10.17	10.85	11.47	12.67	14.75	9.75
陕西	629.88	704.21	811.25	947.53	1123.78	15.57
甘肃	327.60	360.36	399.64	451.19	514.36	11.94
青海	78.80	87.47	100.68	117.89	143.95	16.26
宁夏	96.70	106.56	120.95	141.27	167.69	14.75
新疆	418.63	451.28	486.03	540.47	618.84	10.26

表 13-2　2000～2004 年我国各地区工业增加值占全国比例 （单位:%）

地区	2000 年	2001 年	2002 年	2003 年	2004 年
北京	2.19	2.19	2.09	2.02	2.06
天津	2.04	2.09	2.12	2.17	2.24
河北	5.73	5.65	5.56	5.45	5.34
山西	1.95	1.96	2.00	2.01	2.01
内蒙古	1.26	1.26	1.27	1.33	1.42
辽宁	5.50	5.35	5.21	5.01	4.91
吉林	1.70	1.73	1.69	1.65	1.64
黑龙江	4.07	4.05	3.99	3.86	3.71
上海	5.20	5.28	5.27	5.34	5.28
江苏	10.01	10.11	10.21	10.36	10.39
浙江	7.66	7.70	7.76	7.73	7.70
安徽	2.30	2.27	2.25	2.17	2.10
福建	3.70	3.71	3.79	3.77	3.70
江西	1.41	1.42	1.49	1.53	1.54
山东	9.53	9.60	9.76	9.88	10.18
河南	5.20	5.16	5.11	5.16	5.14
湖北	3.23	3.22	3.15	2.99	2.89
湖南	2.85	2.83	2.79	2.71	2.67
广东	11.61	11.69	11.91	12.42	12.71
广西	1.59	1.56	1.53	1.51	1.51
海南	0.18	0.18	0.19	0.20	0.20
重庆	1.33	1.34	1.35	1.36	1.35
四川	3.00	3.00	2.98	2.99	3.05
贵州	0.85	0.85	0.83	0.81	0.80
云南	1.83	1.72	1.68	1.60	1.52
西藏	0.03	0.03	0.02	0.02	0.02
陕西	1.64	1.66	1.69	1.71	1.72
甘肃	0.85	0.85	0.83	0.81	0.79
青海	0.20	0.21	0.21	0.21	0.22
宁夏	0.25	0.25	0.25	0.25	0.26
新疆	1.09	1.06	1.01	0.97	0.95
合计	100.00	100.00	100.00	100.00	100.00

（二）2001～2004 年全国一般工业发展概况

1. 一般工业快速增长，在全国工业中的比例上升

自 2000 年来，一般工业保持快速增长态势，2001～2004 年一般工业年均增速达到 11.64%，一般工业占全国工业增加值的比例由 2000 年的 71.23% 上升到 2004 年 74.95%。表 13-3 列示了 2001 年、2004 年全国及各地区一般工业增加值规模以及 2001～2004 年年均增速。

表 13-3　2000 年、2004 年全国各地区一般工业增加值及增速

地区	2000 年工业增加值（亿元）	2004 年工业增加值（亿元）	2001～2004 年年均增速（%）
北京	499.54	824.47	13.33
天津	535.06	954.28	15.56
河北	1 585.08	2 166.50	8.13
山西	499.70	772.16	11.49
内蒙古	298.29	476.42	12.42
辽宁	1 532.42	1 767.71	3.64
吉林	445.70	756.37	14.14
黑龙江	1 342.25	2 009.65	10.62
上海	1 314.36	2 148.94	13.08
江苏	2 576.36	3 970.17	11.42
浙江	2 163.42	3 317.01	11.28
安徽	678.89	890.71	7.02
福建	1 129.29	1 728.42	11.23
江西	406.56	729.52	15.74
山东	2 449.89	3 915.41	12.44
河南	1 429.15	2 361.57	13.38
湖北	904.98	1 246.19	8.33
湖南	873.44	1 165.88	7.49
广东	3 125.78	5 889.37	17.16
广西	424.05	668.05	12.03
海南	35.00	73.39	20.33
重庆	412.05	690.78	13.79
四川	824.64	1 207.11	9.99
贵州	191.93	308.34	12.58
云南	558.71	739.49	7.26

地区	2000 年工业 增加值（亿元）	2004 年工业 增加值（亿元）	2001~2004 年 年均增速（%）
西藏	7.94	9.71	5.16
陕西	468.75	859.61	16.37
甘肃	177.26	250.29	9.00
青海	44.52	91.78	19.83
宁夏	55.21	80.76	9.98
新疆	313.85	446.53	9.21
合计	27 391.22	42 408.57	11.64

2. 一般工业发展的地区差异较明显

2001~2004 年，我国东、中、西部地区一般工业都保持了较快的发展速度，但地区发展不平衡特征在一般工业中也有所体现。东部地区凭借其充沛的发展活力、较好的体制与政策环境以及产业竞争优势，一般工业发展速度仍然高于全国平均增长速度，其一般工业增加值占全国的比例上升了近 1 个百分点；西部地区的一般工业增长速度略低于全国平均增长速度，在全国一般工业发展中的份额相应小幅度下降；而中部地区的一般工业增长速度低于全国平均增长速度约 0.8 个百分点，低于东部地区平均增速近 1.1 个百分点，导致东部地区的一般工业增加值占全国的比例有较明显的下降。表 13-4 列出了 2000 年、2004 年我国东、中、西部地区一般工业发展数据的比较。

表 13-4　2000 年、2004 年我国东、中、西部地区一般工业增加值规模、占全国比例及年均增长速度

项目	东部地区		中部地区		西部地区	
	2000 年	2004 年	2000 年	2004 年	2000 年	2004 年
规模（亿元）	17 370.25	27 423.72	6 878.96	10 408.47	3 054.86	4 684.40
占全国比例（%）	63.62	64.50	25.19	24.48	11.19	11.02
年均增速（%）	12.09		10.91		11.28	

除一般工业发展速度、规模在我国东、中、西部地区之间存在差异外，一般工业内部，如采掘业、制造业的发展在不同地区也不平衡。首先，东部沿海地区制造业工业总产值明显高于我国其他地区，以 2004 年为例，仅天津、上海、江苏、浙江、福建、广东等省（直辖市）制造业工业总产值占规模以上工业总产值的比例都在 60% 以上。这主要得益于当地良好的产业技术基础、体制政策环境；其次，中西部地区采掘业工业总产值明显高于我国其他地区，2004 年，采掘业工业总产值超过 500 亿元的省（自治区、直辖市）绝大部分集中在我国中西部地区。特别是山西、黑龙江、河南、西藏、甘肃、青海、新疆，采掘业工业总产值占规模以上工业总产值的比例都超过 10%，其中，山西、黑龙江、西藏、新疆达到 20% 以上。

3. 一般工业内部各行业发展概况

（1）采掘业发展状况

全国采掘业总产值（当年价，下同）从 2000 年的 4639 亿元增长到 2005 年的 14 895 亿元，年均增长速度达到 17.2%。

2000 年以前，我国采掘业总产值尽管保持了一定的增长速度，但由于年均增长速度远低于整个工业增长速度，因而采掘业总产值占全国工业总产值的比例呈现下降趋势。2000 年，这一比例下降到约 4.4%。从 2000 年开始，在投资需求的带动下，我国原材料型重化工业快速发展，特别是电力工业、冶金工业、化学工业对煤炭需求增长迅速，煤炭产量又开始大幅增加，导致我国煤炭采选业总产值占采掘业总产值的比例略有上升，推动采掘业总产值占全国工业总产值的比例也有所回升。

从采掘业内各行业看，2000～2004 年，煤炭采选业、黑色金属矿采选业、有色矿采选业、非金属矿采选业快速增长，其年均增长速度达到 15% 以上。特别是近些年来由于火力发电和冶金工业用煤需求增长迅速，加之国际市场煤炭价格上涨，出口煤炭增加较快，导致煤炭工业快速增长。而石油及天然气开采业、木材采运业等因资源条件限制，增长速度相对缓慢。

（2）制造业发展状况

自 2000 年以来，我国制造业得到了快速发展。按当年价计算，我国制造业总产值从 2000 年的 50 363.74 亿元增长到 2005 年的 123 662.95 亿元，2002～2005 年年均增长速度为 19.68%，增速高于同期规模以上工业增长速度。可以说，2000 年以来我国制造业的快速发展是带动我国工业乃至整个国民经济较快增长的重要"引擎"。

目前，我国已建成了较大规模的制造业体系，能为国民经济各部门提供大量的技术装备。到 2005 年，我国制造业已跻身世界前列，按增加值比较，我国制造业约居世界第四位，并基本形成门类齐全的制造业产业体系。许多制成品已经位居世界前列。服装、家用电器等产品产量居世界第一位，空调器、洗衣机、电冰箱产量分别占世界总产量的 30%、24% 和 16%。船舶工业、汽车工业、家电工业等一批制造业在全球化竞争格局中迅速崛起，已经成为或正在成为我国在国际市场上竞争的优势产业。同时，我国研制生产重大、精密产品和成套设备的能力不断提高，电力工业、冶金工业、石化工业、矿山采掘、交通运输等所需要的技术装备基本可以立足于国内研制和开发。一批重大装备，如矿山大型开采设备，冶金、电力、化工和建材工业的成套设备，电力机车和远洋运输设备，各类机械加工设备及轻纺工业设备等已能自行制造。

（3）规模以下工业发展状况

规模以下工业是指国有及国有控股企业之外，年销售收入在 500 万元（人民币）以下的工业生产单位所形成的经济形态。规模以下工业企业主要包括行政、事业和企业（除工业企业之外）创办的集体工业生产单位，乡镇企业所属的生产单位（包括私营）和个体私营企业。由于我国规模以下工业企业统计体系不健全，加之体制和企业经营规模的变化，许多省（自治区、直辖市）也把规模以下工业的产值、增长速度作为调整指标的对象，一定程度上造成了规模以下工业经济数据不齐全，影响了规模以下工业经济各项指标的连续性和可比性，从而增加了对我国规模以下工业经济的各项指标进行统计分析的难度。本章规模以下工业主要采用1998~2002年数据。在全国规模以上一般工业增长速度加快的同时，规模以下工业发展速度相对较慢。1998~2002年，全国规模以下工业总产值、增加值（均为现价）年均增长速度为4.3%和2.2%。其中，2000年、2001年和2002年总产值增速分别为3.9%、8.0%和1.5%，增加值增速分别为2.1%、4.2%和0.4%。2000年基本保持4年间的平均增速，2001年增速明显加快，2002年增速则出现较大幅度回落。

4. 一般工业中各行业增长也存在较明显差异

通过对20世纪90年代以来特别是"十五"时期各行业增长趋势的分析，可将一般工业各行业增长分成如下四种类型。

一是持续快速增长部门。主要包括电子及通信设备制造业、交通运输设备制造业、电气机械及器材制造业、皮革毛皮羽绒及其制品业、医药、服装、非金属矿采选业等。这些部门在1990~2000年、2001~2004年的增长速度均高于全国国有及规模以上工业总产值的增长速度。例如，2001~2004年交通运输设备制造业、电气机械及器材制造业、电子及通信设备制造业、医药制造业的年均增速都在20%以上。

二是发展呈上升趋势部门，即在前一阶段增速较低，但在后一阶段增长速度较高的部门。属于这一类的部门主要是煤炭采选业、木材加工业、家具制造业、仪器仪表及文化办公用机械业。

三是增长趋缓部门，即在前一阶段增速较高，但在后一阶段增长速度较低的部门。属于这一类的部门主要是烟草加工业、造纸及制品业。

四是相对低速增长部门，即在各个时期的增速均低于全国工业总产值增长速度的部门，主要包括木材采运业、印刷业等。规模以下工业在近些年也是一种低速发展态势。

二、一般工业发展预测的条件（因素）分析

（一）预测的条件（因素）分析

1. 我国国民经济具有继续保持较快增长的条件与潜力

中国经济历经近20年年均10%左右的高速增长后，在20世纪90年代后期年均增长速度逐步下降到7%~8%。但中国尚处于工业化中期，仍属于经济起飞的快速增长阶段，从一些长期起作用的基本因素看，21世纪前30年，我国国民经济具备保持快速发展的条件。一是我国拥有潜力巨大的国内市场；二是我国能保持高水平的资金供给能力；三是中国幅员辽阔，各地区之间呈现出明显的发展水平和产业结构差距，利用这种地区差异，适当地交替运用非均衡发展与均衡发展战略，在结构优化升级中实现产业在城乡之间、地区之间的梯次转移，使城乡和不同发展水平的地区在不同产业层次上发挥动态比较优势，将换来经济持续较快增长的巨大空间。

2. 未来我国经济增长方式转变的影响

新的科学发展观将有利于改变我国以往偏重 GDP 增长的发展模式。我国长期以来依靠高投入、高消耗、高污染来维持高增长的经济增长方式不应该，也不可能长时间持续下去。在新的科学发展观指导下，通过技术创新与技术进步，大力发展高新技术产业，并用先进适用技术改造传统产业，通过提高管理水平，改变我国长期存在的粗放型经济发展模式，切实使我国经济增长转变到集约化增长轨道上来，这是未来我国经济发展的重要方向。因此，我国经济增长方式的转变将对全国和地区一般工业发展的增长速度与规模产生较大影响。

3. 产业结构与消费结构升级的影响

自 2002 年以来，中国工业化进程出现了加速推进的迹象。各地都把推进工业化作为今后社会经济发展的重点，并在政策、项目、资金等方面给予大力支持。特别是以装备制造业为代表的重化工业加快发展，其他资本密集型、技术密集型工业也呈现快速增长态势，劳动密集型产业发展出现减速趋势。今后随着市场机制作用的加强和工业化进程的加快，在国际经济一体化、科技革命引发产业升级的大背景下，未来我国产业结构与消费结构升级是大势所趋。因此，未来全国和地区一般工业发展应符合这些发展要求。

1）体现现代工业化水平、积极采用新技术、产业关联度大的部门，以及高新技术产业将持续快速增长，这些部门主要包括电子及通信设备制造业、交通运输设备制造业、电气机械及器材制造业、医药制造业等。

2）潜在市场需求量大、具有改善和提高人们生活水平的行业，在未来将保持较高的增长速度或者趋于回升。除包括电子及通信设备制造业、交通运输设备制造业之外，服装、文体用品制造、皮毛加工业等。

3）因资源禀赋条件，我国大部分采掘行业会是相对平稳的增长趋势，木材采运业、铁矿石等资源有限的部分行业则低速增长。

4）随着我国城市化进程的加快和人们生活水平的不断提高，满足人们公共品需要的其他工业（煤气、热力、自来水生产供应）将保持持续、平稳的增长趋势。

4. 国际产业结构调整及其制造业转移的影响

目前，中国经济保持良好的增长势头。从未来相当长一段时期看，中国市场需求空间巨大，劳动力成本较低，社会经济环境稳定，这对外资具有很大的吸引力。因此，在国际产业结构调整步伐加快的大背景下，发达国家和新兴工业国家向我国转移，石化、汽车、有色金属、装备制造、船舶、纺织等制造业的步伐日益加快。同时，我国各地区承接与吸收这种产业转移的积极性高涨，纷纷出台优惠政策吸引外商投资。因此，新一轮以重化工业为主导的制造业转移，将对我国采掘工业以及装备制造业产生较大的刺激和市场拉动。

5. 国家重大政策、重大工程项目的影响

例如，西部大开发、振兴东北地区等老工业基地、中部崛起、天津滨海新区开发等国家重大区域发展战略的实施以及南水北调等重大工程上马，也将对我国未来一般工业发展

与地区布局产生重要影响。

（二）未来一般工业各个行业增长趋势

综合考虑我国工业结构变动的历史轨迹、国家的产业政策导向、国际经验和影响工业增长的其他因素，对未来我国一般工业各行业增长趋势进行基本分析是必要的，也是可能的。

1. 分析判断的主要依据

一个产业是否具备高成长性，主要取决于以下几个因素。

（1）需求收入弹性

需求收入弹性是衡量一个产业是否具备扩张潜力的重要标志。一般来说，需求收入弹性越高的产业，其规模扩张的空间就越大；反之，需求收入弹性越低，则表明该产业规模扩展的余地很有限。有发展前景或成长性好的一般工业，首先应是市场需求增长迅速，比其他部门有更快的发展速度。市场需求包括国内消费需求和投资需求，也包括出口需求及相关的中间需求。

（2）产业关联度

产业关联度是指该产业与其上游、下游产业发展的相关联程度。在产业链中关联度高的一般工业，可用前拉动效应与后推动效应来进行判定。前拉动效应高表明该工业部门的发展能较大地增加对上游产业的市场需求，从而拉动相关产业发展；后推动效应高表明该工业部门的发展可以较好地满足其他产业对该工业部门发展的需求，从而促进其他产业的增长。可以看出，产业关联度高的工业部门，既能引发对其他产业的需求，又可以满足其他产业发展的需要，增加有效供给，进而有利于工业结构的优化升级并带动经济增长。因此。这类工业部门在未来发展中潜力巨大。

（3）竞争力水平

竞争力是一个国家（或地区）为其优势产业或产品争夺有利的生产和销售条件，以获取最大经济效益的能力。工业竞争力一般体现在特定工业领域及其企业在产品、技术装备、工艺、管理和人员素质上符合技术进步的要求，综合要素生产率较高，并具备较强的技术创新能力，有较高的国内外市场占有率。

（4）可持续发展条件

从可持续发展角度来判断一般工业的发展前景，既符合我国乃至人类生存和发展的要求，也能体现在新形势下新的科学发展观。在发展一般工业过程中，必须充分考虑合理利用和保护我国的矿产资源与生态环境，充分考虑进口原油、矿产资源和其他原材料的可承受能力（包括价格、运输能力及安全条件等）。

（5）国家产业政策导向

国家依据一般工业各部门的市场需求、工业结构优化升级及技术进步的要求、可持续发展条件等因素，对于一般工业各部门在国民经济的地位已有一个基本定位，并确定了今后一段时期发展的重点领域，这将对一般工业未来发展产生重要影响。

1）采掘业。国家将加强规划，适当控制自然资源的开采规模。主要通过立法，用法律、法规的形式，按照《自然资源保护法》，在摸清家底的基础上，制定适度开采的具体规划，并严格执行。规划的主要内容是根据我国不可再生资源的稀缺程度，储量多少、独有性情况分别限定各类资源（尤其是矿产资源）的最高年产量，及对资源进行深加工的导向性规划。今后，国家将重点推进资源类产品价格改革，健全反映市场供求关系、资源稀缺程度的价格形成机制。特别是要调整和理顺重要矿产资源的价格关系，建立和完善生态环境保护补偿责任机制，使本应由企业承担、以前却由政府和社会承担的那部分成本，真正计入企业的投资和经营成本中，从而引导各类投资者和企业节约使用稀缺资源、主动调整结构和加大自主创新力度。这样，近年来采掘业高速增长的势头会受到一定抑制。

石油及天然气开采主要加强松辽、鄂尔多斯、柴达木等地区及海上石油天然气的勘探开采建设；煤炭工业主要通过在山西、陕西、内蒙古、河南、黑龙江等地建立重要的煤炭生产基地，强化生产布局来提高煤炭产量和煤炭利用效率。

2）制造业。国家将重点鼓励发展火电发电、水力发电、高压输变电等大型电力设备，大型冶金、矿山、港口装载成套设备，大型电站配套设备，大型石油化工、化肥成套设备，交通、能源、水利等工程所需的成套工程机械；大力发展以数控机床为代表的基础机械、关键基础产品以及为重大技术装备服务的数字化、智能化工业控制系统；还需重点支持发展农业机械、汽车、城市轨道交通设备等。电子及通信设备制造业应重点实施以集成电路和新型元器件为基础，以计算机及软件、通信设备、网络为主体的发展战略，同时积极发展消费类电子产品。这对上海、黑龙江、吉林、辽宁、江苏、浙江、广东、山东、四川等制造业基础较好的地区具有重要意义。

2. 未来一般工业各个行业增长趋势判断

综合考虑上述影响一般工业未来发展的主要因素，我们对一般工业各行业在 2030 年以前的增长趋势作出如下判断（表 13-5）。

表 13-5　未来一般工业各个行业增长趋势分类

分类	行业	主要的增长带动因素或制约因素
高增长行业	电子	信息化进程加快及数字化技术的发展
	医药	人民生活水平和医疗保健需求提高
	交通运输设备制造业	消费结构升级和城市化加快的要求
	成套机械设备制造业	石化、电力等工业结构升级的需要
	通用设备制造业	多个行业技术装备升级的要求
	农用机械制造业	农业产业化要求与较强的出口竞争力
	家用电器制造业	城镇家电的更新换代与农村市场扩大
	皮革毛皮羽绒制品	随着人民生活水平的提高，人民生活将更加注重质量和追求精神文化享受，另外，部分行业产品具有国际竞争力
	家具制造业	
	文体用品制造业	
	煤气、热力、自来水生产供应业	城镇化加快对城市基础设施需求巨大

分类	行业	主要的增长带动因素或制约因素
较高增速行业	服装制造业	国内需求增长及具有很强的国际竞争力
	印刷业	数字技术发展的替代作用
	造纸及纸制品业	需求增长与资源、环境制约的双重影响
	专用设备制造业	市场需求拉动与技术结构升级的需要
	仪器仪表制造业	
平稳增长行业	石油和天然气开采业	资源条件和合理适度开采的国家政策
	金属矿、非金属矿及煤炭采选业	
低速或无增长行业	木材采运业	可持续发展及生态环境保护的要求
	黑色金属矿采选业	资源约束和开采成本提高
	烟草制造业	环境保护与健康意识的增强

（1）采掘业

1）煤炭工业。未来 20 ~ 30 年，煤炭作为我国的基础能源，在社会经济发展中具有不可替代的重要地位，煤炭工业作为基础工业仍将保持较快发展。

首先，在能源生产和消费结构中，煤炭占据主导地位。近几年，虽然我国石油、天然气和水电等能源在生产和消费中的比例不断上升，但煤炭在一次能源中的比例一直保持在 67% 以上。石油、天然气因受储量的限制，提高其在能源生产和消费中的比例是相当有限的，水电由于受到季节影响，发电量不稳定，因此水电在我国能源生产和消费中的比例也已不太高，核电是今后我国有发展潜力的能源，但因技术原因，短时期内核电增加是有限的。因此，我国以煤炭为主的能源结构在今后相当长一段时期内不会改变。

其次，我国煤炭资源丰富，是最可靠的能源。未来 30 年，我国国民经济仍将保持较快的增长速度，特别是我国工业化任务远未完成，还需经历一个重化工业快速发展的过程，这对能源的消耗将大量增加，在中国富煤缺油少气的能源资源条件下，煤炭生产和消费的绝对规模将稳定增长。

最后，科技进步为煤炭工业持续发展创造了条件。科技进步将为发展先进的洁净煤技术、改造以往落后的燃煤技术，降低煤炭污染提供了可行的解决方案，从而为减少煤炭消费中的消极影响，扩大煤炭需求、发展煤炭工业创造了有利条件；同时，水煤浆、煤炭液化、煤炭气化和煤基燃料甲醇等先进的煤代油技术的采用，将为煤炭变成优质能源提供了广阔的发展空间。因此，在未来相当长一段时期内，煤炭工业将保持一个较高的增长速度不仅是必需的，而且是完全可能的。

2）石油、天然气工业。今后，从国家安全和经济安全角度考虑，石油工业必须保持稳定发展。石油、天然气是重要的一次能源，是经济发展的血液。

首先，石油、天然气工业作为我国重要的战略性支柱产业，在国民经济发展中占有举足轻重的地位。随着国际环境不稳定因素的增加，我国石油进口的安全性、稳定性也受到严重挑战，中国作为一个发展中大国，其社会经济发展离不开稳定可靠的能源供应。因此，今后除实行国家石油储备战略外，必须增加石油、天然气勘探与开采力度，保持国内石油工业稳定发展。

其次，国内宏观经济环境的有力支撑。石油、天然气是经济发展的血液，国民经济增长离不开石油工业发展；反过来说，石油工业的稳定发展也离不开我国良好的宏观经济环境。因此，今后我国国民经济持续快速发展将为石油工业稳定发展提供有力支撑。

最后，石油工业发展具有巨大的市场需求。综观我国各个产业发展现状，在其他产业发展普遍面临市场制约的大背景下，石油工业成为极少数几个存在市场供应短缺的产业之一。随着我国社会经济发展与人们生活水平的提高，能源消费结构将进一步升级，全社会汽车保有量将大幅度增加，因此，对石油、天然气的消费需求仍将稳步攀升。

（2）制造业

1）装备制造业。装备制造业是国民经济重要的装备工业，肩负着为国民经济各部门提供先进适用技术设备和成套装备的重任。进入 21 世纪，随着我国经济社会发展第三步战略部署的全面实施，装备制造业已经进入重要的历史发展时期，其作为工业化心脏的重要作用将越发明显，因此，未来具有较大的发展潜力。

第一，国内宏观经济环境为装备制造业发展带来新的机遇。从市场需求看，随着我国国民经济的持续快速发展，装备制造业的主要用户行业对于机械、电子信息等技术装备类产品的需求不断增长。

第二，产业结构优化与升级增加了对重大技术装备的需求。产业结构优化与升级是我国经济结构战略性调整的中心任务。在推进产业结构调整与升级的过程中，装备制造业既肩负着通过自身发展带动产业结构的升级，又要为其他产业的升级提供技术装备的重任。因此，对制造加工设备和测试仪器等机械装备的需求将稳步增长。

第三，农业农村经济发展为农业装备提供了新的发展机遇。随着农村经济发展和农业产业化经营的稳步推进，广大农村对于农业装备提出了更多更新的需求。例如，种子加工、品种改良、农副产品的烘干、储运、精深加工设备、节水灌溉技术装备、园林机械、畜牧机械设备、农用车等。

第四，国家重大发展战略的实施将促进我国装备制造业的振兴和发展。今后几年，随着国家西部大开发战略与振兴东北等老工业基地战略的实施力度不断加大，以机械设备为主体的装备工业会迎来一个重要的历史性发展机遇，带动大型电力装备、大型石化成套装置、大型工程施工机械以及一大批通用机械的增长。

综上所述，至 2030 年前，机械装备的需求将稳步增长，高水平产品、新技术产品及新领域产品的需求将不断上升，装备制造业具有较强的发展后劲。

2）以电子及通信设备制造业为龙头的高新技术产业。高新技术产业是我国工业乃至国民经济的主导与支柱产业，未来发展空间巨大。

第一，有国家政策重点扶持。高新技术产业直接关系到一个国家综合国力与国际竞争力，世界上大多数国家对高新技术产业都给予了高度重视与政策扶持。我国对信息产业（包括电子及通信设备制造业）、生物工程与现代医药产业、新材料产业等高新技术产业也出台了一系列支持发展的政策，今后还将出台相关政策，以求在高新技术产业取得重要突破，促进高新技术产业的跨越式发展。

第二，是产业结构升级的需要。高新技术产业的发展是工业结构优化与升级的中心内容；同时，传统产业的改造与升级也在很大程度上依赖于高新技术产业的发展。

第三，具有广阔的市场需求。以信息化推动工业化是我国实现现代化的客观要求。未来我国在建设具有大容量、高速率、智能化、多媒体基本特征的新一代高速带宽信息网络，发展深亚微米集成电路、高性能计算机、数字高清晰度电视系统、第三代数字移动通信系统、广播电视直播卫星系统等领域具有巨大的市场需求；同时，随着人们生活水平的提高，对创新医药、现代中药、安全保健品等产品的需求将不断增加。

3）汽车工业。作为重要的交通运输设备制造业，汽车工业在未来20～30年是我国极具发展潜力和高成长性的行业之一。主要原因影响我国汽车市场需求的因素是多方面的，最显著的积极因素有以下几个方面。

一是我国国民经济在相当长一个时期将保持快速发展，这为我国汽车工业的快速发展创造了良好的宏观环境，也为汽车市场需求增长奠定了坚实的基础。

党的"十六大"提出了全面建设小康社会的宏伟目标，并把保持国民经济持续快速健康发展，不断提高人民生活水平作为实现这一目标的重要任务。这为今后我国经济发展提供了新的发展信心与强大动力。

二是消费结构升级为汽车快速发展注入强大动力。

经济发展水平和人民生活质量的提高，必然带来消费结构升级。目前，我国城镇居民消费基本跨过了以家电为代表的千元级商品，消费热点正在转向汽车、住房等万元、十万元级商品。同时，国家在政策上明确鼓励住房、汽车、旅游等新兴消费，使其成为拉动国民经济发展新的增长点。根据国外汽车工业与汽车市场发展经验，当人均 GDP 达到 500美元时，轿车开始进入家庭，达到 1000 美元时，轿车市场需求会迅速扩大，其增长速度为人均 GDP 的 2～4 倍。2002 年，我国人均 GDP 达到 1000 美元左右，这标志着中国汽车市场需求正进入一轮高速扩张阶段。因此，随着我国经济发展水平和人民收入水平的提高，消费结构的提升必然对汽车消费需求开拓广阔的市场，从而促进汽车工业的高速发展。未来 20～30 年，我国汽车工业产量可能在一些年份的增长速度会有较大波动，但总体保持 15%～20% 的增长速度是可以预期的。

三是私人购车市场的形成为汽车工业快速发展提供了有力的支撑。

我国汽车市场已经发生一场深刻的变化，那就是市场消费主体的转换——用财政性资金购车的集团消费逐步缩小，企事业单位的商务车消费稳定增长，居民私人购车与消费比例快速上升。2005 年，私人购车占汽车销售的比例已超过 70%，北京、广州、深圳及其他发达城市和地区，私人购车的比例更高。今后，国家将出台一系列有利于促进汽车私人购买与消费的政策法规及其他举措，如出台《汽车消费政策》、《汽车金融机构管理办法》，一批外资和中外合资的汽车专业性金融机构将获准开展汽车消费信贷业务。这些政策措施将改善汽车消费的社会环境，对私人购车市场的发展产生重要的积极影响。

4）船舶制造业。未来 20～30 年，我国船舶工业具有广阔的发展前景。

首先，我国内需的持续增长将推动船舶工业快速发展。今后，随着我国国民经济持续快速健康发展，航运货物量和客运量将不断增加，沿海、沿江船队的数量与规模将快速扩张，国内船舶需求的攀升成为船舶工业快速发展的主要推动力量。这一因素将持续对未来30 年我国船舶工业发展产生积极影响。

其次，外需的增加将为我国船舶工业提供新的发展机遇。各种迹象表明，世界经济已经走出低谷，特别是美国经济强劲复苏，带动世界经济增长回升并进入新一轮景气周期。随着世界经济增长加速，国际贸易量以及航运货物量将不断增加，这将为我国船舶出口提供良好机遇，特别是超大型油轮、大型液化天然气船、大型液化石油船、大型集装箱船以及高速滚装船的国外订单将不断增加。

最后，未来我国船舶工业具备快速发展的产业技术基础。从1995年起，我国造船产量已连续11年居世界第三位，约占世界造船市场份额的14%。2002年我国共有5000t级以上的造船设施75座，生产吨位总计524万t；目前，以国际通行的计算口径计算，我国船舶工业制造能力已达700万载重吨以上，船舶工业综合实力进入世界船舶工业大国行列。同时，我国船舶工业生产集中度不断提高，5~6家各自拥有技术特色和优势产品的特大型造船企业集团和大型造船骨干企业在近几年得到发展壮大。我国不仅能设计制造散货船、油轮等常规船舶，而且可以开发建造成品油船、超大型油轮、大型液化石油船，大型集装箱船以及客滚船等具有国际先进水平的高附加值船舶。我国船舶工业具有的产业基础将构成未来船舶工业快速发展的重要条件。

三、未来全国和地区一般工业发展预测分析

（一）预测分析方法及有关条件设定

1. 预测分析的基本方法

本章运用相关趋势外推法对一般工业在2010年、2020年和2030年的产值规模及各地区比例进行预测。相关趋势外推法是运用一般工业的增长率与GDP、工业增加值增长率之间的相关性，在设定2010年、2020年和2030年三个时点的GDP增长率的基础上，对一般工业在上述三个时点的增长速度、增加值进行趋势预测。对此，需要设定以下基础条件。

1）一般工业的增长率与GDP增长率之间具有强相关性。1990~2002年，我国GDP（按可比价格计算）年均增长率为9.35%。尽管在这期间，各年份的GDP增长率，以及采掘业、制造业、其他工业、规模以下工业增长率出现了较大波动，但从长期趋势看，GDP增长率与一般工业的增长率具有较强的正相关性。

2）国内国际环境不发生大的动荡，国内社会经济正常平稳发展。

2. 关于预测基年和可比价格的设定

由于我国开展了2004年经济普查工作，工业及其工业各行业统计数据相对系统、准确。因此，在开展分析预测时将2004年作为起始基年。在设定起始基年的基础上，预测2010年的产值规模以2004年为基年，预测2020年的产值规模以2010年为基年，预测2030年的产值规模以2020年为基年；一般工业各行业在2010年、2020年和2030年三个时点的增加值均以2000年价为可比价格。

3. 关于增长速度的设定及依据

全国一般工业增长速度的设定主要考虑以下基本因素：随着我国国民经济总量规模、工业经济规模总量的不断增加，基数逐年加大，增长速度应是缓步放慢的趋势。通过总研究组测算，2001～2010 年、2011～2020 年和 2021～2030 年我国 GDP 增长速度分别为 9.8%、7.8% 和 6.5%，工业增长速度分别为 10.63%、7.7% 和 6.04%。根据相关性原则，我国一般工业同期增长速度也是逐年缓降的趋势。

（二）全国一般工业发展预测

2005～2010 年、2011～2020 年和 2021～2030 年我国一般工业增加值增长速度分别为 10.17%、8.68% 和 6.97%。2010 年、2020 年和 2030 年，全国一般工业增加值规模将分别达到 67 427.73 亿元、147 799.58 亿元和 272 148.10 亿元。

（三）各地区一般工业发展预测

未来我国各地区一般工业增速是一个逐步放缓的整体趋势。在设定 2005～2010 年各地区一般工业增速时，主要依据 2001～2004 年各地区一般工业增长的速度。在基本原则一致的同时，我们对设定各地区一般工业增速重点分析了以下特殊因素影响。

1）辩证地考察发展的基础与潜力。部分地区如果具备发展的产业技术基础，现实发展规模却较小，则显示未来增长的空间较大，增速可能较快。反之，如果一些地区具备发展的产业技术基础，但产业发展规模已经很庞大，尽管绝对值仍将增加，但未来增长速度则可能放缓。例如，上海、江苏、浙江、山东、广东等地区，一般工业总量已达到很大规模，工业化程度也相对较高，因此，这些地区未来一般工业的增速将降低。相反，在我国中西部许多欠发达地区，工业化程度及城市化水平较低，城市公用基础设施建设的任务较重，因此，制造业和以煤气、热力及自来水生产供应为主体的其他工业将会有较快发展。

2）依据各地区资源禀赋条件。在矿产资源开采时间较长、资源接近枯竭的地区，采掘业增速将放慢。相反，在西北、西南等煤炭、石油天然气、金属及非金属矿产资源丰富的地区，采掘业将会有较快发展。

3）考虑国家重大发展战略和重大工程项目的影响。例如，随着与西部大开发战略相关的西电东送、西气东输等工程的建设与运营，西北、西南许多地区（如内蒙古、陕西、新疆、宁夏、青海、四川、贵州、云南等）采掘业、其他工业以及规模以下工业都将获得良好发展机遇；随着中部崛起战略的实施，中部各省（自治区）发展的政策环境将进一步改善，对这些地区一般工业发展产生积极作用；在振兴东北等老工业基地的重大发展战略影响下，辽宁、吉林、黑龙江等地区的机械装备制造业、其他工业有望得到快速增长。

在 2010 年、2020 年和 2030 年三个时点，我国各地区一般工业增加值规模及速度、各地区一般工业增加值占全国的比例的预测数据分别见表 13-6 和表 13-7。

表 13-6 2010 年、2020 年、2030 年各地区一般工业增加值预测数（2000 年可比价格）

地区	2004 年	2005～2010 年		2011～2020 年		2021～2030 年	
	增加值 （亿元）	速度 （%）	增加值 （亿元）	速度 （%）	增加值 （亿元）	速度 （%）	增加值 （亿元）
北京	824.47	12.21	1 473.86	9.15	3 387.90	6.93	6 646.38
天津	954.28	10.72	1 905.25	8.32	4 572.53	6.22	8 937.30
河北	2 166.50	13.95	3 990.43	8.17	8 874.88	5.93	16 232.87
山西	772.16	13.87	1 690.75	8.83	3 708.63	8.11	6 595.14
内蒙古	476.42	10.07	1 038.50	8.06	2 419.33	6.85	5 278.98
辽宁	1 767.71	11.25	3 143.43	8.06	6 823.67	6.88	13 233.95
吉林	756.37	8.01	1 434.26	8.03	3 113.62	5.94	6 058.00
黑龙江	2 009.65	9.23	3 190.01	8.05	6 907.10	6.22	12 295.05
上海	2 148.94	8.41	3 650.34	8.34	7 913.71	6.19	14 472.93
江苏	3 970.17	7.93	6 446.65	7.89	14 359.92	6.34	26 186.36
浙江	3 317.01	11.70	5 243.65	8.79	11 206.02	6.45	20 718.17
安徽	890.71	10.01	1 729.84	6.60	4 018.30	6.31	7 509.62
福建	1 728.42	15.19	3 062.87	8.36	5 801.31	6.02	10 696.84
江西	729.52	9.24	1 704.26	8.43	3 804.48	5.41	6 825.05
山东	3 915.41	11.55	6 655.49	8.07	14 945.57	6.25	25 302.43
河南	2 361.57	10.68	4 551.03	8.95	9 888.06	6.54	18 134.87
湖北	1 246.19	11.18	2 290.90	7.84	5 397.74	6.83	10 169.29
湖南	1 165.88	9.13	2 201.56	7.25	4 682.49	5.98	9 062.87
广东	5 889.37	13.34	9 949.89	8.62	20 030.76	7.06	35 809.01
广西	668.05	15.80	1 416.36	8.41	3 237.73	5.79	6 402.51
海南	73.39	9.26	176.95	9.31	396.74	6.64	696.68
重庆	690.78	11.16	1 175.04	8.88	2 860.79	6.94	5 439.32
四川	1 207.11	10.38	2 276.93	7.12	5 330.58	6.85	10 429.07
贵州	308.34	9.10	557.68	7.90	1 109.23	6.73	2 152.15
云南	739.49	17.14	1 247.30	10.60	2 668.49	10.54	5 117.58
西藏	9.71	10.79	25.08	8.77	68.68	6.06	187.00
陕西	859.61	11.25	1 589.64	8.23	3 683.84	6.86	6 633.92
甘肃	250.29	12.97	474.45	7.12	1 045.97	6.73	2 030.87
青海	91.78	9.04	190.81	7.79	379.46	7.35	727.99
宁夏	80.76	13.24	135.77	8.64	287.44	7.24	583.99
新疆	446.53	10.06	941.55	8.13	2 155.73	6.33	4 335.95

表 13-7 2010 年、2020 年、2030 年各地区一般工业增加值占全国比例 （单位:%）

地区	2004 年	2010 年	2020 年	2030 年
北京	1.94	1.95	2.05	2.18
天津	2.24	2.52	2.77	2.93
河北	5.10	5.28	5.38	5.32
山西	1.82	2.24	2.25	2.16
内蒙古	1.12	1.37	1.47	1.73
辽宁	4.16	4.16	4.13	4.34
吉林	1.78	1.90	1.89	1.99
黑龙江	4.73	4.22	4.18	4.03
上海	5.05	4.83	4.79	4.75
江苏	9.34	8.53	8.70	8.59
浙江	7.80	6.94	6.79	6.80
安徽	2.09	2.29	2.43	2.46
福建	4.07	4.05	3.51	3.51
江西	1.72	2.26	2.30	2.24
山东	9.21	8.81	9.05	8.30
河南	5.55	6.02	5.99	5.95
湖北	2.93	3.03	3.27	3.34
湖南	2.74	2.91	2.84	2.97
广东	13.85	13.17	12.13	11.74
广西	1.57	1.87	1.96	2.10
海南	0.17	0.23	0.24	0.23
重庆	1.62	1.56	1.73	1.78
四川	2.84	3.01	3.23	3.42
贵州	0.73	0.74	0.67	0.71
云南	1.74	1.65	1.62	1.68
西藏	0.02	0.03	0.04	0.06
陕西	2.02	2.10	2.23	2.18
甘肃	0.59	0.63	0.63	0.67
青海	0.22	0.25	0.23	0.24
宁夏	0.19	0.18	0.17	0.19
新疆	1.05	1.25	1.31	1.42
合计	100.00	100.00	100.00	100.00

由于在预测各地区一般工业增加值增长中，主要考虑和设定以下因素或条件：东部沿海发达地区工业化、城镇化水平相对较高，工业经济总量较大，今后经济以及工业增长速度相应放缓的趋势，中西部许多省（自治区、直辖市）因工业化、城镇化进程相对较慢，

工业经济总量的基数较低，在未来相当长一段时期内，这些地区一般工业增长速度可能快于东部地区，导致 2010 年、2020 年、2030 年东部地区一般工业规模占全国的比例有所下降，而中西部地区一般工业规模占全国的比例有所上升（表 13-8 和表 13-9）。

表 13-8　2010 年、2020 年、2030 年我国东、中、西部地区一般工业增速比较

（单位：%）

地区	2005~2010 年	2011~2020 年	2021~2030 年
东部	9.4	8.0	6.2
中部	11.3	8.3	6.4
西部	10.7	8.6	6.7

表 13-9　2010 年、2020 年、2030 年我国东、中、西部地区一般工业增加值规模、占全国比例

地区	2004 年		2010 年		2020 年		2030 年	
	增加值（亿元）	比例（%）	增加值（亿元）	比例（%）	增加值（亿元）	比例（%）	增加值（亿元）	比例（%）
东部	27 423.72	64.5	47 115.17	62.4	101 550.70	61.5	185 335.40	60.8
中部	10 408.47	24.5	19 831.11	26.2	43 939.75	26.6	81 928.87	26.9
西部	4 684.40	11.0	8 614.25	11.4	19 590.21	11.9	37 637.84	12.3
合计	42 516.59	100.0	75 560.53	100.0	165 080.66	100.0	304 902.11	100.0

第十四章 全国和地区建筑业发展布局现状和预测

一、总 论

（一）本章研究的目的和预期目标

1. 研究目的

本章研究是水利部新一轮水资源规划前期项目——"国民经济发展布局与产业结构预测研究"的专题之八的成果，目的是通过分析 1990 年以来全国及各省（自治区、直辖市）两个层面建筑业发展状况、规律以及影响因素，研究 21 世纪初期影响建筑业发展的有利或约束条件，判断 2030 年前的建筑业基本走势，为制定全国水资源规划提供参考依据。

2. 预期目标

预测 2010 年、2020 年和 2030 年三个时点全国及各省（自治区、直辖市）建筑业增长趋势及产业布局态势。

（二）本章研究的主要依据

本章分析和研究的依据主要是国家统计局提供的基础数据，同时参阅了国内一些研究机构的专家、学者关于经济发展和投资方面的研究报告和报刊资料等，如《中国统计年鉴》（1991～2003 年、2006 年），部分省（自治区、直辖市）统计年鉴，《中国建筑业年鉴》（1990～2002 年），《中国投资年鉴》（2000～2002 年），《2006 中国统计摘要》，国家统计局提供的 1990～2001 年有关 GDP、投资、建筑业等的数据，国家统计局提供的全国经济普查后推算的 2000～2004 年建筑业数据等。

（三）本章采用的主要预测方法

2004 年，曾采用定性与定量相结合的预测方法，从我国建筑业发展现状入手，对 1990 年以来我国建筑业发展的态势和特点，以及未来 25 年影响我国建筑业发展和布局的有利与约束因素进行了分析，在研究未来一定时期建筑业发展趋势的基础上，对 2010 年、2020 年、2030 年全国及各省（自治区、直辖市）建筑业增加值、总产值的增长速度和总量进行了预测。1995 年全国经济普查之后，全国 GDP 总量和三次产业结构有所变化，相应地，建筑业在 GDP 和第二产业中的比例也有所变化，但当时国家统计局尚未公布经济普查后建筑业的数据调整情况，因此只能依据 2004 年的基础分析，同时借鉴经济普查数据调整后对 2010 年、2020 年、2030 年全国及各省（自治区、直辖市）GDP 及三次产业结构预测结果，对三个时点建筑业增加值总量和增速进行了第二次预测。2006 年 9 月，国家统计局公布了经济普查后 2004 年、2005 年建筑业数据调整情况，根据 2004 年的基础分析，以 2005 年数据为基数，对三个时点的建筑业增加值和增速进行了第三次预测。最近，按照水资源规划领导部门的要求，宏观经济研究院承担的"国民经济发展布局与产业结构预测研究"再次进行预测调整。受统计数据的影响，在此次数据调整过程中，建筑业预测采取了与前几次不同的方法，即在预测了全国 GDP 和第一、第二、第三产业三个阶段增长速度及三个时点增加值总量的基础上，根据建筑业在第二产业中的比例相对稳定的特点，专家讨论人为确定了 2010 年、2020 年、2030 年三个时点全国和各省（自治区、直辖市）建筑业占第二产业的比例，再依据已经预测的三个时点第二产业增加值总量和建筑业比例，确定出建筑业增加值总量，反推出三个阶段建筑业增长速度。本章是依据以前对建筑业发展现状和未来趋势分析的基础，对近年来建筑业统计数据进行了补充，结合预测数值的调整，修改完成的。

（四）对使用数据的说明

1）分析全国及各省（自治区、直辖市）建筑业发展现状时，所依据的为国家统计局提供的 1990~2003 年历史数据和 2006 年统计数据。国家统计局没有提供的个别地区个别数据，依据地方统计年鉴数据。

2）引用全国及各省（自治区、直辖市）未来 30 年 GDP 增长速度和总量时，认同其对外生变量值的确定。

3）为增强数据的可比性，对所用数据分几种情况进行了处理。第一，历史和现状分析时，采用当年价数据。第二，计算历史增长速度，1990~1999 年数据，换算成 1990 年可比价；2000~2005 年，换算成 2000 年可比价。第三，预测未来发展速度及总量时，以 2000 年数据为基数，不考虑价格因素，也可以说是"采用 2000 年不变价"。

二、20 世纪 90 年代以来我国建筑业发展状况分析

1990 年以来，我国市场经济体制逐步完善，对外开放步伐不断加快，经济实现持续快速增长。但是，受国内外环境变化的影响，经济表现起伏跌宕。"八五"后期经济过热导致通货膨胀，综合治理实现经济"软着陆"；"九五"后期受亚洲金融危机冲击，经济增速下滑引发通缩迹象，财政货币政策同时运用拉动国内需求；"十五"后期出现经济过热，启动土地和信贷"两个闸门"进行宏观调控；"十一五"前期延续"十五"的良好开局，经济得到持续快速增长。十几年来，面对国内外形势的风云变幻，得益于国家一系列宏观调控政策，建筑业走出了一条带有本轮经济周期特征的发展轨迹。

（一）1990年以来全国建筑业发展状况和特点分析

建筑业作为一个产业，在我国20世纪80年代才得到广泛认同。经过20多年的发展，目前已经成为国民经济发展中的一个重要行业，为国民经济持续稳定增长做出了积极的贡献。

1. 全国建筑业发展状况

从产品功能方面考察，建筑业是国民经济各行业实现其生产能力增长的初始过程和手段。建筑业在国民经济发展中的作用同时表现在供给和需求两个方面：一方面，建筑业发展依赖于其他行业生产能力扩张的需求；另一方面，建筑业的发展也为建筑材料工业、交通运输工业、制造业以及服务业的发展提供了巨大的市场，为房地产业的发展提供了巨大的支持，能够带动和促进相关产业部门的发展。从行业整体来看，十几年来建筑业的发展表现出以下特征。

1）建筑业生产量实现了快速增长。改革开放以来，随着社会主义市场经济体制的逐步建立，各项改革措施的稳步实施，极大地调动了社会各方面的积极性，激发了经济发展的整体活力。我国经济连续20多年保持高速增长，为建筑业的发展提供了有力支撑。尤其是1998年以后，在国债资金的引导下，西气东输、西电东送、南水北调、三峡工程、青藏铁路等一大批重大交通设施、重大水利工程、重大建设工程项目相继全面展开，缓解了或正在缓解着多年来束缚我国经济增长的瓶颈；与此同时，房地产开发投资持续高速增长，城市建设投资连年增加，西部大开发、振兴东北老工业基地、中部崛起等一系列宏观经济政策相继出台，支持了固定资产投资规模的持续快速增长，为建筑业实现快速发展提供了良好契机。

据国家统计局资料，2005年，全国（不包括港澳台地区）建筑业增加值（当年价）由1990年的859.4亿元增长到10 018亿元，15年年均增长17.78%。从2002年下半年开始，我国经济走出亚洲金融危机和美国、日本、欧洲经济下滑的阴影，进入了一个新的快速增长周期，建筑业也随之加快了发展速度。2003~2005年，按照当年价计算，全社会建筑业增加值连续三年增长率在15%以上（表14-1）。

表14-1　1991~2005年建筑业增加值及增长速度（当年价）

年份	GDP（亿元）	建筑业增加值（亿元）	建筑业增加值增长速度（%）	建筑业增加值占GDP比例（%）
1990	18 667.8	859.4		4.60
1991	21 781.5	1 015.1	18.12	4.66
1992	26 923.5	1 415.0	39.40	5.26
1993	35 333.9	2 266.5	60.18	6.42
1994	48 197.9	2 964.7	30.81	6.15
1995	60 793.7	3 728.8	26.54	6.13

年份	GDP （亿元）	建筑业增加值 （亿元）	建筑业增加值 增长速度（%）	建筑业增加值 占 GDP 比例（%）
1996	71 176.6	4 387.4	17.66	6.16
1997	78 973.0	4 621.6	5.34	5.85
1998	84 402.3	4 985.8	7.88	5.91
1999	89 677.1	5 172.1	3.74	5.77
2000	99 214.6	5 522.3	6.77	5.57
2001	109 655.2	5 931.7	7.41	5.41
2002	120 332.7	6 465.5	9.00	5.37
2003	135 822.8	7 490.8	15.86	5.52
2004	159 878.3	8 694.3	16.07	5.44
2005	183 084.8	10 018.0	15.23	5.47
1991~2005 年 年均增长	16.41%	17.78%		

2）建筑业在国民经济中的比例基本稳定。20 世纪 90 年代初，建筑业在 GDP 中的比例为 4.6% 左右，1992 上升到 5.26%，1993 年超过 6%，1997 年降回到 5.85%，之后逐步小幅下调，"十五"时期基本稳定在 5.5% 左右（表 14-1）。

3）建筑企业规模不断扩大。产业的发展带动了建筑业队伍规模的扩大，《中国统计年鉴》资料显示，2005 年我国有各类建筑企业 55 962 个，从业人员 2593.4 万人，分别比 1990 年增加 3.2 倍和 1.57 倍。2005 年建筑业从业人数占全社会就业人数的 3.42%，北京、河北、江苏、山东等地区这个比例较高。建筑业从业人员中的 76% 来自农村富余劳动力，建筑业的发展，为缓解我国就业压力，特别是为解决农村富余劳动力转移，促进农村产业结构的调整和小城镇建设发挥了重要作用。

4）建筑企业实力逐步增强。在建筑队伍不断壮大的同时，企业资产规模快速增加，技术水平逐步提高。据统计，截至 2003 年底，建筑业企业总资产为 23 541.9 亿元，所有者权益为 8549.48 亿元；建筑企业机械设备总台数为 800 万台，机械设备总功率为 11 712.4 万 kW，机械设备净值 2403.96 亿元，分别比 1991 年增长 216.5%、175.57% 和 783.11%；技术装备率和动力装备率分别达到 9957 元/人和 4.9kW/人，分别比 1991 年提高 177.55% 和 22.5%。一些单项工程施工技术已经达到或接近国际先进水平，如软地基处理技术、深基础施工技术、工程爆破技术、高强高性能混凝土技术以及大型设备和结构安装技术等。随着信息技术在建筑业得到广泛运用，计算机已经普遍运用于行业、企业和市场管理工作中，初步建立起工程建设及建筑业的全国信息网，建筑业正在向着现代化的方向发展。

5）建筑市场秩序有所规范。一是深化建设管理体制改革，从"九五"开始，工程招投标制度、监理制度、竣工验收备案制度、市场稽查制度等一系列建筑市场管理制度开始建立并逐步完善，工程建设标准化管理体系逐步建立，工程造价的市场形成机制正在逐步形成。二是健全执业资格制度。先后颁布了建筑业、勘察设计和工程监理企业资质管理规定，将企业的市场行为和工程质量安全状况，作为企业资质审批和年检的重要标准，促进企业强化法制意识、市场信誉意识和质量安全意识。三是健全法规体系。围绕执行《建筑法》、《招标投标法》、《建筑工程质量管理条例》等有关法律法规，不断完善配套法律，加大宣传力度，市场各方的法律意识和质量意识有所增强。

6）建筑市场化程度不断提高。由于建筑业市场需求层次比较多，技术准入门槛比较低，因此成为乡镇经济发展和农业剩余劳动力就业转移的主要方向之一。改革开放以来，建筑业已经成为我国市场化程度比较高的一个行业。据中国社会科学院经济研究所张晓晶在《中国市场化进程报告》中分析，按照非国有化程度比较，2002年建筑业市场化程度已近60%，仅次于制造业，而高于其他行业。随着建筑工程招投标制度等一系列市场制度的建立，建筑企业跨地区承揽工程项目成为可能。近年来，为了满足投资快速增长对建筑队伍的需求，一些地区降低了当地建筑市场准入的标准，外地建筑企业也可以享有与当地建筑企业同样的"国民待遇"。目前，建筑市场地区垄断的壁垒正在逐步消除，全国统一的建筑市场正在形成。

7）对外开放步伐日益加快。我国建筑企业从20世纪80年代初开始对外承包工程，20多年来得到了快速发展。尤其是20世纪90年代，对外承包合同额年均增长10%左右。2003年对外承包合同额达到138亿美元，比2002年同期增长24.3%。建筑企业对外承包工程遍布六大洲的180多个国家和地区。在每年225家国际大承包商的评选中，越来越多的国内建筑企业入选国际大承包商行列（2000年有34家入选）。

2. 我国建筑业的发展规律

建筑业是国民经济各部门实现其生产能力增长的初始过程，因此建筑业的增长，有赖于国民经济各部门的发展，建筑业的发展规律，更多地表现在与国民经济及各行业发展的关系上。

1）建筑业与经济增长同起同落。图14-1为1990～2001年GDP和建筑业增加值增长速度曲线，从图中可以看出，两条曲线的波形总体走向一致。1993年，当全国经济达到14.2%的高增长时，建筑业增长速度也达到了1990年以来的最高值21%；随着国家实施综合治理实现经济"软着陆"，建筑业的增速也逐年减缓，到1997年进入低谷，增长速度仅为2.6%。而后随着经济逐步走稳并缓慢回升，建筑业增长呈波浪式前行。2000～2005年，全国建筑业增加值占GDP的比例，分别为5.57%、5.41%、5.37%、5.52%、5.44%和5.54%，从图中也可以看出，建筑业增加值在我国经济发展总量中的比例相对比较稳定，这是建筑业有别于其他行业的特点之一。

深入分析建筑业增长与GDP增长的关系可以看出，建筑业的增长曲线波动幅度要大于GDP增长曲线的振幅，1990～2001年，GDP增长速度的峰谷差为10.4个百分点，而同期建筑业的振幅达到19.8个百分点，高于前者9.4个百分点。

2）建筑业发展与固定资产投资关系密切。国民经济各行业的固定资产投资，很大程度上是通过建筑工程实现的，因此，建筑业发展与固定资产投资增长速度密切相关。图14-2是按当年价计算的固定资产投资、建筑业总产值和增加值增长速度曲线，从图中可以

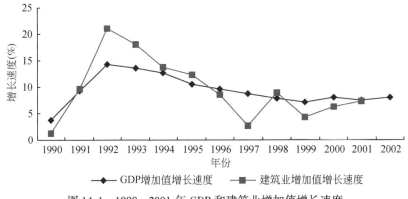

图 14-1　1990~2001 年 GDP 和建筑业增加值增长速度

看出，三条线形基本一致。表 14-2 显示，1990~2001 年，在全社会固定资产投资总额中，由建筑业完成的建筑安装投资所占比例始终维持在 61%~66%，波动幅度非常小。而同期，建筑业增加值与固定资产投资的相关系数达到 0.996（表 14-3）。可见，固定资产投资增长速度，对建筑业的发展影响极大。

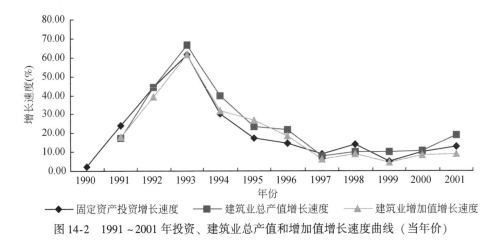

图 14-2　1991~2001 年投资、建筑业总产值和增加值增长速度曲线（当年价）

表 14-2　建筑业完成投资占固定资产投资比例

年份	投资总额 （亿元）	建筑安装工程投资 （亿元）	建筑安装投资占 投资总额比例（%）
1990	4 517.00	2 962.84	65.59
1991	5 594.50	3 594.26	64.25
1992	8 080.10	5 018.65	62.11
1993	13 072.30	7 856.20	60.10
1994	17 042.10	10 865.28	63.76
1995	20 019.26	13 173.33	65.80
1996	22 913.55	15 109.29	65.94

年份	投资总额 （亿元）	建筑安装工程投资 （亿元）	建筑安装投资占 投资总额比例（%）
1997	24 941.11	15 614.03	62.60
1998	28 406.17	17 874.53	62.92
1999	29 854.71	18 795.93	62.96
2000	32 917.73	20 536.26	62.39
2001	37 213.49	22 954.88	61.68
2002	43 499.91	26 578.89	61.10

表 14-3　1990～2001 年建筑业增加值与投资额的相关关系

地区	建筑业增加值与 投资额相关系数	地区	建筑业增加值与 投资额相关系数
全国总计	0.996	河南	0.982
北京	0.987	湖北	0.989
天津	0.996	湖南	0.997
河北	0.997	广东	0.982
山西	0.988	广西	0.985
内蒙古	0.997	海南	0.976
辽宁	0.990	重庆	0.995
吉林	0.985	四川	0.992
黑龙江	0.992	贵州	0.984
上海	0.926	云南	0.986
江苏	0.962	西藏	0.994
浙江	0.988	陕西	0.994
安徽	0.947	甘肃	0.988
福建	0.998	青海	0.998
江西	0.994	宁夏	0.999
山东	0.997	新疆	0.998

　　建筑业与经济增长同起同落、与固定资产投资高度相关，这是我国工业化发展过程中，尤其是工业化初中期的客观现象。多年来，拉动我国经济增长的三驾马车中，固定资产投资居于关键地位，社会评价经济"冷热"的主要指标之一，是投资增长速度的主要手段，国家控制经济"过热"或"动力不足"的主要手段之一，也是调控投资增长速度的主要手段。而建筑业是固定资产投资的主要实现形式，国家调控宏观经济走势的各种措施，都会通过投资增长反映在建筑业的发展之中。这也从一个侧面印证了"建筑业是国民经济晴雨表"的说法，建筑业的增长可以反映出经济发展情况，在某种程度上，建筑业可以成为反映宏观调控效果的先导指标。

3）建筑业增长快于城镇化进程和工业增加值的增长速度。从理论上讲，建筑业增长与城镇化进程不属于一个范畴，不太好进行直接对比。但是，从表14-4中可以看出，1990~2001年，城镇人均建筑业产值和增加值都呈上升趋势，12年间，城镇人均建筑业产值由645元增长到4163.16元；人均建筑业增加值由284.62元增加到1344.46元。同样，建筑业增加值的增长也快于工业增加值的增长，1990~2001年，全国工业增加值年均增长18.06%，而建筑业增加值年均增长20.13%，高于工业2.07个百分点。

表14-4 建筑业与城镇化及工业增长的比较

年份	1990	1991	1992	1993	1994	1995	1996	1997	1998	1999	2000	2001
建筑业总产值与城镇人口比值（元/人）	645.00	732.23	1025.2	1657.48	2240.27	2702.28	3104.01	3159.17	3302.42	3463.36	3655.49	4163.16
建筑业增加值与城镇人口比值（元/人）	284.62	325.32	439.78	688.72	878.28	1085.92	1214.48	1219.45	1257.31	1250.48	1289.05	1344.46
建筑业增加值相当于工业增加值比例（%）	12.53	12.55	13.76	16.15	15.56	15.45	15.58	14.84	15.67	15.59	15.15	15.17

3. 影响建筑业发展的主要因素

改革开放以来，我国国民经济克服了种种困难，保持了较快的 GDP 增长速度和较高的投资率，推动了建筑业的快速发展。但是，GDP 和投资都是一个综合性的概念，预测未来30年建筑业的发展趋势，需要从行业发展和投资资金来源等中观层面，分析影响建筑业发展的主要因素。

1）基础设施、房地产和制造业是推动建筑业发展的行业动力。鉴于建筑业发展与投资增长的高度相关关系，本章认为，推动投资增长的主要因素也就是影响建筑业增长的主要因素。根据统计年鉴数据，绘制出 1990~2002 年不同行业投资增长曲线（图14-3），从图中可以看出，交通、通信、电、水、气等基础设施（包括城市基础设施）、房地产开发、制造业、社会服务业是我国 20 世纪 90 年代以来投资增长的主要力量，也是支撑建筑业实现快速发展的主要因素。

改革开放以来，为解决制约国民经济发展的"瓶颈"问题，我国加大了基础设施的投资力度，1981~2000 年，交通运输邮电业的固定资产投资完成额几乎是每 5 年翻两番，投资规模由"六五"时期的 455 亿元增长到"九五"时期的 14 010 亿元，增长了 29.78 倍。与此同时，水、电、气、污水排放、垃圾处理、城市道路等城市公用和市政基础设施也得到了快速发展。进入"十五"时期以来，基础设施投资继续保持了高速增长的势头。大规模的基础设施建设，促进了建筑业的快速增长。

1998 年底，全国停止了住房的实物分配，稳步推行住房货币化政策，同时加快现有住房的改革。随着房改政策、住房供应政策、住房二级市场政策、税费政策、金融政策等多

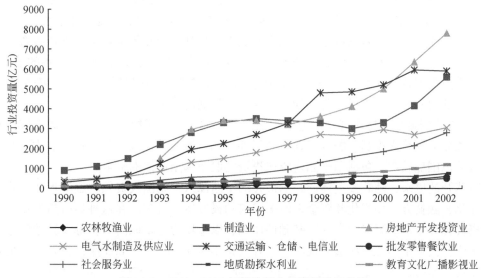

图 14-3　1990~2002 年部分行业投资量增长曲线

注：图中数据非全社会投资口径，包括统计年鉴上按管理渠道分的基本建设、
更新改造和房地产开发投资，不包括其他投资

项政策的出台，带来了个人住房消费的实质性启动，带动了全社会住宅建设投资和竣工面积的快速增长。1993~2003 年，房地产开发投资占固定资产投资的比例由的 10.12% 提高到 18.27%（表 14-5），房地产开发投资增长直接和间接拉动 GDP 增长每年保持在 2 个百分点左右，以住宅为主的房地产业已经成为国民经济发展的支柱产业之一。房地产开发规模的扩大，推动了建筑市场的活跃和发展。

表 14-5　房地产开发投资占固定资产投资的比例（当年价）

年份	固定资产投资总额（亿元）	房地产开发投资（亿元）	房地产开发投资占投资总额比例（%）
1993	13 072.30	1 323.08	10.12
1994	17 042.10	2 554.00	14.99
1995	20 019.26	3 149.02	15.73
1996	22 913.55	3 216.44	14.04
1997	24 941.11	3 178.37	12.74
1998	28 406.17	3 614.23	12.72
1999	29 854.71	4 103.20	13.74
2000	32 917.73	4 984.05	15.14
2001	37 213.49	6 344.11	17.05
2002	43 499.91	7 790.92	17.91
2003	55 566.61	10 153.80	18.27

1995 年以前，制造业曾居我国行业投资量的首位，但到了 1997 年，交通运输、仓储和电信等基础设施投资量和房地产开发量都超越了制造业，尤其是房地产开发，完成投资

量连年快速增长，2000 年位居行业第一，快速向上攀升。从 1999 年开始，制造业投资量结束了 1996 年以来的连续下滑，出现了向上的拐点，并以较快的速度持续增长。

值得关注的是，除基础设施、房地产和制造业之外，十几年来社会服务业投资获得持续稳定增长，占固定资产投资总额的比例由 1990 年的 3.72%，提高到 2002 年的 6.47%，而且上升势头不减。在社会服务业投资中，设备购置等比例相对较小，建筑安装比例更大，因此社会服务业投资增长将成为促进建筑业发展的新生热点。

2）自筹资金是支持建筑业快速增长的主要来源。在我国统计制度上，固定资产投资资金来源分为预算内投资、国内贷款、利用外资和自筹及其他资金等渠道。其中，自筹资金包含的范围比较广，包括用于固定资产投资的股票和企业债券资金。

改革开放以来，随着投资体制改革进程的不断深入，我国投资领域逐渐形成了投资主体多元化、融资方式多样化和资金来源多渠道的投资运行机制。在这种运行机制中，市场在投资资源和要素的配置中发挥着基础性作用，以市场为主要取向的自筹及其他资金来源在固定资产投资中的地位和重要性不断上升（图 14-4）。1981~2003 年，自筹及其他资金规模年均增速超过 20%，高于同期全部投资资金来源的平均增速。2003 年自筹资金所占比例达到 70.5%，比 1981 年的 55.4% 提高了 15.1 个百分点。

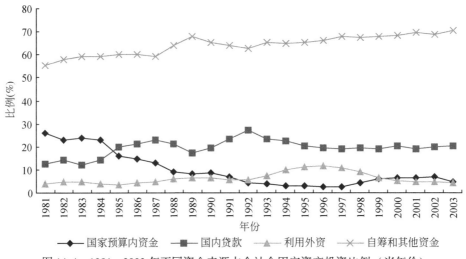

图 14-4　1981~2003 年不同资金来源占全社会固定资产投资比例（当年价）

国内金融机构向固定资产投资项目发放中长期贷款始于 1979 年，1981~2003 年，在全社会投资资金来源中，国内贷款规模由 122.0 亿元上升到 12 044.36 亿元，年均增长速度达到 21.5%。国内贷款融资占全社会固定资产投资来源的比例在 1992 年达到 27.4% 的最高水平，从 20 世纪 90 年代中后期开始，随着股票和债券等直接融资方式的快速发展，金融机构不断强化贷款风险管理，国内贷款在投资中的地位有所回落，2003 年国内贷款占全社会投资资金来源的比例为 20.5%，比最高的 1992 年下降了近 7 个百分点。尽管近 10 年来国内贷款的比例有所下降，但仍占投资总额的 1/5 左右，金融机构放款量的增减，对投资规模增长的影响比较大。

改革开放以来，在全社会投资资金来源中，国家预算内投资所占份额不断减少，1981

年为 28.1% , 1997 年下降到不足 2.8% 。但从 1998 年以来，随着长期建设国债资金的发行，预算内投资出现快速增加的趋势，2002 年占全国投资资金来源总额的比例达到 7.0% ，基本恢复到 20 世纪 90 年代初的水平。但 2003 年又回落到 4.6% 。

1981~1996 年，在全社会投资资金来源中，利用外资规模快速增长，年均增速达到 33.4% ，1996 年外资占全社会投资资金来源的比例达到 11.8% 。从 1997 年开始，受亚洲金融危机和国内经济不景气的双重影响，利用外资的规模逐渐下降，2000 降到最低，为 1696.24 亿元。之后利用外资规模有所回升，但占全社会固定资产投资比例逐年下降，2003 年只有 4.4% ，比 1996 年下降 5.4 个百分点。

（二）1990 年以来建筑业地区发展状况和特点

建筑业的性质决定了其分布的广泛性，只要有人类经济活动的地方，就有建筑业的存在。不同地区建筑业的发展，与当地经济和社会发展水平相适应。

1. 建筑业地区分布东高西低

建筑业在各省（自治区、直辖市）的空间布局，总体上由东向西递减。总体上看，以 1994 年为转折点，东部地区建筑业增加值占全国的份额不断下降，但始终稳定在 50% 以上（图 14-5）。中西部地区建筑业增加值占全国的份额稳步上升。2005 年建筑业增加值，东部地区为 6016.82 亿元，占全国的 52.32% ；中部地区为 2990.83 亿元，占全国的 26.01% ；西部地区为 2491.90 亿元，占全国的 21.67% 。

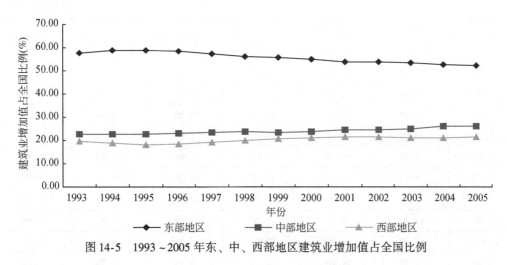

图 14-5　1993~2005 年东、中、西部地区建筑业增加值占全国比例

2. 建筑业增加值占 GDP 比例西高东低

与建筑业整体分布东高西低的特点相悖，建筑业在不同地区经济发展中的地位，却是西高东低。按照 2005 年建筑业增加值占 GDP 比例由高到低排序，排位前 10 名的省（自治区、直辖市）中，西部地区占了 8 个（表 14-6）。同年，全国建筑业增加值占 GDP 的比

例为 5.54%。西部地区 12 个省（自治区、直辖市）这个比值都高于全国水平。

表 14-6　建筑业增加值占 GDP 比例前 10 名排序　　　（单位:%）

序次	省（自治区、直辖市）	建筑业占 GDP 比例	序次	省（自治区、直辖市）	建筑业占 GDP 比例
1	西藏	18.33	6	甘肃	7.90
2	江西	11.39	7	新疆	7.80
3	青海	11.17	8	重庆	7.68
4	宁夏	8.61	9	内蒙古	7.58
5	陕西	8.04	10	安徽	7.49

3. 各地建筑业普遍实现了较快增长

从表 14-7 可以看出，1990 年以来，各地建筑业都有一个较快发展时期。"八五"时期，有 23 个省（自治区、直辖市）建筑业增长速度超过 10%，江苏、广东、广西、福建、海南等地区达到 20% 以上；"九五"时期，虽然受到亚洲金融危机的冲击，建筑业增长速度有所下降，但仍有 22 个省（自治区、直辖市）的增长速度超过了 10%，尤其是西部地区的青海、贵州、陕西、宁夏等，在国家实施西部大开发政策的鼓励下，建筑业增长速度比"八五"时期有大幅上升。2002 年我国进入新一轮经济快速增长时期，各地建筑业也得到了快速发展，2003 年有 28 个省（自治区、直辖市）的增长速度超过 10%。

表 14-7　1990 年以来全国及各省（自治区、直辖市）建筑业增加值增长速度

（单位:%）

地区	"八五"时期年均增长	"九五"时期年均增长	2001 年增长	2002 年增长	2003 年增长	2004 年增长
全国	14.90	6.00	6.80	8.80	12.10	8.10
北京	10.70	7.20	6.60	10.90	10.70	6.30
天津	7.60	6.44	14.30	12.20	12.40	1.70
河北	18.99	10.71	4.00	7.10	17.20	12.70
山西	5.40	16.40	10.90	13.90	15.20	14.00
内蒙古	18.62	5.26	14.10	24.30	53.30	15.60
辽宁	8.80	5.80	8.70	10.30	17.50	21.30
吉林	11.20	9.70	5.20	11.60	19.70	4.90
黑龙江	8.40	12.80	12.60	8.50	9.20	12.10
上海	7.30	11.40	10.90	6.40	1.30	0.80
江苏	23.63	17.81	7.30	12.10	13.20	12.20
浙江	18.06	8.15	11.90	11.50	26.60	11.70
安徽	19.50	11.11	12.10	11.10	21.40	17.70
福建	21.90	6.87	5.60	4.20	17.70	11.30
江西	22.40	10.30	19.80	19.90	39.10	19.40

地区	"八五"时期年均增长	"九五"时期年均增长	2001 年增长	2002 年增长	2003 年增长	2004 年增长
山东	16.16	11.97	9.30	18.00	11.60	5.00
河南	13.10	15.10	11.60	10.60	16.70	10.00
湖北	14.00	12.00	8.50	10.50	10.60	14.40
湖南	13.70	10.70	12.30	10.30	11.20	17.40
广东	24.00	3.30	6.10	3.50	13.10	2.90
广西	25.30	10.80	8.20	13.10	14.60	17.40
海南	28.18	3.09	5.80	6.20	10.60	13.80
重庆	12.30	13.90	14.90	14.40	15.20	14.30
四川	19.30	12.00	10.10	10.90	10.60	11.60
贵州	3.30	18.90	10.70	24.50	13.50	6.50
云南	15.59	11.87	4.20	5.80	9.70	17.80
西藏	55.00	13.40	24.10	28.10	14.70	9.30
陕西	5.80	12.00	8.60	6.00	11.20	7.70
甘肃	9.54	22.60	7.80	7.90	7.60	5.50
青海	6.64	17.51	26.40	19.70	15.20	4.40
宁夏	10.10	12.50	15.20	9.60	25.70	0.90
新疆	16.90	10.30	9.00	6.30	12.80	12.20

三、影响未来 30 年建筑业发展的主要因素分析

自 1979 年开始,我国改革开放经历了由计划经济向市场经济体制的转变,经济社会发生了巨大变化。从现在起到 2030 年,在目前初步建立社会主义市场经济体制,基本实现小康社会的基础上,我国未来经济和社会还将发生巨大的变化。虽然在研究中我们无法准确描述 21 世纪 30 年代末期的经济社会状况,但有些变化还是可以肯定的,即社会主义市场经济体制基本完善,国家政治体制和法律体系基本健全,经济与发展社会、自然的关系基本协调,目前存在一些如"三农"问题、金融体制和国有企业改革等问题基本得到解决,或者有了明显改观。因此本章在分析未来 23 年建筑业发展环境时,主要考虑那些将长期存在的影响因素。

(一)影响全国建筑业发展的主要因素

1. 有利因素分析

1)经济发展将继续保持较快增长,为建筑业发展提供广阔的市场空间。21 世纪前 20 ~

30年，对于我国经济发展来说，是一个可以大有作为的重要战略机遇期。国际上，经济全球化深入发展，科技进步日新月异，我国可以争取到较长时期的和平国际环境和良好的周边环境。按照国际经验，一个发展中国家经济进入起飞阶段后，有一个长达30～40年的高速增长时期。目前我国正处在工业化的中期，在经历了20多年的高速增长后，有潜力再保持20～30年的较高增长速度。

从2002年下半年开始，我国进入了新一轮经济快速增长周期，处在拉动经济增长"龙头"位置上的是住宅、汽车、电子通信和城市基础设施建设等行业。这些行业的快速发展首先拉动钢铁、有色金属、机械、建材、化工等中间投资品性质的行业，然后拉动电力、煤炭、石油等基础行业，从而带动了整体经济的全面高涨。专家分析，与城市居民消费结构和产业结构升级相关的住宅、汽车等产业，具有相当长的较快增长周期。我国正处在城市化的加速时期，现有城市居民的居住水准提高和农村居民进入城市，将会拉动住宅产业至少20年的较快增长。根据已经完成工业化的大国经验，当汽车产业进入大众消费阶段后，将保持长达20～30年的较快增长。由于住宅、汽车属于10万元级的产品，其价值量远超过其他消费品，它们较快增长的长周期特性，将为今后相当长时期国民经济的较快增长奠定重要基础。住宅行业还有一个共同特点，即行业增长群体带动特征明显。例如，汽车工业，在汽车工业快速增长的拉动下形成了包括钢铁、轮胎等在内的"汽车族"高增长产业群，据统计，产业群的规模相当于汽车工业本身的2.5～3倍，占国民经济总量的7%～8.5%，对国民经济增长的贡献将达到12%左右。同样据有关部门测算，住宅投资的诱发系数为1.5～1.7。也就是说，每投入100元的住宅投资，可拉动150～170元的相关产业需求，因此包含钢铁、建材、装饰装修等产业的"房地产族"高增长产业群，随着收入水平提高和城市化步伐加快，发展空间还将不断扩展，并将成为今后若干年拉动国民经济持续稳定增长的重要产业群。另外，与居民日常消费结构升级关联密切的"日常消费品族"高增长产业群，包括食品工业中的水产品加工、乳制品业、饮料业、文化娱乐休闲业、旅游等行业，具有适应城乡居民消费结构升级需要、产业关联度高、供给反映充分等特点，将在今后较长的一段时间内保持较高的增长速度，并将与住宅、汽车产业一起，推动中国经济整体进入一个新的较快增长周期。国民经济健康、持续快速增长，将为建筑业的持续快速发展提供广阔的市场空间。

2）固定资产投资规模不断扩大，为建筑业发展提供有利支撑。从推动长期经济增长的因素看，在支持经济增长的各类需求中，消费需求受到收入水平的较强制约，而我国城乡二元结构一定时期内仍将存在，占人口近2/3的农民收入大幅度提高也不是短期内可以完成的。因此，未来几年我国居民与社会收入水平的增长将是有限的，消费对经济的贡献率将是比较缓慢的稳定增长，不会迅速提高。从实际看，消费与出口对短期经济增长的刺激作用大，而长期经济增长还有赖于投资形成新的、有效的生产能力，我国经济发展仍要经历一个较长的外延与内涵并重的发展时期。在科学发展观的指导下，今后30年的经济增长将更加注重与社会、自然的协调，注重投资效益和投资质量的提高，但投资规模总量还将保持一个比较快的增长。

从支持投资规模增长的资金条件看，也具有保持投资在较长时期持续增长的基础。改革开放以来，国家预算内资金在固定资产投资中的地位和所占比例呈逐步降低态势。近年来预算内资金在投资中比例的快速回升，是国家实施积极财政政策增加长期建设国债的结果。从发展趋势看，随着投融资体制改革的深入，投融资主体多元化机制的进一步完善和投融资市场化程度的提高，预算内资金所占比例还将继续呈现下降趋势。但是按照党的"十六大"提出的全面建设小康社会的要求，未来 20～30 年我国将进一步加强社会事业、基础设施、生态建设和环境保护等公共部门的建设，这些方面的投资将在很大程度上依靠政府的投入，在客观上要求政府的预算内投资保持一定的规模和增长速度。多年来，我国居民长期保持着较高的储蓄率，这是商业银行为社会提供各种贷款的基础。伴随着国内金融机构改革进程的加快以及贷款风险责任约束机制的完善，银行面向居民消费性贷款的积极性会不断提高，消费性贷款占贷款总量的比例将不断上升。但是，从银行长远利益角度讲，为企业发放中长期投资项目贷款仍将保持在一定的规模。

中国加入 WTO 后，其绝大多数投资领域将逐步放开，外商和国内非公有制经济投资的法制和政府环境将有所改善，投资项目的可预见性将会提高，投资风险和交易成本则将进一步降低。目前外商普遍看好中国经济发展前景和市场潜力，加大了在中国的投资力度，加快了产业向我国的转移。近年来，我国民间投资占全社会投资的比例大约约在 53% 左右，随着我国市场化进程进一步加快，市场环境的进一步改善，民间投资进入的领域也会增多，投资量将大幅度增加，有专家预计，到 2020 年民间投资占全社会投资的比例可以达到 65% 左右。外资的大量进入和民间投资的真正兴起，是固定资产投资规模保持较快增长的基础，也有利于全社会固定资产投资的效益和质量的提高。长期以来，自筹资金是固定资产投资的主要资金来源，随着我国金融体制改革的深入，资本市场的发育，股票和企业债券等直接融资方式的不断发展和完善，以及 BOT 项目融资、产业投资基金融资、融资租赁、风险投资基金融资和 ABS 项目融资等新的融资方式逐渐在我国兴起，未来 30 年自筹资金无论是规模还是在投资中的比例将进一步增加，为建筑业的快速发展提供有利支撑。

3）城镇化进程加快，是建筑业加快发展的良好契机。同改革初期相比，2002 年我国城镇化水平由 18% 上升到 39.1%，提高了近 20 个百分点。但是与世界平均水平相比仍低近 10 个百分点，与同等工业化程度国家相比大约低 20 个百分点。根据国际经验，一个国家城镇化水平由 30% 提高到 70% 的阶段，城镇化速度一般比较快，超过 75% 则会出现逆城镇化倾向。据此分析，目前我国已经进入城镇化快速发展时期，未来 30 年加速城镇化进程不仅是农村人口向城市转移的需求，也是工业化过程中产业积聚的必然。

新一轮经济增长中，产业与城市发展的互动将是一个趋势。一方面，新的高增长产业的一个显著特点，是专业化分工程度的日趋深化。专业化分工深化后，产业链条的运转对现代生产性服务业的依赖显著加强。由于服务业大多依托于城市，新的高增长产业对服务业特别是现代生产性服务业的巨大需求，将为城市发展提供重要动力。另一方面，各地在城市发展中普遍存在寻求"产业支撑"的问题，新的高增长产业的快速成长，将为解决这一问题提供更多机遇，促进若干个包含了大中小多种类型城市的城市带或城市圈的形成和扩展。与国际经验类似，我国沿海地区的几大城市圈和内地沿交通干线的若干城市带已经正在形成之中。与此同时，重化工业的加快发展，特别是汽车社会的来临，将继续加剧与传统城市结构的矛盾，进而推动新的城市化进程，为轨道交通、机场、港口、城市间高速公路、城市其他基础设施以及相关产业带来发展契机，而这些设施或产业发展的初端，则都伴随着大规模的投资建设。

按照"十一五"规划的发展目标，2010 年我国城镇化率达到 47%，2020 年将达到 60% 左右。今后大量的农业人口将向城市转移，每年将新增城市人口 1400 万；许多农村地区将逐步演化为城市地域。产业在城市的聚集和人口的增加，必然对城市生产基地、就业场所、居住设施和市政等一系列硬软环境提出越来越多的需求，直接刺激建筑产品数量的增加和品质的改善。城市化进程中建筑业面临着巨大发展机遇，市场容量广阔。

4）市场机制和市场秩序的逐步完善，为建筑业发展提供良好的发展环境。随着社会主义市场经济体制的逐步完善，今后一个时期，政府将通过实施一系列的政策措施，改善宏观经济运行和企业经营的市场环境，消除法律法规等体制性障碍，在市场准入、投融资、税收和对外贸易等方面，给予各种所有制经济同等待遇。同时，加快全国统一、开放、竞争、有序的现代市场体系建设，打破行业封锁和地区垄断，促进资本、土地、技术、劳动力等生产要素的合理配置，增强政府的经济调节、市场监管、社会公共服务的职能，为规范建筑市场和促进建筑企业的发展创造一个更加公平、透明的竞争环境。

5）建筑业可以吸纳大量农业富余劳动力就业，将是政府鼓励发展的行业。从经济学的观点来看，经济增长本身不是目的，充分就业才是目的。因此，本届政府比 GDP 增长率更加优先的目标是充分就业。近几年，我国就业压力逐年增大，2005 年底，我国城镇登记失业率达到 4.2%，比 2001 年提高了 0.6 个百分点。21 世纪前 20 年，我国新增劳动力将在 1.1 亿人左右，估计农村剩余劳动力为 1.5 亿，国有企业富余人员中大约有 2500 万，非国有企业中大约有 1000 万，这些都有待于消化。但是目前的中国正在进入一个重化工时代，产业结构特点决定了重化工阶段在就业问题上与轻工业时代的不同，即 GDP 每增长 1 个百分点能安置的就业人口远远低于轻工业阶段。与大多数工业部门相比，建筑业的资本有机构成较低，是名副其实的劳动密集型行业。2000 年，我国建筑业企业人均固定资产原值为 2.11 万元，而同年制造业企业这一指标为 19.17 万元。这意味着同样的投资，建筑业可以增加 10 倍于制造业的就业机会，大力发展建筑业，对于缓解社会就业压力具有重要的作用，从这个角度讲，建筑业是将是政府积极鼓励发展的行业。

2. 约束因素分析

建筑业的性质，决定了其发展不可能独立存在，而是与国民经济发展息息相关，从宏观上说，制约我国经济发展的资源因素、生态环境因素、技术因素、社会协调发展等因素，都会直接或间接影响到建筑业的发展。在本研究的其他章节中，对经济发展的制约因素有专门的论述。本章从投资和建筑市场的狭义角度，分析未来 30 年制约和影响建筑业发展的主要因素。

1）投资体制改革滞后，完善建筑业管理制度难度大。改革开放以来，为了适应经济发展的需要，充分发挥投资在国民经济和社会发展中的作用，国家一直把投资体制改革作为经济改革的重点之一。从 1979 年开始进行"拨改贷"试点到 2002 年的审批制度改革，20 多年中国家和政府有关部门在投资和与投资有关的体制方面颁布和推行的改革政策和措施超过 40 项，这些政策和措施有宏观调控方面的，有项目决策体制方面的，有资金管理和筹措方面的，有建设实施管理方面的。这些改革措施对投资领域实现投资主体多元化、投资方式多样化、资金来源多渠道发挥了重要的作用。

投资体制改革取得了一定的成绩，但却一直没有解决投资资源优化配置的问题，与其他的领域比较，可以说投资领域推行的改革政策和措施是最多的，但投资体制改革给人的印象却是滞后的。这主要表现在两个方面：一是改革一直处于零敲碎打的状况，没有出台过一个完整而系统的改革方案和改革办法，与其他领域的改革相比，显得落后；二是改革的效果不明显，投资规模、投资结构、投资效益一直难以得到有效的控制和约束。投资结构不合理，低水平重复建设；建设项目超概算，超工期，"项目建成之日就是亏损之时"的现象层出不穷。投资规模和投资结构几乎每年都成为国家宏观调控的主要目标，在缺乏有效的新调控手段的情况下，往往不得不仍然采用计划经济时代的控制贷款规模、强化审批手续等老一套做法去管理投资，这又使一些新的改革措施难以出台，已经出台的一些改革措施也难以完全贯彻执行。投资体制改革的滞后，必然会影响我国经济体制改革的总体进程，也不利于建筑业管理体制、机制和制度的完善，影响到建筑业的健康发展。

2）投资增长率波动大，建筑业增长缺乏稳定基础。观察过去20年的投资增长情况，可以看出，起伏波动幅度很大（图14-6），增长速度最高的1993年达到61.78%，而最低的1989年则为-7.23%，4年之间相差近70个百分点。如果说1993年经济过热是一个特殊的时期，但"八五"后期经济实现"软着陆"以后投资增长的波动依然很大，1995年增长速度只有5.1%，2003年又超过了30%，波动幅度仍然高达25个百分点。这种投资增长的大起大落，不仅直接影响到建筑业生产规模的增长和队伍的持续稳定，不利于建筑业技术水平、装备水平的提高，而且由于市场需求和建筑队伍的变动差异大，导致了市场竞争激烈程度的不断变化，致使规范市场秩序的难度加大。

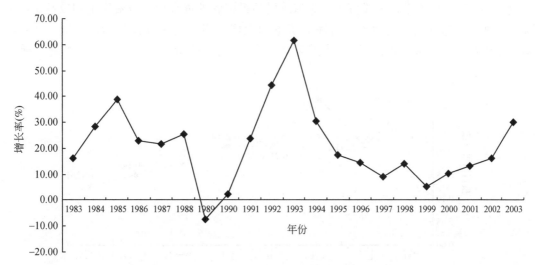

图14-6　1983~2003年全社会固定资产投资增长情况

1998年以来，为了应对内部通货紧缩和外部金融危机的影响，我国政府果断推出了以发行长期建设国债为主要标志的积极财政政策，它和"稳健的货币政策"一起，成为拉动中国经济增长的两驾马车。实施积极财政政策，一个最为明显的效应就是每年将近两个百分点的GDP附加值，8000亿元的长期建设国债资金带动两三万亿元的投资，奠定了国民经济以较高速度增长的基石，也为建筑业快速增长提供了支撑。但是从长期看，发行国债是特殊历史时期采取的反周期宏观调控的一种手段，而不应该使其成为经济发展本身的一个常量。如今国债已经连续发行7年，虽然最近两年发行量连续递减，但2004年仍然发行1100亿元。按照经济周期理论，10年为一个中周期，国债投资不应该贯穿一个经济周期，因此国债的适时退出是必然趋势，近两年投资增长速度加快，也为国债退出提供了有利契机。然而国债所涉及的不仅是债券本身的数量，而且包括几倍于国债的配套资金。国债投资淡出后，能否有足够量的民间资金跟进，是一个未知因素。经历了亚洲金融危机后，我国政府宏观经济调控能力得到锻炼和加强。但在市场经济条件下，自筹资金，特别是民间投资是全社会投资的主要力量，市场决定资本的流动和投入数量，政府采用何种非直接投资手段调节经济增长和投资增长速度，还需要探索和研究。短期内，投资增长的较大震荡还将继续存在，对建筑业的稳定增长将产生不利影响。

3）投资质量和效益连续降低，从长期看将影响建筑业的持续快速发展。据专家分析，过去10年来我国固定资产投资可持续实际增长速度为10%～20%，但最近几年的投资增长速度已经远远超过这个数字，2003年投资现价增长30%。从投资效果系数观察，1994年为0.71，1997年下降为0.26，2002年下降为0.15；投资弹性系数，1997年为1，2002年为0.47。这意味着近年来高速增长的投资，所产生的效益并不理想，很多投资是低水平的重复建设。

国家发展和改革委员会投资研究所专家根据"六五"以来GDP增长和投资量的关系，计算出来各个五年计划时期的投资效果系数，并对"十一五"、"十二五"和"十三五"时期的投资效果系数进行了预测。研究结果显示，今后一段时期投资效果系数还将继续走低（图14-7）。对于未来占投资主导渠道的民间投资和外资来说，投资质量和效益是第一动力，而越来越低的投资效果，对民间资本的大规模启动起着反面的示范效应。从长期看，投资质量和效果问题，将影响投资者的投资热情，也不利于建筑业的持续快速发展。

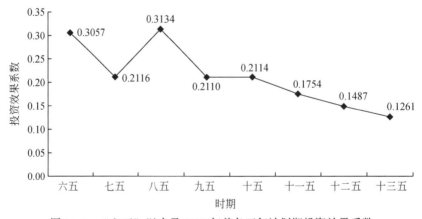

图14-7　"六五"以来及2020年前各五年计划期投资效果系数

4）建筑市场秩序有待进一步规范。由于建筑业门槛比较低，农村剩余劳动力进入相对容易，尤其是20世纪90年代后期的投资过热期间，诞生了大量的小型建筑企业。后来投资增速下降，建筑市场萎缩，大量建筑队伍闲置，市场竞争加剧。加之市场制度不健全、市场秩序不规范，由此产生了很多问题。主要是行业垄断、技术垄断严重；有些建设单位规避招标、肢解发包、任意压缩价格和工期。有的领导干部利用职权违法干预招投标、项目审批、设备和材料采购，致使工程项目行贿受贿、贪污腐败问题严重。根据全国人大常委会执法检查组的调查，近年来查处的行贿受贿案件中，建筑领域占 1/3 以上。工程招标中的"黑白合同"问题突出，相当普遍而且难以查处。压级压价、垫资施工、拖欠工程款、索取回扣等问题一直是建筑业的顽症，尽管国家对上述诸多问题都进行了大力防治，但一个统一的、开放的、体系完备的、竞争有序的建筑市场在我国尚未建立。目前，相关部门已在探究和初步建立规范建筑业各方主体行为的长效机制，但在短期之内，建筑业还将处于市场规范程度较低的局面。

5）建筑企业规模小，效率低，市场竞争力能力有待提高。近年来，伴随着市场化程度的提高和生产能力的不断扩大，建筑企业表现出严重的二重性。一方面，极少数大型企业在市场风雨洗礼中规模不断扩大，技术含量逐步提高，不仅完成了一些结构复杂的国内标志性工程，有的企业还走出国门，积极参与国际市场竞争。另一方面，装备简陋、技术水平低下的小型建筑企业大量存在，生产能力严重过剩。从行业整体来看，至今建筑企业还是技术水平低下的劳动密集型行业，建筑业从业人员整体素质较低，建筑行业中技术人员只占从业人员总数的 2% 左右；技术密集、资金密集的综合管理型大型企业和企业集团发育缓慢，小型化、专业化企业相对缺乏，没有形成合理的工程总分包体系；国有建筑业企业改革进展缓慢；还没有完全摆脱粗放管理状态，企业缺乏活力和竞争力，行业整体效益低下。更严重的是我国长期受计划经济影响未按照国际惯例建立以工程咨询为核心的建筑业管理体制，国内外市场长期隔离，不了解国际竞争规则，缺乏与国际大承包商在同一环境下竞争的经验。在经济全球化步伐不断加快，国内外建筑市场日益融合，大量跨国建筑企业进入中国的趋势下，国内大多数建筑企业不具备国际竞争的实力，这将成为长期制约我国建筑业发展的重要因素。

3. 未来建筑业热点行业

1）铁路建设。"十一五"时期将是我国大规模铁路建设的时期，铁路部门计划续转和新安排建设项目达 200 多个，其中客运专线项目 28 个，建设总投资 12 500 亿元。据了解，2007 年上半年我国完成铁路基本建设投资 621.9 亿元，同比增长 1.9 倍。其中，铁路基本建设大中型项目完成投资 613.64 亿元，同比增长 2 倍。可以预见，我国铁路新一轮大规模建设即将展开。

2）公路建设。按照交通部已经确定的发展目标，到 2020 年，公路基本形成由国道主干线和国家重点公路组成的骨架公路网，建成东、中部地区高速公路网和西部地区八条省际公路通道，45 个公路主枢纽和 96 个国家公路枢纽。届时全国公路总里程达到 250 多万公里，高速公路达到 7 万 km 以上。因此，未来 10～20 年，应是我国路桥建设持续、稳定发展的时期。

3）城市轨道建设。目前，国内 40 多座百万人口以上的特大城市中，已经有 30 多座城市开展了城市快速轨道的建设或建设前期工作，约有 14 个大城市上报城市轨道交通网规划方案，拟规划建设 55 条线路，长约 1500km，总投资 5000 亿元。

4）水运港口建设。未来 5 年，交通部将进一步拓展资金渠道，扩大水运建设资金规模，加大对长江航道和内河港口等基础设施的投入力度。大规模的水运港口建设，以及对现有码头泊位的大型化、专业化改造，将为建筑行业的发展提供更多的机遇和市场。

5）城市建设。未来 20 年内，中国城镇化水平将提高到 60% 左右，这意味着城镇化率每年需提高约 1.5 个百分点，一批城市土地和住房资源将重新优化配置。

6）房地产。近两年，为促进房地产市场健康发展，国家出台了一系列宏观调控政策，房地产投资增速过猛势头得到初步遏制，但在未来相当长的一段时间，房地产业将处于稳定发展的黄金时期。

7）能源建设和能源调度工程。在我国经济快速发展的过程中，能源不足的矛盾已经显现，未来包括火电、水电、核电在内的能源建设仍将持续。

除上述种种之外，高速的经济增长态势及"十一五"、"十二五"时期国家大规模的固定资产投资还会产生更多的建筑市场热点，建筑业发展前景广阔。

4. 综合分析结论

1）从长期看，经济全球化进程、新技术革命和产业结构调整将对世界经济增长前景产生深刻影响，技术进步带来的发展机会、稳定的宏观经济政策和经过改善的商业环境，将增强包括我国在内的发展中国家的投资吸引力，加速其经济增长。从国内发展环境看，尽管我国经济发展中还存在着就业、经济结构调整、国有企业改革等诸多亟待解决的问题，但改革开放以来，我国的社会主义市场经济体制得到初步建立，1998 年以来实施扩大内需为主的经济政策，大大提高了我国经济抗击外部经济波动的能力和我国政府宏观调控能力。20 世纪 90 年代下半期开始一直困扰我国经济增长的缺乏高增长性和带动力强的支柱行业问题，在 2002 年出现转机，信息产业、汽车产业、房地产业和旅游业正在成为带动我国经济增长的支柱产业，未来 30 年中国经济有可能保持持续稳定快速增长。

2）投资是经济发展的基本要素、重要源泉和主要推动力，未来 20 年的投资发展必须适应与满足全面建设小康社会战略目标、步骤及措施的要求，从单纯追求经济增长，转向以经济增长和扩大就业为基本目标，更加注重处理投资发展中的速度和效益的关系，真正实现资金动员与配置方式从粗放型向集约型的转变；更加关注教育、卫生、公共安全、抵御灾害等公共福利和公共事业的建设，带动落后地区、广大农村、西部地区的发展，应促进经济增长方式的转变，有利于环境保护和资源的有效利用。

3）建筑业是固定资产投资实现的主要手段，根据发达国家人均占有建设产品实物量和价值量的实际，以及我国对于工程建设产品的需求，我国大规模的工程建设还将持续一段时间。随着市场经济体制的不断完善，影响未来建筑业发展的诸多不利因素将逐步消除，2030 年前建筑业将继续保持较快增长。但比之前 20 年的高速发展，建筑业会进入一个相对稳定的发展阶段。未来一段时期内，建筑产品的构成中，基础设施、住宅、环境治理工程的比例会保持或进一步提高。一些大的工程，如南水北调、西气东输、三峡工程等重大项目，将维持一段时间，消化掉一部分建筑生产力。装饰装修市场，还会持续繁荣，成为建筑业的一个新的亮点。与重化工时代发展相适应，工业生产能力的增加也将在建筑业增加值和产值增长中占有相当大的比例。

（二）影响地区建筑业发展的主要因素

通过对全国及东、中、西部地区建筑业发展状况的分析可以看到，在我国社会主义市场经济体制的建立过程中，资金、技术、劳动力等各种要素的流动不仅受国家区域经济政策和宏观经济调控政策的影响，而且随着体制改革的逐步深化，市场机制在资源配置过程中所发挥的基础性作用越来越大，未来我国建筑业的地区结构变动趋势，仍将在市场机制和国家区域经济政策的共同作用下发生变化。

1. 市场机制将进一步强化东部地区的建筑业市场份额

随着市场体制的不断完善和市场一体化程度的提高，资金、技术、劳动力等生产要素可以更加自由地按照效益原则在地区之间流动。投资获利最大化是市场化企业投资的基本动机和最终目标，政府不仅对目前各种非国有企业投资空间选择的影响力很小，而且随着国有企业改革和现代企业制度的建立，国有企业的获利机制也将得到强化。东部地区目前所具有的体制、政策、市场容量、区位优势、投资环境、融资成本、生产技术和管理水平及密集城市群的聚集效应等，都要优于西部地区，对市场化程度不断提高的企业投资，在相当长时期内都具有更大的吸引力。在利益驱动下，更多的资金、技术和人力资本将流向投资回报率更高的东部地区，这是市场机制下的客观规律使然。

目前，我国城镇化水平相差较大，东部地区的城镇化率高于中西部地区，城市相当密集的东部地区已经形成了以经济为纽带、大城市为中心的连片城市群体，这些城市人口和产业高度聚集，辐射能力强劲。随着产业聚集趋势的增强，东部地区城市群体内部正在形成新一轮合作态势，城际间大规模的基础网络建设正在进行。日益加快的城镇化进程将进一步强化东部地区的投资份额，未来较长时期内，东部地区的建筑业仍将保持快速增长。

2. 政府宏观调节有助于中西部地区政策性投资增长

我国中部和西部地区，包含了全国 61.1% 的人口和 70% 左右的土地面积，尤其是西部地区涉及众多少数民族，是城乡协调发展和全面建设小康社会的主要对象。在市场机制推动东部地区经济快速发展的同时，政府也采取了多种措施，支持和鼓励中西部地区实现经济的较快发展。国家在"九五"时期和 2010 年的远景规划中就明确提出，采取六项扶持措施促进中西部地区发展；1999 年 9 月提出了西部大开发战略，2002 年提出振兴东北老工业基地战略，2005 年提出中部崛起战略，都旨在扶持西部和东北地区的发展，抑制地区差距扩大的趋势。从表 14-8 中可以看出，1991 年以来，三大地区的国有投资比例都在逐步减少，但中西部地区的国有资本投入明显高于东部地区。

表 14-8　三大地区不同所有制投资占该区全部投资的比例变化　（单位:%）

年份	东部地区			中部地区			西部地区		
	国有	民营	外资	国有	民营	外资	国有	民营	外资
1991	60.31	39.69		68.68	31.32		73.29	26.71	

年份	东部地区			中部地区			西部地区		
	国有	民营	外资	国有	民营	外资	国有	民营	外资
1992	61.36	38.64		72.21	27.79		75.21	24.79	
1993	54.27	37.23	8.50	69.33	27.54	3.13	71.58	25.56	2.87
1994	49.59	36.63	13.77	65.24	28.78	5.98	67.81	28.23	3.96
1995	47.27	38.35	14.38	62.81	30.29	6.90	65.69	30.03	4.28
1996	45.72	38.54	15.73	58.85	34.76	6.39	63.15	32.07	4.78
1997	46.41	37.79	15.80	56.21	37.19	6.60	63.14	33.33	3.53
1998	47.16	38.10	14.74	57.83	36.77	5.41	66.02	30.74	3.24
1999	47.01	40.57	12.41	58.31	37.33	4.36	62.70	34.13	3.17
2000	44.30	44.59	11.12	54.99	40.98	4.03	57.07	39.88	3.05
2001	40.56	47.65	11.79	53.00	43.32	3.68	55.09	42.49	2.41

今后国家还将通过各种政策措施，包括加大对中西部地区水利、能源、交通等基础设施、基础产业和生态环境建设的投入力度，扶持中西部地区的经济社会发展，从而实现三大区域间的协调。虽然政府的直接投资规模不可能增长很快，但通过建立发展基金、增加转移支付等手段，可以从支持消费角度启动中西部地区经济。未来随着体制改革的深化，目前存在于中西部地区制约非公有制经济发展的体制性因素和地方保护主义与各种壁垒将会逐渐消除；西部大开发、振兴东北老工业基地和中部崛起等政策实施后，中西部地区基础设施等硬环境会有较大的改善，各种非国有经济的投资力度将会有所增强，投资规模还会有较大幅度的提高，建筑业也将得到较快发展。

3. 未来建筑业布局的热点地区

1）在长三角、珠三角、京津冀、成渝等城市群，建筑业发展将得到产业积聚的有力支持。在全球经济快步走向融合的趋势下，长江三角洲、珠江三角洲和内陆交通枢纽地带城市群或城市带的国际经济地位越来越受到注目，国际制造业和国际资本正在加速向这些区域转移。这些区域的地方政府也正在迎合产业集聚的发展趋势，打破以往的行政地域分割，积极创造条件，谋求城市之间更大范围的合作。一般来说，这些区域交通比较便利，经济、社会基础比较好，而且往往文化积淀也比较深厚，科研能力和技术转化能力比较强，能够很容易承接国际产业转移，并为之完成产业链条的衔接和配套。目前，这些地域是我国经济发展的主要基地，今后在我国国民经济中的地位和作用将更加突出。产业和城市的互动，将推动这些地域经济在较长时期内持续快速发展；地域优势的巨大引力，也将吸引更多的外资和国内资金来此逐利，给建筑业发展带来更广阔的市场空间。

2）奥运会、世博会等大型国际活动的举办，将在一定时期内推动所在地建筑业的快速发展。北京申奥、上海申博成功，东盟博览会落户南宁、广州申办亚运会……随着我国国际地位的不断提高，今后这些大型国际国内活动会更多。这些活动的举办，都以相当数量的比赛或展览场馆、基础设施建设为前提，将给举办城市的建筑业发展带来新的契机，活动举办之前的筹备阶段，该城市的建筑业将得到快速发展。

3）西部大开发、振兴东北老工业基地和中部崛起战略的实施，为三个地区建筑业快速发展增添助力。实施西部大开发战略以来，国家在西部地区安排多项重大工程项目，总投资达 6000 多亿元，超过以往任何一个时期。中央实施振兴东北老工业基地和中部崛起战略，为东北和中部地区提供了快速发展的契机。今后一段时期内，随着区域政策的继续实施、交通通信等设施承载能力的增强和生态环境的改善，这些地区经济建设和各项投资将持续高速增长，都将为建筑业带来更大的市场容量。

4. 综合分析结论

1）未来我国投资的地区结构变动趋势，将在国家经济政策和市场机制的共同作用下发展变化。总的变动趋势是，在"五个统筹"的科学发展观指导下，今后政府将通过多种方式和措施，加大对目前经济相对落后的中西部地区的政策扶持力度，有助于中西部地区政策性投资份额上升，但由于市场机制的强化和东部地区所拥有的综合优势，目前由东向西递减的投资分布格局并不会发生改变。

2）反映在建筑业的地区结构变化上，目前东高西低的地区格局不会改变。尽管西部地区建筑业对国民经济发展的支柱产业作用很强，未来 30 年中西部地区一些省份建筑业增长速度可能会快于东部地区部分省份，但由于江苏、浙江、广东、山东、上海等东部省（直辖市）建筑业增加值和总产值的基数大，建筑业的总体布局仍将继续缓慢地向东部地区集聚。

3）未来 30 年我国建筑业发展的热点区域依次为长江三角洲地区（沪、苏、浙）、珠江三角洲及闽东南地区、环渤海地区（京、津、山东半岛、辽东半岛及河北东部）以及内陆沿江城市带地区。在政府振兴东北老工业基地战略和西部大开发政策的推进下，东北地区以及以西安为中心的关中地区、以成渝为重心的地区将分别作为东北、西北、西南代表性、示范性重点区域吸收相当规模的投资，成为我国国民经济空间格局中重要的支点，这些地区的建筑业也将得到持续快速发展。

四、建筑业发展预测

（一）预测结果

根据上述对未来 25 年建筑业发展趋势判断和对全国经济总量和三次产业预测的结果，预测全国和各省（自治区、直辖市）2010 年、2020 年、2030 年建筑业增加值增长速度和总量见表 14-9。

表 14-9　2010 年、2020 年、2030 年建筑业增加值总量及三个时段年均增长率预测

地区	建筑业增加值年均增长速度（%）			建筑业增加值（亿元）		
	2001~2010 年	2011~2020 年	2021~2030 年	2001~2010 年	2011~2020 年	2021~2030 年
全国	9.9	7.4	6.1	14 151.05	28 918.92	52 274.24

地区	建筑业增加值年均增长速度（%）			建筑业增加值（亿元）		
	2001～2010 年	2011～2020 年	2021～2030 年	2001～2010 年	2011～2020 年	2021～2030 年
北京	8.9	7.0	6.3	445.21	878.11	1 616.00
天津	11.7	7.1	7.0	235.54	466.83	917.19
河北	9.7	7.6	6.7	787.71	1 637.86	3 130.55
山西	11.5	5.7	5.8	326.75	570.99	1 003.42
内蒙古	13.4	8.5	7.4	345.66	780.54	1 588.79
辽宁	12.0	6.9	6.9	709.65	1 380.65	2 690.67
吉林	11.6	6.6	6.7	340.20	645.43	1 234.52
黑龙江	9.4	6.8	6.4	405.64	782.60	1 450.67
上海	8.6	8.0	3.0	474.16	1 023.67	1 372.55
江苏	8.6	6.3	6.5	1 335.35	2 455.82	4 609.91
浙江	12.5	7.1	6.4	1 068.09	2 119.57	3 937.50
安徽	11.8	7.1	6.7	524.12	1 039.87	1 988.94
福建	9.8	7.4	6.4	527.27	1 076.04	1 999.72
江西	13.6	7.0	4.5	560.94	1 107.70	1 712.91
山东	10.3	7.1	7.1	1 325.20	2 624.65	5 222.43
河南	11.5	7.6	6.8	869.67	1 813.90	3 497.34
湖北	10.0	7.4	6.3	505.68	1 033.40	1 903.91
湖南	11.0	7.2	6.3	561.91	1 121.82	2 069.50
广东	8.6	6.3	5.9	1 223.15	2 251.12	4 006.99
广西	11.4	7.3	6.5	354.37	714.05	1 341.87
海南	10.9	6.7	6.3	94.62	181.56	333.30
重庆	11.3	6.9	6.4	326.05	633.25	1 179.66
四川	10.6	6.6	6.3	760.71	1 446.37	2 661.59
贵州	9.2	6.2	6.7	150.89	275.34	526.64
云南	10.4	7.3	6.6	349.15	709.11	1 349.24
西藏	13.8	7.1	5.0	61.37	121.31	197.41
陕西	9.3	6.1	5.1	371.66	672.68	1 111.18
甘肃	8.3	4.9	4.9	208.38	334.65	538.99
青海	9.7	6.9	4.9	69.50	135.74	219.34
宁夏	8.9	5.0	5.0	58.17	95.06	154.94
新疆	10.0	5.2	5.0	307.69	508.63	826.32

（二）建筑业发展预测结果与国民经济总量及投资预测的比较

预测 2010 年、2020 年、2030 年 GDP 值分别为 252 697 亿元、535 535 亿元、1 005 273 亿元；本章预测的三个时点建筑业增加值分别为 14 151 亿元、28 919 亿元和 52 274 亿元，占三个时点 GDP 比例分别为 5.6%、5.4%、5.2%。2010 年建筑业占 GDP 比例比 2005 年略高，而 2020 年和 2030 年建筑业增加值占 GDP 的比例依次微弱递减。占 GDP 比例出现递减的主要原因有两个：一是在科学发展观的指导下，今后的经济发展更加注重全面、协调与可持续性，经济增长方式将由以外延扩大生产规模为主向外延与内涵并举，再到以内涵为主提高投资质量和效益的方向逐步转变，建筑业占 GDP 投资的比例应该出现缓慢递减。二是根据发达国家所走过的历程，经济发展到一定阶段后，人均占有建筑产品数量将达到一个较高水平，建筑业的发展速度将会趋缓。由此可见，预测结果符合经济发展规律和国际经验。

（三）全国预测结果与地方预测汇总数值的差异与协调

由于统计体系的原因，在统计局提供的数字及统计年鉴数值中，无论是经济总量还是行业规模，历年全国数值与地区数值汇总结果并不符合，多数情况是地区汇总数大于全国数，也有少部分情况刚好相反。在此基础上进行预测，预测结果也将出现同样的问题。考虑到二者差异的历史性，本章也认可和允许预测结果差异的存在，但是通过对历史数据的分析和计算模型参数的调整，对地区建筑业增加值进行了适当调整，以使其与全国预测数值的差异保持在一定幅度，即 2010 年全国数值与地区汇总数值差异在 10% 左右，2020 年和 2030 年差异分别在 6% 和 7% 左右，均小于 2005 年的 15%。

（四）建筑业发展趋势判断的基本前提

第一，国内外政治环境稳定，为我国经济社会发展创造一个和平安定的环境；第二，国际经济环境比较稳定，不出现影响到我国经济稳定发展的意外事件；第三，我国经济体制转轨顺利，市场经济体制逐步完善，法律制度基本健全；第四，在科学发展观的指导下，政府不断提高宏观经济调控能力，运用经济、法律和必要的行政手段，引导经济社会与自然的全面、协调、可持续发展。

五、水资源对建筑业发展的影响

（一）水资源与建筑业发展的关系分析

我国是一个人均水资源非常短缺和水资源分布十分不均匀的国家，人均水资源占有量仅为全世界平均水平的 1/4，是世界上水资源最贫乏的 13 个国家之一。而且水资源分布与人口和经济活动分布严重不匹配。68% 的水资源集中在西南地区，占全国 39% 人口的东部地区，只拥有 19% 的水资源。资源型缺水加上水质型、设备型缺水，水资源问题已经成为影响我国经济社会发展的重要制约因素。

建筑业的性质，决定了其与水资源的关系表现在两个方面。一方面，从长期看，水资源短缺将影响到生产力布局和产业结构调整，建筑业以其国民经济各行业投资实现手段的从属地位，地区分布格局将随投资结构的调整而变化；另一方面，为了促进国民经济持续快速发展，保障人民群众生活水平的逐步提高，国家和地方政府将不断增加水利投入，改善水资源供给条件，改善生态环境。2001 年水利基本建设投资已经占全国基本建设投资的 5% 左右。未来较长时期内，大量的水利工程仍将为建筑业发展提供广阔的市场空间。

（二）水资源短缺对我国经济发展的影响

随着经济快速发展和人口的增加，对水资源的需求量不断增长，水资源对经济社会发展的制约作用也越来越大。水资源的影响主要表现在以下四个方面。

1. 资源型缺水问题突出

目前全国正常年份缺水量 400 亿 m^3，平均每年因旱受灾的耕地达 3 亿多亩，年均减产粮食 200 多亿千克。全国尚有 400 万农村人口存在引水困难。城市、工业年缺水 60 亿 m^3，影响工业产值 2300 多亿元。全国 600 多座城市，缺水的占 2/3，其中有 100 多座严重缺水，未来干旱缺水将成为我国经济社会发展的主要矛盾。

2. 水污染加重，水质型缺水范围扩大

目前，我国工业废水和城镇生活污水排放总量已经达到 600 多亿吨，而城市处理率仅为 14%，工业污水处理达标率也很低，大量未经处理或不达标的废污水直接排入江河湖库水域，造成严重的水污染。专家跟踪分析，不仅北方地区由于水环境容量有限，污染直接导致水质下降，造成缺水地域范围扩大；南方一些水资源相对丰富的地区，也开始出现水质型缺水，严重影响到人民群众的身体健康和生活质量的提高。

3. 水资源利用不合理，导致生态环境恶化

西北内陆河流域水资源过度开采，2001 年水资源利用率为 38%，已经接近国际上公认的 40% 警戒线，其中石羊河流域、黑河流域水资源利用率以及功能超过 100%，导致荒漠化面积增加，沙尘暴的影响强度和范围扩大，生态环境继续恶化。华北和部分沿海城市地下水严重超采，形成区域性地下水漏斗，诱发地面沉降、海水入侵等地质环境问题。水资源利用不合理的另一个表现是水资源利用效率极低，按照《2000/2001 年世界发展报告》提供的数字计算，1999 年我国每立方水产出的 GDP 仅为 1.9 美元，是美国的 10%、日本的 4.2%、德国的 4.1%。

4. 洪涝灾害频繁，洪水威胁严重

由于水资源的不均衡和水土流失，致使原本洪涝灾害比较严重的我国更加严重，虽然 50 年来初步建成了防洪安全体系，但江河湖海的防洪标准仍然普遍偏低。我国有 70% 的固定资产、50% 的人口、33% 的耕地，大量的交通、油田和城市、工矿企业处于大江大河的下游，仍然受到洪水威胁。

目前，以水资源短缺、水污染严重、水资源利用不合理、洪涝灾害频繁为主要特征的水危机已经成为我国经济社会和环境可持续发展的重要制约因素。要缓解乃至解除水危

机：一方面，在未来相当长一段时期要以水资源的可持续利用为战略目标，实施对城镇供水、节水灌溉、治理污染、防洪减灾、保护生态环境、跨流域引水等方面的综合治理；另一方面，要提高节约用水意识，发展节水技术，减少用水增量或实现水资源的循环利用。与此同时，在进行产业结构调整和新产业布局时，考虑与水资源的协调，使生产力布局和产业结构调整有利于缓解水资源的制约。

（三）水利建设为建筑业发展提供了广阔的市场空间

新中国成立以来，我国进行了大规模的水利建设，取得了兴利去害的重大成就，以占全球约6%的可更新水资源，保障了占全球22%人口的用水和经济发展。

据专家估计，我国水资源可利用量为1万亿~1.1万亿 m^3。到21世纪中叶，要实现中等发达国家经济水平的战略目标，仍需保持持续、稳定的经济快速增长速度。尽管新中国成立以来，用水弹性系数呈明显下降趋势，尤其是1997年以来，全国用水总量增长速度趋缓，但随着经济的发展和人民生活水平的提高，用水总量还将不断增加，宏观经济研究院专家预测，2020年全国总需水量将达到5849亿~6578亿 m^3，比2000年增加350~1000 m^3。

随着城镇化进程的加快，城市生产、生活用水量将迅速增加，废污水的排放量也将相应增多，对水利基础设施建设提出更加严峻的挑战，对供水安全、防洪安全以及城市水环境治理也将提出更高的要求。随着城乡居民对环境质量要求的不断提高，改善生态环境和美化生活环境将逐步提高到重要位置，江河、湖泊、湿地生态保护、水土流失治理、荒漠化防治、盐碱地改良都需要水资源提供支撑和保障。

水利基础设施建设是我国未来经济和社会发展的重要保障和物质基础，保持相当规模的水利建设投资是实现这一保障机制和物质基础的重要前提条件。20世纪90年代以来，我国水利投资呈上升趋势，水利投资占GDP的比例由0.3%上升到0.85%。未来相当长的时期内我国面临着较为严重的防洪安全问题、水资源短缺、水环境恶化和水利开发难度大的问题，没有水利的投资和发展，就没有经济的可持续发展。从这个意义上讲，未来经济发展仍然需要水利投资保持较快的增长，水利投资占GDP的比例仍应呈上升趋势。水利投资规模的增长，将有利于推动建筑业的发展。

六、研究结论与建议

（一）研究结论

1) 建筑工程是国民经济各行业实现生产能力增长的初始过程，是固定资产投资实现的手段，建筑业发展与经济发展紧密相连，与固定资产投资高度相关。综合分析影响建筑业发展的有利和制约因素，本章认为，未来30年，我国有可能继续保持较高的经济增长速度和较高的投资率，支持建筑业保持持续快速增长，但比之前20年的高速发展，建筑业会进入一个相对稳定的发展阶段。

2）预测结果，2010 年、2020 年、2030 年建筑业增加值将分别为 14 658 亿元、28 328 亿元和 48 853 亿元，年均增长率分别为 7.9%、6.8% 和 5.6% 左右。

3）未来我国投资的地区结构变动趋势，将在国家经济政策和市场机制的共同作用下发展变化。今后政府仍将通过多种方式和措施，加大对目前经济相对落后的中西部地区的政策扶持力度，但由于市场机制的强化和东部地区所拥有的综合优势，目前由东向西递减的投资分布格局并不会发生改变。

4）水资源将在两个方面对建筑业产生影响：一方面，由于水资源分布的不均衡以及污染型、设备型缺水问题的存在，水资源已经成为严重影响我国经济社会发展和产业布局的重要因素，今后的产业布局和人口迁移都将考虑水资源的承载能力问题。另一方面，防洪、供水、污水处理和水资源开发困难的加大，将有大量的水利工程，加大水利投资力度，为建筑业发展提供了广阔的市场空间。

（二）几点建议

1）加快投融资体制改革。投资活动与许多方面都有密切的联系，涉及建设、土地、环境保护、规划、城市建设、工商、金融、设计、施工、咨询等多方面，因此，投资体制改革所涉及的许多内容并不是投资领域本身的问题，国家的行政管理体制、计划体制、财政体制、金融体制、市场和价格体制、企业体制，乃至人事体制都直接影响投资体制的发展与变化，投资体制作为一种综合体制，它的改革进程要受其他体制改革进程的制约，这也是投融资体制改革相对滞后的原因之一。投融资体制改革过程中已经出台的各项政策和措施，大多数都是为宏观调控而制定的，但各项政策和措施的实际执行效果大多与预想的有较大的差距，主要原因是缺乏调控手段、有效的政策执行监督体系和严格的约束机制。

按照建立与社会主义市场经济体制相适应的投融资体制要求和"谁投资，谁决策，谁收益，谁承担风险"的原则，投融资体制改革要以提高占全社会 60% 以上的国有投资效益为中心，明确政府各部门之间以及中央和地方政府之间的职权分工，充分发挥市场在优化资源配置中的作用，实现投资要素的自由流动；加强各投资主体对项目决策和建设过程的管理，建立"责、权、利"明确的约束机制；政府行使社会管理者的职能，综合运用行政、经济、法律、信息等工具，对全社会的投资活动进行调控。同时建立适合我国国情的投资项目信息系统和社会服务体系，作为指导和提高全社会投资项目效益的外部保证。

2）进一步规范建筑市场秩序。加强建设领域信用体系建设，建立信用监督和失信惩戒制度；完善建筑市场监管体系，加大对市场主体特别是业主的监督力度；打破行业垄断和地方封锁，加强有形建筑市场建设，改进和完善对工程招标投标活动的监管；严格市场准入和清出制度，加强对工程监理工作的指导，加大对违法违规行为的打击力度；加快推进政府投资工程建设组织实施方式改革，建立权责明确、制约有效、科学规范的运行机制，对公益性政府投资工程和经营性政府投资工程实行不同的管理运作方式。

3）培育发展建筑要素市场体系。建筑业是一个资金密集、技术密集、劳务密集有机结合的产业，由于建筑业产品的固定性、单件性、耐用性等特征，使建筑业生产具有大投入、大消耗、长周期、多流动和非均衡性等特点，因此建筑业企业快速、灵活、经济地从建筑要素市场取得其必需的资金、技术装备、建筑构件、大宗材料及技术人才、劳务人员等生产要素，是其有效安排生产、节约成本的必要前提。建筑要素市场的培养、发展和完善，是建筑业实现社会化、专业化大生产的必然要求，是按市场机制有效配置建筑生产资源的必然选择。建筑业下一步改革的重点是强化市场机制的作用，改革政府对建筑市场准入管理方式，调整产业结构；促进建筑市场供求关系的基本平衡，改革建设项目组织实施方式，形成合理的工程总分包体系；建立现代企业制度，增强国有建筑企业的活力和竞争力。紧紧依靠科技进步，加快科技创新和管理创新，逐步实现建筑业从粗放型向集约型的转变。加快建筑业的结构调整，提高产业集中度，重点培育一批具有一定国际竞争力的大型工程公司，带动建筑业整体素质的提升。积极推进产权制度改革，完善法人治理结构，改善经营管理，建立现代企业制度。

第十五章　全国和地区第三产业发展布局与预测

本章主要对 21 世纪初期我国第三产业发展的基本态势进行研究。研究角度涉及两个层面：全国、各省（自治区、直辖市）。研究时段包括四个：现状、2010 年、2020 年和 2030 年。由于服务业行业较多，从水利规划实际要求出发，研究对象最初被分成两大类：商业服务业和其他服务业。后又根据情况变化，服务业不再分行业，因此在修正最终结果时取消了对两个行业的考虑。研究主要着眼于服务业在两个层面的基本发展现状以及未来三个时段量的变化与布局调整态势。

一、我国服务业发展的基本现状

（一）服务业发展的总体状况与动态

1. 总体态势

改革开放以来，服务业发展迅速，服务业增加值在 GDP 中的比例上升幅度较大。但服务业结构仍以传统行业为主体，受其影响，近年来服务业增速呈现下降趋势。

改革开放以来，我国服务业取得了长足发展，服务业增加值从 1978 年的 881.6 亿元增长到 2005 年的 72 967.7 亿元，增长了 81.77 倍。按可比价格计算，年均增速达到 10.7%，高于同期 GDP 增速。人均服务业增加值也从 1978 年的 92.1 元增加到 2005 年的 5595.6 元，增长了近 60 倍。截至 2005 年底，服务业增加值占 GDP 的比例达到 39.9%，改革开放以来上升了 15.7 个百分点。同期，第二产业占 GDP 的比例下降了 0.4 个百分点。

然而，随着服务业发展环境的改变，近年来我国服务业增速开始减缓。2005 年，服务业实现增加值 72 967.7 亿元，比 2004 年增长 10.0%，服务业增加值占 GDP 的比例低于 2004 年 0.8 个百分点，比 2003 年低 1.5 个百分点。服务业增速比同期第二产业增速低 1.7 个百分点，也低于当年 GDP 增速 0.2 个百分点，出现多年来少有的低于国民经济增速的现象，与国民经济振荡徘徊乃至回升趋势形成反差。增速下滑的主要是传统服务行业。2005 年，交通运输仓储和邮政业实现增加值 10 526.1 亿元，增速比 2000 年同期下降了 1.9 个百分点；批发与零售业实现增加值 13 534.5 亿元，增速比 2000 年同期回落 2.3 个百分点。传统服务业结构不仅影响服务经济的增速，同时影响了服务业需水量变化和需水的主体对象。

2. 第三产业投资增长迅猛，发展后劲较强

2005 年，第三产业全社会固定资产投资达到 47 613.23 亿元，是第一产业和第二产业

全社会固定资产投资总和的 1.16 倍。这是由于近年来国家加大了对农林水利、交通通信、城市基础设施、城乡电网建设与改造、中央直属储备粮库、经济适用住房六个方面的投资，而这六个方面大多属于第三产业。20 世纪 90 年代以来，第三产业的全社会固定资产投资增长迅猛。1991 年第三产业全社会固定资产投资仅有 1531.34 亿元，低于第二产业的投资水平。1991~2005 年，第三产业全社会固定资产投资增长了 30 多倍，远远高于其他两个产业的增速（图 15-1）。

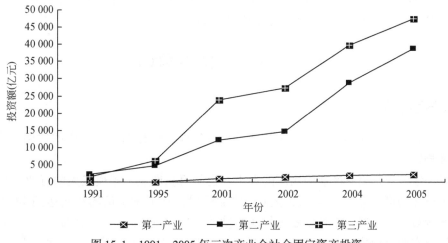

图 15-1　1991~2005 年三次产业全社会固定资产投资

从第三产业内部各行业看，房地产业、交通运输仓储和邮电业、水利、环境和公共设施管理业的投资额较大，2005 年这三个行业占了整个第三产业全社会固定资产投资的74.3%。其中增幅最大的是房地产业，1991~2005 年，房地产业全社会固定资产投资增长超过 100 倍。此外，政府在公路和铁路方面的巨额投资，使交通运输业的投资规模日益增大。2005 年，交通运输仓储和邮电业的全社会固定资产投资额达到 9614.03 亿元，其中，铁路和公路的投资占了 50% 以上。1991~2005 年，交通运输仓储和邮电业的全社会固定资产投资额增加了 9112.18 亿元，增长了 18 倍。第三产业投资的迅猛增长为第三产业持续稳定的快速增长奠定了坚实基础，可以肯定第三产业会最终成为经济增长的主动力，全面推动经济增长。

3. 第三产业处于传统结构为主体的阶段，新兴服务业发展前景广阔

2004 年，批发和零售业、交通运输仓储和邮政业、房地产业增加值之和占第三产业增加值的 44.8%，构成第三产业的主体。其中，批发与零售业、交通运输仓储和邮政业就占了 33.7%，因此第三产业还是以传统服务业为主。从批发和零售业、交通运输仓储和邮政业的变化来看，这两个行业的下降趋势明显。1991 年，批发和零售业、交通运输仓储和邮政业分别占第三产业增加值的 28.9% 和 17.5%，到 2004 年，两者所占比例分别下降到19.3% 和 14.4%，批发和零售业下降了 9.6 个百分点，交通运输仓储和邮政业下降了 3.1个百分点。从这种变动趋势看，第三产业正脱离传统的结构模式，向现代服务业转变。

信息产业的崛起以及旅游业的飞速发展为第三产业带来了新动力。2005 年底，中国上

网计算机达到 4950 万台, 网络国际出口带宽总数达到 136 106M; 国家顶级域名 CN 注册量突破百万, 达到 109 万, 网站数达到 69.4 万; 上网人数达到 11 100 万, 位居世界第二位。但这只是一个起步, 与我国 13 亿的人口相比, 互联网还有广阔的发展空间。经过"十五"的快速发展, 旅游业现在进入了一个黄金时期, 2004 年我国旅行社总数达到 14 927 个。2005 年接待入境旅游人数 12 029.23 万人, 国内旅游人数达到 121 200 万人。国际旅游外汇收入达到 292.96 亿美元, 是 1995 年的 3.10 倍; 国内旅游收入达到 5285.86 亿元, 是 1995 年的 3.84 倍。新兴服务业的快速发展将直接影响服务业的发展速度。从信息、旅游等行业看, 新兴服务业具有良好的发展前景。

(二) 两大行业发展状况

1. 批发与零售业

批发与零售业是我国第三产业中规模最大的行业, 但在第三产业中的比例逐步减小, 发展速度趋缓。

批发与零售业是第三产业中用水的大类, 也是第三产业中规模最大的行业。2005 年, 批发与零售业的增加值为 13 425.2 亿元, 占整个第三产业增加值的比例达到 18.3%。我国第三产业最初的发展是由批发零售行业推动的。20 世纪 80 年代中后期, 批发与零售业占到了第三产业增加值的 30% 以上。但进入 90 年代后, 批发与零售业在第三产业中所占比例逐渐减少。1996~2005 年, 批发与零售业占第三产业增加值的比例由 27.2% 下降到 18.5%, 下降了 8.7 个百分点。

从增长速度看, 批发与零售业经历了一个较为波折的发展过程。20 世纪 80 年代, 批发与零售业经历了一个高速发展的时期, 增长速度一度达到 20% 以上。但到 1989 年增长速度放慢, 1990 年曾出现负增长的情况。进入 20 世纪 90 年代后, 批发与零售业又经历了一个快速发展时期, 1990~1995 年, 批发与零售业增长了 3.9 倍, 年均增长 31.0%。当然, 这个阶段批发与零售业的高速增长与该时期高物价密切相关。1996~2000 年, 批发与零售业增速与 1990~1995 年相比下降幅度较大, 年均增长仅为 10.9%。2001~2005 年增速进一步下滑到 5.9%。尽管这个时期批发与零售业的增速下滑与物价走低有直接关系, 但该行业增速减缓是不争的事实。

尽管从全行业看发展速度减缓, 但从批发与零售业的内部看, 能源批发业、图书报刊批发业、药品及医疗器械批发业、汽车和摩托车及零配件批发业等行业发展仍然较快。

2. 其他服务业

其他服务业发展速度加快, 成为带动服务业持续增长新的驱动力。服务业与居民消费有着紧密的联系, 产业消费政策的变化和居民消费结构的升级对服务业有着直接的影响。近年来, 在各种服务业发展政策的推动和人们消费升级的拉动下, 新兴服务业快速发展。

一是新的消费热点带动了相关服务业的快速发展。随着经济的发展, 居民消费逐渐向发展型、享受型升级, 住房、汽车、电子通信、教育文化、旅游等成为人们的消费热点, 带动了房地产业、汽车金融服务业、电子通信业、旅游业和文化产业等行业的发展。1991~2003年①，房地产业的增加值增长了6.5倍，年均增长16.8%，高于第三产业的增速。虽然金融保险业在第三产业的比例有所下降，但与房地产、汽车相关的金融服务业却发展迅速。在1998年汽车消费信贷只有25亿元，到了2003年已经达到近1000亿元，增长速度十分惊人。由于手机、计算机的普及，邮电通信业也保持了很高的增长速度，1991~2003年邮电通信业增长了21.7倍，年均增长29.2%。人们在文化消费上需求的增长带动了教育、文化艺术及广播电影电视业的快速发展，1991~2003年该产业增长了7.5倍，年均增长达到18.3%。

二是国家产业政策的调整为一些行业的发展创造了条件。国家对于农业、高新技术行业发展的重视推动了相关产业的发展。为农业服务的农、林、牧、渔服务业在1991~2003年增长了5.8倍，年均增长15.9%，在第三产业中所占比例提高了0.1个百分点。科学研究和综合技术服务业增长也较快，1991~2003年增长了9.1倍，年均增长20.2%，在第三产业中所占比例提高了0.9个百分点。此外，国家对于城市化建设的重视也带动了公共设施服务业的发展，加快了社会服务业的增长速度，1991~2003年社会服务业增长了10.9倍，年均增长22.0%，在第三产业中所占比例提高了6.2个百分点。

3. 增长趋势

其他服务业的发展速度快于商业服务业（图15-2）。其他服务业的快速增长与在服务业中的比例上升是两大必然趋势。

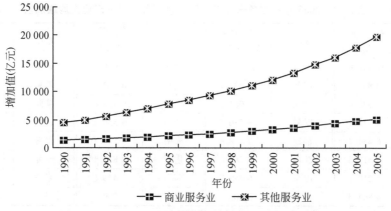

图15-2　1990~2005年我国两大类服务行业增长曲线

1990~2005年，以可比价格计算，其他服务业的年均增长速度为10.3%，略高于该时期我国服务业的平均增速，比同期商业服务业年均增速高1.4个百分点。从各个五年计划时期看，尽管两大行业增速都在下降（表15-1），但商业服务业的增速下降幅度高于其他服务业。除"九五"时期，其他服务业的年均增速一直高于商业服务业，其他服务业的

---

① 由于缺乏调整后的时间序列数据，为了便于比较，在进行行业分析时，均采用经济普查前数据，下同。

较快增长是必然趋势。同时，如上所述，其他行业占服务业增加值的份额上升是个必然趋势，非商业服务业增长带来需水量的变化是水利部门面临的一个新课题。

表 15-1　不同时期我国服务行业增速比较（可比价）　　　　　（单位：%）

项目	"八五"时期	"九五"时期	"十五"时期	1990～2005 年
服务业	11.3	9.2	10.0	10.0
商业服务业	9.7	9.3	9.2	8.9
其他服务业	11.8	9.1	10.2	10.3

（三）各省（自治区、直辖市）服务业发展情况

1. 第三产业发展的空间差异巨大

服务业与人均 GDP 紧密相关，在人均 GDP 较低的情况下，城乡居民以生活必需品消费为主，对服务业形成的消费有限。东、西部在经济发展上的巨大差异体现在第三产业上尤为明显（表 15-2）。2005 年，我国人均第三产业增加值最高的地区是北京，达到 31 401万元，是最低省贵州的 15 倍多。东部地区第三产业增加值占全国第三产业增加值的比例达到 61.3%，西部地区（按西部大开发所定地区）只占全国第三产业增加值的 15.0%，中部地区为 23.7%。

表 15-2　2005 年我国各省（自治区、直辖市）第三产业人均增加值　（单位：元）

地区	第三产业人均增加值	地区	第三产业人均增加值	地区	第三产业人均增加值	地区	第三产业人均增加值
北京	31 401.8	上海	25 994.4	湖北	4 606.7	云南	3 094.8
天津	14 850.0	江苏	8 694.2	湖南	4 222.5	西藏	5 067.4
河北	4 922.4	浙江	11 081.2	广东	10 482.6	陕西	3 741.8
山西	4 673.1	安徽	3 530.7	广西	3 559.1	甘肃	3 043.1
内蒙古	6 434.4	福建	7 178.7	海南	4 544.1	青海	3 947.7
辽宁	7 517.3	江西	3 285.1	重庆	4 821.1	宁夏	4 269.7
吉林	5 219.1	山东	6 430.7	四川	3 479.0	新疆	4 679.6
黑龙江	4 864.3	河南	3 403.8	贵州	2 000.6		

从表 15-2 可以看出，地区服务业的发展情况和该地区城镇化水平的情况相一致，因为对服务业的消费主要是由城镇居民来完成，农村居民对服务业的消费很低。北京、上海的城镇化水平很高，2005 年分别达到 83.62% 和 89.09%，所以这两个地区的第三产业发展情况远远超出了其他地区。而同为直辖市的重庆，则由于有众多的农村人口，很多地区还处于贫困状态，第三产业的发展情况较差。从各省（自治区、直辖市）看，东部发达地区的第三产业人均增加值显著高于中部和西部地区。从第三产业的情况看，广东、浙江、辽宁、福建、江苏等东部地区的第三产业发展水平都达到了较高程度。而中部地区的吉林、黑龙江等的第三产业相比则较差。但吉林和黑龙江的城镇化水平较高，这完全是计划

经济的产物。东北很多城市都是资源型城市,这些城市一直处于国有企业"全面经营"、"自给自足"的情况,这导致了第三产业发展严重不足。西部地区的新疆、西藏等的第三产业人均增加值要高于其他中西部地区,这是由于这些地区的城镇人口在其总人口中所占比例高于其他中西部地区,其中新疆城镇人口所占比例达到37.2%。各地区在第三产业发展方面的差异,实际是城镇化化水平发展状况的一个反映。

2. 服务业总量向东部发达地区"极化"

从服务业增加值占全国的比例看,服务业总量有向东部发达地区"极化"的趋势。从1995~2005年各省(自治区、直辖市)服务业增加值占全国服务业增加值的比例变化情况看(表15-3),服务业增加值有向东部发达地区"极化"的趋势。东部地区除河北、辽宁、福建、山东、海南五省服务业增加值占全国服务业增加值的份额有所下降外,其他地区均有不同程度的上升。上升幅度最大的是北京(2.07个百分点),其次是广东(1.34个百分点),浙江名列第三(1.04个百分点);下降幅度最大的是辽宁(1.03个百分点),其次是贵州(0.67个百分点)。东部发达地区服务业增加值占全国服务业增加值的比例由1995年的56.8%上升到2005年的60.0%。

表15-3 1995年、2005年各省(自治区、直辖市)服务业增加值占全国服务业增加值的比例

(单位:%)

地区	第三产业产值在全国的比例	地区	第三产业产值在全国的比例	地区	第三产业产值在全国的比例	地区	第三产业产值在全国的比例
北京	6.0 (3.9)	上海	5.8 (5.1)	湖北	3.3 (3.5)	云南	1.8 (1.9)
天津	1.9 (1.7)	江苏	8.1 (7.8)	湖南	5.5 (6.0)	西藏	0.2 (0.1)
河北	4.2 (4.4)	浙江	6.8 (5.7)	广东	12.1 (10.7)	陕西	1.7 (1.9)
山西	2.0 (2.0)	安徽	2.7 (2.8)	广西	2.1 (2.5)	甘肃	1.0 (0.9)
内蒙古	1.9 (1.4)	福建	3.2 (3.7)	海南	0.5 (0.8)	青海	0.3 (0.3)
辽宁	4.0 (5.0)	江西	1.8 (1.9)	重庆	1.7 (1.7)	宁夏	0.3 (0.3)
吉林	1.8 (1.8)	山东	7.4 (7.9)	四川	3.6 (4.0)	新疆	1.2 (1.4)
黑龙江	2.3 (2.8)	河南	4.0 (4.1)	贵州	1.0 (1.7)		

注:括弧内为1995年比例,括弧外为2005年比例

3. 东部发达地区增速最快

东部发达地区服务业增速明显高于其他地区,尤以其他服务业增速最为明显。20世纪90年代以来,珠江三角洲地区成为我国第三产业发展最快的区域,超过了长江三角洲与环渤海地区,呈现出商业服务业和其他服务业均较快发展的特点。

从表15-4看,1995~2005年,东部地区服务业发展速度普遍高于中西部地区,尤其以广州、深圳为依托的珠江三角洲地区服务业发展最快,年均增速达到16.1%,高于以上海、江苏、浙江为依托的长江三角洲地区和以北京、天津、河北、辽宁、山东为依托的环渤海地区。1995~2005年,长三角地区和环渤海地区第三产业年均增速分别达到了16.0%和15.0%(当年价),其增速在全国仅次于珠三角地区。而且,东部一些地区的其他服务业发展较快。1995~2005年,处于东部地区的北京、上海、浙江、广东等省其他服

务业增长幅度均在16%以上（表15-5）。在珠三角地区，则呈现商业服务业和其他服务业均较快发展的特点

表15-4　1995~2005年我国各省（自治区、直辖市）服务业年均增速（当年价）

（单位:%）

地区	增速	地区	增速	地区	增速	地区	增速
北京	19.7	上海	16.3	湖北	14.0	云南	13.5
天津	15.8	江苏	15.2	湖南	13.7	西藏	21.8
河北	14.1	浙江	16.6	广东	16.1	陕西	13.9
山西	14.2	安徽	14.4	广西	12.5	甘肃	15.3
内蒙古	18.2	福建	13.0	海南	9.1	青海	12.9
辽宁	12.1	江西	13.7	重庆	14.8	宁夏	14.5
吉林	14.7	山东	14.1	四川	13.5	新疆	12.5
黑龙江	12.5	河南	14.4	贵州	9.0		

表15-5　1995~2005年我国各省（自治区、直辖市）两大服务行业年均增速（当年价）

（单位:%）

地区	增速	地区	增速	地区	增速	地区	增速
北京	12.9 (22.2)	上海	12.6 (18.0)	湖北	11.4 (15.0)	云南	8.4 (15.7)
天津	18.5 (14.7)	江苏	13.5 (14.6)	湖南	10.5 (13.9)	西藏	14.5 (26.5)
河北	10.1 (15.0)	浙江	11.6 (19.2)	广东	15.2 (16.6)	陕西	15.2 (13.9)
山西	14.1 (14.4)	安徽	11.4 (16.0)	广西	10.5 (12.0)	甘肃	9.8 (17.7)
内蒙古	18.5 (17.7)	福建	12.7 (12.8)	海南	7.0 (9.7)	青海	10.6 (14.1)
辽宁	10.3 (12.8)	江西	14.8 (13.2)	重庆	12.7 (15.2)	宁夏	12.6 (15.6)
吉林	17.0 (13.7)	山东	13.1 (12.9)	四川	10.5 (14.7)	新疆	9.0 (13.7)
黑龙江	11.4 (13.2)	河南	16.6 (13.3)	贵州	12.2 (7.0)		

注：括弧内为其他服务业增速，括弧外为商业服务业增速

　　从中部地区看，内蒙古、吉林、河南、安徽等的增速也较快，都达到了14.4%，但山西增速较慢，仅年均增长13.7%。从西部地区看，西北地区第三产业的增速要高于西南地区。1995~2005年，西北地区的陕西、甘肃、青海、宁夏等的增速较快，增速分别为13.9%、15.3%、12.9%和14.5%；西南地区的四川、云南、贵州第三产业增速分别达到13.5%、13.5%和9.0%。西藏在西部地区的增速是最高的，1995~2005年年均增速到了21.8%。

4. 服务业发展的基本类型

　　根据服务业发展水平的差异，可将我国各省（自治区、直辖市）分成五个基本类型，北京和上海是我国服务业最发达的区域。2005年，北京和上海人均服务业增加值分别达到31 401元和25 994元，是我国仅有的两个人均服务业增加值超过2万元的省级区域。同期北京和上海服务业增加值占GDP的比例分别达到69.1%和50.5%，服务业增加值超过第一、第二产值增加值之和。

通过对我国各省（自治区、直辖市）服务业增加值比例、人均服务业增加值、服务业就业比例、服务业劳动生产率、服务业区位商五个指标的聚类分析，从空间上将我国服务业发展水平划分成五个基本区域类型。

1）服务业发达地区，包括北京和上海。人均服务业增加值分别达到 31 401 元和 25 994 元；服务业增加值比例分别达到 69.1% 和 50.5%；服务业就业比例均在 50% 以上；服务业劳动生产率和区位熵分别在人均 7.5 万元和 1.27 以上。

2）服务业次发达地区，包括天津、广东、浙江。人均服务业增加值在 1 万~1.5 万元；服务业增加值比例和就业比例均在 40% 和 33% 以上；服务业劳动生产率和区位熵分别在人均 5 万元和 1 以上。

3）服务业较发达地区，包括辽宁、福建、江苏、山东、内蒙古。人均服务业增加值在 6000 元以上；服务业增加值比例达到 32%；服务业就业比例在 30% 左右；服务业劳动生产率和区位熵在人均 4 万元和 0.80 以上。

4）服务业欠发达地区，包括河北、吉林、黑龙江、湖北、湖南、海南、山西、西藏、新疆、重庆、宁夏 11 个省（自治区、直辖市）。人均服务业增加值在 4200~5200 元，低于全国平均水平；服务业劳动生产率在人均 2.5 万~4 万元；服务业增加值比例和就业比例差异较大。

5）服务业不发达地区。除上述省（自治区、直辖市）以外的省（自治区、直辖市），包括河南、江西、陕西、四川、广西、安徽、青海、云南、甘肃、贵州 10 个。人均服务业增加值为 4200~5200 元，低于全国平均水平；服务业劳动生产率在人均 2.5 万~4 万元。

5. 各省（自治区、直辖市）服务业的比较优势

区位商在一定程度上反映了各地区的产业优势状况。从各地第三产业的区位商可以看出（表 15-6），除少数几个省（自治区、直辖市）的区位商大于 1 外，大部分地区的区位商都维持在 1 左右。一方面，说明在我国现有省（自治区、直辖市）中，服务业真正具有明显比较优势的很少；另一方面，也说明了我国多数地区在一般性常规服务业发展上的严重趋同，服务业发展的地区特色性差，缺乏竞争力。地区的这种区位商结构将会影响我国服务业的持续健康发展。可以肯定的是，那些区位商高的地区必将也是 21 世纪初期我国服务业增长较快的地区。

表 15-6　2005 年我国各省（自治区、直辖市）第三产业区位商

地区	第三产业区位商	地区	第三产业区位商	地区	第三产业区位商	地区	第三产业区位商
北京	1.55	上海	1.35	湖北	0.93	云南	0.92
天津	1.21	江苏	0.96	湖南	1.04	西藏	1.22
河北	0.89	浙江	0.96	广东	1.04	陕西	1.04
山西	1.03	安徽	0.88	广西	0.99	甘肃	0.95
内蒙古	0.94	福建	1.06	海南	1.12	青海	1.12
辽宁	1.04	江西	1.08	重庆	1.08	宁夏	1.00
吉林	0.91	山东	0.94	四川	0.90	新疆	0.95
黑龙江	0.84	河南	0.81	贵州	0.90		

　　当然，一个地区的区位商也受区内发展不平衡的影响。一个地区也可能在某个行业、某个区域的服务业发展方面具有明显优势，但由于其他区域或其他行业的服务业发展水平均不高，从而影响了整个地区区位商的提高，也在一定程度上掩盖了这些行业的优势所在。例如，在东部发达地区——江苏，苏北、苏中地区与苏南地区相差较大，2005 年江苏苏南、苏中、苏北实现服务增加值占全省服务业的比例分别为 64.8%、16.3% 和 18.9%。而苏中、苏北地区第三产业增加值在 GDP 中所占比例分别仅为 32.8% 和 33.9%，分别低于苏南 4.0 个百分点和 3.0 个百分点。这种地区上的差异导致了江苏的区位商不高，在服务业方面的优势不明显。但实际上，江苏也是我国服务业较为发达的地区之一，近年来服务业增速较快。

　　地区的区位商还与城镇化水平密切相关。山东与其他东部发达地区相比，城镇化水平较低，2005 年山东城镇人口占总人口的 45%，而其他东部发达地区都已达到 50% 以上。城镇化水平偏低也会降低区域的服务业区位商。

二、服务业发展历程与总体趋势判断

（一）服务业发展阶段

　　我国服务业的发展历程较为曲折，从时间上看，第三产业的产业认同与地位的确立均晚于农业与工业。相反，在历史上曾因带有资本主义的帽子，其发展进程受到极大影响。1952～2005 年，从服务业政策调整与发展速度差异的角度，大致可将我国服务业发展过程分为四个时期：消极发展期、低谷徘徊、快速恢复成长和调整发展期。目前，服务业增加值比例呈缓慢上升趋势，增长后劲不足，服务业增加值比例仍然处于较低水平（图 15-3）。

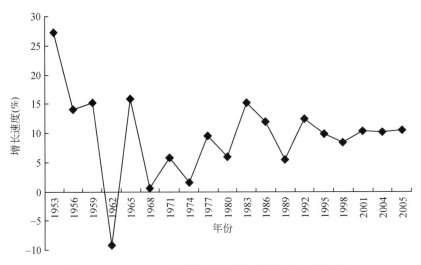

图 15-3　1952～2005 年我国服务业年增长速度（可比价）

　　第一阶段：服务业的消极发展期（1952～1969 年）。这一时期三次产业增加值结构的主要特点是：服务业增加值比例一直处于较低水平，最低的 1966 年只有 24.43%，最高的 1962 年达到 32.13%，服务业增加值的年均增速为 5.87%（当年价），服务业处于低速增长时期。这一时期是我国经济建设从新中国成立前的"一穷二白"开始重新建设社会主义新中国的时期，虽然强调发展工业，但农业经济仍然占有较重要的地位。当时我国还没有发展服务业的概念，而且受极"左"思想的影响，将许多服务业（狭义服务业）都归到资产阶级生活方式给予限制性发展，甚至取缔，服务业是在一种消极的状态中发展。这样，在经济、非经济因素的综合作用下，第三产业处于一种非正常的发展状态。

第二阶段：服务业的低谷徘徊期（1970~1980 年）。这一时期三次产业增加值结构的最大特点是：服务业增加值比例仍然在低位中徘徊，最低的 1980 年只有 21.39%，最高的 1970 年也仅达到 24.29%。此时的第二产业增加值比例已经稳定地超过第一产业增加值比例，成为国民经济三次产业中增加值比例最大的产业。这一时期是我国经济开始较明确地确立发展工业的工业化开始时期，曾经明确提出了"工业学大庆"、"农业学大寨"的方针，虽然期间还受到政治因素的影响，但工业为主导的方针使第二产业增加值比例已经稳定地超过第一产业，成为国民经济重要的支柱产业。服务业仍然受极"左"思想的影响，还没有明确提出过发展服务业的思想。与前一时期有所不同的是，对服务业的打压逐步被放弃，但产业地位一直没有明确，导致服务业仍然在低谷中徘徊。这一时期服务业增加值的年均增速只有 7.05%（当年价）。

第三阶段：服务业的快速恢复成长期（1981~1996 年）。主要解决服务产品长期短缺问题。在改革开放政策的影响下，受工业、农业快速发展的拉动和因前期压制处于"极度饥饿"状态下的第三产业获得了高速发展。流通业、饭店餐饮业空前活跃并迅速发展，国务院多次就禁止乱建楼堂馆所发文便是例证。1992 年，国务院进一步做出了《中共中央、国务院关于加快发展第三产业的决定》，使第三产业的发展无论在市场因素还是政策层面都得到了保障。该时期服务业增加值的年均增速达到了 28.32%（当年价），处于历史最高时期。

第四阶段：服务业的调整发展期（1997 年至今）。随着服务业恢复性成长阶段的结束，一般性服务产品市场日益饱和，服务业发展面临的外部条件已经改变，第一、第二产业的工农业产品出现了供给大于需求的情况，服务业中的传统服务业也在一定程度出现了服务供给大于服务需求的情况，服务业需要在调整、转型、升级中得到进一步发展，需要新型业态、现代服务业来整体提高服务业的发展水平。同时，随着中国加入 WTO，服务业需要在开放条件下参与国际市场竞争。在国内产业结构调整尚未完成、国际竞争加剧的形势下，自我创新能力和国际竞争力都不强的服务业增速开始放缓。该时期服务业增长的主要特点是：①现代生产性服务业发展呈现加快发展趋势，主要表现在工业加速，服务业也加速。生产性服务业对服务业整体增长有日益主导的作用，这一趋势无论从全国还是从 31 个省（自治区、直辖市）看都十分明显。②服务业的增长速度与国民经济的整体发展速度密切相关。主要传导机制是：国民经济增长加快，服务业市场扩大，传统消费品服务市场扩张，服务业增速加快。③服务业增长行为的跟进特点说明了该时期我国服务业仍处于被动、从属地位，对经济增长的主导作用仍然不强。

（二）发展趋势判断[①]

我国服务业结束了第一个快速发展阶段，正减速步入平稳发展阶段。服务业在经过快速的历史"补课"后，常规性服务产品市场基本饱和，服务业的持续发展依赖于整体产业结构升级与服务产品创新。目前，我国服务业发展正处于与其他产业的跟进阶段，创新能力还较弱，服务业增速相对缓慢是必然现象。但在"十一五"时期，随着中国加入WTO过渡期的全面结束，国际服务业资本的进入和跨国服务公司先进理念与技术在我国服务业领域的多方位渗透，以及工业化升级进程的加快，服务业必将迎来第二个快速发展阶段。因此，21世纪前30年，从增长速度看，服务业发展大致可分成三个阶段：即相对缓慢发展阶段（目前至"十一五"前期）、快速增长阶段"十一五"后期至2020年以前和平稳发展阶段（2020年后）。在第一阶段，由于前期服务业结构处于调整升级期，增速相对较慢。进入第二阶段后，在传统服务业保持平稳增长的情况下，新兴、现代服务业发展速度增快，并逐渐成为服务业增长的主导力量。第三阶段，随着我国产业结构调整目标的不断实现，服务经济主体地位的日益突出，服务业结构发生了显著变化，新兴与现代服务业已成为服务经济增长的主体，从根本上取代了传统服务业在服务经济发展中的主体地位。

三、影响我国服务业发展的基本因素

（一）当前服务业发展面临的制约因素

1. 发展阶段

从需求层次看，目前我国经济发展水平还不高，能够享受服务的群体数量在总人口中的比例还较低，在服务业的"补课"任务基本完成后，发展的阶段性需求制约日渐突出。

改革开放以来，随着国民经济的高速发展，城乡居民生活在20世纪80年代实现了从贫困到温饱的转变，在90年代实现了从温饱到小康的跨越。但总体上我国人均收入水平较低，目前人均GDP刚超过1500美元，仍属下中等收入国家行列。受收入水平的限制，城乡居民家庭开销以食品、衣物以及其他生活必需品为主，对服务业的需求有限。

服务业发展不仅与人均GDP水平密切相关，而且与对其产生需求的人口——有效需求人口关系非常密切。我国农村人口比例过高，城市化水平偏低，很大程度上制约了服务经济的增长。2005年底，我国农村人口占总人口的比例高达57%。农村居民由于生活方式和收入水平的限制，对服务业的许多产品几乎没有需求，许多偏远山区的农民一辈子没

[①] 对服务业发展趋势的判断仍建立在调整前的历史数据基础之上。原因有：一是缺乏长系列调整后增速数据为依据；二是由于调整后的数据增量主要被分摊到"十五"时期的数据之中，导致"十五"时期的服务业增速被显著提高。我们认为，普查增量乃历史积累，需要逐年分摊，考虑服务业发展趋势应该适当剔除数据急剧调整带来的不正常影响，"十一五"时期服务业增速保持历史态势（调整前态势）可能更适合进行趋势判断。

到过县城，没见过飞机，也没坐过火车。也就是说，目前我国服务业的发展大部分是由仅占总人口43%的城镇居民来完成的。在43%的城镇居民中，很多人对一些服务产品也是闻所未闻，或闻而未见，真正享受全面服务的人口较少。尽管改革开放以来，我国服务业曾出现过高速发展时期，但那是在多年压制服务业发展、服务产品严重短缺后，服务业发展出现的恢复性反弹。目前，反弹力已日渐减弱，历史性的"补课"任务基本完成，服务业的需求动力由弥补"过去"变成满足"未来"，在实施供给能力转换初期，发展的阶段性需求制约日益突出。

2. 服务业结构

从服务业内部行业结构看，我国服务业还处于传统结构为主体的阶段，新兴、现代服务业发展相对缓慢，成为服务业发展的障碍因素。

从三次产业发展的历程看，我国农业、工业和服务业大致都经历了一般性产品超速发展而后出现相对过剩的阶段。在20世纪80年代末，经过农村联产承包责任制的改革一段时间以后，我国首先出现一般性农产品的相对过剩，农业步入"瓶颈发展区"。接着在90年代中期，通过对外开放政策的实施，以及大量招商引资和国有企业改革，我国工业在不断调整中获得快速发展并相继出现一般性工业品过剩，也步入了发展的"瓶颈区"。伴随着工农业的快速发展和人们对服务业产业地位认识的不断提高，服务业也于90年代后期步入了发展的"瓶颈区"，其重要标志是：服务业增速持续减缓和下降。当前，我国服务业中的传统服务业进入稳定发展期，服务业的快速增长主要取决于新兴服务业和现代生产性服务业的发展。但由于传统服务业比例较大，新兴、现代服务业发展相对缓慢与滞后，制约了我国服务业的增长。

由于目前我国对一般性传统服务产品的需求基本稳定，创造新的服务需求和生产性服务的扩张是服务业发展面临的紧迫任务。因此，必须加大服务业的结构调整力度，实现两个转变：一是从传统服务业的稳定发展向新兴、现代服务业的快速扩张转变；二是从一般性生活服务业的扩张向为现代生活服务与大力发展适应新型工业化道路要求的生产服务并重的方向转变。

3. 城镇化进程的影响

城市作为服务业发展的主要载体，城镇化进程缓慢影响了服务业有效需求人口的快速增长。

目前我国服务业的发展主要是由43%的城镇居民来支撑的，服务业增加值中71%的份额是由287个地级以上城市创造的，其中城镇化水平最高的北京、上海两个城市占到全国服务业增加值的8.1%。因此，城镇化是推动第三产业需求增长的主要动力。但目前我国的城镇化水平还很低，2005年仅达到43.0%，而世界城镇化水平在1999年就已经达到了47%，我国与世界城镇化水平相差很大。多年来，尽管我国作出了种种努力，但城镇化水平一直提高不快，国家的城镇化发展目标不仅一直没有实现，而且差距较大，对第三产业有效需求的增长产生了不利影响。

4. 在供给方面，人力资源的缺乏限制了服务业的发展

服务业特别是新兴服务业，如咨询、中介、法律等服务行业，基本上是人力资源的投入，因此人力资源的状况对这些行业的发展起着决定性作用。我国现阶段服务供需缺口很大，重要原因之一就是我国服务业的种类、品种很缺乏。在 WTO 划分的 143 个行业中，我国商业化的税务服务、民意测验服务、安全调查服务、信用查询与分析服务等行业，基本上处于空白状态，金融、保险、汽车中介、法律等的服务品种和范围也比较狭窄。这些行业的快速发展不仅需要降低行业壁垒，更重要的是需要专业技术人才。

根据第五次人口普查数据分析，2000 年我国金融、保险业从业人员人均受教育年限达到 13.19 年，相当于大学一年级水平，是第三产业各行业中人员教育水平较高的行业。金融保险业从业人员以具有高中和大专受教育水平的劳动者为主体，其比例占 3/4 左右，具有初中及以上受教育水平的占 13.9%，而具有本科及以上受教育水平的仅占 10.86%，具有研究生学历的高层次人才每 100 名从业人员中仍不足 1 人。2000 年房地产业从业人员人均受教育年限为 11.75 年，接近于高中毕业受教育水平，房地产从业人员以具有初中和高中受教育水平的劳动者为主体，其比例占 2/3 左右，仅有小学及以下受教育水平占 6.9%，具有大专及以上受教育水平的占 26.89%，其中具有本科及以上受教育水平的从业人员比例占 7.44%。

地质勘察水利管理业中具有大专及以上受教育水平的从业人员比例占 21.89%，具有初中和高中受教育水平的人员比例超过 70%，从业人员人均受教育年限为 11.46 年，接近于高中毕业受教育水平；交通运输、邮电通信业，批发和零售贸易、餐饮业和社会服务业的从业人员文化结构层次相比偏低，从业人员人均受教育年限基本在 9~10 年，基本以具初中受教育水平的劳动者为主体，这三个行业中从业人员具有初中受教育水平的比例均占到 50% 左右，而具有大专及以上受教育水平人员比例偏低。

交通运输、邮电通信业大专及以上受教育水平仅占 6.85%，小学和初中受教育水平人员比例达到了 65% 左右；批发和零售贸易、餐饮业大专及以上受教育水平的仅占 5.17%，具有初中受教育水平的人员比例接近 50%；社会服务业中具有大专及以上受教育水平的人员仅占 8.70%，而小学和初中受教育水平人员比例超过了 60%。

从以上数据可以看出，第三产业从业人员的整体教育程度不高，而第三产业发展的"瓶颈"早在 20 世纪 90 年代初就已经存在了。传统的商贸、餐饮等行业已经达到了饱和状态，第三产业需要结构升级、发展现代服务业，但从现有的人力资源来看，还难以支撑现代服务业的快速发展，因此，加大人力资源投入、培养专业技术人员对推动第三产业的发展具有重要意义。

（二）未来服务业发展的基本环境

1. 21 世纪我国服务业发展的压力与动力

从国际上看，进入 21 世纪后，服务业在世界经济中的作用将日益突出，随着服务贸

易在世界贸易总额中的比例不断扩大，包括中国在内的各国政府必将更加注重本国服务业的发展。中国作为一个世界性大国，全面发展服务业是提升综合国力不可或缺的重要环节，也是我国参与全球竞争的现实需要。可以说，世界经济发展的大潮给 21 世纪中国服务业的发展带来了压力与动力。

1980～2004 年，服务业占 GDP 的比例不断上升，全球服务业增加值占 GDP 的比例由 56% 升至 68%，主要发达国家达到 72%，中等收入国家达到 62%，低收入国家达到 49%。伴随服务业增加值比例的上升，国际服务贸易增长强劲。1980～2005 年，世界服务贸易出口额从 3650 亿美元扩大到 24 147 亿美元，期间增长了 5.7 倍，占世界贸易出口额的比例从 1/7 上升到近 1/5。20 世纪 70 年代，世界服务贸易出口与货物贸易出口均保持快速增长且大体持平，年均增长 17.8%。80 年代，世界服务贸易出口平均增速开始高于货物贸易，80 年代后期年均增长 10% 以上。到了 90 年代，服务贸易平均增速呈波动下降趋势，约为 6%，恢复到与货物贸易基本持平的状态。跨入 21 世纪后，世界服务贸易出口进入稳定增长期，增幅逐渐回升，2004 年首次突破 2 万亿美元。随着服务业的不断发展，新的服务部门不断出现，越来越多的劳动者从实物生产转移到服务生产，国际服务贸易将进入一个高速发展时期。据估计，在今后 20～30 年，服务贸易在整个贸易中的比例大约每年会提高 1 个百分点；预计 21 世纪 30 年代起，服务贸易的比例将赶上以至超过货物贸易的比例，在国际贸易中占据主导地位。

服务业增加值占全球 GDP 的比例持续上升和服务贸易的快速发展，迫切要求我国加快服务业的发展步伐。2005 年，我国服务业增加值占 GDP 的比例仅为 39.9%，服务贸易占我国贸易总额的比例仅为 10.5%，与世界平均水平有较大差距，不适应经济全球化的需要，也不利于中国国家竞争力的提高。进入 21 世纪后，我国发展服务业的紧迫性增强，压力增大。

2. 国内环境

从国内看，经济的持续加快增长、新型工业化战略的实施，以及将在较长一段时期内困扰我国的巨大就业压力，成为 21 世纪初服务业发展的基本动力。

1）我国经济的持续增长给服务业的发展提供了坚实基础。我国服务业的发展目前处于"跟进"阶段，国家宏观经济走势直接影响着服务业走势。进入 21 世纪后，我国经济一直保持着较快的增速。按可比价计算，2001 年 GDP 的增速达到了 8.3%，2002 年的增速达到了 9.1%，尽管受"非典"影响，2003 年增速仍然达到了 10.0%，2004 年的增速达到了 10.1%，2005 年的增速达到了 10.2%。从经济增长的趋势看，2001 年是我国近年来经济增长的谷底，从 2002 年起，经济发展开始升温，增长加速。其理由有三：一是内需成为拉动经济增长的主要力量。按照最终消费需求、资本形成和外需的可比价格计算，我国 2001～2005 年内需对 GDP 的年贡献率分别为 50.0%、43.6%、35.3%、38.7% 和 36.1%。内需对经济的拉动作用将增强我国经济的持续发展能力，有效防范外部风险，避免了外部经济变动对国内经济产生的巨大冲击。二是固定资产投资结构发生了变化。从 2005 年全社会固定资产投资结构看，个体和其他经济的投资占到了 53.1%，超过国有经济投资。与 1995 年相比，国有经济的投资比例下降了 24.0 个百分点。从这种变化可以看出我国的投资体制日趋市场化,出现投资过热的可能性不断减少,这是因为投资主体越来越受到市场需求和硬预算约束的限制,难以出现 20 世纪 80 年代中期和 90 年代初期那种盲目的过度投资现象。三是新的消费热点已经形成。由于近年来实行扩张性财政政策,投资需求对经济增长的贡献率呈现急剧上升趋势。与此同时,由于目前我国人均 GDP 已经超过 1500 美元,消费结构将发生转型,新的消费热点在逐步形成。2005 年汽车、摩托车及其零配件的零售总额达到 4889.0 亿元,是 2003 年的 2.94 倍。2005 年住房、汽车、通信、教育、旅游、保健和健康等方面的消费持续升温,我国经济可能出现投资、消费的拉动作用均较强的局面。

"十六大"提出了全面建设小康社会的奋斗目标,并计划到 2020 年实现 GDP 比 2000 年翻两番,这不仅将极大地提高我国的综合国力,而且还将大大地提高人民的物质文化生活水平,为 21 世纪初服务业发展打下坚实基础。

2)推进工业化、走新型工业化道路将有力促进服务业的发展。我国过去产业政策中的一个失误是没有把工业化和第三产业发展的关系处理好,片面的理解工业化就是工业的发展。事实上,工业化是一个伴随工业发展的社会经济全面变革与发展的过程,第三产业在其中具有突出地位。因为在社会化大生产中交易成本的降低,取决于第三产业的发展,即社会分工的细化。没有服务业的支撑,工业生产只能停留在较低水平。单靠要素投入的增加和规模经营,一国难以在工业成本的竞争方面取得优势。现代物流与营销服务、研发技术服务、人力资源开发服务、软件与信息服务、金融服务、会计审计律师等专业化生产服务和中介服务的发展,越来越成为降低生产成本的重要途径。中央提出走新型工业化道路,以信息化带动工业化,走出一条科技含量高、经济效益好、资源消耗低、环境污染少、人力资源优势得到充分发挥的新型工业化道路。要实现信息化带动工业化,必须推动现代第三产业中的通信、信息、计算机网络服务、综合技术服务业的发展。而降低资源消耗、减少环境污染,就要使第二产业对实物资源的需求下降,对服务资源的需求上升,让工业化更加倚重金融保险业、物流业、商务服务、科研服务等行业。而要充分发挥人力资源的优势,一方面要求就业和再就业培训、职业介绍、信息服务、中介服务等服务部门发挥更大的作用;另一方面要加快教育、科技、文化等服务行业的发展,提高国民素质和科技文化水平,以满足产业结构升级优化所需的人力资源。

3)服务业作为扩大就业的主渠道将是一个较为长期的任务。就业问题一直并将在未来较长时期内是继续困扰我国经济社会发展的重大问题。2005 年,我国城镇登记失业人数为 839 万人,城镇登记失业率为 4.2%,另有 61 万国有企业下岗职工,若把下岗职工也算作失业,则城镇总的失业率达到 4.5%。实际上还有不少没有登记的失业人员。若把没有登记的失业者和下岗职工都计算在内,城镇居民的失业率接近 10%。而农村情况更为严峻,富余劳动力大约有 1.5 亿。因此,缓解就业压力已成为我国当前最紧迫的问题之一。中央已经把就业放在宏观调控四大目标中更加突出的位置,而在解决就业方面,服务业具有不可替代的战略地位。我国现在已处于工业化中期,工业大规模吸纳农村剩余劳动力的能力已经开始减弱,而第三产业正如胡锦涛在全国再就业工作会议上指出的:"就业弹性大,劳动密集、技术密集和知识密集并存,在吸纳劳动力方面有独特优势,应作为今后扩大就业的主攻方向。"政策目标的转变,为第三产业快速发展提供了良好机遇。

3. 国外环境以及加入 WTO 和扩大对外开放的影响

加入 WTO 是个"双刃剑"，近期有利于我国服务体制改革，提高服务业发展自由度，促进服务业开放，远期则将会对我国开拓国际服务市场带来不利影响。

加入 WTO 和相应的服务贸易总协定，将对我国在服务业市场准入和管理的透明度方面提出一系列明确要求。根据承诺，中国政府将在商务、通信、建筑、分销、金融、保险、旅游、交通等众多服务部门逐步开放。这必将对我国长期以来形成的管理体制带来根本性冲击，有利于打破国内垄断和不合理的管制，形成服务业发展的新活力机制，有助于这些行业加快改革、提高效率、完善服务、提高服务质量。而且，加入 WTO 还有利于促进多年来我国一直没有发展的服务产品生产。例如，在银行业领域，目前我国只有 20 多个服务品种，而国外发达国家却有 100 多个服务品种。这些服务品种的生产将会极大地促进我国一些服务行业的发展。

尽管从整体上看，加入 WTO 会大大促进我国服务经济的增长，但同时，对国内服务企业集团的成长也会带来不利影响。在一些服务业领域，由于国内缺乏有影响的大型国际服务企业集团，在跨国服务企业集团的挤压下，一些开放的服务业领域容易出现逐步丧失阵地的局面。以商业零售业为例，尽管改革开放以来，我国商业企业取得了快速发展，但无论在企业规模、经营理念和营销模式上，国内企业与国际知名商业巨头仍然存在很大差距。随着沃尔玛、家乐福等大型知名国际商业巨头的进入，我国许多传统商业企业面临着巨大挑战。我国现有的商业结构还以中小型企业为主，尤其是在中西部地区，更是缺少大型的、有影响力的、足以与国外零售"航母"相竞争的零售集团。更重要的是，在管理技术、定价方式、服务手段等方面，国内企业也十分落后，缺乏国际竞争力。一些服务业领域的丧失，在某种程度上就是国际服务市场的丧失。因为与工业领域不同的是，跨国公司在国内建立工业企业，工业品可以出口；而建立服务企业，则除占领我国的服务市场外，主要是服务进口。结果，国际服务产品大量国内化，而国内服务产品难以国际化，挤压了我国服务产品市场，不利于服务业发展。

总体看来，21 世纪初，影响我国服务业发展的短期因素与长期因素相互交织，有利因素与不利因素并存，国外因素与国内因素相互辉映。从当前看，尽管从中央到地方日益重视服务业的发展问题，但由于受到来自服务业内部，如结构传统、质量不高、创新能力弱等的限制，以及外部发展环境，如作为服务业发展载体的城市化进程缓慢，与经济发展阶段相联系的人民生活水平总体不高，第一、第二产业升级缓慢等的制约，服务业增长速度较为缓慢，仍然没有达到期望目标。但从长远看，世界服务业发展大潮和我国经济的持续增长、产业结构的不断升级、加入 WTO 过渡期结束后带来的新资本与新技术等有利因素，将为 21 世纪初的中后阶段服务业的发展增速。我们认为：目前，服务业总体仍遵循一般产业发展规律，在"加快"与"跟进"两个选择中，跟进是主导因素。服务业的增速与国民经济的整体发展速度密切相关，尤其取决于工业的发展速度，但其他因素对第三产业的发展也有不可忽视的影响。这就是近期为什么一直想加快发展服务业，结果不仅不快，反而较为缓慢的原因。但随着我国产业的进一步升级和服务业自主创新能力的提高，服务业自主发展的基础会日益成熟，自我扩张能力会不断增强，在 21 世纪初的中后期阶段，服务业有可能出现人们期待的加快发展局面。届时，服务业无论从比例还是发展速度上均会不同于前期，经过 10~15 年的快速增长，服务业有可能替代工业成为国民经济发展的主导力量。

四、第三产业发展预测

（一）预测的基本前提

1. 理论基础——国际产业结构演变规律

从以农业为主的社会发展阶段过渡到以工业为主的社会发展阶段，再进入到以服务业为主的社会发展阶段，是人类社会发展的必然规律。经济学家西蒙·库兹涅茨对这一过程进行了较为详尽的阐述，他认为工业化往往是产业结构变动最为迅速的时期，其演进阶段也通过产业结构的变动过程表现出来。在工业化初期和中期阶段，产业结构变化的核心是农业和工业之间的转化。随着工业化的推进，农业比例持续下降，工业、服务业比例相应提高，当第一产业比例降低到20%以下，并且工业的比例高于服务业，这时进入了工业化中期阶段；当农业比例降低到10%左右，工业比例上升到最高水平，工业化进入后期阶段。从三次产业的状况看，我国现在已经跨入了工业化的中期，服务业的比例开始提高，按照国际上产业演变的规律，当人均 GDP 超过 1000 美元以后，第一产业增速下降、第二产业平稳增长、第三产业会加速发展。2006 年，我国人均 GDP 达到 1700 美元，但考虑到我国经济发展在城乡、东中西和区域内部存在着极端的不平衡性，以及人口众多的农业大国国情，第三产业的加速发展实际上可能存在一个"时滞"问题。

2. 预测依据——模型与修正

全国第三产业增加值和各省（自治区、直辖市）第三产业增加值的预测方法和模型主要依据第二章提供的相关研究成果。在此基础上，参照国际产业变动的规律和未来服务业发展环境，以及考虑到体制改革、加入 WTO 过渡期结束后可能产生的相关效应，地区政策（包括西部大开发政策、振兴东北老工业基地政策和中部崛起政策）带来的区域发展差异的变化，在现有发展基础上，对第二章的预测数据作了相应修正。关于第三产业内部各个行业增长速度的预测，主要是依据历史数据，采用时间序列的平滑预测法，然后参照国外第三产业内部各个行业发展变化的趋势，对预测数据作了一定的修正。

（二）第三产业总量预测

根据本研究预测，2000~2010 年我国 GDP 平均增速为9.8%，2010~2020 年的平均增速为7.8%，2020~2030 年的平均增速为6.5%。据此推算，以 2000 年价为基准，到 2010 年，我国的 GDP 应该达到252 697 亿元，2020 年为535 536 亿元，2030 年为1 005 274 亿元。这标志着到2020 年我国将达到现在中等收入国家的水平，现在中等收入国家第三产业占 GDP

的比例约为 54%，而 2006 年我国第三产业占 GDP 的比例为 40%，差距较大。考虑到我国是个人口大国、农业大国，巨大的城乡差距、地区差距的存在，使我国难以在人均 GDP 达到中等收入国家水平后，第三产业增加值比例也达到 54% 的水平。从历史发展过程看，与世界平均水平相比，中国客观存在并将在较长一段时期内存在着"两滞后"，一是城镇化水平将在较长一段时期内滞后于世界平均水平；二是中国第三产业增加值占 GDP 的比例也将在较长一段时期内滞后于世界平均水平，这是由我国特殊的国情决定的。为此，对预测结果进行了"缩减"处理，结果见表 15-7。

表 15-7 GDP 与服务业增加值的预测

年份	2010	2020	2030
GDP（亿元）	252 697	535 535	1 005 274
第三产业增加值（亿元）	102 342	237 242	481 526
第三产业增加值占 GDP 的比例（%）	40.5	44.3	47.9

（三）各省（自治区、直辖市）第三产业发展预测

1. 预测值修正

各省（自治区、直辖市）预测值的原始数据来源于第二章，在此基础上进行必要修正，依据有以下几方面。

1）根据各省（自治区、直辖市）经济发展所处的阶段和产业结构特点，确立相应的结构转换点。总体看来，东部经济发达地区第二、第三产业的结构转换点要快于中西部地区。

2）在确立各省（自治区、直辖市）结构转换基本点以前，首先确立全国的结构转换点。根据我们的预测成果和第二、第三产业专业人员的分析和研究，这个转换点大致定在2025 年左右。

3）确立全国的结构转换点后，总的原则是东部地区的结构转换快于全国，西部地区慢于全国，中部地区和东北地区大体与此时点相当。

2. 预测结果

预测结果包括增速预测和比例预测，它建立在服务业独自预测和结构性预测基础之上（表 15-8）。

表 15-8 各省（自治区、直辖市）2000~2030 年第三产业增速、比例预测 （单位:%）

地区	第三产业增速预测			第三产业比例预测		
	2010 年	2020 年	2030 年	2010 年	2020 年	2030 年
北京	12.37	8.91	7.41	69.5	72.2	74.3
天津	11.46	9.84	9.01	41.3	44.6	50.8

地区	第三产业增速预测			第三产业比例预测		
	2010 年	2020 年	2030 年	2010 年	2020 年	2030 年
河北	11.61	9.41	8.43	35.7	39.9	46.0
山西	10.35	8.03	7.71	37.7	38.5	43.1
内蒙古	13.38	9.35	8.73	40.0	41.3	44.6
辽宁	10.89	9.30	7.43	40.4	45.1	47.4
吉林	10.04	8.51	7.52	39.6	41.5	44.8
黑龙江	10.66	8.91	7.86	35.9	39.4	44.3
上海	11.25	8.63	7.28	53.3	56.5	60.8
江苏	12.64	9.04	7.39	40.8	44.9	48.8
浙江	14.32	9.01	7.24	44.7	48.6	51.6
安徽	10.99	8.11	7.60	41.2	42.0	45.7
福建	9.63	9.23	7.51	38.4	43.8	47.7
江西	9.39	9.01	8.50	34.3	37.3	44.5
山东	11.83	8.73	8.15	36.2	39.1	45.6
河南	11.95	9.25	7.96	33.5	37.6	42.7
湖北	10.05	8.13	7.10	41.7	43.0	45.5
湖南	10.00	8.18	6.77	41.5	43.4	44.5
广东	11.86	8.38	7.62	45.3	47.8	52.6
广西	10.92	8.81	7.55	38.6	41.6	44.2
海南	9.12	9.26	8.38	39.7	45.0	52.1
重庆	10.25	7.90	8.10	43.5	42.3	47.3
四川	10.22	8.42	7.59	38.8	40.7	43.8
贵州	11.02	8.03	7.70	39.5	41.1	45.1
云南	9.94	8.71	7.70	39.7	43.2	47.0
西藏	14.15	8.92	8.65	52.9	53.0	56.3
陕西	9.05	8.04	8.18	38.1	38.6	44.3
甘肃	9.92	7.88	7.34	41.6	43.1	46.2
青海	10.47	8.19	8.09	41.1	42.2	46.7
宁夏	10.62	8.10	7.63	43.3	44.1	47.2
新疆	8.66	8.79	8.17	34.9	37.2	41.1

(四) 各地区第三产业在全国比例变化预测

1. 东部地区第三产业在全国的比例总体增加

2005 年东部地区占全国的比例为 61.3%，预测到 2010 年比例达到 62.8%，2020 年比例达到 63.6%，2030 年比例为 63.5%。从这个变化趋势看，东部地区第三产业在全国的比例总体上将呈现一个稳步上升的势头（图 15-4）。2010～2030 年东部各省（直辖市）服务业在东部地区内的地位如图 15-5 ~ 图 15-7 所示。

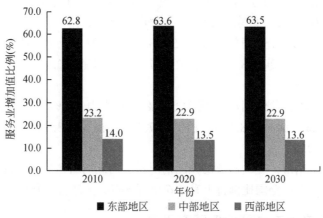

图 15-4   2005 ~ 2030 年东、中、西部地区第三产业比例变动图

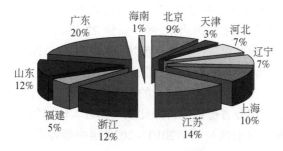

图 15-5   2010 年东部各省（直辖市）第三产业增加值占东部地区总值比例图

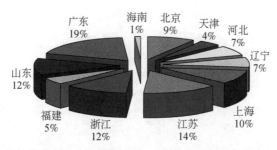

图 15-6   2020 年东部各省（直辖市）第三产业增加值占东部地区总值比例图

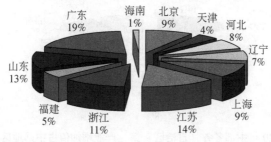

图 15-7   2030 年东部各省（直辖市）第三产业增加值占东部地区总值比例图

从东部地区的各省（直辖市）看，到 2010 年预计北京占全国的比例为 5.7%，天津为 2.0%，河北为 4.4%，辽宁为 4.4%，上海为 6.2%，江苏为 8.7%，浙江为 7.4%，福建为 3.2%，山东为 7.7%，广东为 12.6%，海南为 0.5%。

到 2020 年预计北京占全国的比例为 5.8%，天津为 2.2%，河北为 4.7%，辽宁为 4.6%，上海为 6.2%，江苏为 8.9%，浙江为 7.5%，福建为 3.4%，山东为 7.7%，广东为 12.2%，海南为 0.5%。

到 2030 年预计北京占全国的比例为 5.6%，天津为 2.4%，河北为 5.0%，辽宁为 4.5%，上海为 5.9%，江苏为 8.7%，浙江为 7.2%，福建为 3.3%，山东为 8.0%，广东为 12.1%，海南为 0.5%。

从东部各省（直辖市）变动趋势的预测情况看，河北的增幅最大，其次是天津，2010~2030 年，河北第三产业占全国比例将上升 0.6 个百分点，天津将上升 0.4 个百分点。

2. 中部地区第三产业在全国比例略有下降

2005 年中部地区占全国的比例为 23.7%，预计到 2010 年比例略有下降达到 23.2%，从 2010 年后比例继续下降，到 2020 年比例下降到 22.9%，2030 年比例维持在 22.9%。从这个变化趋势看，中部地区第三产业比例有所下降，主要是因为虽然中部的一些省（自治区），如吉林、黑龙江等的城镇化水平已经达到相当的程度，但受其发展模式所限，第三产业在国民经济的比例还很低，在相当长的时间内，这些省（自治区）第三产业结构优化预计要比东部地区的大部分省份都慢，因此从长期看，比例仍会降低。

从中部地区的各省（自治区）看，2010~2030 年中部各省（自治区）服务业在中部地区内的地位如图 15-8~图 15-10 所示。

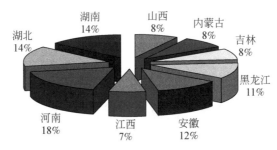

图 15-8　2010 年中部各省（自治区）第三产业增加值占中部地区总值比例图

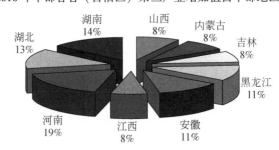

图 15-9　2020 年中部各省（自治区）第三产业增加值占中部地区总值比例图

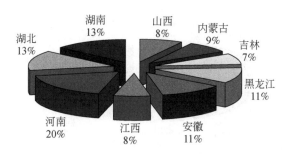

图 15-10　2030 年中部各省（自治区）第三产业增加值占中部地区总值比例图

　　到 2010 年预计山西占全国的比例为 1.9%，内蒙古为 1.8%，吉林为 1.8%，黑龙江为 2.5%，安徽为 2.7%，江西为 1.7%，河南为 4.3%，湖北为 3.3%，湖南为 3.3%。

　　到 2020 年预计山西占全国的比例为 1.7%，内蒙古为 1.9%，吉林为 1.7%，黑龙江为 2.5%，安徽为 2.5%，江西为 1.8%，河南为 4.5%，湖北为 3.1%，湖南为 3.1%。

　　到 2030 年预计山西占全国的比例为 1.8%，内蒙古为 2.1%，吉林为 1.7%，黑龙江为 2.5%，安徽为 2.5%，江西为 1.9%，河南为 4.6%，湖北为 2.9%，湖南为 2.9%。

　　从中部地区的预测情况看，一半以上地区的比例都呈下降趋势，小部分地区比例略有上升。2010~2030 年内蒙古和河南在全国的比例将各上升 0.3 个百分点，江西将有 0.2 个百分点的小幅上升。

3. 西部地区第三产业在全国的比例持续下降，但降幅较缓

　　2005 年西部地区占全国的比例为 15.0%，预计到 2010 年比例降为 14.0%，2020 年比例为 13.5%，2030 年比例为 13.6%。这个变化趋势看，西部地区第三产业的比例总体呈现下滑趋势。2010~2030 年西部各省（自治区、直辖市）服务业在西部地区内的地位如图 15-11~图 15-13 所示。

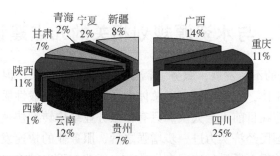

图 15-11　2010 年西部各省（自治区、直辖市）第三产业增加值占西部地区总值比例图

　　从西部地区的各省（自治区、直辖市）看，预计到 2010 年预计广西在全国所占比例为 1.9%，重庆为 1.6%，四川为 3.5%，贵州为 0.9%，云南为 1.7%，西藏为 0.2%，陕西为 1.6%，甘肃为 1.0%，青海为 0.3%，宁夏为 0.3%，新疆为 1.1%。

　　到 2020 年预计广西在全国所占比例为 1.9%，重庆为 1.5%，四川为 3.4%，贵州为 0.8%，云南为 1.7%，西藏为 0.2%，陕西为 1.6%，甘肃为 0.9%，青海为 0.3%，宁夏

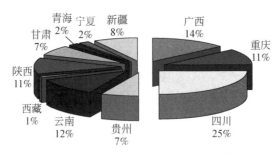

图 15-12　2020 年西部各省（自治区、直辖市）第三产业增加值占西部地区总值比例图

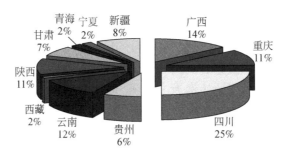

图 15-13　2030 年西部各省（自治区、直辖市）第三产业增加值占西部地区总值比例图

为 0.3%，新疆为 1.1%。

到 2030 年预计广西在全国所占比例为 1.9%，重庆为 1.5%，四川为 3.4%，贵州为 0.8%，云南为 1.7%，西藏为 0.2%，陕西为 1.5%，甘肃为 0.9%，青海为 0.3%，宁夏为 0.3%，新疆为 1.1%。

从西部地区的预测情况来看，西部大部分省（自治区、直辖市）的第三产业在全国的比例都呈下降趋势，但下降幅度很小，各省（自治区、直辖市）都在 0.1 个百分点内。

五、与水资源规划相关的几点建议

1）随着服务经济的不断发展，服务业需水尽管会不断增长，但由于我国服务业结构仍然以传统服务业为主体，人民生活水平总体上还较低，在一般性服务产品市场日趋饱和的情况下，服务业增速在目前不会太快。只有在服务业结构转型快速有效、人民生活水平有较大幅度的提高、国民经济实力进一步增强之后，服务业的快速发展时期才会到来。所以，目前服务业领域的需水矛盾只体现在少数重点行业与重点城市，服务业在近期还难以形成水资源供需矛盾的主要层面。

2）由于其他行业的较快发展是个必然趋势，在加强对商业服务业需水情况进行研究的同时，服务业耗水应更多地关注其他行业，尤其是一些与现代生产与生活方式密切相关的服务行业。例如，随着汽车快速进入家庭带来的洗车业的快速发展，与人民生活水平快速提高密切相关的洗浴业的蓬勃发展等。这些新兴服务行业在我国的快速发展会带来产业需水结构的变化与需水量的增长。

3）从各省（自治区、直辖市）第三产业发展的趋势看，珠江三角洲仍将会是我国第三产业增长最快的地区。在东部大多数地区和中部一些地区，随着第二产业的饱和，第三产业将在局部领域形成经济增长的主动力。在西部地区，由于受经济水平的限制，第三产业还难以成为经济增长的主要动力。东西部地区第三产业发展水平的差距会进一步加大，但东西部大城市在第三产业发展水平上的差距则有可能缩小。因此，服务业的耗水规划应以东部发达地区和大城市为重点，特别要关注严重缺水城市服务业发展所带来的新的需水变化问题。

4）根据 21 世纪初服务业发展的三个阶段判断，在第一阶段（2000～2010 年），耗水主体仍然以传统服务业为主，需水规划应重点针对传统服务业进行。进入第二阶段后（2010～2020 年），在关注传统服务业需水要求的同时，要更多关注新兴、现代服务业增长带来的需水量的变化。第三阶段（2020～2030 年），要加大对新兴、现代服务业需水模式的研究。

第三篇

流域篇

第十六章　中国十大水资源区经济发展布局与产业结构预测研究

　　根据《全国水资源分区》（修订稿），将我国陆地划分为 10 个一级水资源区，分别是松花江水资源区、辽河水资源区、海河水资源区、黄河水资源区、淮河水资源区、长江水资源区、东南诸河水资源区、珠江水资源区、西南诸河水资源区和西北诸河水资源区，各大水资源区流经的省（自治区、直辖市）及其面积见附表 16-1。在一级水资源分区的基础上，按照基本保持河流水系完整性的原则，又将 10 个一级水资源区划分为 80 个二级水资源区。

　　本章是在 10 个流域报告的基础上综合分析而成的。综合报告重点分析了 10 个一级水资源区的人口总量和分布、经济发展布局与产业结构现状，2030 年前人口、经济和产业结构的发展变化趋势。

　　本章中 2010 年、2020 年和 2030 年的 GDP，第一、第二、第三产业增加值，工业增加值预测数据，是根据 2005 年 12 月国家发布的第一次全国经济普查结果修订后的统计口径，以 2000 年为基准年对 2010 年、2020 年和 2030 年经济发展布局进行的预测。

一、十大水资源区经济社会发展现状评价

（一）人口总量和分布

　　我国人口分布受自然、经济等多种因素影响，不同地域人口密度相差甚远。十大水资源区中淮河水资源区人口密度最大，高达 591 人/km^2，其次是海河区水资源区，为 398 人/km^2；西北诸河水资源区人口密度最小，为 8 人/km^2，仅为全国平均水平的 6%，西南诸河水资源区人口密度也只有 24 人/km^2。10 个一级水资源区的人口分布和人口密度情况见表 16-1 和图 16-1。

表 16-1　2000 年十大水资源区人口分布情况

一级水资源区	土地		人口		人口密度（人/km^2）
	面积*（km^2）	占比例（%）	总人口（万人）	占比例（%）	
松花江水资源区	936 634	9.8	6 184.7	5.0	66
辽河水资源区	317 153	3.3	5 445.1	4.4	172
海河水资源区	320 005	3.4	12 740.2	10.3	398
黄河水资源区	795 040	8.4	10 843.2	8.7	136
淮河水资源区	330 009	3.5	19 498.5	15.7	591

一级水资源区	土地		人口		人口密度
	面积*（km²）	占比例（%）	总人口（万人）	占比例（%）	（人/km²）
长江水资源区	1 782 717	18.7	41 829.7	33.7	235
东南诸河水资源区	244 572	2.6	7 107.7	5.7	291
珠江水资源区	578 960	6.1	15 863.5	12.8	274
西南诸河水资源区	844 101	8.9	1 985.5	1.6	24
西北诸河水资源区	3 365 588	35.4	2 735.9	2.2	8
全国	9 514 779	100.0	124 234.0	100.0	131

* 土地数据来自于《全国水资源分区》（修订稿）

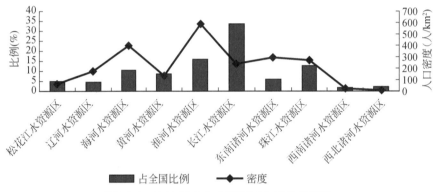

图 16-1　2000 年十大水资源区人口分布情况

1. 长江、淮河、珠江和海河四大水资源区的人口占全国 70% 以上

2000 年全国总人口为 124 234 万人（不含港澳台地区，下同）。长江、淮河、珠江和海河四大水资源区集中了全国 72.5% 的人口，而土地面积仅占全国的 31.7%；松花江、辽河、黄河、东南诸河、西南诸河和西北诸河水资源区土地面积占全国的 2/3，人口只占全国的 27.5%。

1）长江水资源区。土地面积为 178.3 万 km²，占全国的 18.7%。2000 年人口为 41 830 万人，占全国总人口的 33.7%，居十大水资源区之首。各二级水资源区之间的人口分布差异较为明显，洞庭湖水系人口占长江水资源区的 17.4%，金沙江石鼓以上流域只占 0.16%。长江水资源区人口密度为 235 人/km²，为全国平均水平的 1.8 倍。二级水资源区人口密度差异显著，除金沙江流域外，其他二级水资源区人口密度都高于全国平均水平，呈现从上游至中下游递增的态势。人口密度最高的太湖水系，达到 1118 人/km²，最低的金沙江石鼓以上流域，只有 3 人/km²。

2）淮河水资源区。土地面积为 33 万 km²，占全国的 3.5%。2000 年人口为 19 499 万人，占全国总人口的 15.7%，在十大水资源区中居第二位。二级水资源区中淮河中游人口最多，占淮河水资源区的 40%；淮河上游人口最少，仅占淮河水资源区的 6.4%。淮河水资源区人口密度在十大水资源区中最高，达 591 人/km²，为全国平均水平的 4.5 倍。

3）珠江水资源区。土地面积为 57.9 万 km²，占全国的 6.1%。人口为 15 864 万人，占全国的 12.8%，在十大水资源区中居第三位。人口密度为 274 人/km²，为全国平均水平的 2.1 倍。二级水资源区中以珠江三角洲地区人口密度最高，达到 1109 人/km²。

4）海河水资源区。土地面积为 32 万 km²，占全国的 3.4%。2000 年人口为 12 740 万人，占全国的 10.3%。人口主要分布在包括北京、天津在内的海河北系和包括河北大部分地区在内的海河南系，两个二级水资源区人口占总人口的 79%。海河区人口密度在十大水资源区中居第二位，为 398 人/km²。

2. 松花江、辽河和东南诸河水资源区人口占全国的 15%

2000 年松花江、辽河和东南诸河三大水资源区人口为 18 738 万人，占全国的 15.1%；土地面积为 150 万 km²，占全国的 15.8%。

1）松花江水资源区。土地面积为 93.7 万 km²，占全国的 9.8%。2000 年人口为 6184.7 万人，占全国的 5%。松花江水资源区的人口主要分布在嫩江、第二松花江、松花江（三岔口以下）三个二级水资源区，三者人口之和占水资源区总人口的 87.4%。松花江水资源区人口密度为 66 人/km²，人口密度较高的二级水资源区为第二松花江和松花江（三岔口以下），人口密度分别为 192 人/km² 和 123 人/km²。

2）辽河水资源区。土地面积为 31.7 万 km²，占全国的 3.3%。2000 年人口为 5445 万人，占全国总人口的 4.4%。人口密度为 172 人/km²，主要分布在东北沿黄渤海诸河、浑太河、辽河干流和西辽河，四个二级水资源区人口占水资源区总人口的 88.6%。

3）东南诸河水资源区。土地面积为 24.5 万 km²，占全国的 2.6%。2000 年人口为 7108 万人，占全国的 5.7%。闽南诸河流域、钱塘江流域以及浙南诸河流域人口较多，三个二级水资源区人口占东南诸河水资源区总人口的 70%。2000 年东南诸河区人口密度为 291 人/km²，其中以宁波为中心的浙东诸河和以厦门为中心的闽南诸河人口相对密集，人口密度分别达到 583 人/km² 和 532 人/km²。

3. 黄河水资源区人口占全国的 8.7%

黄河水资源区土地面积为 79.5 万 km²，占全国的 8.4%。2000 年人口为 10 843 万人，占全国总人口的 8.7%。黄河流域人口和城市主要集中在人居环境适宜，有发展经济条件的黄河干、支流的河谷、平原和盆地。黄河上游区人口占 22%，中游区人口占 65%，下游区占 12%，内流区人口约占 1%。黄河水资源区人口密度为 136 人/km²，略高于全国 131 人/km² 的平均水平。

4. 西南诸河、西北诸河水资源区的人口不到全国的 4%

西南诸河、西北诸河两大水资源区土地面积为 421 万 km²，占全国的 44.3%。2000 年人口为 4722 万人，仅占全国的 3.8%。西南诸河水资源区中元江—红河流域是人口最多的二级水资源区，人口占水资源区的 34.2%；澜沧江流域占 31.8%，二者合计占水资源区总人口的近 2/3，而陆地面积仅占水资源区的 28.5%。西南诸河水资源区人口密度只有 24 人/km²，为全国平均水平的 18.3%。西北诸河水资源区以塔里木河源区人口最多，占总人口的 27.4%；其次是以乌鲁木齐为中心的天山北麓诸河，占 19.9%；河西走廊内陆河占 17.4%；内蒙古内陆河占 12.8%，四个二级水资源区人口占西北水资源区总人口的 77.5%。西北诸河水资源区人口密度为 8 人/km²，在十大水资源区中最低。天山北麓二级水资源区人口密度最高，为 36.9 人/km²；羌塘高原内陆区最低，只有 0.4 人/km²。

（二）城镇化水平

2000 年全国城镇人口为 4.53 亿人，城镇化率为 36.4%。松花江、辽河、海河、东南诸河和珠江五大水资源区的城镇化率均高于全国平均水平；其余五大水资源区城镇化率均低于全国平均水平，见表 16-2 和图 16-2。

表 16-2　2000 年十大水资源区城镇化水平

一级水资源区	总人口（万人）	城镇人口（万人）	乡村人口（万人）	城镇化率（%）
松花江水资源区	6 184.7	3 118.7	3 066.0	50.4
辽河水资源区	5 445.1	2 741.7	2 703.5	50.4
海河水资源区	12 740.2	4 677.0	8 063.2	36.7
黄河水资源区	10 843.2	3 508.2	7 335.0	32.4
淮河水资源区	19 498.5	5 892.3	13 606.2	30.2
长江水资源区	41 829.7	14 146.5	27 683.1	33.8
东南诸河水资源区	7 107.7	3 211.2	3 896.5	45.2
珠江水资源区	15 863.5	6 704.0	9 159.5	42.3
西南诸河水资源区	1 985.5	335.5	1 650.0	16.9
西北诸河水资源区	2 735.9	913.2	1 822.7	33.4
全国	124 234.0	45 248.0	78 986.0	36.4

注：据宏观经济研究院"国民经济发展布局与产业结构预测研究"数据库计算

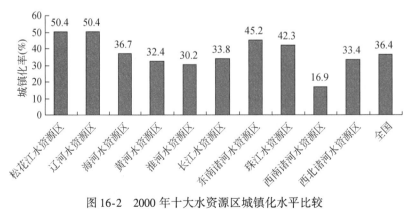

图 16-2　2000 年十大水资源区城镇化水平比较

1. 松花江区、辽河水资源区城镇化率超过50%，已达到世界平均水平

松花江区和辽河水资源区的城镇化率均为50.4%，已达到世界平均水平，比全国平均水平高14个百分点。松花江二级水资源区城镇化水平差异很大，最高的额尔古纳河流域，达到87.3%；根据城镇化进程规律性曲线，该区已进入城镇化完成阶段，这与区内分布大量工矿企业有关。城镇人口所占比例最低的是嫩江二级水资源区，为41.3%，比额尔古纳河流域低46个百分点。辽河水资源区城镇化率最高的是浑太河流域，达到73.5%；最低的西辽河流域只有27%，比全国平均水平还低9.4个百分点。

2. 东南诸河和珠江水资源区城镇化率为42%~45%，高于全国平均水平

2000年东南诸河水资源区城镇化率为45.2%，在十大水资源区中居第三位。东南诸河水资源区在浙江境内浙东诸河、浙南诸河等二级水资源区，城镇化水平均超过50%，分别比位于非沿海地区的钱塘江水资源区高8个百分点和12个百分点，呈现沿海地区城镇化率明显要高于非沿海地区的特点。在福建境内则恰恰相反，位于山区的闽江水资源区城镇化水平分别比位于沿海的闽东诸河、闽南诸河高18个百分点和10个百分点。

2000年珠江水资源区的城镇化率为42.3%。其中包括广州、深圳、珠海等城市在内的珠江三角洲水资源区城镇化率高达70.2%，包括河源、惠州、韶关等城市在内的东江水资源区城镇化率为66%，均远远高于珠江区的平均水平。但是以广西、贵州部分地区为主体的红柳江二级水资源区城镇化率却只有22.9%，比珠江三角洲水资源区低47.3个百分点。

3. 海河、黄河、淮河、长江和西北诸河水资源区城镇化率为30%~37%，多数地区低于全国平均水平

2000年海河水资源区城镇化率为36.7%，略高于全国36.4%的平均水平。但二级水资源区城镇化水平差异很大，包括北京、天津在内的海河北系水资源区城镇化率达到56.4%；而包括鲁西北的德州、聊城等地的徒骇马颊河流域城镇化率只有27.2%，高低相差29.2个百分点。

2000年黄河水资源区城镇化率为32.4%，比全国平均水平低4个百分点。二级水资源区中城镇化水平最高的是兰州至河口镇段，达到49.2%；最低的龙羊峡以上河段只有10.5%，高低相差38.7个百分点。

2000年淮河水资源区城镇化率为30.2%，比全国平均水平低6.2个百分点。二级水资源区中城市化水平最高的山东半岛沿海诸河，为49%；城市化水平最低的为淮河上游，只有16.6%，高低相差32.4个百分点。

2000年长江水资源区城镇化率为33.8%。二级水资源区城市化水平呈现自西向东递增的态势，与人口密度的区域分布规律基本一致。成渝、武汉和长江三角洲三大城市群所在的二级水资源区城市化水平明显高于其他区域，如太湖水系城镇化率高达65.2%；宜昌以上二级水资源区的城镇化水平除岷沱江外，均低于水资源区平均水平，其中金沙江石鼓以上流域只有7.6%，嘉陵江流域为23.9%，乌江流域为25.7%。

2000 年西北诸河水资源区城镇化率为 33.4%，比全国平均水平低 3 个百分点，但比水资源区所在的 7 省（自治区）高 3.7 个百分点。从二级水资源区城镇化水平看，城镇化率高于平均水平的二级水资源区有五个，其中柴达木盆地最高，为 63.9%；其余七个二级水资源区城镇化率均低于 33.4% 的平均水平，其中塔里木盆地荒漠区和羌塘高原内陆河城镇化率最低，分别只有 0.5% 和 1.8%。

4. 西南诸河水资源区城镇化率最低，比全国平均水平低近 20 个百分点

2000 年西南诸河水资源区城镇化率仅为 16.9%，在十大水资源区中最低。各二级水资源区的城镇化水平都很低，最高的雅鲁藏布江流域也只有 26.7%，比全国平均水平低近 10 个百分点。

（三）经济发展布局和产业结构现状

2000 年全国生产总值为 9.86 万亿元（不含港澳台地区，下同），十大水资源区的生产总值和人均生产总值分布情况见表 16-3 和图 16-3，产业结构见表 16-4。

表 16-3　2000 年十大水资源经济总量及其分布

一级水资源区	生产总值（亿元）	人口（万人）	人均生产总值（元）
松花江水资源区	4 968.9	6 184.7	8 034
辽河水资源区	5 293.3	5 445.1	9 721
海河水资源区	12 421.2	12 740.2	9 750
黄河水资源区	6 443.7	10 843.2	5 943
淮河水资源区	13 380.7	19 498.5	6 862
长江水资源区	30 582.6	41 829.7	7 311
东南诸河水资源区	8 573.8	7 107.7	12 063
珠江水资源区	14 353.6	15 863.5	9 048
西南诸河水资源区	625.9	1 985.5	3 152
西北诸河水资源区	1 963.9	2 735.9	7 178
全国	98 607.6	124 234.0	7 937

注：据宏观经济研究院"国民经济发展布局与产业结构预测研究"数据库计算

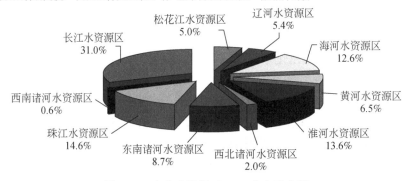

图 16-3　十大水资源区 GDP 占全国比例

表 16-4　2000 年十大水资源区产业结构

一级水资源区	生产总值（亿元）	产业结构（%）		
		第一产业	第二产业	第三产业
松花江水资源区	4 968.9	15.2	49.3	35.6
辽河水资源区	5 293.3	12.9	48.1	39.0
海河水资源区	12 421.2	11.3	45.9	42.9
黄河水资源区	6 443.7	13.9	45.3	40.8
淮河水资源区	13 380.7	20.4	45.0	34.7
长江水资源区	30 582.6	15.2	43.4	41.4
东南诸河水资源区	8 573.8	13.1	49.1	37.8
珠江水资源区	14 353.6	13.4	43.9	42.7
西南诸河水资源区	625.9	36.8	23.7	39.5
西北诸河水资源区	1 963.9	22.4	39.7	37.9
全国	98 607.6	15.0	45.0	40.0

注：据宏观经济研究院"国民经济发展布局与产业结构预测研究"数据库计算

1. 长江水资源区经济总量约占全国的 1/3，经济重心在长江中下游地区

长江水资源区作为沿海经济带和沿江经济带的重要组成部分，在我国经济发展中具有举足轻重的地位。2000 年长江水资源区生产总值为 30 583 亿元，占全国的 31%。长江水资源区的经济重心主要集中在中下游，若按照宜昌以下干支流来计算，生产总值占到全流域的 80.9%，其中太湖水系生产总值占长江水资源区的 31.9%。2000 年长江水资源区人均生产总值为 7311 元，为全国平均水平的 92.1%，与辽河、海河和东南诸河水资源区的差距较大。二级水资源区内人均生产总值的差距更加显著，人均生产总值最高的太湖水系是金沙江石鼓以上流域的 10.9 倍；除太湖水系和湖口以下干流外，其余二级水资源区的人均生产总值都低于全国平均水平。

2000 年长江水资源区第一、第二、第三产业比例为 15.2∶43.4∶41.4。各二级水资源区间产业结构存在显著差异，12 个二级水资源区中第一产业比例高于水资源区平均水平的有 10 个，最低的太湖水系只有 4%，金沙江石鼓以上高达 55.6%，嘉陵江流域也达到了 28.9%；第二产业比例最高的太湖水系与最低的金沙江石鼓以上之间的差距达到了 35 个百分点；第三产业比例低于水资源区平均水平的有 9 个二级水资源区，第三产业比例最高和最低之间的差距为 16.6 个百分点。从人均地区生产总值、产业结构和城市化水平综合分析，可以认为长江上游区总体上处于工业化初期阶段；中游地区处于工业化中期加速阶段；下游区域，尤其是太湖水系已经进入了工业化中后期阶段，接近或达到了中等收入国家的水平。

2. 海河、淮河和珠江水资源区经济总量较为接近，三者之和约占全国的 41%

2000 年海河、淮河和珠江水资源区生产总值为 4.02 万元，占全国的 40.7%，三大水资源区的生产总值分别占全国的 12.6%、13.6% 和 14.6%，呈现三足鼎立的格局。但是，

人均生产总值存在较大差异，拥有北京、天津等特大城市的海河水资源区，人均生产总值达到 9750 元，仅次于东南诸河和辽河水资源区，居第三位；淮河水资源区人均生产总值只有 6862 元，为全国平均水平的 86.5%；珠江水资源区人均生产总值为 9048 元，高于全国平均水平，其中珠江三角洲二级水资源区人均生产总值达到 1.5 万元。

从产业结构看，海河和珠江水资源区农业所占比例分别为 11.3% 和 13.4%，均低于全国 15% 的平均水平；第三产业所占比例分别为 42.9% 和 42.7%，均高于全国 40% 的平均水平；第二产业所占比例接近或略高于全国平均水平。淮河流域是我国重要的粮食生产基地，农业占生产总值的比例为 20.4%，高出全国平均水平 5.4 个百分点，第三产业所占比例低于全国平均水平 5.4 个百分点。

3. 东南诸河、辽河和松花江水资源区工业化水平高，经济总量约占全国的 1/5

2000 年东南诸河、辽河和松花江三大水资源区生产总值为 1.88 万亿元，占全国的 19.1%，三大水资源区分别占全国的 8.7%、5.4% 和 5%。东南诸河人均生产总值超过 1.2 万元，为全国平均水平的 1.5 倍，居十大水资源区之首；辽河水资源区人均生产总值为 9721 元，在十大水资源区中居第三位；松花江水资源区人均生产总值为 8034 元，也高于全国平均水平。

东南诸河、辽河和松花江水资源区在产业结构上的共同特点是工业化水平较高，第一产业占生产总值的比例接近或低于全国平均水平，第二产业比例高于全国平均水平。东南诸河和辽河水资源区产业结构较为相似，第一产业占生产总值的 13% 左右，第二产业占 49% 左右，第三产业占 38% 左右。松花江水资源区第二产业占生产总值比例在十大水资源区中最高，达到 49.3%。

4. 黄河、西南诸河和西北诸河水资源区经济发展水平较低，三大水资源区的经济总量不到全国的 1/10

2000 年，黄河、西北诸河和西南诸河水资源区生产总值为 9034 亿元，占全国的 9.2%，三水资源区分别占全国的 6.5%、2% 和 0.6%。三大水资源区的共同特点是经济发展水平较低，人均地区生产总值均低于全国平均水平。其中西南诸河水资源区人均生产总值只有 3152 元，不到全国平均水平的 40%；黄河水资源区人均生产总值 5943 元，为全国平均水平的 75%，在十大水资源区中倒数第二；西北诸河水资源区为 7178 元，为全国平均水平的 90%。

黄河水资源区的产业结构与全国平均水平较为接近，第一、第二、第三产业结构的比例为 13.9∶45.3∶40.8。西北诸河和西南诸河水资源区产业结构的共同特点是农牧业在经济总量中占较大比例，分别占地区生产总值的 22.4% 和 36.8%；工业化水平较低，第二产业占生产总值的比例分别只有 39.7% 和 23.7%，均低于全国 45% 的平均水平；第三产业发展不足。

（四）工业发展布局与工业结构

按照《国民经济发展布局与产业结构预测研究实施方案》，将工业行业划分为火

（核）电工业、高用水工业和一般工业三大类。其中高用水工业包括化工、食品、冶金、造纸、石化、纺织六大行业；一般工业包括制造业、采掘业、其他工业和规模以下工业。

1. 工业增加值及其分布

2000 年全国工业增加值为 38 492 亿元，占生产总值的 39%。长江水资源区集中了全国 29.6% 的工业增加值；珠江、淮河、海河和东南诸河水资源区工业增加值占全国比例在 10% ~ 14%；松花江、辽河、黄河水资源区工业增加值占全国的比例在 6% 左右，西南诸河水资源区和西北诸河水资源区工业增加值不到全国的 2%，如图 16-4 所示。

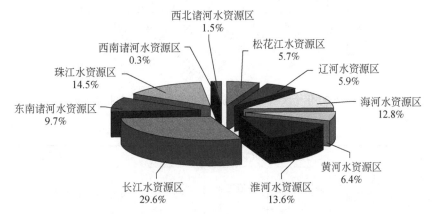

图 16-4　2000 年十大水资源区工业增加值分布

2. 三大类工业结构

从全国三大类工业构成看，火（核）电工业、高用水工业和一般工业增加值分别占全国工业增加值的 4.1%、24.9% 和 71%。十大水资源区的情况：西南诸河水资源区火（核）电工业占工业增加值的比例最高，为 11.2%；珠江、海河、黄河和辽河火（核）电工业增加值占全部工业增加值的比例在 5% 左右；其余水资源区均低于全国 4.1% 的平均水平。高用水工业占工业增加值比例，淮河水资源区最高，达到 30.8%，高出全国平均水平近 6 个百分点，这可能是造成淮河流域水严重污染的重要原因；西北诸河、西南诸河、长江、海河和黄河五大水资源区高用水工业增加值，均占 26% 左右，高出全国平均水平 1 ~ 2 个百分点；松花江和东南诸河水资源区高用水工业增加值，分别低于全国平均水平 10.4 和 4.6 个百分点，如图 16-5 所示。松花江和东南诸河水资源区一般工业增加值占工业增加值比例高于全国平均水平，其余 8 个水资源区接近或低于全国平均水平，见表 16-5。

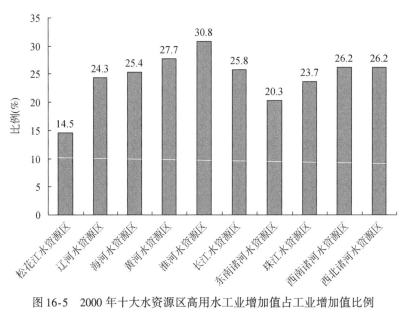

图 16-5　2000 年十大水资源区高用水工业增加值占工业增加值比例

表 16-5　2000 年十大水资源区三大类工业结构

一级水资源区	工业增加值（亿元）				三大类工业结构（%）		
	火（核）电工业	高用水工业	一般工业	合计	火（核）电工业	高用水工业	一般工业
松花江水资源区	75.2	317.5	1 792.8	2 185.5	3.4	14.5	82.0
辽河水资源区	111.2	553.1	1 610.6	2 274.9	4.9	24.3	70.8
海河水资源区	241.8	1 252.5	3 434.6	4 928.9	4.9	25.4	69.7
黄河水资源区	127.3	688.0	1 665.2	2 480.5	5.1	27.7	67.1
淮河水资源区	182.2	1 608.5	3 430.7	5 221.4	3.5	30.8	65.7
长江水资源区	341.0	2 946.5	8 122.2	11 409.7	3.0	25.8	71.2
东南诸河水资源区	141.5	759.0	2 844.2	3 744.7	3.5	20.3	76.0
珠江水资源区	310.3	1 320.5	3 933.8	5 564.6	5.6	23.7	70.7
西南诸河水资源区	11.3	26.4	63.0	100.7	11.2	26.2	62.6
西北诸河水资源区	17.8	152.4	411.5	581.7	3.1	26.2	70.8
全国	1 561.9	9 601.1	27 329.4	38 492.4	4.1	24.9	71.0

注：据宏观经济研究院"国民经济发展布局与产业结构预测研究"数据库计算

3. 长江、淮河、海河、珠江四大水资源区分布占全国 70% 的火（核）电工业

2000 年全国火（核）电工业实现增加值 1562 亿元，占全部工业增加值的 4.1%。其中长江、珠江、海河、淮河四大水资源区火（核）电工业增加值占全国的近 70%。核电工业主要分布在长江和珠江两大水资源区，其余水资源区为火电和水电。

长江水资源区火（核）电工业实现增加值 341 亿元，占全国的 29.6%；珠江水资源区火（核）电实现工业增加值 310 亿元，占全国的 14.5%；海河区拥有山西等重要煤炭生产基地，火电工业实现工业增加值 242 亿元，占全国的 12.8%；淮河区拥有淮南、淮北等重要煤炭生产基地，火电工业实现增加值 182 亿元，占全国的 13.6%。

4. 长江、淮河、海河、珠江四大水资源区集中了全国 3/4 的高用水工业

2000 年全国高用水工业实现增加值 9601 亿元。长江、淮河、海河、珠江四大水资源区高用水工业实现增加值 7129 亿元，占全国的 74.3%，如图 16-6 所示。

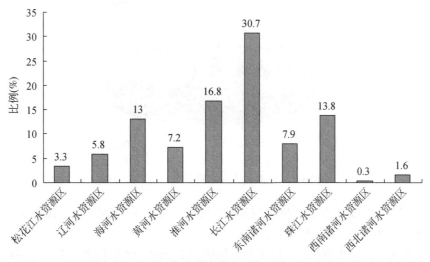

图 16-6　2000 年十大水资源区高用水工业分布

2000 年长江水资源区高用水工业实现增加值 2947 亿元，占全国高用水工业增加值的 30.7%。其中地处长江下游的太湖水系和湖口以下干流两个二级水资源区的高用水工业占长江水资源区的 61.2%。化学工业和冶金工业是长江水资源区高用水工业的重要产业。

2000 年淮河水资源区高用水工业实现增加值 1608 亿元，占全国的 16.7%。山东半岛沿海诸河和淮河中游集中了淮河水资源区高用水工业增加值的近 2/3。从高用水工业行业结构看，食品、化工和纺织工业所占比例较高。

2000 年珠江水资源区高用水工业实现增加值 1321 亿元，占全国的 13.8%。其中珠江三角洲二级水资源区高用水工业最为集中，其增加值占珠江水资源区的 49%。

2000 年海河水资源区高用水工业实现增加值 1253 亿元，占全国的 13.1%。包括北京、天津等城市在内的海河南系和海河北系两个二级水资源区高用水工业最为集中，其增加值占海河水资源区的 84.6%。冶金和化工在高用水工业中占较高比例，其次是食品和纺织业。

2000 年辽河水资源区高用水工业增加值 553 亿元，占全国的 5.8%，冶金和石化工业的贡献占 50% 以上。松花江水资源区高用水工业增加值 317 亿元，占全国的 3.3%，食品和石化工业占高用水工业增加值的一半左右。西南诸河、西北诸河水资源区高用水工业占全国的 1.9%，以冶金、纺织和石化工业为主。

5. 长江、珠江、淮河、海河、东南诸河五大水资源区一般工业对全国的贡献达到80%

　　2000年全国一般工业实现增加值27 329亿元，占全部工业增加值的71%，如图16-7所示。

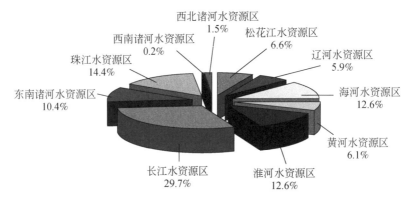

图16-7　2000年十大水资源区一般工业分布

　　长江水资源区一般工业实现增加值8 122亿元，占全国的29.7%。其中规模以下工业和制造业增加值占一般工业增加值的90%以上。

　　珠江、淮河、海河水资源区一般工业增加值占全国的比例在13%左右，但一般工业结构存在较大差异。珠江水资源区一般工业以制造业为主，淮河水资源区以规模以下工业为主。

　　松花江水资源区一般工业增加值占全国的6.6%，其中采掘业增加值占一般工业的一半以上；辽河水资源区一般工业增加值占全国的5.9%，其中规模以下工业增加值占较大比例；西北诸河水资源区一般工业增加值占全国的1.5%，采掘业对一般工业的贡献高达近70%；西南诸河水资源区一般工业增加值对全国的贡献仅0.2%，其中制造业和采掘业占50%以上。

（五）建筑业发展布局

　　2000年全国建筑业实现增加值5854亿元，占GDP的5.9%。长江水资源区建筑业对全国的贡献占32.0%；珠江、淮河、海河、东南诸河和黄河水资源区的建筑业占全国的54.7%；松花江、辽河、西北诸河和西南诸河水资源区建筑业占全国的比例只有13.3%，见表16-6。

表16-6　2000年十大水资源区建筑业增加值

一级水资源区	建筑业增加值（亿元）	水资源区占全国比例（%）
松花江水资源区	262.3	4.5
辽河水资源区	269.9	4.6
海河水资源区	766.4	13.1
黄河水资源区	440.5	7.5

一级水资源区	建筑业增加值（亿元）	水资源区占全国比例（%）
淮河水资源区	797.9	13.6
长江水资源区	1873.1	32.0
东南诸河水资源区	462.7	7.9
珠江水资源区	735.1	12.6
西南诸河水资源区	47.9	0.8
西北诸河水资源区	197.9	3.4
全国	5853.8	100.0

注：据宏观经济研究院"国民经济发展布局与产业结构预测研究"数据库计算

二、未来经济社会发展的影响因素分析和区域经济格局变化的总体判断

通过对国际发展环境变化趋势及其对我国的影响，国家重大区域政策实施对区域经济发展格局变化的分析，进而阐述我国东西部之间，南北部之间及国际次区域发展关系的变动趋势，并按照已有的发展基础、人口、产业集聚趋势，基础设施、资源环境等发展条件等，提出了未来经济高增长的九个地区，为进行各水资源区经济社会发展预测，以及区域水资源配置提供依据。

（一）国际环境变化趋势及其对我国的影响

进入 21 世纪，特别是"9·11"事件以来，国际环境发生了深刻而复杂的变化，世界多极化、经济全球化和区域经济一体化在曲折中发展。争夺对世界政治、经济主导权的斗争此起彼伏，各种不确定、不稳定的因素呈增多的态势。随着我国经济社会发展和国际地位的提高，国际环境与我国的互动关系将会出现一些新的动向。

1. 国际环境变化错综复杂，经济将进入新一轮的增长期

分析国际形势变化，对于未来变动趋势可以作出四个方面的判断。

一是世界格局和国际关系分化、调整、重组的变动趋势将继续深化。谋求单级世界的单边主义和谋求多级世界的多边主义的矛盾和斗争将凸现在国际政治、经济活动中；西方发达国家内部矛盾的加剧，南北差距的进一步扩大，以及恐怖主义的威胁，都将推动国际关系和实力的调整和重新组合；大国之间争夺战略要地、争夺战略资源和争夺战略主导权的斗争将会更加激烈。世界仍将处于失衡状态。同时，"多级"对"一超"的制衡，将有助于控制大规模战争的爆发。世界在经济、文化等方面融合的趋势将进一步加强，并且国家间的协调与合作，推进国际关系的民主化和世界格局的多极化，将会成为主流和世界繁荣与发展的重要基础。

二是经济全球化和区域经济一体化的趋势进一步加强，科技革命和结构调整成为推动世界经济发展更为重要的动力源泉。各国在推进区域经济一体化的进程中，寻找参与经济

全球化的立足点，通过区域经济联合来增强实力，以增强在经济全球"俱乐部"中的分量和作用。信息技术、生物工程、新材料、新能源等高新技术在生产和服务领域的应用和集群化发展，将不断推动世界产业结构和市场结构变化，为各国经济发展拓展新的领域和空间。各国为了适应经济全球化和科技进步的趋势，发展重点将更多地转移到具有竞争优势的科技先导产业部门，发展动力将更多地转向人力资本、科技进步和优化投资环境，发展体制将更加注重追求效率，发展政策将更加注重经济与社会、环境的协调可持续发展。

三是世界经济发展格局的调整和实力消长将经过较长时期。美国虽然在经济运行中遭遇了新经济泡沫破灭、失业率上升、贸易和财政"双赤字"再度恶化等一系列的问题，但其在高科技产业、金融服务业等方面的全球竞争力优势具备，企业层面的微观基础和政府的调控能力仍然很强，在总体经济实力、国家机器的控制力，以及对世界的影响方面仍将集聚明显优势，在国际上的地位短期内不可能为其他国家所取代。欧元区经济在世界经济中的地位将会走强，在与美国和日本抗衡中有上升的潜在能力。但由于欧洲缺乏灵活性，特别是货币政策和劳动力市场缺乏活力，欧盟扩大后各成员国经济发展不平衡问题更加突出，政策协调必然存在许多矛盾和困难。东亚经济正处在转型期，这里既有高速增长的中国经济，也有10年不景气甚至走下坡路，在近期才出现转机的日本经济，区内各经济体发展的消长过程将得以继续，走向联合的趋势正逐步成为各国的共识，区域内部和与其他区域经济体之间的合作必将有所加强。东亚地区内部新兴市场发展带来的机遇，国际贸易与投资继续向东亚地区的转移，使得东亚区域整体上将会继续在全球范围内保持最快的发展速度。因此，全球经济三足鼎立之势将长期存在。同时，我国作为经济发展最快的国家，若能保持稳定的增长势头，将会在2030～2050年在国家整体经济实力方面超过美国，成为世界上最大的经济体，人均生产总值达到中等发达国家水平。

四是近期内经济发展的不平衡性和不稳定性加大。经过近两年的调整，世界经济已经开始呈现出恢复增长的迹象，可能会出现新一轮的增长期。而推动这一轮经济增长的因素主要来源于经济全球化带来的市场扩大、科技进步带来的生产力发展和结构调整带来的各国经济适应能力的增强等方面。但是，多级多边贸易谈判在短期内难以取得实质性进展，经济全球化对世界经济增长的刺激作用无法与冷战结束后的情况相比。高新技术产业发展仍然在延续20世纪90年代信息技术革命的成果，新技术研发及其应用还很难出现关键性突破。各国虽然正在积极进行结构调整，但进展很不平衡，全球普遍存在生产能力过剩，通货紧缩等仍将对世界市场的繁荣构成严重的制约。因此，世界新一轮的经济增长不会有太高的增长速度，国际贸易和投资的增长总体上将会恢复到长期趋势决定的正常状态。全球贸易量增长会高于经济增长速度，直接投资的规模也存在继续扩大的空间。

2. 我国可乘势而上，拓展国际发展空间

上述发展趋势将对我国未来发展产生较为显著的影响，主要表现在以下三个方面。

一是国际环境将有利于我国在较长时期内集中力量进行现代化建设。国家关系的分化、调整和重组将为我国拓展国际发展空间提供更大的回旋余地。国际安全面临的挑战和局部冲突虽然会影响国家环境的稳定，但围绕"反恐"所展开的国际关系重组和大国关系的调整，特别是中美关系的改善，中欧关系的加强，以及我国与东亚国家经济联合、与东

南亚自由贸易区的建立、与中亚国际次区域经济合作的加强等，都将使我国在国际战略格局中的地位不断上升，提高国际影响力，增强参与经济全球化的实力。

二是世界经济发展趋势总体上有利于我国进一步拓展对外经济发展空间。在经济全球化和区域经济一体化的推动下，各国经济之间的相互渗透、相互依存将在更广泛范围内多层次、宽领域地展开，世界经济增长面将会有所拓宽。我国可以利用世界经济在新一轮增长期内，国际经济合作加强，世界范围内的商品、资本、技术和劳动力流动进一步扩大的机遇，积极参与国际分工与合作，充分利用两种资源和两个市场，不断满足国内经济发展的需求，缓解国内日益增强的市场需求，以及资源和环境约束。同时，我国在世界经济格局中的重要性将更加突出，外部对我国市场的依赖性也将进一步增强。只要能够把握机遇将我国的比较优势和后发优势转变为竞争优势，我国拓展对外经济贸易的空间必将会逐步扩大，对于世界经济的影响力也会进一步增强。

三是世界产业结构调整和转移趋势对于我国工业化进程具有积极的推动作用。世界范围内产业结构的调整仍在进行，发达国家经济将进一步向虚拟化发展，国际制造业转移的步伐仍将持续。我国政治稳定，经济繁荣，劳动力优势明显，外汇储备和国际直接投资存量水平较高，内需和进口不断扩大，这些宏观总体形势对国际制造业向国内转移将产生巨大的吸引力和拉动作用。我国正处在工业化和城市化加速发展的阶段，重化工业的高速发展成为其突出的特征之一。在此过程中，国内的市场容量将会显著扩大，对国际资源和市场的需求也将不断增大。由此引发的国家间、地区间在经济利益、政治地位争夺中的矛盾和摩擦增加而带来的负效应也需要考虑和重视。在统筹国内发展和对外开放指导思想的引领下，充分利用这一重要的历史机遇期，可以使得我国在与国际经济互动中获得更加广阔的发展空间。

（二）影响我国区域经济格局变化的因素分析

国际环境对于我国的发展总体上是有利的，这些机遇对于不同区域会产生不同的影响，同时按照"五个统筹"的总体要求，不断提高宏观经济运行质量，继续实施西部大开发、振兴东北老工业基地和中部地区崛起等区域发展战略，有条件的地区率先基本实现现代化，以及组织开展重要区域的区域规划工作等重大战略举措，对于未来区域经济格局将产生一系列重大影响。这些影响是开展流域的经济社会发展预测分析，以及进行水资源区域配置都需要重点考虑的因素。其中影响最为显著的政策因素包括以下六个方面。

1. 继续推进实施西部大开发战略

2004 年国务院发布了《关于进一步推进西部大开发的若干意见》，进一步明确了继续实施西部大开发战略的指导思想，提出了在未来 10~20 年内西部大开发的十大任务。其中，除继续开展生态环境建设、完善基础设施、拓宽资金渠道、加强人才建设、注重社会进步、继续深化改革、加强法制建设等任务以外，特别提出了要大力调整产业结构，积极发展有特色的优势产业和推进重点地带开发，加快培育区域经济增长极等对于西部地区未来区域经济格局变化具有重大影响的任务。加快培育特色产业，将使西部地区的能源、矿业、机械、旅游、特色农业、中药材加工等优势产业得到长足的发展和逐步实现规模化，增强西部地区自我发展能力；西陇海兰新经济带、长江上游经济带和南贵昆经济区等重点经济区域的形成，将使得西部地区在东西互动和开展国际合作中更具有竞争力。

2. 东北老工业基地调整改造

东北等老工业基地的调整、改造和振兴，将提升传统制造业的竞争力、加快资源型城市经济转型、推进大连东北亚重要国际航运中心建设，以及沈阳、长春、哈尔滨等区域经济中心城市发展迈出较快的步伐。在产业发展方面，充分利用已有的产业优势，培育以装备制造、钢铁、石化、电子信息等优势产业为主导的产业集群。同时，这一区域的发展还是东北亚国际次区域合作的前沿，伴随着东北亚国际联合与合作的发展，在进一步承接日本、韩国产业转移，吸纳外资、内资向这一区域转移，将营造出良好的对外对内开放格局，成为我国外向型经济快速发展的经济区。同时也要认识到，东北等老工业基地的振兴是中部崛起的先遣队和重点区域之一。

3. 东部有条件的地区率先基本实现现代化

党的"十六大"提出全面建设小康社会的目标中，明确了"有条件的地方可以发展得更快一些，在全面建设小康社会的基础上，率先基本实现现代化"。东部地区在未来发展中仍然将是我国经济前行的主要动力源，将是率先基本实现现代化的地区。东部地区必将在参与全球分工和竞争中，表现出更加强劲的发展活力，产业竞争力和技术创新能力也将不断得到增强。长三角、珠三角和京津冀等大都市圈区域将会成为具有世界意义和影响的制造业基地、物流中心和金融中心。与此同时，东部地区也将成为我国最大的流动人口吸纳地，人口进一步向大都市圈集聚的趋势更加明显。

4. 规划指导和协调的加强

组织开展编制区域规划已被确定为"十一五"规划的主要特色和重要内容，国家启动了"长三角"和"京津冀"两个区域规划编制试点，支持"泛珠三角"规划的制定和实施，将要启动东北地区和成渝地区的区域规划。这些规划的制定和实施必将在明确经济区发展目标、各城市定位和分工，空间结构和空间开发方向，公路、铁路、快速轨道交通、港口、机场、供电网、信息网、供水网等重大基础设施建设，以及社会服务设施、生态环境建设和环境治理等方面统筹安排，必将有利于清除阻碍区域集聚整合的障碍，促进区域统一市场的发育和生产要素在市场机制基础上的自由流动，构筑统一的金融、物流和信息平台，发展具有国际竞争力的产业优势地区和产业集群。

5. 跨区域重大基础设施建成使用

随着一批跨区域重大基础设施的建成，尤其是公路、铁路等交通运输干线、通信网络、全国统一电网的加快建设和完善，将使我国东、中、西部之间的经济互动能力显著增强，为完善空间经济结构和促进区域经济协调发展创造出良好的条件。使得西部地区特色产业、中部地区优势产业、东部地区国际竞争产业等具有区域特点和优势的产业发展区域格局逐步形成。

6. 国际次区域合作稳步推进

与周边国家和地区开展区域经济技术合作，是促进边境地区经济发展、扩大对外开放和稳固边疆的重大战略举措。西南地区与东南亚、南亚国家之间、西北地区与中亚国家之间，以及东北地区与东北亚国家之间，区域技术经济合作的不断加强，必将使得这些地区成为我国新一轮对外开放的前沿地区，获得高速发展的良好机遇，相应的一些具有比较优势和区位优势的产业也将在上述区域集聚。

（三）我国区域经济格局变化趋势判断

通过对国际环境及其对我国发展的影响分析，以及国家重大战略对于区域经济格局变化的影响分析，得出我国区域经济发展空间格局以及在未来发展高增长地区的判断。

1. 全国区域经济发展大格局判断及分析

（1）东西部地区发展差距将继续扩大

由于在自然地理条件、物质技术条件和经济增长惯性等方面的差距，未来20年东西部发展差距很难发生根本变化、更谈不上出现逆转。

差距扩大的结构变化特征是地区间经济结构差距将继续扩大。最突出的表现在以下几个方面：一是三次产业中现代服务业比例，工业产业结构中信息化程度，区域结构中城市经济比例等方面。二是地区间经济增长质量上的差异将继续扩大，突出表现在经济增长中的高技术贡献率的差距。三是地区间人口年龄和城乡结构上差异将继续扩大。由于流动人口和社会福利差异引起东部地区呈高龄（65岁以上）和青年比例上升趋势，西部地区呈中老龄（45～65岁）比例上升，且城市化水平的差异性仍将显著。四是地区间居民生活质量的差距将继续扩大。最集中表现在享受现代文明和物质生活方面的差异，如住、行、娱乐、保健、家用信息产品等方面的结构和档次差距。

（2）东西部地区之间人均收入水平差距趋于缩小

主要基于以下考虑：一是国家公共财政制度及其政策的实施，中央财政转移支付规模扩大，从而相对降低东西部居民人均公共福利水平上的差距，使得西部地区居民收入相对增长。二是西部地区前10年打基础的后发增收效应开始显现。西部地区开发主要投资于基础设施和生态环境建设，对财政增收和居民增收的效应将会在基础设施投入运营阶段才可能明显增长。这个阶段将会出现在10～15年以后。三是人口流动带来的分母减少和打工者现金回流。西部地区自然环境限制和东部地区大都市化带来的就业机会，将使得西部地区青年人口继续保持向东流动的趋势。其中，一部分比较成功者将举家定居，从而降低西部地区人口比例。一部分成为淘金者后（即不打算就地长期居住，只是为了挣钱），或者带着资金返乡创业，或者寄回资金以供养家庭。这些都将使得西部地区人均收入与东部地区的差距缩小。

（3）北部地区潜在经济增长率将加快转化为实际增长率

其主要依据：一是东北亚合作及其中俄合作趋向理性化、机制化将会带来实际上的国际合作红利，总体上会出现1加1大于2的合作效益。由于合作领域和地缘关系，这些将对北部地区带来的发展机会更多一些。二是北方港口地位。由于连接我国"三北地区"的大通道骨架基本形成，使得所连接的直接经济腹地扩大，从而强化港口经济的地位和作用，北方地区出现具有竞争力的港口城市群是可以预见的。其中，渤海通道的打通将会是重大机遇。三是"三北"地区能源、森林、造纸等资源性工业优势将基本转化为经济优势，既对全国经济发展的支撑力量加大，也使得具有这些工业门类比例较大的北方地区有可能获得平均利润率，在特定情况下甚至是超额利润。四是北京奥运会商机以及北京、天津、青岛、烟台、大连等城市经济向后工业社会加快转型步伐加快，将使得对整个北方地区的经济振兴发挥重大拉动作用。五是"三北"地区最大的制约因素是水资源，随着南水北调工程的完工而得到较大缓解，这必将极大地释放北部地区长期受到压抑的生产力。

（4）南部地区仍将成为中国经济总量增长的主要部分

其主要依据：一是在南部地区将会出现两个3000万～4000万人口的大都市群（长三角、珠三角加港澳），其投资效率将大大高于农村和一般性城市；二是世界级的信息产业及制造业工厂将可能在两个大都市群成为现实，产业的竞争力极大提高；三是将出现两个世界级的航运中心及其现代物流中心（上海为中心和港深广复合型），港口经济发生转型；四是现代服务业体系基本建成，特别是由于资本市场和技术市场基本成熟，上述两个区域将可能成为亚洲金融交易和技术交易主要平台。

（5）次区域经济将成为国际上更加关注并且取得实质性进展的"热点"

其主要依据：一是我国连接东亚、南亚、中亚的通道将会得到全面改善，通达性和便利程度大大提高，从而为区域经济合作创造出更加良好的基础条件；二是能源、淡水、气候、环境等将会成为次区域经济主要合作领域，从而促进这些地区投资环境的改善。

（6）边境地区经济发展速度将在很大程度上取决于国际上地缘政治、文化（宗教）、民族问题的磨合情况和国家间既斗争、又妥协的结果

其理由：一是受到跨国合作机制建设速度和质量的影响，这些区域的发展具有一定的不确定性；二是受跨境民族和宗教问题的影响，我国处于边境地区稳定考虑会影响全面开放局面的形成；三是这些地区的发展会受到周边国家政局稳定性的影响。

2. 未来经济高增长地区分析

按照人口密度与城镇密度相对较高的地区，在现阶段必须至少具备一些在全国具有重要影响的特大中心城市、发展条件较好的地区以及一些战略性资源地区，如土地、水不严重缺乏的地区。我国未来经济高增长地区主要应集中在以下九个地区。这些地区也是开展水资源区经济社会发展预测中着重考虑的区域。

（1）长三角地区

长三角地区包括上海、南京、宁波、杭州、苏州、无锡、常州、镇江、南通、扬州、泰州、湖州、嘉兴、绍兴、舟山。区域总面积为 97 521km²，2001 年人口为 8086.63 万人。

它以占全国1%的土地和6.28%的人口，创造了占全国16.64%的生产总值，是我国经济实力最强的经济核心区。未来该地区的发展重点是继续强化上海对该区域的龙头带动作用以及增强长江三角洲城市区域间聚合力，进一步加快城镇化进程，促进都市连绵区的形成，加强政府对区域发展的宏观调控能力，把该区培养成我国新兴产业的"孵化器"和对外开放的基地。

（2）京津冀地区

京津冀地区包括北京、天津以及河北的石家庄、唐山、秦皇岛、保定、沧州、廊坊、张家口、承德。区域总面积为182 451km²，约占全国的1.9%；2001年人口为7215万人、生产总值9751.47亿元，分别占全国的5.65%、10.16%。该区域是我国北方最大和现代化程度最高的工业密集区、重工业与新兴产业基地。未来的发展重点是加强区域内城市协作与分工，特别是明确北京与天津的定位与区域分工；规划建设跨行政区的各种基础设施；继续强化重工业与新兴产业基地的功能。

（3）珠三角地区

珠三角地区包括广州、深圳、东莞、佛山、中山、珠海、江门、肇庆与惠州九市，区域总面积为28 542km²，约为全国的0.3%，而2001年的人口和生产总值分别占全国的2.8%与8%，是我国最为发达、人口与经济最为密集的地区之一。该地区初步形成了以电子及通信设备制造业为主的珠江东岸电子通信产业走廊，以传统的电气机械、钢铁、纺织、建材为主的珠江中部产业带，以及以家庭耐用与非耐用消费品、五金制品为主的珠江西部产业带，都市连绵区基本成型。未来的发展重点是加强珠三角与外围地区的联系、拓展腹地，强化珠三角在华南经济圈的龙头带动作用；加强区域内各城市间的协调以及与香港、澳门的融合，继续强化广州与香港的双核心作用；进一步推进市场化进程，着力于产业环境的培育，延长产业链，提升区域综合竞争能力。

（4）山东半岛地区

山东半岛地区由日照、东营、济南、青岛、淄博、烟台、潍坊、威海八个地市组成，土地面积为59 700km²，占山东的38.8%，2001年人口3980.7万人、生产总值为6228.7亿元，分别占山东的44%、66%，是山东经济核心区，在我国经济发展中也有举足轻重的地位。该地区主要以电力、纺织、煤炭采选等传统产业为主，新兴产业发展不足，区域内空间集聚与区域协调有待进一步加强。针对半岛地区现处于城市带雏形发展阶段以及社会经济发展情况，今后的发展重点：一是继续深化改革开放，特别强化与日本、韩国的经济贸易往来；二是引导人口空间集聚（包括区域外人口向半岛集聚与区域内人口向城市集聚），着力培育都市连绵区；三是加强区域内城市间的经济协同发展，提高半岛经济的综合竞争力。

（5）闽东南地区

闽东南地区由福州、莆田、泉州、厦门及漳州五个地市组成，土地面积为41 405km²，占福建的33.9%；2001年人口、生产总值分别为2138.1万人和3501.7亿元，是福建的经济核心和经济最活跃地区。该区域产业部门分工尚处于起步阶段，城市产业系统和城市载体系统的规划建设也处于起步阶段，城市之间、城乡之间分工不明晰，主要城市产业以工商业为主体。一方面，由于缺乏国家大型项目的支持，除厦门、福州外，基本上没有高层次地域分工要求；另一方面，又因为工业起步较晚，低层次地域分工的要求也不高，所以产业结构相似与行政割据明显。针对闽东南地区发展的现实情况，今后发展重点是加强与台湾经济对接的能力，以及参与珠江三角洲、长江三角洲分工协作，继续发挥沿海区位优势，发展外向性经济，特别是与台湾的经贸往来。尽快建成贯通长江三角洲和珠江三角洲的沿海铁路大通道，以及沿海高速公路，使闽东南地区能积极主动接受二者的辐射，聚集发展所需的要素，壮大经济实力。

（6）辽中南地区

辽中南地区包括沈阳、鞍山、抚顺、本溪、丹东、营口、辽阳、铁岭八市，地处辽宁中部，土地面积、人口和生产总值分别占辽宁的45%、57%和58%。该地区的发展重点是抓住振兴东北老工业基地的发展机遇，加快国有企业改革与对内、对外开放的力度，建设成为我国重要的装备制造业、石化等产业基地；在此进程中人口集聚将加快，城镇化进程将快速推进，成为继长三角、珠三角、京津唐、山东半岛后又一经济增长极与都市连绵区。

（7）成渝地区

成渝地区即为成渝都市带，包括成都、德阳、绵阳、眉山、自贡、泸州、资阳和内江，重庆的渝中、大渡口、江北、沙坪坝、九龙坡、南岸、北碚、万盛、双桥、渝北、巴南11个区，江津、合川、永川三个市，綦江、潼南、铜梁、大足、荣昌、璧山六个县，总面积为97 440km²，总人口为5409.72万人，是我国西部地区人口与城镇数量最密集区域，也是西部地区工农业生产最为发达区域。应加快整合成渝地区，使成都、重庆两大增长极整合成一条巨大的增长轴，并使此增长轴具有两个增长极所不具有的功能。重点是加快改革开放力度，使成渝地区迅速成为中国西部高速城市化地区、经济活跃地区和带动周边大片地区发展的地区。

（8）武鄂黄九地区

武鄂黄九地区，包括武汉周边地区（孝感、黄冈、咸宁）以及武汉—九江沿江地区，其中武汉—九江沿江地区西起我国内陆地区最大的中心城市武汉，沿长江东至江西九江，中间包括沿江的湖北鄂州、黄石、大冶、武穴和江西九江。该地区除武汉为省会城市外，孝感、黄冈、咸宁、鄂州、黄石、九江六市为省辖地级市，土地总面积为69 667.67km²。未来发展重点是加快武鄂黄九都市连绵区的形成，发展成为我国内陆地区最大的以钢铁、机械、纺织、电子为主的综合性产业基地，进一步促进和推动长江经济带的发展，尤其是其中段区域经济的全面发展，从而加速中国区域经济发展由东南沿海向沿江、内地的推进进程。

（9）中原地区

中原地区，即中原城市群，以郑州商贸城为中心，由郑州、洛阳、焦作、新乡、开封、许昌、平顶山七市组成，区域内城市相对集中，距郑州最近的开封仅70km，最远的洛阳125km。城市群面积为54 208km²，2001年人口为3525万人，GDP为2733亿元。区域内矿产资源丰富，科教水平较高，是河南经济社会较发达的地区，但同时也存在核心城市辐射力弱、区域内经济建设粗放、发展不足等问题。未来该区域的发展重点是加快以郑州为中心的中原城市群发展步伐，迅速扩张其经济实力，增强对周围区域的辐射力、影响力，使其在我国开发中部地区和西部地区起到重要作用，特别在资金、技术、人才、管理等方面起到"二传手"和"中转站"的作用，通过亚欧大陆桥的东西两个出口，提高中西部地区的开放度，加快外向型经济发展。

三、十大水资源区人口发展布局与城镇化水平预测分析

（一）人口数量与分布变化

21 世纪前 30 年，我国人口总量仍将继续增长，但增长率呈下降趋势。预测全国总人口数量：2010 年为 13.52 亿人、2020 年 14.34 亿人、2030 年 15.1 亿人，2001~2030 年人口净增加 2.65 亿人，年均净增加 882 万人。全国人口增长速度：2001~2030 年为 0.65%，其中 2001~2010 年为 0.85%，2011~2020 年为 0.6%，2021~2030 年为 0.49%。

水资源区的人口增长包括自然增长和迁移增长。人口自然增长主要与人口年龄结构、生育水平有关；人口迁移增长则与经济发展水平、劳动力状况和对就业人口的需求有关。未来 30 年十大水资源区人口增长率和人口数量变动情况分别见表 16-7、表 16-8 和图 16-8。2030 年前十大水资源区人口变化趋势可归纳为以下三类。

表 16-7　十大水资源区不同时段人口增长率　　　（单位：%）

一级水资源区	2001~2010 年	2011~2020 年	2021~2030 年	2001~2030 年
松花江水资源区	0.52	0.33	0.28	0.37
辽河水资源区	0.56	0.35	0.30	0.40
海河水资源区	0.99	0.86	0.54	0.80
黄河水资源区	0.73	0.61	0.42	0.59
淮河水资源区	0.57	0.71	0.29	0.52
长江水资源区	0.60	0.41	0.51	0.50
东南诸河水资源区	1.45	0.68	0.85	0.99
珠江水资源区	1.80	0.80	0.61	1.07
西南诸河水资源区	0.65	0.13	0.59	0.46
西北诸河水资源区	0.44	1.11	0.68	0.75
全国	0.85	0.60	0.49	0.65

注：据宏观经济研究院"国民经济发展布局与产业结构预测研究"数据库计算

表 16-8　十大水资源区人口总量变化　　　（单位：万人）

一级水资源区	2000 年	2010 年	2020 年	2030 年
松花江水资源区	6 184.7	6 510.8	6 730.3	6 917.8
辽河水资源区	5 445.1	5 756.1	5 962.0	6 145.4
海河水资源区	12 740.2	14 063.6	15 328.0	16 181.6
黄河水资源区	10 843.2	11 659.7	12 394.9	12 921.3

一级水资源区	2000 年	2010 年	2020 年	2030 年
淮河水资源区	19 498.5	20 641.7	22 155.6	22 799.5
长江水资源区	41 829.7	44 390.0	46 246.1	48 649.1
东南诸河水资源区	7 107.7	8 205.7	8 784.6	9 560.2
珠江水资源区	15 863.5	18 968.9	20 532.8	21 829.0
西南诸河水资源区	1 985.5	2 119.0	2 145.9	2 275.7
西北诸河水资源区	2 735.9	2 859.6	3 194.7	3 419.5
全国	124 234.0	135 175.0	143 475.0	150 699.0

注：据宏观经济研究院"国民经济发展布局与产业结构预测研究"数据库计算

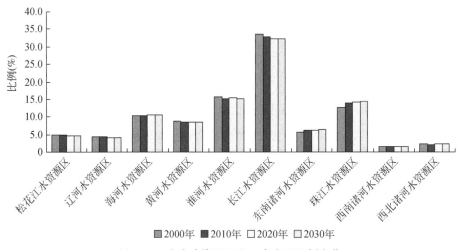

图 16-8　十大水资源区人口占全国比例变化

1. 珠江、海河和东南诸河水资源区人口迁移增长速度快，人口总量占全国比例上升

随着经济的快速发展，珠江、海河和东南诸河水资源区对劳动力的需求增长较快，受就业需求的推动和人口向大都市聚集作用，人口机械增长快，三大水资源区将成为未来30年人口迁移增长较快的地区，人口总量占全国人口比例由2000年的28.8%上升到2030年的31.5%。

珠江水资源区将成为我国人口增长速度最快的地区。该区人口总量将由2000年的1.59亿人增加到2030年的2.18亿人，年均增长率达到1.07%，居十大水资源区之首，其中2001～2010年人口年均增长率达到1.8%，2011～2020年为0.8%，2021～2030年为0.61%。占全国人口的比例由2000年的12.5%提高到2030年的14.5%，上升2个百分点。

东南诸河水资源区也是人口增长速度快的地区。该区人口总量从2000年7107.8万人增长到2030年的9556.8万人，年均增长率达到0.99%，在十大水资源区中居第二位，其中2001～2010年人口总量的年均增长率为1.44%，2021～2030年0.85%。占全国人口的比例由 2000 年的 5.7% 提高到 2030 年的 6.3%，上升 0.6 个百分点。

海河水资源区人口总量将由 2000 年的 1.27 亿人提高到 2030 年的 1.62 亿人，年均增长速度达到 0.8%，在十大水资源区中居第三位；占全国人口的比例将从 2000 年的 10.3%，提高到 2010 年的 10.4%，2020 年的 10.7%，2030 继续提高到 11.2%。

2. 长江、松花江、辽河和淮河水资源区人口增长率较低，人口总量占全国比例下降

长江、松花江、辽河、淮河水资源区人口自然增长速度减慢，由于四川、安徽、河南等地区劳动力输出较多，将成为人口负迁移增长的地区，占全国人口比例呈下降趋势。四大水资源区人口总量由 2000 年的 7.3 亿人，增加到 2030 年的 8.45 亿人，30 年间人口年均增长 0.49%，低于全国平均水平 0.16 个百分点。四大水资源区人口总量占全国人口的比例由 2000 年的 58.8%，2010 年下降到 57.2%，2020 年为 56.5%，2030 年为 56.1%。2001～2030 年，人口占全国的比例下降幅度最大的是长江水资源区，下降 1.4 个百分点；淮河、松花江、辽河水资源区各下降 0.3～0.6 个百分点。

3. 黄河、西北诸河和西南诸河水资源区人口自然增长率仍较高，人口总量占全国比例变化不大

黄河、西北诸河和西南诸河水资源区是我国少数民族聚居区，经济发展水平相对较低，未来 30 年人口自然增长率仍然较高，迁移增长率相对较低，占全国人口总量的比例变化不大。三大水资源区人口总量由 2000 年的 1.56 亿人增加到 2030 年的 1.86 亿人，年均增长 0.59%；占全国人口比例基本上维持在 2000 年 12.5% 的水平。

（二）城镇化水平预测

改革开放后，我国经历了长达 20 年多年的高速增长期，已进入工业化中期阶段。今后一段时期，国民经济还将保持较高的增长速度，将为推进城镇化进程提供发展空间；反过来，快速城镇化所带来的巨大需求又将成为国民经济持续、快速、健康发展的强大动力。预计 21 世纪初，我国工业化和城镇化之间的良性互动机制逐步完善，城镇化在政府、企业和个人多元主体的推动下保持较快的发展。

未来 30 年我国城乡人口结构将发生较大的变化。2010 年、2020 年和 2030 年全国城镇化率将分别达到 44%、52% 和 59%。城镇人口将从 2000 年的 4.52 亿人增加到 2010 年的 5.95 亿人、2020 年的 7.49 亿人、2030 年的 8.93 亿人，见表 16-9 和图 16-9。根据城镇化发展现状、发展速度和未来城镇化水平，十大水资源区城镇化进程大致可以分为四种类型。

表 16-9　十大水资源区城镇人口和城镇化水平预测

一级水资源区	城镇人口（万人）				城镇化率（%）			
	2000 年	2010 年	2020 年	2030 年	2000 年	2010 年	2020 年	2030 年
松花江水资源区	3 118.7	3 561.3	4 016.0	4 358.9	50.4	54.7	59.7	63.0

续表

一级水资源区	城镇人口（万人）				城镇化率（%）			
	2000 年	2010 年	2020 年	2030 年	2000 年	2010 年	2020 年	2030 年
辽河水资源区	2 741.7	3 090.7	3 499.9	3 846.8	50.4	53.7	58.7	62.6
海河水资源区	4 677.0	6 273.7	8 188.7	10 013.5	36.7	44.6	53.4	61.9
黄河水资源区	3 508.2	4 513.9	5 760.9	7 028.9	32.4	38.7	46.5	54.4
淮河水资源区	5 892.3	8 132.5	10 827.9	13 030.7	30.2	39.4	48.9	57.2
长江水资源区	14 146.5	18 546.0	23 365.8	28 114.6	33.8	41.8	50.5	57.8
东南诸河水资源区	3 211.2	4 263.7	5 226.7	6 220.7	45.2	52.0	59.5	65.1
珠江水资源区	6 704.0	9 532.1	11 833.8	14 037.3	42.3	50.3	57.6	64.3
西南诸河水资源区	335.5	492.6	667.9	867.7	16.9	23.2	31.1	38.1
西北诸河水资源区	913.2	1 077.3	1 476.3	1 761.9	33.4	37.7	46.2	51.5
全国	45 248.0	59 484.0	74 864.0	89 281.0	36.4	44.0	52.2	59.2

注：据宏观经济研究院"国民经济发展布局与产业结构预测研究"数据库计算

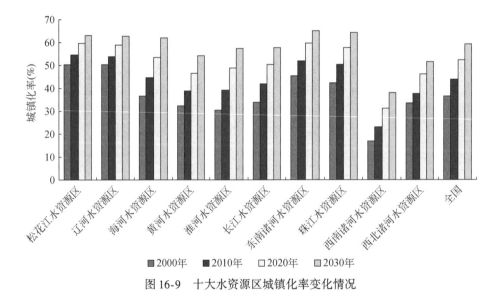

图 16-9　十大水资源区城镇化率变化情况

1. 松花江、辽河水资源区城镇化水平起点高，城镇化速度减慢，2030 年处于城镇化基本完成阶段

　　松花江和辽河水资源区目前的城镇化水平均已超过 50%，高出全国平均水平 14 个百分点，步入了城镇化临界完成阶段（附表 16-2）。预计未来 30 年城镇化速度减缓，松花江水资源区的城镇化率将由 2000 年的 50.4% 提高到 2010 年的 54.7%、2020 年的 59.7%、2030 年的 63%，30 年间提高了 12.6 个百分点，2020 年后开始步入城镇化基本完成阶段（城镇化率达到 60%）。辽河水资源区城镇化率由 2000 年的 50.4% 提高到 2010 年的 53.7%、2020 年的 58.7%、2030 年的 62.6%，2020 年后步入城镇化基本完成阶段。

2. 珠江、东南诸河和海河水资源区城镇化速度较快，2030 年处在城镇化基本完成阶段

珠江和东南诸河水资源区目前城镇化率超过 40%，海河水资源区城镇化率也高出全国平均水平，未来经济的快速增长为城镇化发展提供动力。2030 年上述三个水资源区城镇化率均超过 60%，进入城镇化基本完成阶段。东南诸河水资源区城镇化率将达到 65.1%，居各大水资源区之首；珠江水资源区为 64.3%，居第二位；海河水资源区为 61.9%，居第五位。

3. 长江、淮河、黄河水资源区城镇化速度略高于全国平均水平，2030 年处在城镇化临界完成阶段

2000 年长江、淮河和黄河水资源区的城镇化率均低于全国 36.4% 的平均水平。未来 30 年城镇化速度最快的是淮河水资源区，30 年间提高 27 个百分点；其次是长江水资源区，提高 24 个百分点；黄河水资源区提高 22 个百分点。到 2030 年三大水资源区城镇化率在 54%~58%，处于城镇化临界完成阶段。

4. 西南诸河和西北诸河水资源区城镇化发展缓慢，城镇化水平仍然不高

西北诸河水资源区城镇化率将由 2000 年的 33.4% 提高到 2010 年的 37.7%、2020 年的 46.2% 和 2030 年的 51.5%，30 年间城镇化率提高 18.1 个百分点，低于全国平均水平 4.7 个百分点。西南诸河水资源区城镇化率在十大水资源区中最低，2000 年只有 16.9%，2030 年提高到 38.1%，在十大水资源区中仍然最低，2030 年仍将处在城镇化加速发展阶段。

四、十大水资源区经济发展布局与产业结构预测分析

（一）经济发展和产业结构预测

1. 经济总量预测

党的"十六大"确定了我国在 21 世纪前 20 年的奋斗目标和宏伟纲领。作为 20 世纪末人民生活总体达到小康和到 21 世纪中叶基本实现现代化承前启后的阶段，未来 30 年我国将基本实现工业化、推进信息化，加快现代化发展。

从经济增长方式看，我国将从以追求经济增长速度为主要目标的高速增长阶段转变为以追求经济增长质量为主要目标的适度增长阶段，未来 30 年经济增长率呈缓慢下降的趋势，2001~2010 年为 11%，2011~2020 年为 8.0%，2021~2030 年为 6.6%。

按 2000 年价格计算，预计 2030 年全国 GDP 将达到 114.5 万亿元，为 2000 年的 11.6 倍。人均生产总值则由 2000 年的 7937 元提高到 2010 年的 2.06 万元、2020 年的 4.2 万元、2030 年的 7.6 万元。

（1） 十大水资源区经济总量占全国比例有所变化

从十大水资源区经济增长速度和 GDP 占全国比例变化情况看，可以分为三种类型。

1） 海河、黄河水资源区经济增长速度高于全国平均水平，GDP 占全国的比例呈上升趋势。同 2000 年相比，2030 年 GDP 占全国的比例分别上升 1.3 个百分点和 0.5 个百分点。

2） 松花江、辽河、淮河和长江水资源区经济增长速度低于全国平均水平，GDP 占全国的比例呈下降趋势，同 2000 年相比，2030 年 GDP 占全国的比例下降 0.1 ~ 1.1 个百分点。

3） 珠江、东南诸河、西南诸河和西北诸河经济增长速度与全国平均水平持平，2030 年 GDP 占全国比例保持在 2000 年水平。十大水资源区经济总量和占全国比例的预测结果见表 16-10。

表 16-10　十大水资源区 GDP 及其占全国比例预测

一级水资源区	2000 年		2010 年		2020 年		2030 年	
	GDP（亿元）	比例（%）	GDP（亿元）	比例（%）	GDP（亿元）	比例（%）	GDP（亿元）	比例（%）
松花江水资源区	4 968.9	5.0	12 889	4.6	27 771	4.6	53 200	4.6
辽河水资源区	5 293.3	5.4	14 505	5.2	31 736	5.3	61 108	5.3
海河水资源区	12 421.2	12.6	36 834	13.2	81 981	13.6	159 669	13.9
黄河水资源区	6 443.7	6.5	18 953	6.8	41 241	6.8	80 072	7.0
淮河水资源区	13 380.7	13.6	38 182	13.7	81 584	13.5	152 679	13.3
长江水资源区	30 582.6	31.0	84 316	30.2	181 438	30.1	342 195	29.9
东南诸河水资源区	8 573.8	8.7	24 666	8.8	53 170	8.8	99 322	8.7
珠江水资源区	14 353.6	14.6	41 764	15.0	88 738	14.7	167 792	14.6
西南诸河水资源区	625.9	0.6	1 589	0.6	3 334	0.6	6 531	0.6
西北诸河水资源区	1 963.9	2.0	5 220	1.9	11 409	1.9	22 884	2.0
全国	98 607.6	100.0	278 917	100.0	602 402	100.0	1 145 450	100.0

注：据宏观经济研究院"国民经济发展布局与产业结构预测研究"数据库计算

（2） 十大水资源区人均生产总值的绝对差距继续扩大，但相对差距缩小

十大水资源区经济发展水平不同，人均生产总值存在较大差异。通过绝对差距和相对差距系数两项指标，分析对比各水资源区人均生产总值差距的变化趋势。绝对差距是指某水资源区人均生产总值与十大水资源区中人均生产总值最大值的差值。相对差距系数按下式计算：

$$相对差距系数 = \frac{A-B}{A} \times 100 \qquad (16-1)$$

式中，A 为十大水资源区中人均生产总值最大值；B 为某水资源区人均生产总值。

十大水资源区绝对差距和相对差距系数变化的计算结果见表 16-11。2000 年人均生产总值最低是西南诸河水资源区，人均生产总值最高是东南诸河水资源区，二者的绝对差距为 8911 元，相对差距系数为 73.9%；2030 年西南诸河同东南诸河相比，人均生产总值的绝对差距扩大到 7.52 万元，但相对差距系数下降为 72.4%。

表 16-11   十大水资源区人均生产总值绝对差距和相对差距系数

一级水资源区	绝对差距（元）				相对差距系数（%）			
	2000 年	2010 年	2020 年	2030 年	2000 年	2010 年	2020 年	2030 年
松花江水资源区	4 029	10 263	19 263	26 989	33.4	34.1	31.8	26.0
辽河水资源区	2 342	4 861	7 296	4 455	19.4	16.2	12.1	4.3
海河水资源区	2 313	3 869	7 042	5 218	19.2	12.9	11.6	5.0
黄河水资源区	6 120	13 805	27 254	41 922	50.7	45.9	45.0	40.4
淮河水资源区	5 201	11 562	23 703	36 925	43.1	38.5	39.2	35.5
长江水资源区	4 752	11 065	21 293	33 552	39.4	36.8	35.2	32.3
东南诸河水资源区	0	0	0	0	0.0	0.0	0.0	0.0
珠江水资源区	3 015	8 043	17 309	27 025	25.0	26.8	28.6	26.0
西南诸河水资源区	8 911	22 563	44 989	75 194	73.9	75.1	74.3	72.4
西北诸河水资源区	4 885	11 804	24 815	36 970	40.3	39.3	41.0	35.6

注：据宏观经济研究院"国民经济发展布局与产业结构预测研究"数据库计算

2. 产业结构预测

产业结构是指国民经济中各产业之间的技术经济联系和数量比例关系，它包括产业之间的比例关系及其变化，产业之间的投入产出关系。前者表现为产业演化，后者表现为产业关联与协调。国际经验表明，产业结构的调整与升级是工业化阶段经济增长和发展的主题。我国正处在工业化中期，结构调整是今后相当长的一段时期内经济发展的主线。产业结构调整是经济结构调整的主要内容，产业结构调整的目标是实现产业结构的优化和升级，是提高中国经济竞争力的一个根本问题。

由于三次产业增加值的增长速度各不相同，它们占 GDP 的比例也将随之发生变化。增长率快的，比例上升；增长率慢的，比例下降。表 16-12 ～ 表 16-14 列出了 2030 年前十大水资源区三次产业结构变化情况。尽管十大水资源区产业结构变化存在较大的差异，但总的变化趋势是一致的。即第一产业增加值占生产总值的比例下降，第二产业增加值占生产总值的比例先升后降，第三产业增加值占生产总值的比例持续上升。

从未来 30 年十大水资源区产业结构变动趋势看，到 2030 年，第一产业占生产总值比例最高的仍然是西南诸河水资源区，最低的为东南诸河水资源区；第二产业占生产总值比例最高的是黄河水资源区，最低的是西南诸河水资源区；第三产业占生产总值比例最高的是东南诸河水资源区，最低的是西北诸河水资源区。

表 16-12   2010 年十大水资源区产业结构预测

一级水资源区	生产总值（亿元）	产业结构（%）		
		第一产业	第二产业	第三产业
松花江水资源区	12 889	11.3	51.4	37.3
辽河水资源区	14 505	9.7	49.9	40.4

一级水资源区	生产总值（亿元）	产业结构（%）		
		第一产业	第二产业	第三产业
海河水资源区	36 834	7.5	48.2	44.3
黄河水资源区	18 953	8.5	52.8	38.7
淮河水资源区	38 182	11.8	50.6	37.5
长江水资源区	84 316	10.0	47.3	42.7
东南诸河水资源区	24 666	7.4	50.5	42.1
珠江水资源区	41 764	8.6	47.8	43.6
西南诸河水资源区	1 589	28.8	27.2	43.9
西北诸河水资源区	5 220	17.8	46.9	35.3
全国	278 917	9.7	48.8	41.5

注：据宏观经济研究院"国民经济发展布局与产业结构预测研究"数据库计算，下同

表 16-13　2020 年十大水资源区产业结构预测

一级水资源区	生产总值（亿元）	产业结构（%）		
		第一产业	第二产业	第三产业
松花江水资源区	27 771	8.9	51.0	40.1
辽河水资源区	31 736	7.6	47.7	44.8
海河水资源区	81 981	5.6	46.5	47.9
黄河水资源区	41 241	6.4	53.4	40.2
淮河水资源区	81 584	8.7	50.4	41.0
长江水资源区	181 438	7.7	47.2	45.1
东南诸河水资源区	53 170	5.0	48.4	46.6
珠江水资源区	88 738	6.5	47.2	46.2
西南诸河水资源区	3 334	21.8	29.7	48.5
西北诸河水资源区	11 409	13.5	49.1	37.4
全国	602 402	7.3	48.2	44.5

表 16-14　2030 年十大水资源区产业结构预测

一级水资源区	生产总值（亿元）	产业结构（%）		
		第一产业	第二产业	第三产业
松花江水资源区	53 200	7.2	48.5	44.3
辽河水资源区	61 108	6.1	45.8	48.1
海河水资源区	159 669	4.4	42.2	53.4
黄河水资源区	80 072	5.2	50.0	44.8
淮河水资源区	152 679	6.8	46.3	46.9

一级水资源区	生产总值（亿元）	产业结构（%）		
		第一产业	第二产业	第三产业
长江水资源区	342 195	6.2	44.8	49.0
东南诸河水资源区	99 322	3.7	45.6	50.7
珠江水资源区	167 792	5.2	43.7	51.1
西南诸河水资源区	6 531	17.3	29.4	53.4
西北诸河水资源区	22 884	11.0	48.2	40.9
全国	1 145 450	5.8	45.1	49.1

（二）工业发展和工业结构预测

产业结构的变化在很大程度上与工业化水平有关，随着工业化水平的提高，工业结构不断升级。从总体上判断，中国尚处于工业化中期阶段，加速推进工业化进程是今后一个时期面临的主要任务。

预计 2030 年全国工业增加值将达到 46.8 万亿元，为 2000 年的 12.2 倍。十大水资源区 2010 年、2020 年和 2030 年工业增加值及其构成情况见表 16-15～表 16-17。

表 16-15　2010 年十大水资源区工业增加值及其构成

一级水资源区	工业增加值（亿元）	构成（%）		
		高用水工业	一般工业	电力工业
松花江水资源区	5 874	20.6	77.0	2.5
辽河水资源区	6 407	42.9	54.6	2.5
海河水资源区	15 815	35.4	61.3	3.3
黄河水资源区	8 685	35.5	60.5	4.0
淮河水资源区	17 188	39.7	57.6	2.7
长江水资源区	34 850	35.0	62.5	2.5
东南诸河水资源区	11 089	31.7	64.7	3.6
珠江水资源区	18 162	28.6	67.3	4.2
西南诸河水资源区	293	25.8	71.1	3.0
西北诸河水资源区	2 048	34.2	63.3	2.5
全国	120 410	34.2	62.8	3.1

注：据宏观经济研究院"国民经济发展布局与产业结构预测研究"数据库计算，下同

表 16-16　2020 年十大水资源区工业增加值及其构成

一级水资源区	工业增加值（亿元）	构成（%）		
		高用水工业	一般工业	电力工业
松花江水资源区	12 706	21.1	77.2	1.7
辽河水资源区	13 478	41.5	56.6	1.9
海河水资源区	34 229	33.6	64.2	2.2
黄河水资源区	19 526	36.6	60.2	3.2
淮河水资源区	36 850	38.0	59.9	2.0
长江水资源区	75 810	33.8	64.3	1.9
东南诸河水资源区	23 017	33.0	63.4	3.5
珠江水资源区	38 517	31.1	65.1	3.8
西南诸河水资源区	709	32.8	64.9	2.4
西北诸河水资源区	4 914	38.4	60.0	1.6
全国	259 756	34.0	63.6	2.5

表 16-17　2030 年十大水资源区工业增加值及其构成

一级水资源区	工业增加值（亿元）	构成（%）		
		高用水工业	一般工业	电力工业
松花江水资源区	22 942	20.2	78.4	1.4
辽河水资源区	25 874	40.9	57.5	1.6
海河水资源区	61 338	31.7	66.7	1.6
黄河水资源区	35 634	36.1	61.1	2.8
淮河水资源区	63 397	36.9	61.3	1.8
长江水资源区	137 785	32.4	66.1	1.5
东南诸河水资源区	41 557	31.7	64.9	3.4
珠江水资源区	68 350	30.1	66.7	3.2
西南诸河水资源区	1 446	34.0	64.5	1.5
西北诸河水资源区	9 739	37.5	61.3	1.2
全国	468 062	32.8	65.1	2.1

可以看出，2030 年长江水资源区工业增加值占全国的 29.4%，珠江、淮河和海河区分别占 14.6%、13.5% 和 13.1%，东南诸河和黄河区分别为 8.9% 和 7.6%，辽河区、松花江分别为 5.5% 和 4.9%，西北诸河和西南诸河水资源区之和仅占 2.4%。

从工业增加值在十大水资源区分布变化情况看，2011～2030 年辽河、长江、黄河、西北诸河和西南诸河五大水资源区工业增加值占全国的比例呈上升趋势，上升 0.1～0.5 个百分点；松花江和海河水资源工业增加值占全国比例没有变化，淮河、珠江和东南诸河水资源区工业增加值占全国的比例下降 0.5～0.8 个百分点（表 16-18）。

表 16-18　十大水资源区工业增加值及其占全国比例变化

一级水资源区	2010 年		2020 年		2030 年	
	工业增加值（亿元）	比例（%）	工业增加值（亿元）	比例（%）	工业增加值（亿元）	比例（%）
松花江水资源区	5 874	4.9	12 706	4.9	22 942	4.9
辽河水资源区	6 407	5.3	13 478	5.2	25 874	5.5
海河水资源区	15 815	13.1	34 229	13.2	61 338	13.1
黄河水资源区	8 685	7.2	19 526	7.5	35 634	7.6
淮河水资源区	17 188	14.3	36 850	14.2	63 397	13.5
长江水资源区	34 850	28.9	75 810	29.2	137 785	29.4
东南诸河水资源区	11 089	9.2	23 017	8.9	41 557	8.9
珠江水资源区	18 162	15.1	38 517	14.8	68 350	14.6
西南诸河水资源区	293	0.2	709	0.3	1 446	0.3
西北诸河水资源区	2 048	1.7	4 914	1.9	9 739	2.1
全国	120 410	100.0	259 756	100.0	468 062	100.0

注：据宏观经济研究院"国民经济发展布局与产业结构预测研究"数据库计算

1. 高用水工业继续保持快速增长

我国已进入重化工业阶段，以化工、冶金、食品、纺织等为主的高用水工业仍将保持快速增长的态势。按 2000 年价格计算，2010 年全国高用水工业增加值将达到 4.1 万亿元，占全部工业增加值的 34.2%；2020 年为 8.8 万亿元，占工业增加值的 34%；2030 年为 15.3 万亿元，占工业增加值的 32.8%。

从高用水工业在水资源区的布局看，珠江、黄河、辽河、松花江、西北诸河和西南诸河六大水资源区高用水工业将有较快的发展，2011～2030 年高用水工业增加值占全国比例上升 0.1～0.8 个百分点；海河、淮河、长江水资源区高用水工业增加值占全国的比例下降 0.5～1.4 个百分点；东南诸河水资源区高用水工业占全国比例基本维持不变。表 16-19 为十大水资源区高用水工业增加值及其占全国比例的变化。

表 16-19　十大水资源区高用水工业增加值及其占全国比例变化

一级水资源区	2010 年		2020 年		2030 年	
	高用水工业增加值（亿元）	比例（%）	高用水工业增加值（亿元）	比例（%）	高用水工业增加值（亿元）	比例（%）
松花江水资源区	1 208	2.9	2 677	3.0	4 636	3.0
辽河水资源区	2 747	6.7	5 594	6.3	10 584	6.9
海河水资源区	5 594	13.6	11 510	13.0	19 434	12.7
黄河水资源区	3 082	7.5	7 149	8.1	12 873	8.4
淮河水资源区	6 827	16.6	14 017	15.9	23 400	15.2
长江水资源区	12 192	29.6	25 612	29.0	44 684	29.1

续表

一级水资源区	2010 年		2020 年		2030 年	
	高用水工业增加值（亿元）	比例（%）	高用水工业增加值（亿元）	比例（%）	高用水工业增加值（亿元）	比例（%）
东南诸河水资源区	3 518	8.6	7 605	8.6	13 173	8.6
珠江水资源区	5 185	12.6	11 962	13.6	20 556	13.4
西南诸河水资源区	76	0.2	232	0.3	491	0.3
西北诸河水资源区	700	1.7	1 886	2.1	3 655	2.4
全国	41 129	100.0	88 243	100.0	153 484	100.0

注：据宏观经济研究院"国民经济发展布局与产业结构预测研究"数据库计算

2. 电力工业由高速增长转入低速增长

电力工业是国民经济的基础产业。火电在我国电力工业中具有举足轻重的地位，全国火电生产量占电力生产总量的 80% 左右；核电发电量仅占全国发电总量的 2.3%。从发展趋势看，核电作为清洁能源将会快速发展，火电在电力生产中的比例会有所下降，但仍将占据非常重要的地位。

按 2000 年价计算，预计 2010 年、2020 年和 2030 年全国电力工业增加值将分别达到 3720 亿元、6432 亿元和 9676 亿元，分别占全国工业增加值的 3.1%、2.5% 和 2.1%。21 世纪前 10 年是电力工业加速发展时期，其增长速度将超过 9%；随后增长速度趋缓，2011 ~ 2020 年为 5.6%，2021 ~ 2030 年为 4.1%。

从电力工业发展布局看，珠江、东南诸河和黄河水资源区的电力工业将有较快的发展，2011 ~ 2030 年电力工业增加值占全国比例上升 0.9 ~ 3.9 个百分点；而松花江、辽河、海河、淮河、长江和西北诸河河水资源区电力工业增加值占全国的比例下降 0.1 ~ 2.1 个百分点；西南诸河水资源区高用水工业占全国比例基本维持不变。表 16-20 为十大水资源区电力工业增加值及其占全国比例的变化。

表 16-20　十大水资源区电力工业增加值及其占全国比例变化

一级水资源区	2010 年		2020 年		2030 年	
	电力工业增加值（亿元）	比例（%）	电力工业增加值（亿元）	比例（%）	电力工业增加值（亿元）	比例（%）
松花江水资源区	145	3.9	220	3.4	318	3.3
辽河水资源区	160	4.3	260	4.0	407	4.2
海河水资源区	528	14.2	754	11.7	986	10.2
黄河水资源区	349	9.4	626	9.7	999	10.3
淮河水资源区	463	12.4	751	11.7	1154	11.9
长江水资源区	860	23.1	1437	22.3	2074	21.4
东南诸河水资源区	399	10.7	811	12.6	1416	14.6
珠江水资源区	756	20.3	1476	22.9	2181	22.5

续表

一级水资源区	2010 年		2020 年		2030 年	
	电力工业增加值（亿元）	比例（%）	电力工业增加值（亿元）	比例（%）	电力工业增加值（亿元）	比例（%）
西南诸河水资源区	9	0.2	17	0.3	22	0.2
西北诸河水资源区	51	1.4	80	1.2	118	1.2
全国	3720	100.0	6432	100.0	9676	100.0

注：据宏观经济研究院"国民经济发展布局与产业结构预测研究"数据库计算

3. 一般工业稳步发展

本书所指的一般工业包括采掘业、制造业及规模以下工业。2030 年前一般工业将会保持稳步发展的态势。按 2000 年价格计算，2010 年、2020 年和 2030 年全国一般工业增加值将达到 7.6 万亿元、16.5 万亿元和 30.5 万亿元，分别占全部工业增加值的 62.8%、63.6% 和 65.1%。

从一般工业发展布局看，长江、海河、黄河、辽河、西北诸河和西北诸河水资源区的一般工业将有较快的发展，2011～2030 年一般工业增加值占全国比例上升 0.1～1.1 个百分点；而松花江、淮河、东南诸河和珠江水资源区一般工业增加值占全国的比例下降 0.1～1.2 个百分点。表 16-21 为十大水资源区一般工业增加值及其占全国比例的变化。

表 16-21　十大水资源区一般工业增加值及其占全国比例变化

一级水资源区	2010 年		2020 年		2030 年	
	一般工业增加值（亿元）	比例（%）	一般工业增加值（亿元）	比例（%）	一般工业增加值（亿元）	比例（%）
松花江水资源区	4 521	6.0	9 809	5.9	17 988	5.9
辽河水资源区	3 500	4.6	7 624	4.6	14 882	4.9
海河水资源区	9 692	12.8	21 964	13.3	40 917	13.4
黄河水资源区	5 254	7.0	11 752	7.1	21 763	7.1
淮河水资源区	9 899	13.1	22 083	13.4	38 843	12.7
长江水资源区	21 798	28.8	48 761	29.5	91 027	29.9
东南诸河水资源区	7 172	9.5	14 601	8.8	26 968	8.8
珠江水资源区	12 221	16.2	25 080	15.2	45 614	15.0
西南诸河水资源区	208	0.3	460	0.3	932	0.3
西北诸河水资源区	1 297	1.7	2 948	1.8	5 967	2.0
全国	75 561	100.0	165 081	100.0	304 902	100.0

注：据宏观经济研究院"国民经济发展布局与产业结构预测研究"数据库计算

（三）建筑业发展趋势和布局分析

建筑业已成为国民经济的一个重要产业，建筑业的增长主要依靠国民经济各部门的发展。随着经济持续、快速、健康发展，中国建筑业仍有较大的发展空间。

按 2000 年价格计算，2010 年、2020 年和 2030 年全国建筑业增加值将达到 15 684 亿元、30 638 亿元和 48 808 亿元（表 16-22），分别占同期 GDP 的 5.6%、5.1% 和 4.3%。2011～2030 年建筑业增加值占全国比例上升的水资源区有：松花江、海河、黄河、淮河、西南诸河水资源区；比例下降的水资源区有：辽河、东南诸河和珠江水资源区；长江和西北诸河水资源区建筑业增加值占全国的比例保持在 2010 年的水平。

表 16-22　十大水资源区建筑工业增加值及其占全国比例变化

一级水资源区	2010 年		2020 年		2030 年	
	建筑业增加值（亿元）	比例（%）	建筑业增加值（亿元）	比例（%）	建筑业增加值（亿元）	比例（%）
松花江水资源区	750	4.8	1 455	4.7	2 860	5.9
辽河水资源区	836	5.3	1 649	5.4	2 140	4.4
海河水资源区	1 933	12.3	3 883	12.7	6 086	12.5
黄河水资源区	1 314	8.4	2 492	8.1	4 390	9.0
淮河水资源区	2 150	13.7	4 243	13.8	7 312	15.0
长江水资源区	5 002	31.9	9 823	32.1	15 548	31.9
东南诸河水资源区	1 362	8.7	2 731	8.9	3 750	7.7
珠江水资源区	1 796	11.5	3 392	11.1	4 965	10.2
西南诸河水资源区	140	0.9	281	0.9	474	1.0
西北诸河水资源区	401	2.6	689	2.2	1 284	2.6
全国	15 684	100.0	30 638	100.0	48 808	100.0

注：据宏观经济研究院"国民经济发展布局与产业结构预测研究"数据库计算

五、主要结论综述

（一）2001～2030 年经济社会发展主要指标变化趋势

1. 全国经济社会发展主要指标变化

2000～2030 年，全国人口总量由 12.42 亿人增加到 15.07 亿人，净增加 2.65 亿人，年均增加 883 万人；城镇化率由 36.4% 提高到 59.2%，年均提高 0.76 个百分点。GDP 由 9.86 万亿元（2000 年价，下同）增加到 114.5 万亿元。第一、第二、第三产业结构由 15∶45∶40 调整为 5.8∶45.1∶49.1。工业增加值由 3.85 万亿元增加到 46.8 万亿元；建筑业增加值由 5855 亿元增加到 48 808 亿元。

2. 十大水资源区经济社会发展走势

2001～2030 年，十大水资源区人口总量和城镇化水平均呈现增长和提高的态势。珠江、东南诸河和海河三个水资源区是未来 30 年人口迁移增长较快的地区，也是城镇化发展速度较快的地区，到 2030 年城镇化率均超过 60%；长江、松花江、辽河、淮河、黄河和西南诸河水资源区人口增长率较低，占全国人口比例下降；西北诸河水资源区人口自然增长仍然较快，城镇化发展较为缓慢，其中西南诸河水资源区到 2030 年城镇化率也只有 38%，为十大水资源区中城镇化水平最低的地区。

GDP 各区均呈现较快增长趋势。海河、黄河水资源区经济增长速度高于全国平均水平，同 2000 年相比，2030 年生产总值占全国比例分别提高 1.3 个百分点和 0.5 个百分点；辽河、淮河、东南诸河、珠江、西北诸河和西南诸河水资源区经济发展速度与全国同步，生产总值占全国的比例基本保持在 2000 年的水平。松花江、长江水资源区经济增长速度低于全国平均水平，生产总值占全国比例分别下降 0.4 个百分点和 1.1 个百分点。

各水资源区产业结构发展的共同特点是第一产业比例下降、第三产业比例增加。2001～2030 年，海河、黄河、长江、珠江、西南诸河和西北诸河六大水资源区工业增加值占全国的比例均呈上升趋势，上升 0.1～1.1 个百分点；松花江、辽河、淮河和东南诸河水资源区则下降 0.6～1.1 个百分点。高用水工业增加值占工业增加值的比例有升有降，黄河、辽河、西北诸河和东南诸河水资源区分别提高 1.2 个百分点、1.1 个百分点、0.8 个百分点和 0.7 个百分点，西南诸河水资源区高用水工业比例保持在 0.3%，其余五个水资源区高用水工业比例下降。

（二）十大水资源区经济社会发展趋势分述

综合上面的研究成果，对十大水资源区 2000～2030 年经济社会发展和产业结构主要指标发展变化趋势分述如下。

1. 长江水资源区

人口由 4.18 亿人增加到 4.86 亿人，净增加 6800 万人，占全国人口比例由 33.7% 下降到 32.3%；城镇化率由 33.8% 提高到 57.8%，年均提高 0.8 个百分点。地区生产总值由 3.06 万亿元增加到 34.22 万亿元，占全国生产总值的比例由 31% 下降到 29.9%。第一、第二、第三产业结构由 15.2∶43.4∶31 调整为 6.2∶44.8∶49。工业增加值占全国的比例由 29.6% 提高到 29.9%，其中高用水工业占全国的比例由 30.7% 下降到 29.1%，一般工业由 29.7% 提高到 29.9%。建筑业增加值占全国的比例由 31.8% 提高到 31.9%。

2. 淮河水资源区

人口由 1.95 亿人增加到 2.28 亿人，净增加 3300 万人，占全国人口比例由 15.7% 下降到 15.1%；城镇化率由 30.2% 提高到 57.2%，年均提高 0.9 个百分点。地区生产总值由 1.34 万亿元增加到 15.3 万亿元，占全国生产总值的比例由 13.6% 下降到 13.3%。第一、第二、第三产业结构由 20.4∶45∶34.7 调整为 6.8∶46.3∶46.9。工业增加值占全国的比例由 13.6% 提高到 13.3%，其中高用水工业占全国的比例由 16.8% 下降到 15.2%，一般工业由 12.6% 提高到 12.7%。建筑业增加值占全国的比例由 13.8% 提高到 15%。

3. 珠江水资源区

人口由 1.59 亿人增加到 2.18 亿人，净增加 5966 万人，占全国人口比例由 12.8% 提高到 14.5%；城镇化率由 42.3% 提高到 64.3%，年均提高 0.73 个百分点。地区生产总值由 1.44 万亿元增加到 16.8 万亿元，占全国生产总值的比例保持在 14.6%。第一、第二、第三产业结构由 13.4：43.9：42.7 调整为 5.2：43.7：51.1。工业增加值占全国的比例由 14.5% 提高到 14.6%，其中高用水工业占全国的比例由 13.8% 下降到 13.4%，一般工业由 14.4% 提高到 15%。建筑业增加值占全国的比例由 12.6% 下降到 10.2%。

4. 海河水资源区

人口由 1.27 亿人增加到 1.62 亿人，净增加 3440 万人，占全国人口比例由 10.3% 提高到 10.7%；城镇化率由 36.7% 提高到 61.9%，年均提高 0.84 个百分点。地区生产总值由 1.24 万亿元增加到 16 万亿元，占全国生产总值的比例由 12.6% 提高到 13.9%。第一、第二、第三产业结构由 11.3：45.9：42.9 调整为 4.4：42.2：53.4。工业增加值占全国的比例由 12.8% 提高到 13.9%，其中高用水工业占全国的比例由 13% 下降到 12.7%，一般工业由 12.6% 提高到 13.4%。建筑业增加值占全国的比例由 13.1% 下降到 12.5%。

5. 东南诸河水资源区

人口由 7108 万增加到 9560 万人，净增加 2452 万人，占全国人口比例由 5.7% 提高到 6.3%；城镇化率由 45.2% 提高到 65.1%，年均提高 0.66 个百分点。地区生产总值由 8574 亿元增加到 9.93 万亿元，占全国生产总值的比例保持在 8.79%。第一、第二、第三产业结构由 13.1：49.1：37.8 调整为 3.7：45.6：50.7。工业增加值占全国的比例由 9.7% 下降到 8.7%，其中高用水工业占全国的比例由 7.9% 提高到 8.6%，一般工业由 10.4% 下降到 8.8%。建筑业增加值占全国的比例由 7.9% 下降到 7.7%。

6. 黄河水资源区

人口由 1.08 亿人增加到 1.29 亿人，净增加 2080 万人，占全国人口比例由 8.7% 下降到 8.6%；城镇化率由 32.4% 提高到 54.4%，年均提高 0.73 个百分点。地区生产总值由 6444 亿元增加到 8.0 万亿元，占全国生产总值的比例由 6.5% 提高到 7%。第一、第二、第三产业结构由 13.9：45.3：40.8 调整为 5.2：50：44.8。工业增加值占全国的比例由 6.4% 提高到 7%，其中高用水工业占全国的比例由 7.2% 提高到 8.4%，一般工业由 6.1% 提高到 7.1%。建筑业增加值占全国的比例由 7.6% 提高到 9%。

7. 辽河水资源区

人口由 5445 万人增加到 6145 万人，净增加 700 万人，占全国人口比例由 4.4% 下降到 4.1%；城镇化率由 50.4% 提高到 62.6%，年均提高 0.41 个百分点。地区生产总值由 5293 亿元增加到 6.11 万亿元，占全国生产总值的比例由 5.4% 下降到 5.3%。第一、第二、第三产业结构由 12.9：48.1：39 调整为 4.4：42.2：53.4。工业增加值占全国的比例由 5.9% 下降到 4.6%，其中高用水工业占全国的比例由 5.8 提高到 6.9%，一般工业由 5.9% 下降到 4.9%。建筑业增加值占全国的比例由 4.6% 下降到 4.4%。

8. 松花江水资源区

人口由 6185 万人增加到 6918 万人，净增加 733 万人，占全国人口比例由 5.0% 下降到 4.6%；城镇化率由 50.4% 提高到 63%，年均提高 0.42 个百分点。地区生产总值由 4969 亿元增加到 5.32 万亿元，占全国生产总值的比例由 5% 下降到 4.6%。第一、第二、第三产业结构由 15.2：49.3：35.6 调整为 7.2：48.5：44.3。工业增加值占全国的比例由 5.7% 下降到 4.6%，其中高用水工业占全国的比例由 3.3% 下降到 3%，一般工业由 6.6% 下降到 5.9%。建筑业增加值占全国的比例由 4.5% 提高到 5.9%。

9. 西北诸河水资源区

人口由 2736 万人增加到 3420 万人，净增加 684 万人，占全国人口比例由 2.2% 上升到 2.3%；城镇化率由 33.4% 提高到 51.5%，年均提高 0.6 个百分点。地区生产总值由 1964 亿元增加到 2.29 万亿元，占全国生产总值的比例维持在 2% 的水平。第一、第二、第三产业结构由 22.4：39.7：37.9 调整为 11：48.2：40.9。工业增加值占全国的比例由 1.3% 提高到 2%，其中高用水工业占全国的比例由 1.6% 上升到 2.4%，一般工业由 1.5% 上升到 2%。建筑业增加值占全国的比例由 3.3% 下降到 2.6%。

10. 西南诸河水资源区

人口由 1986 万人增加到 2276 万人，净增加 290 万人，占全国人口比例由 1.6% 下降到 1.5%；城镇化率由 16.9% 提高到 38.1%，年均提高 0.71 个百分点。地区生产总值由 626 亿元增加到 6531 亿元，占全国生产总值的比例维持在 0.6% 的水平。第一、第二、第三产业结构由 36.8：23.7：39.5 调整为 17.3：29.4：53.4。工业增加值占全国的比例由 0.3% 提高到 0.6%。建筑业增加值占全国的比例由 0.8% 提高到 1%。

附表 16-1 全国水资源一级分区

一级水资源区	流经省（自治区、直辖市）	计算面积（km²）	占水资源区比例（%）	一级水资源区	流经省（自治区、直辖市）	计算面积（km²）	占水资源区比例（%）
松花江水资源区	内蒙古	324 712	34.7	长江水资源区	上海	6 340	0.4
	辽宁	541	0.1		江苏	38 485	2.2
	吉林	156 564	16.7		浙江	12 606	0.7
	黑龙江	454 817	48.6		安徽	66 410	3.7
	合计	936 634	100.0		福建	1 050	0.1
辽河水资源区	河北	4 413	1.4		江西	163 143	9.2
	内蒙古	138 407	43.6		河南	27 609	1.5
	辽宁	143 497	45.2		湖北	184 545	10.4
	吉林	30 836	9.7		湖南	206 712	11.6
	合计	317 153	100.0		广东	339	0.0
海河水资源区	北京	16 800	5.2		广西	8 399	0.5
	天津	11 920	3.7		重庆	82 401	4.6
	河北	171 624	53.6		四川	467 292	26.2
	山西	59 133	18.5		贵州	115 748	6.5
	内蒙古	12 576	3.9		云南	109 527	6.1
	辽宁	1 710	0.5		西藏	22 933	1.3
	山东	30 942	9.7		陕西	72 302	4.1
	河南	15 300	4.8		甘肃	38 484	2.2
	合计	320 005	100.0		青海	158 392	8.9
黄河水资源区	山西	97 138	12.2		合计	1 782 717	100.0
	内蒙古	150 962	19.0	东南诸河水资源区	浙江	91 150	37.3
	山东	13 633	1.7		安徽	6 440	2.6
	河南	36 164	4.5		福建	110 885	45.3
	四川	16 960	2.1		江西	97	0.0
	陕西	133 301	16.8		台湾	36 000	14.7
	甘肃	143 240	18.0		合计	244 572	100.0
	青海	152 250	19.1	珠江水资源区	福建	12 090	2.1
	宁夏	51 392	6.5		江西	3 708	0.6
	合计	795 040	100.0		湖南	5 117	0.9
淮河水资源区	江苏	63 455	19.2		广东	177 240	30.6
	安徽	66 626	20.2		广西	226 504	39.1
	山东	112 100	34.0		海南	34 154	5.9
	河南	86 428	26.2		贵州	60 420	10.4
	湖北	1 400	0.4		云南	58 611	10.1
	合计	330 009	100.0		香港	1 092	0.2
西北诸河水资源区	河北	11 656	0.3		澳门	24	0.0
	内蒙古	534 741	15.9		合计	578 960	100.0
	西藏	593 671	17.6	西南诸河水资源区	广西	1 758	0.2
	甘肃	215 803	6.4		云南	215 079	25.5
	青海	366 769	10.9		西藏	585 766	69.4
	宁夏	407	0.0		青海	36 998	4.4
	新疆	1 642 541	48.8		新疆	4 500	0.5
	合计	3 365 588	100.0		合计	844 101	100.0
				全国（km²）		9 514 779	

注：据《全国水资源分区》（修订稿），2003 年 5 月计算

附表 16-2　城镇化阶段划分

阶段划分		城镇化率（%）
城镇化初期阶段	史前城镇化阶段	低于 10
城镇化初期阶段	城镇化起步阶段	10 ~ 20
城镇化中期阶段	城镇化加速阶段	20 ~ 50
城镇化中期阶段	城镇化临界完成阶段	50 ~ 60
城镇化中期阶段	城镇化基本完成阶段	60 ~ 75
城镇化发达阶段		>75

第十七章 松花江水资源区经济发展布局与产业结构预测

本章首先对松花江水资源区的社会经济发展进行了回顾与简要的评价，并对该流域的社会经济发展现状进行了分析。在上述分析的基础上，本章提出了影响该流域未来30年社会经济发展的主要因素，并从人口与城镇化、经济发展布局与产业结构、五大用水行业的发展与布局三方面展开对该流域未来30年社会经济发展预测判断与结果分析。最后，针对该流域社会经济发展的预测结果，定性地分析了该流域社会经济的发展对水资源需求的影响。

一、水资源区经济和社会发展回顾与评价

（一）水资源区的范围和水资源基本情况

1. 流域水资源区的范围界定与相关说明

松花江水资源区处于我国的东北部，主要分布在我国的黑龙江、吉林、内蒙古的呼伦贝尔市、兴安盟、锡林郭勒盟、通辽市以及辽宁的抚顺市，整个流域范围总面积为936 634km²，其中内蒙古、辽宁、吉林、黑龙江分别占整个流域的34.67%、0.06%、16.72%和48.56%。另外，整个流域包括8个二级水资源区和18个三级水资源区，其中二级流域水资源区包括额尔古纳河、嫩江、第二松花江、松花江（三岔口以下）、黑龙江干流、乌苏里江、绥芬河和图们江。

在本章的研究中，由于历史数据很难精确地统计出来以及中国的统计基本上是以行政区为基本统计单元的，因此在没有流域数据时，可适当采用以行政区为单元的数据进行分析，具体的处理方法如下（表17-1）：①流域在内蒙古境内由于锡林郭勒盟和通辽市在流域的面积只分别占其行政区面积的0.37%和8.00%，而两者之和也只占流域面积的0.58%；②流域在吉林省内的面积为156 564km²，占整个吉林省的82.27%；抚顺市在流域内的面积为541km²，占抚顺市域面积的5.0%，占流域总面积的0.057%，因此在没有数据时可不考虑内蒙古的锡林郭勒盟、通辽市和辽宁的抚顺市，但可考虑整个吉林省。

2. 水资源基本概况

2000年，松花江水资源总量达674.53亿m³，其中地表水资源量为537.98亿m³、地下水水资源量为292.18亿m³。同年，该流域总供水量为328.90亿m³，占水资源总量的48.76%，高于全国平均水平近30个百分点。

表 17-1　松花江水资源区范围一览表

地区	辖区范围（km²）	辖区流域面积（km²）	所占比例（%）
呼伦贝尔	253 000	253 000	100.00
兴安	59 800	59 800	100.00
锡林郭勒	202 600	741	0.37
通辽	59 500	4 759	8.00
长春	20 532	18 881	91.96
吉林	27 722	27 100	97.76
四平	14 356	2 990	20.83
辽源	5 125	2 517	49.11
通化	15 698	7 041	44.85
白山	17 485	10 506	60.09
松原	20 159	20 159	100.00
白城	25 745	24 529	95.28
延边	43 474	42 700	98.22
抚顺	10 816	541	5.00
黑龙江	454 817	454 817	100.00

资料来源：2000 年中国水资源公报

　　人均水资源占有量较少。2000 年该流域人均水资源占有量仅为 1090m³，不到全国平均水平 2130m³ 的一半，人均水资源占有量明显偏低。

　　而与全国相比，城镇缺水问题相对突出。由表 17-2 可知，该流域的城镇居民生活用水量日均水平为 129 L/d，比全国平均水平低 90L/d，这突出说明了流域内城镇缺水的问题。

表 17-2　2000 年我国松花江流域用水指标

流域分区	人均GDP（万元）	人均用水量（m³）	万元GDP用水量（m³）	农田灌溉亩均用水量（m³）	人均生活用水量（L/d）		万元工业产值用水量（m³）
					城镇生活	农村生活	
松花江	0.81	620	770	616	129	97	195
全国	0.71	430	610	479	219	89	78

资料来源：2000 年中国水资源公报

（二）20 世纪 90 年代以来流域水资源区经济和社会发展变化情况[①]

1. 人口与城乡结构变化特征

（1）人口增长相对缓慢，人口外迁趋势明显

根据第四、第五次人口普查资料，1990 年以来，该流域人口增长相对缓慢，远低于全国平均水平。由表 17-3 可知，1990~2000 年流域所在的黑龙江、吉林、内蒙古的人口综合增长率分别为 2.86‰、8.36‰和 8.35‰，均比全国平均水平 9.49‰还低，特别是黑龙江比全国低 6.63 个千分点。可见，该流域人口这 10 年来人口的增长相对缓慢。

表 17-3　流域内 1990~2000 年人口增长情况

地区	1990 年人口增长量（万人）	2000 年人口增长量（万人）	年均增长率（‰）
黑龙江	3 522	3 624	2.86
吉林	2 466	2 680	8.36
内蒙古	2 146	2 332	8.35
全国	113 052	124 256	9.49

资料来源：中国第五次人口普查资料

通过对人口的增长方式分析，该流域人口增长缓慢很大的因素是人口外迁趋势明显。表 17-4 是该流域内所在省（自治区）的 1994~1999 年的人口自然增长率一览表，对照表 17-3 和表 17-4 不难发现，黑龙江的自然增长率均高于综合增长率，呈现较明显的人口外迁趋势。为了进一步说明该流域的人口迁移情况，我们通过对 2000 年的人口普查资料分析发现：黑龙江、吉林、内蒙古的人口均是迁出人口大于迁入人口，呈现净迁移人口（迁入人口–迁出人口）为负值的特点（表 17-5）。

表 17-4　1994~1999 年流域内所在省（自治区）人口自然增长率情况　（单位：‰）

年份 地区	1994	1995	1996	1997	1998	1999
黑龙江	9.68	7.90	7.35	6.85	6.36	5.06
吉林	7.76	6.81	6.93	6.80	6.05	5.23
内蒙古	12.48	10.53	9.66	8.25	8.23	7.24

资料来源：1994~1999 年《黑龙江统计年鉴》、《吉林统计年鉴》、《内蒙古统计年鉴》

[①] 本部分在分析人口与经济问题时，考虑到数据的可获得性采取了以下处理方法。第一，在对人口与城镇化问题的研究中，在数据选择中采用了人口普查人口，并考虑到人口数据的可获得性（缺乏各地市第四次人口普查数据）以及流域主要分布在黑龙江、吉林的特点，在该部分中，以黑龙江、吉林两省的人口数作为流域人口数据分析的基础，并兼顾内蒙古的情况，这基本能反映该流域人口与城镇化发展特点与趋势的。第二，在社会经济分析中，根据流域的范围，由于流域内辽宁抚顺、内蒙古的锡林郭勒盟和通辽部分由于面积太小，加以剔除，因此采用的数据是黑龙江、吉林和内蒙古的呼伦贝尔市、兴安盟；在数据的处理中，考虑到各地市经济值之和要大于该省（自治区）总和的特点，对内蒙古两市的经济值根据全自治区增减情况分别进行同比例缩小。

表 17-5　流域所在省（自治区）2000 年迁移人口分布情况 　（单位：万人）

地区	迁入人口	迁出人口	净迁移人口（迁入−迁出）
黑龙江	31.71	98.93	−67.22
吉林	26.73	55.72	−28.99
内蒙古	34.26	46.43	−12.17

资料来源：中国第五次人口普查资料

（2）与全国其他省（自治区、直辖市）相比，城镇化进程明显缓慢

根据人口普查的城乡统计口径，与全国其他省（自治区、直辖市）相比，该流域在 1990～2000 年城镇化进程明显缓慢。这 10 年间流域所在的省黑龙江城镇化水平仅提高 4.3 个百分点，年均提高 0.43 个百分点，是我国城镇化水平发展最为缓慢的省（自治区、直辖市）之一。流域内的吉林、内蒙古 10 年来的年均增长水平分别为 0.70 个百分点、0.65 个百分点，比全国平均增长水平分别低 0.28 个百分点和 0.33 个百分点，也处于我国城镇化进程中相对缓慢的省（自治区、直辖市）之列（表 17-6）。

表 17-6　流域所在省（自治区）1990～2000 年的城镇化进程 　（单位：%）

地区	1990 年	2000 年	年均增长水平
黑龙江	47.17	51.54	0.43
吉林	42.65	49.68	0.70
内蒙古	36.12	42.68	0.65
全国	26.23	36.09	0.98

资料来源：中国第四、第五次人口普查资料

2. 经济发展变化特征

（1）经济总量

经济总量 GDP 反映经济发展变化情况的重要指标。20 世纪 90 年代以来，松花江流域经济总量的增长经过 1991～1994 年经济增长速度上升阶段和 1995～1999 年经济增长速度下降的阶段（表 17-7），但总体上来说，与全国相比，这 10 年来该流域的年均增长速度略低于全国平均水平。值得注意的是，1996 年以来，松花江流域的经济增长速度要普遍高于全国的平均水平。

表 17-7　1991 年以来松花江流域 GDP 增长速度与全国的比较 　（单位：%）

地区	1991 年	1992 年	1993 年	1994 年	1995 年	1996 年	1997 年	1998 年	1999 年	2000 年	年均增长速度
流域	12.78	17.82	25.94	34.60	21.19	19.22	11.05	5.73	3.90	11.39	16.03
全国	16.55	23.22	30.02	35.01	25.06	16.09	9.69	5.21	4.75	9.07	17.13

资料来源：《中国统计年鉴》（1990～2000 年）、《内蒙古统计年鉴》（1990～2000 年）

（2）产业结构

伴随着经济的增长，该流域的产业结构得到一定程度的提升，但进展缓慢。如图 17-1 所示，该流域三次产业结构从 1990 年的 25.70∶47.33∶26.94，到 1995 年演变为 22.50∶

48.17：29.34，2000 年为 15.33：51.53：33.13，10 年来，第一产业的比例年均降低 1 个百分点，而第二、第三产业每年仅分别提高 0.41 个百分点和 0.64 个百分点。这 10 年来第一产业比例不断下降，这也是符合产业结构演进规律的，适应产业结构高级化的方向。三次产业比例的变化说明农业在国民经济中的地位逐渐下降，流域内第二、第三产业在国民经济中占主导地位的格局已基本形成。但与实际发达国家相比仍相距甚远，说明目前该流域内产业结构仍处于比较低的水平（1998 年韩国第一、第二、第三产业之比为 4.9：43.5：51.6），有待于进一步优化。

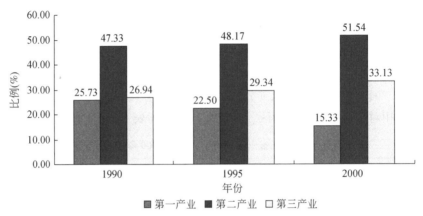

图 17-1　1990 年松花江流域三次产业结构图

从工业行业来看，松花江流域在近 10 年来工业结构变化不大，流域产业的发展呈现以下特点：传统产业居主导地位，数量多、比例大、覆盖面广，重工企业、军工企业、原字号企业（原油、原木、原煤）占的比例大。即使 1990～2000 年间工业结构经过不断的改造调整，但传统产业比例仍居高不下。以流域内的黑龙江为例，2000 年黑龙江的采掘业占工业产值的比例达到 43%，在 GDP 中，采掘业比例达到 26%，采掘业在黑龙江的经济增长中仍起支撑作用。工业结构的重型化、传统化严重制约了该流域社会经济的发展。

（三）20 世纪 90 年代以来影响流域水资源区经济和社会发展的主要因素

影响该流域 20 世纪 90 年代社会经济发展的因素有很多，其中最为突出的因素主要有国家支持力度的下降、改革的迟缓和经济结构的不合理。

1. 国家区域政策与农村政策

纵观新中国成立后的中国区域经济的发展，不难发现东北地区经济落后的原因所在。可以说，从新中国成立后的区域经济发展来看，国家的政策倾斜和扶持（简称优惠政策）对地区经济的发展起着深刻的影响。东北地区是新中国优惠政策的首先受益者。例如，在"一五"时期，我国接受原苏联的援助，其中具有不少项目安排在东北地区，该流域也受惠不少。但随着后来的改革开放，中国沿海地区在中央优惠政策的扶持下得到了迅猛发展，而位于东北的松花江流域投入少，上缴过多，企业留利水平低，几乎丧失了自我改造、自我发展的能力。长期以来，历史形成的沉重负担，使该流域重不堪负。一是企业流动资产损失严重。由于长期的计划经济体制影响，许多企业不适应市场经济的要求，经营决策失误，盲目生产，造成各种损失，而使企业背上沉重的负担。二是企业社会负担过重，各种非生产性支出占压流动资产现象十分普遍。三是职工生活保障负担沉重。这些沉重的负担已不是该流域自身可以克服的，老工业基地的改造、资源型城市的经济转型所要求的巨大的资金要求已经超出了该流域自身的能力。因此，在国家支持力度下降或不足的情况，该流域在改革开放以来经济发展已步履维艰。另外，该流域也是典型的我国农业区域，由于国家对农业的扶持相对较弱而导致的农资价格偏高而粮食价格偏低问题，致使农业积累能力相对较弱，农村经济也不发达。

2. 自身改革的力度与市场化进程

在松花江流域社会经济的发展中，国家的支持力度不足仅是其中一个原因，但同时我们也能看到，该流域自身改革力度的不足以及导致的市场化程度低严重阻碍了流域社会经济的良性发展。松花江流域改革不力，从流域内的企业所有制比例就能看出。改革开放以来，我国的民间投资得到了长足发展，1981~2001 年，我国的民间投资从 165 亿元猛增到14 305 亿元，增长 85.7 倍，年均增长 25%，这在我国的东南沿海非国有企业的发展更加迅猛，基本上主导了整个经济格局，而反观松花江流域改革开放以来国有企业所占的比例依然居高不下、民营企业缺乏活力。而由于改革的滞后，导致了该流域与我国经济较为发达的省（自治区、直辖市）相比明显呈现以下特征：市场化程度低，经济增长的内在动力不足；国有经济比例过高，企业历史包袱沉重；工业整体发展相对滞后，传统产业比例较大；企业工艺装备水平落后，技术创新能力不强；就业和再就业矛盾突出，社会保障能力较弱；主要资源型产业难以为继，发展持续产业任务艰巨等。

3. 经济结构调整力度

20 世纪 90 年代以来，松花江流域经济结构不断得到优化，但调整力度不大，经济结构依然存在许多不合理的地方，集中体现在产业结构、产品结构和所有制结构上。从产业结构来看，重工业偏重、轻工业偏轻。在重工业中，原材料工业和采掘业产值占 60% 以上，初级产品多，技术质量低，效益差，缺乏竞争力，投资分散。例如，流域内的黑龙江，2000 年采掘业占工业产值的比例达 43%，原油、原木、原煤企业所占的比例大。而同时，黑龙江的主要资源，煤炭、森林和石油，经过几十年的"掠夺式"开采，优势逐渐消失，有些资源已濒临枯竭，采掘业面临转产、停产，省内著名的四大煤炭基地鸡西、鹤岗、双鸭山、七台河已经大量关井，经济结构的不合理迫切需要转型。从产品结构来看，由于长期进行资源的初加工和产品的初加工，流域的工业经济形成了复杂的产品制造与初级产品加工并重，最终产品少，中间产品多的局面，导致了经济效益的低下。从所有制结构来看，流域内的国有企业比例过大，结构不合理。由表 17-8 可知，2001 年流域内的黑龙江公有制企业总产值占工业总产值的 78.41%，大大高于浙江、广东的同期水平。而我国国有企业由于体制的问题，特别是国有资本管理的不尽合理导致了国有经济竞争乏力，国有资本存量运营效率不高,大量国有企业严重亏损,甚至资不抵债,有的濒临破产。

表 17-8　2001 年黑龙江与浙江、广东比较　　　　　　　　（单位:%）

地区	黑龙江	浙江	广东
公有制经济	78.41	51.0	48.1
非公有制经济	21.59	49.0	51.9

资料来源：根据各省份 2002 年的统计年鉴整理

（四）20 世纪 90 年代以来流域水资源区经济和社会发展的基本特征和变化规律总结

根据上述分析,1990～2000 年松花江流域水资源区社会经济发展的基本特征和变化规律总结如下。

1）松花江流域自 1990 年以来,人口有一定的增长,但与全国相比,增长较为缓慢,并且人口的外迁趋势明显;而人口的城镇化进程由于受经济发展活力不足的制约,从全国范围来看也是进展缓慢。

2）在这 10 年间,松花江经济呈现一定的增长势头,但与全国相比,经济增长速度不快;在经济增长的同时,该流域的产业结构在不断演进,但经济结构依然呈现层次低、结构不合理等问题。

3）从七大耗水工业发展来看,20 世纪 90 年代流域内七大耗水工业虽然有一定增长,但与全国相比,年均增长水平明显偏低,并集中体现在流域中吉林境内。

4）松花江流域重点项目的布局与城镇发展轴线,特别是与城市密切相关。在黑龙江、吉林,重大项目的布局主要在交通系统的完善、电力设施的建设以及重化工业的建设;而在流域的内蒙古境内,主要集中在生态环境保护工程上。

5）纵观这 10 年来该流域社会经济的发展,发展滞后是其显著特点,究其原因,又集中体现在国家投入减少、自身改革的不力以及经济结构的严重不合理方面。

二、流域水资源区社会经济发展现状分析

（一）人口与城镇化

1. 流域人口密度较低、城镇化水平较高

2000 年松花江流域总人口为 61 847 035 人,占全国总人口的 5%。从人口密度来看,与全国相比,该流域人口密度明显偏低,2000 年流域仅为 66 人/km²,大约为全国平均水平的 50%。而流域的城镇化水平却显著高于全国平均水平,2000 年为 50.43%,比全国的城镇化水平高 14 个百分点,显然该流域是城镇化水平较高的地区。

2. 该流域人口主要分布在嫩江、第二松花江、松花江（三岔口以下）二级流域

2000 年松花江流域人口总量为 61 847 035 人，主要集中分布在嫩江、第二松花江、松花江（三岔口以下）等二级流域。2000 年嫩江、第二松花江、松花江（三岔口以下）人口分别为 1652 万人、1411 万人、2340 万人，三者总和占流域总人口的 87.37%。从人口密度来看，人口密度较高的二级流域主要有第二松花江、松花江（三岔口以下），其数值显著高于其他二级流域（表 17-9）。

表 17-9　流域与二级流域人口分布与城镇化发展现状

区域	总人口（人）	人口密度（人/km²）	城镇人口（人）	城镇化率（%）
松花江区	61 847 035	66	32 085 545	50.43
额尔古纳河	1 364 932	8	6 828 390	87.33
嫩江	16 520 780	55	7 477 445	41.33
第二松花江	14 108 910	192	12 012 510	53.00
松花江（三岔口以下）	23 405 540	123	530 849	51.32
黑龙江干流	1 026 388	9	1 865 312	51.72
乌苏里江	3 556 311	60	176 673	52.45
绥芬河	330 672	33	1 103 629	53.43
图们江	1 533 502	68	2 090 737	71.97
全国	1 242 560 000	129	448 440 000	36.09

3. 城镇化水平区域差异较大

在松花江流域水资源区所有的二级流域中，城镇化水平均高于全国的平均水平，但差异较大。由表 17-9 可知，城镇化水平最高的是额尔古纳河流域，2000 年城镇人口为 6 828 390 人，占总人口的 87.33%；根据城镇化进程规律性曲线，该二级流域已进入城镇化的完成阶段，这也许与该二级流域分布着大量工矿企业有关。而城镇人口所占的比例最低的是嫩江，仅为 41.33%，与额尔古纳河流域的差值高达 46 个百分点，可见城镇化水平的区域差异较为明显。

（二）经济发展布局与产业结构

1. 该流域经济发展总体水平与全国相当

该流域经济发展的总体水平与全国相当。从人均 GDP 来看，2000 年松花江流域人均 GDP 为 7979 元，略高于全国的平均水平，即约为全国的平均水平 112%。而从产业结构来看，2000 年该流域的第一、第二、第三产业的比例分别为 14.74%、52.74% 和 32.52%，而同年全国的第一、第二、第三产业增加值分别占 GDP 的 16.35%、50.22% 和 33.43%；

可见，该流域的三产结构与全国相差不大，经济总体发展水平与全国相当。

2. 经济发展水平的内部差异较大

由于人均 GDP 包括了区域内三大产业部门在一定时期内的价值总和，不仅反映了物质生产部门的产值，而且也反映了非物质生产部门的增加值及两者的比例关系，所以可以从综合的角度反映一个国家或地区的经济发展水平。在松花江的二级流域中，人均 GDP 最高的是嫩江，2000 年高达 9841 元；而人均 GDP 最低的额尔古纳河，2000 年为 3078 元，前者是后者的 3.20 倍。总体上来说，流域内部的经济发展水平差异较大。

3. 第二、第三产业已为流域经济发展的主体，边贸地区第三产业比例相对较高

在松花江所有的二级流域中，第一产业比例最高的是额尔古纳河，2000 年为 25.98%，可见在各二级流域中第二、第三产业已经成为经济发展的主体，第二、第三产业增加值占 GDP 的比例均在 74% 以上。同时值得注意的是，在该流域由于边贸经济的发展，一些边贸地区的第三产业占 GDP 的比例要显著高于第二产业。例如，额尔古纳河、松花江（三岔口以下）、黑龙江干流和绥芬河 2000 年第三产业占 GDP 的比例分别为 40.27%、43.33%、44.74 和 59.91%，相应分别比第二产业比例高约 6 个百分点、2 个百分点、7 个百分点和 32 个百分点。

（三）工业发展布局与工业结构

1. 工业发展相对较弱，工业主要集中布局在中部地区

松花江流域总面积为 93.7 万 km²，2000 年工业增加值为 2244 亿元，仅占全国工业增加值的 8.91%；而同为一级流域的东南诸河流域总面积仅为 24.5km²，同年产出的工业增加值却达到 4088.5 亿元，占全国的 16.23%，可见松花江流域工业相对较弱。松花江流域在 2000 年的工业产值中，规模以下的工业增加值仅为 0.58 亿元，占该流域工业增加值的 25.94%，小企业明显发展不足。

另外，从二级流域来看，松花江流域工业主要集中在该流域的中部地区，处于流域中部地区的嫩江、第二松花江、松花江（三岔口以下）2000 年的工业增加值占整个流域的工业增加值分别达到 46.13%、23.70% 和 23.39%，三者之和为 93.22%，工业布局呈现较强的集中性。

2. 在工业行业中，一般工业对工业的贡献较高

从火（核）电工业、高用水工业与一般工业三大类工业行业来看，松花江流域的一般工业发展较好。松花江流域 2000 年一般工业的增加值达到该流域工业增加值的 75.32%，而同年高用水工业、火（核）电工业的增加值仅分别占 19.94% 和 4.74%，两者之和不到 25%。而从各个二级流域来看，呈现同样的特点。在所有的二级流域中，2000 年一般工业的工业增加值占该二级流域工业增加值比例最小的是松花江（三岔口以下），却也超过

50%。因此，松花江流域一般工业对工业的贡献明显要高于其他两类工业。

（四）建筑业发展和布局

松花江流域建筑业不发达。由表17-10可知，2000年整个流域建筑业增加值为262.0亿元，仅占同年全国建筑业增加值的5%，比国土面积仅为松花江流域的1/4的东南诸河流域的建筑业增加值的比例还要低4.24个百分点，可见该流域建筑业发展明显滞后。

表 17-10　2000 年松花江流域建筑业发展情况

区域	建筑业增加值（亿元）	各二级流域占的比例（%）
松花江区	262.0	100.00
额尔古纳河	3.7	1.40
嫩江	70.7	27.00
第二松花江	78.9	30.12
松花江（三岔口以下）	97.7	37.29
黑龙江干流	5.4	2.08
乌苏里江	11.5	4.37
绥芬河	0.6	0.23
图们江	5.2	2.00

从建筑业的发展布局来看，松花江流域的建筑业主要集中在嫩江、第二松花江、松花江（三岔口以下），2000年其增加值分别为70.7亿元、78.9亿元和97.7亿元，分别占整个流域该行业增加值的27.00%、30.12%和37.29%，三者之和达94.41%，建筑业的布局表现出较强的空间集中性。

（五）小　　结

根据上述分析，松花江流域社会经济现状特征主要有以下方面。

1）人口密度低，人口主要集中在嫩江、第二松花江、松花江（三岔口以下）；城镇化水平相对较高，并表现出较大的空间差异性。

2）经济总体发展水平与全国基本相当，但区域之间差异较大。

3）第二、第三产业已成为流域经济的主体，特别是边贸地区第三产业较为发达。

4）与全国相比，该流域工业发展不占优势，并主要集中在一般工业中，而一般工业中采掘业占较大比例；高用水工业主要集中在化工、石化、食品工业。

5）从工业布局来看，工业主要集中布局在中部地区。而从行业来看，各有侧重，主要表现为：石化主要集中第二松花江、松花江（三岔口以下）；食品加工业主要集中在嫩江、第二松花江、松花江（三岔口以下）；石化工业、采掘业主要集中在嫩江。

6）与全国相比，建筑业发展相对较弱；建筑业的发展主要集中在嫩江、第二松花江、松花江（三岔口以下）。

三、2030 年前影响流域水资源区经济和社会发展的主要因素分析

(一) 国家区域发展战略与政策

要对流域未来30年的社会经济发展态势进行研判，必须着眼于全国范围的区域经济发展格局走势。众所周知，从我国区域经济格局的变动来看，国家的区域发展战略与政策起着至关重要的作用。改革开放以来，在中央政府对东部沿海地区的政策扶持下，沿海经济有了突飞猛进的发展，而东北地区由于国家关注度的降低经济发展变得低迷。可喜的是，2003年东北振兴战略的提出，为流域社会经济的振兴提供了千载难逢的发展机遇。从当前来看，国家对东北地区的扶持力度较大，从国有企业的减负放活到率先在黑龙江、吉林减免农业税等一系列政策措施均体现了中央政府实行东北振兴战略的决心。在东北老工业基地振兴的背景下，松花江整个流域将直接受惠，企业减负放活、农民的增税将大大激活城市经济和农村经济，为具有自然资源优势、人力资源优势、良好的产业基础的松花江流域经济注入活力，必将大大推进流域经济在未来几十年的发展，流域在全国地位的提高是毫无疑问的。不过，流域在全国经济格局中的具体变动情况，还有待于我国东北振兴战略的实施情况。

另外，农村政策的变化也将对松花江流域社会经济的发展产生重大影响，这是由于与其他流域相比，松花江流域具有一个显著的特点：松花江流域是我国重要的粮食生产区。以流域内的黑龙江为例，黑龙江是我国玉米、水稻、大豆、小麦的主产区，种植业比例相当高，每年的大宗农资生产消费量与主要原粮品种产量都规模庞大。此前，国家对农业的扶持力度不足，这直接制约着该流域的社会经济发展。此外，国家加大了对"三农"问题的关注力度，特别是加强了对粮食主产区（如松花江流域）的各种扶持，这将在一定程度上改变该流域在前10年社会经济发展迟缓的问题。因为根据我国粮食主产区农业发展的经验，农资及主要原粮品种价格的微小偏差，都将会给流域内的种植业生产效益和农村自我积累、自我发展能力造成巨大的影响，从而影响整个流域的农村经济。现在国家对农业的扶持势必将拉动作为粮食主产区的流域内的农村经济，带动流域的社会经济发展。

(二) 现有的经济基础和资源条件

经过新中国成立以来的建设，松花江流域已形成了比较雄厚的经济基础，一些产业如农业、机械工业、石化产业、采掘业、林木加工业不断发展壮大，在我国已占有较重要的位置；并培养出一批具有较好专业基础的技术人员，为该流域未来的社会经济发展提供了较好的产业基础和技术基础。同时，该流域具有良好的自然资源条件：广袤的平原地区，丰富的农业资源、林木资源、矿产资源、石油资源等，这些在一定条件下都将转化为产业发展的现实竞争力，大大促进该流域社会经济的发展。

但值得注意的是，该流域产业结构存在重型化、传统化、初级化以及经济活力不足等

问题，如果不加快改革的力度，以市场为基础调整经济结构，将对流域的经济发展和社会稳定带来非常不利的影响。

（三）市场化进程

如前所述，松花江流域存在传统产业、重工业、初级加工业比例大、非公有制经济发展薄弱等问题，已严重影响该流域社会经济的快速发展。另外，流域经济的发展对传统产业的过分依赖，产业结构调整步伐慢，限制了市场经济中企业经营活力的形成；而当前传统产业的衰落，已形成低度化的供给结构，对经济增长产生逆拉动作用。而这些又与该流域市场化程度密切相关，因为只有让市场来选择适应市场生存的产业、产品，才能很好地改变当前产业结构、产品结构与市场脱节的问题，才能更好地提高市场竞争力。由此可见，市场化进程对流域经济结构调整具有十分重要的作用。

另外，在市场经济条件下，由于松花江流域具有较多的有利条件，可望在市场竞争中获得较大的发展空间。如从全国范围来看，该流域具有丰富的农业资源、林木资源、矿产资源、石油资源、人力资源、良好的工业基础和政策优势，为产业的发展提供了较好的条件，并将在一定程度上转化为现有的市场竞争力。预计松花江流域在市场化推进过程中，在市场中不断提升产业与产品竞争优势的要求下，产业结构也将加快转变：工业结构加快由"重化学工业化"大规模地转向"加工高度化"和"技术集约化"，提高工业产品的科技含量和附加值。

（四）资源型城市的转型

存在大量的资源型城市是松花江流域另一个显著特点，因此能否积极推进资源萎缩和枯竭的城市经济转型是该流域未来社会经济发展能否得到健康快速发展的一个关键。以流域内的黑龙江为例，黑龙江内以煤炭资源开采为主的城市比较多，同时以森林采伐为主的城市也不少。这些城市，在计划经济和传统经济发展模式下形成的产业结构，基本上都过于单一或比例失衡，经过长期开采或采伐，多数城市已面临资源严重萎缩甚至枯竭，出现了一系列严重的社会问题。积极推进这些资源主导型城市经济转型和可持续发展，已成为黑龙江社会经济可持续发展的重要任务。

（五）边贸经济拓展情况

与其他流域相比，松花江流域具有漫长的边界线，具有边贸经济发展的良好条件。在和平、发展与合作已成为世界发展的主流的大背景下，国际经济区域化、集团化成为大趋势，具有丰富资源和发展潜力的东北亚地区也越来越受到国际社会的重视，因此该流域能否顺应经济国际化与区域化的发展趋势，加强与俄罗斯、蒙古的经贸合作已成为该流域的未来社会经济发展能否得到快速发展的又一个重要因素。而从松花江流域所在的区位条件来看，该流域的发展也需要得力于沿边经济的发展。

另外，中国、俄罗斯自发展经贸合作关系以来，仅仅民间边贸的发展就显示出经济联动对产业结构升级的作用。以中国黑龙江为例，边贸出口促进了资源的优化配置，使之改变了过去单一的农、牧、渔结构，突破了"酒、油、米、面、铁、木、皮"自给型的原始工业结构，兴办或扩大了一批有原料、有设备、有市场需求的加工业。可见，该流域边贸经济合作能对流域社会经济的发展起重要作用。而松花江流域与之相邻的俄罗斯、蒙古还具有较大的合作空间。例如，流域内的黑龙江有著名的重型机械、机床、电站设备等企业，在轻工业方面有橡胶、造纸、纺织、食品等一系列大中企业；与之相邻的俄罗斯哈巴罗夫斯克边区等地拥有重型机械、动力机械、运输机械、农机、船舶工具、电机、仪表及食品工业设备等生产部门。整个远东地区还有 40 余家大中型军工企业。尤其在当前，上述两国的企业都面临加速向市场经济过渡的形势。企业在从完善经营管理体系到生产、销售及设备更新改造方面都在进行深刻改革。因此，在黑龙江流域联合、综合开发中必然会把这些企业推向市场，为大中型企业的改革创造一个良好的国际环境。

四、2030 年前流域水资源区经济和社会发展与产业布局预测分析

（一）关于预测的有关说明

根据原设计，分析与预测基础是要建立在以 2000 年为基期的数据上的。但鉴于在研究行将结束之时，国家公布了全国的第一次经济普查数据，且该数据与以前统计年鉴的数据有小幅度的出入，研究组根据这次经济普查的基础数据对本研究涉及的经济预测作了第二个方案，由于受基础数据等原因的影响，第二种方案的预测结果只进行到一级流域，其具体结果见表 17-11。鉴于数据的完整性和预测分析要落实到二、三级流域的要求，预测分析还是建立在以 2000 年为基期的基础数据预测出来的结果基础上。

表 17-11　以我国第一次经济普查数据为基数预测的结果　　（单位：万元）

产业＼年份	2010	2020	2030
GDP	12 888.97	27 771	53 200
第一产业	1 460.30	2 462	3 827
第二产业	6 623.80	14 161	25 802
建筑业	750.00	1 455	2 860
工业	5 874.00	12 706	22 942
火（核）电工业	145.00	220	318
高用水工业	1 208.00	2 677	4 636
一般工业	4 520.00	9 809	17 988
第三产业	4 804.80	11 148	23 571

（二）流域人口总量与人口城乡结构预测分析

1. 人口总量预测分析

（1）人口增长趋缓

在东北老工业基地振兴战略的实施下，预计松花江流域人口增长与城镇化进程将呈现新的特点。随着城市经济、农村经济的逐渐繁荣，人口的外迁趋势将得到一定的抑制，特别是该流域内一些城市人口下降的态势也将趋缓，但由于该流域是我国重要的老工业基地，人才不论是从数量还是从质量上来看，均有一定的优势，因此在前 10 年，社会经济的发展对劳动力的需求预计主要表现在以消化本地人口为主，人口的增长也主要体现在人口的自然增长上，人口增长也将趋缓。由表 17-12 和表 17-13 可知，2001～2010 年、2011～2020 年、2021～2030 年人口综合增长率均低于 6‰，2021～2030 年甚至低于 3‰，人口增长十分缓慢。由于人口增长的缓慢，到 2030 年松花江流域总人口仅为 6917.8 万人，仅比 2000 年多 773.1 万人，年均人口增长不足 26 万人。

表 17-12　流域与二级流域人口总量预测结果　　　　（单位：人）

区域	2000 年	2010 年	2020 年	2030 年
松花江区	61 847 035	65 107 694	67 303 423	69 178 368
额尔古纳河	1 364 932	1 546 784	1 779 428	1 955 609
嫩江	16 520 780	17 174 400	17 480 950	17 802 970
第二松花江	14 108 910	15 232 510	16 047 920	16 732 660
松花江（三岔口以下）	23 405 540	24 287 070	24 788 090	25 173 100
黑龙江干流	1 026 388	1 074 359	1 109 124	1 141 509
乌苏里江	3 556 311	3 705 350	3 804 400	3 890 303
绥芬河	330 672	348 938	363 058	375 490
图们江	1 533 502	1 738 283	1 930 453	2 106 727

表 17-13　流域与二级流域人口综合增长率预测　　　　（单位：‰）

区域	2001～2010 年	2011～2020 年	2021～2030 年
松花江区	5.15	3.32	2.75
额尔古纳河	12.59	14.11	9.49
嫩江	3.89	1.77	1.83
第二松花江	7.69	5.23	4.19
松花江（三岔口以下）	3.70	2.04	1.54
黑龙江干流	4.58	3.19	2.88
乌苏里江	4.11	2.64	2.24
绥芬河	5.39	3.97	3.37
图们江	12.61	10.54	8.78

（2）流域内人口增长表现较大的空间差异性

由表 17-13 可知，松花江流域人口虽然得到一定程度的增长，但从各二级流域来看，人口增长呈现较大的差异性。总体上来看，额尔古纳河、第二松花江、图们江二级流域的人口增长相对较快；而嫩江、松花江（三岔口以下）二级流域的人口增长相当缓慢。例如，2001～2010 年额尔古纳河、第二松花江、图们江人口总量的年均增长率均高于 7.5‰，而嫩江、松花江（三岔口以下）却不到 4‰，这在 2011～2020 年、2021～2030 年也呈现相同的特征。

2. 人口城乡结构预测分析

（1）城镇化进程推进缓慢

由于东北老工业基地振兴战略的实施，松花江流域的城镇发展将表现一定的活力，但预计城市经济的发展还主要体现在现有城市经济的恢复上，针对松花江流域城市人口失业率较高的特点，很难呈现当地农村人口大量入城的现象，也许随着农村改革的深入，农村经济的兴旺，城镇人口的增加将有递增趋势，但总体来说，城镇化进程推进相对缓慢。根据该流域城镇化水平的预测结果，2010 年、2020 年、2030 年该流域的城镇化水平分别为 54.70%、59.67% 和 63.01%，每 10 年年均增长水平分别为 0.43 个百分点、0.50 个百分点和 0.33 个百分点，均低于 0.5 个百分点，城镇化进程的推进相当缓慢（表 17-14 和表 17-15）。

表 17-14　流域与二级流域城镇化水平预测结果　　　（单位：%）

区域	2000 年	2010 年	2020 年	2030 年
松花江区	50.43	54.70	59.67	63.01
额尔古纳河	87.33	88.49	90.43	91.46
嫩江	41.33	45.36	50.49	53.90
第二松花江	53.00	57.44	62.10	65.78
松花江（三岔口以下）	51.32	55.46	60.30	63.29
黑龙江干流	51.72	56.44	61.84	65.20
乌苏里江	52.45	56.90	62.04	65.16
绥芬河	53.43	58.08	63.33	66.70
图们江	71.97	75.82	79.58	82.38

表 17-15　流域与二级流域城镇化水平年均增长水平预测　　　（单位：%）

区域	2001～2010 年	2011～2020 年	2021～2030 年
松花江区	0.43	0.50	0.33
额尔古纳河	0.12	0.19	0.10
嫩江	0.40	0.51	0.34
第二松花江	0.44	0.47	0.37
松花江（三岔口以下）	0.41	0.48	0.30

区域	2001～2010 年	2011～2020 年	2021～2030 年
黑龙江干流	0.47	0.54	0.34
乌苏里江	0.45	0.51	0.31
绥芬河	0.47	0.52	0.34
图们江	0.38	0.38	0.28

（2）流域内城镇化水平还存在较大的差距

由于在 2000 年松花江流域内部城镇化水平已存在较大的差距，虽然经过 30 年的发展，但城镇化水平的区域差距并没有明显缩小。例如，2000 年松花江流域中各二级流域的城镇化水平的极差为 46 个百分点，到 2030 年这种极差依然达到 37.56 个百分点。到 2030 年，额尔古纳河、图们江城镇化水平在各二级流域中依然最高，而嫩江最低，城镇化的大格局没有很大变化。

（三）流域经济总量与产业结构预测分析

1. 未来 30 年 GDP 仍将较快增长，但增长速度略有递减

由表 17-16 可知，松花江流域未来 30 年仍将保持较快的增长速度，均在 6% 以上；整个流域以后每 10 年 GDP 的年均增长率分别为 10.00%、7.98% 和 6.72%（即增长速度呈递减趋势），相应地，2010 年、2020 年和 2030 年整个流域的 GDP 将分别达到 12 899 亿元、27 771 亿元和 53 200 亿元。而从二级流域来看，其他各二级流域在以后 30 年内的每 10 年间 GDP 的年均增长速度均达到 6% 以上。因此，二级流域未来 30 年 GDP 的增长总体上呈现与整个流域相同的特点：较快增长，速度略有递减（表 17-17）。

表 17-16　2000～2030 年流域与二级流域 GDP 分阶段预测结果　（单位：亿元）

区域	2000 年	2010 年	2020 年	2030 年
松花江区	4 969.00	12 889	27 771	53 200
额尔古纳河	45.75	195	455	915
嫩江	1 604.65	3 867	8 319	15 479
第二松花江	1 315.93	3 540	7 686	14 775
松花江（三岔口以下）	1 634.11	4 317	9 256	18 050
黑龙江干流	79.51	211	451	885
乌苏里江	182.58	466	964	1 846
绥芬河	23.22	62	136	274
图们江	83.17	231	504	915

表 17-17　2000～2030 年松花江流域 GDP 分阶段增长预测结果　　（单位:%）

区域	2000～2010 年	2010～2020 年	2020～2030 年
松花江区	10.00	7.98	6.72
额尔古纳河	15.60	8.84	7.24
嫩江	9.19	7.96	6.41
第二松花江	10.40	8.06	6.75
松花江（三岔口以下）	10.20	7.93	6.91
黑龙江干流	10.25	7.89	6.97
乌苏里江	9.82	7.54	6.71
绥芬河	10.32	8.17	7.26
图们江	10.76	8.11	6.14

2. GDP 仍将保持较大的空间集中性

2000 年松花江流域 GDP 为 4969 亿元，其中嫩江、第二松花江、松花江（三岔口以下）的 GDP 分别为 1604.65 亿元、1315.93 亿元和 1634.11 亿元，三者之和为 4554.69 亿元，占整个流域 GDP 的 91.66%，呈现较强的空间集中性。在未来 30 年，各二级流域社会经济得到快速持续发展，但经济总量的空间分布依然主要集中在流域的优势区位地区，即嫩江、第二松花江、松花江（三岔口以下），根据预测结果表明，2010 年、2020 年、2030 年上述三个二级流域的 GDP 将分别占整个流域的 90.96%、90.96% 和 90.80%，依然保持较强的空间集中性。

3. 流域产业结构不断优化，第一产业比例下降、第三产业比例持续增加

在未来 30 年，流域包括二级流域产业结构不断优化，集中表现在第一产业比例不断下降、第三产业比例不断上升。如从整个流域来看，在 2000～2030 年的每 10 年第一产业比例分别下降了 2.45 个百分点、1.63 个百分点和 1.65 个百分点，而三次产业比例分别提高了 1.27 个百分点、1.30 个百分点和 4.10 个百分点。从各个二级流域来看，三次产业结构不断提升，第一产业比例和第三产业比例的变化呈现与整个流域相同的趋势，总体上呈现第一产业比例下降、第二产业比例有升有降、第三产业比例上升的特点。

4. 边贸地区第三产业在经济中的主体地位进一步强化

松花江流域有较长的国界线，为发展边贸经济提供了条件，事实上该流域的边贸经济 1992 年以来得到了较快的发展，第三产业的比例不断上升，2000 年额尔古纳河、黑龙江干流和绥芬河第三产业比例分别达到 40.27%、44.74% 和 59.91%，超过了第二产业比例。根据预测结果，随着边贸经济的进一步繁荣，三产比例将进一步提升，如 2030 年额尔古纳河、黑龙江干流和绥芬河的第三产业比例分别为 59.24%、52.57% 和 63.73%，分别比 2000 年增加了约 19 个百分点、8 个百分点和 4 个百分点，第三产业在经济中的主体地位得到进一步强化。

（四）五大用水行业发展预测分析

1. 工业保持较快增长，工业主要集聚在嫩江、第二松花江、松花江（三岔口以下）

松花江流域在 2000～2030 年工业仍将保持较快的增长速度，根据表 17-18 的预测结果表明，松花江流域 2000～2010 年、2010～2020 年、2020～2030 年工业增加值的年均增长率将分别达到 10.39%、8.02% 和 6.09%，工业增长速度虽然有下降的趋势，但总体来看，保持了较快的增长势头。

表 17-18　2000～2030 年松花江流域工业增加值分阶段增长率预测结果　（单位：%）

区域	2000～2010 年	2010～2020 年	2020～2030 年
额尔古纳河	10.39	8.02	6.09
嫩江	20.73	9.02	7.22
第二松花江	9.31	8.04	5.91
松花江（三岔口以下）	11.92	8.18	6.66
黑龙江干流	10.74	7.80	5.75
乌苏里江	10.83	7.87	5.72
绥芬河	10.15	7.92	5.74
图们江	9.97	7.82	5.74
合计	12.20	8.12	6.62

根据松花江流域工业增加值的预测结果表明，尽管各个二级流域的工业均得到较快的增长，但工业布局将依旧集中在嫩江、第二松花江、松花江（三岔口以下）二级流域，2010 年、2020 年、2030 年上述三者地区的工业总产值将分别占同期整个流域的工业总产值的 93.17%、93.2% 和 93.21%，表现出高度的空间集中性。

2. 三大门类工业均较快增长，但一般工业依然占主体地位

从火（核）电工业、高用水工业与一般工业三大类工业行业来看，2000～2030 年均保持了较快的工业增长速度。其中到 2030 年整个流域的火（核）电工业、高用水工业与一般工业的工业总产值将分别达到 2000 年的 4.28 倍、9.70 倍和 6.48 倍。可见，高用水工业的发展尤为迅速。但从 2010 年、2020 年、2030 年三个发展阶段来看，一般工业在工业经济中仍然占主体地位，其工业增加值占整个流域的工业增加值的比例均超过 50%。从产业布局来看，三类工业行业均主要集中在嫩江、第二松花江、松花江（三岔口以下）二级流域。

3. 建筑业、服务业发展速度较快，并保持较明显的空间集中性

建筑业、服务业也属于五大用水行业。根据预测结果，2000～2030 年建筑业、服务业的年均增长率分别高达 23% 和 27%，即到 2030 年上述两类行业增加值分别达到 2860 亿元和 23 571 亿元，可见未来 30 年松花江流域的建筑业、服务业均将保持较快的增长速度，

增加值也得到大幅度增加。从建筑业、服务业的空间分布来看，尽管这两大行业得以快速增长，但依然表现较强的空间集中性，且主要集中在嫩江、第二松花江、松花江（三岔口以下）二级流域。例如，建筑业在 2010 年、2020 年、2030 年在上述三个二级流域的增加值分别占整个流域的 69.2%、89.2% 和 89.2%。

五、2030 年前水资源区经济社会发展布局与产业结构调整对水资源需求变化的影响分析

（一）人口与城镇化进程对水资源需求的影响

流域内人口总量的增加将对水资源需求的增长产生直接的影响。一方面，人口的增加意味着生活总用水量的增加；另一方面，人口的增加，人类的经济活动量也相应地增加，生产总用水量就自然增加了。从松花江流域人口的变化来看，首先，流域总人口增长缓慢，鉴于该流域水资源还不是很紧缺，人口的增长不会对该流域的水资源产生过大的压力；其次，流域人口有进一步向额尔古纳河、第二松花江、图们江集聚的趋势，流域水资源的配置要考虑到这一因素。

城镇化进程的推进，城镇人口的增加与城镇经济的壮大使城镇用水量陡然上升。一方面，城镇化水平的提高使总用水量提高；另一方面，将可能使流域内的局部地区用水量大增。针对松花江流域是嫩江、第二松花江、松花江（三岔口以下）二级流域用水量有可能大增。

（二）工业化进程与经济发展对水资源需求的影响

经济发展对水资源需求的影响是多方面的。不论是农业的发展，还是非农产业的增长均将对用水量产生直接的影响。从松花江流域来看，未来 30 年经济均能保持较高的增长速度，并且第一、第二、第三产业总量均不断壮大，在考虑节水技术总体不能提高很快的情况下，各类产业用水均有可能得以大幅度增加，从而使流域总用水量大量增长。尤其是第二、第三产业的产值增长，使用水需求量进一步集中到城镇与工矿区，有可能使这些地方面临用水短缺危机。松花江流域边贸地区虽然不是重要的工业布局区，但第三产业的大发展也将刺激用水的增长。

从五大用水行业的发展来看，根据上述预测，该流域在未来 30 年五大用水行业均将保持较快的增长势头，尤其是建筑业与服务业，这将进一步刺激该流域的用水增长。值得注意的是，五大用水行业在空间布局上都显现出较强的空间集中性，主要集聚在嫩江、第二松花江、松花江（三岔口以下）二级流域，这将使用水需求也表现出较强的空间集中性。

六、主 要 结 论

根据上述分析，国家区域发展战略与政策、现有的经济基础和资源条件、流域市场化

进程、资源型城市的转型以及边贸经济的拓展情况将是松花江流域在未来30年社会经济发展中的主要影响因素。在这些因素的影响下，该流域在未来30年的社会经济发展情况将呈现如下特点。

1）从全国来看，该流域人口的增长将趋缓，人口的增长呈现较大的空间差异性，额尔古纳河、第二松花江、图们江二级流域增长较快，嫩江、第二松花江、松花江（三岔口以下）二级流域人口较为集中。

2）与全国相比，该流域城镇化进程将依旧缓慢，城镇化的大体格局没有大的改变，额尔古纳河、图们江最高，嫩江最低。

3）该流域在未来30年GDP将保持较快的速度增长，并表现出较强的空间集中性，嫩江、第二松花江、松花江（三岔口以下）二级流域仍将成为松花江流域经济发展的"高地"。

4）该流域产业结构将不断优化，第一产业比例下降，第三产业比例上升；边贸地区的第三产业发展将尤为迅速。

5）该流域工业将保持较快增长，但一般工业占主体地位的格局不会改变；工业的发展布局将主要集中在嫩江、第二松花江、松花江（三岔口以下）二级流域。

6）建筑业与服务业也将快速增长，建筑业与服务业的布局也将主要集聚在嫩江、第二松花江、松花江（三岔口以下）二级流域。

针对上述松花江未来30年的社会经济发展变化，对该流域的用水需求也将产生一定的影响，总体上来说：人口的增长、城镇化进程、工业化进程与经济发展将进一步刺激该流域水资源需求的上升，但由于人口增长、城镇人口的增长以及五大用水行业在空间分布上保持较大的空间差异性，导致相应用水需求的差异性，具体来说，该流域未来的主要用水需求将主要集中在嫩江、第二松花江、松花江（三岔口以下）二级流域。

第十八章　辽河水资源区经济发展布局与产业结构预测

本章研究的基础数据，均引用"国民经济发展布局与产业结构预测研究"课题的人口、产业结构、工业结构等发展预测专题的相关研究成果。

根据《全国水资源综合规划》编制的《技术大纲》和《技术细则》，辽河流域的水资源分区有 6 个二级水资源区，12 个三级水资源区。本章进行国民经济发展布局与产业结构预测和分析研究的重点是二级水资源区。

本章是在 2003 ~ 2004 年完成的。对社会经济分析研究的现状年为 2000 年，预测水平年为 2010 年、2020 年和 2030 年，预测值均以 2000 年价计。

一、辽河水资源区社会经济发展评价

辽河水资源区位于我国东北地区的西南部，南临渤海和黄海，是辽宁、内蒙古东部、吉林和黑龙江通往国内外的重要海陆门户，区位优势明显。辽河水资源区区总面积为 31.44 万 km²，包含辽宁大部分、吉林和内蒙古的一部分、河北的一小部分。

辽河水资源区的自然资源条件大部分属温带大陆性季风气候区，仅南部有少部分属暖温带气候区，多年平均降水量为 300 ~ 1000mm。主要河流有辽河（含浑太河）、鸭绿江（中国侧）及东北沿黄渤海诸河等。辽河水资源区多年平均（1956 ~ 2000 年）地表水资源量为 408.0 亿 m³，多年平均地下水资源量为 202.9 亿 m³，平原区地下水可开采量为 94.82 亿 m³，水资源总量为 498.2 亿 m³。自然资源丰富，主要矿产资源铁矿石储量占全国的 1/4，菱镁矿占全国的 80% 以上；海洋资源丰富，开发潜力大，前景广阔。

（一）人口分布和城镇化布局

1. 人口分布情况

辽河水资源区 2000 年人口为 5445 万人，占全国人口的 4.4%，人口密度为 172 人/km²。人口主要分布在东北沿黄渤海诸河、浑太河、辽河干流和西辽河四个二级水资源区，其中东北沿黄渤海诸河和浑太河两个水资源区居住着全流域 57.5% 的人口。

2. 城镇化发展

2000 年辽河水资源区城镇化率为 50.4%，比全国平均水平高 14 个百分点，达到世界平均水平。浑太河二级水资源区是辽中南城市密集地区，有沈阳、抚顺、本溪、鞍山等大中城市，城镇化率高达到 73.5%。西辽河二级水资源区城镇化率最低，只有 27.0%，是流域平均水平的一半，比全国平均水平还低 9.4 个百分点，见表 18-1、表 18-2 和图 18-1。

表 18-1 2000 年辽河流域二级水资源区人口情况

区域	城镇人口（人）	农村人口（人）	总人口（人）	城镇化率（%）
西辽河	2 090 737	5 642 088	7 732 824	27.0
东辽河	822 314	1 565 138	2 387 452	34.4
辽河干流	3 288 652	5 934 054	9 222 705	35.7
浑太河	10 304 950	3 716 982	14 021 930	73.5
鸭绿江	2 283 733	1 518 245	3 801 978	60.1
东北沿黄渤海诸河	8 626 480	8 657 941	17 284 420	49.9
全区	27 416 866	27 034 448	54 451 309	50.4

表 18-2 2000 年辽河流域二级水资源区人口占全流域比例 （单位:%）

区域	城镇人口	农村人口	总人口
西辽河	7.6	20.9	14.2
东辽河	3.0	5.8	4.4
辽河干流	12.0	21.9	16.9
浑太河	37.6	13.7	25.8
鸭绿江	8.3	5.6	7.0
东北沿黄渤海诸河	31.5	32.0	31.7
全区	100.0	100.0	100.0

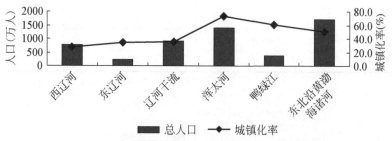

图 18-1 2000 年辽河流域二级水资源区人口和城镇化分布

（二）经济发展与布局

1. 经济发展与产业布局

2000 年辽河水资源区 GDP 为 5293.3 亿元，占同期全国 99 214.6 亿元的 5.3%，人均 GDP 为 9721 元，在十大水资源区中居第二位，高出全国平均水平（7858 元）23.7%（表 18-3）。

表 18-3 2000 年辽河流域二级水资源区 GDP 及构成

区域	GDP（亿元）	产业结构（亿元）			人均 GDP（元）
		第一产业	第二产业	第三产业	
西辽河	297.9	105.8	80.7	111.4	3 852
东辽河	91.2	45.0	19.0	27.2	3 820
辽河干流	874.5	160.9	519.7	194.0	9 482
浑太河	1 662.9	119.0	649.5	894.4	11 859
鸭绿江	230.1	40.9	91.3	98.0	6 053
东北沿黄渤海诸河	2 136.7	213.0	1 184.6	739.1	12 362
全区	5 293.3	684.5	2 544.7	2 064.1	9 721

2000 年辽河水资源区产业结构突出的特点是工业化水平较高，第一产业占 GDP 的比例低于全国平均水平，第二、第三产业比例高于全国平均水平。辽河水资源区产业结构，第一产业占 GDP 的比例为 13%，第二产业占 48%，第三产业占 39%，见表 18-4 和图 18-2。第一、第二、第三产业比例为 13∶48∶39，与全国 15.1∶45.9∶39 相比，高于同期全国平均水平。辽河流域各二级水资源区的三次产业结构情况存在较大差异，东辽河和西辽河二级水资源区大部分是农牧业区，第一产业占较大比例，见表 18-4 和图 18-3。

表 18-4 2000 年辽河流域二级水资源区产业构成　　　　　（单位:%）

区域	第一产业	第二产业	第三产业
西辽河	35.5	27.1	37.4
东辽河	49.3	20.8	29.9
辽河干流	18.4	59.4	22.2
浑太河	7.2	39.1	53.8
鸭绿江	17.8	39.7	42.6
东北沿黄渤海诸河	10.0	55.4	34.6
全区	12.9	48.1	39.0

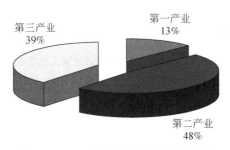

图 18-2 2000 年辽河水资源区产业结构

产业在二级水资源区的分布情况：第一产业的 31% 和第二产业的 47% 分布在东北沿黄渤海诸河；第三产业的 43% 分布在浑太河。全区 72% 的 GDP，分布在浑太河和东北沿

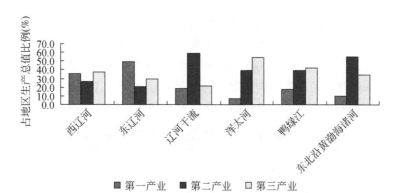

图 18-3　2000 年辽河水资源区产业结构

黄渤海诸河，是辽河水资源区经济最发达的区域，见表18-5 和图18-4。

表 18-5　2000 年辽河水资源区 GDP 及产业占流域比例　（单位：%）

区域	地区 GDP	产业结构		
		第一产业	第二产业	第三产业
西辽河	5.6	15.5	3.2	5.4
东辽河	1.7	6.6	0.7	1.3
辽河干流	16.5	23.5	20.4	9.4
浑太河	31.4	17.4	25.5	43.3
鸭绿江	4.3	6.0	3.6	4.7
东北沿黄渤海诸河	40.4	31.1	46.6	35.8
全区	100.0	100.0	100.0	100.0

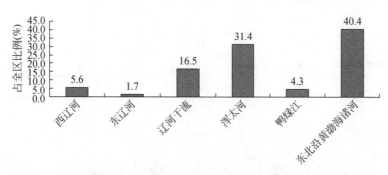

图 18-4　2000 年辽河水资源区的经济布局

2. 工业发展现状

根据《国民经济发展布局与产业结构预测研究实施方案》规定，将工业行业划分为火（核）电工业、高用水工业和一般工业三大类。高用水工业包括化工、食品、冶金、造纸、石化、纺织六大行业，一般工业包括制造业、采掘业、其他工业和规模以下工业。

（1）工业结构及布局

2000 年辽河水资源区工业增加值为 2275 亿元，占流域 GDP 的 43%，高于全国平均水平 40%。工业增加值的构成，高用水工业增加值为 553.1 亿元，占 24.3%，火（核）电工业增加值为 111.2 亿元，占 4.9%，一般工业增加值为 1610.6 亿元，占 70.8%，见表 18-6 和表 18-7。各二级水资源区的产业结构情况和特点是：辽河干流工业主要是一般工业；浑太河、东辽河和西辽河的高用水工业比例较高，分别为 45.5%、43.4% 和 42.0%，如图 18-5 所示。

表 18-6　2000 年辽河流域二级水资源区工业增加值及其构成　（单位：亿元）

区域	工业增加值	产业结构		
		高用水工业	火（核）电工业	一般工业
西辽河	58.6	24.6	9.0	25.0
东辽河	13.7	6.0	0.3	7.5
辽河干流	474.8	32.7	21.1	421.1
浑太河	544.7	247.6	34.2	262.9
鸭绿江	76.7	28.5	7.1	41.0
东北沿黄渤海诸河	1106.3	213.7	39.5	853.0
全区	2274.9	553.1	111.2	1610.6

表 18-7　2000 年辽河流域二级水资源区工业增加值的构成　（单位:%）

区域	工业增加值	产业结构		
		高用水工业	火（核）电工业	一般工业
西辽河	100	42.0	15.3	42.7
东辽河	100	43.4	2.2	54.4
辽河干流	100	6.9	4.4	88.7
浑太河	100	45.5	6.3	48.3
鸭绿江	100	37.2	9.3	53.5
东北沿黄渤海诸河	100	19.3	3.6	77.1
全区	100	24.3	4.9	70.8

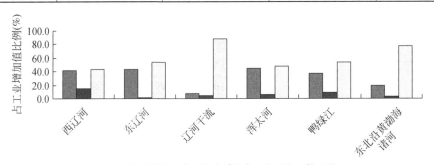

图 18-5　2000 年辽河流域二级水资源区产业结构

　　全区工业在二级水资源区分布状况是：东北沿黄渤海诸河、浑太河、辽河干流的工业增加值，分别占全区的 48%、24% 和 21%，可见全区 93% 的工业集中分布在上述三个二级水资源区范围内。见表 18-8 和图 18-6。

表 18-8　2000 年辽河流域二级水资源区工业增加值占流域的比例　　（单位:%）

区域	工业增加值	产业结构		
		高用水工业	火（核）电工业	一般工业
西辽河	2.6	4.4	8.1	1.6
东辽河	0.6	1.1	0.3	0.5
辽河干流	20.9	5.9	19.0	26.1
浑太河	23.9	44.8	30.7	16.3
鸭绿江	3.4	5.2	6.4	2.5
东北沿黄渤海诸河	48.6	38.6	35.5	53.0
全区	100.0	100.0	100.0	100.0

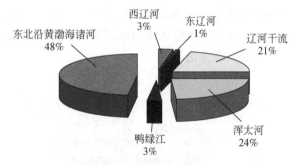

图 18-6　2000 年辽河流域二级水资源区工业增加值分布

（2）高用水工业布局

　　2000 年全区高用水工业增加值为 553.1 亿元，高用水工业在二级水资源区的分布情况是：45% 分布在浑太河，39% 分布在东北沿黄渤海诸河，如图 18-7 所示。高用水工业中各行业分布，化学工业主要分布在浑太河和东北沿黄渤海诸河；石油化工主要分布在东北沿黄渤海诸河；冶金工业主要集中分布在浑太河；纺织工业主要分布在浑太河和东北沿黄渤海诸河。

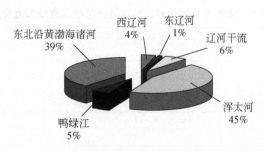

图 18-7　2000 年辽河流域二级水资源区高用水工业分布

（3）火（核）电工业布局

2000 年全区火（核）电工业增加值为 111.2 亿元，火（核）电工业在二级水资源区的分布情况是：31% 分布在浑太河，36% 分布在东北沿黄渤海诸河，如图 18-8 所示。

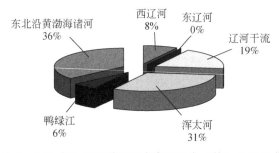

图 18-8　2000 年辽河流域二级水资源区火（核）电工业分布

（4）一般工业布局

2000 年全区一般工业增加值为 1610.6 亿元，在二级水资源区的分布情况是：东北沿黄渤海诸河占 53%，辽河干流占 26%，如图 18-9 所示。一般工业中约 60% 是规模以下工业。采掘业集中分布在辽河干流，主要是抚顺和阜新煤炭、鞍山的铁矿石的开采。制造业主要分布在辽河干流和东北沿黄渤海诸河。

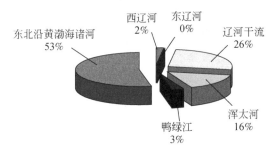

图 18-9　2000 年辽河流域二级水资源区一般工业分布

（5）建筑业

2000 年辽河区建筑业增加值为 269.9 亿元，主要分布在浑太河和东北沿黄渤海诸河，分别占全流域的 38.8% 和 29.0%，其次是辽河干流。见表 18-9 和图 18-10。

表 18-9　2000 年辽河流域二级水资源区建筑业增加值及分布

区域	增加值（万元）	分布比例（%）
西辽河	22.1	8.2
东辽河	5.3	2.0
辽河干流	44.8	16.6
浑太河	104.8	38.8
鸭绿江	14.6	5.4
东北沿黄渤海诸河	78.3	29.0
全区	269.9	100.0

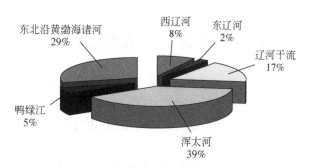

图 18-10　2000 年辽河水资源区建筑工业分布

二、2030 年前影响流域社会经济发展的主要因素分析

（一）国家发展战略和经济布局的影响

1. 党的"十六大"提出全面建设小康社会的宏伟目标

2002 年，党的"十六大"提出全面建设小康社会的奋斗目标："在优化结构和提高效益的基础上，GDP 到 2020 年要比 2000 年'翻两番'，综合国力和国际竞争力明显增强。基本实现工业化，建设完善的社会主义市场经济体制和更具活力、更加开放的经济体系。城镇人口比例大幅度提高，工农差别、城乡差别、地区差别扩大的趋势扭转。社会保障体系比较健全，就业比较充分，家庭财产普遍增加，人民过加富足的生活。""可持续发展能力不断增强，生态环境得到改善，资源利用效率显著提高，人与自然和谐发展，推动整个社会走上生产发展、生活富裕、生态良好的文明发展道路。"

国家全面建设小康社会奋斗目标，已为 2020 年以前辽河流域社会经济发展确定了发展方向，并基本勾画出发展的主体框架：一是在优化结构和提高效益的基础上，GDP 到 2020 年要比 2000 年"翻两番"；二是要基本实现工业化，建设社会主义市场经济体制；三是大幅度提高城镇人口比例，扭转工农差别、城乡差别扩大趋势；四是努力改善生态环境，提高资源利用效率，促进人与自然和谐发展。

2. 实施振兴东北老工业基地的区域发展战略

国家实施振兴东北老工业基地的区域发展战略，是我国东北地区经济快速发展的重要契机，通过工业结构调整、改造和振兴，将提升传统制造业的竞争力、加快资源型城市的经济转型、推进大连东北亚重要国际航运中心建设，沈阳、长春、哈尔滨等区域经济中心城市建设将得到长足发展。充分发挥区域基础产业优势，发展以装备制造、钢铁、石化、电子信息产业为主导的优势产业。伴随着东北亚国际联合与合作的进展，将进一步承接日本、韩国的产业转移，吸纳外资、吸纳国内外资本，东北地区将形成较为良好的对外开放格局，成为我国外向型经济快速发展的经济区。因此，振兴东北老工业基地的区域发展战略对辽河流域经济社会的发展将产生重大影响。

（二）流域社会经济发展基础的影响

改革开放 30 多年来，东北地区经济社会发展最活跃的区域是辽河流域的辽中南地区。辽中南地区范围包括：沈阳、鞍山、抚顺、本溪、辽阳、营口、大连、丹东八个地级市。2000 年，辽中南地区人口占辽宁总人口的 63%，GDP 占辽宁的 80%，是东北地区经济最发达地区。

从我国未来经济发展格局看，辽中南仍将是东北地区未来经济的高增长地区。辽中南地区借助振兴东北老工业基地的历史机遇，加快国有企业改革与对内、外开放的力度，今后工业发展的重点是装备制造业、石油化工等行业，将成为我国北方地区重要的工业基地。辽中南地区人口将进一步集聚增长，城镇化将达到更高水平。

三、辽河水资源区未来社会经济发展和产业布局预测

（一）关于预测分析的说明

辽河水资源区预测分析的研究重点是二级水资源区。根据国家未来发展战略和布局的宏观背景、区域社会经济发展现状及面临的主要问题，基于对流域一、二、三级水资源区社会经济发展的各项预测指标，重点分析研究流域和二级水资源区的人口和城镇化的未来时空变化趋势；GDP 及其增长速度，第一、第二、第三产业结构，人均 GDP 等主要经济发展指标的演变趋势；工业发展趋势，特别是高用水行业发展布局变化走势；综合分析和判断未来发展趋势的合理性，以及未来发展可能遇到的新挑战。

（二）人口增长和城镇化发展趋势预测分析

1. 人口增长和布局变化预测

根据预测成果计算，辽河水资源区人口增长率 2001～2030 年为 4‰，2001～2010 年为 5.6‰，2011～2020 年为 3.5‰；2021～2030 年为 3‰。2000～2030 年各二级水资源区的人口数量变化均呈现增长趋势（表 18-10）。各二级水资源区人口占全区域的比例变化趋势有所不同，从分析计算成果看，2001～2030 年，浑太河和鸭绿江人口比例呈现上升走势，其余二级水资源区的人口占全区比例，均呈现下降的发展趋势（表 18-11 和图 18-11）。

表 18-10 辽河流域二级水资源区人口增长预测情况 （单位：人）

区域	2000 年	2010 年	2020 年	2030 年
西辽河	7 732 824	8 163 668	8 287 472	8 444 603
东辽河	2 387 452	2 508 744	2 567 958	2 622 137

续表

区域	2000 年	2010 年	2020 年	2030 年
辽河干流	9 222 705	9 576 038	9 643 207	9 726 850
浑太河	14 021 930	15 093 750	16 126 710	16 978 040
鸭绿江	3 801 978	4 126 619	4 406 203	4 659 958
东北沿黄渤海诸河	17 284 420	18 091 700	18 588 450	19 022 060
全区	54 451 309	57 560 519	59 620 000	61 453 648

表 18-11　辽河流域二级水资源区人口占全流域比例变化预测　　（单位：%）

区域	2000 年	2010 年	2020 年	2030 年
西辽河	14.2	14.2	13.9	13.7
东辽河	4.4	4.4	4.3	4.3
辽河干流	16.9	16.6	16.2	15.8
浑太河	25.8	26.2	27.0	27.6
鸭绿江	7.0	7.2	7.4	7.6
东北沿黄渤海诸河	31.7	31.4	31.2	31.0
全区	100.0	100.0	100.0	100.0

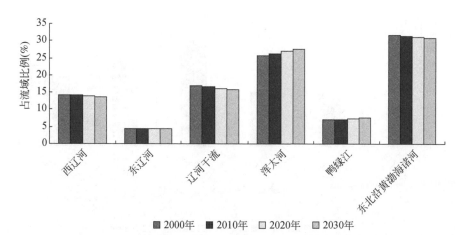

图 18-11　2000～2030 年辽河流域二级水资源区人口分布变化

2. 城镇化发展趋势预测

　　人口城镇化加速发展是我国未来发展的总趋势，根据辽河区未来人口城镇化发展的预测成果，到 2030 年全区城镇化率将达 62.6%，见表 18-12 和图 18-12。各二级水资源区的人口城镇化发展趋势和布局的预测成果如图 18-13 所示。目前，辽河二级水资源区城镇化率较高的是浑太河，预测到 2030 年将达 80% 以上。未来城镇化发展增长较快的是：东辽河和辽河干流，2030 年分别由 2000 年 34.4% 和 35.7%，增到 48.5% 和 49.6%；西辽河城镇化率 2000 年为 27.0%，到 2030 年将达 36.9%，仍相对落后，如图 18-13 所示。

表 18-12　辽河流域二级水资源区人口城镇化发展预测　　　（单位：%）

区域	2000 年	2010 年	2020 年	2030 年
西辽河	27.0	29.4	33.9	36.9
东辽河	34.4	39.0	44.1	48.5
辽河干流	35.7	39.4	44.9	49.6
浑太河	73.5	76.0	79.5	82.1
鸭绿江	60.1	64.1	69.0	72.8
东北沿黄渤海诸河	49.9	53.3	58.5	62.7
全区	50.4	53.7	58.7	62.6

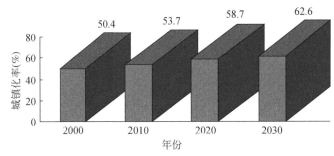

图 18-12　辽河流域城镇化率增长趋势

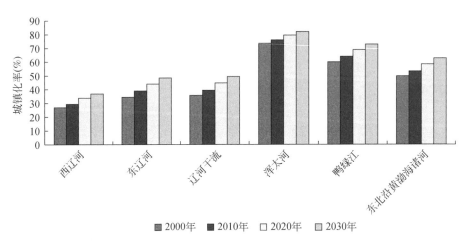

图 18-13　2000～2030 年辽河流域二级水资源区城镇化率变化趋势

（三）经济发展预测与布局变化分析

1. 经济总量增长趋势分析

党的"十六大"确定到 21 世纪中叶我国基本实现现代化。未来 30 年中国将通过基本实现工业化、推进信息化，加快现代化发展。从经济增长方式看，中国将从以追求经济增长速度为主要目标的高速增长阶段转变为以追求经济增长质量为主要目标的适度增长阶段。

据预测辽河水资源区 2010 年、2020 年和 2030 年的 GDP 分别为 14 504.7 亿元、31 736.1亿元和 61 107.4 亿元。GDP 增长速度 2001～2010 年为 10.6%，2011～2020 年为 8.1%，2021～2030 年为 6.8%（表 18-13～表 18-15）。预测辽河水资源区 GDP 的增长趋势，如图 18-14 所示。辽河水资源区各发展阶段 GDP 增长速度，如图 18-15 所示。

表 18-13　2010 年辽河流域二级水资源区 GDP 增长和产业结构预测

区域	GDP（亿元）	第一产业		第二产业		第三产业	
		绝对值（亿元）	比例（%）	绝对值（亿元）	比例（%）	绝对值（亿元）	比例（%）
西辽河	1 087.9	215.1	20	417.1	38	455.7	42
东辽河	255.6	82.3	32	86.3	34	87.0	34
辽河干流	1 977.9	333.3	17	1 095.6	55	549.0	28
浑太河	5 696.0	248.7	4	2 994.6	53	2 452.7	43
鸭绿江	698.9	80.6	12	334.7	48	283.7	41
东北沿黄渤海诸河	4 788.4	445.1	9	2 315.1	48	2 028.2	42
全区	14 504.7	1 405.1	10	7 243.5	50	5 856.2	40

表 18-14　2020 年辽河流域二级水资源区 GDP 增长和产业结构预测

区域	GDP（亿元）	第一产业		第二产业		第三产业	
		绝对值（亿元）	比例（%）	绝对值（亿元）	比例（%）	绝对值（亿元）	比例（%）
西辽河	2 521.1	402.6	16	1 008.5	40	1 110.1	44
东辽河	537.7	155.7	29	185.0	34	197.0	37
辽河干流	4 149.9	558.1	13	2 268.0	55	1 323.8	32
浑太河	12 564.6	411.3	3	6 187.2	49	5 966.2	47
鸭绿江	1 515.6	141.3	9	702.1	46	672.2	44
东北沿黄渤海诸河	10 447.2	737.5	7	4 775.9	46	4 933.7	47
全区	31 736.1	2 406.4	8	15 126.8	48	14 202.9	45

表 18-15　2030 年辽河流域二级水资源区 GDP 增长和产业结构预测

区域	GDP（亿元）	第一产业		第二产业		第三产业	
		绝对值（亿元）	比例（%）	绝对值（亿元）	比例（%）	绝对值（亿元）	比例（%）
西辽河	5 219.0	675.9	13	1 992.5	38	2 550.6	49
东辽河	979.1	223.8	23	348.6	36	406.7	42

续表

区域	GDP （亿元）	第一产业		第二产业		第三产业	
		绝对值 （亿元）	比例（%）	绝对值 （亿元）	比例（%）	绝对值 （亿元）	比例（%）
辽河干流	7 743.0	847.1	11	4 168.4	54	2 727.5	35
浑太河	24 243.8	623.4	3	11 400.3	47	12 220.1	50
鸭绿江	2 893.2	209.1	7	1 303.4	45	1 380.7	48
东北沿黄渤海诸河	20 029.4	1 120.0	6	8 800.5	44	10 108.9	50
全区	61 107.4	3 699.4	6	28 013.6	46	29 394.4	48

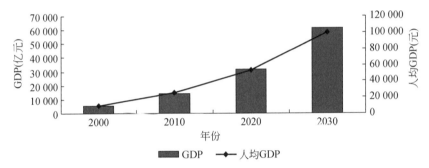

图 18-14　辽河水资源区 GDP 和人均 GDP 增长趋势

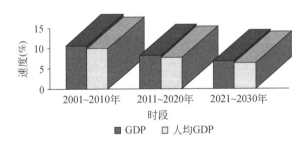

图 18-15　辽河水资源区 GDP 和人均 GDP 增长速度

据预测数据计算辽河水资源区人均 GDP 和人均 GDP 年均增长速度。辽河水资源区 2010 年、2020 年和 2030 年的人均 GDP，见表 18-16 和图 18-14。人均 GDP 年均增长速度 2001 ~ 2010 年为 10%、2011 ~ 2020 年为 7.8%、2021 ~ 2030 年为 6.4%，如图 18-15 所示。

辽河水资源区 2000 年人均 GDP 为 9721 元，是全国人均 7858 元的 1.24 倍，预测到 2020 年辽河水资源区人均 GDP 将增至 53 231 元，约为全国人均 GDP 的 1.3 倍。全区 2020 年人均 GDP 是 2000 年的 5.5 倍，可超额实现翻两番的目标。按 2000 年汇率折算，全区 2020 年人均 GDP 值，也远高于人均 3000 美元的期望值。由于流域内不同地区的自然条件和经济布局存在差异，这种地域差异在未来发展过程中会依然存在，因此，到 2020 年二级水资源区的人均 GDP 值的差别仍然较大，最高值是最低值的 2.5 倍。

表 18-16   辽河水资源区人均 GDP 增长预测

区域	2000 年	2010 年	2020 年	2030 年
西辽河	3 852	13 326	30 421	61 803
东辽河	3 820	10 189	20 939	37 339
辽河干流	9 482	20 655	43 034	79 604
浑太河	11 859	37 737	77 912	142 795
鸭绿江	6 053	16 937	34 396	62 086
东北沿黄渤海诸河	12 362	26 467	56 202	105 296
全区	9 721	25 199	53 231	99 437

2. 产业结构与布局预测分析

我国正处在工业化中期，经济结构调整是今后相当长时期经济发展的主线。经济结构调整的主要内容是产业结构调整，产业结构调整与升级是工业化阶段经济发展的主题，其主要任务是实现产业结构的优化和升级，提高经济竞争能力。辽河水资源区产业的未来发展趋势，根据对第一、第二、第三产业发展的预测（表 18-13 ~ 表 18-15），作如下分析。

从辽河水资源区产业结构与全国的产业结构发展趋势对比分析看，2000 ~ 2030 年辽河水资源区第一产业的比例，从 2000 年低于全国平均水平 2.2 个百分点，逐步发展为全国平均水平；第二产业比例从高于全国平均水平的 3.8 个百分点，演变成高于全国平均水平 1 个百分点；第三产业比例从处于全国平均水平，逐步变成低于全国平均水平的 1 个百分点，见表 18-17。

表 18-17   辽河水资源区产业结构发展趋势与全国的对比   （单位:%）

年份		2000	2010	2020	2030
第一产业	全国平均	15. 1	10	7	6
	辽河水资源区	12. 9	10	8	6
第二产业	全国平均	45. 9	49	48	45
	辽河水资源区	48. 1	50	48	46
第三产业	全国平均	39. 0	42	45	49
	辽河水资源区	39. 0	40	45	48

流域三次产业结构发展演变趋势是：第一产业比例不断下降，但由于东北是粮食生产基地，2020 年第一产业比例稍高于全国平均水平也是合理的；2020 年第二产业与第三产业比例与全国平均水平等同（表 18-17）。

据辽河流域各二级水资源区产业结构演变情况的预测结果（表 18-18 ~ 表 18-20），2000 ~ 2030 年，第一产业占 GDP 比例在逐步减少是所有二级水资源区的共性，其中，西辽河和东辽河是主要农业区，到 2030 年第一产业占 GDP 比例仍较大。第二产业占 GDP 比例增长较快的主要是西辽河、东辽河和辽河干流等，其余二级水资源区变化不大。第二产业 2030 年辽河干流继续保持较大比例的发展态势，仍占 54%，但比 2010 年和 2020 年的 55% 略有下降；浑太河和鸭绿江，分别占 47% 和 45%。第三产业占 GDP 比例各二级水资源区均呈现增长的趋势,到 2030 年第三产业占 GDP 比例较大的是东北沿黄渤海诸河和浑太河,均占 50%,其次是西辽河,占 49%。

表 18-18　辽河流域二级水资源区第一产业占 GDP 比例发展趋势　（单位:%）

区域	2000 年	2010 年	2020 年	2030 年
西辽河	35.5	20	16	13
东辽河	49.3	32	29	23
辽河干流	18.4	17	13	11
浑太河	7.2	4	3	3
鸭绿江	17.8	12	9	7
东北沿黄渤海诸河	10.0	9	7	6
全区	12.9	10	8	6

表 18-19　辽河流域二级水资源区第二产业占 GDP 比例发展趋势　（单位:%）

区域	2000 年	2010 年	2020 年	2030 年
西辽河	27.1	38	40	38
东辽河	20.8	34	34	36
辽河干流	59.4	55	55	54
浑太河	39.1	53	49	47
鸭绿江	39.7	48	46	45
东北沿黄渤海诸河	55.4	48	46	44
全区	48.1	50	48	46

表 18-20　辽河流域二级水资源区第三产业占 GDP 比例发展趋势　（单位:%）

区域	2000 年	2010 年	2020 年	2030 年
西辽河	37.4	42	44	49
东辽河	29.9	34	37	42
辽河干流	22.2	28	32	35
浑太河	53.8	43	47	50
鸭绿江	42.6	41	44	48
东北沿黄渤海诸河	40.8	42	47	50
全区	39.0	40	45	48

3. 工业发展趋势与布局预测分析

根据预测,辽河水资源区 2010 年、2020 年和 2030 年工业增加值增长及其构成情况,见表 18-21 ~ 表 18-23。不同阶段工业增加值的增长速度,2001 ~ 2010 年为 10.9%,2011 ~ 2020 年为 7.7%,2021 ~ 2030 年为 6.7%。

2010 年、2020 年和 2030 年工业增加值增长的构成情况,见表 18-24 ~ 表 18-26。辽河区高用水工业增加值占全区工业增加值比例，2000 年为 26%，2010 年、2020 年和 2030 年大幅度增加，分别为 43%、42% 和 41%。辽河水资源区火（核）电工业增加值占全区工业增加值比例，2000 年为 5%，2010 年、2020 年和 2030 年分别为 3%、2%、2%，比例呈现下降趋势。一般工业增加值占全区工业增加值比例，2000 年为 68.5%，2010 年、2020 年和 2030 年分别为 55%、57%、58%，比例呈现下降趋势。

表 18-21　2010 年辽河水资源区工业增加值组成预测　　（单位：亿元）

区域	工业增加值	其中		
		高用水工业	火（核）电工业	一般工业
西辽河	339.8	145.8	24.7	169.2
东辽河	72.1	20.3	1.3	50.5
辽河干流	958.4	410.9	20.6	527.0
浑太河	2 670.9	1 168.7	47.3	1 454.9
鸭绿江	292.8	102.8	10.9	179.2
东北沿黄渤海诸河	2 073.1	898.7	55.4	1 119.0
全区	6 407.2	2 747.2	160.2	3 499.8

表 18-22　2020 年辽河水资源区工业增加值组成预测　　（单位：亿元）

区域	工业增加值	其中		
		高用水工业	火（核）电工业	一般工业
西辽河	834.9	393.1	48.9	392.9
东辽河	158.1	46.5	1.9	109.7
辽河干流	2 000.8	824.2	32.0	1 144.6
浑太河	5 557.4	2 324.9	74.1	3 158.4
鸭绿江	621.8	216.8	16.0	388.9
东北沿黄渤海诸河	4 304.8	1 788.7	86.8	2 429.3
全区	13 477.8	5 594.2	259.8	7 623.9

表 18-23　2030 年辽河水资源区工业增加值组成预测　　（单位：亿元）

区域	工业增加值	其中		
		高用水工业	火（核）电工业	一般工业
西辽河	1 746.3	811.9	81.6	852.8
东辽河	300.9	84.8	2.6	213.5
辽河干流	3 822.5	1 550.1	49.4	2 223.0
浑太河	10 612.2	4 371.2	115.6	6 125.4
鸭绿江	1 181.2	402.5	23.0	755.6
东北沿黄渤海诸河	8 210.6	3 363.5	135.2	4 711.9
全区	25 873.6	10 584.0	407.4	14 882.2

表 18-24 2010 年辽河水资源区工业增加值构成 （单位:%）

区域	工业增加值	其中		
		高用水工业	火（核）电工业	一般工业
西辽河	100	43	7	50
东辽河	100	28	2	70
辽河干流	100	43	2	55
浑太河	100	44	2	54
鸭绿江	100	35	4	61
东北沿黄渤海诸河	100	43	3	54
全区	100	43	3	55

表 18-25 2020 年辽河水资源区工业增加值构成 （单位:%）

区域	工业增加值	其中		
		高用水工业	火（核）电工业	一般工业
西辽河	100	47	6	47
东辽河	100	29	1	69
辽河干流	100	41	2	57
浑太河	100	42	1	57
鸭绿江	100	35	3	63
东北沿黄渤海诸河	100	42	2	56
全区	100	42	2	57

表 18-26 2030 年辽河水资源区工业增加值构成 （单位:%）

区域	工业增加值	其中		
		高用水工业	火（核）电工业	一般工业
西辽河	100	46	5	49
东辽河	100	28	1	71
辽河干流	100	41	1	58
浑太河	100	41	1	58
鸭绿江	100	34	2	64
东北沿黄渤海诸河	100	41	2	57
全区	100	41	2	58

2010 年、2020 年和 2030 年工业增加值，在辽河区各二级水资源区分布情况的变化情况，仅西辽河、浑太河稍有变化（图 18-16 ~ 图 18-18）。

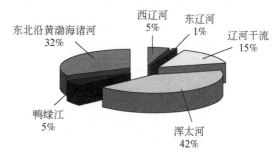

图 18-16　2010 年辽河水资源区工业增加值分布

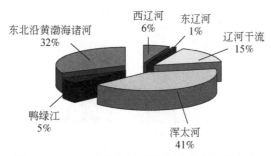

图 18-17　2020 年辽河水资源区工业增加值分布

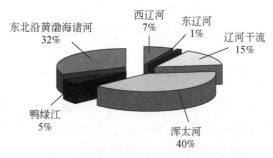

图 18-18　2030 年辽河水资源区工业增加值分布

4. 高用水工业及其构成与布局变化分析

辽河水资源区 2010 年、2020 年和 2030 年高用水工业增加值，分别为 2747.2 亿元、5594.2 亿元和 10 584.0 亿元（表 18-27）。流域高用水工业增加值年均增长速度 2001 ~ 2010 年为 16.6%，远高于同期辽河水资源区工业增加值的增长速度；2011 ~ 2020 年为 7.4%，略低于同期辽河水资源区工业增加值的增长速度；2021 ~ 2030 年为 6.6%，略低于同期辽河水资源区工业增加值的增长速度。

从表 18-27 和图 18-19 中可比较清晰地看出，各二级水资源区高用水工业占地区工业增加值比例的变化趋势：2010 ~ 2030 年鸭绿江、西辽河和东辽河三个二级水资源区呈现增长趋势，其余二级水资源区的高用水工业增加值比例，均呈现微量下降趋势。

表 18-27　辽河水资源区高用水工业增加值及其二级水资源区分布变化趋势

区域	高用水工业增加值（亿元）			二级水资源区占流域比例（%）		
	2010 年	2020 年	2030 年	2010 年	2020 年	2030 年
西辽河	145.8	393.1	811.9	5.3	7.0	7.7
东辽河	20.3	46.5	84.8	0.7	0.8	0.8
辽河干流	410.9	824.2	1 550.1	15.0	14.7	14.6
浑太河	1 168.7	2 324.9	4 371.2	42.5	41.6	41.3
鸭绿江	102.8	216.8	402.5	3.7	3.9	3.8
东北沿黄渤海诸河	898.7	1 788.7	3 363.5	32.7	32.0	31.8
全区	2 747.2	5 594.2	10 584.0	100.0	100.0	100.0

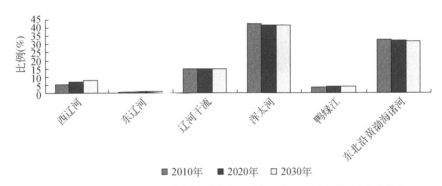

图 18-19　2010~2030 年辽河水资源区高用水工业二级水资源区分布变化

5. 火（核）电工业发展趋势与布局

预测辽河水资源区 2010 年、2020 年和 2030 年火（核）电工业增加值，分别为 160.2 亿元、259.8 亿元和 407.4 亿元（表 18-28）。火（核）电工业增加值增长速度 2001~2010 年为 3.4%，2011~2020 年为 4.9%，2021~2030 年为 4.6%。

表 18-28　辽河水资源区火（核）电工业增加值及其二级水资源区分布变化趋势

区域	火（核）电工业增加值（亿元）			二级水资源区占流域比例（%）		
	2010 年	2020 年	2030 年	2010 年	2020 年	2030 年
西辽河	24.7	48.9	81.6	15.4	18.8	20.0
东辽河	1.3	1.9	2.6	0.8	0.7	0.6
辽河干流	20.6	32.0	49.4	12.9	12.3	12.1
浑太河	47.3	74.1	115.6	29.5	28.5	28.4
鸭绿江	10.9	16.0	23.0	6.8	6.2	5.7
东北沿黄渤海诸河	55.4	86.8	135.2	34.6	33.4	33.2
全区	160.2	259.8	407.4	100.0	100.0	100.0

二级水资源区各发展时期的火（核）电工业增加值占辽河水资源区的比例变化不大，

仅西辽河增长了 5.6 个百分点，其余二级水资源区的火（核）电工业增加值占流域比例，均呈现下降趋势，浑太河、鸭绿江和东北沿黄渤海诸河三个二级水资源区，均下降 1 个百分点左右（图 18-20）。

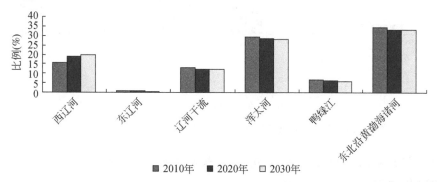

图 18-20　2010～2030 年辽河水资源区火（核）电工业二级水资源区分布变化

6. 一般工业发展趋势与布局预测分析

预测辽河水资源区及各二级水资源区 2010 年、2020 年和 2030 年一般工业增加值及其增长趋势，见表 18-29。2010 年、2020 年和 2030 年辽河水资源区一般工业增加值分别为 3499.8 亿元、7623.9 亿元和 14 882.2 亿元。一般工业增加值增长速度 2001～2010 年为 8.4%，2011～2020 年为 8.1%，2021～2030 年为 6.9%。

表 18-29　辽河水资源区一般工业增加值及其二级水资源区分布变化趋势

区域	一般工业增加值（亿元）			二级水资源区占流域比例（%）		
	2010 年	2020 年	2030 年	2010 年	2020 年	2030 年
西辽河	169.2	392.9	852.8	4.8	5.2	5.7
东辽河	50.5	109.7	213.5	1.4	1.4	1.4
辽河干流	527.0	1 144.6	2 223.0	15.1	15.0	14.9
浑太河	1 454.9	3 158.4	6 125.4	41.6	41.4	41.2
鸭绿江	179.2	388.9	755.6	5.1	5.1	5.1
东北沿黄渤海诸河	1 119.0	2 429.3	4 711.9	32.0	31.9	31.7
全区	3 499.8	7 623.9	14 882.2	100.0	100.0	100.0

2010～2030 年一般工业增加值在二级水资源区的分布情况变化，除西辽河增长 1 个百分点左右，其余变化不明显。一般工业增加值的各行业构成变化趋势，辽河干流采掘业均占较大比例，呈现增长的趋势；东北沿黄渤海诸河的制造业占较大比例，且呈现大幅度增长的发展趋势（图 18-21）。

7. 建筑业发展趋势与布局预测分析

根据预测，辽河水资源区 2010 年、2020 年和 2030 年建筑业增加值，分别为 836.3 亿

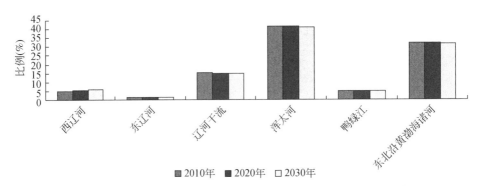

图 18-21　2010～2030 年辽河水资源区一般工业二级水资源区分布

元、1649.0 亿元和 2140 亿元（表 18-30）。建筑业增加值增长速度 2001～2010 年为 12%，2011～2020 年为 7%，2021～2030 年为 3%。

表 18-30　辽河水资源区建筑业增加值增长预测及其二级水资源区分布变化

区域	一般工业增加值（亿元）			二级水资源区占流域比例（%）		
	2010 年	2020 年	2030 年	2010 年	2020 年	2030 年
西辽河	77.3	173.6	246.2	9.2	10.5	11.5
东辽河	14.2	27.0	47.7	1.7	1.6	2.2
辽河干流	137.2	267.2	345.9	16.4	16.2	16.2
浑太河	323.7	629.8	788.2	38.7	38.2	36.8
鸭绿江	41.8	80.3	122.2	5.0	4.9	5.7
东北沿黄渤海诸河	242.0	471.1	589.9	28.9	28.6	27.6
全区	836.3	1649.0	2140.0	100.0	100.0	100.0

建筑业增加值在二级水资源区的分布情况变化情况，除西辽河增长 3 个百分点；鸭绿江和东辽河分别增长 0.7 个和 0.5 个百分点外，其余均呈现下降趋势，其中浑太河，下降了 2 个百分点（图 18-22）。

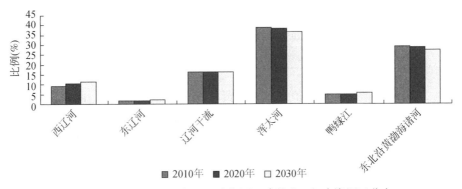

图 18-22　2010～2030 年辽河水资源区建筑业二级水资源区分布

四、未来社会经济发展对水资源需求的影响

辽河水资源区水资源相对不足，流域面积占全国国土面积的 3.3%，水资源量仅占全国的 1.8%，2000 年人均占有水资源量 915m³ 左右，只有全国人均水平的 40%。

2000 年辽河水资源区社会经济总用水量达 203 亿 m³，其中地下水 111.9 亿 m³。用水结构：工业用水占 17%，生活用水占 12%，农业用水占 71%。用水效率相对较高，万元 GDP 用水量 388m³，人均综合用水量 373m³。

辽中南地区人口和经济布局密度大，水资源供需矛盾突出，水资源短缺已成为区域社会经济发展的重要制约因素。未来社会经济发展与布局，对水资源配置将产生一定的影响，如何处理好人口、经济发展与水资源和水环境的关系，走协调发展的道路，是辽河水资源区发展面对的，所要破解的重大课题。

（一）人口数量增加，城镇化发展，生活用水将有较多增长

预测辽河水资源区 2000～2030 年总人口总数可能要增加 700 万人，城镇人口约增加 1100 万人。考虑人口总量增加和城乡居民生活水平提高多方面因素，从宏观角度判断 2030 年辽河水资源区的生活用水量将比 2000 年有较多的增长。特别是浑太河和沿黄渤海诸河两个二级水资源区未来人口增长数量，分别占全区增长总量的 42% 和 25%，上述地区生活用水量将出现较大幅度的增长。

（二）高用水工业比例上升，工业用水量将继续增长

辽河水资源区 2000 年第一、第二、第三产业结构为 13∶48∶39，预测到 2030 年将演变成 6∶46∶48。2000～2030 年，第一产业比例大幅度下降，减少 7 个百分点；第二产业的比例减少 2 个百分点；第三产业比例增加 9 个。由于上述产业结构的调整优化，从总体上看有利于缓解区域水资源供需矛盾，提高用水效益。

辽河水资源区工业发展突出的特点是高用水工业比例大，增长速度快。2000 年流域高用水工业占全区工业增加值的 24.3%，到 2010 年比例将增长至 43%，2010 年以后略有下降，2030 年降至 41%。2010 年高用水工业增加值是 2000 年的 5 倍，2001～2010 年年均增长速度高达 17.4%；2030 年高用水工业增加值达到 2000 年的 23.3 倍，2001～2030 年年均增长 11%，均远高于同期全区工业增加值的增长速度。各二级水资源区高用水工业分布变化趋势分析，2001～2010 年，辽河水资源区高用水工业展在各二级水资源区分布的发展趋势总体格局变化不大，2030 年前，浑太河高用水工业一直保持占全区 42% 左右的地位；辽河干流和西辽河高用水工业占全区高用水工业比例呈增长趋势，辽河干流增长幅度较大；浑太河、沿黄渤海诸河和鸭绿江均为下降走势，如图 18-23 所示。

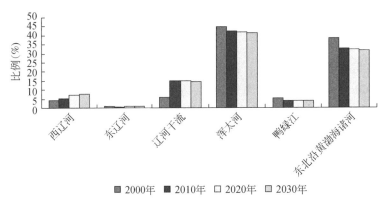

图 18-23　2000～2030 年辽河水资源区高用水工业二级水资源区发展趋势

（三）火（核）电工业布局调整，西辽河火（核）电用水需求增大

根据辽河水资源区火（核）电工业发展预测，在 2030 年前仍继续保持年均 4%～5% 的增长速度。辽河水资源区火（核）电工业未来发展的重点地区是西辽河，2001～2030 年西辽河火（核）电工业年均增长速度增长高达 4.4%。火（核）电工业集中在西辽河二级水资源区高速发展，对水的需求量将大幅度增加，不仅对该地区水资源的压力增大，火电燃煤排放的污染物也将大量增加，对当地大气环境和水环境保护也将产生不利影响，如图 18-24 所示。

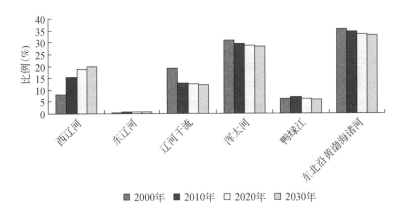

图 18-24　2000～2030 年辽河水资源区火（核）电工业二级水资源区分布变化趋势

第十九章 海河水资源区经济发展布局与产业结构预测

一、海河水资源区经济社会发展布局与产业结构现状分析

（一）海河水资源区的范围和水资源开发利用情况

1. 海河水资源区的范围

海河水资源区包括海河、滦河和徒骇马颊河三大水系、七大河系、十条骨干河流。其中，海河水系是主要水系，由北部的蓟运河、潮白河、北运河、永定河和南部的大清河、子牙河、漳卫河组成；滦河水系包括滦河及冀东沿海诸河；徒骇马颊河水系位于流域最南部，为单独入海的平原河道。

各河系分为两种类型：一种是发源于太行山、燕山背风坡，源远流长，山区汇水面积大，水流集中，泥沙相对较多的河流。另一种是发源于太行山、燕山迎风坡，支流分散，源短流急，洪峰高、历时短、突发性强的河流。历史上洪水多是经过洼淀滞蓄后下泄。两种类型河流呈相间分布，清浊分明。

水资源区属于温带东亚季风气候区。冬季受西伯利亚大陆性气团控制，寒冷少雪；春季受蒙古大陆性气团影响，气温回升快，风速大，气候干燥，蒸发量大，往往形成干旱天气；夏季受海洋性气团影响，比较湿润，气温高，降雨量多，且多暴雨，但因历年夏季太平洋副热带高压的进退时间、强度、影响范围等很不一致，致使降雨量的变差很大，旱涝时有发生；秋季为夏冬的过渡季节，一般年份秋高气爽，降雨量较少。流域年平均气温1.5～14℃，年平均相对湿度50%～70%；年平均降水量539 mm，属半湿润半干旱地带；年平均陆面蒸发量470 mm，水面蒸发量1100 mm。

2. 人均水资源量少，水资源短缺

我国水资源总量为2.8万亿 m³（表19-1），但区域分布十分不平衡。黄河、淮河、海河、辽河四流域水量较小，长江、珠江、松花江流域水量较大，西南山区水量丰沛；海河流域水资源量为421亿 m³，水资源量占全国总资源量的1.5%（表19-2），是除了西北内陆干旱区以外水量最稀缺的片区。

表 19-1 分区多年平均降水量及水资源量（1956~1979 年）

分区	计算面积（km²）	降水量		径流总量（亿 m³）	地下水量（亿 m³）	水资源量（亿 m³）
		降水深（mm）	降水量（亿 m³）			
全国	9 545 322	648	61 889	27 115	8 288	28 124
松辽片	1 248 445	511	6 377	1 653	625	1 929
海河片	318 161	560	1 781	288	265	421
黄河片	794 712	464	3 691	661	406	744
淮河片	329 211	860	2 830	741	393	961
长江片	1 808 500	1 071	19 360	9 513	2 464	9 613
珠江片	239 803	1 758	4 216	2 557	613	2 592
东南诸河片	580 641	1 544	8 967	4 685	1 116	4 708
西南诸河片	851 406	1 089	9 346	5 853	1 544	5 853
内陆河片	3 374 443	158	5 321	1 164	862	1 303

表 19-2 水资源、人口、耕地、人均水量、亩均水量统计表

分区	占全国比例（%）				人均水量（m³）			亩均水量（m³）
	水资源	人口	耕地	GDP	1997 年	2010 年	2050 年	
松辽片	7.0	9.6	20.1	10.4	1 646	1 501	1 287	660
海河片	1.5	10.0	11.2	11.6	343	311	273	258
黄河片	2.7	8.5	12.8	6.7	707 517*	621 454*	526 385*	401 293*
淮河片	3.3	16.2	15.1	14.1	487	440	383	437
北方片	14.7	44.3	59.2	42.8	747 732*	674 620*	582 540*	471 447*
黄淮海	7.7	34.7	39.1	32.4	500 453*	449 407*	389 352*	373 338*
长江片	35.0	34.3	23.8	33.2	2 289	2 042	1 748	2 783
珠江片	17.1	12.1	7.2	13.5	3 228	2 813	2 377	4 501
东南诸河片	7.0	5.6	2.5	8.1	2 885	2 613	2 231	5 344
西南诸河片	21.3	1.6	1.7	0.7	29 427	25 056	20 726	23 090
南方片	80.4	53.6	35.2	55.5	3 481	2 952	2 634	4 317
内陆河片	4.8	2.1	2.6	1.7	4 876	3 090	3 331	1 589
全国	100.0	100.0	100.0	100.0	2 220	2 050	1 760	1 888

注：① 内陆河片包括额尔齐斯河；② 东南诸河不包括台湾诸河在内；③ 带 * 号的人均水量和亩均水量是扣除了黄河必须保证的 200 亿 m³ 冲沙水量后的数值；④ 本表不包括港澳台地区数据在内

我国人口众多，人均占有水资源量只有 2220 m³，约为世界平均值的 1/4，各流域片的人均、亩均水资源情况见表 19-2。海河水资源区人均水量 343 m³（1997 年），只有全国

人均水资源量的 15.45%，不足世界平均值的 5%。到 21 世纪中叶，我国人均水资源量将减少约至 1760 m³，水资源短缺形势更加严峻。

3. 水资源与土地等资源不相匹配

海河水资源区东临渤海，西倚太行，南界黄河，北接内蒙古高原。流域总面积为 31.82 万 km²，仅占全国总面积的 3.33%。

全流域总的地势是西北高东南低，大致分高原、山地及平原三种地貌类型。西部为山西高原和太行山区，北部为内蒙古高原和燕山山区，面积为 18.94 万 km²，占 60%；东部和东南部为平原，面积为 12.84 万 km²，占 40%。

我国的水资源状况是"南富北缺"。长江水资源区及其以南的南方片水资源占全国的 80.4%，而人口占全国 53.5%，耕地占 35.2%，GDP 占全国 54.8%。人均水资源量 3490 m³，属于人多、地少、经济发达，水资源相对丰富的地区。海河水资源区所在的北方片，人口占全国 46.5%，耕地占 64.8%，GDP 占 45.2%，而水资源仅占 19.5%。人均水资源量 770 m³，属于人多、地多、经济相对发达，水资源短缺的地区。其中海河流域尤为突出，据 2000 年统计，海河流域几乎所有资源拥有量都排在各流域片之后，耕地占全国的 11.2%，人口占 10%，水资源仅占 1.5%。人均水资源量 343 m³，是我国水资源最为缺乏的地区（表 19-2）。

我国矿产资源现已查明的潜在价值约 5.73 万亿元，其中北方片约占 59%，每 100 元拥有水量为 16 m³，而南方片约占 41%，每 100 元拥有水量为 94 m³，后者是前者的 5.8 倍。海河南系人均水资源量只有 286 m³，不足世界贫水国人均水资源量 1000 m³ 标准的 1/3，比以干旱著称的以色列国还少 22.7%。

（二）海河水资源区经济和社会发展现状分析

1. 人口及其分布

水资源区的人口状况，是决定该区经济社会发展的基本要素之一。和其他水资源区相比较来看，海河水资源区人口及其分布呈现以下三个特点。

（1）人口密集、大中城市众多

海河水资源区人口密集，2000 年水资源区域总人口为 1.27 亿人，占全国总人口的 10.3%。流域平均人口密度仅次于淮河水资源区，达到 403 人/km²，其中平原地区 608 人/km²（1998 年）（表 19-3 和表 19-4）。

水资源区内大中城市众多，在我国政治经济中具有重要地位。其中包括北京、天津，以及石家庄、唐山、秦皇岛、廊坊、张家口、承德、保定、邯郸、邢台、沧州、衡水、大同、朔州、忻州、阳泉、长治、安阳、新乡、焦作、鹤壁、濮阳、德州、聊城 25 座大中城市。

表 19-3　海河水资源区人口状况

一级水资源区	城镇人口（万人）	比例（%）	农村人口（万人）	比例（%）	总人口（万人）	比例（%）	城镇化率（%）
松花江水资源区	3 119	6.9	3 066	3.9	6 185	5.0	50.4
辽河水资源区	2 742	6.1	2 703	3.4	5 445	4.4	50.4
海河水资源区	4 677	10.3	8 063	10.2	12 740	10.3	36.7
黄河水资源区	3 508	7.8	7 335	9.3	10 843	8.7	32.4
淮河水资源区	5 892	13.0	13 606	17.2	19 499	15.7	30.2
长江水资源区	14 147	31.3	27 683	35.0	41 830	33.7	33.8
东南诸河水资源区	3 211	7.1	3 897	4.9	7 108	5.7	45.2
珠江水资源区	6 704	14.8	9 160	11.6	15 864	12.8	42.3
西南诸河水资源区	335	0.7	1 650	2.1	1 986	1.6	16.9
西北诸河水资源区	913	2.0	1 823	2.3	2 736	2.2	33.4
合计	45 248	100.0	78 986	100.0	124 234	100.0	36.4
二级水资源区	城镇人口（万人）	比例（%）	农村人口（万人）	比例（%）	总人口（万人）	比例（%）	城镇化率（%）
滦河及冀东沿海	311	6.6	701	8.7	1 012	7.9	30.7
海河北系	1 634	34.9	1 263	15.7	2 896	22.7	56.4
海河南系	2 280	48.7	4 888	60.6	7 168	56.3	31.8
徒骇马颊河	453	9.7	1 211	15.0	1 664	13.1	27.2
合计	4 677	100.0	8 063	100.0	12 740	100.0	36.7

表 19-4　海河水资源区人口密度状况

一级水资源区（人/km²）		二级水资源区（人/km²）	
松花江水资源区	67	滦河及冀东沿海	191
辽河水资源区	174	海河北系	339
海河水资源区	403	海河南系	490
黄河水资源区	139	徒骇马颊河	529
淮河水资源区	593		
长江水资源区	236		
东南诸河水资源区	337		
珠江水资源区	275		
西南诸河水资源区	24		
西北诸河水资源区	8		

（2）城镇化率不高，仍存在大量的农业人口

流域区近 1/3 的人口为农村人口，共 8063 万人。流域区城市人口为 4677 万，城市人口占流域区总人口的比例（城镇化率）为 36.7%，在我国东部地区较大幅度地落在后面。

与东北的松花江水资源区、辽河水资源区，以及东南诸河水资源区和珠江水资源区的城镇化率水平之间存在着较大差距，也低于全国平均水平37.6%。

（3）主要人口集中在海河南系和海河北系，海河北系城镇化率很高

主要人口集中在海河南系和海河北系，分别占流域总人口的22.7%、56.3%，海河南系和海河北系的城镇化率很高83.7%的城市人口都集中在海河南系和海河北系。海河北系由于有京津等大都市的存在，城镇化率很高，已达到56.4%。但海河南系和徒骇马颊河流域的人口密度较高，分别达到490人/km²和529人/km²，大幅度高出滦河及冀东沿海和海河南系的191人/km²和339人/km²的水平。

2. 经济总量及产业结构状况分析

对于海河水资源区的经济总量和产业结构状况，我们将从以下四个方面分析。和其他水资源区相比较来看，海河水资源区经济总量及产业结构的特点十分突出。

（1）海河水资源区是中国经济增长的重要区域

海河水资源区是经济较发达的地区，拥有发展经济的技术、人才、资源、地理优势。海河水资源区以占全国10.3%的人口，产出占全国的GDP的12%。2000年流域内GDP为11 678.82亿元，人均GDP为9167元，在我国十大水资源区中仅次于东南诸河水资源区和辽河水资源区，排位第三，较大幅度地超出全国人均7825元的平均水平。

（2）第三产业发展突出，经济结构处于工业化中期

海河水资源区从流域层面讲，经济的三次产业结构在全国来说，处于工业化中期阶段。第一产业比例已下降到11.3%，低于所有其他流域；第二产业产值比例位于各流域第五位，达45.9%；第三产业比例42.9%，处于全国最高水平（表19-5）。

表19-5 2000年一级流域各水资源区三次产业结构比较 （单位:%）

一级水资源区	第一产业	第二产业	第三产业
松花江水资源区	15.2	49.3	35.6
辽河水资源区	12.9	48.1	39.0
海河水资源区	11.3	45.9	42.9
黄河水资源区	13.9	45.3	40.8
淮河水资源区	20.4	45.0	34.7
长江水资源区	15.2	43.4	41.4
东南诸河水资源区	13.1	49.1	37.8
珠江水资源区	13.4	43.9	42.7
西南诸河水资源区	36.8	23.7	39.5
西北诸河水资源区	22.4	39.7	37.8
全国GDP结构	15.0	47.1	40.0

（3）产业结构具有较强的重化工工业特征，高耗水产业比例仍然过高

海河水资源区的产业结构表现出较明显的重化工工业特征。2000年，海河水资源区的工业产值占全国的份额为12.8%，列全国各流域第四位。所占份额名列各流域第三位的是建筑业和一般工业（表19-6）。

表19-6　一级流域行业总产值占全国行业总产值比例　　　　（单位：%）

一级水资源区	工业	建筑业	一般工业	高用水工业	火（核）电工业
松花江水资源区	5.7	4.5	6.6	3.3	4.8
辽河水资源区	5.9	4.6	5.9	5.7	7.1
海河水资源区	12.8	13.1	12.6	13.0	15.5
黄河水资源区	6.4	7.5	6.1	7.1	8.2
淮河水资源区	13.6	13.1	12.6	16.7	11.7
长江水资源区	29.6	32.0	29.7	30.6	21.9
东南诸河水资源区	9.7	7.9	10.4	7.9	9.1
珠江水资源区	14.5	12.6	14.4	13.7	19.9
西南诸河水资源区	0.3	0.8	0.2	0.3	0.7
西北诸河水资源区	1.5	3.4	1.5	1.6	1.1
合计	100.0	100.0	100.0	100.0	100.0

海河水资源区的高耗水工业占全国份额仍达13.0%，火（核）电工业占全国份额仍达15.5%，仅次于长江流域，远远高于本流域水资源状况。

（4）产业分布各具特色，初步形成分工格局

海河水资源区拥有北京、天津等大都市，有较发达的第三产业，主要分布于海河北系和海河南系（所占比例合计85.8%），是流域未来的发展主体和核心地带。同时，第一产业主要布局在南部，高出海河在全国的比例（表19-7和表19-8）。

表19-7　海河水资源区三次产业分别在二级流域的分布　　　　（单位：%）

二级水资源区	第一产业	第二产业	第三产业
滦河及冀东沿海	11.0	5.3	7.3
海河北系	18.3	32.9	41.7
海河南系	52.3	49.1	44.1
徒骇马颊河	18.3	12.7	6.9

表19-8　海河水资源区内二级流域各自的三次产业结构　　　　（单位：%）

二级水资源区	第一产业	第二产业	第三产业	合计
滦河及冀东沿海	18.1	35.9	46.0	100.0
海河北系	5.9	43.0	51.0	100.0
海河南系	12.5	47.6	40.0	100.0
徒骇马颊河	19.0	53.7	27.3	100.0
合计	11.3	45.9	42.9	100.0

二、2010 年、2020 年、2030 年海河水资源区经济社会发展布局与产业结构预测分析

本研究是在按照行政区、行业预测的基础上，采用离散的方法提出流域的预测结果，总结出其存在的内在规律性和发展趋势，并以此为出发点分析经济社会发展与产业布局变化对于流域水资源区水资源需求的影响。对流域水资源区人口分布、经济总量和产业结构以及行业分布进行横向、纵向比较预测分析，将有助于我们总结本流域水资源区经济社会发展所具有的基本特征和未来趋势，以作为进行水资源供求预测分析的总体背景。

（一）海河流域水资源区人口总量和人口结构预测分析

1. 海河流域水资源区人口预测分析

海河水资源区的人口在全国人口中的比例，将从 2000 年的 10.3%，提高到 2010 年的 10.4%，增长的速度比较平稳。2010～2020 年，海河水资源区人口将出现一个较大幅度的增长。在全国人口中的比例，将从 2010 年的 10.3%，提高到 2020 年的 10.7%。预计，2030 年海河水资源区的人口在全国人口中的比例，仍呈扩大趋势，将继续扩大到 11.2%。人口的平稳增长，将提高区域市场在全国市场中的比例，增加劳动力要素的供给，推动海河水资源区经济增长空间的扩大。

2. 海河水资源区的城镇化进程预测分析

海河水资源区的农村人口，将从 2000 年的 8063.2 万人，逐步减少到 2010 年的 7789.8 万人、2020 年的 7139.2 万人和 2030 年的 6168.1 万人。城市人口则从 2000 年的 4677.0 万人，迅速增加到 2010 年的 6273.7 万人、2020 年的 8188.7 万人和 2030 年的 10 013.5 万人，30 年间增加 1.14 倍。城镇化率从 2000 年的 37% 提高到 2030 年的 62%（表 19-9）。

表 19-9　海河水资源区城乡人口在全国城乡人口中的比例

时间	城镇人口（万人）	比例（%）	农村人口（万人）	比例（%）	总人口（万人）	比例（%）	城镇化率（%）
2000 年	4 677.0	10.3	8 063.2	10.2	12 740.2	10.3	37
2010 年	6 273.7	10.5	7 789.8	10.3	14 063.6	10.4	45
2020 年	8 188.7	10.9	7 139.2	10.4	15 328.0	10.7	53
2030 年	10 013.5	11.2	6 168.1	10.0	16 181.6	10.7	62
时段	城镇人口年增长率（%）		农村人口年增长率（%）		总人口年增长率（%）		
2000～2010 年	2.98		-0.34		0.99		
2010～2020 年	2.70		-0.87		0.86		
2020～2030 年	2.03		-1.45		0.54		
2000～2030 年	2.57		-0.89		0.80		

海河水资源区的农村人口在全国农村人口中的比例呈逐步下降趋势，将从 2000 年的

10.3%，到 2010 年的 10.3%、2020 年的 10.4%、2030 年的 10.0%。同时，海河水资源区城市人口在全国城市人口中的比例，将从 2000 年的 10.3%，逐步提高到 2010 年的 10.5%、2020 年的 10.9%、2030 年的 11.2%。从预测上看，海河水资源区总人口占全国的份额上升不到 0.5 个百分点，而城镇人口在全国的份额大约上升 1 个百分点。总的来看，海河水资源区人口的城镇化是与全国趋势一致并快于全国平均水平的。

3. 海河水资源区人口变动的区域分布预测分析

海河水资源区二级流域人口变动可以看出一个趋势，二级流域的城镇化率有了普遍的提高。其中，滦河及冀东沿海、海河南系两个区域提高幅度更大，分别提高 27.8 个百分点和 27.7 个百分点。即有 1/4 以上的人口转成城镇人口（表19-10）。

表 19-10 海河水资源区二级流域城乡人口结构

滦河及冀东沿海	城镇人口（万人）	比例（%）	农村人口（万人）	比例（%）	总人口（万人）	比例（%）	城镇化率（%）	城镇化率上升（%）
2000 年	310.6	6.6	701.0	8.7	1011.5	7.9	31.0	
2010 年	453.3	7.2	665.6	8.5	1118.9	8.0	40.5	9.8
2020 年	612.1	7.5	595.2	8.3	1207.3	7.9	50.7	10.2
2030 年	741.7	7.4	526.7	8.5	1268.3	7.8	58.5	7.8

滦河及冀东沿海	城镇人口年增长率（%）	农村人口年增长率（%）	总人口年增长率（%）
2000～2010 年	3.85	−0.52	1.01
2010～2020 年	3.05	−1.11	0.76
2020～2030 年	1.94	−1.22	0.49
2000～2030 年	2.94	−0.95	0.76

海河北系	城镇人口（万人）	比例（%）	农村人口（万人）	比例（%）	总人口（万人）	比例（%）	城镇化率（%）	城镇化率上升（%）
2000 年	1633.6	34.9	1262.7	15.7	2896.4	22.7	56.4	
2010 年	2023.1	32.2	1288.8	16.5	3311.8	23.5	61.1	4.7
2020 年	2453.4	30.0	1206.9	16.9	3660.3	23.9	67.0	5.9
2030 年	2945.8	29.4	1006.4	16.3	3952.1	24.4	74.5	7.5

海河北系	城镇人口年增长率（%）	农村人口年增长率（%）	总人口年增长率（%）
2000～2010 年	2.16	0.20	1.35
2010～2020 年	1.95	−0.65	1.01
2020～2030 年	1.85	−1.80	0.77
2000～2030 年	1.98	−0.75	1.04

海河南系	城镇人口 （万人）	比例 （%）	农村人口 （万人）	比例 （%）	总人口 （万人）	比例 （%）	城镇化率 （%）	城镇化率上升 （%）
2000 年	2279.8	48.7	4888.1	60.6	7167.9	56.3	31.8	
2010 年	3199.4	51.0	4669.7	59.9	7869.1	56.0	40.7	8.9
2020 年	4297.0	52.5	4199.8	58.8	8496.8	55.4	50.6	9.9
2030 年	5334.5	53.3	3628.8	58.8	8963.3	55.4	59.5	8.9

海河南系	城镇人口年增长率 （%）		农村人口年增长率 （%）		总人口年增长率 （%）	
2000~2010 年	3.45		−0.46		0.94	
2010~2020 年	2.99		−1.05		0.77	
2020~2030 年	2.19		−1.45		0.54	
2000~2030 年	2.87		−0.99		0.75	

徒骇马颊河	城镇人口 （万人）	比例 （%）	农村人口 （万人）	比例 （%）	总人口 （万人）	比例 （%）	城镇化率 （%）	城镇化率上升 （%）
2000 年	453.0	9.7	1211.4	15.0	1664.3	13.1	27.2	
2010 年	598.1	9.5	1165.8	15.0	1763.9	12.5	33.9	6.7
2020 年	826.2	10.1	1137.4	15.9	1963.6	12.8	42.1	8.2
2030 年	991.6	9.9	1006.3	16.3	1997.9	12.3	49.6	7.6

徒骇马颊河	城镇人口年增长率 （%）		农村人口年增长率 （%）		总人口年增长率 （%）	
2000~2010 年	2.82		−0.38		0.58	
2010~2020 年	3.28		−0.25		1.08	
2020~2030 年	1.84		−1.22		0.17	
2000~2030 年	2.65		−0.62		0.61	

（二）流域水资源区经济发展预测（GDP 及第一、第二、第三产业增加值及结构）

1. 流域水资源区经济发展预测分析

从海河水资源区经济增长预测结果可以看出，至 2030 年，该流域经济增长呈先快后慢，然后再增速的过程。2010~2020 年，人均 GDP 按照现行汇率计算将跨越 3000 美元，即全国实现全面建设小康社会的目标；到 2030 年将接近 7000 美元（6975 美元），全流域总体达到中等发达国家的经济发展水平。海河水资源区一直是全国 GDP 份额大于人口份额的两个水资源区之一（另一个是东南诸河水资源区），只是到 2010~2020 年长江水资源区才成为第三个全国 GDP 份额大于人口份额的水资源区（表 19-11 和表 19-12）。

表 19-11　全国各水资源区经济发展预测（GDP）　　　　（单位：亿元）

一级水资源区	2000 年	2010 年	2020 年	2030 年
松花江水资源区	4 968.9	12 889.0	27 771	53 200
辽河水资源区	5 293.3	14 504.8	31 736	61 108
海河水资源区	12 421.2	36 833.6	81 981	159 669
黄河水资源区	6 443.7	18 952.9	41 241	80 072
淮河水资源区	13 380.7	38 181.6	81 584	152 679
长江水资源区	30 582.6	84 316.3	181 438	342 195
东南诸河水资源区	8 573.8	24 666.1	53 170	99 322
珠江水资源区	14 353.6	41 763.9	88 738	167 792
西南诸河水资源区	625.9	1 588.6	3 334	6 531
西北诸河水资源区	1 963.9	5 220.5	11 409	22 884
合计	98 607.6	278 917.2	602 402	1 145 450

表 19-12　全国各水资源区经济发展预测（GDP 占全国比例）　　　　（单位:%）

一级水资源区	2000 年	2010 年	2020 年	2030 年
松花江水资源区	5.0	4.6	4.6	4.6
辽河水资源区	5.4	5.2	5.3	5.3
海河水资源区	12.6	13.2	13.6	13.9
黄河水资源区	6.5	6.8	6.8	7.0
淮河水资源区	13.6	13.7	13.5	13.3
长江水资源区	31.0	30.2	30.1	29.9
东南诸河水资源区	8.7	8.8	8.8	8.7
珠江水资源区	14.6	15.0	14.7	14.6
西南诸河水资源区	0.6	0.6	0.6	0.6
西北诸河水资源区	2.0	1.9	1.9	2.0
合计	100.0	100.0	100.0	100.0

　　海河水资源区未来产业结构发展的一个重要特点是，第三产业发展依然保持在全国范围领先发展的趋势。2010 年、2020 年和 2030 年海河水资源区第三产业占 GDP 的比例为44.3%、47.9% 和 53.4%，第三产业比例位列各水资源区第一。第三产业所占比例逐步提高，并将在 2021 到 2030 年之间超过第二产业。相应地，海河水资源区第一产业 2010 年、2020 年和 2030 年占 GDP 的比例为 7.5%、5.6% 和 4.4%，低于海河水资源区第一产业比例的只有东南诸河水资源区。因此，从产值结构角度来看，海河水资源区已处于较为成熟的工业化发展阶段（表 19-13）。

表 19-13　全国各水资源区产业结构变动预测 （单位:%）

2000 年一级水资源区	第一产业比例	第二产业比例	第三产业比例	GDP
松花江水资源区	15.2	49.3	35.6	100.0
辽河水资源区	12.9	48.1	39.0	100.0
海河水资源区	11.3	45.9	42.9	100.0
黄河水资源区	13.9	45.3	40.8	100.0
淮河水资源区	20.4	45.0	34.7	100.0
长江水资源区	15.2	43.4	41.4	100.0
东南诸河水资源区	13.1	49.1	37.8	100.0
珠江水资源区	13.4	43.9	42.7	100.0
西南诸河水资源区	36.8	23.7	39.5	100.0
西北诸河水资源区	22.4	39.7	37.9	100.0
合计	15.0	45.0	40.0	100.0
2010 年一级水资源区	第一产业比例	第二产业比例	第三产业比例	GDP
松花江水资源区	11.3	51.4	37.3	100.0
辽河水资源区	9.7	49.9	40.4	100.0
海河水资源区	7.5	48.2	44.3	100.0
黄河水资源区	8.5	52.8	38.7	100.0
淮河水资源区	11.8	50.6	37.5	100.0
长江水资源区	10.0	47.3	42.7	100.0
东南诸河水资源区	7.4	50.5	42.1	100.0
珠江水资源区	8.6	47.8	43.6	100.0
西南诸河水资源区	28.8	27.2	43.9	100.0
西北诸河水资源区	17.8	46.9	35.3	100.0
合计	9.7	48.8	41.5	100.0
2020 年一级水资源区	第一产业比例	第二产业比例	第三产业比例	GDP
松花江水资源区	8.9	51.0	40.1	100.0
辽河水资源区	7.6	47.7	44.8	100.0
海河水资源区	5.6	46.5	47.9	100.0
黄河水资源区	6.4	53.4	40.2	100.0
淮河水资源区	8.7	50.4	41.0	100.0
长江水资源区	7.7	47.2	45.1	100.0
东南诸河水资源区	5.0	48.4	46.6	100.0
珠江水资源区	6.5	47.2	46.2	100.0
西南诸河水资源区	21.8	29.7	48.5	100.0
西北诸河水资源区	13.5	49.1	37.4	100.0
合计	7.3	48.2	44.5	100.0

续表

2030年一级水资源区	第一产业比例	第二产业比例	第三产业比例	GDP
松花江水资源区	7.2	48.5	44.3	100.0
辽河水资源区	6.1	45.8	48.1	100.0
海河水资源区	4.4	42.2	53.4	100.0
黄河水资源区	5.2	50.0	44.8	100.0
淮河水资源区	6.8	46.3	46.9	100.0
长江水资源区	6.2	44.8	49.0	100.0
东南诸河水资源区	3.7	45.6	50.7	100.0
珠江水资源区	5.2	43.7	51.1	100.0
西南诸河水资源区	17.3	29.4	53.4	100.0
西北诸河水资源区	11.0	48.2	40.9	100.0
合计	5.8	45.1	49.1	100.0

2. 海河流域水资源区经济发展布局预测分析

海河流域水资源区经济发展集中化的趋势十分明显，80%的GDP均产生于由海河北系和海河南系构成的中部地区。而其中又以海河北系经济的高效率产出能力最为突出，海河北系是该水资源区唯一GDP份额超出人口份额的二级区域（表19-14~表19-16）。

表19-14　海河水资源区二级流域区经济发展预测（GDP） （单位：亿元）

二级水资源区	2000年	2010年	2020年	2030年
滦河及冀东沿海	847.6	2 698.6	5 959.8	11 575.3
海河北系	4 346.8	13 727.8	30 951.7	61 152.4
海河南系	5 876.0	16 943.1	37 774.6	73 674.3
徒骇马颊河	1 350.9	3 464.1	7 294.6	13 266.9
合计	12 421.2	36 833.6	81 980.7	159 669.0

表19-15　GDP及人口占全水资源区比例 （单位：%）

二级水资源区	2000年		2010年		2020年		2030年	
	GDP份额	人口份额	GDP份额	人口份额	GDP份额	人口份额	GDP份额	人口份额
滦河及冀东沿海	6.8	7.9	7.3	8.0	7.3	7.9	7.2	7.8
海河北系	35.0	22.7	37.3	23.5	37.8	23.9	38.3	24.4
海河南系	47.3	56.3	46.0	56.0	46.1	55.4	46.1	55.4
徒骇马颊河	10.9	13.1	9.4	12.5	8.9	12.8	8.3	12.3
合计	100.0	100.0	100.0	100.0	100.0	100.0	100.0	100.0

表 19-16　2000~2030 年二级水资源区产业结构　　　　　（单位:%）

2000 年二级水资源区产业结构	第一产业比例	第二产业比例	第三产业比例	GDP
滦河及冀东沿海	18.1	35.9	46.0	100.0
海河北系	5.9	43.0	51.0	100.0
海河南系	12.5	47.6	40.0	100.0
徒骇马颊河	19.0	53.7	27.3	100.0
合计	11.3	45.9	42.9	100.0
2010 年二级水资源区产业结构	第一产业比例	第二产业比例	第三产业比例	GDP
滦河及冀东沿海	12.5	49.6	37.9	100.0
海河北系	3.4	38.6	58.0	100.0
海河南系	9.1	53.2	37.7	100.0
徒骇马颊河	12.4	60.1	27.5	100.0
合计	7.5	48.2	44.3	100.0
2020 年二级水资源区产业结构	第一产业比例	第二产业比例	第三产业比例	GDP
滦河及冀东沿海	9.6	48.3	42.2	100.0
海河北系	2.6	36.5	60.9	100.0
海河南系	6.9	51.7	41.5	100.0
徒骇马颊河	9.1	60.6	30.3	100.0
合计	5.6	46.5	47.9	100.0
2030 年二级水资源区产业结构	第一产业比例	第二产业比例	第三产业比例	GDP
滦河及冀东沿海	7.5	43.7	48.8	100.0
海河北系	2.0	33.4	64.6	100.0
海河南系	5.4	46.9	47.8	100.0
徒骇马颊河	7.5	56.1	36.4	100.0
合计	4.4	42.2	53.4	100.0

（三）流域水资源区七个用水大类的总产值和增加值预测

　　海河水资源区的产业和城市密集带主要集中在海河流域，该区七个用水大类总产值和增加值的 80% 左右产生在海河北系和海河南系区域，根据预测，这一总体格局在预测期内，将不会出现大的改变。但不同行业发展将会出现各异的趋势。

1. 高用水工业增长迅猛，在全国的份额稳中趋降

　　从高用水工业内的行业来看，均是改革开放以来在海河水资源区获得较大发展的行业。海河水资源区的高用水工业目前在行业中所占份额，略大于其在全国经济中的份额。根据预测，高用水工业仍是高成长行业。和全国发展趋势一样，海河水资源区的高用水工业仍将高速成长，到 2030 年以前，其增加值每 10 年将翻一番左右。在全国行业中的份额

则稳中有降，大约每10年降1个百分点（表19-17~表19-20）。

表 19-17　2000 年海河水资源区高用水工业所占比例预测

一级水资源区	GDP（亿元）	占全国 GDP 比例（%）	高用水工业增加值（亿元）	占全国高用水工业比例（%）	占本区 GDP 比例（%）
松花江水资源区	4 968.9	5.0	317.5	3.3	6.4
辽河水资源区	5 293.3	5.4	553.1	5.7	10.4
海河水资源区	12 421.2	12.6	1 252.5	13.0	10.1
黄河水资源区	6 443.7	6.5	688.0	7.1	10.7
淮河水资源区	13 380.7	13.3	1 608.5	16.7	12.0
长江水资源区	30 582.6	31.0	2 946.5	30.6	9.6
东南诸河水资源区	8 573.8	8.7	759.0	7.9	8.9
珠江水资源区	14 353.6	14.6	1 320.5	13.7	9.2
西南诸河水资源区	625.9	0.6	26.4	0.3	4.2
西北诸河水资源区	1 963.9	2.0	152.4	1.6	7.8
合计	98 607.6	100.0	9 624.4	100.0	9.8
二级水资源区	GDP（亿元）	占全国 GDP 比例（%）	高用水工业增加值（亿元）	占全区高用水工业比例（%）	占本区 GDP 比例（%）
滦河及冀东沿海	847.6	6.8	83.1	6.6	9.8
海河北系	4 346.8	35.0	331.2	26.4	7.6
海河南系	5 876.0	47.3	643.6	51.4	11.0
徒骇马颊河	1 350.9	10.9	194.6	15.5	14.4
合计	12 421.2	100.0	1 252.5	100.0	10.1

表 19-18　2010 年海河水资源区高用水工业所占比例预测

一级水资源区	GDP（亿元）	占全国 GDP 比例（%）	高用水工业增加值（亿元）	占全国高用水工业比例（%）	占本区 GDP 比例（%）
松花江水资源区	12 889.0	4.6	1 208.4	2.9	9.4
辽河水资源区	14 504.8	5.2	2 747.2	6.7	18.9
海河水资源区	36 833.6	13.2	5 594.3	13.6	15.2
黄河水资源区	18 952.9	6.8	3 082.1	7.5	16.3
淮河水资源区	38 181.6	13.7	6 826.5	16.6	17.9
长江水资源区	84 316.3	30.2	12 192.2	29.6	14.5
东南诸河水资源区	24 666.1	8.8	3 518.0	8.6	14.3
珠江水资源区	41 763.9	15.0	5 185.4	12.6	12.4
西南诸河水资源区	1 588.6	0.6	75.7	0.2	4.8
西北诸河水资源区	5 220.5	1.9	699.8	1.7	13.4
合计	278 917.2	100.0	41 129.4	100.0	14.7

续表

二级水资源区	GDP（亿元）	占全国 GDP 比例（%）	高用水工业增加值（亿元）	占全区高用水工业比例（%）	占本区 GDP 比例（%）
海河北系	13 727.8	37.3	1 599.9	28.6	11.7
海河南系	16 943.1	46.0	2 789.4	49.9	16.5
徒骇马颊河	3 464.1	9.4	761.6	13.6	22.0
合计	36 833.6	100.0	5 594.3	100.0	15.2

表 19-19　2020 年海河水资源区高用水工业所占比例预测

一级水资源区	GDP（亿元）	占全国 GDP 比例（%）	高用水工业增加值（亿元）	占全国高用水工业比例（%）	占本区 GDP 比例（%）
松花江水资源区	27 771.4	4.6	2 676.8	3.0	9.6
辽河水资源区	31 736.1	5.3	5 594.2	6.3	17.6
海河水资源区	81 980.8	13.6	11 510.1	13.0	14.0
黄河水资源区	41 240.5	6.8	7 148.8	8.1	17.3
淮河水资源区	81 584.3	13.5	14 017.1	15.9	17.2
长江水资源区	181 438.1	30.1	25 611.8	29.0	14.1
东南诸河水资源区	53 170.1	8.8	7 604.6	8.6	14.3
珠江水资源区	88 738.0	14.7	11 961.9	13.6	13.5
西南诸河水资源区	3 334.1	0.6	232.3	0.3	7.0
西北诸河水资源区	11 408.9	1.9	1 885.8	2.1	16.5
合计	602 402.3	100.0	88 243.3	100.0	14.6

二级水资源区	GDP（亿元）	占全国 GDP 比例（%）	高用水工业增加值（亿元）	占全区高用水工业比例（%）	占本区 GDP 比例（%）
海河北系	30 951.7	37.8	3 160.4	27.5	10.2
海河南系	37 774.6	46.1	5 856.2	50.9	15.5
徒骇马颊河	7 294.6	8.9	1 558.8	13.5	21.4
合计	81 980.7	100.0	11 510.1	100.0	14.0

表 19-20　2030 年海河水资源区高用水工业所占比例预测

一级水资源区	GDP（亿元）	占全国 GDP 比例（%）	高用水工业增加值（亿元）	占全国高用水工业比例（%）	占本区 GDP 比例（%）
松花江水资源区	53 199.6	4.6	4 635.6	3.0	8.7
辽河水资源区	61 107.5	5.3	10 584.0	6.9	17.3
海河水资源区	159 669.0	13.9	19 434.4	12.7	12.2
黄河水资源区	80 071.8	7.0	12 872.5	8.4	16.1
淮河水资源区	152 679.0	13.3	23 399.7	15.2	15.3

一级水资源区	GDP（亿元）	占全国GDP比例（%）	高用水工业增加值（亿元）	占全国高用水工业比例（%）	占本区GDP比例（%）
长江水资源区	342 194.9	29.9	44 683.7	29.1	13.1
东南诸河水资源区	99 322.2	8.7	13 172.6	8.6	13.3
珠江水资源区	167 792.0	14.6	20 555.7	13.4	12.3
西南诸河水资源区	6 530.6	0.6	491.4	0.3	7.5
西北诸河水资源区	22 883.7	2.0	3 654.6	2.4	16.0
合计	1 145 450.2	100.0	153 484.0	100.0	13.4

二级水资源区	GDP（亿元）	占全国GDP比例（%）	高用水工业增加值（亿元）	占全区高用水工业比例（%）	占本区GDP比例（%）
海河北系	61 152.4	38.3	5 268.2	27.1	8.6
海河南系	73 674.3	46.1	9 974.5	51.3	13.5
徒骇马颊河	13 266.9	8.3	2 565.9	13.2	19.3
合计	159 669.0	100.0	19 434.4	100.0	12.2

2. 火（核）电工业呈下降趋势，在全国的份额将逐步减少

海河水资源区的火（核）电工业在全国所占份额并不大，但是，根据预测，趋势是逐步减少其在全国行业中的比例。2020年已减至全行业的11.7%，2030年减至10.2%，越来越低于海河水资源区经济在全国的比例。这一趋势是符合水资源区自身的资源，特别是水资源条件及环境保护恶化的现状（表19-21~表19-24）。

表19-21　2000年海河水资源区火（核）电工业所占比例预测

一级水资源区	GDP（亿元）	占全国GDP比例（%）	火（核）电工业增加值（亿元）	占全国火（核）电工业比例（%）	占本区GDP比例（%）
松花江水资源区	4 968.9	5.0	75.2	4.8	1.5
辽河水资源区	5 293.3	5.4	111.2	7.1	2.1
海河水资源区	12 421.2	12.6	241.8	15.5	1.9
黄河水资源区	6 443.7	6.5	127.3	8.2	2.0
淮河水资源区	13 380.7	13.6	182.2	11.7	1.4
长江水资源区	30 582.6	31.0	341.0	21.9	1.1
东南诸河水资源区	8 573.8	8.7	141.5	9.1	1.6
珠江水资源区	14 353.6	14.6	310.3	19.9	2.2
西南诸河水资源区	625.9	0.6	11.3	0.7	1.8
西北诸河水资源区	1 963.9	2.0	17.8	1.1	0.9
合计	98 607.6	100.0	1 559.5	100.0	1.6

二级水资源区	GDP（亿元）	占全国 GDP比例（%）	火（核）电工业增加值（亿元）	占全区火（核）电工业比例（%）	占本区 GDP比例（%）
滦河及冀东沿海	847.6	6.8	24.0	9.9	2.8
海河北系	4 346.8	35.0	90.6	37.5	2.1
海河南系	5 876.0	47.3	105.3	43.6	1.8
徒骇马颊河	1 350.9	10.9	21.9	9.1	1.6
合计	12 421.2	100.0	241.8	100.0	1.9

表 19-22　2010 年海河水资源区火（核）电工业所占比例预测

一级水资源区	GDP（亿元）	占全国 GDP比例（%）	火（核）电工业增加值（亿元）	占全国火（核）电工业比例（%）	占本区 GDP比例（%）
松花江水资源区	12 889.0	4.6	145.0	3.9	1.1
辽河水资源区	14 504.8	5.2	160.2	4.3	1.1
海河水资源区	36 833.6	13.2	528.4	14.2	1.4
黄河水资源区	18 952.9	6.8	348.6	9.4	1.8
淮河水资源区	38 181.6	13.7	462.6	12.4	1.2
长江水资源区	84 316.3	30.2	860.4	23.1	1.0
东南诸河水资源区	24 666.1	8.8	399.1	10.7	1.6
珠江水资源区	41 763.9	15.0	756.0	20.3	1.8
西南诸河水资源区	1 588.6	0.6	8.9	0.2	0.6
西北诸河水资源区	5 220.5	1.9	51.2	1.4	1.0
合计	278 917.2	100.0	3 720.3	100.0	1.3
二级水资源区	GDP（亿元）	占全国 GDP比例（%）	火（核）电工业增加值（亿元）	占全区火（核）电工业比例（%）	占本区 GDP比例（%）
滦河及冀东沿海	2 698.6	7.3	33.8	6.4	1.3
海河北系	13 727.8	37.3	197.4	37.4	1.4
海河南系	16 943.1	46.0	240.8	45.6	1.4
徒骇马颊河	3 464.1	9.4	56.4	10.7	1.6
合计	36 833.6	100.0	528.4	100.0	1.4

表 19-23　2020 年海河水资源区火（核）电工业所占比例预测

一级水资源区	GDP（亿元）	占全国 GDP比例（%）	火（核）电工业增加值（亿元）	占全国火（核）电工业比例（%）	占本区 GDP比例（%）
松花江水资源区	27 771.4	4.6	220.2	3.4	0.8
辽河水资源区	31 736.1	5.3	259.8	4.0	0.8
海河水资源区	81 980.8	13.6	754.5	11.7	0.9

续表

一级水资源区	GDP（亿元）	占全国GDP比例（%）	火（核）电工业增加值（亿元）	占全国火（核）电工业比例（%）	占本区GDP比例（%）
黄河水资源区	41 240.5	6.8	625.5	9.7	1.5
淮河水资源区	81 584.3	13.5	750.7	11.7	0.9
长江水资源区	181 438.1	30.1	1 437.1	22.3	0.8
东南诸河水资源区	53 170.1	8.8	810.9	12.6	1.5
珠江水资源区	88 738.0	14.7	1 475.7	22.9	1.7
西南诸河水资源区	3 334.1	0.6	16.9	0.3	0.5
西北诸河水资源区	11 408.9	1.9	80.4	1.3	0.7
合计	602 402.3	100.0	6 431.7	100.0	1.1
二级水资源区	GDP（亿元）	占全国GDP比例（%）	火（核）电工业增加值（亿元）	占全区火（核）电工业比例（%）	占本区GDP比例（%）
滦河及冀东沿海	5 959.8	7.3	43.3	5.7	0.7
海河北系	30 951.7	37.8	292.1	38.7	0.9
海河南系	37 774.6	46.1	331.8	44.0	0.9
徒骇马颊河	7 294.6	8.9	87.2	11.6	1.2
合计	81 980.7	100.0	754.5	100.0	0.9

表 19-24　2030 年海河水资源区火（核）电工业所占比例预测

一级水资源区	GDP（亿元）	占全国GDP比例（%）	火（核）电工业增加值（亿元）	占全国火（核）电工业比例（%）	占本区GDP比例（%）
松花江水资源区	53 199.6	4.6	318.4	3.3	0.6
辽河水资源区	61 107.5	5.3	407.4	4.2	0.7
海河水资源区	159 669.0	13.9	986.2	10.2	0.6
黄河水资源区	80 071.8	7.0	999.0	10.3	1.2
淮河水资源区	152 679.0	13.3	1 154.0	11.9	0.8
长江水资源区	342 194.9	29.9	2 074.4	21.4	0.6
东南诸河水资源区	99 322.2	8.7	1 416.0	14.6	1.4
珠江水资源区	167 792.0	14.6	2 180.7	22.5	1.3
西南诸河水资源区	6 530.6	0.6	22.0	0.2	0.3
西北诸河水资源区	22 883.7	2.0	117.7	1.2	0.5
合计	1 145 450.2	100.0	9 675.7	100.0	0.8
二级水资源区	GDP（亿元）	占全国GDP比例（%）	火（核）电工业增加值（亿元）	占全区火（核）电工业比例（%）	占本区GDP比例（%）
滦河及冀东沿海	11 575.3	7.2	43.9	4.5	0.4
海河北系	61 152.4	38.3	401.8	40.7	0.7
海河南系	73 674.3	46.1	409.3	41.5	0.6
徒骇马颊河	13 266.9	8.3	131.2	13.3	1.0
合计	159 669.0	100.0	986.2	100.0	0.6

3. 一般工业仍然保持较快增长，经济主体行业地位稳定

一般工业是海河水资源区在经济中占主体的行业，目前在海河水资源区 GDP 中的比例高达 28.4%，占经济总量的比例很高。根据预测，一般工业在海河水资源区仍是一个高速增长期行业，2000 ~ 2010 年，海河水资源区的一般工业将翻 1.1 倍，第二个 10 年翻一番，第三个 10 年即到 2030 年再翻 0.8 倍（表 19-25 ~ 表 19-28）。

表 19-25　2000 年海河水资源区一般工业所占比例预测

一级水资源区	GDP（亿元）	占全国 GDP 比例（%）	一般工业增加值（亿元）	占全国一般工业比例（%）	占本区 GDP 比例（%）
松花江水资源区	4 968.9	5.0	1 792.8	6.6	36.1
辽河水资源区	5 293.3	5.4	1 610.6	5.9	30.4
海河水资源区	12 421.2	12.6	3 434.6	12.6	27.7
黄河水资源区	6 443.7	6.5	1 665.2	6.1	25.8
淮河水资源区	13 380.7	13.6	3 430.7	12.6	25.6
长江水资源区	30 582.6	31.0	8 122.2	29.7	26.6
东南诸河水资源区	8 573.8	8.7	2 844.2	10.4	33.2
珠江水资源区	14 353.6	14.6	3 933.8	14.4	27.4
西南诸河水资源区	625.9	0.6	63.0	0.2	10.1
西北诸河水资源区	1 963.9	2.0	411.5	1.5	21.0
合计	98 607.6	100.0	27 308.5	100.0	27.7

二级水资源区	GDP（亿元）	占全国 GDP 比例（%）	一般工业增加值（亿元）	占全区一般工业比例（%）	占本区 GDP 比例（%）
滦河及冀东沿海	847.6	6.8	143.8	4.2	17.0
海河北系	4 346.8	35.0	1 173.5	34.2	27.0
海河南系	5 876.0	47.3	1 689.9	49.2	28.8
徒骇马颊河	1 350.9	10.9	427.4	12.4	31.6
合计	12 421.2	100.0	3 434.6	100.0	27.7

表 19-26　2010 年海河水资源区一般工业所占比例预测

一级水资源区	GDP（亿元）	占全国 GDP 比例（%）	一般工业增加值（亿元）	占全国一般工业比例（%）	占本区 GDP 比例（%）
松花江水资源区	12 889.0	4.6	4 520.5	6.0	35.1
辽河水资源区	14 504.8	5.2	3 499.8	4.6	24.1
海河水资源区	36 833.6	13.2	9 692.0	12.8	26.3
黄河水资源区	18 952.9	6.8	5 254.0	7.0	27.7
淮河水资源区	38 181.6	13.7	9 899.1	13.1	25.9
长江水资源区	84 316.3	30.2	21 797.6	28.8	25.9

一级水资源区	GDP（亿元）	占全国 GDP 比例（%）	一般工业增加值（亿元）	占全国一般工业比例（%）	占本区 GDP 比例（%）
东南诸河水资源区	24 666.1	8.8	7 171.6	9.5	29.1
珠江水资源区	41 763.9	15.0	12 220.7	16.2	29.3
西南诸河水资源区	1 588.6	0.6	208.4	0.3	13.1
西北诸河水资源区	5 220.5	1.9	1 296.9	1.7	24.8
合计	278 917.2	100.0	75 560.5	100.0	27.1

二级水资源区	GDP（亿元）	占全国 GDP 比例（%）	一般工业增加值（亿元）	占全区一般工业比例（%）	占本区 GDP 比例（%）
滦河及冀东沿海	2 698.6	7.3	723.3	7.5	26.8
海河北系	13 727.8	37.3	2 866.2	29.6	20.9
海河南系	16 943.1	46.0	5 051.1	52.1	29.8
徒骇马颊河	3 464.1	9.4	1 051.4	10.8	30.4
合计	36 833.6	100.0	9 692.0	100.0	26.3

表 19-27　2020 年海河水资源区一般工业所占比例预测

一级水资源区	GDP（亿元）	占全国 GDP 比例（%）	一般工业增加值（亿元）	占全国一般工业比例（%）	占本区 GDP 比例（%）
松花江水资源区	27 771.4	4.6	9 809.0	5.9	35.3
辽河水资源区	31 736.1	5.3	7 623.9	4.6	24.0
海河水资源区	81 980.8	13.6	21 964.5	13.3	26.8
黄河水资源区	41 240.5	6.8	11 751.7	7.1	28.5
淮河水资源区	81 584.3	13.5	22 082.6	13.4	27.1
长江水资源区	181 438.1	30.1	48 760.9	29.5	26.9
东南诸河水资源区	53 170.1	8.8	14 601.1	8.8	27.5
珠江水资源区	88 738.0	14.7	25 079.6	15.2	28.3
西南诸河水资源区	3 334.1	0.6	459.7	0.3	13.8
西北诸河水资源区	11 408.9	1.9	2 948.0	1.8	25.8
合计	602 402.3	100.0	165 080.7	100.0	27.4

二级水资源区	GDP（亿元）	占全国 GDP 比例（%）	一般工业增加值（亿元）	占全区一般工业比例（%）	占本区 GDP 比例（%）
滦河及冀东沿海	5 959.8	7.3	1 608.9	7.3	27.0
海河北系	30 951.7	37.8	6 581.6	30.0	21.3
海河南系	37 774.6	46.1	11 426.7	52.0	30.2
徒骇马颊河	7 294.6	8.9	2 347.1	10.7	32.2
合计	81 980.7	100.0	21 964.5	100.0	26.8

表 19-28 2030 年海河水资源区一般工业所占比例预测

一级水资源区	GDP（亿元）	占全国 GDP 比例（%）	一般工业增加值（亿元）	占全国一般工业比例（%）	占本区 GDP 比例（%）
松花江水资源区	53 199.6	4.6	17 988.0	5.9	35.3
辽河水资源区	61 107.5	5.3	14 882.2	4.9	24.0
海河水资源区	159 669.0	13.9	40 917.0	13.4	26.8
黄河水资源区	80 071.8	7.0	21 763.0	7.1	28.5
淮河水资源区	152 679.0	13.3	38 843.4	12.7	27.1
长江水资源区	342 194.9	29.9	91 027.0	29.9	26.9
东南诸河水资源区	99 322.2	8.7	26 968.4	8.8	27.5
珠江水资源区	167 792.0	14.6	45 613.8	15.0	28.3
西南诸河水资源区	6 530.6	0.6	932.4	0.3	13.8
西北诸河水资源区	22 883.7	2.0	5 966.9	2.0	25.8
合计	1 145 450.2	100.0	304 902.1	100.0	27.4
二级水资源区	GDP（亿元）	占全国 GDP 比例（%）	一般工业增加值（亿元）	占全区一般工业比例（%）	占本区 GDP 比例（%）
滦河及冀东沿海	11 575.3	7.2	2 945.6	7.2	25.4
海河北系	61 152.4	38.3	12 652.3	30.9	20.7
海河南系	73 674.3	46.1	21 286.9	52.0	28.9
徒骇马颊河	13 266.9	8.3	4 032.2	9.9	30.0
合计	159 669.0	100.0	40 917.0	100.0	25.6

4. 建筑业发展较快，发展潜力巨大

随着中国经济城镇化进程的加快和人民生活水平的提高，建筑业在未来若干个 10 年中将出现一个高速增长期。同时，海河水资源区的建筑业在经济中所占比例不高，目前在海河水资源区 GDP 中的比例仅为 6.2%，这与海河水资源区的城镇化水平是不相适应的。根据预测，2020 年，海河水资源区的建筑业在本区域 GDP 中的比例将进一步下降到 4.7%，到 2030 年海河水资源区的建筑业在本区域 GDP 中的比例仅为 3.8%（表 19-29 ～表 19-32）。

表 19-29 2000 年海河水资源区建筑业所占比例预测

一级水资源区	GDP（亿元）	占全国 GDP 比例（%）	建筑工业增加值（亿元）	占全国建筑工业比例（%）	占本区 GDP 比例（%）
松花江水资源区	4 968.9	5.0	262.3	4.5	5.3
辽河水资源区	5 293.3	5.4	269.9	4.6	5.1
海河水资源区	12 421.2	12.6	766.4	13.1	6.2
黄河水资源区	6 443.7	6.5	440.5	7.5	6.8

一级水资源区	GDP（亿元）	占全国GDP比例（%）	建筑工业增加值（亿元）	占全国建筑工业比例（%）	占本区GDP比例（%）
淮河水资源区	13 380.7	13.6	797.9	13.6	6.0
长江水资源区	30 582.6	31.0	1 873.1	32.0	6.1
东南诸河水资源区	8 573.8	8.7	462.7	7.9	5.4
珠江水资源区	14 353.6	14.6	735.1	12.6	5.1
西南诸河水资源区	625.9	0.6	47.9	0.8	7.7
西北诸河水资源区	1 963.9	2.0	197.9	3.4	10.1
合计	98 607.6	100.0	5 853.8	100.0	5.9

二级水资源区	GDP（亿元）	占全国GDP比例（%）	建筑工业增加值（亿元）	占全区建筑工业比例（%）	占本区GDP比例（%）
滦河及冀东沿海	847.6	6.8	53.3	7.0	6.3
海河北系	4 346.8	35.0	275.8	36.0	6.3
海河南系	5 876.0	47.3	355.6	46.4	6.1
徒骇马颊河	1 350.9	10.9	81.7	10.7	6.0
合计	12 421.2	100.0	766.4	100.0	6.2

表 19-30　2010 年海河水资源区建筑业所占比例预测

一级水资源区	GDP（亿元）	占全国GDP比例（%）	建筑工业增加值（亿元）	占全国建筑工业比例（%）	占本区GDP比例（%）
松花江水资源区	12 889.0	4.6	750.0	4.8	5.8
辽河水资源区	14 504.8	5.2	836.3	5.3	5.8
海河水资源区	36 833.6	13.2	1 932.6	12.3	5.2
黄河水资源区	18 952.9	6.8	1 314.4	8.4	6.9
淮河水资源区	38 181.6	13.7	2 150.1	13.7	5.6
长江水资源区	84 316.3	30.2	5 002.3	31.9	5.9
东南诸河水资源区	24 666.1	8.8	1 361.7	8.7	5.5
珠江水资源区	41 763.9	15.0	1 795.7	11.4	4.3
西南诸河水资源区	1 588.0	0.6	139.8	0.9	8.8
西北诸河水资源区	5 220.5	1.9	401.5	2.6	7.7
合计	278 917.2	100.0	15 684.5	100.0	5.6

二级水资源区	GDP（亿元）	占全国GDP比例（%）	建筑工业增加值（亿元）	占全区建筑工业比例（%）	占本区GDP比例（%）
滦河及冀东沿海	2 698.6	7.3	139.1	7.2	5.2
海河北系	13 727.8	37.3	640.3	33.1	4.7
海河南系	16 943.1	46.0	939.0	48.6	5.5
徒骇马颊河	3 464.1	9.4	214.1	11.1	6.2
合计	36 833.6	100.0	1 932.6	100.0	5.2

表 19-31　2020 年海河水资源区建筑业所占比例预测

一级水资源区	GDP（亿元）	占全国 GDP 比例（%）	建筑工业增加值（亿元）	占全国建筑工业比例（%）	占本区 GDP 比例（%）
松花江水资源区	27 771.4	4.6	1 455.0	4.7	5.2
辽河水资源区	31 736.1	5.3	1 649.0	5.4	5.2
海河水资源区	81 980.8	13.6	3 883.4	12.7	4.7
黄河水资源区	41 240.5	6.8	2 492.5	8.1	6.0
淮河水资源区	81 584.3	13.5	4 243.0	13.8	5.2
长江水资源区	181 438.1	30.1	9 823.1	32.1	5.4
东南诸河水资源区	53 170.1	8.8	2 731.4	8.9	5.1
珠江水资源区	88 738.0	14.7	3 391.5	11.1	3.8
西南诸河水资源区	3 334.1	0.6	280.9	0.9	8.4
西北诸河水资源区	11 408.9	1.9	688.5	2.2	6.0
合计	602 402.3	100.0	30 638.3	100.0	5.1
二级水资源区	GDP（亿元）	占全国 GDP 比例（%）	建筑工业增加值（亿元）	占全区建筑工业比例（%）	占本区 GDP 比例（%）
滦河及冀东沿海	5 959.8	7.3	289.5	7.5	4.9
海河北系	30 951.7	37.8	1 266.9	32.6	4.1
海河南系	37 774.6	46.1	1 899.1	48.9	5.0
徒骇马颊河	7 294.6	8.9	428.0	11.0	5.9
合计	81 980.7	100.0	3 883.4	100.0	4.7

表 19-32　2030 年海河水资源区建筑业所占比例预测

一级水资源区	GDP（亿元）	占全国 GDP 比例（%）	建筑工业增加值（亿元）	占全国建筑工业比例（%）	占本区 GDP 比例（%）
松花江水资源区	53 199.6	4.6	2 860.1	5.9	5.4
辽河水资源区	61 107.5	5.3	2 140.0	4.4	3.5
海河水资源区	159 669.0	13.9	6 086.0	12.5	3.8
黄河水资源区	80 071.8	7.0	4 389.7	9.0	5.5
淮河水资源区	152 679.0	13.3	7 312.3	15.0	4.8
长江水资源区	342 194.9	29.9	15 547.9	31.9	4.5
东南诸河水资源区	99 322.2	8.7	3 749.5	7.7	3.8
珠江水资源区	167 792.0	14.6	4 965.2	10.2	3.0
西南诸河水资源区	6 530.6	0.6	473.7	1.0	7.3
西北诸河水资源区	22 883.7	2.0	1 283.9	2.6	5.6
合计	1 145 450.2	100.0	48 808.2	100.0	4.3

二级水资源区	GDP（亿元）	占全国GDP比例（%）	建筑工业增加值（亿元）	占全区建筑工业比例（%）	占本区GDP比例（%）
滦河及冀东沿海	11 575.3	7.2	440.5	7.2	3.8
海河北系	61 152.4	38.3	2 080.6	34.2	3.4
海河南系	73 674.3	46.1	2 848.6	46.8	3.9
徒骇马颊河	13 266.9	8.3	716.3	11.8	5.4
合计	159 669.0	100.0	6 086.0	100.0	3.8

三、2010年、2020年、2030年海河水资源区经济社会发展布局和产业结构对水资源需求变化的影响分析

（一）社会人口变动与城镇化进程对水资源的影响

一般来说，人口总量的增加与城镇化进程的推进都将直接增加对水资源的需求。但是从总体来看，由于我国人口总数将趋于零增长，人口总量的增加因素导致的用水增加的压力并不大。在目前及未来一个相当长的时期，导致我国水资源供需不平衡的主要因素：一是现有的人口基数较大；二是城镇化导致的人口积聚。随着城镇化的加快，人口的活动区域将更加集中，人类的经济活动量也将相应地增加，意味着生活用水量和生产用水量也就要增加。而城镇化进程的推进使用水需求在某些局部地区，特别是城市地带面临用水资源供求矛盾。

海河水资源区总体来看人口密集度过高，分别是珠江流域和长江流域的1.5倍和1.7倍；水资源又极度短缺，分别是珠江流域和长江流域的1.5倍和1.7倍。在未来30年，随着经济高速增长以及全国经济中心的北移，海河流域的城镇化水平都将会迅速提高到国内较高的水平，水资源供需矛盾会日益尖锐。城镇化的加速，城市人口的迅速增加，可能对水资源造成污染，造成供水及水污染处理工程建设的负担加重，从而加重已有的水资源矛盾。未来30年间，海河流域有可能出现以北京天津都市带和冀东沿海城市带组成的首都都市圈，以及位于山西河北地区的若干区域副中心城市圈。海河流域的这种极化的城市发展状态，有可能较大幅度地超出其他地区。这对于拥有全国10%的人口，却只占有1.5%的水资源的地区来讲，将很难排除在某些局部地区，或某个时期出现严重的水资源短缺危机的可能性。

（二）经济发展和产业结构变化对水资源的影响

经济增长对用水的影响，明显大于人口及城市发展进程的影响。从现状和未来30年预测分析看，海河水资源区的经济发展呈现几个重要趋势：一是海河流域在未来30年的经济总量都将呈现较快的增长速度，由于经济总量的大幅度增加，也就意味着与全国相比

用水的需求也将呈现更大的增长幅度。二是行业结构的重型化，以重工业为主的用水大类的比例过大；从五大用水行业来看，工业的快速增长将直接刺激工业用水的增加；特别是由于高用水工业在未来30年中的增长表现尤为明显。三是第三产业比例较高，三次产业结构的良性发展。前一种趋势对水资源的要求较高的性质很难变化，后一种趋势也可能产生较大的用水需求。因此，目前已紧张的用水短缺局面，在没有重大政策推动其改变的情况下，可能会恶化。四是从经济布局的变化来看，用水需求将与经济发展一样表现出一定的空间集中性，主要是向海河北系和海河南系集聚。另外，海河南系和徒骇马颊河人多地少，城镇化滞后，中小型产业的发展较快。这种行业形态的重要伴生现象是对水资源污染的治理难度极大。

四、主 要 结 论

通过以上对海河水资源区资源条件和经济社会发展现状的分析，通过对于未来在人口总量、结构，经济总量、结构和行业构成以及高耗水工业内部结构等方面的预测研究，通过这些发展趋势对水资源需求变化的影响阐述，本研究可以得到以下几方面的结论。

（一）水资源区人口规模的持续增长，空间呈积聚性分布

随着北方经济发展的中心区域形成和外部人口的不断流入，海河水资源区的人口将保持较快增长。从境内人口分布来看，以京津所在的海河北系和海河南系地区增长快于流域其他地区的增长。伴随着流域经济的积聚和人口的增长，流域的城镇化进程也将快速推进。总体来看，流域城镇化进程将改变海河水资源区目前在长江、珠江及海河三大水资源区中的落后状况。京津地区将形成世界上人口最密集的地区之一，在境内边缘地区的滦河、徒骇马颊河流域的城镇化进程推进将加快，石家庄、太原等区域副中心城市起到越来越重要的人口积聚区的作用。

（二）水资源区经济发展较快，经济地位在全国仍将领先

海河水资源区一直是全国GDP份额大于人口份额的两个水资源区之一（另一个是东南诸河水资源区）。海河水资源区2000~2030年的经济增长将保持较快水平，GDP不断增长。2020年实现全面建设小康社会的目标；到2030年全流域总体达到中等发达国家的经济发展水平。至2030年左右，海河水资源区将和长江水资源区、珠江水资源区一起，成为我国最重要的三大经济区域之一。区域内经济发展的梯度差距仍然存在，以京津为主的经济核心区域有可能向滦河及冀东沿海伸展，位于山西、河北的区域副中心城市的经济增长也将加速。从海河水资源区来说，海河北系和海河南系仍将在经济总量中保持较大的份额。

（三）产业结构变化剧烈，第三产业为主的后工业化特征出现

在全国来说，海河水资源区的三次产业结构转换发展超前。2000 年，第一产业比例已下降到 11.3%，低于所有其他流域；第二产业产值比例位于各流域中间位置，达 45.9%；第三产业比例为 42.9%，处于全国最高水平。流域在未来 30 年经济总量不断壮大的同时，产业结构也得以不断提升，产业结构高级化倾向明显。海河水资源区未来产业结构发展的一个重要特点是，第三产业发展依然保持在全国范围领先发展的趋势。2030 年，海河水资源区第三产业占 GDP 的比例为 53.4%，与西南诸河水资源区并列，处于全国最高水平。第三产业所占比例将在 2010 年超过第二产业。相应地，海河水资源区第一产业 2030 年占 GDP 的比例为 4.4%，低于海河水资源区第一产业比例的只有东南诸河水资源区。因此，从产值结构角度来看，海河水资源区已处于较为成熟的工业化发展阶段。值得注意的是，该区域城镇化的集中度要高于东南诸河水资源区，因此，京津地区的第三产业发展水平将在全国名列前茅。

（四）水资源区水资源与社会经济发展之间的矛盾日趋尖锐

根据上述海河水资源区的资源条件和对未来 30 年的社会经济发展变化的预测分析结果，影响该流域的水资源需求的因素具有以下特点。

1) 海河水资源区是我国人均水资源极度短缺的地区，提高水资源利用率的空间十分有限。

2) 外部人口可能出现的大规模流入、该流域独特的城镇化形态、超大规模都市圈的出现以及由此带来的人口的积聚，将明显增加该流域水资源的供需矛盾。这种供需矛盾在城市地带以及大都市圈内显得尤为突出。解决起来更为困难。

3) 总体上说，产业结构的转换并不能完全解决水资源供求矛盾。尽管各大用水工业在全国的份额出现逐步下降的趋势，特别是各大用水工业对水资源供需的压力有所舒缓。21 世纪前 30 年，包括高用水工业在内的各大用水工业，均将保持较快的发展速度。后工业化形态生产及生活方式对水资源的需求，仍然可能形成用水的新高峰，不排除局部地区或个别时段出现因水供给和水污染问题异常突出而引发的水资源危机。

第二十章　黄河水资源区经济发展布局
与产业结构预测

本章是"国民经济发展布局与产业结构预测研究"课题的子专题成果总结，本章研究的基础数据，均引用"国民经济发展布局与产业结构预测研究"课题的人口、产业结构、工业结构等发展预测专题的研究成果。本章研究属《全国水资源综合规划》编制的基础性研究，研究成果是为黄河流域未来社会经济发展需水预测和调整产业结构与布局提供参考和依据。

根据《全国水资源综合规划》编制的《技术大纲》和《技术细则》，黄河水资源区范围与黄河流域范围相同（故本章均表述为黄河流域），划分水资源二级水资源区 8 个，三级水资源区 29 个。本章进行国民经济发展布局与产业结构预测和分析研究的重点是二级水资源区，由于黄河流域面积较大，上、中、下游地区自然条件存在明显差别，在二级水资源区的基础上也进行了上、中、下游的对比分析。

本章是在 2003～2004 年完成的。对社会经济分析研究的现状年为 2000 年，预测水平年为 2010 年、2020 年和 2030 年，预测值均以 2000 年价计。

一、黄河水资源区社会经济发展现状

（一）水资源区自然条件概况

黄河是我国第二大河，发源于青藏高原巴颜喀拉山，流经青海、四川、甘肃、宁夏、内蒙古、陕西、山西、河南、山东九省（自治区），在山东注入渤海。流域面积 79.5 万 km^2（含内流区 4.2 万 km^2），占全国国土面积的 8.3%。黄河干流河长 5463.6km，多年平均天然径流量 580 亿 m^3。

黄河上游段是指内蒙古托克托县的河口镇以上地区，干流河长 3472km，流域面积 42.8 万 km^2。上游区属干旱区，降水少，蒸发量大，适宜牧草生长，种植业主要靠人工灌溉。中游段是从河口镇至河南郑州的桃花峪，干流河长 1206km，流域面积 24.4 万 km^2。中游段流经黄土高原区，有 30 多条较大支流汇入，暴雨集中，水土流失严重，是黄河洪水和泥沙的主要来源区。下游河段是从桃花峪至入海口，干流河长 768km，流域面积 2.2 万 km^2，有 3 条较大支流汇入，现状河床高出背河地面 4～6 m，为世界闻名的"地上悬河"。下游河段除南岸东平湖至济南区间为低山丘陵外，其余地区为平原。黄河下游洪水对黄淮海下游平原区经济发展和人民生命财产安全构成严重威胁，是黄河防洪的重点保护区。

黄河流域自然资源条件的突出特点有以下五方面。

1. 土地资源丰富

流域内现有农用地开发利用情况：耕地约 1.97 亿亩，占流域土地面积的 17%；林地约占 13%；牧草地约占 35%。全流域大约 70% 的耕地分布在中、下游地区，73% 的牧草地分布在上游地区。流域人均占有耕地大约是全国平均值的 1.5 倍，大部分耕地光热资源充足，但天然降水不足，作物生长需要人工补水。

上游地区牧草地占地区面积的一半以上，耕地比例较低；中游区土地开垦率达 70% 以上，耕地、林地分别占该区土地面积的 1/4 左右，草地面积占 1/5 左右。下游地区耕地占该区土地面积的 48%，林地、草地面积比例较低（表 20-1）。

表 20-1　黄河流域已利用的土地资源分布情况

二级水资源区	土地面积（万亩）	耕地		林地		牧草地	
		面积（万亩）	比例（%）	面积（万亩）	比例（%）	面积（万亩）	比例（%）
1. 上游地区	57 895	6 162	10.6	3 424	5.9	30 419	52.5
龙羊峡以上	19 713	107	0.6	974	4.9	15 963	80.9
龙羊峡至兰州	13 670	1 398	10.0	2 030	14.9	7 744	56.6
兰州至河口镇	24 512	4 657	14.7	420	1.7	6 712	27.3
2. 中游地区	51 611	11 983	29.2	11 363	22.0	9 519	18.4
河口镇至龙门	16 739	2 686	16.0	3 232	19.3	3 517	21.0
龙门至三门峡	28 626	7 867	27.8	6 174	21.6	5 359	18.7
三门峡至花园口	6 246	1 430	21.5	1 957	31.3	643	10.3
3. 下游地区	3 361	1 573	48.3	274	8.2	15	0.4
花园口以下	3 361	1 573	48.3	274	8.2	15	0.4
4. 内流区	6 340	177	2.8	241	2.8	1 961	30.9
全流域	119 207	19 719	16.5	15 302	12.8	41 914	35.1

资料来源：《黄河近期重点治理开发规划》

2. 矿产、能源资源十分丰富

黄河流域矿产资源丰富，全国已探明的 45 种主要矿产中，在流域内分布有 37 种。稀土、石膏、玻璃用石英岩、铌、铝铁矿、钼、耐火黏土 7 种是在全国具有优势的矿种；芒硝、天然碱、硫铁矿、水泥用灰岩、钨、铜、岩金 7 种，为具有相对优势的矿种。

黄河流域能源资源十分丰富，居全国重要地位。上游地区有丰富的水能资源；中游地区分布有居全国重要地位的煤炭资源；中下游地区分布有较丰富的石油、天然气资源。

黄河流域可开发的水能资源总装机容量为 3344 万 kW，年发电量约 1136 亿 kW·h，主要分布在上游地区。流域内的煤炭资源得天独厚，分布集中、埋藏浅、煤种齐全、质量优良，已探明的保有储量为 4492 亿 t，占全国的 46.5%，主要分布在山西、陕西、内蒙古和宁夏。目前，全国已探明保有储量 100 亿 t 以上的 26 个大煤田，在黄河流域就有 10 个。

流域中、下游分布有石油、天然气资源，现有胜利油田、中原油田、长庆和延长两个油气田。胜利油田石油总资源量 90 亿 t，已探明 43 亿 t，是我国已开采的第二大油田。中原油田总资源量 12 亿 t，已探明 5.4 亿 t。长庆和延长两个油气田位于鄂尔多斯盆地，据 1998 年资源评价，该盆地石油地质储量 60.4 亿 t，天然气地质储量 11 万亿 m^3。长庆油气田 2002 年探明石油可开采储量 2.2 亿 t，探明天然气储量 6000 亿 m^3，该气田是保障京津两市的生产、生活用气的主要气源。

3. 水资源短缺

黄河流域大部分属于干旱、半干旱地区。按 1919～1975 年水文资料分析，全流域多年平均降水量 452mm，多年平均河川径流量 580 亿 m^3，地下水可利用量 110 亿 m^3。黄河流域水资源匮乏，流域面积占全国国土面积的 8.3%，而水资源量仅占全国的 2%，人均占有水资源量 530 m^3 左右，不到全国人均水平的 1/5。

黄河流域水资源分布极不均衡，多年平均河川径流量 56% 来自兰州以上地区，42.5% 产自中游地区。河川径流量年内、年际分配变差较大，60% 集中在 7～10 月；年际间丰枯交替，历史上曾多次出现连续多年丰水和连续多年枯水的情况，如 1922～1932 年连续 11 个枯水年；1990 年以来又出现持续多年的枯水年。

20 世纪 90 年代流域年均耗水量已达 307 亿 m^3（含流域外 106 亿 m^3），入海流量大幅度减少，下游断流日趋严重，1997 年下游断流长达 226 天，水资源供需矛盾突出，水资源短缺成为流域社会经济发展的重要制约因素。

4. 水土流失严重，下游河床淤积严重，洪水威胁严重

黄河流经水土流失严重的黄土高原区，使黄河成为世界闻名的多泥沙河流，下游河床淤积演变成"地上悬河"。由于河道外用水量不断增加，入海径流量减少，下游河床淤积日趋严重，近年又出现了"二级悬河"，使防洪风险进一步增大。

5. 河流水质日趋恶化

黄河流域高用水、高污染、排污量大的能源重化工工业较多，特别是 20 世纪 80 年代中后期重污染型的"十五小"工业发展很快，入黄河干支流的废水量不断增加，90 年代初与 80 年代初相比就增加了 1 倍多。入黄河污染物增加，加上河道内水量减少，水的自净能力大幅度下降，水质急剧恶化。据《2002 年中国水资源公报》统计资料，2002 年黄河干流水质评价河长 3613km，Ⅳ类水占评价河长的 30.9%、Ⅴ类水占 27.7%、劣Ⅴ类水占 21%。

（二）社会经济发展现状分析与综合评价

黄河流域的自然条件对社会经济发展和布局产生的影响和约束力较大。黄河流域面积有一半以上位于西北高原区，气候寒冷、降水稀少。上游地区分布有大片草地资源和比较丰富的矿产资源。中游地区大部分位于黄土高原，属于半干旱、半湿润地区；耕地资源、矿产、能源资源均较丰富；气候条件比较适宜人的生存和发展生产，人口、耕地和经济总量均占全流域 2/3 左右，是黄河流域的精华所在。

1. 人口分布现状

2000 年，黄河流域人口约 1.1 亿人，占全国总人口的 8.7%。流域人口分布情况：上游地区人口占 22%，城镇化率 40%；中游地区人口占 65%，城镇化率 31%；下游地区人口占 12%，城镇化率 23%；内流区人口比例小于 1%，城镇化率 27%（表 20-2，表 20-3 和图 20-1）。黄河流域 2000 年人口城镇化率 32%，比全国城镇化率 36% 低 4 个百分点。

表 20-2 2000 年黄河流域人口分布情况

二级水资源区	城镇人口（人）	农村人口（人）	总人口（人）	城镇化率（%）
1. 上游地区	9 740 031	14 537 820	24 277 845	40.2
龙羊峡以上	53 357	454 901	508 256	10.5
龙羊峡至兰州	1 850 604	5 980 972	7 831 575	30.9
兰州至河口镇	7 836 070	8 101 947	15 938 014	49.2
2. 中游地区	22 060 951	48 150 754	70 211 708	31.4
河口镇至龙门	2 010 716	6 157 761	8 168 476	24.6
龙门至三门峡	16 262 570	32 489 334	48 751 909	33.4
三门峡至花园口	3 787 665	9 503 659	13 291 323	28.5
3. 下游地区（花园口以下）	3 151 749	10 310 265	13 462 014	23.4
4. 内流区	129 338	350 702	480 040	26.9
全流域	35 082 067	73 349 540	108 431 606	32.4
流域占全国比例（%）	7.6	9.1	8.7	

表 20-3 2000 年黄河人口的地域分布情况 （单位：%）

二级水资源区	城镇人口	农村人口	总人口
1. 上游地区	27.8	19.8	22.4
龙羊峡以上	0.2	0.6	0.5
龙羊峡至兰州	5.3	8.2	7.2
兰州至河口镇	22.3	11.0	14.7
2. 中游地区	62.9	65.6	64.8
河口镇至龙门	5.7	8.4	7.5
龙门至三门峡	46.4	44.3	45.0
三门峡至花园口	10.8	13.0	12.3
3. 下游地区（花园口以下）	9.0	14.1	12.4
4. 内流区	0.4	0.5	0.4
全流域	100.0	100.0	100.0

黄河流域人口和城市分布主要集中在人居环境适宜，有发展经济条件的黄河干、支流的河谷、平原和盆地。上游地区青海人口和经济分布主要在黄河支流湟水流域的西宁市、海东地区、海南藏族自治州。甘肃处于青藏、内蒙古、黄土三大高原之间，以高原和山地

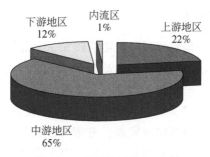

图 20-1 黄河流域人口分布

为主，人口和城市都集中分布在兰州平原、靖远盆地上，靠近黄河取水方便。宁夏的人口和城市多集中在北部黄河的河套地区。中游区人口主要聚集分布在渭河、泾河、洛河、汾河、沁河、洛河等黄河支流的平原地区，水土资源相对丰富是流域主要农业生产区，农村人口占流域的 66%。

　　人口在流域各二级水资源区的分布情况：全流域 45% 的人口居住在龙门至三门峡，其次是有近 15% 的人口居住在兰州至河口镇，龙羊峡以上人口仅占全流域的 0.5%，如图 20-2 所示。城乡人口在二级水资源区分布情况：龙门至三门峡的城镇人口和农村人口分别占流域的 46% 和 43%，兰州至河口镇的城镇人口和农村人口分别占流域的 22% 和 11%（图 20-3）。

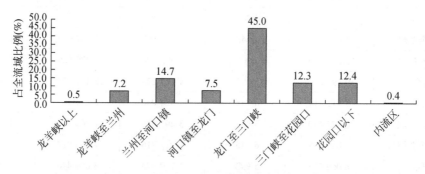

图 20-2 黄河流域二级水资源区人口分布比例

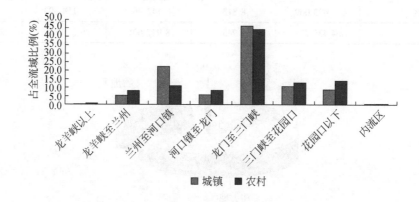

图 20-3 黄河流域二级水资源区城乡人口占流域比例

2. 经济发展和总体布局现状

黄河流域经济发展布局受自然资源条件影响较大，上游地区牧业产值占第一产业较大比例，工业主要依托当地丰富的能源资源、矿产资源优势，电力（含水电、煤电）工业、高耗能、大耗水的金属冶炼、电解铝、钾肥、合成氨和尿素、石油炼制、石油化工、羊毛纺织等工业，成为当地的支柱产业。中游地区经济发展受煤炭资源分布的影响，煤炭采掘、煤电工业为主的能源工业得到快速发展，并带动了高能耗工业行业的发展。2003年，陕西、山西两省的原煤产量占全国原煤总产量的22%；发电量占全国的7%以上。由于有充足电力供应使高耗能的金属冶炼、电解铝、合成氨和尿素、石油炼制、化工、纺织等工业得到较快速发展。

2000年，黄河流域GDP为6443.7亿元，上游地区1645.5亿元，占全流域的25.5%；中游地区3949亿元，占全流域的61%；下游地区806.7亿元，占全流域的12.5%；内流区42.3亿元，占全流域的0.7%（表20-4和图20-4）。

表20-4 2000年黄河流域GDP及构成分布情况

二级水资源区	GDP（万元）	人均GDP（元）	其中		
			第一产业（万元）	第二产业（万元）	第三产业（万元）
1. 上游地区	16 454 844	6 778	2 160 493	7 486 853	6 807 501
龙羊峡以上	216 694	4 263	89 900	45 152	81 641
龙羊峡至兰州	3 636 340	4 643	477 897	1 662 072	1 496 371
兰州至河口镇	12 601 810	7 907	1 592 696	5 779 629	5 229 489
2. 中游地区	39 492 282	5 625	4 863 273	18 470 177	16 158 827
河口镇至龙门	3 911 114	4 788	554 032	2 059 260	1 297 822
龙门至三门峡	26 575 430	5 451	3 291 525	11 902 000	11 381 900
三门峡至花园口	9 005 738	6 776	1 017 716	4 508 917	3 479 105
3. 下游地区	8 066 514	5 992	1 760 874	3 099 446	3 206 194
花园口以下	8 066 514	5 992	1 760 874	3 099 446	3 206 194
4. 内流区	423 069	8 813	142 961	154 393	125 715
全流域	64 436 709	5 943	8 927 601	29 210 870	26 298 237

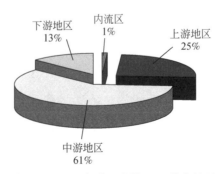

图20-4 2000年黄河流域GDP分布情况

从流域二级水资源区的经济发展现状布局分析，龙门至三门峡地区生产总值占全流域的41%，其中约1/3以上集中在渭河咸阳至潼关三级水资源区，见表20-5和图20-5。

表20-5　2000年黄河流域二级水资源区经济布局情况 （单位:%）

二级水资源区	GDP占流域比例	占全流域的比例		
		第一产业	第二产业	第三产业
龙羊峡以上	0.3	1.0	0.2	0.3
龙羊峡至兰州	5.6	5.4	5.7	5.7
兰州至河口镇	19.6	17.8	19.8	19.9
河口镇至龙门	6.1	6.2	7.0	4.9
龙门至三门峡	41.2	36.9	40.7	43.3
三门峡至花园口	14.0	11.4	15.4	13.2
花园口以下	12.5	19.7	10.6	12.2
内流区	0.7	1.6	0.5	0.5
全流域	100.0	100.0	100.0	100.0

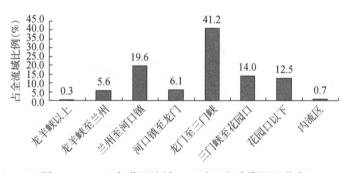

图20-5　2000年黄河流域GDP在二级水资源区分布

分析2000年黄河流域人均GDP的情况，2000年人均GDP为5943元，只占全国人均值的83.7%。上游、下游地区和内流区的人均GDP，均高于流域的平均值，唯中游地区由于农区面积大，人均GDP均低于流域的平均值。二级水资源区人均GDP状况，内陆河、兰州至河口镇和三门峡至花园口分别为8813元、7907元和6776元，居各二级水资源区前列。兰州至河口镇人均GDP较高的原因主要是城镇化率较高，区内分布的工业城市较多，如在石嘴山至河口镇（南、北岸）两个三级水资源区内分布有乌海、鄂尔多斯、包头、呼和浩特等，第二产业比例分别高达50%和62%。龙羊峡以上、龙羊峡至兰州和河口镇至龙门等二级水资源区人均GDP较低，特点是城镇化率较低，农牧业占的比例大，第二产业比例偏低。

分析黄河流域产业结构状况，2000年第一、第二、第三产业结构为13.9∶45.3∶40.8（图20-6），略高于全国平均水平16.4∶50.2∶33.4。黄河上游、中游、下游区的三次产业结构分别为13.1∶45.5∶41.4、12.3∶46.8∶40.9和21.8∶36.5∶39.7。二级水资源区的三次产业结构情况：龙羊峡以上二级水资源区第一产业比例最高占42%，三门峡

中国经济发展布局与水资源区产业结构研究

至花园口第二产业比例最高50%，龙羊峡至三门峡第三产业比例最高，达43%，见表20-6和图20-7。

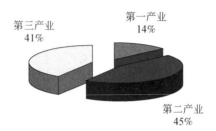

图 20-6　2000 年黄河流域产业结构

表 20-6　2000 年黄河流域二级水资源区产业结构情况　　　　　　　　（单位：%）

二级水资源区	第一产业	第二产业	第三产业
全流域	13.9	45.3	40.8
1. 上游地区	13.1	45.5	41.4
龙羊峡以上	41.5	20.8	37.7
龙羊峡至兰州	13.1	45.7	41.2
兰州至河口镇	12.6	45.9	41.5
2. 中游地区	12.3	46.8	40.9
河口镇至龙门	14.2	52.7	33.2
龙门至三门峡	12.4	44.8	42.8
三门峡至花园口	11.3	50.1	38.6
3. 下游地区	21.8	38.4	39.7
4. 内流区	33.8	36.5	29.7

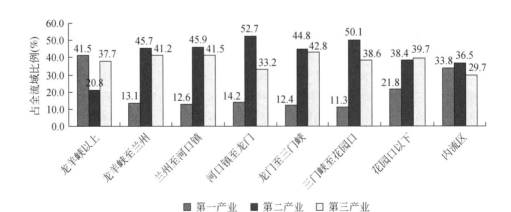

图 20-7　2000 年黄河流域二级水资源区产业结构

　　分析第二产业在流域内的布局情况，从图20-8不难看出，占流域63%的第二产业集中分布在中游地区，又主要集中分布在龙门至三门峡内，占全流域的41%（图20-9）。从龙门至三门峡二级水资源区本身的第一、第二、第三产业结构是12.4∶44.8∶42.8，第二产业比例比第三产业稍高一些，但还属正常。

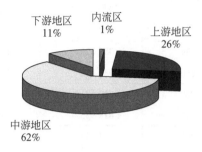

图 20-8　2000 年黄河流域第二产业分布

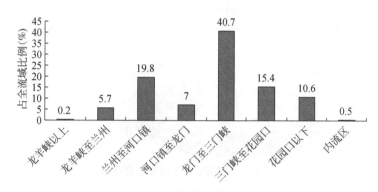

图 20-9　2000 年黄河流域第二产业分布

3. 工业发展与总体布局

本书按统一规定，将流域内的工业划分为高用水工业、火（核）电工业、一般工业三大类。高用水工业包括纺织、造纸、石化、化工、冶金、食品六个行业。一般工业包括采掘业、制造业、其他工业和规模以下工业。

黄河区工业发展和总体布局现状分析是以二级水资源区为主要对象，按高用水工业、火（核）电工业、一般工业划分三大类进行。

2000 年，黄河流域工业增加值 2480.56 亿元，约占全国工业增加值的 6.4% 左右。各二级水资源区按三大类划分的工业值，见表 20-7。2000 年，黄河流域工业增加值的构成情况：高用水工业增加值 688 亿元，占 27%；火（核）电工业增加值 127.3 亿元，占 5%；一般工业增加值 1665.2 亿元，占 68%（表 20-7 和图 20-10）。高用水工业和火（核）电工业的合计增加值，对流域工业增加值的贡献率高达 32%，在流域经济发展中具有举足轻重的地位。

表 20-7　2000 年黄河流域二级水资源区工业增加值分布情况　（单位：万元）

二级水资源区	工业增加值	其中		
		高用水工业	火（核）电工业	一般工业
龙羊峡以上	18 978	7 665	1 305	10 008
龙羊峡至兰州	1 346 039	351 828	101 051	893 160
兰州至河口镇	5 072 860	1 937 003	271 841	2 864 016
河口镇至龙门	1 836 069	210 521	52 135	1 573 413
龙门至三门峡	9 789 513	2 818 935	444 267	6 526 311
三门峡至花园口	3 932 367	774 013	326 662	2 831 692
花园口以下	2 671 041	749 465	76 197	1 845 379
内流区	138 762	30 394	0	108 368
全流域	24 805 629	6 879 824	1 273 457	16 652 348

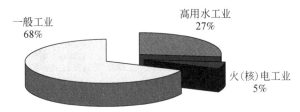

图 20-10　黄河流域工业增加值结构

　　分析各二级水资源区工业发展和构成状况：高用水工业占比例较大的二级水资源区是龙羊峡以上、兰州至河口镇和龙门至三门峡等，高用水工业增加值分别占该二级水资源区工业增加值的 40%、38%、29%。火电工业占比例较大的二级水资源区是三门峡至花园口、龙羊峡至兰州、龙羊峡以上等，火（核）电工业增加值分别占该二级水资源区工业增加值的 8.3%、7.5%、6.9%，见表 20-8。

表 20-8　2000 年黄河流域二级水资源区工业增加值构成情况　（单位:%）

二级水资源区	工业增加值	其中		
		高用水工业	火（核）电工业	一般工业
龙羊峡以上	100.0	40.4	6.9	52.7
龙羊峡至兰州	100.0	26.1	7.5	66.4
兰州至河口镇	100.0	38.2	5.4	56.5
河口镇至龙门	100.0	11.5	2.8	85.7
龙门至三门峡	100.0	28.8	4.5	66.7
三门峡至花园口	100.0	19.7	8.3	72.0
花园口以下	100.0	28.1	2.9	69.1
内流区	100.0	21.9	0.0	78.1
全流域	100.0	27.7	5.1	67.1

4. 高用水工业发展与布局

2000 年，高用水工业增加值 688 亿元，在流域二级水资源区的分布情况，见表 20-9。从二级水资源区分布看，高用水工业主要分布在中游区，占全流域的 55%，在二级水资源区中龙门至三门峡、兰州至河口镇和三门峡至花园口地区，分别占全流域的 41%、28% 和 11%。

表 20-9　2000 年黄河流域高用水工业二级水资源区分布情况

二级水资源区	增加值（万元）	占全流域比例（%）	二级水资源区	增加值（万元）	占全流域比例（%）
龙羊峡以上	7 665	0.1	龙门至三门峡	2 818 935	41.0
龙羊峡至兰州	351 828	5.1	三门峡至花园口	774 013	11.3
兰州至河口镇	1 937 003	28.2	花园口以下	749 465	10.9
河口镇至龙门	210 521	3.1	内流区	30 394	0.4

5. 火（核）电工业发展与布局

黄河流域火（核）电建设布局与煤炭资源分布基本相同，以坑口电站为主。2000 年火（核）电工业增加值 127.3 亿元，增加值的 65% 分布在中游地区，29% 分布在上游地区。火（核）电工业在流域二级水资源区的分布主要集中在龙门至三门峡、三门峡至花园口、兰州至河口镇三个地区，增加值分别占全流域的 35%、26% 和 21%（表 20-10）。

表 20-10　2000 年黄河流域火电工业二级水资源区分布情况

二级水资源区	增加值（万元）	占全流域比例（%）	二级水资源区	增加值（万元）	占全流域比例（%）
龙羊峡以上	1 305	0.1	龙门至三门峡	444 267	34.9
龙羊峡至兰州	101 051	7.9	三门峡至花园口	326 662	25.7
兰州至河口镇	271 841	21.3	花园口以下	76 197	6.0
河口镇至龙门	52 135	4.1	内流区	0	0.0

6. 一般工业发展与布局

2000 年，一般工业增加值 1665 亿元，在流域二级水资源区的分布情况，见表 20-11。一般工业主要分布在中游区，占全流域的 66%，在二级水资源区中龙门至三门峡、兰州至河口镇和三门峡至花园口地区，以及花园口以下，分别占全流域的 39%、17% 和 17%。

表 20-11　黄河流域一般工业增加值二级水资源区分布情况

二级水资源区	增加值（万元）	占全流域比例（%）	二级水资源区	增加值（万元）	占全流域比例（%）
龙羊峡以上	10 008	0.1	龙门至三门峡	6 526 311	39.2
龙羊峡至兰州	893 160	5.4	三门峡至花园口	2 831 692	17.0
兰州至河口镇	2 864 016	17.2	花园口以下	1 845 379	11.1
河口镇至龙门	1 573 413	9.4	内流区	108 368	0.7

7. 建筑业发展与布局

2000 年，黄河流域建筑业增加值 440.5 亿元，在流域各二级水资源区分布情况，见表 20-12。流域建筑业增加值的 61% 集中在中游地区，其中，龙门至三门峡占全流域的 43%。

表 20-12　黄河流域二级水资源区建筑业增加值分布情况

二级水资源区	增加值（万元）	占全流域比例（%）	二级水资源区	增加值（万元）	占全流域比例（%）
龙羊峡以上	26 174	0.3	龙门至三门峡	2 112 489	43.3
龙羊峡至兰州	316 033	5.7	三门峡至花园口	576 550	13.2
兰州至河口镇	706 768	19.9	花园口以下	428 405	12.2
河口镇至龙门	223 191	4.9	内流区	15 631	0.5

（三）社会经济发展现状综合评价

在上述对黄河流域自然条件、资源分布和社会经济发展现状分析的基础上，对流域的社会经济发展现状进行如下综合评价。

1. 社会经济发展总体水平较低

2000 年，黄河流域 GDP 为 6443.7 亿元，占同期全国 99 214.6 亿元（摘自《中国统计年鉴》）的 6.7%。人均 GDP 约 5943 元，比全国人均 7858 元（摘自《中国统计年鉴》）低 24%；流域第一、第二、第三产业比例为 14∶45∶41，与全国 15.1∶45.9∶39（摘自《中国统计年鉴》）相比，略高于全国平均水平。

黄河流域社会经济发展总体水平低，且具有地域分布极不均衡的特点。上游地区面积占全流域的 54%，人口只占流域的 22%，是少数民族集聚区。地处我国西北高原，是青藏高原到黄土高原和内蒙古高原的过渡带，降水稀少，蒸发量大，气温低，草地分布相对集中，是我国重要牧区之一。青海、甘肃和内蒙古等地区的大部分面积和宁夏的全部位于黄河上游地区，天然草地面积约占该地区面积的一半左右，特别是龙羊峡以上地区天然草地面积占 80% 以上。由于地形、气候、水源等因素，除牧民外，人口主要分布在山间的丘陵、盆地、黄土塬地上，居住在交通方便、饮用水有保障的城镇和工矿区。上游地区的突出特点是经济发展水平极不均衡，经济布局主要集中在兰州至河口镇，2000 年该区 GDP 占流域的 20%；人均 GDP 达 7907 元，比流域均值高出 33%。上游区虽然城镇化率高达 40%，但由于现有城镇产业结构层次低、经济总量不大，加上没有形成合理的城镇体系，城市发展对区域经济的辐射和带动作用较弱。

中下游地区自然条件相对较好，是流域人口的主要分布区。地区经济发达，交通便利，大中城市和乡镇密集。龙门至三门峡是中游段的经济密集区，2000 年该区 GDP 占全流域的 41% 以上，但人口占全流域的 45%，人均 GDP 为 5451 元，低于全流域平均水平 5942 元。

黄河流域经济发展总体水平相对较低的主要原因是第二、第三产业内部结构不合理。

2000 年流域的第一、第二、第三产业比例与全国平均水平大体相当，但工业的主体是依托当地资源开发而形成的以能源、原材料工业，具有资源消耗量大、用水量多、污染重、附加值低的特点，轻工业、科技含量较高的制造业比例过低。

2. 流域经济布局受国家战略布局调整影响较大，高用水工业占较大比例

黄河流域除山东外，均属于中西部地区，经济发展水平相对落后，产业结构不合理；工业化水平低，重工业比例大；国有企业比例大，市场经济发展水平较东部地区存在较大差距，产业布局和结构调整的任务很重。

黄河流域的产业布局和重工业的发展受国家经济发展战略布局调整的影响比较明显，特别是西部地区的几个省份。新中国成立以后，国家经济发展战略布局调整对西部地区的影响较大的有四次，一是新中国成立初期原苏联援建的 156 项工业项目布局；二是 20 世纪 60 年代的"三线"建设布局；三是 1978 年实行改革开放政策，重点发展东部沿海地区；四是西部大开发。

甘肃形成以能源、原材料为主的重型工业结构；轻重工业的比例约 3：7；工业布局主要集中在兰州、天水、白银、金昌和嘉峪关五个城市，除资源赋存条件影响外，新中国成立初期的"156 项"工业布局和加强"三线"建设起到了主导作用。山西在建设"以山西为中心的能源重化工基地"的战略布局的影响下，重点发展以煤炭采选、黑色金属冶炼、电力生产、炼焦、化肥为主的行业，形成了依托煤炭资源的支柱产业。宁夏工业发展基础和框架的形成，是在 20 世纪 60 年代加强"三线"建设，将东部经济发达地区部分机械、冶金、化学、电子工业企业，搬迁到靠近黄河的银川、石嘴山和吴忠。

黄河流域经济是以能源、原材料工业为主体，而高用水工业比例大，布局集中在中游地区。中游地区面积只占流域的 40%，分布有占全流域 60% 的耕地，居住着占全流域 65% 的人口，2000 年全流域 55% 的高用水工业；约 74% 的火（核）电工业增加值，均来自中游地区。不难看出，中游地区的社会经济发展现状，已使土地、水资源、生态环境均承受着巨大压力，面临着人口、资源、环境协调发展的严峻挑战。

1978～2000 年，由于国家发展重点向东部沿海倾斜，西部地区的经济经济发展缓慢，与东部地区差距进一步拉大。直到国家实施西部大开发战略以后，西部地区在经济增长速度、产业结构调整和市场经济发展等方面，才得到了长足的进步。

3. 灌溉农田比例较高，农业生产对水资源的依存度过大

黄河流域受地形和水资源分布的影响，农业灌区主要分布在宁蒙平原、汾渭河盆地和下游沿黄平原。据黄河水利委员会资料；1997 年全流域片有效灌溉面积为 1.13 亿亩，占流域片耕地面积的 46%。流域内 30 万亩以上的大型灌区有 70 处，占流域有效灌溉面积的59.3%；中型灌区占有效灌溉面积的 15.6%；万亩以下的小型灌区占有效灌溉面积的25.1%，农业用水占流域片总用量的 78%。同年，流域片粮食产量 6098.6 万 t，占全国粮食总产量的 12.3%，粮食产量的 70% 产自灌区。农业生产对水资源的依存度较大，生产成本高，风险大。

1997 年宁夏和内蒙古，粮食产量占全流域的 10.8%，灌溉面积占全流域的 18.5%，

农业用水量和耗水量分别占黄河流域片总量的74%和70%，主要是宁蒙灌区水资源利用效率较低，农业节水潜力巨大。

二、2030年前影响流域社会经济发展的主要因素分析

（一）国家发展战略和部署的影响

1. 党的"十六大"提出全面建设小康社会的宏伟目标

2002年党的"十六大"提出全面建设小康社会的奋斗目标：一是在优化结构和提高效益的基础上，GDP到2020年要比2000年"翻两番"；二是要基本实现工业化，建设社会主义市场经济体制；三是大幅度提高城镇人口比例，扭转工农差别、城乡差别扩大趋势；四是努力改善生态环境，提高资源利用效率，促进人与自然和谐发展。这为我国2020年以前社会经济发展确定了发展方向，并基本勾画出发展的主体框架，也为黄河流域社会经济发展指明了方向。

2. 国家实施西部大开发战略

黄河流域流经的9个省（自治区）中，有5个省（自治区）属于西部地区，国家实施西部大开发战略，加快西部地区的发展对黄河流域社会经济发展具有重要影响。

国家实施西部大开发战略，加快西部地区发展是国家迎接21世纪挑战做出的具有全局性的重大战略决策，也是自实施沿海地区开放战略以后对经济发展地区布局方面做出的重大战略性调整。国家实施西部大开发战略以来已给西部地区经济发展带来了巨大的活力和发展动力。青海、甘肃、宁夏、山西、陕西和内蒙古6个省（自治区）2001年、2002年和2003年，年均增长速度比"九五"时期普遍提高（表20-13）。6个省（自治区）的三次产业结构水平也有了明显的提高，见表20-14。无数事实表明：实施西部大开发战略，加快西部地区发展已取得可喜的初步成效，更重要的是为今后20~30年的快速发展奠定了基础。可以说，国家实施西部大开发战略在今后相当长的时期内，对黄河流域社会经济发展都将是积极的、巨大的推动力量。

表20-13　黄河流域西部省（自治区）经济增长速度变化情况　　　（单位：%）

时间	青海	甘肃	宁夏	陕西	山西	内蒙古
"九五"时期	8.8	9.2	9.0	9.0	8.7	9.9
2001年	12	9.4	10.1	9.1	8.3	9.6
2002年	12.4	9.4	10.2	9.7	10.8	11.6
2003年	12.1	10.1	12.2	10.9	13.2	16.3

表 20-14　黄河流域西部省（自治区）产业结构变化情况　　　　（单位:%）

地区	"九五"时期			2003 年		
	第一产业	第二产业	第三产业	第一产业	第二产业	第三产业
青海	17	42	39	12.0	47.2	40.7
甘肃	23	44	34	18.5	46.7	34.9
宁夏	19	44	37	14.4	49.8	35.8
陕西	19	43	39	13.3	47.3	39.4
山西	13	49	39	8.7	57.3	34.0
内蒙古	28	38	34	20.2	45.3	34.6

（二）流域社会经济发展现状基础的影响

1. 经济现状水平相对落后的影响

流域经济发展现状水平是今后经济发展的基础和起点。21世纪黄河流域经济发展确实存在前所未有的大好机遇，但由于流域经济现状水平相对落后的影响，也面对许多严峻的挑战。目前，黄河流域经济发展总体水平不高，与经济较发达的东部地区相比存在较大差距。由于黄河流域经济存在产业结构不合理、资源利用效益和效率较低、市场经济发展滞后等问题，在这样较低基础上起步，优化结构，提高效益，基本实现工业化，建设完善的社会主义市场经济体制，实现全面建设小康社会的目标确实存在多方面的困难。西部省（自治区）在缩小工农差别、城乡差别、地区差别继续扩大的趋势还面临着诸多的难题。

2. 产业结构和布局不合理的影响

黄河流域产业结构和布局现状不合理，工业发展主要依托当地能源、矿产等资源，已形成以能源、原材料为主导的重型工业，轻工业比例低、高新技术产业更少；农牧业经营粗放，效益低下。粗放的矿产资源的开发、大量坑口电站的建设，已经给生态环境带来严重的恶果。

黄河流域产业结构和布局不合理的现状，对今后流域经济发展将产生重要影响。经多年发展形成的以能源、原材料工业为主导的重型工业结构，进行较大调整和改变是一个艰难的过程。另外，以能源、原材料工业为主导的重型工业，今后还将面临产品市场的国际竞争、资源赋存约束和环境保护的严峻挑战。产业结构和布局不合理的现状加重了黄河流域结构优化，提高经济增长质量，实施可持续发展战略的艰巨性。

（三）优势资源赋存与各类资源组合状况的影响

黄河流域多种自然资源在地域上配比不协调而影响经济增长是黄河流域面临的十分突出的问题。土地资源、矿产资源、能源资源均十分丰富，但水资源匮乏。土地、矿产、能源资源集中分布在干旱少雨地区，农作物生长需要必要的水，矿产、能源资源开发利用也需要供水保障，水资源短缺成为流域优势资源利用的重要制约因素。流域内天然降水少，农业生产需要灌溉，有效灌溉面积占耕地面积的一半以上，流域粮食产量的70%产自灌溉农田，农业发展对水的需求量大，农产品生产成本高（有些高扬程灌区还成为地方财政的沉重负担）、市场竞争力差。黄河流域农业发展对灌溉的依赖度较高的局面，无论是现在和将来都是难以改变的。

我国矿产、能源资源相对集中分布在北方缺水地区，随着资源大规模的开发利用，受缺水的制约日趋严重。这是我国发展经济进行产业合理布局遇到的一大难题，突出表现在黄河流域中游地区，缺水对该地区发展将产生重大影响。

（四）自然条件和生态脆弱的影响

1. 生态环境脆弱的影响

黄河流域自然生态环境十分脆弱，特别是中上游地区。据全国第二次水土流失遥感调查结果，20世纪末，全国有水土流失面积356万 km^2，其中水蚀面积164.88万 km^2，风蚀面积190.67万 km^2。黄河流域中上游6省（自治区）的水土流失面积144.68万 km^2，其中水蚀面积55.46万 km^2，风蚀面积89.22万 km^2，分别占全国的40%、33.6%和47.8%（表20-15）。黄河流域水土流失加剧发展的原因，有其自然条件的因素，但主要是人类活动的结果，如草原垦殖、超载放牧、开矿、修路、生产用水过多，夺取了自然生态的用水量。黄河流域未来社会经济的发展必须走可持续发展的道路，但要注意维护好十分脆弱的生态环境，对流域未来发展也将会有一定的约束，产生不利的影响。

表20-15　黄河流域中上游6省（自治区）水土流失面积统计　（单位：km^2）

面积	青海	甘肃	宁夏	陕西	山西	内蒙古	合计
水土流失面积	182 109	261 339	36 850	128 804	92 863	744 826	1 446 791
水蚀面积	53 137	119 370	20 907	118 096	92 863	150 219	554 592
风蚀面积	128 972	141 969	1 036 151	10 708	—	594 607	892 199

2. 水资源分布的影响

黄河流域社会经济发展受水资源分布的影响明显。流域面积大部分属于干旱区或干旱、半干旱地区，且水资源时空分布的差异性很大。人类的生存与发展都离不开水，因此，流域内的人口和生产布局自然都聚集在水源条件相对较好的地方。黄河是中华民族的摇篮——母亲河，经历了漫长的开发与建设，沧桑巨变，发展到今天，有些地区用水已达到或超过"黄河母亲"力所能及的阈值。20世纪90年代流域年均耗水量已达307亿 m^3（含流域外106亿 m^3），入海流量大幅度减少，下游断流问题日趋严重，一些地区水资源供需矛盾已十分突出。黄河流域水资源对社会经济发展已从"影响明显"转变成为"严重制约"。流域内丰富的矿产、能源资源的开发利用方式都需要考虑水资源制约因素，高耗水工业发展受到限制。

3. 下游地区受洪水威胁严重

黄河因泥沙淤积,下游早已成为"地上悬河"。近年来由于河道外用水量不断增加,入海径流量减少,下游河床淤积日趋严重,出现了"二级悬河",防洪风险增大。由于下游是"地上悬河",堤防一旦决溢,势必造成巨大灾难,会打乱国家经济发展部署和进程,将产生十分严重的后果。据推测在不发生大改道的情况下,洪泛影响范围涉及冀、鲁、豫、皖、苏五省的 24 个地区(市)所属的 110 个县,总面积约 12 万 km²,人口 8700 万人。

三、黄河流域未来社会经济发展和产业布局预测分析

(一)关于未来发展预测分析的几点说明

1. 预测数据的来源

"国民经济发展布局与产业结构预测"研究课题,共设立 22 项专题。有关各项预测指标的预测方法、预测依据,以及预测数据在流域一、二、三级水资源区的分解等方面问题,在本书其他章节均有体现。预测以 2000 年为基准年,经济预测数据均为 2000 年价。

2. 未来发展预测分析的研究重点

流域预测分析的研究重点是二级水资源区。根据国家未来发展战略和经济布局的宏观背景、流域社会经济发展现状及面临的主要问题,利用流域一、二、三级水资源区社会经济发展的各项预测指标,重点分析研究未来黄河流域和二级水资源区的人口和城镇化的时空变化趋势;GDP 及其增长速度,第一、第二、第三产业结构,人均 GDP 等主要经济发展指标的演变趋势;综合分析和判断未来发展趋势的合理性,以及未来发展可能遇到的新挑战。

(二)人口总量和城镇化发展趋势的预测分析

1. 人口增长和分布发展趋势

利用人口预测专题的数据通过分析计算得到黄河流域各二级水资源区不同水平年份的人口增长预测值(表 20-16)。黄河流域人口增长率 2000~2020 年为 7.2‰,2000~2010 年为 7.35‰,2010~2020 年为 6.31‰;2020~2030 年为 4.25‰。2000~2030 年二级水资源区的人口变化趋势,除龙羊峡以上二级水资源区外,均呈现增长趋势。

表 20-16　黄河流域人口总量增长预测　　　　　（单位：万人）

二级水资源区	2000 年	2010 年	2020 年	2030 年
龙羊峡以上	50.83	49.29	48.20	47.27
龙羊峡至兰州	783.16	815.47	833.96	859.61
兰州至河口镇	1 593.80	1 779.39	1 963.30	2 132.50
河口镇至龙门	816.85	874.32	902.49	899.00
龙门至三门峡	4 875.18	5 267.76	5 567.17	5 825.49
三门峡至花园口	1 329.13	1 452.62	1 571.86	1 651.27
花园口以下	1 346.22	1 369.65	1 455.05	1 451.58
内流区	48.00	51.16	52.84	54.56
全流域	10 843.18	11 659.66	12 394.88	12 921.28

　　二级水资源区人口占流域总人口比例的变化趋势，从分析成果看，占流域人口比例呈现上升趋势的只有兰州至河口镇、龙门至三门峡和三门峡至花园口三个二级水资源区。兰州至河口镇是流域内的主要人口聚集地区，地区人口占全流域人口比例呈现增长趋势，预测 2000～2020 年人口年均增长 11.5‰，比流域同期平均人口增长率高 4 个千分点（表 20-17 和图 20-11）。

表 20-17　黄河流域人口总量增长的二级水资源区分布变化趋势预测　　（单位:%）

二级水资源区	2000 年	2010 年	2020 年	2030 年
龙羊峡以上	0.47	0.42	0.39	0.37
龙羊峡至兰州	7.22	6.99	6.73	6.65
兰州至河口镇	14.70	15.26	15.84	16.50
河口镇至龙门	7.53	7.50	7.28	6.96
龙门至三门峡	44.96	45.18	44.92	45.08
三门峡至花园口	12.26	12.46	12.68	12.78
花园口以下	12.42	11.75	11.74	11.23
内流区	0.44	0.44	0.43	0.42
全流域	100.00	100.00	100.00	100.00

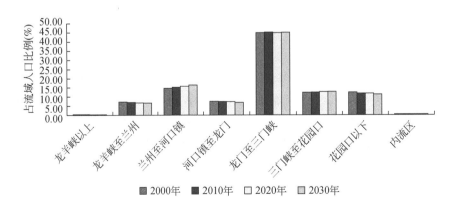

图 20-11　2000～2030 年黄河流域二级水资源区人口分布发展趋势

2. 人口城镇化发展趋势分析

人口城镇化加速发展是我国未来发展的总趋势，对黄河流域未来人口城镇化发展的预测成果，见表20-18和图20-12。二级水资源区的人口城镇化发展趋势和布局的预测成果见表20-18和图20-12。目前，黄河二级水资源区中，城镇化率较高的是兰州至河口镇，未来城镇化发展增长较快的除兰州至河口镇外，还有三门峡至花园口。

表 20-18　黄河流域人口城镇化发展趋势及布局预测　　　　（单位：%）

二级水资源区	2000 年	2010 年	2020 年	2030 年
龙羊峡以上	10.5	15.6	19.9	23.9
龙羊峡至兰州	23.6	31.8	38.5	44.3
兰州至河口镇	49.2	53.4	60.0	64.3
河口镇至龙门	24.6	28.9	35.2	43.9
龙门至三门峡	33.4	38.9	46.2	54.9
三门峡至花园口	28.5	39.1	49.6	59.2
花园口以下	23.4	30.0	38.7	46.2
内流区	26.9	30.8	36.8	41.3
全流域	32.4	38.7	46.5	54.4

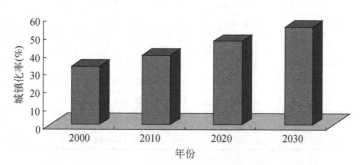

图 20-12　2000～2030 年黄河流域城镇化率发展趋势

（三）经济发展趋势预测与布局分析

1. 经济总量增长趋势分析

黄河流域和二级水资源区2010年、2020年和2030年经济总量增长和产业结构变化趋势预测结果见表20-19～表20-21。

根据预测数据分析黄河流域GDP年均增长速度，2001～2010年为11.4%、2011～2020年为8%、2021～2030年为6.9%（图20-13）。黄河流域经济未来发展对全国经济增长贡献率的提高是国家实施西部大开发战略成果的具体体现，也与西气东输工程、西电东送工程、南水北调工程三大世纪工程的建设有密切关系。

表 20-19　2010 年黄河流域 GDP 增长和产业结构预测

二级水资源区	GDP（万元）	第一产业		第二产业		第三产业	
		绝对值（万元）	结构（%）	绝对值（万元）	结构（%）	绝对值（万元）	结构（%）
龙羊峡以上	597 793	170 189	28	227 620	38	199 984	33
龙羊峡至兰州	8 765 193	908 029	10	4 045 785	46	3 811 379	43
兰州至河口镇	40 738 180	3 130 177	8	20 445 200	50	17 162 810	42
河口镇至龙门	9 385 472	985 887	11	4 455 541	47	3 944 044	42
龙门至三门峡	76 065 410	5 598 583	7	40 528 940	53	29 937 880	39
三门峡至花园口	29 046 810	1 951 931	7	17 455 400	60	9 639 484	33
花园口以下	23 909 140	3 142 961	13	12 544 560	52	8 221 623	34
内流区	1 020 830	291 356	29	287 100	28	442 374	43
全流域	189 528 800	16 179 110	9	99 990 140	53	73 359 580	39

表 20-20　2020 年黄河流域 GDP 增长和产业结构预测

二级水资源区	GDP（万元）	第一产业		第二产业		第三产业	
		绝对值（万元）	结构（%）	绝对值（万元）	结构（%）	绝对值（万元）	结构（%）
龙羊峡以上	1 211 847	280 888	23	491 529	41	439 430	36
龙羊峡至兰州	18 498 120	1 369 065	7	8 848 194	48	8 280 862	45
兰州至河口镇	93 109 160	5 41 6567	6	47 965 090	52	39 727 510	43
河口镇至龙门	20 784 690	1 724 199	8	9 989 826	48	9 070 662	44
龙门至三门峡	162 427 300	9 016 821	6	88 291 910	54	65 118 570	40
三门峡至花园口	63 289 750	3 233 525	5	37 239 370	59	22 816 860	36
花园口以下	50 801 610	4 974 802	10	26 685 660	53	19 141 150	38
内流区	2 282 727	542 320	24	673 025	29	1 067 382	47
全流域	412 405 200	26 558 190	6	220 184 600	53	165 662 400	40

表 20-21　2030 年黄河流域 GDP 增长和产业结构预测

二级水资源区	GDP（万元）	第一产业		第二产业		第三产业	
		绝对值（万元）	结构（%）	绝对值（万元）	结构（%）	绝对值（万元）	结构（%）
龙羊峡以上	2 367 343	461 641	20	956 062	40	949 640	40
龙羊峡至兰州	36 731 090	2 171 728	6	16 992 240	46	17 567 120	48
兰州至河口镇	191 124 100	8 865 517	5	94 696 150	50	87 562 460	46
河口镇至龙门	41 367 350	2 812 436	7	18 291 190	44	20 263 720	49
龙门至三门峡	310 794 100	14 015 490	5	157 145 900	51	139 632 700	45
三门峡至花园口	119 647 300	4 795 518	4	65 969 700	55	48 882 090	41
花园口以下	94 010 200	7 344 364	8	44 879 390	48	41 786 450	44
内流区	4 676 879	917 533	20	1 310 625	28	2 448 721	52
全流域	800 718 300	41 384 220	5	400 241 300	50	359 092 900	45

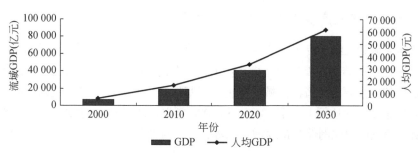

图 20-13　2000~2030 年黄河流域 GDP 和人均 GDP 增长趋势

黄河流域 2010 年、2020 年和 2030 年的人均 GDP，见表 20-22。人均 GDP 年均增长速度 2001~2010 年为 10.6%、2011~2020 年为 7.4%、2021~2030 年为 6.4%，如图 20-14 所示。2020 年流域人均 GDP 达 33 272 元，是 2000 年人均 GDP 的 5.6 倍，可实现人均 GDP 翻两番的目标。按 2000 年汇率折算已达到人均 3000 美元的期望值。由于黄河流域面积大，经济布局现状的地域差异较大，未来经济发展地域差别会依然存在，预测 2020 年龙羊峡至兰州、河口镇至龙门两个二级水资源区的人均 GDP 按 2000 年汇率折算仍低于 3000 美元（表 20-22）。

表 20-22　黄河流域人均 GDP 增长预测　　　　　　　　　（单位：元）

二级水资源区	2000 年	2010 年	2020 年	2030 年
龙羊峡以上	4 263	12 128	25 142	50 081
龙羊峡至兰州	4 643	10 749	22 181	42 730
兰州至河口镇	7 907	22 894	47 425	89 624
河口镇至龙门	4 788	10 735	23 030	46 015
龙门至三门峡	5 451	14 440	29 176	53 351
三门峡至花园口	6 776	19 996	40 264	72 458
花园口以下	5 992	17 456	34 914	64 764
内流区	8 813	19 954	43 201	85 720
全流域	5 943	16 255	33 272	61 969

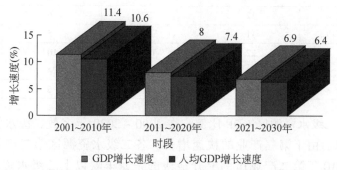

图 20-14　黄河流域 GDP 和人均 GDP 增长速度

2. 第一、第二、第三产业发展趋势与布局预测分析

根据黄河流域和二级水资源区第一、第二、第三产业发展趋势的预测指标（表20-19～表20-21），三次产业结构发展演变趋势是：第一产业比例不断下降；第二产业比例在2001～2010年增长较快，主要考虑黄河流域能源重化工基地，根据国家发展对能源、原材料工业的需要，2010年第二产业比例上升至53%，到2020年以后增长速度将放缓，但一直保持高于全国平均值；第三产业比例保持持续增长态势，但一直低于全国平均水平（表20-23）。

表 20-23　黄河流域产业结构发展趋势与全国的对比　　　　　　（单位：%）

项目		2000 年	2010 年	2020 年	2030 年
第一产业	全国平均	15.1	10	7	6
	全流域	14.0	9	6	5
第二产业	全国平均	45.9	49	48	45
	全流域	45.0	53	53	50
第三产业	全国平均	39.0	42	45	49
	全流域	41.0	39	40	45

根据预测数据，分析黄河流域二级水资源区的产业结构演变情况。由于流域内产业布局受自然资源分布的影响较大，因此，有一些二级水资源区的产业结构发展变化不是十分明显。

第一产业占GDP比例在逐步减少是所有二级水资源区的共性，其中，龙羊峡以上和内流区二级水资源区下降幅度幅度较大。龙羊峡至兰州、兰州至河口镇、河口镇至龙门、龙门至三门峡、三门峡至花园口五个二级水资源区第一产业占GDP比例，从2000～2030年一直保持较低水平，见表20-24和图20-15。

表 20-24　黄河流域二级水资源区第一产业占 GDP 比例发展趋势　　（单位：%）

二级水资源区	2000 年	2010 年	2020 年	2030 年
龙羊峡以上	42	28	23	20
龙羊峡至兰州	13	10	7	6
兰州至河口镇	13	8	6	5
河口镇至龙门	14	11	8	7
龙门至三门峡	12	7	6	5
三门峡至花园口	11	7	5	4
花园口以下	22	13	10	8
内流区	34	29	24	20
全流域	14	9	6	5

第二产业占二级水资源区GDP比例，在2000～2020年多数二级水资源区是逐步增长的，2020年以后由于第三产业的快速增长，各二级水资源区第二产业的比例均开始下降。2000～2010年第二产业比例上升最快的是龙羊峡以上二级水资源区（表20-25和图20-16）。

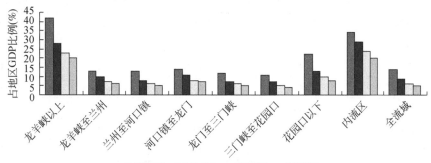

图 20-15 2000～2030 年黄河流域第一产业布局发展趋势

表 20-25 黄河流域二级水资源区第二产业占 GDP 比例发展趋势 （单位:%）

二级水资源区	2000 年	2010 年	2020 年	2030 年
龙羊峡以上	21	38	41	40
龙羊峡至兰州	46	46	48	46
兰州至河口镇	46	50	52	50
河口镇至龙门	53	47	48	44
龙门至三门峡	45	53	54	51
三门峡至花园口	50	60	59	55
花园口以下	38	52	53	48
内流区	37	28	29	28
全流域	45	53	53	50

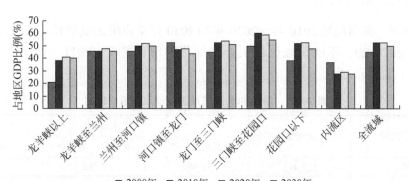

图 20-16 2000～2030 年黄河流域第二产业布局发展趋势

第三产业占二级水资源区 GDP 比例，在 2000～2030 年，均呈现增长的趋势。到 2030 年比例超过 45% 的有：龙羊峡至兰州、兰州至河口镇、河口镇至龙门、龙门至三门峡和内流区二级水资源区（表 20-26 和图 20-17）。

表 20-26　黄河二级水资源区第三产业占 GDP 比例发展趋势　　　（单位:%）

二级水资源区	2000 年	2010 年	2020 年	2030 年
龙羊峡以上	38	33	36	40
龙羊峡至兰州	41	43	45	48
兰州至河口镇	42	42	43	46
河口镇至龙门	33	42	44	49
龙门至三门峡	43	39	40	45
三门峡至花园口	39	33	36	41
花园口以下	40	34	38	44
内流区	30	43	47	52
全流域	41	39	40	45

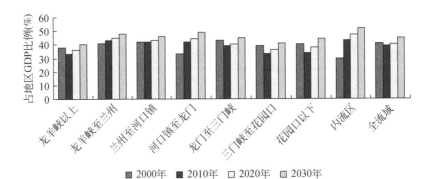

图 20-17　2000 ～ 2030 年黄河流域第三产业布局发展趋势

3. 工业发展趋势与布局

根据预测，黄河流域 2010 年、2020 年和 2030 年工业增加值增长及其组成情况，见表 20-27 ～ 表 20-29。不同阶段流域工业增加值的增长速度，2011 ～ 2020 年为 8.7%，2021 ～ 2030 年为 6.2% 。

表 20-27　2010 年黄河流域工业增加值组成预测　　　（单位：万元）

二级水资源区	工业增加值	其中		
		高用水工业	火（核）电工业	一般工业
龙羊峡以上	159 447	58 962	3 152	97 333
龙羊峡至兰州	3 196 560	1 293 532	80 550	1 822 478
兰州至河口镇	17 654 410	7 960 821	1 414 270	8 279 323
河口镇至龙门	3 840 928	1 202 312	250 408	2 388 207
龙门至三门峡	35 436 260	10 877 700	1 113 530	23 445 030
三门峡至花园口	15 326 460	4 715 144	482 249	10 129 070
花园口以下	11 002 620	4 610 352	141 447	6 250 818
内流区	229 626	102 150	0	127 476
全流域	86 846 310	30 820 970	3 485 607	52 539 740

表 20-28　2020 年黄河流域工业增加值组成预测　　　　（单位：万元）

二级水资源区	工业增加值	其中		
		高用水工业	火（核）电工业	一般工业
龙羊峡以上	360 340	157 304	4 482	198 554
龙羊峡至兰州	7 285 824	3 413 342	113 486	3 758 996
兰州至河口镇	42 530 540	21 023 900	2 723 775	18 782 870
河口镇至龙门	8 785 483	2 844 547	475 536	5 465 400
龙门至三门峡	79 171 730	24 170 770	2 005 256	52 995 700
三门峡至花园口	32 955 570	10 188 150	713 707	22 053 720
花园口以下	23 613 400	9 423 510	218 879	13 971 010
内流区	557 115	266 727	0	290 389
全流域	195 260 000	71 488 240	6 255 121	117 516 600

表 20-29　2030 年黄河流域工业增加值组成预测　　　　（单位：万元）

二级水资源区	工业增加值	其中		
		高用水工业	火（核）电工业	一般工业
龙羊峡以上	679 082	290 620	6 316	382 146
龙羊峡至兰州	13 715 900	6 313 075	159 429	7 243 398
兰州至河口镇	85 866 940	41 841 950	4 432 891	39 592 100
河口镇至龙门	16 271 000	5 258 083	786 579	10 226 340
龙门至三门峡	140 269 000	41 605 980	3 235 435	95 427 620
三门峡至花园口	58 665 010	17 391 730	1 039 609	40 233 680
花园口以下	39 752 990	15 494 450	329 267	23 929 270
内流区	1 124 400	529 335	0	595 066
全流域	356 344 400	128 725 200	9 989 526	217 629 600

　　2010 年、2020 年和 2030 年流域工业增加值增长的构成情况，见表 20-30 ~ 表 20-32。其中，高用水工业增加值占流域工业增加值的比例 2000 年为 27%，2010 年、2020 年和 2030 年分别为 35%、37%、36%，均比 2000 年有大幅度的上升。各二级水资源区高用水工业增加值占该区工业增加值的比例，增幅较大，成倍增长的有龙羊峡以上、河口镇至龙门、花园口以下三个二级水资源区，如图 20-18 所示。

表 20-30　2010 年黄河流域工业增加值构成　　　　（单位:%）

二级水资源区	工业增加值	其中		
		高用水工业	火（核）电工业	一般工业
龙羊峡以上	100	37	2	61
龙羊峡至兰州	100	40	3	57
兰州至河口镇	100	45	8	47

二级水资源区	工业增加值	其中		
		高用水工业	火（核）电工业	一般工业
河口镇至龙门	100	31	7	62
龙门至三门峡	100	31	3	66
三门峡至花园口	100	31	3	66
花园口以下	100	42	1	57
内流区	100	44	0	56
全流域	100	35	4	60

表 20-31　2020 年黄河流域工业增加值构成　　　　（单位：%）

二级水资源区	工业增加值	其中		
		高用水工业	火（核）电工业	一般工业
龙羊峡以上	100	44	1	55
龙羊峡至兰州	100	47	2	52
兰州至河口镇	100	49	6	44
河口镇至龙门	100	32	5	62
龙门至三门峡	100	31	3	67
三门峡至花园口	100	31	2	67
花园口以下	100	40	1	59
内流区	100	48	0	52
全流域	100	37	3	60

表 20-32　2030 年黄河流域工业增加值构成　　　　（单位：%）

二级水资源区	工业增加值	其中		
		高用水工业	火（核）电工业	一般工业
龙羊峡以上	100	43	1	56
龙羊峡至兰州	100	46	1	53
兰州至河口镇	100	49	5	46
河口镇至龙门	100	32	5	63
龙门至三门峡	100	30	2	68
三门峡至花园口	100	30	2	69
花园口以下	100	39	1	60
内流区	100	47	0	53
全流域	100	36	3	61

火（核）电工业增加值的 2000 年占流域工业增加值 5%，2010 年、2020 年和 2030 年分别为 4%、3%、3%，呈现下降趋势。2010～2030 年龙羊峡以上至河口镇至龙门 4 个二级水

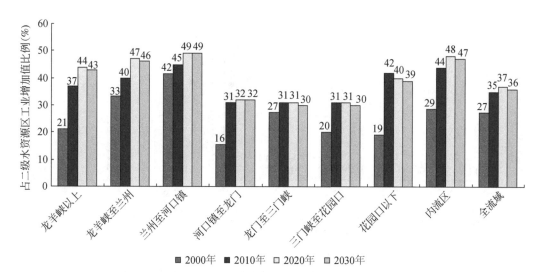

图 20-18　2000~2030 年黄河流域二级水资源区高用水工业比例

资源区高用水工业增加值比例均呈现增长趋势，其余 4 个二级水资源区均呈下降趋势。

4. 高用水工业发展趋势与布局

黄河流域 2010 年、2020 年和 2030 年高用水工业增加值，分别为 3082 亿元、7149 亿元和 12 873 亿元。高用水工业增加值增长速度 2011~2020 年为 8.8%，略高于同期流域工业增加值的增长速度。2021~2030 年为 6.1%，与流域工业增加值的增长速度持平。

2000~2030 年高用水工业在流域二级水资源区的分布情况，从各二级水资源区高用水工业增加值占流域高用水工业的比例看，龙羊峡以上、龙羊峡至兰州、兰州至河口镇、河口镇至龙门 4 个二级水资源区，均呈增长趋势；龙门至三门峡、三门峡至花园口、花园口以下和内流区 4 个二级水资源区，2000~2020 年均呈增长趋势，2020 年发后呈下降趋势，见表 20-33 和图 20-19。

表 20-33　黄河流域高用水工业发展布局预测

二级水资源区	增加值（万元）			二级水资源区占流域比例（%）		
	2010 年	2020 年	2030 年	2010 年	2020 年	2030 年
龙羊峡以上	58 962	157 304	290 620	0.19	0.22	0.23
龙羊峡至兰州	1 293 532	3 413 342	6 313 075	4.20	4.77	4.90
兰州至河口镇	7 960 821	21 023 900	41 841 950	25.83	29.41	32.50
河口镇至龙门	1 202 312	2 844 547	5 258 083	3.90	3.98	4.08
龙门至三门峡	10 877 700	24 170 770	4 1605 980	35.29	33.81	32.32
三门峡至花园口	4 715 144	10 188 150	17 391 730	15.30	14.25	13.51
花园口以下	4 610 352	9 423 510	15 494 450	14.96	13.18	12.04
内流区	102 150	266 727	529 335	0.33	0.37	0.41
全流域	30 820 970	71 488 240	128 725 200	100.00	100.00	100.00

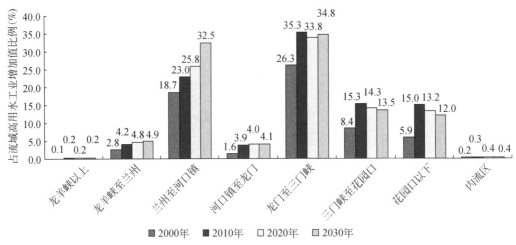

图 20-19　2000～2030 年黄河流域高用水工业分布发展趋势

5. 火（核）电工业发展趋势与布局

黄河流域 2010 年、2020 年和 2030 年火（核）电工业增加值，分别为 348.6 亿元、625.5 亿元和 999 亿元。火（核）电工业增加值增长速度 2011～2020 年为 5%，2021～2030 年为 4.8%。从各二级水资源区火（核）电工业增加值，占流域火（核）电工业增加值的比例变化分析，2010～2030 年兰州至河口镇和河口镇至龙门两个二级水资源区的比例持续增长，而且增长幅度较大（表 20-34）。

表 20-34　黄河流域火（核）电工业增加值增长预测

二级水资源区	增加值（万元）			二级水资源区占流域比例（%）		
	2010 年	2020 年	2030 年	2010 年	2020 年	2030 年
龙羊峡以上	3 152	4 482	6 316	0.09	0.07	0.06
龙羊峡至兰州	80 550	113 486	159 429	2.31	1.81	1.60
兰州至河口镇	1 414 270	2 723 775	4 432 891	40.57	43.54	44.38
河口镇至龙门	250 408	475 536	786 579	7.18	7.60	7.87
龙门至三门峡	1 113 530	2 005 256	3 235 435	31.95	32.06	32.39
三门峡至花园口	482 249	713 707	1 039 609	13.84	11.41	10.41
花园口以下	141 447	218 879	329 267	4.06	3.50	3.30
内流区	0	0	0	0.00	0.00	0.00
全流域	3 485 607	6 255 121	9 989 526	100.00	100.00	100.00

6. 一般工业发展趋势与布局

2010 年、2020 年和 2030 年黄河流域一般工业增加值分别为 5254 亿元、11 752 亿元和 21 763 亿元，一般工业增加值增长速度 2011～2020 年为 8.4%，2021～2030 年为 6.4%。从各二级水资源区一般工业增加值占流域一般工业增加值的比例变化分析，2010～2030 年兰州至河口镇、河口镇至龙门和内流区 3 个二级水资源区在持续增长；三门峡至花园口在持续下降（表 20-35）。

表 20-35　黄河流域一般工业增加值增长预测

二级水资源区	工业增加值（万元）			二级水资源区占流域比例（%）		
	2010 年	2020 年	2030 年	2010 年	2020 年	2030 年
龙羊峡以上	97 333	198 554	382 146	0.19	0.17	0.18
龙羊峡至兰州	1 822 478	3 758 996	7 243 398	3.47	3.20	3.33
兰州至河口镇	8 279 323	18 782 870	39 592 100	15.76	15.98	18.19
河口镇至龙门	2 388 207	5 465 400	10 226 340	4.55	4.65	4.70
龙门至三门峡	23 445 030	52 995 700	95 427 620	44.62	45.10	43.85
三门峡至花园口	10 129 070	22 053 720	40 233 680	19.28	18.77	18.49
花园口以下	6 250 818	13 971 010	23 929 270	11.90	11.89	11.00
内流区	127 476	290 389	595 066	0.24	0.25	0.27
全流域	52 539 740	117 516 600	217 629 600	100.00	100.00	100.00

7. 建筑业发展趋势与布局

黄河流域 2010 年、2020 年和 2030 年建筑业增加值，分别为 1568 亿元、2492 亿元和 4397 亿元（表 20-36）。建筑业增加值增长速度 2011～2020 年为 4.7%，2021～2030 年为 5.8%。

表 20-36　黄河流域建筑业增加值增长预测　　　　　　　（单位：万元）

二级水资源区	2010 年	2020 年	2030 年
龙羊峡以上	68 173	131 189	276 979
龙羊峡至兰州	849 225	1 562 371	3 276 339
兰州至河口镇	2 790 783	5 434 547	8 829 211
河口镇至龙门	614 614	1 204 343	2 020 191
龙门至三门峡	5 092 685	9 120 184	16 876 900
三门峡至花园口	2 128 936	4 283 800	7 304 688
花园口以下	1 541 940	3 072 264	5 126 404
内流区	57 475	115 910	186 225
全流域	156 844 511	24 924 610	43 896 930

（四）流域未来发展趋势分析小结

通过上述对黄河流域社会经济未来发展趋势的预测分析，可初步得出以下基本结论。

中国经济发展布局与水资源区产业结构研究

1. 人口增长和布局、城镇发展趋势

2000~2020 年流域人口总量增长速度为 4.25‰，到 2020 年流域人口总量可能达到 1.24 亿人左右。同期，各二级水资源区的人口变化趋势，除龙羊峡以上二级水资源区外，均呈现增长趋势。

2000~2020 年流域内人口分布的总体格局没有大的变化，但从二级水资源区人口占流域人口比例变化趋势看，兰州至河口镇、三门峡至花园口、龙羊峡以上三个二级水资源区比例呈现上升走势。由于兰州至河口镇内包括甘肃、宁夏、内蒙古等地区的主要城市，以能源为主的工业和第三产业业今后将有大幅度增长，是黄河流域经济发展的主要重心区之一，因此，预测该区人口占流域人口比例增幅较大，2000 年为 14.7%，到 2020 年增至 15.8%。

预测未来 20 年黄河流域人口城镇化将加速发展，这是我国未来城镇化发展的总趋势。未来城镇化率增长幅度较大的是三门峡至花园口二级水资源区从 28.5% 增加到 49.6%；兰州至河口镇二级水资源区 2020 年城镇化率达 60%，是全流域城镇化率最高的二级水资源区。

2. 经济增长速度和人均 GDP 变化趋势

2000 年黄河流域 GDP 为 6443.7 亿元，占同期全国 99 214.6 亿元（摘自《中国统计年鉴》）的 6.7%；人均 GDP 约 5943 元，比全国人均 7858 元（摘自《中国统计年鉴》），低 24%。到 2020 年流域人均 GDP 达 33 272 元是 2000 年人均 GDP 的 5.6 倍，可实现人均 GDP 翻两番的目标。人均 GDP 达 33 272 元按 2000 年汇率折算已达到人均 3000 美元的期望值。由于黄河流域面积大，经济布局现状的地域差异较大，未来经济发展地域差别会依然存在，预测 2020 年龙羊峡至兰州、河口镇至龙门两个二级水资源区的人均 GDP 按 2000 年汇率折算仍低于 3000 美元。

3. 产业结构的变化趋势

在不断调整和优化产业结构，提高经济增长质量方针的指导下，黄河流域第一产业比例不断下降；预测到 2020 年流域第二产业比例将上升至 53%；第三产业比例将上升至 40% 左右。第二产业比例将上升较快，主要原因：一方面，黄河流域是我国重要的能源重化工基地，由于国家经济社会发展的需要，今后能源、原材料工业仍要保持较高的增长速度；另一方面，产业结构进一步优化，加工制造业和高新技术产业的比例虽然也在大幅度增长，但还需要一个发展过程。

4. 高用水工业行业发展趋势

从预测分析成果看，黄河流域未来工业发展突出的特点是：高用水工业增加值的年均增长速度高于流域工业的增加值的增长速度。2001~2010 年高用水工业增加值的增长速度比流域工业的增加值的增长速度高出 3 个百分点（图 20-20）。2001~2010 年黄河流域高用水工业增加值的增长速度高达 16%。由于高用水工业持续高速增长对流域水资源压力将

继续增大。

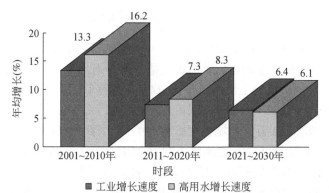

图 20-20　黄河流域工业与高用水工业年均增长速度对比

四、未来社会经济发展对水资源需求的影响

（一）黄河流域社会经济发展用水现状分析

黄河流域水资源匮乏，流域面积占全国国土面积的 8.3%，而水资源量仅占全国的 2%，人均占有水资源量 530 m³ 左右，不到全国人均水平的 1/5。20 世纪 90 年代流域年均耗水量已达 307 亿 m³（含流域外 106 亿 m³），入海流量大幅度减少，下游断流日趋严重，流域水资源供需矛盾突出。流域水资源短缺成为流域社会经济发展的重要制约因素。

2000 年黄河流域社会经济总用水量达 389 亿 m³，其中上游地区人口占全流域比例为 22%，GDP 占全流域比例为 25%，用水量占全流域比例为 57%；中游地区人口占全流域比例为 65%，GDP 占全流域比例为 60%，用水量占全流域比例为 33%；下游地区人口占全流域比例为 12%，GDP 占全流域比例为 14%，用水量占全流域比例为 10%。从表 20-37 中可以看出黄河流域农业用水的 60% 在上游地区；工业用水主要在中上游地区，约 1/2 的水量用在中游地区；生活用水的 60% 用在中游地区。

表 20-37　2000 年黄河流域社会经济用水分布情况

项目		全流域	农牧渔业	工业	城镇生活	农村生活
用水量（亿 m³）		389	300.37	56.30	16.89	15.49
占流域比例（%）	上游地区	57	63.00	39.00	35.00	25.00
	中游地区	33	27.00	50.00	59.00	58.00
	下游地区	10	10.00	11.00	6.00	16.00

（二）黄河流域未来社会经济发展对水资源需求的影响分析

未来社会经济发展对水资源需求数量和分布将带来一定的影响。下面依据黄河流

2000～2020 年主要社会经济指标的发展变化，粗略分析对水资源需求产生的影响。

1. 人口增长与城镇化发展，生活用水将有较多增长

根据预测，黄河流域 2000～2020 年总人口数增加 1552 万人，城镇人口增加 2552 万人。考虑人口增长和城镇化发展，以及居民生活水平普遍提高用水量增加的因素，从宏观角度判断，2020 年黄河流域的生活用水将在 2000 年的基础上出现较多的增长。

对比分析 2000 年和 2020 年人口、城镇化指标，在上、中、下游地区和分布情况的变化，上游地区人口净增 418 万人，城镇化率增加 12.8 个百分点；中游地区人口净增万人，城镇化率增加 14.2 个百分点；下游地区人口净增 109 万人，城镇化率增加 15.3 个百分点。从各二级水资源区对比分析看，人口净增长最多的是龙门至三门峡，净增 692 万人；城镇化率增加最多的是三门峡至花园口，增加 21.1 个百分点（表 20-38）。从人口数量和城镇化率分布变化分析龙门至三门峡和三门峡至花园口二级水资源区居民生活用水量将增加较多。

表 20-38　黄河流域人口、城镇化率 2020 年与 2000 年指标对比

二级水资源区	人口（万人）			城镇化率（%）		
	2000 年	2020 年	增加值	2000 年	2020 年	增加值
1. 上游地区	2 427.78	2 845.46	417.68	40.2	53.0	12.8
龙羊峡以上	50.83	48.20	-2.63	10.5	19.9	9.4
龙羊峡至兰州	783.16	833.96	50.8	30.9	38.5	7.6
兰州至河口镇	1 593.80	1 963.30	369.5	49.2	60.0	10.8
2. 中游地区	7 021.17	8 041.52	5 685.03	31.4	45.6	14.2
河口镇至龙门	816.85	902.49	85.64	24.6	35.2	10.6
龙门至三门峡	4 875.19	5 567.17	691.98	33.4	46.2	12.8
三门峡至花园口	1 329.13	1 571.86	242.73	28.5	49.6	21.1
3. 下游地区（花园口以下）	1 346.20	1 455.05	108.85	23.4	38.7	15.3
4. 内流区	48.00	52.84	4.84	26.9	36.8	9.9
全流域	10 843.16	12 394.88	1 551.72	32.4	46.5	12.8

2. 第二产业比例上升，经济用水量增加

从黄河全流域分析，2000 年第一、第二、第三产业结构为 13.9∶45.3∶40.8，预测到 2030 年将演变成为 5∶50∶45，第一产业比例均呈大幅度下降趋势。第二产业比例在 2001～2020 年呈增长趋势，2020 年以后呈下降走势。第二产业比例 2020 年比 2000 年增加 8 个百分点，从第二产业增加值绝对量分析，2020 年比 2000 年增长 6.5 倍。

据 2000～2030 年流域二级水资源区第二产业发展预测结果，第二产业增加值绝对量分析，2030 年比 2000 年增长超过 15 倍的有龙羊峡以上、兰州至河口镇两个二级水资源区。上述二级水资源区的区域范围，涉及青海、甘肃、宁夏、内蒙古、陕西、山西 6 省

（自治区），是我国矿产、煤炭、油气资源最丰富的地区，也是国家重要能源、原材料基地的所在地。山西的大同、朔州、运城、忻州、临汾、吕梁；陕西的榆林、延安、渭南；内蒙古的鄂尔多斯、呼和浩特、乌兰察布等，是我国煤炭、油气资源的主要产地，未来能源工业快速发展对水的需求量增加是必然趋势。

黄河流域高用水工业增长速度较快，高用水工业占流域工业增加值比例 2020 年比 2000 年增长了 8 个百分点。2000～2030 年高用水工业在流域二级水资源区的分布情况，龙羊峡以上、河口镇至龙门、花园口以下、内流区 4 个二级水资源区高用水工业增长速度较快，但全流域 1/3 以上的高用水工业集中分布在龙门至三门峡的格局没有变化。受上述产业结构布局调整的影响，中上游地区工业用水量在考虑节水的条件下，仍比 2000 年要有较大幅度的增长。

3. 火（核）电工业布局对用水需求的影响

2000 年黄河流域火（核）电工业 74% 分布在中游地区，到 2020 年比例降至 50%。虽然 2001～2020 年中游地区火（核）电工业占全流域比例下降，但同期增加值增长了近 3 倍，年均增长速度达 7%。中游地区 2020 年以前火（核）电工业高速发展对水的需求量将大幅度增加，不仅增大流域或地区水资源的压力，火（核）电燃煤排放的污染物大量增加，还对水环境保护也将产生不利影响。

第二十一章 淮河水资源区经济发展布局与产业结构预测

本章在其他章提供现状及未来不同时段预测数据的基础上对淮河水资源区的经济社会发展现状进行了判断和评价，分析了未来 30 年影响淮河水资源区经济社会发展的主要因素，分三个不同时段对淮河水资源区的经济社会发展和产业布局进行了预测分析，对 2030 年前水资源区经济社会发展布局与产业结构调整对水资源需求变化的影响进行了阐述。

一、淮河水资源区经济社会发展现状评价

（一）淮河水资源区范围和水资源开发利用情况

1. 水资源区范围

淮河水资源区及山东半岛位于我国东部，西起桐柏山、伏牛山，东临黄海，介于长江和淮河之间，跨湖北、河南、安徽、江苏和山东五省。总面积为 33 万 km^2，占全国的 3.4%，其中淮河水资源区约 27 万 km^2，山东半岛 6 万多平方公里。山丘区主要分布在流域的南部、西部和东北部，其余基本上是平原地区，平原区面积占流域总面积的 2/3。

淮河流域分淮河水系和沂沭泗水系。淮河发源于河南桐柏山区，全长 1000km，流域面积 19 万 km^2，淮河两岸支流众多，流域面积大于 2000km^2 的一级支流 16 条。沂沭泗水系发源于山东沂蒙山区，由沂河、沭河、泗河组成，流域面积为 8 万 km^2。

淮河流域及山东半岛地处南北气候过渡地带，多年平均年降水量 838.5mm，多年平均蒸发能力 1000mm，多年平均气温 11~16℃，多年平均日照 2000~2500h，多年平均无霜期 200~240 天。

淮河水资源区涉及五省 47 个地（市）。2000 年总人口为 1.95 亿人，耕地面积约 2.6 亿亩，GDP 为 13 380.72 亿元，粮食产量为 8900 万 t，分别占全国的 15.9%、13.02%、13.57% 和 18.7%。说明粮食生产的地位很高。

2. 水资源的基本特点

淮河水资源区水资源的特点与其所在的地理位置密切相关，既有北方地区干旱少雨、旱灾连年，又有南方地区多雨少晴、洪水不断的特点。

1）地区分布不均。淮河水资源区在地区分布上呈现山区大于平原、沿海平原大于内陆平原、淮南大于淮北的特点。流域降雨和径流的地区分布一致。淮河水资源区降水量的变幅为 600~1400mm。南部大别山区最大，达 1400mm；北部沿淮河一带最小，为 600mm

左右；西部伏牛山一带、淮河下游和沂沭河下游平原为 900~1000mm；沂沭泗水系沂蒙山区为 800mm 左右。

2）年内分配不均。淮河水资源区降水年内分布呈现汛期集中，季节分配不均和最大、最小月降水量相差悬殊的特点。淮河上游和淮南雨季一般在 5~8 月，其他地区在 6~9 月，降雨量集中在这一时期，多年平均最大 4 个月的降水为 400~800mm，占全年的 50%~80%。

3）年际变化剧烈。淮河水资源区最大与最小年降水量比值一般在 2~6 倍，最大与最小年径流量比值一般在 5~30 倍。雨量丰沛、产流条件较好的山丘区比值小，反之则大。

4）洪涝旱灾害严重。流域降水量丰枯变化频繁，丰枯水年经常连续发生。20 世纪 50 年代和 60 年代，淮河水资源区为丰水期，80 年代末和 90 年代为枯水期，尤其是 90 年代，淮河水资源区连续出现枯水年份。年内丰枯交替，经常出现先涝后旱和先旱后涝。

5）水土资源不匹配。由于受地形、气候、产流条件的影响，淮河水资源区水土资源分布也很不平衡。淮河水资源区淮北平原占流域总人口的 70%、总耕地的 80%，而水资源仅占全流域的 40%。

3. 水资源开发利用的主要特点

1）水资源开发利用难度大。淮河水资源区 2/3 的面积属于平原地区，山丘区在流域的南部、西部和东北部地区。大中型水库一般修建在山丘区，控制流域面积不大，平原区又极少有修建大型蓄水工程的地形条件，流域调蓄径流的能力小。特别是广大的平原地区调蓄径流的能力差，难以做到以丰补歉。流域中下游有洪泽湖、骆马湖等大型湖泊，遇枯水年份仍常出现干湖现象。山东半岛由于多数河流源短流急，大多独流入海，地表水资源开发利用难度大。丰水年、平水年水资源开发尚有一定潜力，但枯水年地表水开发利用潜力不大，有些地区已超过了其承载能力。

2）供水量不稳定。淮河水资源区的实际供水量在 480~580m³。一般是中等干旱年份供水量最大，其次是平、丰年份，枯水年份和特枯水年份供水量最小。淮河水资源区主要用水是农业灌溉用水，农业灌溉用水与降雨过程有关，淮河水资源区地处我国南北气候过渡带，由于丰、平、枯来水年份降雨量差别大，导致淮河水资源区农业灌溉用水变化而引起供水量不稳定。

3）水污染严重，生态环境恶化。淮河水资源区水污染严重，流域内各河流已无Ⅰ类水，Ⅴ类及Ⅴ类以上水质的河段占河流评价总长度的 65%；由于流域水资源过度开采，淮河干流蚌埠以下在中等干旱年份已出现断流，洪泽湖、南四湖干湖，由于地下水连续超采等因素，造成水环境恶化、少数生物灭绝、地面下沉塌陷等生态环境问题。

4）农业用水比例大，工业和生活用水增长迅速。淮河流域及山东半岛有 2.6 亿亩耕地，农业用水比例占 70% 以上。随着工业生产发展和生活水平的提高，工业和生活用水量由 1980 年的 73.5 亿 m³ 增长到 2000 年的 146.5 亿 m³，占总用水的比例分别由 1980 年的 14.1% 提高到 2000 年的 29.1%。随着社会经济发展水平的不断提高，对水质水量提出了更高的要求。

（二）淮河水资源区经济和社会发展现状

1. 人口及城镇化

2000 年淮河水资源区总人口 1.95 亿人，占十大水资源区总和的 15.33%。其中城市人口 5892 万人，农村人口 1.36 亿人，城市人口和农村人口分别占淮河水资源区的 30.2% 和 69.8%。二级水资源区人口分布如图 21-1 所示。二级水资源区中淮河中游的人口最多（表 21-1 和图 21-1），为 7794 万人，占淮河水资源区的 40%，淮河上游的人口最少，为 1243 万人，占淮河水资源区的 6.4%；城镇化水平最高的是山东半岛沿海诸河，为 49%，城镇化水平最低的是淮河上游，为 16.6%（表 21-1）。

表 21-1　2000 年淮河水资源区人口及结构状况

流域	城镇总人口 （万人）	农村总人口 （万人）	总人口 （万人）	城镇人口比例 （%）	农村人口比例 （%）
淮河水资源区	5 892	13 606	19 499	30.22	69.78
淮河上游	206	1 037	1 243	16.55	83.45
淮河中游	1 844	5 950	7 794	23.66	76.34
淮河下游	657	1 205	1 862	35.30	64.70
沂沭泗河	1 447	3 608	5 055	28.63	71.37
山东半岛沿海诸河	1 738	1 807	3 545	49.03	50.97

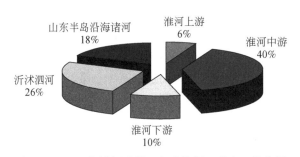

图 21-1　2000 年淮河流域二级水资源区总人口分布图

2. 经济发展布局及产业结构

2000 年淮河水资源区 GDP 为 13 380.72 亿元，占十大水资源区总和的 13.57%。二级水资源区 GDP 分布如图 21-2 所示。二级水资源区中山东半岛沿海诸河的 GDP 总量最大，为 5397.49 亿元，占淮河水资源区的 40%，其次是淮河中游，占了 26%，淮河上游的 GDP 总量最少，为 456.72 亿元，占淮河水资源区的 3%。淮河二级水资源区三次产业增加值的分布如图 21-3 所示。二级水资源区三次产业的分布中，第二产业在山东半岛沿海诸河占较大份额，占整个水资源区的 49.54%。淮河上游第一产业的比例最大，占了整个水资源区的37.21%。

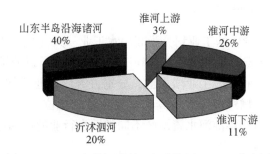

图 21-2 2000 年淮河流域二级水资源区 GDP 分布图

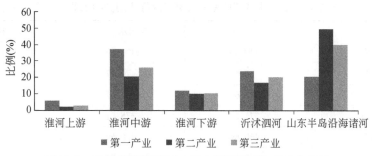

图 21-3 2000 年淮河流域二级水资源区三次产业分布图

淮河一、二级水资源区 GDP 及三次产业增加值、结构状况见表 21-2 和表 21-3。2000年淮河水资源区三次产业结构为 20.36∶44.98∶34.66。二级水资源区中山东半岛沿海诸河的第二产业的比例最高，为 55.25%，淮河上游第三产业比例最高，为 36.64%。

表 21-2 2000 年淮河水资源区 GDP 及三次产业状况 （单位：亿元）

流域	GDP	第一产业	第二产业	第三产业
淮河水资源区	13 380.72	2 724.25	6 019.26	4 637.21
淮河上游	456.72	167.35	147.98	141.39
淮河中游	3 462.54	1 013.58	1 243.05	1 205.91
淮河下游	1 442.46	330.25	618.83	493.39
沂沭泗河	2 621.52	655.07	1 027.38	939.07
山东半岛沿海诸河	5 397.49	557.99	2 982.03	1 857.46

表 21-3 2000 年淮河水资源区三次产业结构 （单位:%）

流域	第一产业	第二产业	第三产业
淮河水资源区	20.36	44.98	34.66
淮河上游	36.64	32.40	30.96
淮河中游	29.27	35.90	34.83
淮河下游	22.89	42.90	34.20
沂沭泗河	24.99	39.19	35.82
山东半岛沿海诸河	10.34	55.25	34.41

3. 工业发展布局和工业结构

本书按统一规定将流域内的工业划分为高用水工业、火（核）电工业、一般工业三大类，并重点对流域二级水资源区的工业布局和工业结构状况予以分析。2000 年淮河的高用水工业、火（核）电工业和一般工业增加值，分别占流域工业增加值的 30.81%、3.49% 和 65.7%，一般工业在流域经济发展中具有举足轻重的地位，而火（核）电工业的贡献较低。按增加值计算，2000 年淮河水资源区不同类用水行业的增加值、分布及结构状况见表 21-4、图 21-4 和图 21-5。

表 21-4　淮河水资源区按三大类用水行业划分的工业增加值　（单位：亿元）

流域	一般工业	高用水工业	火（核）电工业
淮河水资源区	3430.69	3430.69	1608.48
淮河上游	70.47	70.47	37.97
淮河中游	717.61	717.61	243.33
淮河下游	375.21	375.21	145.70
沂沭泗河	460.69	460.69	325.66
山东半岛沿海诸河	1806.70	1806.70	855.81

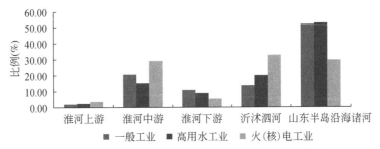

图 21-4　2000 年淮河水资源区三大类行业增加值分布

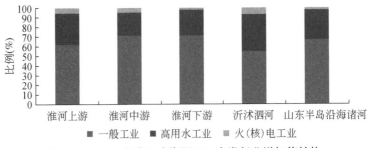

图 21-5　2000 年淮河水资源区三大类行业增加值结构

1）火（核）电工业。淮河水资源区火（核）电工业在工业结构中的比例较低，只占了 3.49%。火（核）电工业主要分布在沂沭泗河、黄河中游和山东半岛沿海诸河，分别占了总流域的 32.97% 和 29.22% 和 29.01%。

2）高用水工业。淮河水资源区按二级区分，高用水工业在工业结构中占了 30.81%，主要分布在山东半岛沿海诸河，占了淮河水资源区的 53.21%，其次是沂沭泗河，占了 20.25%。

3）一般工业。一般工业是淮河水资源区的重要组成部分，在工业结构中占了 65.7%，也主要分布在山东半岛沿海诸河，占了淮河水资源区的 52.66%，其次是淮河中游，占了 20.92%。

4. 建筑业发展和布局

2000 年淮河水资源区建筑业的增加值状况见表 21-5。其中山东半岛沿海诸河所占比例最大，为 33.42%，其次为淮河中游和沂沭泗河，分别占 28.68% 和 22.68%，淮河下游和淮河上游分别占 11.06% 和 4.15%。

表 21-5　2000 年淮河水资源区建筑业增加值及比例

二级水资源区	建筑业增加值（万元）	比例（%）
淮河上游（王家坝以上）	331 211	4.15
淮河中游（王家坝至洪泽湖出口）	2 288 729	28.68
淮河下游（洪泽湖出口以下）	882 848	11.06
沂沭泗河	1 809 519	22.68
山东半岛沿海诸河	2 666 600	33.42

（三）淮河水资源区经济和社会发展综合评价

1. 总体上经济发展水平不高，区内差距较大

由于淮河水资源区是由淮河流域和山东半岛沿海诸河两大部分组成，这两者在经济发展水平上有较大的差距。总体上看，淮河水资源区的发展水平不高，2000 年，淮河水资源区的人口占了十大水资源区总和的 15.33%，但 GDP 占了全国十大水资源区总和的 13.57%。从二级流域看，2000 年山东半岛沿海诸河的人均 GDP 最高，为 15 223.78 元，其次为淮河下游，为 7746.97 元，沂沭泗河为 5186.48 元，淮河中游为 4442.66 元，最低为淮河上游为 3675.02 元（表 21-6）。

表 21-6　淮河二级水资源区人均 GDP 水平

流域	总人口（万人）	GDP（亿元）	人均 GDP（元）
淮河水资源区	19 498.52	13 380.72	6 862.43
淮河上游	1 242.76	456.72	3 675.02
淮河中游	7 793.84	3 462.54	4 442.66
淮河下游	1 861.96	1 442.46	7 746.97
沂沭泗河	5 054.53	2 621.52	5 186.48
山东半岛沿海诸河	3 545.43	5 397.49	15 223.78

2. 产业结构层次低，农业比例仍较高

总体上看，淮河水资源区的产业结构层次不高。表现在：第一，农业的比例仍然较高，水资源区农业比例高达21.1%，70%的人口仍然从事农业生产；第二，工业比例虽然占了48.9%，但工业中传统的资源密集型行业仍占相当大的比例，工业体系主要建立在以农产品生产和当地资源开采加工基础之上，流域的支柱产业还处在资源开采及农产品加工开发的粗放发展阶段。流域区中食品工业增加值位居第一位，化工、纺织、冶金等行业紧随其后；高用水工业增加值占了51%。这样的工业结构必然造成对水资源、能源和原材料的大量消耗，在生产力和技术水平不高时，必然增大资源环境的压力，制约工业的进一步扩张，并导致经济社会效益差等一系列问题。

3. 缺乏强有力的中心城市

总体上看，该流域的城镇化水平不高，尤其是缺乏强有力的中心城市的支撑，难以带动流域经济的发展。山东半岛虽是我国城市比较密集的地区，但是其中心城市，在带动区域经济发展中的作用仍不突出，如山东半岛的中心城市青岛的经济带动力还不能与我国的北京、上海、深圳、天津、广州等城市相比，只能与大连、宁波、厦门、杭州、南京等城市处于同一梯队。而其他地区的龙头城市，如郑州、合肥等城市长期以来，城市竞争力提高缓慢，城市中心功能作用一直没有得到很好的发挥，因此难以带动腹地经济的迅速发展。

4. 人口压力大，教育水平低

淮河水资源区人口较多，2000年总人口为1.95亿人，占全国的15.4%，人口密度在流域中最大为593人/km²。农村人口达1.35亿人，占流域总人口的70%。农村人口密度在各流域中也是最高，达411人/km²。同时这些人口的受教育水平低，文盲人口较多，对未来流域经济的发展有较大的制约。

二、2030年前影响淮河水资源区经济社会发展的主要因素

（一）国家战略与政策

1. 走新兴工业化道路对流域未来经济发展提出了更高的要求

"十六大"报告提出"走新型工业化道路，大力实施科教兴国战略和可持续发展战略。实现工业化仍然是我国现代化进程中艰巨的历史性任务。信息化是我国加快实现工业化和现代化的必然选择。坚持以信息化带动工业化，以工业化促进信息化，走出一条科技含量高、经济效益好、资源消耗低、环境污染少、人力资源优势得到充分发挥的新型工业化路子"。

由于淮河水资源区所具有的经济基础差，工业结构以传统的资源消耗型工业为主，水

资源短缺，环境承载力弱等特点，淮河水资源区未来的工业化道路必须按照"十六大"提出的这一基本思路进行。走新兴工业化道路的主要内涵体现在：一是要以信息化带动工业化。当今，信息化已经成为世界经济和社会发展的大趋势。尽管淮河水资源区的工业发展正处于初中期阶段，工业产业中占主体地位的仍是食品、化工、纺织、原材料、冶金、矿山等传统产业，并且还有相当数量的手工业，但要继续推动淮河水资源区的工业化进程，必须以信息化带动工业化，以工业化促进信息化，从而发挥后发优势，实现生产力的跨越式发展。二是要发展有可持续发展能力的工业化。在实现工业化的过程中强调生态建设和环境保护，强调处理好经济发展与人口、资源、环境之间的关系，特别是要做到两点"资源消耗低"和"环境污染少"。所谓"资源消耗低"，就是要大力提高能源、原材料利用效率，减少资源占有与消耗；所谓"环境污染少"，就是要广泛推行清洁生产、文明生产方式，发展绿色产业、环境保护产业，加强环境和生态保护，使经济建设与生态环境建设相协调。三是新工业化要能够充分发挥淮河水资源区人力资源优势的工业化，不断提高劳动者素质，利用劳动力成本低廉的条件，提高经济竞争力，并妥善处理好工业化过程中提高生产率与扩大就业的关系，不断增加就业。

2. 加快城镇化进程有利于推动水资源区工业化的进程和农村经济的繁荣

"十六大"报告提出"全面繁荣农村经济，加快城镇化进程。统筹城乡经济社会发展，建设现代农业，发展农村经济，增加农民收入，是全面建设小康社会的重大任务"。"农村富余劳动力向非农产业和城镇转移，是工业化和现代化的必然趋势。要逐步提高城镇化水平，坚持大中小城市和小城镇协调发展，走中国特色的城镇化道路。发展小城镇要以现有的县城和有条件的建制镇为基础，科学规划，合理布局，同发展乡镇企业和农村服务业结合起来。消除不利于城镇化发展的体制和政策障碍，引导农村劳动力合理有序流动。"

淮河水资源区经济发展水平的相对落后是与众多的农业人口分不开的，由于农业劳动力人均耕地资源水平很低，完全依靠农业内部调整产业结构效益并不显著。虽然结构调整在一定程度上能增加农业收入，但不是解决农民增收问题的根本出路。要加快淮河水资源区的迅速发展，按照国家战略，加快推进实施城镇化战略，是推动淮河水资源区工业化水平，提高农民收入的必由之路。未来30年，淮河水资源区的经济增长必将伴随着城镇化进程的不断加快，使得工业化与城镇化相互促进，相互协调。在这一过程中，随着重化工业进程的加快，为城镇化提供了产业支撑；同时，城镇化为工业的发展提供了空间支撑。

目前淮河水资源区有关省在制定经济发展战略中都对城镇化战略给予了高度的重视，如山东提出了打造"半岛城市群"的战略构想，提出了"以开放为先导，以青岛为龙头，举八市之力，发展成为综合实力强大的制造业基地、环境优良适于人居的城镇群体、有较大国际影响的我国第三大都市连绵区"的战略目标。河南在《河南省全面建设小康社会规划纲要》中特别提出了"突出抓好以郑州为中心的中原城市群建设"的发展战略。可以肯定这些城市群将是带动淮河水资源区未来经济发展的重要增长极，通过这些城市的集聚和扩散效应，将带动淮河水资源区工业化步伐的加快和农村经济的繁荣。

3. 国家重视粮食主产区和农民增收问题，有利于推动淮河水资源区广大农村地区的经济发展

近年来，中央高度重视粮食生产和农民增收问题，多次召开有关农业、农村和粮食工作的重要会议，把解决"三农"问题作为全部工作的重中之重，并相继采取了一系列促进粮食增产和农民增收的直接、有力的政策措施。2004 年的中央 1 号文件，既把农民增收作为头等大事对待，又高度关注粮食安全问题；既特别强调要促进粮食生产，又着重解决粮食主产区农民增收问题。把农民增收与粮食安全放在一起，突出了党和政府解决粮食安全和粮农增收这一两难课题的决心。

国家对农业的重视体现在以下方面。

1）坚持"多予、少取、放活"的原则，为农业发展创造良好的政策环境。出台了"两减免、三补贴"政策，即减免农业税、取消除烟叶以外的农业特产税，对种粮农民实行直接补贴、良种补贴和购买农机具补贴。实行最严格的耕地保护制度，清理整顿各类开发区和土地市场，稳定增加粮食播种面积；在集中力量支持粮食主产区发展粮食产业、促进种粮农民增加收入的基础上，积极推进农业结构调整，发展农村第二、第三产业，拓宽农民增收渠道；积极鼓励农民外出流动就业，进一步清理和取消对农民进城务工的不合理限制和收费，切实保障进城就业农民的合法权益；等等。政策措施力度之大，是多年来少有的。

2）调整国民收入分配结构和财政支出结构，加大财政转移支付力度，更多地向农业和农村倾斜，创造良好的资金环境。国家新增的教育、卫生、文化等事业经费主要用于农村；加强粮食市场宏观调控，对稻谷实行最低收购保护价，使粮食价格稳定在合理水平，同时控制生产资料价格上涨；增加对农业的资金投入，2004 年安排用于农业的国债资金大幅提高；国家实施优质粮食产业工程，选择一部分有基础、有潜力的粮食大县和国有农场，集中力量建设一批国家优质专用粮食基地；大力支持粮食主产区特别是中部粮食主产区重点建设旱涝保收、稳产高产的基本农田；支持粮食主产区进行粮食转化和加工，国家通过技改贷款贴息、投资参股等措施，支持主产区建立和改造一批大型农产品加工、种子营销和农业科技型企业。

3）深化农村改革，提供良好的体制保障。2004 年以来，国务院先后召开了全国粮食流通体制改革工作会议和农村税费改革试点工作会议。粮食流通体制改革主要是放开粮食收购和价格，实行对主产区种粮农民直接补贴，健全粮食市场体系，加强和改善粮食宏观调控，确保国家粮食安全。农村税费改革主要是全面取消农业特产税，推进减征免征农业税改革试点，5 年内在全国取消农业税。同时，积极稳妥地推进乡镇机构、农村义务教育管理体制和县乡财政体制等相关配套改革。粮食流通体制改革和农村税费改革的全面推行，必将引起农村经济、政治、社会各方面的深刻变革，为我国农业和农村经济社会发展注入新的动力。

这些政策对于农业比例很大、农村人口很多、粮食主产区集中的淮河水资源区，无疑都会产生重要的影响。尽管"三农"问题任重道远，很多问题不是一两年内能够解决的，但是从近年的发展趋势看，中央对农业的重视程度正在从单项的资金投入向政策和制度完

善方向过渡，对于农业比例大、粮食生产占主导的淮河水资源区必然在国家的这种政策指导下，享受到应有的利益，受国家重视的程度将会大幅度提高，而只有淮河水资源区的"三农"问题得到了有效的解决，才意味着该区域实现了全面小康的奋斗目标。

4. 加快老工业基地改造步伐和资源型城市经济转型有利于推动淮河水资源区许多城市的转型和发展

淮河水资源区中有许多老工业基地和资源型城市，这些城市在过去的经济发展中，对区域的发展起到了重要的作用，但在建立市场经济体制的过程中，这些地区仍面临着许多困难，包括适应市场能力弱，历史包袱重、社会负担大、资源衰竭、失业人口多等。这些问题不仅是影响淮河水资源区目前发展落后的原因之一，也是影响该区域未来经济能否顺利发展的主要因素。

老工业基地改造和资源型城市转型的问题已经得到了国家的高度重视，在国家的"十六大"报告中明确提出了"支持东北地区等老工业基地加快调整和改造，支持以资源开采为主的城市和地区发展接续产业"的战略，按照这一思路，国家目前正在制定东北地区开发的有关政策，其中很大一部分都与老工业基地的改造和振兴有关，可以预见，对于我国其他地区，尤其是淮河水资源区的许多老工业基地和资源型城市，也有可能得到类似的政策或援助。借助国家的有力支持和自身不断加快改革开放步伐和制度创新，这些城市将成为流域区经济发展的重要支撑力量。

（二）周边环境

1. 信息化、全球化和区域经济一体化给淮河水资源区带来了更多的挑战

世界信息化的飞速发展，对正在进行工业化的淮河水资源区构成了巨大的压力。虽然自英国工业革命以来，世界知识增长和技术进步的速度较以往大大加快，但自20世纪80年代以来技术进步速度又达到了新的高度。其主要特点是知识经济迅速崛起，发达国家的工业经济正在向知识经济转化，同时信息技术和信息产业飞速发展，掀起了一场"信息革命"。这种新的知识和技术环境是主要工业化国家在推进工业化过程中所没有遇到过的。实际上，对于先发工业化国家而言，工业化、城镇化和信息化之间存在很大的时滞，城镇化一般滞后工业化10年左右，而信息化是在工业化和城镇化完成多年之后才出现的，所以它们就没有在同一时期遇到三个不同问题的可能，但这样的国际环境正好是现在工业化、城镇化和信息化均没有完成的中国的所有地区所必须面对的。

20世纪80年代以来，区域经济和全球经济一体化的步伐加快，越来越多的国家和地区加入WTO，跨国公司飞速扩张，全球化成为不可逆转的潮流。在全球化加速推进的新背景下，一国的国内市场和地区市场难以独存，地方保护、区域封锁、贸易保护越来越难以实施，国际统一的经济贸易规则已成为各国必须共同遵守的准则。与先行工业化国家和地区相比，淮河水资源区在这种新的国际市场环境中推进工业化，不但要面对越来越激烈的全球性市场竞争，还要面对国内发达地区的竞争，因为淮河水资源区必须以全球的视

角，不仅在国内还要在全球分工体系中找准自身的定位，依托自身的比较优势，发展具有核心竞争力的特色产业和产品，提高区域整体经济水平。

2. 周边区域的快速发展给淮河水资源区带来了更大的挑战

从淮河水资源区所处的经济地理位置，可以看出这一区域在未来的发展中所面临的竞争环境是非常激烈的。从大环境看，淮河水资源区处于长江流域和黄河流域的中间地带，自然环境复杂，经济发展中面临的困难较多，受两大流域挤压的态势比较明显；从沿海区域看，淮河水资源区虽有山东和江苏部分区域属于沿海地带，但它们在沿海地带中的发展水平明显不高，江苏的淮河水资源区部分是江苏的落后地区，山东半岛虽然发展速度较快，但与沿海的长三角、珠三角等地区还有明显的差距；从周围区域的发展趋势看，这一区域周围有许多经济增长潜力巨大的区域，在未来中国经济的版图中将发挥重要的作用。例如，北部的京津冀区域、南部的武汉城市群，再远一点的长三角城市群，这些区域的发展都会对淮河水资源区产生多面夹击之势，必然对淮河水资源区的发展带来严峻的挑战。

（三）经济社会发展基础

1. 生产要素短缺仍是制约流域未来长远发展的关键因素

在经济发展，特别是在起飞阶段，资本和人才是不可欠缺的重要因素。据研究，中国人均固定资产投资每增加1个百分点，就可以带来人均GDP增长0.3个百分点。因此，努力获取资本资源就理所当然地成为地方政府应对竞争的首位工作。但是，在吸引资本的竞赛中，淮河水资源区明显与其他地区有较大的差距。不论是中央的以财政划拨和银行政策性资金分配为代表的政府主导性资本，还是以外资、民间资金和资本市场提供的以资金为代表的市场主导的资本方面，流域区与其他区域相比，都有较大的差距，在未来如果资金和人才生产要素没有得到较大程度的改善，区域发展就会欠缺最基本的生产要素，就会使淮河水资源区与其他地区发展差距就会越来越大。同时在科技因素和人力资本等生产要素方面，淮河水资源区由于人口众多，文盲率高，科技发展水平低，也将成为制约区域未来经济社会发展的关键因素。

2. 农业基础较好和一定的工业基础是未来流域发展的重要依托

按照经济学家波特的理论，一个国家之所以能够兴旺发达，其根本原因是这个国家在国际市场中具有竞争优势，这种竞争优势来源于这个国家的主导产业具有竞争优势，而主导产业的竞争优势又根源于企业由于具有创新机制而提高了生产效率。波特所指的竞争优势，包括生产要素、国内需求、相关支撑产业、企业的战略结构与竞争、政府的作用和机遇。波特认为，这些因素相互影响，相互加强，共同构成一个动态的激励创新的竞争环境，从而产生一些在国际市场上具竞争力的明星产业。区域竞争优势的创建与波特所提出的国家竞争优势的理论有类似之处，未来区域经济的竞争力如何关键是看这个地区是否充分发挥了该地区的比较优势，是否在满足需求、有相关支撑产业、能够寻找和发展与众不同的优势产业或产品方面有所创新，只有坚持了这一方向，才能使相对比较落后的地区在未来的发展中找到自己的方向。

淮河水资源区是我国粮食的主产区、农业地位比较高，同时工业方面也有了比较好的基础，未来经济发展战略的制定，必须仍以这些优势为基础，发展出有自己特色的产品。实际上，在淮河水资源区的一些区域，在这方面已经有了成功的经验，河南就是其中的一个典型。河南是全国产粮第一大省，也是全国重要的畜牧业基地。河南在实现"经济强省"的过程中，正视自己是"农业大省"和"人口大省"的现实处境，这既是河南经济起飞的限制，也是它的发展前提和条件。因此河南确定了以食品工业振兴省内经济的战略，兴起了一系列的名牌产品，如"华英"鸭、"大用"鸡、"金苑"面粉、"三全凌"汤圆、"思念"水饺、"莲花"味精、"双汇"火腿肠等。而且河南在食品工业方面不仅名牌产品多，而且产销规模惊人，如华英集团年加工肉鸭2400万只，全球无出其右者；双汇集团年增加值、销售双双超百亿元；莲花味精国内市场占有率46%，出口量全国第一。河南还是全国最大的面粉及面制品加工基地，面粉、挂面产量全国第一，方便面食品占全国市场份额1/4，速冻食品更占全国市场份额的六成多。"十五"时期河南提出要把食品工业作为支柱产业给予重点支持，并规划在5~10年内，把河南建成全国最大的肉制品加工基地、面粉生产基地、方便面生产基地、速冻食品生产基地以及重要的系列调味品生产基地。正如河南的发展一样，未来淮河水资源区的许多地区发展独具特色的产业将是区域振兴发展的方向。

（四）资源环境条件

1. 水资源短缺是制约流域未来经济发展的重要因素

随着我国进入重化工工业时代，各地区对资源的争夺将更加激烈。重工业行业多是资本密集型的行业，需要有充足的资金，同时还要有充足的土地资源提供，许多行业还要消耗大量的水资源，还包括矿产资源等，各地区势必会在这一阶段的发展过程中增加对资源的争夺，这将会加剧经济发展与环境协调发展的矛盾。淮河水资源区未来将处于由工业化的初级阶段向中高级阶段转变的时期，流域内对资源开发的力度不断加强，使得本已十分短缺的水资源状况面临更加严峻的局面，尤其是在初级发展阶段，受经济发展水平低，资金不足等因素的影响，在保障水资源的合理开发、保护水质，提高循环利用水平等方面，仍将面临很多的困难，必然进一步加剧流域区经济发展与水资源有限供给的矛盾。

2. 人与自然协调发展的任务艰巨

淮河水资源区作为一种特殊的地域类型，虽地域跨度大，但具有明显的边界，而且这种边界是由自然环境（分水岭）所决定。同时，由于淮河水资源区跨河南、山东、江苏和安徽、湖北五省，分属不同的行政管辖，致使淮河水资源区自然边界的作用力明显变弱，行政边界的作用力得以强化。流域自然单元的完整性和行政单元的割裂性相互融合，构成了流域的半开放结构。这种半开放结构使淮河水资源区在进行物质交换、能力流动、信息交换的过程中，比封闭系统和开放系统都更为复杂。这在客观上决定了淮河水资源区在实施可持续发展过程中，各种要素更容易发生碰撞，产生矛盾与冲突。对未来淮河水资源区经济社会的发展，带来一系列的人口、资源与环境的协调问题。

三、淮河水资源区经济和社会发展与产业布局预测分析

（一）人口总量和人口结构

淮河水资源区在 21 世纪 20 年代是人口增长较快的时期，30 年代人口增长将处于不断下降的时期。从一级流域看，淮河水资源区的总人口由 2000 年的 19 498.5 万人，到 2010 年、2020 年和 2030 年将增加为 20 641.7 万人、22 155.6 万人和 22 799.5 万人，三个阶段分别增加了 1143.2 万人、1513.9 万人和 643.8 万人。从二级水资源区看，淮河上游、沂沭泗河和山东半岛沿海诸河的增长趋势与淮河水资源区相同，其他两个区的人口增长趋势都是不断减少。表 21-7 和表 21-8 显示了淮河水资源区未来 30 年三个不同时段的人口总量及结构的变化趋势。

表 21-7　淮河流域一级水资源区、二级水资源区人口总量及结构预测

年份	流域	城镇总人口（万人）	农村总人口（万人）	总人口（万人）	城镇人口比例（%）	农村人口比例（%）
2010	淮河水资源区	8 132.5	12 509.2	20 641.7	39.4	60.6
	淮河上游	325.6	931.9	1 257.5	25.9	74.1
	淮河中游	2 794.2	5 306.9	8 101.1	34.5	65.5
	淮河下游	920.3	1 098.3	2 018.6	45.6	54.4
	沂沭泗河	1 906.2	3 419.7	5 325.9	35.8	64.2
	山东半岛沿海诸河	2 186.2	1 752.3	3 938.5	55.5	44.5
2020	淮河水资源区	10 827.9	11 327.8	22 155.6	48.9	51.1
	淮河上游	457.1	817.3	1 274.4	35.9	64.1
	淮河中游	3 741.4	4 616.9	8 358.3	44.8	55.2
	淮河下游	1 147.9	943.3	2 091.2	54.9	45.1
	沂沭泗河	2 523.3	3 220.0	5 743.3	43.9	56.1
	山东半岛沿海诸河	2 958.2	1 730.2	4 688.4	63.1	36.9
2030	淮河水资源区	13 030.7	9 768.8	22 799.5	57.2	42.8
	淮河上游	572.2	708.0	1 280.2	44.7	55.3
	淮河中游	4 638.4	3 937.4	8 575.7	54.1	45.9
	淮河下游	1 367.7	787.5	2 155.1	63.5	36.5
	沂沭泗河	2 990.4	2 801.9	5 792.4	51.6	48.4
	山东半岛沿海诸河	3 462.0	1 534.0	4 996.0	69.3	30.7

从人口结构看，随着我国城镇化进程的加速，城市人口增长的趋势十分明显，对于经济相对发达的地区表现更为突出。淮河水资源区三个时段的城镇化水平将分别达到39.4%、48.9%和63.1%，在21世纪30年代，城镇化进入高速发展期，比例提高较大。从二级水资源区看，山东半岛沿海诸河在该水资源区中仍保持最高的城镇化水平，因此增长的幅度与其他水资源区相比则不是很大，其他水资源区则有不同幅度的提高，见表21-7和表21-8。

表21-8　淮河水资源区预测人口变化量　　　　　　　　（单位：万人）

项目	流域	2000~2010年	2010~2020年	2020~2030年
城镇人口增长量	淮河水资源区	2240.2	2695.4	2202.8
	淮河上游	119.9	131.5	115.1
	淮河中游	950.1	947.2	897.0
	淮河下游	263.1	227.6	219.8
	沂沭泗河	459.3	617.1	467.1
	山东半岛沿海诸河	447.8	772.0	503.8
农村人口增长量	淮河水资源区	-1097.0	-1181.5	-1559.0
	淮河上游	-105.1	-114.6	-109.3
	淮河中游	-642.8	-690.0	-679.6
	淮河下游	-106.4	-155.0	-155.8
	沂沭泗河	-187.9	-199.7	-418.1
	山东半岛沿海诸河	-54.7	-22.2	-196.2
总人口增长量	淮河水资源区	1143.2	1513.9	643.8
	淮河上游	14.8	16.9	5.8
	淮河中游	307.3	257.2	217.4
	淮河下游	156.7	72.6	63.9
	沂沭泗河	271.4	417.4	49.0
	山东半岛沿海诸河	393.1	749.8	307.6

（二）经济发展（GDP及第一、第二、第三产业增加值及结构）

未来三个时段淮河水资源区的GDP分别为38 182亿元、81 584亿元和152 679亿元（表21-9）。三个时段GDP的增长速度分别为11.05%、7.89%和6.47%，表现为不断下降，但并不低的增长阶段；第二产业的增长速度分别为12.38%、7.83%和5.58%，第三产业增长速度分别为11.93%、8.84%和7.91%，均处于不断下降的过程，但第二产业下降的幅度较大，第三产业下降的幅度较小；第一产业的增长速度分别为5.21%、4.57%和3.93%，保持相对的稳定。表21-9~表21-11显示了淮河水资源区未来30年三个不同时段各产业的产业增加值、增长速度和产业结构的变化趋势。

表 21-9　淮河流域一级水资源区、二级水资源区三次产业增加值预测　　（单位：亿元）

2010 年	地区生产总值	第一产业	第二产业	第三产业
淮河水资源区	38 182	4 523	19 338	14 321
淮河上游（王家坝以上）	1 422	319	651	452
淮河中游（王家坝至洪泽湖出口）	10 250	1 782	4 623	3 844
淮河下游（洪泽湖出口以下）	4 131	491	2 024	1 617
沂沭泗河	7 819	1 028	3 902	2 888
山东半岛沿海诸河	14 560	903	8 138	5 519
2020 年	地区生产总值	第一产业	第二产业	第三产业
淮河水资源区	81 584	7 073	41 093	33 418
淮河上游（王家坝以上）	3 011	524	1 392	1 095
淮河中游（王家坝至洪泽湖出口）	21 944	2 927	10 019	8 998
淮河下游（洪泽湖出口以下）	8 756	705	4 217	3 834
沂沭泗河	16 455	1 537	8 177	6 741
山东半岛沿海诸河	31 418	1 380	17 289	12 750
2030 年	地区生产总值	第一产业	第二产业	第三产业
淮河水资源区	152 679	10 399	70 709	71 571
淮河上游（王家坝以上）	5 599	761	2 483	2 355
淮河中游（王家坝至洪泽湖出口）	41 408	4 302	18 018	19 088
淮河下游（洪泽湖出口以下）	16 311	1 004	7 482	7 825
沂沭泗河	30 566	2 261	13 915	14 390
山东半岛沿海诸河	58 795	2 072	28 811	27 912

表 21-10　淮河流域三级水资源区不同时段各产业增长速度　　（单位：%）

时段	流域	地区生产总值	第一产业	第二产业	第三产业
2000～2010 年	淮河水资源区	11.05	5.20	12.38	11.94
	淮河上游	12.03	6.65	15.97	12.33
	淮河中游	11.46	5.81	14.04	12.29
	淮河下游	11.10	4.04	12.58	12.60
	沂沭泗河	11.55	4.61	14.28	11.89
	山东半岛沿海诸河	10.43	4.93	10.56	11.50
2010～2020 年	淮河水资源区	7.89	4.57	7.83	8.84
	淮河上游	7.79	5.10	7.89	9.24
	淮河中游	7.91	5.09	8.04	8.88
	淮河下游	7.80	3.70	7.62	9.02
	沂沭泗河	7.73	4.10	7.68	8.84
	山东半岛沿海诸河	7.99	4.33	7.83	8.73

续表

时段	流域	地区生产总值	第一产业	第二产业	第三产业
2020~2030 年	淮河水资源区	6.47	3.93	5.58	7.91
	淮河上游	6.40	3.80	5.96	7.96
	淮河中游	6.56	3.92	6.05	7.81
	淮河下游	6.42	3.59	5.90	7.40
	沂沭泗河	6.39	3.94	5.46	7.88
	山东半岛沿海诸河	6.47	4.15	5.24	8.15

表 21-11 淮河流域一级水资源区、二级水资源区三次产业结构预测　（单位：%）

年份	流域	第一产业	第二产业	第三产业
2010	淮河水资源区	11.8	50.6	37.5
	淮河上游	22.4	45.8	31.8
	淮河中游	17.4	45.1	37.5
	淮河下游	11.9	49.0	39.1
	沂沭泗河	13.2	49.9	36.9
	山东半岛沿海诸河	6.2	55.9	37.9
2020	淮河水资源区	8.7	50.4	41.0
	淮河上游	17.4	46.2	36.4
	淮河中游	13.3	45.7	41.0
	淮河下游	8.1	48.2	43.8
	沂沭泗河	9.3	49.7	41.0
	山东半岛沿海诸河	4.4	55.0	40.6
2030	淮河水资源区	6.8	46.3	46.9
	淮河上游	13.6	44.3	42.1
	淮河中游	10.4	43.5	46.1
	淮河下游	6.2	45.9	48.0
	沂沭泗河	7.4	45.5	47.1
	山东半岛沿海诸河	3.5	49.0	47.5

淮河流域二级水资源区不同时期 GDP 分布变化见表 21-12。

表 21-12 淮河流域不同年份 GDP 在二级水资源区分布状况　（单位：%）

二级水资源区	2000 年	2010 年	2020 年	2030 年
淮河上游	4.11	3.72	3.69	3.67
淮河中游	27.70	26.84	26.90	27.12
淮河下游	13.72	10.82	10.73	10.68
沂沭泗河	24.47	20.48	20.17	20.02
山东半岛沿海诸河	29.99	38.13	38.51	38.51

从人均 GDP 水平看，由表 21-13 可知，随着经济水平的提高，各二级水资源区的人均 GDP 水平在不断增长的同时，绝对差距仍在进一步扩大，但相对差距呈现逐步缩小的趋势，2000 年 GDP 最高流域与最低小流域的倍数是 4.14 倍，2010 年 GDP 最高流域与最低小流域的倍数是 3.26 倍，2020 年 GDP 最高流域与最低小流域的倍数是 2.84 倍，2030 年 GDP 最高流域与最低小流域的倍数是 2.69 倍。

表 21-13　淮河流域不同年份人均 GDP 现状及预测值　　　　（单位：元）

流域	2000 年	2010 年	2020 年	2030 年
淮河水资源区	6 862.43	18 497.28	36 823.26	66 966.07
淮河上游	3 675.02	11 308.39	23 624.89	43 731.70
淮河中游	4 442.66	12 652.17	26 254.09	48 284.90
淮河下游	7 746.97	20 466.54	41 871.34	75 684.88
沂沭泗河	5 186.48	14 680.17	28 650.66	52 769.38
山东半岛沿海诸河	15 223.78	36 967.68	67 013.15	117 684.89

（三）三个用水大类的增加值

三个用水行业未来增加值的变化情况见表 21-14 ~ 表 21-16。

表 21-14　三大类工业行业增加值预测　　　　（单位：亿元）

2010 年	工业增加值	一般工业	高用水工业	火（核）电工业
淮河水资源区	17 188	9 899	6 827	463
淮河上游	553.32	376.37	162.61	14.34
淮河中游	3 992.11	2 628.95	1 249.22	113.94
淮河下游	1 798.25	996.71	769.12	32.43
沂沭泗河	3 424.17	1 848.04	1 450.14	125.99
山东半岛沿海诸河	7 420.31	4 048.99	3 195.44	175.89
2020 年	工业增加值	一般工业	高用水工业	火（核）电工业
淮河水资源区	36 850	22 083	14 017	751
淮河上游	1 187.99	818.06	348.77	21.16
淮河中游	8 738.29	5 810.65	2 718.14	209.50
淮河下游	3 801.18	2 223.14	1 526.00	52.04
沂沭泗河	7 256.34	4 138.29	2 922.45	195.61
山东半岛沿海诸河	15 866.55	9 092.41	6 501.71	272.43
2030 年	工业增加值	一般工业	高用水工作	火（核）电工业
淮河水资源区	63 397	38 843	23 400	1 154
淮河上游	2 127.67	1 500.52	596.43	30.72
淮河中游	15 791.33	10 700.90	4 742.92	347.51
淮河下游	6 707.86	4 057.32	2 577.93	72.61
沂沭泗河	12 317.77	7 191.44	4 833.31	293.02
山东半岛沿海诸河	26 452.36	15 393.20	10 649.06	410.10

表 21-15 三大类工业行业增加值结构预测 （单位：%）

年份	流域	一般工业	高用水工业	火（核）电工业
2010	淮河水资源区	57.6	39.7	2.7
	淮河上游	68.0	29.4	2.6
	淮河中游	65.9	31.3	2.9
	淮河下游	55.4	42.8	1.8
	沂沭泗河	54.0	42.4	3.7
	山东半岛沿海诸河	54.6	43.1	2.4
2020	淮河水资源区	59.9	38.0	2.0
	淮河上游	68.9	29.4	1.8
	淮河中游	66.5	31.1	2.4
	淮河下游	58.5	40.1	1.4
	沂沭泗河	57.0	40.3	2.7
	山东半岛沿海诸河	57.3	41.0	1.7
2030	淮河水资源区	61.3	36.9	1.8
	淮河上游	70.5	28.0	1.4
	淮河中游	67.8	30.0	2.2
	淮河下游	60.5	38.4	1.1
	沂沭泗河	58.4	39.2	2.4
	山东半岛沿海诸河	58.2	40.3	1.6

表 21-16 三大类工业行业增加值分布预测 （单位：%）

年份	二级水资源区	工业增加值	一般工业	高用水工业	火（核）电工业
2010	淮河上游	3.22	3.80	2.38	3.10
	淮河中游	23.23	26.56	18.30	24.63
	淮河下游	10.46	10.07	11.27	7.01
	沂沭泗河	19.92	18.67	21.24	27.24
	山东半岛沿海诸河	43.17	40.90	46.81	38.02
2020	淮河上游	3.22	3.70	2.49	2.82
	淮河中游	23.71	26.31	19.39	27.91
	淮河下游	10.32	10.07	10.89	6.93
	沂沭泗河	19.69	18.74	20.85	26.06
	山东半岛沿海诸河	43.06	41.17	46.38	36.29
2030	淮河上游	3.36	3.86	2.55	2.66
	淮河中游	24.91	27.55	20.27	30.11
	淮河下游	10.58	10.45	11.02	6.29
	沂沭泗河	19.43	18.51	20.66	25.39
	山东半岛沿海诸河	41.72	39.63	45.51	35.54

中国经济发展布局与水资源区产业结构研究

1. 高用水工业

高用水工业未来不同时期的增加值状况见表21-14。从工业结构看（表21-15），高用水工业在工业结构中的比例不断下降，三个不同时段的比例分别为39.7%、38%和36.9%。二级水资源区高用水工业均有所下降。不同时期高用水工业比例变化如图21-6所示。

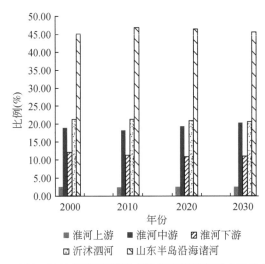

图 21-6　2000～2030年淮河流域二级水资源区高用水工业分布变化

2. 火（核）电工业

火（核）电工业未来不同时期的增加值状况见表21-14。从工业结构看（表21-15），火（核）电工业在工业结构中的比例不断下降，三个不同时段的比例分别为2.7%、2%和1.8%。二级水资源区火（核）电工业均有所下降。不同时期火（核）电工业比例变化如图21-7所示。

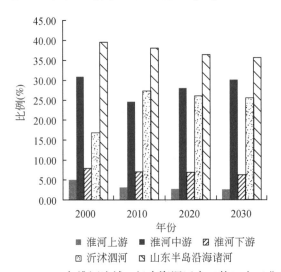

图 21-7　2000～2030年淮河流域二级水资源区火（核）电工业分布变化

3. 一般工业

　　一般工业未来不同时期的增加值状况见表21-14。从工业结构看（表21-15），一般工业在工业结构中的比例不断下降，三个不同时段的比例分别为57.6%、59.9%和61.3%。二级水资源区一般工业行业均有所上升。不同时期工业比例变化如图21-8所示。

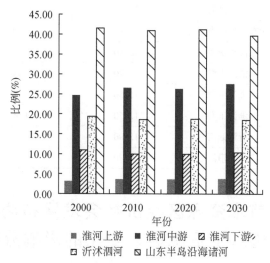

图 21-8　2000~2030年淮河流域二级水资源区一般工业分布变化

4. 建筑业

　　未来30年，建筑业的发展与经济发展的增长趋势一样，将经历一个增长速度由高到低的变化过程。从二级水资源区看，越是经济发展水平相对较高的地区，建筑业的增长速度相对其他流域低一些，表明经济发展水平较高的地区，建筑业在经济发展中已经处于相对稳定的状态。

　　从建筑业的分布看，淮河二级水资源区在流域的分布状况不同，预测时段的特征基本相同，即山东半岛沿海诸河和淮河中游、沂沭泗河保持较高的比例，淮河下游和淮河上游比例相对较低。从建筑业在第二产业中的比例看，山东半岛沿海诸河建筑业基本保持9%左右的比例，淮河上游建筑业的比例最高，达到16%~18%，见表21-17。

表 21-17　建筑业增加值预测及分布、结构状况

项目	流域	2010 年	2020 年	2030 年
建筑业增加值（亿元）	淮河水资源区	2150.00	4243.00	7312.00
	淮河上游	97.74	203.84	354.84
	淮河中游	631.03	1280.48	2227.15
	淮河下游	225.66	416.14	774.41
	沂沭泗河	477.66	920.43	1596.79
	山东半岛沿海诸河	718.04	1422.12	2359.07

项目	流域	2010 年	2020 年	2030 年
建筑业增加值在二级水资源区的分布（%）	淮河上游	3.72	3.69	3.67
	淮河中游	26.84	26.90	27.12
	淮河下游	10.82	10.73	10.68
	沂沭泗河	20.48	20.17	20.02
	山东半岛沿海诸河	38.13	38.51	38.51
建筑业占第二产业的比例（%）	淮河水资源区	12.50	11.50	11.50
	淮河上游	17.70	17.20	16.70
	淮河中游	15.80	14.70	14.10
	淮河下游	12.50	10.90	11.50
	沂沭泗河	13.90	12.70	13.00
	山东半岛沿海诸河	9.70	9.00	8.90

四、2030 年前水资源区经济社会发展布局与产业结构调整对水资源需求变化的影响分析

（一）人口增长及结构变化对水资源需求变化的影响

淮河水资源区 2001～2030 年，人口将新增 3301 万人。2010 年、2020 年和 2030 年三个时段的人口将分别为 2.06 亿人、2.22 亿人和 2.28 亿人，三个阶段分别增加了 1143.2 万人、1513.9 万人和 643.8 万人。2011～2020 年是淮河水资源区人口增长较快的时期，该阶段是人口增加与水资源矛盾较为突出的时期。从人口分布看，淮河上游、沂沭泗河和山东半岛沿海诸河人口总量都表现为增长的趋势，因此人口增长与区域水资源需求的矛盾表现得更为明显一些。

从人口结构看，与我国城镇化进程加速的趋势相同，淮河水资源区的城镇化水平也将有大幅度的提高，2001～2010 年，2011～2020 年和 2021～2030 年，淮河水资源区的城镇化水平分别提高了 9.2 个百分点、9.5 个百分点和 14.2 个百分点。人口向城市集中是经济社会发展过程中的一个重要阶段，是现代文明的重要标志，与此相应的是城市居民人均用水量也将大幅度的提高，尤其是在重工业占较大比例的淮河水资源区，工业与生活用水的需求都会提到重要的日程上来，同时伴随工业的发展，如果对水污染的防止和治理工作跟不上，更会加剧水资源的功能性短缺。水资源供需矛盾在城镇化水平提高较快的地区表现得更为突出，如山东半岛沿海诸河。

（二）经济发展与布局对水资源需求变化的影响

到 2030 年淮河水资源区的经济将保持持续增长的趋势，2000～2010 年，2010～2020

年，2020～2030 年三个时段 GDP 的增长速度分别为 11.05%、7.89% 和 6.47%，人均 GDP 分别为 18 497.28 元、36 823.26 元和 66 966.07 元。随着经济发展和人民生活水平的提高，淮河水资源区的用水量还将不断增加。在淮河二级水资源区中，山东半岛沿海诸河的 GDP 总量和人均 GDP 水平都提高最快，其他二级水资源区 GDP 和人均 GDP 也都有较快的增长，总体上对水资源的需求都会有较大的提高，而山东半岛沿海诸河对水资源需求的总量会比较大。

从三次产业看，在三个不同时段中第一产业的增长速度分别为 5.2%、4.57% 和 3.93%，保持相对的稳定，三个不同时段第一产业结构比例分别下降了 8.5 个百分点、3.1 个百分点和 1.9 个百分点。说明第一产业虽然相对比例下降，但经济总量并没有下降。由于淮河水资源区是我国农业发展条件相对较好的地区，仍将是我国粮食生产的主要产区，但农业的发展仍受水资源供应不稳定的制约，因此要保证淮河水资源区农业生产在我国的重要地位，切实解决好该水资源区水资源的合理开发与利用，进一步治理旱、涝问题，是确保农业生产的关键因素。

在三个不同时段中第三产业增长速度分别为 8.1%、7.4% 和 6.7%，处于不断下降的过程，三个不同时段，三次产业分别提高了 0.5 个百分点、3.5 个百分点和 5.9 个百分点。随着第三产业的不断发展，第三产业用水量会不断增长。第三产业的用水需求表现为三个不同阶段的特点：在第一阶段，耗水主体仍然以传统服务业为主，需水规划应重点针对传统服务业进行；进入第二阶段后，在关注传统服务业需水要求的同时，要更多关注新兴服务业、现代服务业增长带来的需水量的变化；第三阶段，要加大对现代服务业和新兴服务业需水模式的研究。

（三）工业发展对水资源需求变化的影响

在三个不同时段中，第二产业的增长速度分别为 12.38%、7.83% 和 5.58%，处于不断下降的过程，第二产业比例在 2000～2010 年提高较快，提高了 6.1 个百分点，在 2010～2020 年，第二产业比例下降了 1.1 个百分点，第三产业提高了 3.5 个百分点；在 2020～2030 年，第二产业下降了 4.1 个百分点。第二产业在 2010 年前经历了较快的发展阶段，在产业结构中的比例也大幅度上升，在 2010～2030 年，第二产业的增长速度虽相对降低，但也一直保持较高的速度，在产业结构中的比例相对下降。因为淮河流域的工业结构中耗水型的工业仍占较大份额，因此总体上仍表现为对水资源有较大的需求。

在三个不同时段，高用水工业的增长速度均高于火（核）电工业和一般工业，分别为 11.1%、9.3% 和 6.5%。高用水工业在工业结构中的比例不断上升，三个不同时段的比例分别为 34.8%、40.7% 和 41.2%。高用水工业的迅速增长对淮河水资源区的用水需求提出了严峻的挑战，如何在重化工业加速发展的同时，加大节水力度，综合提高水资源的利用水平，保证高用水工业的正常需要，是亟待解决的问题之一。

2000～2010 年，火（核）电工业的增长速度为 9.4%，仅次于高用水工业，2010～2020 年和 2020～2030 年，火（核）电工业的增长速度分别为 4.7% 和 4.3%，在三大类行业中均处于最低水平。火（核）电工业是工业发展的基础行业，伴随工业的迅速增长，对火（核）电工业必然有相应的需求，但火（核）电工业中循环利用水资源的潜力比较大，在对工业布局与城市发展中要充分考虑对水资源的循环利用问题。

一般工业在 2000～2010 年，增长速度为 8%，在三大类工业中最低，到 2020 年增长速度为 6.7%，低于工业的平均水平，到 2030 年增长速度为 6.4%，与工业的平均水平相同。一般工业较其他两大类行业用水量低，在未来的工业结构调整中应高度重视这一工业行业的发展，尽可能降低对水资源的大量消耗。

（四）建筑业发展对水资源需求变化的影响

未来 30 年，建筑业的发展与经济发展的增长趋势一样，将经历一个增长速度由高到低的变化过程，淮河水资源区三个不同时段建筑业的增长速度分别达到 9.1%、7% 和 6%。建筑业对水资源的需求：一方面，表现在一般性的需求方面，它与经济增长是相适应的关系；另一方面，表现在相关型的产业建设方面，如通过大规模建设水利基础设施，城乡水资源的供给能力将大幅度提高，水资源的综合利用水平也不断提高，在一定程度上可以缓解水资源紧张的状况。在淮河水资源区，由于经济基础相对薄弱，有限的资金还很难满足经济快速发展和城镇化水平提高而相应带来的城市生产、生活用水量增加，废污水排放量增多以及在供水安全、防洪安全以及城市水环境治理等方面对水利基础设施建设提出的要求，因此水资源紧缺的状况仍会比较突出。

五、主要结论和建议

1）未来 30 年是淮河水资源区经济高速增长的时期，这一时期，伴随农村和城市人口、经济总量及各行各业的发展，对水资源的需求量肯定处于不断增长的过程，只是表现在不同时期、不同具体行业、不同地区方面，对水资源需求的大小会有不同的趋势，但总体上是增加的过程，因此如何在经济不断增长的同时，能够满足经济发展与水资源日益增长的需求，是淮河水资源区不同流域都必然面临的重大课题。

2）淮河水资源区有我国重要的粮食主产区，有为国家做出过重要贡献的资源型城市，有需要对未来中国经济腾飞发挥重要作用的中心城市，这一流域区在国家战略布局中的作用不容忽视，因此，在全国水资源布局规划中如何平衡考虑这一地区的水资源供给问题，应该给予足够的重视。

3）淮河水资源区拥有丰富的工业用原料，随着未来重化工业的加速发展，这一地区的工业化速度必然会加快，但同时由于经济基础弱，经济快速增长与资源环境保护的矛盾比较突出，因而带来的对环境破坏及对水资源污染的问题，更进一步加剧了地区水资源的供需矛盾。因此，如何探索出一条既能够较快地发展工业，又能够保障资源环境可持续发展的新型工业化道路，是保障该地区水资源合理开发利用与可持续发展亟待解决的重要问题。

第二十二章 长江水资源区经济发展布局与产业结构预测

本章通过对于长江水资源区经济社会发展现状和未来预测的定量分析，揭示出该流域一级和二级水资源区人口总量增长和结构变化，经济增长和产业结构变化，行业结构及其中高用水工业内部结构的变化等基本特征和规律。并在此基础上对流域未来经济发展的总量和结构变化对水资源的影响进行分析论述。从而为进行流域水资源需求预测和水资源配置提供基础。

本章采用的技术路线是充分利用在行政区和行业现状及预测基础上进行离散的流域数据库，按照分析经济增长和社会进步的要求进行数据处理，并进行深入的论述，阐释一级和二级水资源区在未来发展中的基本规律。

一、流域水资源区经济社会发展现状评价

（一）流域水资源区的范围和水资源开发利用情况

下面对本章研究对象——长江水资源区的流域范围和水资源开发利用的基本情况进行概述，因相关研究和论述资料极为丰富，在此只为建立本研究基本背景遴选其中最为重要的内容进行描述。

1. 流域范围

长江流域地处我国中南部，在东经 90°33′~122°19′、北纬 24°27′~35°54′，干流经青海、西藏、四川、云南、重庆、湖北、湖南、江西、安徽、江苏和上海 11 个省（自治区、直辖市）注入东海，全长 6300 余公里。支流伸展到贵州、甘肃、陕西、河南、广西、广东、浙江、福建 8 个省（自治区）。流域面积为 178.27 万 km^2，约占全国总面积的 1/5。

2. 水资源及其开发利用基本情况

长江流域雨量丰沛，水资源较丰富。每平方公里水资源量约 54 万 m^3，为全国平均值的 1.9 倍。流域水资源主要为河川径流，多年平均年径流量约 9600 亿 m^3。长江年径流的地区分布，宜昌以上占 48.9%，中游洞庭湖、汉江、鄱阳湖约占 43.7%，下游支流水量有限。径流年内分配和降水相应，很不均匀，干流汛期水量约占年径流量的 70%~75%，支流则在 55%~80%；但年际变化小，年入海水量最丰年近 13 600 亿 m^3，最枯年也有 6 320 亿 m^3。由于流域内人口众多，人均占有水资源量约 2400m^3，与全国平均值相当；耕地亩均占有水资源量约 2800m^3，为全国平均值的 1.4 倍。

（二）流域水资源区经济社会发展现状分析

下面主要针对人口及其结构，GDP及第一、第二、第三产业增加值变化，按照用水分类的总产值和增加值，以及高用水工业内部结构进行分析。

1. 人口及其分布

将长江水资源区的人口数量、城镇化水平和人口密度与其他流域作比较，以及分析流域内部各二级水资源区人口分布情况，可以得出以下几点基本结论。

1）长江水资源区是各流域中人口数量最大，城镇化水平低于全国平均水平的流域。

长江水资源区2000年人口占全国的33.66%，达到4.18亿人，为十大水资源区之首；全流域城镇化率平均水平为33.82%，低于全国36.96%的平均水平，横向比较处于各流域的中等水平。由此可以说，总体上全流域刚刚进入城镇化加速发展的阶段，人口将加速集聚（表22-1）。

表22-1　2000年长江水资源区人口总量和人口密度与其他流域比较

一级水资源区	城镇人口（人）	农村人口（人）	总人口（人）	城镇化率（%）
松花江水资源区	31 186 810	30 660 230	61 847 030	50.43
辽河水资源区	27 416 860	27 034 510	54 451 370	50.35
海河水资源区	46 769 560	80 631 900	127 401 500	36.71
黄河水资源区	35 082 060	73 349 690	108 431 800	32.35
淮河水资源区	58 923 460	136 061 700	194 985 200	30.22
长江水资源区	141 465 200	276 831 300	418 296 500	33.82
东南诸河水资源区	32 112 450	42 747 420	71 077 780	45.18
珠江水资源区	73 704 920	81 147 970	158 635 000	46.46
西南诸河水资源区	3 354 852	16 500 440	19 855 280	16.90
西北诸河水资源区	9 131 872	18 226 950	27 358 790	33.38
全国	459 148 044	783 192 110	1 242 340 250	36.96

2）流域人口密度高于全国平均水平，在各流域中处于中等水平。

长江水资源区的人口占全国的比例比其流域面积占全国的比例（18.57%）高出14个百分点。人口密度为236人/km²，人口密度高于全国的平均水平（图22-1）。与其他流域相比处于中等水平。因此，从水资源支撑条件上讲，长江流域集聚人口的空间是依然存在的。

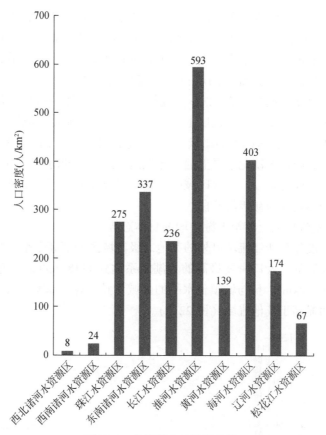

图 22-1　各流域人口密度比较

3）流域内人口分布不均，城镇化水平差异明显（表 22-2）。

表 22-2　2000 年长江流域二级水资源区人口密度分布情况

二级水资源区	城镇人口（人）	农村人口（人）	总人口（人）	城镇化率（%）	占总人口比例（%）
金沙江石鼓以上	51 691	628 784	680 475	7.60	0.16
金沙江石鼓以下	5 691 490	14 297 980	19 989 470	28.47	4.78
岷沱江	12 357 580	24 111 940	36 469 520	33.88	8.72
嘉陵江	10 403 370	33 167 910	43 571 280	23.88	10.42
乌江	5 357 149	15 468 800	20 825 949	25.72	4.98
宜宾至宜昌	8 822 551	23 377 000	32 199 551	27.40	7.70
洞庭湖水系	18 930 910	53 751 900	72 682 810	26.05	17.38
汉江	11 414 600	23 828 260	35 242 860	32.39	8.43
鄱阳湖水系	9 821 086	27 712 950	37 534 036	26.17	8.97
宜昌至湖口	15 619 800	20 271 170	35 890 970	43.52	8.58
湖口以下干流	15 944 470	25 793 220	41 737 690	38.20	9.98
太湖水系	27 050 460	14 421 300	41 471 760	65.23	9.91
全流域	141 465 157	276 831 214	418 296 371	33.82	100.00

长江水资源区内各二级水资源区之间的人口分布差异较为明显，占人口比例最高的洞庭湖水系达到17.38%，最低的金沙江石鼓以上只有0.16%。总体上呈现出从上游至中下游递增的态势。流域内城镇化水平与人口区域分布的规律是基本一致的，同时可以看出成渝、武汉和长江三角洲这三大都市圈所在二级流域的城镇化水平明显高于其他区域。例如，太湖水系城镇化率已经高达65.23%，宜昌以下干流区域城镇化率都高于全国平均水平。而城镇化水平较低的金沙江石鼓以上流域只有7.6%，嘉陵江流域也只达到23.88%，乌江流域为25.72%；且宜昌以上的二级水资源区城镇化率皆低于全国平均水平。这与我国东中西三大区域之间在城镇化水平上的差异性是一致的。同时也说明，流域内上下游在城镇化进程中处于不同的阶段，有些区域已经基本完成或进入了城镇化高速发展阶段，而有些区域尚处于城镇化最为初级的阶段。

4）人口密度呈现出从上游至下游递增的总体态势。

全流域人口密度除金沙江流域以外的其他二级流域区外都高于全国平均水平，各二级流域间的差异是显著的，人口密度最高的太湖水系达到1118人/km²，最低的金沙江石鼓以上流域区只有3人/km²。且与城镇化水平的区域差异的规律基本一致，三大都市圈所处流域的人口密度明显高于其他流域（图22-2）。

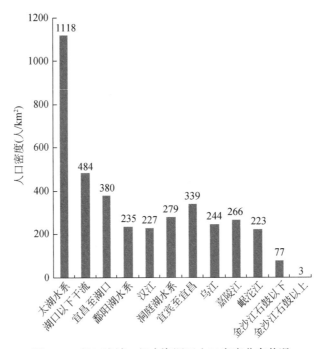

图22-2　长江流域二级水资源区人口密度分布状况

2. 经济总量及产业结构状况分析

将长江水资源区经济总量占全国的比例、产业组成进行横向和纵向比较可以得出以下四点基本结论。

1）长江水资源区在我国经济发展中占有举足轻重的地位，但人均 GDP 尚低于全国平均水平。

长江水资源区作为我国经济大 T 字形分布的主要组成部分，在我国经济空间格局和发展中的重要地位逐步加强。从表 22-3 中可以看出，2000 年长江水资源区的 GDP 总量占到全国的 31.01%，而且从近十几年的发展历程来看，这一比例经历了从高到低，而后再逐步提高的过程，近几年总体上是呈现稳步提高的趋势。

表 22-3　2000 年十大水资源区 GDP 总量占全国的比例及人均 GDP 水平比较

一级水资源区	GDP 占全国比例（%）	人均 GDP（元）
松花江水资源区	5.04	8 034.23
辽河水资源区	5.37	9 721.31
海河水资源区	12.60	9 749.64
黄河水资源区	6.53	5 942.59
淮河水资源区	13.57	6 862.44
长江水资源区	31.01	7 311.21
东南诸河水资源区	8.69	12 062.62
珠江水资源区	14.56	9 048.16
西南诸河水资源区	0.63	3 152.13
西北诸河水资源区	1.99	7 178.39
合计	100.00	7 937.25

由表 22-3 可以看出，长江水资源区的人均 GDP 为全国平均水平的 92%，与东南诸河流域差距较大，也低于辽河、海河、松花江和珠江流域。因此，长江水资源区从经济总量上在全国占有较大的比例，但总体发展水平并不高。若从另一个角度来认识，也就是说长江水资源区快速发展的阶段才刚刚开始，尤其是中上游地区，正在或即将进入工业化加速的阶段。

2）产业构成中农业所占比例略低于全国平均水平，第三产业比例略高于全国平均水平。

长江水资源区第一产业占 GDP 的 15.16%，略高于全国平均 15.02% 的水平；第二产业比例为 43.43%，略低于全国 44.97% 的水平；第三产业比例为 41.41%，略高于全国 40.01% 的水平。由此进一步印证了，该流域从总体上而言尚处于工业化初中期，正处在加速发展期的总体判断。进行横向比较也可以看出，长江水资源区的产业结构与其人均 GDP 水平和城镇化水平所处的位置是基本对应的。其中值得关注的是，由于流域内三大都市圈的拉动使得其三次产业所占比例相对于城镇化率还处于较高的水平（表 22-4）。

表 22-4　2000 年十大水资源区三大产业组成　　（单位:%）

一级水资源区	第一产业	第二产业	第三产业
松花江水资源区	15.18	49.26	35.56
辽河水资源区	12.93	48.07	38.99
海河水资源区	11.28	45.85	42.87
黄河水资源区	13.85	45.33	40.81

一级水资源区	第一产业	第二产业	第三产业
淮河水资源区	20.36	44.98	34.66
长江水资源区	15.16	43.43	41.41
东南诸河水资源区	13.09	49.07	37.84
珠江水资源区	13.39	43.89	42.72
西南诸河水资源区	36.79	23.73	39.48
西北诸河水资源区	22.39	39.69	37.92
合计	15.02	44.97	40.01

3）流域内经济分布的梯度明显，发展水平差异巨大。

长江水资源区的经济分布具有非常明显的规律性，主要集中在中下游的都市圈。其中太湖水系就占到了 31.96%。若按照宜昌以下干支流来计算 GDP 占到全流域的 77.84%。流域内人均 GDP 的差距更加显著，最高的太湖水系的人均 GDP 是金沙江石鼓以上流域 11.6 倍；而且除湖口以下干流及太湖水系以外的二级流域区的人均 GDP 都低于全国平均水平（表 22-5）。

表 22-5　2000 年长江流域二级水资源区 GDP 分布及人均 GDP

二级水资源区	GDP 占全流域比例（%）	人均 GDP（元）
金沙江石鼓以上	0.05	2 028
金沙江石鼓以下	3.16	4 841
岷沱江	7.37	6 184
嘉陵江	4.88	3 425
乌江	2.33	3 428
宜宾至宜昌	4.36	4 141
洞庭湖水系	11.86	4 992
汉江	6.51	5 653
鄱阳湖水系	5.60	4 564
宜昌至湖口	8.41	7 167
湖口以下干流	13.49	9 885
太湖水系	31.96	23 569

4）流域内二级区之间产业结构的差异显示出各流域处于不同的发展阶段。

流域内各二级流域间产业结构存在着显著的差异性。例如，12 个二级流域中第一产业比例高于全流域平均水平的有 9 个，最低的太湖水系只有 4.05%，而最高的占到 59.20%，第二位的嘉陵江流域也达到了 31.57%；第三产业所占比例低于全流域平均水平的有 6 个，最高和最低之间的差距有 14.93%；而第二产比例最高与最低之间的差距则达到了 40.26%。因而，从产业结构状况并结合城镇化水平及人均 GDP 的水平进行综合比较分析，可以认为上游区域总体上处于工业化的初期；中游地区处于工业化的中期加速阶段；下游区域，尤其是太湖水系已经进入了工业化的中后期阶段，达到或接近了中等收入国家的水平（表22-6和表22-7）。

表 22-6　2000 年长江流域二级水资源区 GDP 总量及组成　　　　（单位：万元）

二级水资源区	第一产业	第二产业	第三产业	GDP 总量
金沙江石鼓以上	81 722	15 639	40 671	138 032
金沙江石鼓以下	1 930 230	3 501 397	4 245 306	9 676 933
岷沱江	4 112 960	9 240 655	9 198 841	22 552 456
嘉陵江	4 712 129	4 304 538	5 908 439	14 925 106
乌江	1 797 535	2 690 385	2 651 143	7 139 063
宜宾至宜昌	3 124 342	4 954 360	5 254 513	13 333 215
洞庭湖水系	8 781 107	11 512 610	15 992 260	36 285 977
汉江	4 333 122	8 418 603	7 170 093	19 921 818
鄱阳湖水系	4 622 225	5 003 747	7 502 860	17 128 832
宜昌至湖口	3 818 702	11 490 710	10 412 540	25 721 952
湖口以下干流	5 095 966	21 301 100	14 859 180	41 256 246
太湖水系	3 959 837	50 394 660	43 391 670	97 746 167

表 22-7　长江流域二级水资源区三大产业组成　　　　（单位：%）

二级水资源区	第一产业	第二产业	第三产业
金沙江石鼓以上	59.20	11.33	29.46
金沙江石鼓以下	19.95	36.18	43.87
岷沱江	18.24	40.97	40.79
嘉陵江	31.57	28.84	39.59
乌江	25.18	37.69	37.14
宜宾至宜昌	23.43	37.16	39.41
洞庭湖水系	24.20	31.73	44.07
汉江	21.75	42.26	35.99
鄱阳湖水系	26.99	29.21	43.80
宜昌至湖口	14.85	44.67	40.48
湖口以下干流	12.35	51.63	36.02
太湖水系	4.05	51.56	44.39
全流域	15.16	43.43	41.41

3. 行业分布状况分析

按照统计的工业行业数据进行流域间和流域内各二级区之间的对比分析可以得出以下基本结论。

中国经济发展布局与水资源区产业结构研究

1）长江水资源区是我国高用水工业最为集中的流域。

按照工业增加值计算，长江水资源区的高用水工业占到全国的30%以上（表22-8）。2000年，高用水工业又占到该流域工业增加值的25.82%，高于全国25%的平均水平。且应该考虑到，以上统计的范围只是规模以上工业，若考虑到在长江中下游地区依托水资源丰富的优势而大量发展的小企业，相当比例是属于高用水工业，或不属于高用水工业而由于技术水平较低而单位产值和产品耗水系数很高等因素，长江流域高用水工业所占比例可能会进一步上升。在目前流域水污染治理水平普遍较低的情况下，大量高用水工业分布在流域内，尤其是干流沿江地区，对于长江水资源的质量构成了较大的威胁。

表22-8　十大水资源区高用水工业占全国的比例

一级水资源区	工业增加值（万元）	占全国比例（%）	高用水工业增加值（万元）	占全国比例（%）
松花江水资源区	21 854 800	5.68	3 174 998	3.30
辽河水资源区	22 748 880	5.91	5 531 439	5.75
海河水资源区	49 288 530	12.80	12 524 760	13.01
黄河水资源区	24 805 630	6.44	6 879 824	7.15
淮河水资源区	52 213 730	13.56	16 084 770	16.71
长江水资源区	114 097 000	29.64	29 465 230	30.62
东南诸河水资源区	37 446 700	9.73	7 590 254	7.89
珠江水资源区	55 646 000	14.46	13 205 340	13.72
西南诸河水资源区	1 006 272	0.26	263 563	0.27
西北诸河水资源区	5 815 950	1.51	1 523 509	1.58
合计	384 923 492	100.00	96 243 687	100.00

2）高用水工业主要分布在中下游地区，太湖水系占近一半。

对于现状数据进行分析可以看出，高用水工业主要分布在流域中下游地区。仅太湖水系高用水工业增加值就占到全流域的43.19%，火（核）电工业增加值也占到全流域的21.70%（表22-9）。

表22-9　长江水资源区各类工业所占比例　　　　　　　　　　（单位：%）

二级水资源区	一般工业占工业增加值比例	高用水工业占工业增加值比例	火（核）电工业占工业增加值比例
金沙江石鼓以上	52.65	5.46	41.89
金沙江石鼓以下	62.49	29.52	7.99
岷沱江	72.50	24.18	3.31
嘉陵江	72.90	22.56	4.55
乌江	57.50	30.73	11.77
宜宾至宜昌	69.32	25.91	4.77
洞庭湖水系	73.60	21.91	4.49

二级水资源区	一般工业占工业增加值比例	高用水工业占工业增加值比例	火（核）电工业占工业增加值比例
汉江	77.36	19.10	3.54
鄱阳湖水系	71.68	24.93	3.39
宜昌至湖口	72.17	24.45	3.38
湖口以下干流	70.48	26.82	2.70
太湖水系	70.73	27.66	1.61

二、流域水资源区经济社会发展与产业布局预测

（一）流域水资源区经济社会发展的主要特征分析

由于本章是在按照行政区、行业预测的基础上，采用离散的方法提出流域的预测结果，在此主要是对原始数据进行处理、加工和分析，总结出其存在的内在规律性和合理性，并以此为出发点分析经济社会发展与产业布局变化对水资源区水资源需求的影响。因此，在此对国家战略与政策、国内外周边环境、经济社会发展基础和资源环境条件等对于流域经济社会未来发展会产生重大影响的因素不再进行阐述，而是采取在对水资源区人口分布、经济总量和产业结构以及行业分布进行横向、纵向比较分析研究的基础上，总结水资源区经济社会发展所具有的基本特征和未来趋势，作为进行预测分析的总体背景。

1. 在各流域中人口总量最大，城镇化水平偏低

长江水资源区的人口总量占到全国的 33.67%，近年来自然增长基本处于全国的平均水平，但机械增长要略高于全国的平均水平。同时，全流域城镇化率平均水平为 33.82%，低于全国 36.96% 的平均水平。但应该认识到的是其城镇化水平与其工业化的水平（以人均 GDP 和产业结构来衡量）是处于相当的水平。

2. 流域内人口分布梯度明显，三大都市圈集聚效应显著

长江水资源区人口的区域分布差异极为明显，人口最为密集的太湖水系达到 1118 人/km²，而金沙江石鼓以上二级流域只有 3 人/km²。流域内成渝、武汉和长三角三大都市圈，伴随着工业化进程的加快，人口集聚的速度也在显著提高，全流域人口占全国的比例有进一步提高的趋势。

3. 总体处于工业化初中期，流域内经济发展水平差距巨大

以产业结构、人均 GDP 水平、城镇化水平等几个指标作为衡量的标准，以长江流域作为整体进行判断，该流域尚处于工业化中期的起步阶段和高速发展阶段（即初中期阶段），这种发展阶段决定了在未来 10~20 年内，该水资源区能源重化工业等高用水产业的

高速发展仍将是其基本的走向和特征。同时，由于流域内各二级流域间发展水平存在着显著的差异，人均 GDP 最高和最低之间相差 10 倍以上，这也决定了在不同的区域，其发展特征也不尽相同。总体上，上游地区尚处于工业化的初期，中游地区处于工业化的中期阶段，而下游地区基本上已经步入了工业化的中后期，部分二级流域区已经基本跨入了中等发展国家水平的行列。这三个大区域的发展将呈现出不同的特征，发展的差距有进一步扩大的趋势。

4. "三圈、一带、一区"的经济格局已经初步形成

长江水资源区的经济社会发展除按照上中下游的划分以外，按照经济联系和发展阶段不同进行分区还可以进一步分为长江三角洲经济圈、长江中游经济圈、成渝经济圈、皖赣沿江经济带和三峡库区（简称"三圈、一带、一区"）。这种经济格局经过多年的发展已经形成，而且在未来的发展中也还将持续。对我国总体经济格局变化的研究表明，除三峡库区以外，其他"三圈、一带"都将是我国经济高速增长的地区。由此决定了长江水资源区总体发展的速度将会高于全国的平均水平。

5. 产业结构与所处发展阶段基本对应，服务业相对落后

长江水资源区的产业结构为第一产业占 15.16%，第二产业占 43.43%，第三产业为 41.41%。这种产业结构与其总体所处的发展阶段是基本适应的。在未来的发展中，总体趋势是第一产业比例将逐步下降，第二产业还要维持较长时间的较高比例。同时，伴随着工业化和城镇化进程，为生产、生活提供服务的第三产业的发展将会加速，比例将稳步提高。

6. 主导产业明显，高用水工业分布较为集中

长江水资源区的主导产业表现出明显的工业化加速发展阶段的特征，能源重化工业已经占有较高的比例，从水资源需求角度进行表述，也就是高用水工业占有较高的比例。同时，由于电子电器、装备制造、一般机械加工等产业的高速发展，制造业在流域内也占有很高的比例，且还将持续以较高的速度成长。

长江水资源区经济社会发展的以上这六点特征，是分析和预测未来产业变动趋势的基本出发点。

（二）流域水资源区人口总量和人口结构预测分析

通过对长江水资源区人口总量和人口结构的预测，揭示出一级和二级水资源区人口变动的总体变化规律。为分析社会发展对水资源需求总量和结构的影响奠定基础。

1. 水资源区人口预测分析

从人口总量预测结果可以看出，长江水资源区人口总量将依然呈现持续增长的趋势。且伴随着城镇化在流域内的快速推进，城镇人口增加趋势明显，同时农村人口出现不断下降的趋势。该水资源区的城镇化水平在 2010 年以前将以平均每年 0.8 个百分点，2011 ～

2020 年以平均每年以近 0.9 个百分点，2021~2030 年以平均每年 0.7 个百分点增长。即城镇化进程在 2020 年以前总体上呈现逐步加速的趋势，到 2020 年以后增速减缓（表 22-10 和表 22-11）。

表 22-10　长江水资源区人口总量及结构预测结果　　　　（单位：人）

年份	城镇人口	农村人口	总人口
2000	141 465 200	276 831 300	418 296 500
2010	185 460 200	258 439 800	443 900 100
2020	233 658 200	228 803 200	462 461 400
2030	281 146 200	205 345 100	486 491 300

表 22-11　长江水资源区城镇化水平预测结果　　　　（单位：%）

项目	2000 年	2010 年	2020 年	2030 年
城镇化水平	33.82	41.78	50.52	57.79

2. 流域水资源区二级区人口预测分析

由表 22-12 和表 22-13 可知，流域内除金沙江石鼓以上流域人口总量在 2010 年以后呈现出逐步减少的趋势以外，其他二级流域都是逐步增加。二级流域城镇化水平增长存在一定的差异性，向三大都市圈的集聚较为显著。同时，除金沙江石鼓以上流域以外，其他二级流域区城镇化水平差距总体呈现缩小的趋势。

表 22-12　长江流域二级水资源区总人口预测结果

二级水资源区	2000 年		2010 年		2020 年		2030 年	
	人口总量（人）	比例（%）	人口总量（人）	比例（%）	人口总量（人）	比例（%）	人口总量（人）	比例（%）
金沙江石鼓以上	680 473	0.16	687 893	0.15	655 422	0.14	639 052	0.13
金沙江石鼓以下	19 989 470	4.78	21 594 250	4.86	22 384 630	4.84	23 944 970	4.92
岷沱江	36 469 520	8.72	37 980 280	8.56	40 012 340	8.65	41 379 350	8.51
嘉陵江	43 571 280	10.42	44 417 790	10.01	44 673 540	9.66	45 173 820	9.29
乌江	20 825 950	4.98	21 934 070	4.94	22 751 230	4.92	23 923 430	4.92
宜宾至宜昌	32 199 550	7.70	33 456 480	7.54	33 941 360	7.34	34 718 300	7.14
洞庭湖水系	72 682 810	17.38	75 493 420	17.01	77 402 220	16.74	82 194 710	16.90
汉江	35 242 860	8.43	37 684 580	8.49	39 590 060	8.56	41 488 220	8.53
鄱阳湖水系	37 534 030	8.97	38 388 420	8.65	39 791 220	8.60	42 250 180	8.68
宜昌至湖口	35 890 970	8.58	39 508 370	8.90	42 390 380	9.17	45 562 360	9.37
湖口以下干流	41 737 690	9.98	45 897 110	10.34	48 757 900	10.54	51 822 280	10.65
太湖水系	41 471 760	9.91	46 857 280	10.56	50 111 010	10.84	53 394 540	10.98

表 22-13　长江流域二级水资源区城镇化水平预测结果　　　　（单位:%）

二级水资源区	2000 年	2010 年	2020 年	2030 年
金沙江石鼓以上	7.60	10.76	14.91	18.54
金沙江石鼓以下	28.47	36.16	44.81	51.82
岷沱江	33.88	40.40	50.80	57.80
嘉陵江	23.88	29.92	39.19	46.78
乌江	25.72	32.20	40.54	49.75
宜宾至宜昌	27.40	34.74	44.05	53.50
洞庭湖水系	26.05	35.77	44.61	51.80
汉江	32.39	39.13	47.22	53.66
鄱阳湖水系	26.17	35.21	45.09	54.11
宜昌至湖口	43.52	48.63	55.73	60.78
湖口以下干流	38.20	49.39	58.69	67.07
太湖水系	65.23	70.68	76.06	80.42

（三）流域水资源区经济发展预测

通过对长江流域一级和二级水资源区 GDP 总量及其产业组成的预测分析，为进一步分析该水资源区经济增长和产业结构变动对水资源需求的影响建立基础。

1. 流域水资源区经济发展预测分析

由表 22-14 ~ 表 22-16 可以看出，2010 年以前是该流域经济增速最快的时期，之后增速逐步降低。这样的趋势是符合该流域区总体发展阶段判断的，与我国经济总体的增长趋势也是一致的。各产业的增长速度预测显示出明显的差异性，其中第三产业的增速始终是最高的，在第一产业所占比例逐步降低的同时，第三产业所占比例逐步提高，并将在 2021 ~ 2030 年超过第二产业。在综合考虑城镇化水平和人均 GDP 的水平，可以做出如下的判断：2021 ~ 2030 年长江水资源区将整体进入工业化中后期。到 2020 年人均 GDP 按照 2000 年的汇率（按照 8.28 计算）计算将超过 4700 美元，超过全国实现全面建设小康社会的目标；到 2030 年将接近 8500 美元，全流域总体达到中等发达国家的经济发展水平。

表 22-14　长江水资源区经济增长预测结果　　　　（单位：万元）

年份	GDP	第一产业	第二产业	第三产业
2000	305 825 900	46 369 910	132 828 400	126 627 600
2010	843 163 000	84 669 330	398 524 800	359 968 900
2020	1 814 381 000	139 294 800	856 328 500	818 757 700
2030	3 421 949 000	211 766 300	1 533 329 000	1 676 854 000

表 22-15 长江水资源区各阶段年均增长速度预测结果 （单位:%）

时段	GDP	第一产业	第二产业	第三产业
2000~2010 年	10.67	6.21	11.61	11.01
2011~2020 年	7.96	5.10	7.95	8.56
2021~2030 年	6.55	4.28	6.00	7.43

表 22-16 流域产业结构和人均 GDP 变化预测

年份	人均 GDP（元）	第一产业（%）	第二产业（%）	第三产业（%）
2000	7 311	15.16	43.43	41.41
2010	18 994	10.04	47.27	42.69
2020	39 233	7.68	47.20	45.13
2030	70 339	6.19	44.81	49.00

2. 流域水资源区二级区经济发展预测分析

由表 21-17~表 22-20 可以看出，各二级流域经济增长在 2010 年以前将保持较高的增速，2011~2020 年平稳增长，2021~2030 年增速趋缓。增长结构上各二级流域区都将呈现"三、二、一"的总体格局，即第三产业速度高于第二产业，第二产业速度高于第一产业。同时各二级区由于所处发展阶段不同，以及优势产业不同，又表现出不同的规律。通过比较各时段的增长速度差异可知，中上游地区第一产业增速稳步提高，第三产业增速略大于第二产业但差值不大；而在下游地区则明显的是第一产业增速下降，第三产业增速较为显著地高于第二产业，表现出这一区域已经初步进入工业化中后期的特征。

虽然各二级水资源区都会保持较快的增长速度，但由于发展基础和产业结构现状的巨大差异，使得各二级水资源区产业结构变化表现出极为显著的规律性，即从上游到下游产业结构出现"一、三、二"、"二、三、一"、"三、二、一"和"三、一、二"等多种表征各二级流域发展水平和阶段不同的情况同时出现。

同样，由于现状和未来发展条件的差距，造成了上、中、下游间人均 GDP 的绝对值还将逐步扩大，但相对差距将有所缩小，人均 GDP 水平最高的二级流域为最低的二级流域的倍数将从 2000 年的 9.7 倍，降低到 2030 年的 9.3 倍。同时，长江水资源区的中上游地区到 2020 年人均 GDP 都将处于 3000 美元以下，甚至在金沙江石鼓以上的流域区只能超过 1100 美元的水平，即达到 2003 年全国的平均水平。这样的结果与我国区域经济格局总体的变动趋势是一致的，即经济布局依然梯度明显，东西部地区之间绝对差距继续扩大，相对差距有所缩小。

表 22-17 长江流域二级水资源区经济发展预测结果 （单位：万元）

二级水资源区	年份	GDP	第一产业	第二产业	第三产业
金沙江石鼓以上	2000	138 032	81 722	15 639	40 671
	2010	388 022	161 652	98 422	127 947
	2020	790 920	274 678	223 621	292 621
	2030	1 517 980	440 755	432 151	645 074

续表

二级水资源区	年份	GDP	第一产业	第二产业	第三产业
金沙江石鼓以下	2000	9 676 934	1 930 230	3 501 397	4 245 306
	2010	28 661 050	3 791 263	13 135 780	11 734 010
	2020	61 716 930	6 020 844	28 800 390	26 895 690
	2030	119 706 000	9 336 578	54 001 650	56 367 820
岷沱江	2000	22 552 460	4 112 960	9 240 655	9 198 841
	2010	63 717 310	8 311 522	28 938 180	26 467 610
	2020	138 361 200	13 996 540	65 044 120	59 320 510
	2030	268 131 500	22 053 480	122 687 100	123 390 900
嘉陵江	2000	14 925 110	4 712 129	4 304 538	5 908 439
	2010	42 802 480	9 450 103	16 630 560	16 721 820
	2020	90 624 440	15 902 250	37 857 420	36 864 760
	2030	173 134 800	24 946 640	70 400 470	77 787 700
乌江	2000	7 139 063	1 797 535	2 690 385	2 651 143
	2010	19 037 800	3 060 660	8 159 255	7 817 885
	2020	40 115 060	4 853 735	18 352 940	16 908 390
	2030	77 545 680	7 340 558	34 524 910	35 680 210
宜宾至宜昌	2000	13 333 220	3 124 342	4 954 360	5 254 513
	2010	37 021 030	6 083 099	16 613 070	14 324 860
	2020	79 953 860	10 599 570	38 431 200	30 923 090
	2030	153 016 800	16 385 340	70 226 160	66 405 330
洞庭湖水系	2000	36 285 980	8 781 107	11 512 610	15 992 260
	2010	99 607 740	16 026 530	42 853 570	40 727 640
	2020	209 092 700	26 234 990	93 260 440	89 597 230
	2030	391 812 800	40 247 320	177 627 400	173 938 100
汉江	2000	19 921 820	4 333 122	8 418 603	7 170 093
	2010	49 554 600	8 141 351	23 041 840	18 371 410
	2020	105 025 700	13 213 530	50 755 970	41 056 250
	2030	195 522 500	19 835 340	91 566 660	84 120 490
鄱阳湖水系	2000	17 128 830	4 622 225	5 003 747	7 502 860
	2010	50 998 360	8 399 417	24 917 750	17 681 200
	2020	110 845 800	15 117 580	53 854 880	41 873 360
	2030	205 505 200	22 001 620	88 898 700	94 604 930

二级水资源区	年份	GDP	第一产业	第二产业	第三产业
宜昌至湖口	2000	25 721 960	3 818 702	11 490 710	10 412 540
	2010	59 242 270	7 477 744	26 547 570	25 216 960
	2020	126 163 400	12 028 810	58 748 540	55 386 060
	2030	234 626 000	18 416 070	105 345 800	110 864 200
湖口以下干流	2000	41 256 240	5 095 966	21 301 100	14 859 180
	2010	107 057 800	7 990 812	53 870 110	45 196 910
	2020	231 931 100	12 638 130	115 394 400	103 898 600
	2030	439 164 300	18 676 760	207 013 800	213 473 700
太湖水系	2000	97 746 160	3 959 837	50 394 660	43 391 670
	2010	285 073 900	5 775 123	143 718 400	135 580 400
	2020	619 758 500	8 414 039	295 603 900	315 740 600
	2030	1 162 263 000	12 085 730	510 603 200	639 574 100

表 22-18 长江流域二级水资源区经济增长速度预测结果 （单位:%）

二级水资源区	时段	GDP	第一产业	第二产业	第三产业
金沙江石鼓以上	2000～2010 年	10.89	7.06	20.20	12.14
	2011～2020 年	7.38	5.44	8.55	8.62
	2021～2030 年	6.74	4.84	6.81	8.23
金沙江石鼓以下	2000～2010 年	11.47	6.98	14.14	10.70
	2011～2020 年	7.97	4.73	8.17	8.65
	2021～2030 年	6.85	4.48	6.49	7.68
岷沱江	2000～2010 年	10.94	7.29	12.09	11.15
	2011～2020 年	8.06	5.35	8.44	8.40
	2021～2030 年	6.84	4.65	6.55	7.60
嘉陵江	2000～2010 年	11.11	7.21	14.47	10.96
	2011～2020 年	7.79	5.34	8.57	8.23
	2021～2030 年	6.69	4.61	6.40	7.75
乌江	2000～2010 年	10.31	5.47	11.73	11.42
	2011～2020 年	7.74	4.72	8.44	8.02
	2021～2030 年	6.81	4.22	6.52	7.75
宜宾至宜昌	2000～2010 年	10.75	6.89	12.86	10.55
	2011～2020 年	8.00	5.71	8.75	8.00
	2021～2030 年	6.71	4.45	6.21	7.94

二级水资源区	时段	GDP	第一产业	第二产业	第三产业
洞庭湖水系	2000~2010年	10.63	6.20	14.05	9.80
	2011~2020年	7.70	5.05	8.09	8.20
	2021~2030年	6.48	4.37	6.66	6.86
汉江	2000~2010年	9.54	6.51	10.59	9.87
	2011~2020年	7.80	4.96	8.22	8.37
	2021~2030年	6.41	4.15	6.08	7.44
鄱阳湖水系	2000~2010年	11.53	6.15	17.41	8.95
	2011~2020年	8.07	6.05	8.01	9.00
	2021~2030年	6.37	3.82	5.14	8.49
宜昌至湖口	2000~2010年	8.70	6.95	8.73	9.25
	2011~2020年	7.85	4.87	8.27	8.19
	2021~2030年	6.40	4.35	6.01	7.19
湖口以下干流	2000~2010年	10.01	4.60	9.72	11.77
	2011~2020年	8.04	4.69	7.92	8.68
	2021~2030年	6.59	3.98	6.02	7.47
太湖水系	2000~2010年	11.30	3.85	11.05	12.07
	2011~2020年	8.08	3.84	7.48	8.82
	2021~2030年	6.49	3.69	5.62	7.31

表 22-19 长江流域二级水资源区产业结构变化预测结果　　（单位:%）

二级水资源区	年份	第一产业	第二产业	第三产业
金沙江石鼓以上	2000	59.20	11.33	29.46
	2010	41.66	25.37	32.97
	2020	34.73	28.27	37.00
	2030	29.04	28.47	42.50
金沙江石鼓以下	2000	19.95	36.18	43.87
	2010	13.23	45.83	40.94
	2020	9.76	46.67	43.58
	2030	7.80	45.11	47.09
岷沱江	2000	18.24	40.97	40.79
	2010	13.04	45.42	41.54
	2020	10.12	47.01	42.87
	2030	8.22	45.76	46.02

续表

二级水资源区	年份	第一产业	第二产业	第三产业
嘉陵江	2000	31.57	28.84	39.59
	2010	22.08	38.85	39.07
	2020	17.55	41.77	40.68
	2030	14.41	40.66	44.93
乌江	2000	25.18	37.69	37.14
	2010	16.08	42.86	41.07
	2020	12.10	45.75	42.15
	2030	9.47	44.52	46.01
宜宾至宜昌	2000	23.43	37.16	39.41
	2010	16.43	44.87	38.69
	2020	13.26	48.07	38.68
	2030	10.71	45.89	43.40
洞庭湖水系	2000	24.20	31.73	44.07
	2010	16.09	43.02	40.89
	2020	12.55	44.60	42.85
	2030	10.27	45.33	44.39
汉江	2000	21.75	42.26	35.99
	2010	16.43	46.50	37.07
	2020	12.58	48.33	39.09
	2030	10.14	46.83	43.02
鄱阳湖水系	2000	26.99	29.21	43.80
	2010	16.47	48.86	34.67
	2020	13.64	48.59	37.78
	2030	10.71	43.26	46.04
宜昌至湖口	2000	14.85	44.67	40.48
	2010	12.62	44.81	42.57
	2020	9.53	46.57	43.90
	2030	7.85	44.90	47.25
湖口以下干流	2000	12.35	51.63	36.02
	2010	7.46	50.32	42.22
	2020	5.45	49.75	44.80
	2030	4.25	47.14	48.61
太湖水系	2000	4.05	51.56	44.39
	2010	2.03	50.41	47.56
	2020	1.36	47.70	50.95
	2030	1.04	43.93	55.03

表 22-20　长江流域二级水资源区人均 GDP 预测结果　　　　　（单位：元）

二级水资源区	2000 年	2010 年	2020 年	2030 年
金沙江石鼓以上	2 028	5 641	12 067	23 754
金沙江石鼓以下	4 841	13 273	27 571	49 992
岷沱江	6 184	16 776	34 580	64 798
嘉陵江	3 425	9 636	20 286	38 326
乌江	3 428	8 680	17 632	32 414
宜宾至宜昌	4 141	11 065	23 556	44 074
洞庭湖水系	4 992	13 194	27 014	47 669
汉江	5 653	13 150	26 528	47 127
鄱阳湖水系	4 564	13 285	27 857	48 640
宜昌至湖口	7 167	14 995	29 762	51 496
湖口以下干流	9 885	23 326	47 568	84 744
太湖水系	23 569	60 839	123 677	217 675

（四）流域水资源区按用水大类预测

1. 流域水资源区预测分析

由表 22-21～表 22-23 可知，长江水资源区四大类产业总体上呈现出 2010 年以前高速增长，2020 年前稳步增长，2030 年前增长趋缓的规律。同时，与第二产业增长速度进行比较，该水资源区在 2010 年以前增长最快的是火（核）电工业，第二位的是高用水工业，一般工业和建筑业的增速则低于第二产业的增速；2011～2020 年，高用水工业增速依然高于第二产业平均增速，一般工业和建筑业依然略低于第二产业增速，而火（核）电工业增速将明显下降；2011～2030 年，一般工业成为增长最快的行业，高用水工业增速略低于第二产业总体增速并退居次席，建筑业和火（核）电工业增速则继续下降；尤其是火（核）电工业的增速将低于第一产业的增长速度。以上这些规律表明，在长江水资源区拉动第二产业总体增长的行业类别在未来的发展中将出现较为显著的变化。但特别值得关注的是，高用水工业将始终占据重要的地位，这与该流域水资源条件和发展基础是直接相关的，也是进行全国水资源配置中需要面对和妥善安排的流域区；火（核）电工业在持续几年的高速增长后将会较大幅度的下降，这与水电开发利用程度的提高以及产业结构的变化、全国统一电网的建立、技术进步推进用电效率提高等多种因素有关，是需要在水资源配置中注意的特征之一。

通过计算按用水分类行业比例的变化可以看出，增加值占第二产业比例一般工业占据主导地位且逐步提高，高用水工业所占比例逐步提高，建筑业和火（核）电工业趋于下降。

表 22-21　按用水分类行业增加值预测结果预测 （单位：万元）

年份	建筑业	一般工业	高用水工业	火（核）电工业
2000	18 731 400	81 222 260	29 465 230	3 409 517
2010	50 023 140	217 976 000	121 922 100	8 603 562
2020	98 230 980	487 608 600	256 117 600	14 371 290
2030	155 478 500	910 270 000	446 836 500	20 744 340

表 22-22　各用水行业增加值增长速度计算结果 （单位：%）

时段	建筑业	一般工业	高用水工业	火（核）电工业
2000~2010 年	10.32	10.38	15.26	9.70
2011~2020 年	6.98	8.38	7.70	5.26
2021~2030 年	4.70	6.44	5.72	3.74

表 22-23　按用水分类行业比例变化预测结果 （单位：%）

年份	建筑业	一般工业	高用水工业	火（核）电工业
2000	14.10	61.15	22.18	2.57
2010	12.55	54.70	30.59	2.16
2020	11.47	56.94	29.91	1.68
2030	10.14	59.37	29.14	1.35

2. 流域水资源区二级区预测分析

长江水资源区二级流域各行业主要集中在下游地区的总体布局不会有大的变化。其中，高用水工业上游比例略有降低，中下游部分流域比例提高，部分流域降低或基本持平，反映出了产业相对集聚的规律。火（核）电工业的分布变化与高用水工业的分布规律基本一致，且基本呈现相互对应关系。建筑业与一般工业分布变化也呈现出一致的规律性，即在城市密集地区有所提高，其他地区下降（表 22-24~表 22-26）。

表 22-24　2010 年长江水资源区按照用水分类的行业增加值及其分布预测结果

二级水资源区	建筑业增加值（万元）	分布（%）	一般工业增加值（万元）	分布（%）	高用水工业增加值（万元）	分布（%）	火（核）电工业增加值（万元）	分布（%）
金沙江石鼓以上	39 119	0.08	36 880	0.02	21 616	0.02	808	0.01
金沙江石鼓以下	2 332 442	4.66	7 364 932	3.38	2 993 973	2.46	444 431	5.17
岷沱江	4 585 753	9.17	14 776 100	6.78	9 385 612	7.70	190 709	2.22
嘉陵江	3 116 867	6.23	8 916 417	4.09	4 450 248	3.65	147 025	1.71
乌江	1 074 676	2.15	4 209 660	1.93	2 399 055	1.97	475 863	5.53
宜宾至宜昌	3 049 017	6.10	9 778 024	4.49	3 463 009	2.84	323 025	3.75
洞庭湖水系	6 009 372	12.01	23 865 430	10.95	11 999 190	9.84	979 576	11.39

续表

二级水资源区	建筑业增加值（万元）	分布（%）	一般工业增加值（万元）	分布（%）	高用水工业增加值（万元）	分布（%）	火（核）电工业增加值（万元）	分布（%）
汉江	2 649 414	5.30	13 871 690	6.36	6 073 676	4.98	447 059	5.20
鄱阳湖水系	4 711 322	9.42	14 339 470	6.58	5 589 636	4.58	277 322	3.22
宜昌至湖口	3 627 183	7.25	15 224 160	6.98	7 043 268	5.78	652 963	7.59
湖口以下干流	6 845 363	13.68	26 963 890	12.37	18 040 310	14.80	2 020 542	23.48
太湖水系	11 982 590	23.95	78 629 170	36.07	50 462 360	41.39	2 644 240	30.73

表 22-25　2020 年长江水资源区按照用水分类的行业增加值及其分布预测结果

二级水资源区	建筑业增加值（万元）	分布（%）	一般工业增加值（万元）	分布（%）	高用水工业增加值（万元）	分布（%）	火（核）电工业增加值（万元）	分布（%）
金沙江石鼓以上	76 123	0.08	81 643	0.02	64 368	0.03	1 487	0.01
金沙江石鼓以下	4 667 690	4.75	16 120 070	3.31	7 244 272	2.83	768 356	5.35
岷沱江	8 723 409	8.88	34 626 650	7.10	21 400 710	8.36	293 348	2.04
嘉陵江	5 941 375	6.05	21 186 480	4.34	10 497 590	4.10	231 982	1.61
乌江	1 988 300	2.02	8 708 226	1.79	6 778 757	2.65	877 654	6.11
宜宾至宜昌	5 930 027	6.04	23 431 220	4.81	8 601 210	3.36	468 741	3.26
洞庭湖水系	11 959 820	12.18	51 005 250	10.46	28 609 480	11.17	1 685 899	11.73
汉江	5 372 564	5.47	31 779 080	6.52	12 941 180	5.05	663 141	4.61
鄱阳湖水系	9 303 701	9.47	32 012 360	6.57	12 065 510	4.71	473 314	3.29
宜昌至湖口	7 356 358	7.49	35 559 920	7.29	15 012 140	5.86	820 112	5.71
湖口以下干流	13 033 440	13.27	61 110 050	12.53	37 672 250	14.71	3 578 632	24.90
太湖水系	23 878 110	24.31	171 987 200	35.27	95 229 940	37.18	4 508 618	31.37

表 22-26　2030 年长江水资源区按照用水分类的行业增加值及其分布预测结果

二级水资源区	建筑业增加值（万元）	分布（%）	一般工业增加值（万元）	分布（%）	高用水工业增加值（万元）	分布（%）	火（核）电工业增加值（万元）	分布（%）
金沙江石鼓以上	127 217	0.08	169 102	0.02	133 545	0.03	2 288	0.01
金沙江石鼓以下	8 486 743	5.46	31 082 790	3.41	13 415 010	3.00	1 017 103	4.90
岷沱江	14 519 450	9.34	67 695 740	7.44	40 061 000	8.97	410 944	1.98
嘉陵江	10 103 760	6.50	40 956 700	4.50	19 009 820	4.25	330 190	1.59
乌江	4 209 771	2.71	16 823 950	1.85	12 196 000	2.73	1 295 184	6.24
宜宾至宜昌	10 164 700	6.54	44 704 150	4.91	14 723 730	3.30	633 581	3.05
洞庭湖水系	21 209 340	13.64	98 331 900	10.80	55 686 050	12.46	2 400 120	11.57
汉江	8 506 274	5.47	59 060 910	6.49	23 047 460	5.16	952 018	4.59
鄱阳湖水系	9 975 413	6.42	57 436 620	6.31	20 750 640	4.64	736 032	3.55
宜昌至湖口	10 177 700	6.55	66 740 240	7.33	27 427 510	6.14	1 000 328	4.82
湖口以下干流	23 253 700	14.96	112 620 100	12.37	65 641 130	14.69	5 498 949	26.51
太湖水系	34 744 320	22.35	314 647 000	34.57	154 744 300	34.63	6 467 603	31.18

三、流域水资源区经济社会发展布局与产业结构变化对水资源需求变化的影响分析

(一) 流域水资源区总体影响分析

这里将长江水资源区作为整体考虑,利用现状和预测分析的成果,对流域经济社会发展及其结构变化对水资源需求的影响进行分析,为开展该水资源区在全国范围内水资源的合理配置提供基本的思路。应该指出的是,由于南水北调工程的实施,长江水资源的量和质的保障,尤其是质的保障,已经不仅仅是影响流域经济社会发展的重要因素,其影响范围将会涉及华北和西北地区,这一点从南水北调东线工程实施中已经得到了充分的证实。因而,在以下分析流域经济社会发展对水资源需求变化影响的基础上,在进行全国水资源配置中,应更多地考虑到长江水资源对于全国发展的影响。

1. 人口增长及结构变化的影响分析

长江水资源区人口总量为各流域之首,2000 年总人口为 4.18 亿人,占到全国人口总量的 33.66%,全流域城镇化率平均水平为 33.82%,低于全国 36.96% 的平均水平,处于各流域的中等水平。从人口总量和结构变化的预测表明,流域人口总量在 2010 年将达到 4.44 亿人,2020 年达到 4.62 亿人,2030 年达到 4.86 亿人;城镇人口则分别达到 1.85 亿人、2.34 亿人和 2.81 亿人,城镇化水平则达到 41.78%、50.52% 和 57.79%。2000 年全国水资源公报公布的统计数字表明,我国城镇人均生活用水量为 219L/d (含公共用水),农村人均生活用水量为 89L/d (含牲畜用水)。长江流域由于水资源相对较为丰富,用水指标要高于平均水平。因而,随着流域人口总量的持续增长,尤其是农村人口较大规模地转化为城镇人口,城镇化水平较为迅速的提高,以及生活水平提高对用水提出的更高要求,使得流域生活用水的需求量会随之较大幅度的上升。同时,随着用水量的增加,排水量也同比例增长,对于流域水资源质量的压力加大,相应地对流域生活污水处理设施的建设和保证正常运行提出了更高的要求。这些显著的影响在水资源配置中是需要着重考虑的。

2. 经济总量增长和产业结构变化的影响分析

长江水资源区 GDP 总量占到全国的 31.01%,人均 GDP 为全国平均水平的 92%,产业结构与全国平均水平相当。预测结果表明,全流域 GDP 总量将由 3.06 万亿元,增长到 2010 年的 8.43 万亿元,2020 年的 18.14 万亿元和 2030 年的 34.22 万亿元,年均增长速度在 2010 年以前达到 10.67%,2011~2020 年为 7.96%,2021~2030 年为 6.55%。产业结构将发生显著变化,其中第一产业由 2000 年的 15.16% 持续下降到 2030 年的 6.19%,第二产业由 43.43% 经历先升后降的过程到 2030 年变为 44.18%,第三产业由 41.41% 不断上升到 49%,并在 2025 年左右超过第二产业。人均 GDP 将由 2000 年的 7311 元上升到

2020 年的 39 233 元和 2030 年的 70 339 元，达到中等发展国家的平均水平。以上这些变化必将使得流域的水资源供求关系发生较为重大的影响。其主要表现：一是随着经济总量的增长，用水总量也会随之有所增加，若要控制水资源开发利用总量就需要显著提高用水效率，否则虽然该流域水资源相对丰富也是难以长期持续的；二是用水结构发生变化，在用水总量得到控制的前提下，若要保障工业生产和城镇用水（包括第三产业用水）的需求，农业用水的比例必须下降；三是需要在工业生产和第三产业发展中广泛推广节约措施，发展节水工业和第三产业，较大幅度地提高用水效率；四是要进一步提高工业废水和生活污水的处理率和处理水平，控制污染物排放总量，在保障水资源量的同时，保证水质不仅不恶化，还要有所改善。

3. 行业结构变化的影响分析

长江水资源区的高用水工业占到全国的 30% 以上，占到流域第二产业增加值的 22.18%，是全国各流域中高用水工业最为集中的流域，且对于未来的预测表明其比例还将进一步上升。而火（核）电工业、建筑业的比例虽然呈现下降趋势，但其经济总规模还将有较大幅度的提高，其中火（核）电工业增加值将由 2000 年的 341 亿元，增加到 2020 年的 1437 亿元和 2030 年的 2074 亿元。建筑业也将由 2000 年的 1873 亿元，增长到 2020 年的 9823 亿元和 2030 年 15 518 亿元。上述种种，对流域水资源配置将会产生的影响主要表现在：一是工业需水总量必然增长，尤其是高用水工业的发展和火（核）电工业成数倍的增长，将给流域水资源构成一定的压力，这些行业大多也都是排污大户；二是建筑业的持续增长和总量扩张将主要增加城镇用水的需求，对于城镇供水体系提出了更高的要求；三是分散而且相对单位产品、产值耗水量较大的规模以下工业在流域比例较高，且可能进一步提高，这也是考虑工业需水时必须要考虑和重视的问题。

（二）二级水资源区影响分析

此部分的分析着重是长江流域二级水资源区在经济社会发展方面的差异性，及其所带来的各二级流域在考虑水资源配置时的不同之处。

1. 人口增长及结构变化的影响分析

长江流域二级水资源区间人口密度和人口占全流域的比例差异显著，这是其突出的特征之一。其中，洞庭湖水系的人口分布最多，占到全流域的 17.38%；嘉陵江流域也超过了 10%。且上中下游之间人口结构差异性更大，城镇化水平最高的太湖水系 62.23% 和最低的金沙江石鼓以上的 7.6% 相差巨大。预测表明，除金沙江石鼓以上流域以外，其他各二级流域人口总量都将进一步增长，城镇化水平的差距相对缩小，且总体上向中下游地区和三大都市圈所在流域集聚的趋势较为明显。现状和未来发展趋势将会对水资源配置的区域布局产生一定的影响，使得各流域间需水量和生活需水所占比例产生较大的差异。同时，这种趋势也会加剧部分二级流域缺水的程度，其中包括资源型、工程型和水质型缺水。

2. 经济总量增长和产业结构变化的影响分析

长江水资源区各二级流域经济在未来 20 多年中都将保持较快和平稳的发展速度，但下游地区在 2010 年以前的速度相对较高；各流域间产业结构也都会产生较大变化，但由于发展阶段的不同，会在上、中、下游的二级流域中同时出现多种的产业结构；人均 GDP 的绝对差距继续扩大，而相对差距会有所缩小。这种发展的结果对二级流域各产业对水资源的需求将产生影响，致使各流域的用水结构会截然不同，使开展各二级流域水资源配置时所需要考虑的需水结构也会不尽相同。进而对于实施水资源配置的工程内容也要区别对待，如上游地区农业仍然占有较大的比例，农业用水的比例就会相对较高；中游地区处于工业化中期或中后期工业用水的增长可能会较为明显，同时城镇化进程加速也会导致城镇生活用水的逐步上升；而下游已经进入到工业化的中后期，城镇化进程将会减速，农业用水会逐步下降，工业用水随着产业结构的不断升级和用水效率的不断提高也会呈现下降趋势，而城镇生活和第三产业发展对于水资源的需求量会较大程度的提高。同时，按照我们已经开展的相关项目研究成果，随着公共财政政策的不断完善，二级流域间人均收入的差距和人民享受公共服务水平的差距都将会缩小。那么这将直接影响到人民生活用水方面的差异性缩小，考虑区域间用水指标差异时需要予以考虑。

四、主要结论和建议

通过以上对长江水资源区经济社会发展现状的分析，对未来在人口总量、结构，经济总量、结构和行业构成以及高用水工业内部结构等方面的预测研究，以及这些发展趋势对于水资源需求变化影响的阐述，本研究可以归纳为以下几方面的结论。而经济社会发展对于水资源的影响由于在第三章进行了定性的分析，在此不再进行结论性总结。

（一）人口总量将持续增长，人口结构将发生显著变化

1. 人口总量变化

长江水资源区为全国十大水资源区中人口总量最大（2000 年为 33.66%），人口密度处于中等水平的流域区。未来的发展趋势是总量将持续增长，将从 2000 年的 4.18 亿人，增长到 2010 年的 4.44 亿人，2020 年的 4.62 亿人和 2030 年的 4.86 亿人。该水资源区人口的分布在部分二级水资源区集聚较为明显，如上游的岷沱江、嘉陵江流域，中游的洞庭湖水系，下游的大部分二级水资源区等。而在未来发展中，除金沙江石鼓以上流域将出现人口总量下降的趋势，其他二级水资源区都将持续以不同的速度增长，且其中人口占全水资源区比例上升的二级水资源区主要集中在中下游地区，在人口分布上呈现出向下游地区和大都市圈地区进一步集聚的总体态势。

2. 人口结构变化

长江水资源区城镇化水平处于全国各水资源区的中等水平（2000 年为 33.82%），略

低于全国的平均水平。在未来的发展中，城镇化的进程在 2010 年以前平均每年增长 0.8 个百分点，在 2010 ~ 2020 年为增长最为迅速的阶段达到平均每年 0.9 个百分点，之后增速下降到每年 0.7 个百分点。并在 2020 年和 2030 年分别达到 50.52% 和 57.79%。人口结构在水资源区内的分布呈现出显著的差异性。总体上是从上游到下游逐步增长，且在三大都市圈所在二级流域，城镇化水平明显高于其他二级水资源区。在未来的发展中，各二级水资源区间人口结构的差异将有所缩小，但绝对差距依然较大。

（二）经济总量增长平稳，产业结构调整步伐将进一步加快，人均水平差距继续扩大

1. 经济总量增长

长江水资源区经济总量占全国的比例经历了从高到低，而后再逐步提高的过程，2000 年 GDP 总量占到全国的 31.01%，为各水资源区中总量最大，在我国区域经济格局中占有极其重要的地位。在未来的经济发展中，GDP 增长速度的变化趋势与全国基本同步，在 2010 年以前将保持 10% 左右的高速增长，2010 ~ 2020 年则下降到 8% 左右，并在之后的 10 年中进一步降低到 6.5% 左右；GDP 的总量将由 2000 年的 3.06 万亿元，增长到 2010 年的 8.43 万亿元，2020 年的 18.14 万亿元和 2030 年的 34.22 万亿元。同时，经济总量分布的梯度进一步加大，仅太湖流域一个二级水资源区的 GDP 就将占到全流域的近 32%，而上游金沙江石鼓以上流域仅占 0.05%。

2. 产业结构变化

长江水资源区产业结构现状较全国平均水平为优，农业比例较低而第三产业较高。但是，流域内各二级水资源区在产业结构上存在着明显的差别，反映出经济发展处于不同阶段的特征。例如，太湖水系三个产业比例为 4.05∶51.56∶44.39，第二产业占有绝对的主导地位，而金沙江石鼓以上水资源区为 59.20∶11.33∶29.46，农业还占有一半以上的增加值。在未来的发展中，全流域产业结构的调整将会产生显著的变化，在预测的各时段中三次产业的增长速度都将会保持"三、二、一"的格局，产业结构将由 2000 年的 15.16∶43.43∶41.41 调整为 2030 年的 6.19∶44.81∶49.00，并在 2025 年左右第三产业超过第二产业占到第一位。与此同时，各二级水资源区的产业结构都会发生变化，但差异依然显著，多种产业结构会在流域内同时出现。

3. 人均发展水平

长江水资源区人均 GDP 现状低于全国的平均水平，与经济总量和结构的分布类似在各二级流域间存在着巨大的差距。按照预测的经济增长速度和人口变化趋势计算可知，人均 GDP 将由 2000 年的 7311 元上升到 2020 年的 39 233 元和 2030 年的 70 339 元。届时，流域内各二级水资源区之间的人均 GDP 绝对差距仍将进一步扩大，但相对差距会逐步缩小。

（三）行业构成中高用水工业持续占有较高的比例，且分布相对集中，其内部结构和区域分布也将发生一定的变化

全国高用水工业的 1/3 分布在长江水资源区，其总产值占到规模以上工业总产值的近一半，占到第二产业增加值的近 1/4，且主要集中在中下游地区。未来的发展预测表明，高用水工业在 2020 年之前都将是流域增长速度最快的，占第二产业的比例将逐步提高，火（核）电工业在 2010 年以前仍将保持高速增长，之后会迅速下降；而建筑业所占比例逐步下降。高用水工业和火（核）电工业在二级水资源区间的分布比例会发生较为明显的变化，高增长地区依然在中下游和城镇密集区，集聚效应逐步显现。高用水工业在二级水资源区的分布有进一步向中下游地区集聚的趋势，湖口以下干流和太湖水系两个二级水资源区高用水工业的分布将持续占到全流域的 65% 以上。

（四）对于进行流域水资源配置的几点建议

1. 充分考虑各时段的差异性

由于流域在发展中不同时期体现出不同的特征，人口将向中下游和大都市区域集聚，经济增长的地区绝对差距还将进一步拉大，产业结构和行业分布结构在未来 20 多年中会不断地变化，且在流域内会同时出现多种产业结构和行业结构。因此，在开展流域水资源配置时应充分考虑这一特征和规律，设计不同的方案，以适应经济社会发展的总量需求和结构需求变化。

2. 充分考虑各二级水资源区的区别

长江水资源区上、中、下游之间的人口、经济、产业、行业等几乎所有的方面都表现出显著的差异性，各二级水资源区的经济发展处于不同的阶段，推动经济发展的动力在未来的发展中也不尽相同。因而，对各二级水资源区进行水资源配置时，应重视这种差别，在各二级水资源区采取不同的配置方案，安排不同的工程措施和政策手段。

第二十三章　东南诸河水资源区经济发展
布局与产业结构预测

本章首先对东南诸河水资源区的社会经济发展进行了回顾与简要的评价，并对该流域的社会经济发展现状进行了分析。在上述分析的基础上，本章提出了影响该流域未来30年社会经济发展的主要因素，并从人口与城镇化、经济发展布局与产业结构、五大用水行业的发展与布局三方面展开对该流域未来30年社会经济发展的预测判断与结果分析。最后，针对该流域社会经济发展的预测结果，定性地分析了该流域社会经济的发展对水资源需求的影响。

一、流域水资源区经济和社会发展回顾与评价

（一）流域水资源区的范围和水资源基本情况

1. 流域水资源区的范围界定与相关说明

东南诸河水资源区处于我国的东南部，主要分布在我国的浙江（除湖州、嘉兴外）、福建、台湾境内以及安徽黄山、宣城，江西上饶中的小部分地区，整个流域范围总面积为244 572km²，其中分布在浙江、安徽、福建、江西、台湾的面积分别为91 150km²、6440km²、110 885km²、97km² 和36 000km²。该流域包括钱塘江、浙东诸河、浙南诸河、闽东诸河、闽江、闽南诸河和台湾金马诸河等二级水资源区。

在本章的研究中，从现实与研究的方便考虑，特作有关说明。

1）考虑到诸多因素，在本章社会经济研究中不将台湾列入其研究范围内。

2）东南诸河水资源区的钱塘江、浙东诸河和浙南诸河主要分布在浙江；而闽江、闽东诸河以及闽南诸河主要分布在我国东南沿海的福建。总体上来看，东南诸河中（不含台湾）97.1%的面积分布在浙江和福建，而且几乎覆盖了这两个省的绝大多数范围。因此从某种意义上看，东南诸河社会经济发展问题关键在于浙江、福建；这也告诉我们，在该流域社会经济定性或定量的分析中，为了便于研究或者由于资料的原因也可从浙江、福建着手。

2. 流域水资源基本状况

2000年，东南诸河流域水资源总量为2128.92亿 m³，其中，地表水117.04亿 m³，地下水546.80亿 m³，地表水与地下水重复量534.92亿 m³。地表水与地下水供水总量315.62亿 m³，其中，地表水304.41亿 m³，地下水可开采量2.67亿 m³。

水资源相对丰富。2000年该流域人均水资源占有量达2995m³，比全国平均水平2130m³ 高865m³，人均水资源占有量呈现较高的特点。

从水资源利用率来看，该流域水资源的利用率相对较低。例如，2000 年东南诸河水资源区水资源的利用率仅为 14.60%，比全国的平均水平还低 5.25 个百分点，这也许是该流域水资源相对丰富的缘故。

（二）20 世纪 90 年代以来流域水资源区经济和社会发展变化情况[①]

1. 人口与城乡结构变化特征

（1）人口增长较快，外来人口相对较多

根据第四、第五次人口普查资料，1990 年以来，该流域人口增长较快，远高于全国平均水平。由表 23-1 可知，1990 年该流域人口为 7150 万人，到 2000 年总人口发展到 8000 万人，10 年间年均人口增长率达 11.29‰，比全国平均水平还高 1.8 个千分点。

表 23-1　流域内 1990～2000 年人口增长情况

地区	1990 年人口量（万人）	2000 年人口量（万人）	年均增长率（‰）
浙江	4 145	4 590	10.25
福建	3 005	3 410	12.72
合计	7 150	8 000	11.29
全国	113 052	124 256	9.49

资料来源：中国第五次人口普查资料

另外，从全国范围来看，该流域又是我国外来人口相对集中的区域。从我国第五次人口普查来看（表 23-2），2000 年该流域内浙江、福建的外来人口分别占本省常住人口的 8.03% 和 6.29%，全国各省外来人口的分布中，也位居各省前列，分别为第二位和第六位。从整个流域来看，2000 年外来人口多达 584 万人，占常住人口的 7.3%，因此可以说，该流域是外来人口较为集中的区域。

表 23-2　流域内 2000 年外来人口分布情况

地区	常住人口（万人）	外来人口（万人）	外来人口占常住人口的比例（%）	外来人口在全国的地位
浙江	4590	369	8.03	第二
福建	3410	215	6.29	第六
合计	8000	584	7.30	

资料来源：中国第五次人口普查资料

---

① 本部分在分析人口与经济问题时，考虑到数据的可获得性采取了以下处理方法。第一，在对人口与城镇化问题的研究中，由于该流域是外来人口相对集中的地方，在数据选择中采用了人口普查数据，并考虑到人口数据的可获得性（缺乏各地市第四次人口普查数据）以及流域主要分布在浙江、福建的特点，在该部分中，以浙江、福建两省的人口数作为流域人口数据分析的基础，但还是基本能反映该流域人口与城镇化发展特点与趋势的。第二，在社会经济分析中，根据流域的范围，剔除了浙江的嘉兴和湖州，加上了安徽的黄山和宣城，而流域内江西上饶部分由于面积太小，也加以剔除；在数据的处理中，考虑到各地市经济值之和要大于该省总和的特点，分别对各市的经济值根据全省增减情况分别进行同比例缩小。

（2）人口的空间集中化进程大大促进了城镇化水平的快速提高

该流域，不管是在浙江，还是福建境内，都有一个共同点，地形多样，即山地、丘陵、平原从西向东依次分布，这种自然条件的差异在一定程度上决定了经济发展条件的差异性，流域内的功能区划就更加清晰，人口、经济要素的流动方向更加明确，即山地区域的人口、经济要素依次向丘陵、平原流动，这大大加快了人口的空间集中化进程。例如，浙江的金衢丽地区，作为山区的丽水人口的外迁明显（表23-3）。

表23-3 　2000年金衢丽地区人口净迁移状况　　　　　　　　　（单位：万人）

地区	户籍人口	普查人口	普查人口–户籍人口
金华	449.19	457.19	8.00
衢州	204.16	212.89	8.73
丽水	249.27	216.21	−33.06
合计	902.62	886.29	−16.33

资料来源：浙江省第五次人口普查资料；2001年《浙江省统计年鉴》

这种自然条件的差异性决定了人口空间集中化进程，在经济力的作用下，大大推动了流域内的城镇化进程。由表23-4可知，1990～2000年，浙江、福建的城镇化水平分别以年均1.59个百分点和2.02个百分点增长，远远高与全国的平均水平。

表23-4 　流域内1990～2000年浙江、福建的城镇化进程　　　　（单位：%）

地区	1990年	2000年	年均增长率
浙江	32.81	48.67	1.59
福建	21.36	41.57	2.02
全国	26.23	36.09	0.98

资料来源：中国第四、第五次人口普查资料

2. 经济发展变化特征

（1）经济总量

20世纪90年代以来，东南诸河水资源区经济增长较快。如图23-1所示，1990年流域内GDP为1310.23亿元，而到2000年达到8573.75亿元，即以年均增长率为21.63%的速度增长，这比全国的平均水平还高4.5个百分点。但值得注意的是，由于从1995年起，流域内的福建经济增长速度连年下滑，从1995年起流域内GDP的增长速度稍有变缓。其中，福建1995～2000年的GDP的增长率分别为14.6%、14.6%、11.1%、9.9%和9.6%，这种衰退趋势居沿海省份之首。

（2）产业结构

1990～2000年东南诸河水资源区产业结构不断提升，但产业结构有待进一步优化。如图23-2～图23-4所示，1990年三次产业结构为26：40：34；1995年变为18：48：34；到2000年进一步优化为13：48：39。可以看出，1990～1995年第二产业比例得到大幅度提

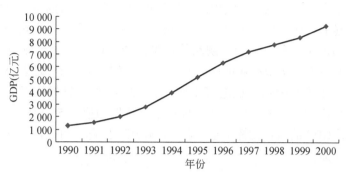

图 23-1　东南诸河水资源区 1990 ~ 2000 年 GDP 增长情况

高，年均增长达 1.6 个百分点；而在 1995 ~ 2000 年第三产业比例增长最快，年均增长率达到 1 个百分点，同时，这 10 年间第一产业比例不断下降，这也是符合产业结构演进规律的，适应产业结构的高级化的方向。三次产业比例的变化说明农业在国民经济中的地位逐渐下降，流域内第二、第三产业在国民经济中占主导地位的格局已基本形成。但与实际发达国家相比仍相距甚远，说明目前该流域内产业结构仍处于比较低的水平（1998 年韩国第一、第二、第三产业之比为 4.9：43.5：51.6），有待于进一步优化。

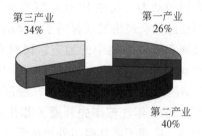

图 23-2　1990 年东南诸河水资源区三次产业结构图

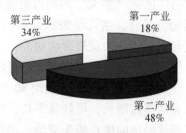

图 23-3　1995 年东南诸河水资源区三次产业结构图

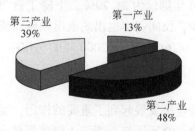

图 23-4　2000 年东南诸河水资源区三次产业结构图

从工业行业来看，该流域产业结构的轻型化较为明显。众所周知，流域内的福建是外向型经济较为明显的地区，且在吸引外资中以台资为主；而台商在福建的投资集中表现在服装、鞋帽、食品加工、玩具、塑胶制品等轻型产业，以及电子产业中的一些低技术领域，资金密集型和技术密集型产业项目很少。另外，流域内的浙江是以小商品特色显著的地区，浙江的工业集中在轻纺、机电等支柱产业。2001 年全省规模以上纺织、服装、皮革、机械工业增加值为 928.2 亿元，占规模以上工业增加值的 51.6%，比 2000 年提高了1.1 个百分点，对 GDP 的增长发挥了至关重要的作用。因此，可以说，该流域产业结构的轻型化趋向较为明显。

（三）20 世纪 90 年代以来影响流域水资源区经济和社会发展的主要因素

影响该流域 20 世纪 90 年代以来社会经济发展的因素很多，其中最为突出的主要在以下几个方面。

1. 投资

投资是工业化进程中最直接的动力，而在 1990 年以来该流域的投资集中表现在外资和民资，它们对该流域水资源区的社会经济发展起到了直接的推动作用。

首先，流域内的浙江是民间资本较为集中的地方，民营企业是浙江经济高速发展的"关键"，使 20 年来年均 GDP 增长速度达到 13.1%，高于全国 4.1 个百分点，到 2001 年浙江 GDP 达 6700 亿元，居全国第四位。在民资拉动浙江经济的同时，外资的不足在一定程度上制约了浙江经济的发展，1992 年江苏率先开通了苏州到上海的高速公路，而 1997年嘉兴才修通到上海的高速公路，造成了浙江吸引外资远低于江苏的局面，甚至苏州吸引外资总额超过了浙江全省。而浙江民资"独大"的局面也使该流域中的浙江经济出现企业规模偏小、产业层次偏小的问题。另外，这几年来浙江所担心另一个问题——民资外流，也与投资直接相关。因此投资与浙江经济的发展密切相关。

其次，在该流域的福建，社会经济的发展也与投资息息相关。1994 年以来，福建经济增长率持续下降，与投资的下降有很大的关系。20 世纪 80 年代到 90 年代初，大量台资的拥入给福建经济带来了前所未有的高速增长，可好景不长，由于福建吸引台资的优势开始丧失，台资的下降直接导致了福建经济的增长势头减缓。例如，1997 年台商在福建的投资占内地的 40.53%，而到 2000 年则仅为 21.29%，下降了近 20 个百分点；而同时欧、美、日对福建的投资也下降了不少，民间资本也出现流出顺畅而流入难的问题，最终导致福建GDP 的增长率也从 1997 年的 14.6% 下降到 2000 年的 9.6%，

2. 人文因素

人文因素对该流域的社会经济发展起到了重要的作用，至少与其他地区相比该因素在社会经济发展中作用更加突出。众所周知，浙江、福建都具有拼搏、重商的传统，也与它们特殊的历史文化传统和经济社会结构有关，决定了浙江、福建的"市场人"心态，使这

两地在国家投资很少的情况下，经济发展依然强劲。特别是浙江，四海为家的浙江商人给人留下了深刻的印象，改革开放以来，浙江人紧紧抓住中国短缺经济时代的大好机遇，实现了市场化的运作机制，在满足市场需要的同时构筑了浙江经济发展的基础——民营经济，为浙江经济的发展提供了强大的动力。

但同时我们也应该看到，在福建，另一种人文因素——喜欢冒险、不踏实，正在对福建经济产生巨大的负作用，甚至对福建经济产生"重创"，这种比喻为福建经济躯体内深层次的"毒瘤"的人文品质制造了福建的"经济黑洞"——地下经济，以"远华案"为代表的走私、以制造假冒商品为主的地下工厂、有"农村瘟疫"著称的非法博彩、屡禁不止的地下钱庄和地下保险正日益侵蚀着福建经济，并恶化了整体经济运行环境并对正常经济秩序产生了巨大的破坏作用。

3. 国际经济环境

虽然外部经济环境也是我国其他流域同样面临的，但从 20 世纪 90 年代以来该流域的经济发展来看，该流域受外部经济环境的影响更深，这主要因为：①该流域中浙江是以市场为导向的经济类型，以市场带生产是浙江经济发展的基本模式，特别是国际市场对该区域的经济发展起到了重要的作用，因此国际经济环境自然就对该流域的社会经济发展起到了至关重要的影响。②对于该流域内的福建，由于工业产品以境外市场和国内市场为主，如 2001 年福建工业品省内销售占 46%，国外占 32%，而省外销售仅占 22%，因此，福建经济发展从 90 年代以来就受国际经济环境的重大影响。90 年代后期以来，世界经济开始走向低迷状态。从金融危机到美国"9·11"事件后的全球经济衰退，每一次世界经济动荡都对福建的出口带来冲击。不仅如此，全球经济和国际贸易低迷还使得我国产品面临日益严重的贸易壁垒和摩擦。一是反倾销案件日益增多，近几年福建出口欧盟的厦华彩电、出口美国的福耀汽车玻璃、出口日本的南安石板材等都深受其害；二是技术壁垒和绿色壁垒日益增高，2002 年以来日本、欧盟等国家和地区频频对我国出口农产品设置极其苛刻的"绿色壁垒"要求，并不断加强对我国出口农产品的检测力度。根据厦门海关统计，2002 年前 8 个月，福建农产品出口 4.83 亿美元，增幅明显低于前几年水平。

（四）20 世纪 90 年代以来流域水资源区经济和社会发展的基本特征和变化规律总结

根据上述分析，1990 年以来东南诸河流域水资源区社会经济发展的基本特征和变化规律可总结为以下几点。

1）该流域自 1990 年以来，社会经济得到快速发展，尽管影响因素是多种多样的，但对于该流域来说，又集中体现在人文因素、投资和国际经济环境的变化。

2）1990 年以来，该流域的人口快速增长，其中人口的迁移起到了重要的作用，外来人口大量分布就是很好的说明。另外，由于流域内地形等自然禀赋存在较大的差异性，人口的空间集中化进程在加快，从而进一步大大推动了流域内的城镇化进程。

3）经济快速发展是该流域的另一个特征，但由于福建经济发展速度有衰退之势，整个流域的经济发展速度也略为变缓。

4）在经济快速发展的同时，产业结构不断得到优化与轻型化倾向是该流域经济发展的另一特点；鉴于该流域的特点与产业竞争优势，这些特点在一定时期内是难以改变的。

5）20 世纪 90 年代东南诸河流域七大耗水行业中，高用水工业与建筑业发展迅速，这与我国高用水工业布局东移趋势以及东部城镇建设步伐加快的趋势是相吻合的。

二、流域水资源区社会经济发展现状分析

（一）人口发展与城镇化

1. 与全国相比，该流域人口密度较大、城镇化水平较高

由表 23-5 可知，2000 年东南诸河流域人口密度为 291 人/km²，约为全国平均水平的 2.25 倍，是我国人口密度较高的流域之一。而反映城乡结构的指标之一——城镇化水平，在该流域也呈现出高于全国平均水平的特点，预示着该流域城镇化水平的推进要快于全国。例如，2000 年该流域的城镇化水平为 45.18%，比同期全国平均水平 36.09% 要高 9.09 个百分点。

2. 以宁波为中心的浙东诸河和以厦门为中心的闽南诸河人口分布较为密集

在东南诸河二级水资源区中，从人口总量来看，分布在闽南诸河流域、钱塘江流域以及浙南诸河流域人口总量较多，三者共占东南诸河流域总人口的 70%（表 23-5）。但从人口密度来看，东南诸河流域很明显形成了以宁波为中心的浙东诸河以及以厦门为中心的闽南诸河人口相对密集地区。由表 23-5 可知，2001 年在二级水资源区中浙东诸河、闽南诸河水资源区的人口密度分别达到 583 人/km²、532 人/km²，远大于其他二级水资源区。

表 23-5　东南诸河流域二级水资源区人口分布与城镇化发展现状

地区	总人口（人）	人口密度（人/km²）	城镇人口（人）	城镇化率（%）
合计	71 077 541	291	32 112 446	45.18
钱塘江	16 763 830	341	7 059 876	42.11
浙东诸河	7 504 283	583	4 042 672	53.87
浙南诸河	14 232 710	426	7 134 101	50.12
闽东诸河	3 851 275	239	1 290 740	33.51
闽江	9 710 693	159	4 957 711	51.05
闽南诸河	19 014 750	532	7 627 346	40.11
全国	1 242 560 000	129	448 440 000	36.09

3. 流域在浙江境内沿海地区的城镇化水平相对较高，而在福建境内却截然相反

由表 23-5 可知，东南诸河水资源区在浙江境内的钱塘江、浙东诸河以及浙南诸河等

二级水资源区中，位于沿海的浙南诸河、浙东诸河2000年的城镇化水平均达到50%以上，分别比非沿海的钱塘江地区的42.11%高8个百分点和12个百分点，呈现出在浙江境内城镇化水平沿海地区明显要高于非沿海地区的特点。而流域在福建境内，山区的城镇化水平却呈现高于沿海地区的特点，在闽东诸河、闽江、闽南诸河二级流域中，位于山区的闽江流域的城镇化水平分别比闽东诸河、闽南诸河高18个百分点和10个百分点。

（二）经济发展布局与产业结构

1. 流域经济发展水平要高于全国，三次产业结构也要优于全国

东南诸河水资源区经济发展水平明显要高于全国的平均水平，由表23-6可知，2000年东南诸河水资源区人均GDP为12 092元，是全国平均水平的1.71倍。不仅如此，而且流域内所有的二级水资源区的人均GDP也要高于全国。

表23-6 以我国第一次经济普查数据为基数预测的结果 （单位：万元）

项目 \ 年份	2010	2020	2030
GDP	24 666.12	53 170.08	99 322.18
第一产业	1 825.50	2 649.22	3 701.35
第二产业	12 450.38	25 747.98	45 306.55
建筑业	1 361.74	2 731.37	3 749.54
工业	11 088.60	23 016.61	41 557.01
火（核）电工业	399.92	810.88	1 415.96
高用水工业	3 517.98	7 604.59	13 172.63
一般工业	7 171.56	14 601.13	26 968.42
第三产业	10 390.24	24 772.88	50 314.28

与全国相比，该流域的产业结构要优于全国。由表23-6可知，2000年东南诸河水资源区的第一产业、第二产业、第三产业占GDP的比例分别为13.33%、48.89%和37.78%，而同年全国的三次产业结构为16.35∶50.22∶33.43，即第一产业的比例比全国低3.02个百分点，而第三产业的比例也要高于全国4.35个百分点。

2. 经济发展水平在流域内呈现南部、北部高，中部低的特点

由东南诸河水资源区从北向南看，在所有的二级水资源区中，位于南部、北部的二级水资源区的人均GDP明显要高于中部的闽东诸河，成为流域内经济发展的"塌陷地带"。例如，2000年闽东诸河的人均GDP仅为7889元，甚至比福建西北部山区（即闽江流域）的人均GDP还低3460元。

3. 除闽东诸河、闽江外，其他二级水资源区的产业结构均呈现"二、三、一"的结构特点

由表 23-6 可知，2000 年该流域的二级水资源区闽东诸河、闽江第一产业占 GDP 的比例分别为 34.46% 和 16.99%，分别比全国高 8.1 个百分点和 0.64 个百分点。可见，上述两个二级水资源区第一产业比例明显偏高。但除闽东诸河外的其他二级水资源区，第一产业的比例均在 14% 以内，而且第二产业比例要高于第三产业，第一产业比例最低，呈现较为明显的"二、三、一"的结构特点。

（三）工业发展布局和工业结构

1. 工业相对发达，并呈现"南、北部高，中间低"的布局特点

东南诸河水资源区由于处于我国的东部沿海，工业相对发达。该流域国土面积为 24.5 万 km²，约占全国国土面积的 2.56%；而 2000 年该流域的工业增加值为 4088.5 亿元，占同年全国工业总产值的比例却达到 16.23%。因此，与全国相比，该流域工业发展较好。

从工业布局来看，该流域表现出南高、中低、北高的布局特征，处于北部的钱塘江 2000 年的工业增加值占整个东南诸河水资源区的 27.29%，在所有二级水资源区中比例最高；其次是位于南部的闽南诸河，2000 年工业增加值占整个东南诸河水资源区的 26.70%；而中部地区工业总产值比例明显偏低，其中最低的是闽东诸河，2000 年工业增加值仅占整个东南诸河水资源区的 1.75%。

2. 流域内一般工业增加值普遍要高于高用水工业

火（核）电工业、高用水工业与一般工业组成了工业的三大类。从这三大类来看，一般工业对工业的贡献明显要高于其他工业，2000 年东南诸河水资源区的一般工业的增加值为占整个东南诸河水资源区工业增加值的 79.06%，比高用水工业高 50.6 个百分点。而从各个二级水资源区来看，一般工业与工业总产值的比例均要高于高用水工业，2000 年一般工业的工业增加值占该二级水资源区工业增加值比例最小的是浙东诸河，却也达到 72.84%。因此，东南诸河水资源区，不管从整个流域来看，还是从各个二级水资源区来看，一般工业对工业的贡献普遍要高于高用水工业。

（四）建筑业发展和布局

与全国相比，东南诸河水资源区的建筑业相对发达。在仅占全国国土面积 2.56% 的土地上，却集中了占全国 9.26% 的建筑业，可见，该流域建筑业发展较好。从建筑业的发展布局来看，位于北部的钱塘江与位于南部的闽南诸河的建筑业对整个流域贡献最大，2000 年这两个水资源区的建筑业增加值分别占东南诸河流域的 26.37% 和 28.62%，两者之和为 54.99%；另外，闽东诸河的建筑业发展相对较弱，2000 年建筑业增加值仅占整个东南

诸河流域的3.18%。因此，建筑业的发展布局与工业一样，呈现"南高、中低、北高"的布局特点。

（五）小　　结

根据上述分析，东南诸河水资源区的社会经济发展现状特点主要有以下四方面。

1）从全国来看，该流域的人口密度大，尤其是以宁波为中心的浙东诸河和以厦门为中心的闽南诸河。该流域的城镇化水平也较高，在浙江境内，沿海高于非沿海地区；而在福建境内却相反。

2）经济总体发展水平要高于全国，并呈现"南高、中低、北高"的布局特点。流域三次产业结构要优于全国，除闽东诸河和闽江外，各二级水资源区产业结构均处于"二、三、一"的发展阶段。

3）该流域工业较为发达，尤其是一般工业。一般工业中，规模以下企业的发展较为突出；而在高用水工业中，化工与纺织工业发展较好。

4）从全国来看，建筑业较为发达，且与工业一样，建筑业呈现"南高、中低、北高"的布局特点。

三、2030年前影响流域水资源区经济和社会发展的主要因素分析

（一）国家发展战略与政策

国家发展战略与政策对区域经济的发展是显而易见的，如改革开放以后我国采取了重点发展沿海的区域经济发展战略，对沿海地区采取了投资、财税、外资和外汇、价格等政策性倾斜，促使我国东部沿海地区得以快速发展。在我国未来的二三十年的社会经济发展中，现阶段的国家战略将对未来各地区社会经济的发展产生深刻的影响。"十六大"提出"要在21世纪前20年，集中力量，全面建设小康社会；并在此基础上，再继续奋斗几十年，到21世纪中叶基本实现现代化，把我国建设成为富强民主文明的社会主义国家"；以及十六届三中全会上中央进一步明确要用科学的发展观指导发展，实现"五个统筹"。这些战略将大大引领各地社会经济的发展方向，对未来几十年的社会经济发展产生积极和深远的影响。

由于我国正处于社会经济体制转型时期，体制因素在当前已成为我国社会经济发展的重要障碍，每一次适应社会经济发展方向的体制改革都将释放出生产力，促进社会经济的大发展，因此关于体制方面的改革也将是影响流域未来社会经济发展的重要因素。

（二）经济基础

与我国其他水资源区相比，东南诸河水资源区具有较为坚实的经济基础，形成了一批

具有国际竞争力的产品，在区域经济格局中也形成了与内地经济发展的梯度差异。而在未来的发展，我国随着市场机制的逐渐完善，生产要素的流通体制障碍逐渐消除，在这种经济发展差异的梯度格局下，资本、技术、人力资源还将大量涌向该流域，使资本-技术要素原较丰裕的东南诸河流域处于相对有利的地位，这将进一步加速该流域经济的飞速发展。

但值得注意的是，该流域不管在浙江，还是福建，传统产业、劳动密集型产业均是流域内产业的主体，产业结构面临一些问题，产业竞争力也面临严重的挑战。例如，流域内的福建在经济发展过程中，一方面，传统产业由于技术水平低、受市场需求制约，部分产业发展缓慢或处于衰退状态，产业竞争优势正在弱化；另一方面，新兴产业又无法及时快速增长、予以接替。这种青黄不接的状态形成了产业转换的缺口，造成全省经济的增长乏力，迫切要求进行产业结构的调整与提升。而对流域内的浙江经济而言，以制造业为主的产业结构是较长时期内也难以改变的，但随着国内市场普遍短缺的结束、消费者和客户消费需求的提升，低档次的小商品产品结构必须改变，不仅面临着对原有产业和产品的提升，而且还面临着产业结构的升级，向资本密集型产业和技术密集型产业进军，这样企业才不会失去竞争力。因此，从某个角度来看，该流域未来社会经济的发展还依赖于产业结构的调整和提升，这直接决定了流域内企业的生存。

（三）土 地 资 源

由于东南诸河水资源区不管在福建境内，还是在浙江境内，均存在人多地少、山多盆地少的特点，土地资源自然成为该流域十分宝贵的资源。另外，由于土地资源的不可流动性，使土地资源在社会经济发展中起着重要的支撑作用。东南诸河水资源区经过改革开放以来的发展，城镇化、工业化进程的推进导致了土地资源的大量消耗，土地短缺问题日益突出，特别是在当前阶段，工业化进程、城镇化进程的快速推进与用地的短缺之间的矛盾正成为难以调和的矛盾，正制约该流域社会经济的持续发展。一方面，土地资源短缺迫使一些地均产出较低的企业不得不转移到别的流域；另一方面，土地资源短缺迫使增加建筑容量，在某种程度上将提高土地的建设成本。

（四）台 海 局 势

台海局势的不明朗，给东南诸河流域的未来社会经济发展带来不确定因素。由于战争具有巨大的破坏性以及一旦发生战争该流域处于前沿阵地，使在流域未来的社会经济发展中不得不对台海局势加以考虑，但从目前来看，台海局势尚不明朗，对社会经济发展的影响不能加以具体分析。不过在当前阶段，由于这一因素的存在，使国家重大建设项目在该流域布局将有所顾虑，总体来说，在一定程度上已制约了该流域的社会经济发展，并将延续到台海问题的完全解决。

（五）投资环境（包括交通区位条件、制度环境、人文环境）

在流域未来的社会经济发展中，投资环境的好坏将起着极其重要的作用，而该流域的投资环境也将主要集中在交通区位条件、制度环境和人文环境等方面。

众所周知，该流域浙江经济的发展得益于民资的发展，而民资的壮大却与浙江的"无为政府"密切相关，但同时我们也应该看到，浙江政府的"无为"造成了当今基础设施（特别是交通）建设的滞后，严重影响了浙江经济的可持续发展。而对于福建，制约该地区经济发展的又一个原因是与省外交通联系的不方便，特别是与之毗邻的经济较为发达的长三角、珠三角的陆上交通的通达性较差，造成一方面得不到它们的经济辐射，另一方面福建产品不能很好地向省外市场开拓。因此，未来该流域社会经济的发展很大程度上也与该地区对内对外的交通联系有关。

在制度创新方面，主要是与流域内的企业大多规模小、家族式企业有关。流域内大多数地方早期都是以家庭作坊和小商品专业市场的方式发展非农产业，以离土不离乡的家庭工业和离土又离乡的千军万马闯市场的自产自销方式完成了原始资本的积累。而近年来，由于福建的大多企业仍停留在家庭式的经营方式上，对企业制度的改革仅止步在股份合作制，对股份制并不热衷。而浙江民营企业虽然进行了一些改革，但与现代企业制度仍然存在很大差距，直接融资与自主创新能力较差，迫切需要进行制度创新。另外，以浙江专业集贸市场为主体的流通格局与现代市场体系之间的体制也存在较大差距，造成各种要素市场发育的相对滞后，特别是产权交易市场的不健全，使民营家族企业的控制权很难从创业家族的手中低成本退出，严重制约了它们的开放式发展空间。因此，在该流域未来社会经济的发展中制度创新显得十分重要。

如前所述，人文环境对该流域的社会经济发展影响极大，从投资环境的好坏直接决定经济的增长这个角度看来，不管是现在还是将来，人文环境都将对该流域的社会经济发展起到重要作用。

四、2000～2030年流域水资源区经济和社会发展与产业布局预测分析

（一）关于预测的有关说明

根据原设计，本研究的分析与预测基础是要建立在以2000年为基期的数据上的。但鉴于在研究行将结束之时，国家公布了全国的第一次经济普查数据，且该数据与以前统计年鉴的数据有小幅度的出入，研究组根据这次经济普查的基础数据对研究涉及的经济预测作了第二个方案，由于受基础数据等原因的影响，第二种方案的预测结果只进行到一级流域，其具体结果见表23-6。鉴于数据的完整性和预测分析要落实到第二、三级水资源区的要求，本研究的预测分析还是建立在以2000年为基期的基础数据预测出的结果基础上。

（二）人口总量与城乡结构预测分析

1. 人口总量预测分析

该流域位于我国的沿海地区，良好的区位条件与国家沿海战略的实施已使该流域成为我国发展水平较高、发展速度较快的区域，初步具备了"经济发展极"的作用，在经济增长的惯性下，在排除台海战争的可能下，人口快速增长、经济高速发展仍将是未来 30 年该流域社会经济发展的必然趋势。表 23-7 是该流域以及其二级水资源区人口总量的预测结果，根据表 23-7 不难发现该流域的人口总量在未来的发展中将呈现以下特点。

（1）人口持续快速增长，但增长势头有所减缓

2001～2030 年东南诸河水资源区人口总量仍将快速增长，从 2000 年的 7107.8 万人增长到 2030 年的 9560 万人，年均增长率达到 9.9‰。但由表 23-7 可知，人口总量的增长势头有所减缓，2001～2010 年人口总量的年均增长率为 14.44‰，而到 2021～2030 年人口年均增长率将为 8.49‰，总体呈减缓的势头。这是因为随着产业结构的提升和用地的限制，对入迁人口的素质将要求越来越高，在中部中间崛起的大背景下，人口东迁的趋势将变缓，该流域内的这种人口高速增长的势头将受到一定的限制。

表 23-7　东南诸河流域二级水资源区人口总量预测结果

二级水资源区	2000 年		2010 年		2020 年		2030 年	
	总量（人）	比例（%）	总量（人）	比例（%）	总量（人）	比例（%）	总量（人）	比例（%）
合计	71 077 541	100.00	82 057 130	100.00	87 846 250	100.00	95 601 620	100.00
钱塘江	16 763 830	23.59	19 484 060	23.75	20 396 720	23.23	21 909 150	22.93
浙东诸河	7 504 283	10.56	9 024 579	11.00	9 748 854	11.10	10 718 960	11.22
浙南诸河	14 232 710	20.02	16 975 460	20.69	18 132 750	20.65	19 772 510	20.69
闽东诸河	3 851 275	5.42	4 254 497	5.19	4 493 825	5.12	4 831 206	5.06
闽江	9 710 693	13.66	11 082 920	13.51	12 230 180	13.93	13 521 690	14.15
闽南诸河	19 014 750	26.75	21 211 180	25.86	22 814 700	25.98	24 814 540	25.97

（2）二级水资源区人口增长差异主要体现在浙江、福建之间

由表 23-8 可知，东南诸河各二级水资源区在未来的人口增长特点大体与一级水资源区相似，均呈现出人口将持续快速增长、增长势头随着时间的推移而减缓的特点。但仔细分析不难发现，二级水资源区人口的增长差异主要体现在浙江与福建之间，即前 10 年处于浙江境内的二级水资源区人口增长明显要快于福建境内的二级水资源区；而在 2011～2030 年则福建境内的二级水资源区人口增长相对较快。例如，2001～2010 年钱塘江、浙东诸河、浙南诸河的人口年均增长率均高于福建境内的二级水资源区；而 2011～2020 年、2021～2030 年，福建境内的二级水资源区人口增长相对于浙江境内的二级水资源区来说较快。这也与随着经济的快速发展，土地资源在该流域的人口、经济集聚扮演着越来越重要的作用有关。

表 23-8   东南诸河流域二级水资源区人口综合增长率预测　　　（单位:%）

二级水资源区	2001~2010 年	2011~2020 年	2021~2030 年
钱塘江	15.15	4.59	7.18
浙东诸河	18.62	7.75	9.53
浙南诸河	17.78	6.62	8.69
闽东诸河	10.01	5.49	7.27
闽江	13.31	9.90	10.09
闽南诸河	10.99	7.31	8.44
合计	14.44	6.84	8.49

2. 人口城乡结构预测分析

(1) 城镇化进程仍将较快推进

在人口增长的同时，流域内城镇化进程也在不断推进。由于该流域位于我国经济较为发达的东部，以及流域内地形的多样性促使人口空间集中化进程的加快，这些都将使流域的城镇化进程快速的推进。由表 23-9 和表 23-10 可知，2001~2010 年、2011~2020 年、2021~2020 年该流域的城镇化年均增长水平分别达到 0.68%、0.75% 和 0.56%，即东南诸河流域 2010 年、2020 年、2030 年城镇化水平将分别达到 51.95%、59.48% 和 65.06%。

表 23-9   东南诸河流域二级水资源区城镇化水平预测结果　　　（单位:%）

二级水资源区	2000 年	2010 年	2020 年	2030 年
钱塘江	42.11	50.20	58.58	65.17
浙东诸河	53.87	61.25	68.75	74.19
浙南诸河	50.12	57.75	65.55	71.31
闽东诸河	33.51	38.73	45.87	51.24
闽江	51.05	56.32	62.95	67.46
闽南诸河	40.11	45.31	52.35	57.41
合计	45.18	51.95	59.48	65.06

表 23-10   东南诸河流域二级水资源区城镇化水平年均增长水平预测　　　（单位:%）

二级水资源区	2001~2010 年	2011~2020 年	2021~2030 年
钱塘江	0.81	0.84	0.66
浙东诸河	0.74	0.75	0.54
浙南诸河	0.76	0.78	0.58
闽东诸河	0.52	0.71	0.54
闽江	0.53	0.66	0.45
闽南诸河	0.52	0.70	0.51
合计	0.68	0.75	0.56

(2) 总体上看，浙江境内二级流域城镇化推进更快

东南诸河流域的城镇化在不断推进的过程中，各二级水资源区的城镇化水平相应地较快提高，基本上每个二级水资源区在这30年内年均增长水平均达到0.5%以上。但总体上来看，这30年内浙江境内流域的城镇化推进速度明显要快于福建境内的二级水资源区。例如，在2001~2010年，钱塘江、浙东诸河、浙南诸河的城镇化水平的年均增长水平分别达到0.81%、0.74%和0.76%，明显要高于福建境内的二级水资源区（表23-9）。

（三）经济总量与产业结构预测分析

1. 经济仍将快速增长

未来30年东南诸河流域经济仍将快速增长，根据表23-11的预测结果，2001~2010年、2011~2020年、2021~2030年东南诸河GDP的年均增长速度将分别达到11.12%、7.98%和6.45%，即2010年、2020年和2030年GDP总量将相应分别达到约24 666亿元、53 170亿元和99 322亿元。而对于二级流域，GDP总量也将保持30年的快速增长，由表23-11可知，每个二级流域的GDP的年均增长率均在6%以上。该流域经济得以快速增长，这是因为东南诸河流域位于我国经济较为发达的东部沿海地区，根据我国区域经济发展格局的变动趋势，近期内该流域经济保持快速增长的趋势不会改变，只是由于该流域产业以低层次的劳动密集型产业为主，随着竞争日益激烈和劳力成本的提高，经济利润空间越来越小，经济增长速度也将有减缓的势头。

表23-11　2000~2030年东南诸河水资源区GDP分阶段增长预测结果　（单位:%）

二级水资源区	2001~2010年	2011~2020年	2021~2030年
东南诸河	11.12	7.98	6.45
钱塘江	11.85	8.09	6.37
浙东诸河	12.18	8.10	6.39
浙南诸河	11.91	8.07	6.34
闽东诸河	9.13	7.31	6.29
闽江	10.09	7.85	6.62
闽南诸河	10.05	7.85	6.59

2. 流域内经济总量差距在拉大

区域经济认为，促进经济发展的各种生产要素总是有倾向地向优势区位地区集聚，使该地区得以优先发展。东南诸河水资源区在未来30年中正呈现这样的发展趋势，流域内优势区位的GDP总量不断提高，经济总量的空间差距不断拉大。根据表23-12的预测结果，在东南诸河流域所有二级水资源区中，闽南诸河的GDP总量最大达2303亿元，而闽东诸河最小，仅为293亿元，前者是后者的8倍。未来30年中，GDP的总量差距在不断拉大，2010年、2020年和2030年上述两者的GDP总量比值分别变为8.7、9.2和9.6。

表 23-12　2000～2030 年东南诸河水资源区 GDP 分阶段预测结果（单位：亿元）

二级水资源区	2000 年	2010 年	2020 年	2030 年
东南诸河	8 594.86	24 666.12	53 170.08	99 322.18
钱塘江	2 174.06	6 665.08	14 506.47	26 894.36
浙东诸河	1 238.03	3 905.66	8 513.48	15 813.20
浙南诸河	1 468.55	4 523.70	9 834.29	18 184.53
闽东诸河	293.40	702.71	1 422.91	2 618.00
闽江	1 063.81	2 782.27	5 921.32	11 239.80
闽南诸河	2 303.44	6 003.45	12 783.80	24 202.31

3. 非农化进程加快，产业结构不断优化

流域内非农化进程加快，这是东南诸河水资源区未来 30 年经济发展的另一个特点。根据表 23-13 的预测结果，东南诸河水资源区第一产业占 GDP 的比例下降较快，如 2000 年第一产业比例为 13.33%，2010 年、2020 年第一产业比例分别下降到 8.55%、5.66%，到 2030 年第一产业比例不到 5%，仅为 3.97%，达到中等收入国家水平；而从各个二级水资源区来看，到 2030 年除闽东诸河第一产业比例为 12.93%，其余各个二级流域的第一产业比例均在 6% 以下。可见，该流域在未来 30 年中非农化进程在加快。

表 23-13　2000～2030 年东南诸河流域三次产业结构分阶段预测结果

二级水资源区	2000 年	2010 年	2020 年	2030 年
东南诸河	13.33∶48.89∶37.78	8.55∶50.83∶40.63	5.66∶48.84∶45.51	3.97∶45.93∶50.10
钱塘江	11.48∶52.42∶37.24	7.58∶51.45∶40.97	4.65∶49.64∶45.71	3.21∶45.76∶51.04
浙东诸河	11.32∶51.45∶34.71	6.98∶52.78∶40.24	4.77∶48.86∶46.36	3.25∶45.03∶51.72
浙南诸河	11.14∶54.14∶34.71	6.98∶52.78∶40.24	4.39∶50.09∶45.52	3.00∶46.20∶50.81
闽东诸河	34.46∶32.01∶33.53	24.63∶39.61∶35.76	17.71∶40.67∶41.62	12.93∶40.48∶46.59
闽江	16.99∶39.66∶43.36	11.16∶45.12∶43.72	7.63∶44.01∶48.35	5.39∶42.32∶52.29
闽南诸河	12.96∶47.66∶39.38	8.05∶51.92∶40.03	5.48∶50.44∶44.08	3.87∶48.49∶47.64

伴随着非农业进程的不断推进，该流域包括各个二级水资源区的三次产业结构得到不断优化。由表 23-13 可知，在未来 30 年中，东南诸河流域包括各个二级水资源区产业结构均呈现第一产业比例下降、第三产业比例不断上升的变化特点。到 2030 年整个流域的第三产业增加值占 GDP 的比例超过 50%；在二级流域中，闽东诸河、闽南诸河的第三产业比例比 50% 略低外，其他对均高于 50%，呈现产业结构高级化的倾向。

（四）五大用水产业发展预测分析

1. 工业增长仍然保持较快速度，但增长率下降较为明显

根据预测结果，在 2000～2030 年东南诸河流域的工业将依然保持较快的增长速度。

整个流域在 2000 ~ 2010 年、2010 ~ 2020 年、2020 ~ 2030 年的工业增加值的年均增长率分别为 11.49%、7.58% 和 6.09%。可见，年均增长速度下降较为明显。而从各个二级流域来看，工业发展呈现出与整个流域同样的特点：工业较快增长，但增长趋势下降。

2. 流域在浙江的工业份额呈下降趋势，而在福建则上升

2000 ~ 2030 年东南诸河流域工业将保持较快增长，工业发展分布格局将发生一些变化。总体来说，流域境内浙江的工业份额在下降，而福建的工业份额在上升。根据预测结果，浙江境内的钱塘江、浙东诸河、浙南诸河三个二级流域之和在 2010 年、2020 年、2030 年的工业增加值占整个东南诸河流域的比例分别为 60.23%、58.85% 和 58.31%，呈现较明显的下降趋势。相应地，福建境内的闽江、闽东诸河、闽南诸河的工业增加值比例却呈明显的上升态势。

3. 各大用水工业增长较快，尤其是高用水工业，而各大用水工业分布格局大体不变

根据东南诸河流域各大用水行业在 2000 ~ 2030 年的增加值预测结果，2030 年火（核）电工业、高用水工业与一般工业的增加值大约分别是 2000 年的 8 倍、14 倍和 6 倍。可见，2000 ~ 2030 年火（核）电工业、高用水工业与一般工业三大类工业均得到较快增长，而高用水工业表现尤甚。从分布格局来看，高用水工业与一般工业均呈现"南高、中低、北高"的布局特点，根据预测结果，在以后的 30 年中这种格局大体没有大的改变。

4. 建筑业、服务业发展较快，且主要集中在钱塘江和闽南诸河

建筑业、服务业作为用水行业，2000 ~ 2030 年在东南诸河流域均得到较大的发展。根据预测结果，2030 年建筑业、服务业的增加值分别是 2000 年的 6.27 倍和 12.34 倍，表现出较快的发展势头，尤其是服务业。而从这两大产业的布局来看，不管是建筑业，还是服务业，以杭州为中心的钱塘江和以厦门为中心的闽南诸河，增加值所占的份额明显要高于其他二级流域，表现出较强的空间集中性。

五、2030 年前水资源区经济和社会发展布局与产业结构调整对水资源需求变化的影响分析

（一）人口与城镇化进程对水资源需求的影响

一般来说，人口总量的增加与城镇化进程的推进都将对直接增加对水资源的需求。一方面，人口总量的增加意味着生活用水量的增加；另一方面，人口的增加，人类的经济活动量也将相应地增加，生产用水量也就要增加。而城镇化进程的推进使用水需求在某些局部地区，特别是城市变得更加集中，这将使某些城市面临用水的严重短缺。对于东南诸河流域，从全国来看，人口总量与城镇化水平都将在未来 30 年保持较高的增长水平，这在一定程度上增加了用水的需求水平。但由于东南诸河流域是水资源相对丰富、可开发的水

资源量还较多的流域，也许未来人口增长与城镇化进程的加快并不会对水资源利用产生严重的危机，但在某些局部地区（如城镇），并不排除出现严重的水资源短缺问题的可能性。

（二）工业化进程与经济发展对水资源需求的影响

经济增长对生产用水的增加将产生直接的影响。从全国来看，东南诸河未来 30 年的经济总量都将呈现较快的增长速度，由于经济总量的大幅度增加，导致对生产用水的需求与全国相比也将呈现更大的增长幅度。由于该流域产业结构的优化，将使用水结构相应发生一定的改变；从三次产业的总量来看，三次产业的产量均是大量增长的，所以如果节水技术没有得到很大提高，每一类产业的用水量也将相应提高。同时，与第一产业相比，该流域第二、第三产业的发展将尤为迅速，由于第二、第三产业相对集中于城镇，所以城镇的用水需求增长将表现更加明显。从经济布局的变化来看，用水需求将与经济发展一样表现出一定的空间集中性，主要是向钱塘江、浙东诸河、浙南诸河和闽南诸河集聚。

从五大用水行业来看，工业的快速增长将直接刺激工业用水的增加；特别是由于高用水行业在未来 30 年中的增长表现尤为明显，这也许将使该地区的单位工业产值的用水量提高。从工业布局来看，由于流域在浙江境内的工业份额将下降。一般而言，其在流域的用水需求也将相应下降，但总体来说，变化不大。而建筑业与服务业的增长也将使城镇与居民点的用水增加，从它们的发展布局来看，建筑业与服务业的用水需求将表现一定的集中性，主要集中在杭州为中心的钱塘江和以厦门为中心的闽南诸河。

六、主要结论

根据上述分析，影响我国东南诸河流域水资源区未来 30 年的社会经济发展的主要因素将是：国家发展战略与政策、经济基础、土地资源、台海局势和包括交通条件、制度环境、人文环境在内的投资环境条件等。东南诸河流域未来 30 年的社会经济发展在上述因素的影响下，根据预测结果，将呈现如下特点。

1）从全国来看，该流域人口仍将保持较快增长，但也表现出一定的空间时序性。具体来说，前 10 年流域在浙江境内人口增长快于福建境内，而后 20 年则流域在福建境内的地区增长较快。

2）伴随着流域人口的快速增长，流域的城镇化进程也将快速推进。总体来看，流域在浙江境内的地区城镇化进程推进得更快。

3）由于受区位条件、经济基础等多种条件的影响，该流域的经济增长将保持较快水平，GDP 不断增长，但经济总量在钱塘江、浙南诸河和闽南诸河仍将保持较大的份额。

4）流域在未来 30 经济总量不断壮大的同时，产业结构也得以不断提升，到 2030 年将达到世界中等发达国家的水平。产业结构高级化倾向明显，主要体现在第一产业比例不断下降，到 2030 年达到 5% 以下；第三产业比例不断上升，大部分地区第三产业比例超过了第二产业。

5）各大用水工业均将保持较快的发展速度，尤其是高用水工业表现尤为突出；从产业布局来看，未来30年流域内浙江境内的工业份额将下降，在福建境内将上升，但总体上不会改变工业分布格局，呈现出"南高、中低、北高"的布局特点。

6）伴随社会经济的发展，建筑业与服务业也将得以较快发展，增加值不断增加，尤其是第三产业。但不管是建筑业，还是服务业均表现出一定的空间集中性，主要集聚在以杭州为中心的钱塘江和以厦门为中心的闽南诸河。

针对上述对东南诸河流域未来30年的社会经济发展变化，将对该流域的水资源需求产生一定的影响，主要表现在：人口的增加、城镇化水平的提高、经济的发展（尤其是五大用水行业的增长）将直接增加对该流域水资源需求的增长，但由于人口、城镇与经济的发展都将表现出一定的空间差异性，相应地水资源的需求也将体现相应的差别，总体来说，水资源的需求有向钱塘江、浙东诸河、浙南诸河和闽南诸河二级流域集聚的趋势。

第二十四章 珠江水资源区经济发展布局与产业结构预测

本章通过对 20 世纪 90 年代以来珠江水资源区人口及其结构，GDP 和第一、第二、第三产业增加值，7 个用水大类行业的总产值和增加值的发展现状进行分析，在 2010 年、2020 年、2030 年地区经济发展布局与产业结构预测汇总的基础上，结合水资源特点对三个规划年珠江水资源区经济社会发展布局和产业结构调整趋势进行预测，为该地区水资源需水和用水结构预测提供依据①。

根据原设计，流域经济社会发展与布局分析现状年为 2000 年。因此，本章的分析与预测是以 2000 年为基准年进行的。鉴于在研究行将结束之际，国家公布了全国第一次经济普查数据，且该数据与以前《中国统计年鉴》的数据有少量出入，研究组根据第一次经济普查数据对本研究涉及的经济发展和布局进行了补充预测。

一、珠江水资源区经济和社会发展回顾与评价

（一）珠江水资源区的范围和水资源开发利用情况

1. 水资源区的范围

按照水利部水利水电规划设计总院 2003 年修订的《全国水资源分区》，珠江水资源区的范围包括珠江流域、韩江流域、粤桂沿海诸河、海南岛和南海诸岛，从行政区划角度涉及广东、广西、海南的全部或大部，以及福建、湖南、云南、贵州、江西 5 省的部分区域和香港、澳门两个特别行政区，国土面积 57.88 万 km²（表 24-1），地跨我国东中西三大地带，基本上是以珠江三角洲为重心的所谓"泛珠江三角洲"的核心地区。

表 24-1 珠江水资源区占有关省（自治区）面积比例

地区	广东	广西	海南	贵州	云南	福建	湖南	江西
土地总面积（km²）	179 800	236 660	34 154	176 167	394 000	123 700	211 800	166 947
珠江水资源区在省（自治区）内面积（km²）	177 240	226 504	34 154	60 420	58 611	12 090	5 117	3 708
水资源区占全省（自治区）面积百分比（%）	99	96	100	34	15	10	2	2

注：香港、澳门未计入

资料来源：《全国水资源分区》

---

① 本章中未注明来源的数据均为来自宏观经济研究院"国民经济发展布局与产业结构预测研究"数据库。

2. 水资源开发利用情况

珠江水资源区与其他水资源区相比，因其自然地理、社会沿革、经济发展水平等方面的不同，在水资源开发利用方面具有以下基本特点。

1）该区域是全国水资源最丰富的地区之一，但局部地区存在严重的缺水。

珠江流域是珠江水资源区最大的流域，总面积为 45.37 万 km^2，占整个水资源区的78%。珠江流域水资源总量为 3436 亿 m^3，在全国仅次于长江列第二位。按照 2000 年人口计算，人均水资源占有量为 $3495m^3$，约为全国平均水平的 1.5 倍。在这样水资源非常丰富的地区，由于人为和自然因素的作用，在局部地区仍然存在水质性和工程性缺水问题。例如，在珠江三角洲地区，流域面积虽然只占珠江流域总面积的 5.9%，但由于快速的城镇化和工业化，水污染不断加剧，2002 年污水排放总量占整个珠江流域的 58.6%，水质性缺水日益严重；又如，由于地形和季风作用的结果，水资源时空分布不均，珠江水资源区西北山区特别是喀斯特地区，水资源开发利用难度大，工程性缺水严重。此外，由于沿海地区社会经济发展布局与水资源分布不相适应，在粤西雷州半岛、桂中旱片、滇中地区、黔中地区、海南西部以及港澳地区存在不同程度的水资源供需不足问题，水资源短缺已经成为影响当地社会经济发展的瓶颈。

2）自然地理和经济发展区域差异的双重耦合作用，导致水资源开发利用的区域差异显著。

由表 24-1 可知，珠江水资源区包括广东、广西和海南的几乎全部，涉及云南、贵州、湖南、江西和福建局部山区。广西的地貌特点是"八山一水一分田"，广东是"七山一水二分田"，山区面积较大是该区自然地理的主要特征之一。这意味着这些地区是该省（自治区）经济发展比较落后的地区，也是水资源开发利用难度较大的地区。如图 24-1 所示，区内省际经济发展水平差异显著，有经济总量居全国首位的广东，也有人均生产总值居最后一位的贵州，既有东部沿海发达地区的广东、福建，也有西部落后地区的滇黔桂三省。总体上看，珠江下游沿海平原地区经济发展水平较高，上游内陆山区经济欠发达。在自然地理和经济实力的双重约束下，水资源开发利用程度呈现与之对应的差异性。西部内陆经济欠发达山区，如滇黔桂三省交界岩溶地区，水资源开发程度低，甚至由于水资源开发难度大，而出现工程性缺水现象。东部沿海平原地区，如珠江三角洲地区，经济实力较强、水利工程体系比较完备，主要问题是水污染、防洪等。

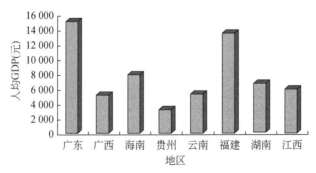

图 24-1　2002 年珠江水资源区人均 GDP

3）丰富的水资源有力地支持了该地区的经济发展，但水利设施建设总体上滞后于社会经济发展的需要。

经过多年发展，该地区初步形成了以粤港澳为核心的"泛珠江三角洲"经济区的雏形。作为改革开放的排头兵，近10年广东经济增长依然强劲，1991～2002年GDP年均增长14%，而全国1990～2002年GDP年均增长率是9.2%。2003年，全省生产总值达到13 450亿元，占全国的13.5%；全省进出口总额达2836.46亿美元，占全国的1/3。广东的经济总量（GDP）已经连续15年排名位居全国首位（截至2003年）。如此辉煌的经济发展成绩是与包括水资源在内的战略资源的保障分不开的，但广东也为此付出了沉重的环境代价。目前，由于污水处理设施的落后，导致珠江三角洲地区水污染严重，水资源保护与经济发展矛盾很大。与之形成鲜明对照的是，在经济欠发达的上游地区水利基础设施建设薄弱，由此带来的水资源短缺和洪涝灾害严重制约了这些地区脱贫解困的步伐。此外，整个水资源区的防洪减灾形势依然严峻，水资源分配管理水平还与经济发展和人民的需要不协调。总体上，水利建设和管理落后于社会经济发展的需要。

（二）20世纪90年代以来珠江水资源区经济和社会发展变化情况

1. 人口及城镇化发展特征

过去10年，珠江水资源区人口布局和人口结构变化规律与全国的趋势基本一致，但受制于区域内经济和地理差异悬殊较大的影响，无论是人口布局还是城镇化水平都呈现更强的区域差异。

1）人口布局基本形成以珠江三角洲为重心，其他区域相对均匀分布的人口分布格局。

1990～2000年，与全国人口重心东移的趋势一致，该区域表现为进一步强化珠江三角洲人口重心的地位。由表24-2可知，珠江三角洲的人口密度达到了1109人/km²，明显高于其他流域。周边广东境内的流域，如东江、韩江及粤东诸河人口密度分列第二、第三位，人口密度较低的是红柳江和郁江，但差距不大，呈相对均匀分布。如果考虑到珠江三角洲大量的外来人口未计入，而且还不包括港澳人口，其人口密度与其他流域的差距还要更大。此外，从全国来看，珠江水资源区人口密度列十大水资源区第四位，人口总量列第三位，都处于中上水平。

表24-2　2000年全国十大水资源区及珠江二级水资源区人口密度对比

（单位：人/km²）

一级水资源区	密度	珠江二级水资源区	密度
松花江水资源区	66	南北盘江	195
辽河水资源区	172	红柳江	132
海河水资源区	398	郁江	164
黄河水资源区	136	西江	229
淮河水资源区	591	北江	173

一级水资源区	密度	珠江二级水资源区	密度
长江水资源区	235	东江	428
东南诸河水资源区	341	珠江三角洲	1109
珠江水资源区	275	韩江及粤东诸河	457
西南诸河水资源区	24	粤西桂南沿海诸河	385
西北诸河水资源区	8	海南岛及南海各岛诸河	221
合计	131	珠江水资源区	274

注：人口密度为去除港澳台地区的数值

2）水资源区内人口增长的差异巨大，有全国增长速度最快的珠江三角洲地区，也有最低的滇黔桂地区。

由于没有流域过去10年的人口增长情况，所以只能根据有关省（自治区）的人口数据进行分析。根据有关研究，扣除人口自然增长因素，广东、福建和海南人口增长速度在全国名列前茅，广西、贵州、江西和湖南属于最低的几个省（自治区）。此外，人口流出大省中湖南、江西也是其中之一，而广东和福建是流入大省之一。总的来讲，经济发达的广东人口占珠江水资源区的比例很大，而且人口增长率也是全国最高的，海南也是该区域重要的省，人口总量较小但增长很快，上述两省人口以机械增长为主。该区域另外一个重要的自治区广西，由于经济发展相对落后，人口总量居区域内第二，但人口增长缓慢。云南和贵州在该区域内的部分相对比较大，人口增长较快，以自然增长为主。

3）城镇人口比例略高于全国平均水平，但人口结构变化规律主要体现为日益扩大的水资源区内城镇化东西部差异。

1990~2000年，珠江水资源区内城镇化总体水平不断提高，城镇人口比例在2000年达到42.3%，高于全国36.4%的平均水平，但城镇化水平在二级水资源区差异较大。有城镇人口比例超过40%的珠江三角洲、东江、韩江及粤东诸河、海南，也有城镇人口低于25%的红柳江。有关研究也表明，水资源区内广东和福建城镇化提高速度在全国也是最快的地区之一，而在该地区面积较大的广西，城镇化增速在全国的排位却后移了7位。由表24-3可知，只有广东和海南境内的二级水资源区城镇人口比例超过40%，其他二级水资源区城镇人口多数低于30%。这种城镇化的差异是与东西区域经济差异相对应的，既有东部发达的广东、福建和海南，又有西部落后的广西、云南和贵州，这10年的发展，使得二者之间伴随经济发展差距的扩大，城镇化水平也逐渐拉开差距。

表24-3　2000年珠江二级水资源区城乡人口结构

二级水资源区	总人口（万人）	城镇人口比例（%）	农村人口比例（%）
南北盘江	1 620.5	26.8	73.2
红柳江	1 487.9	22.9	77.1
郁江	1 280.4	29.2	70.8
西江	1 524.5	29.5	70.5

二级水资源区	总人口（万人）	城镇人口比例（%）	农村人口比例（%）
北江	813.1	34.7	65.3
东江	1 165.7	66.0	34.0
珠江三角洲（不含港澳）	2 949.1	70.2	29.8
韩江及粤东诸河	2 086.9	43.2	56.8
粤西桂南沿海诸河	2 179.6	35.6	64.4
海南岛及南海各岛诸河	755.9	40.7	59.3
珠江水资源区（不含港澳）	15 863.5	42.3	57.7

2. 经济发展布局和产业结构特征

珠江水资源区如果作为一个经济区来研究，它的最明显特征是区域内存在一个经济上的"巨无霸"——珠江三角洲经济体，如果再将港澳记入，该区域的经济总量十分可观。但仔细研究除珠江三角洲以外的二级水资源区，则多位于欠发达的西部地区，如广西、云南和贵州。通过对其现状的区域分析，对其经济总体布局和产业结构特征得出以下结论。

1）珠江水资源区经过多年发展初步形成了以珠江三角洲为核心的所谓"泛珠江三角洲"经济区的雏形，在全国经济发展中占据重要地位。

2000 年珠江水资源区生产总值为 14 353.5 亿元，占全国的 14.6%；人均生产总值为 9048 元，高于全国 7937 元的平均水平（表24-4）。图24-2 反映了 2000 年珠江二级区水资源区生产总值对比情况，尽管没有包括港澳数据，仍然能明显看出珠江三角洲地区经济总量独树一帜的。"泛珠江三角洲经济区"是全部意义上的"9+2"，珠江水资源区是不完整的"8+2"，但"泛珠江三角洲经济区"的核心区，也就是经济重心和"发动机"，与珠江水资源区是完全重合——珠江三角洲地区。所以说，珠江水资源区经过多年发展初步形成了以珠江三角洲为核心的所谓"泛珠江三角洲"经济区的雏形。

表24-4　2000年珠江水资源区生产总值　　　　（单位：亿元）

二级水资源区	生产总值	第一产业	第二产业	第三产业
南北盘江	932.0	136.8	517.4	277.9
红柳江	563.4	134.4	206.2	222.9
郁江	620.0	149.6	151.3	319.1
西江	828.0	239.5	225.2	363.3
北江	466.6	135.0	163.8	167.8
东江	2 127.3	80.1	1 240.4	806.8
珠江三角洲（不含港澳）	5 773.5	234.2	2 982.6	2 556.7
韩江及粤东诸河	1 147.5	253.8	306.4	587.3
粤西桂南沿海诸河	1 308.7	364.0	381.1	563.6
海南岛及南海各岛诸河	586.6	194.7	125.5	266.4
珠江水资源区（不含港澳）	14 353.5	1 922.0	6 299.7	6 131.8

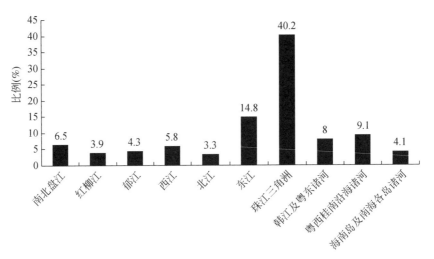

图 24-2　珠江二级水资源区生产总值占全区比例

　　2）区域内经济发展水平大相径庭，经济差距在过去 10 年逐渐拉大。

　　由表 24-1 可知，广东 99% 的面积均在珠江水资源区内。作为改革开放的排头兵，近 10 年广东经济增长依然强劲，在全国的经济地位逐渐上升。1991~2002 年 GDP 年均增长率是 14%，而全国 1990~2002 年 GDP 年均增长率是 9.2%。2003 年，全省生产总值达到 13 450 亿元，占全国的 13.5%；全省进出口总额达 2836.46 亿美元，占全国的 1/3。广东的经济总量已经连续 15 年排名全国第一位（截至 2003 年）。但海南的经济总量只有 617 亿元，仅占全国的 0.53%。由图 24-1 可知，贵州 2002 年的人均生产总值在全国最低，1991~2002 年，贵州生产总值的年均增速为 8.7%，列全国倒数第一位。此外，占整个水资源区面积较大比例的广西和云南，经济总量在全国也处于下游水平，在全国的份额呈下滑的趋势。上述数据都表明，虽然整个水资源区 2000 年经济总量占全国的 1/7 强，在十大水资源区中居第二位，但珠江三角洲贡献较大，几乎掩盖了区域之间存在的经济差距。同时，除广东涉及的区域外，其他区域经济发展基础较差，发展速度缓慢，在全国所占的份额呈相对下降的趋势，与珠江三角洲及其邻近区域经济差距越拉越大。

　　3）产业结构上显著的区域差异显示珠江水资源区内工业化发展水平上的差距。

　　2000 年珠江水资源区三次产业结构为 13.4∶43.9∶42.7，同全国平均水平相比，第一产业、第二产业比例低，第三产业比例高。表 24-5 为二级水资源区的产业结构，珠江三角洲 2000 年产业结构是 4.1∶51.7∶44.3，海南是 33.2∶21.4∶45.4，11 个二级水资源区产业结构差异较大。总体上看，广东境内水资源区与其他省内水资源区相比，产业结构差异显著，基本上是东部最发达的区域与西部欠发达区域之间的代表。产业结构的差异表明，本区域是由处于工业化中后期的珠江三角洲及其临近区域，和工业化刚刚起步的其他区域组成。

　　4）大部分二级水资源区第一产业比例较高，第二产业在过去 10 年是拉动区域经济增长的主要动力，整体产业结构亟待优化提升。

　　从表 24-5 中可以看出，除东江、珠江三角洲地区外，其他 8 个二级水资源区第一产业占地区生产总值的比例都超过 14%。2003 年广东工业对经济增长起到主导作用，全部工业对 GDP 增长的贡献率达 67.1%，拉动经济增长 9.2 个百分点；广西工业对 GDP 增长的贡献率达到 52.2%，其增长率超过生产总值的增长率，达到 14.5%；海南第二产业对 GDP 增长贡献率也达到 37.0%。有关研究资料表明，第二产业在过去 10 年对珠江水资源区经济发展的贡献巨大。但从整体产业结构来看，农业比例过高，除广东以外，其他区域工业化步伐缓慢。第三产业虽然发展潜力较大，但发展不尽理想。总体来看，该区产业结构需要优化升级，需要大力发展第二产业和加速发展第三产业。

表 24-5　2000 年珠江二级水资源区产业结构　（单位：%）

二级水资源区	第一产业	第二产业	第三产业
南北盘江	14.7	55.5	29.8
红柳江	23.8	36.6	39.6
郁江	24.1	24.4	51.5
西江	28.9	27.2	43.9
北江	28.9	35.1	36.0
东江	3.8	58.3	37.9
珠江三角洲	4.1	51.7	44.3
韩江及粤东诸河	22.1	26.7	51.2
粤西桂南沿海诸河	27.8	29.1	43.1
海南岛及南海各岛诸河	33.2	21.4	45.4
珠江水资源区（不含港澳）	13.4	43.9	42.7

3. 工业发展布局和工业结构

从工业发展布局和工业结构来看，依然呈现出主要用水行业集中在广东特别是珠江三角洲地区的格局。此外，广西的南宁、柳州、梧州，云南的玉溪、曲靖等城市，也有一定数量的用水行业和工业布局。2000 年，珠江水资源区实现工业增加值 5564.6 亿元，占地区生产总值的 38.8%。一般工业、高用水工业和火核电三大类工业结构为 70.7：23.7：5.6（表 24-6）。

表 24-6　2000 年珠江水资源区工业增加值及三大类工业结构

二级水资源区	工业增加值（亿元）	工业结构（%）		
		一般工业	高用水工业	火（核）电工业
南北盘江	474.2	85.7	8.8	5.5
红柳江	174.0	66.7	20.8	12.5
郁江	105.6	46.0	50.4	3.6
西江	185.1	67.8	28.6	3.6
北江	130.6	62.6	26.2	11.1
东江	1131.1	83.4	11.0	5.6
珠江三角洲	2734.1	67.2	28.1	4.7

二级水资源区	工业增加值（亿元）	工业结构（%）		
		一般工业	高用水工业	火（核）电工业
韩江及粤东诸河	238.8	66.8	23.3	9.9
粤西桂南沿海诸河	311.9	57.6	38.1	4.2
海南岛及南海各岛诸河	79.3	46.6	43.4	10.0
珠江水资源区（不含港澳）	5564.6	70.7	23.7	5.6

（1）火（核）电工业发展现状及布局分析

2000年，珠江水资源区火（核）电工业实现增加值310.3亿元，占工业增加值的5.6%，占地区生产总值的2.2%，在全区所占比例并不大，但在全国火（核）电工业中却占有重要地位，增加值占全国的1/5。众所周知，该区是我国主要的核电发展基地。火（核）电工业的发展状况一般与经济发展水平密切相关，经济发展较快的地区发电量和相应的工业产值也增长较快。在珠江水资源区也呈现同样的规律，约70%的火（核）电工业增加值集中在珠江三角洲、东江、韩江等广东境内的发达地区，其次是位于上游的南北盘江、红柳江二级水资源区（表24-7）。

表24-7　2000年珠江水资源二级区火（核）电工业增加值

二级水资源区	火（核）电工业增加值（亿元）	火（核）电工业增加值占水资源区比例（%）
南北盘江	26.3	8.5
红柳江	21.8	7.0
郁江	3.8	1.2
西江	6.7	2.2
北江	14.5	4.7
东江	62.9	20.3
珠江三角洲	129.4	41.7
韩江及粤东诸河	23.7	7.6
粤西桂南沿海诸河	13.2	4.3
海南岛及南海各岛诸河	8.0	2.6
珠江水资源区（不含港澳）	310.3	100.0

（2）高用水工业发展现状及布局分析

高用水工业包括纺织、造纸、化工、石化、冶金、食品六大行业，高用水工业在整个水资源区中占有较大比例，是主要产业之一，2000年，珠江水资源区高用水工业实现增加值1320.5亿元，占全部工业增加值的23.7%。珠江水资源区高用水工业增加值占全国高用水工业增加值的13.7%，是我国高用水工业比较集中的地区，但该区的高用水工业又主要集中在珠江三角洲地区。珠江三角洲高用水工业增加值占全区的58.2%，其他二级水资源区呈相对均匀分布（表24-8）。

表 24-8 2000 年珠江二级水资源区高用水工业增加值

二级水资源区	高用水工业增加值（亿元）	高用水工业增加值占水资源区比例（%）
南北盘江	41.8	3.2
红柳江	36.1	2.7
郁江	53.2	4.0
西江	52.9	4.0
北江	34.2	2.6
东江	124.9	9.5
珠江三角洲	768.5	58.2
韩江及粤东诸河	55.6	4.2
粤西桂南沿海诸河	118.9	9.0
海南岛及南海各岛诸河	34.4	2.6
珠江水资源区（不含港澳）	1320.5	100.0

（3）一般工业发展现状及布局分析

本研究所指的一般工业包括采掘业、制造业、其他工业和规模以下工业，一般工业在珠江水资源区的发展和布局特点与火（核）电工业和高用水工业具有类似规律，主要集中在广东境内的珠江三角洲及其周边二级水资源区，其他二级水资源区因产业不同而具有不同的特点。

2000 年，珠江水资源区一般工业实现增加值 3933.8 亿元，占全部工业增加值的70.7%，占全国一般工业增加值的 14.4%。70% 以上的一般工业增加值来自于珠江三角洲和东江两个二级水资源区，南北盘江二级水资源区占 10.3%，其余 7 个二级水资源区一般工业增加值占珠江水资源的比例不到 20%（表 24-9）。

表 24-9 2000 年珠江二级水资源区一般工业增加值

二级水资源区	一般工业增加值（亿元）	一般工业增加值占水资源区比例（%）
南北盘江	406.2	10.3
红柳江	116.1	3.0
郁江	48.6	1.2
西江	125.4	3.2
北江	81.8	2.1
东江	943.2	24.0
珠江三角洲	1836.2	46.7
韩江及粤东诸河	159.5	4.1
粤西桂南沿海诸河	179.5	4.6
海南岛及南海各岛诸河	36.9	0.9
珠江水资源区（不含港澳）	3933.8	100.0

（4）建筑业发展现状及布局分析

建筑业是珠江水资源区的主要产业之一。2000年，建筑业实现增加值735.1亿元，分别占全区生产总值和第二产业增加值的5.1%和11.7%，占全国建筑业增加值的12.6%。城镇化水平比较高的珠江三角洲地区，其建筑业增加值占水资源区的1/3，其他二级水资源区所占份额相差不大。这也表明，建筑业在区内存在与其他产业不同的特点，就是在区内相对不发达的地区所占比例较大，对当地的经济发展贡献很大（表24-10）。

表24-10   2000年珠江二级水资源区建筑业增加值

二级水资源区	建筑业增加值（亿元）	建筑业增加值占水资源区比例（%）
南北盘江	43.2	5.9
红柳江	32.2	4.4
郁江	45.7	6.2
西江	40.2	5.5
北江	33.2	4.5
东江	109.3	14.9
珠江三角洲	248.5	33.8
韩江及粤东诸河	67.6	9.2
粤西桂南沿海诸河	69.2	9.4
海南岛及南海各岛诸河	46.1	6.3
珠江水资源区（不含港澳）	735.1	100.0

（三）20世纪90年代以来影响珠江水资源区经济和社会发展的主要因素

自20世纪90年代以来，在珠江三角洲地区经济强劲增长的带动下，珠江水资源区经济总量和整体发展速度都在全国占有重要地位。珠江水资源区以占全国6.1%的土地，养活了12.8%的人口，并创造了14.6%的GDP。深入分析过去10年影响该区域经济社会发展的主要因素，可以得出以下结论。

1. 政策因素对于推动该地区经济高速发展，特别是珠江三角洲及粤桂沿海和海南等地的发展起到了至关重要的作用

1992年邓小平同志南行讲话以后，沿海地区掀起了经济发展的新高潮。作为改革开放的排头兵，广东自然走在前边。与此同时，广西的北海、海南的海口等城市也迅速发展。虽然北海、海口等城市后来因受到经济过热、房地产泡沫等因素的影响，发展速度有所减缓，但珠江三角洲地区却紧紧抓住这一机遇，积极引进外资，扩大开放，促进产业结构不断升级，实现了连续多年的两位数增长。如果没有国家扩大开放的政策因素，该区域无法实现如此快速的经济增长。

此外，1999 年实施的西部大开发战略对于促进该地区发展也是具有里程碑意义的政策。珠江水资源区涉及 8 个省（自治区），其中属于西部地区的有广西、云南和贵州，而且三省（自治区）在珠江水资源区内的面积之和达到全区面积的 60%。西部大开发战略及其配套政策的实施极大地促进了该地区的发展，对于改变区域内经济发展差异过大的状况起到了重要作用。

2. 毗邻港澳和沿海港口众多的区位优势是该地区经济发展的必要条件

改革开放的政策措施只是为当地的发展提供了可能，如果没有毗邻港澳的地理优势，就无法承接来自港澳的产业转移和投资，珠江三角洲乃至广东全省的发展都将大打折扣。沿海港口众多，海上贸易和国际区位条件，使得该地区，特别是珠江三角洲地区更加适合发展外向型经济，有利于吸引外资。而位于广西的北海、防城港，一度认为是大西南地区唯一的出海通道。独一无二的区位优势，在政策因素的推动下，成就了珠江三角洲地区经济的辉煌，并使珠江三角洲地区成为珠江水资源区经济总量的主要贡献者。

3. 自然资源开发对于该地区过去 10 年经济的发展影响很大，特别是珠江三角洲以外的地区

滇黔桂交界地区的矿产资源和水资源、玉溪和曲靖发达的烟草工业、海南的旅游资源，这些都是所在流域的支柱性产业和经济的主要增长点。随着西部大开发的深入展开，广西和贵州作为国家"西电东送"的基地，电力工业发展迅速，也带动了流域经济的增长。前面对一般工业布局规律的研究结果也表明红柳江、南北盘江等地，是食品加工业、采掘业和建筑业在珠江三角洲以外，比较发达的区域。资源的初级开发，在过去 10 年成为该地区除珠江三角洲以外二级水资源区的重要经济增长方式。

4. 市场化程度是水资源区内经济差异巨大的主要因素

珠江三角洲及其临近地区，凭借政策优势，借力港澳迅速崛起，在进入 20 世纪 90 年代以来，区域内市场经济发育程度在全国处于领先地位。高度的市场化和良好的发展基础，使该地区经济发展形成了良性循环，与周边地区的差距越拉越大。像红柳江、南北盘江、郁江这些位于上游西部山区的二级水资源区，发展基础差，基础设施不完善，市场经济不发达，在竞争中逐渐拉大了与珠江三角洲地区的经济差距。

5. 国际经济因素成为影响该地区经济稳步发展的重要因素

珠江三角洲地区是珠江水资源区的经济龙头，而且珠江三角洲地区还是外向依存度很高的经济体，国际经济的动荡直接影响珠江三角洲经济的健康发展，进而影响整个水资源区的经济发展。1997 年的亚洲金融危机导致国际金融秩序动荡，东南亚国家包括港澳地区的经济都受到不同程度的影响，直接影响了我国对这些国家或地区的出口贸易，首当其冲的就是珠江三角洲地区。此外，该地区从国际地缘政治角度讲具有辐射东南亚的作用。所以，国际经济的走势对于该地区的发展不容忽视。

（四）20 世纪 90 年代以来珠江水资源区经济和社会发展的 总体特征和变化规律

初步判断，在过去 10 年，珠江水资源区逐步形成以珠江三角洲为发展重心的经济区，从总体上看，无论是人口、还是产业，都是以珠江三角洲地区为核心，向外逐渐趋于弱化。同时，由于区位因素、经济基础、市场经济发育和开放程度差异等导致区域内经济差距逐渐拉大。其基本规律如下。

1. 人口总量、城镇化水平区域差异明显

珠江水资源区既有发达的珠江三角洲及其临近的二级水资源区，又有欠发达的滇黔桂境内的二级水资源区，二者在人口总量、结构和增长方式等方面呈现出明显的区域差异。珠江三角洲及其韩江及粤东诸河人口占整个水资源区的 31.8%，城镇化水平接近 60%，人口以机械增长为主；其他二级水资源区，特别是滇黔桂交界地区，人口密度低，城镇化水平低于 30%，以自然增长为主。

2. 经济发展水平区域差距大

与人口区域差异类似，珠江水资源区是由东部最发达地区和西部最落后地区组合在一起。经济发展水平的巨大差异，没有形成互补和生产要素的有效流动和高效配置。

3. 主要工业行业和产业布局呈现向珠江三角洲及其临近二级水资源区聚集并强势发展的态势，部分工业行业散布于其他二级水资源区的副中心城市

通过上面对于主要工业行业的分析，一个显著的特征就是，无论高用水工业还是一般工业，50%~80% 的工业增加值都集中在珠江三角洲及其临近区域，主要是广东境内的流域。个别工业，如建筑业、采掘业、食品加工业在滇黔桂境内流域有一定份额。但从过去 10 年的发展变化来看，珠江三角洲及其临近区域工业发展，特别是高用水工业和一般工业增势强劲。

二、2030 年前影响珠江水资源区经济和社会发展的主要因素

2030 年前是我国全面建设小康社会的重要时期，对于珠江水资源区来讲，肩负着率先基本实现现代化和缩小区域内经济差距的双重目标，机遇与挑战共存。因其良好的发展基础、增长的态势和优越的内外环境，从总体上判断珠江水资源区未来经济前景十分乐观。通过第一部分的回顾性分析和对发展现状的充分研究，初步判断未来影响该地区的主要因素包括：改革开放的先发优势和坚实的发展基础；泛珠江三角洲的发展、CEPA 实施与港澳经济复苏和珠江三角洲产业升级与转移等推动区域经济一体化的重大因素；包括西部大开发战略在内的国家政策倾斜；2010 年正式启动的东盟与中国的"10+1"自由贸易区以及国际经济走势；2010 年亚运会、港珠澳大桥等其他重大基础设施或重大项目布局建设等。

（一）改革开放的先发优势和坚实的发展基础

作为改革开放的排头兵和试验田，经过 30 多年的发展，珠江三角洲地区已经成为全国经济的主要增长极之一。考虑到水资源区内其他流域的产业现状和特点，尽管区域内差距明显，但从总体上看已经形成了门类齐全，并在全国具有比较优势的产业体系，其中高用水行业和一般工业（主要指制造业）在全国占有重要地位，已经具备了继续高速发展的基本条件和比较优势。

（二）"泛珠江三角洲"的发展态势

"泛珠江三角洲"的概念是由中共中央政治局委员、原广东省委书记张德江于 2003 年 11 月提出的，缘起于珠江流域，包括广东、福建、江西、广西、海南、湖南、四川、云南、贵州九省（自治区），位于我国广大的华南、西南地区。地域辽阔，相互联系密切，土地面积为 199.45 万 km^2，人口 4.46 亿人，分别占全国的 20.8% 和 34.8%。2002 年九省（自治区）GDP 为 34 474.2 亿元，占全国的 33.67%（表 24-11），再加上香港、澳门，习惯称 "9+2"。目前 "泛珠江三角洲" 已经进入实质性合作发展阶段。2004 年 6 月 1 日召开首届泛珠江三角洲区域合作与发展论坛，并于 6 月 3 日联合签署了《泛珠江三角洲区域框架协议》，为推进 "泛珠江三角洲" 区域合作提供制度保障。2004 年 7 月 14 日首届泛珠江三角洲区域经贸合作洽谈会召开，据初步统计，该届洽谈会签约项目共 847 个，总金额为 2926 亿元。按照目前的发展态势，"泛珠江三角洲" 可能会在未来若干年发展成为我国乃至东南亚一带最具活力的经济区。珠江水资源区涉及 "泛珠江三角洲" 的除四川以外的所有省（自治区），而且与 "泛珠江三角洲" 的核心区（港澳+珠江三角洲）重叠。所以说 "泛珠江三角洲" 的走势直接影响着珠江水资源区经济社会的发展。

表 24-11　"泛珠江三角洲"地区数据一览

地区	人口（万人）	地区财政收入（万元）	2002 年 GDP（亿元）	GDP 增长率（%）
广东	7 859	12 016 126	11 770	10.8
福建	3 466	2 728 867	4 682	10.5
江西	4 222	1 405 457	2 450	10.5
广西	4 822	1 867 320	2 455	10.3
海南	803	462 385	604	9.2
湖南	6 629	2 311 459	4 341	9.5
四川	8 673	2 918 746	4 875	10.6
云南	4 333	2 067 594	2 232	8.1
贵州	3 837	1 082 800	1 185	9.1
香港	679	17 750 000	13 237	2.3
澳门	44	11 110 000	598	9.5

注：香港和澳门的地区财政收入单位为万港元和万澳门元，GDP 单位分别为亿港元和亿澳门元

（三）CEPA 的实施与港澳经济复苏

CEPA（closer economic partnership arrangement，内地与香港更紧密经贸关系安排），是中央政府为了促进内地和香港经济繁荣和发展，加强经贸联系，于 2002 年初启动的。近年，香港在经济领域也经历了一系列风风雨雨，亚洲金融危机、美国"9·11"事件、"非典"疫情接踵而至，香港作为一个高度开放的国际经济中心城市，受到影响很大。特区政府先后出台一系列举措，取得一定效果，但要破解难题、真正实现经济复苏，尚需一个艰苦的过程。CEPA 的签署和实施对香港经济发展和临近区域特别是广东产业结构升级将产生积极作用，并成为促进内地与香港经济发展、实现双赢、转型的催化剂。有理由相信，随着 CEPA 的顺利实施，港澳经济有望再现辉煌，对于珠江三角洲和与之密切联系的珠江水资源区都会产生深远的影响。

（四）珠江三角洲产业升级与珠江水资源区经济一体化

珠江三角洲地区依靠政策和区位优势，迅速崛起，成为我国经济的主要增长极之一。但由于其外向程度高，对珠江水资源区内其他地区经济带动作用不明显，在水资源区内还没有起到发动机的作用。而其自身因为粗放的发展积累了很多问题，如产业雷同、重复建设等问题严重，已经到了优化产业结构、促进产业升级和调整布局的新阶段。如果珠江水资源区其他区域能够在"泛珠江三角洲"的统一架构下，积极承接珠江三角洲地区的产业转移，加速工业化，带动本地区经济发展，将有利于实现水资源区内的经济一体化，促进水资源区经济再上新台阶。

（五）包括西部大开发战略在内的国家政策倾斜

1999 年开始实施的西部大开发战略是我国政府为了缩小东西部差距、统筹区域经济发展的重要战略决策，21 世纪前 30 年也是西部大开发政策和效果日渐显现的 30 年。珠江水资源区内的广西、贵州、云南都属于西部地区，2002 年三省（自治区）在水资源区内的面积占到整个水资源区的 60%，人口占 40%，但经济总量只占 20%。如果珠江水资源区内落后的地区能够借国家西部大开发的春风，在未来 30 年内快速起飞，摆脱经济落后的状态，将对整个水资源的社会经济发展产生重要影响。

（六）2010 年正式启动的中国—东盟自由贸易区以及国际经济走势

随着我国加入 WTO，国际经济对我国的影响与日俱增，珠江水资源区作为港澳和珠江三角洲的战略腹地，不可避免地成为辐射东南亚，甚至也可能成为世界上重要的经济区之一。考虑到该地区与东盟在地域上的联系和传统的经贸关系，有理由相信于 2010 年 1 月 1 日正式启动的东盟自由贸易区将对 2010 年以后水资源区的发展产生重要影响。

（七）2010年亚运会、港珠澳大桥等其他重大基础设施或重大项目布局建设

广州成功申办2010年亚运会，港珠澳大桥获准动工兴建，这些重大项目和与之相关的基础设施建设将极大地改善珠江三角洲地区的投资环境。作为珠江水资源区的发动机，将利用这个契机，提升整体的投资环境，进而带动区域发展。此外，如广州南沙开发区、惠州大亚湾沿海石化钢铁基地建设以及珠江上游重大水利开发项目等，都将对珠江水资源区经济结构和总量的变化产生重要影响。

三、珠江水资源区经济和社会发展与产业布局预测

通过以上对珠江水资源区发展现状和未来主要影响因素的分析，不难得出以下结论：21世纪前30年，珠江水资源区将借助良好的发展基础，经济跃上一个新的平台。随着经济一体化进程的加快，区域经济差距将逐渐缩短，城镇化水平不断提高，产业结构日益优化，珠江水资源区将成为我国重要的经济区。

（一）人口总量和人口结构预测

在21世纪前30年，珠江水资源区人口变化主要受人口发展现状、自然地理因素、经济发展和城镇化水平的影响，其中经济因素和城镇化水平对人口影响最大。人口现状表明，较大比例的农村人口由于惯性的作用，使得农村人口还会在近期持续增加，远期将下降较快；自然地理因素作为控制因素，将推动人口将向经济发达的平原城镇集聚；经济快速发展与城镇化是相互关联的，快速的工业化，推动经济发展，城镇化速度也会加快，直接吸引人口向发达的城镇集聚。通过上述分析可以得出2030年前关于珠江水资源区人口发展趋势的基本判断。

1）珠江水资源区人口总量将呈现持续快速增长的趋势，并且最终成为我国人口主要聚集区之一。

珠江水资源区人口将由2000年15 863.5万人增加到2030年的21 829.0万人，占全国人口比例的12.8%增加到2030年的14.5%，人口增长速度：2000~2010年最快，达到1.8%，2010~2020年为0.8%，2020~2030为0.61%，均高于全国平均水平。2010年前，受经济快速发展的影响，城镇化水平不断提高，城镇人口增加很快，年均增加率达到3.58%，各二级水资源区城镇人口增长速度几乎都超过3%；农村人口因为基数较大，2000年占水资源区总人口的57.7%，受人口增长的惯性作用支配，仍呈增长态势，农村人口年均增长速度只有0.3%。

2）人口分布继续向下游珠江三角洲地区集聚，并形成以珠江三角洲城市群为重心，南宁、柳州、玉溪、曲靖、海口等其他城市为副重心的分布格局。

从全国人口流动趋势看，向东部地区集聚已经是多年的规律，随着未来一段时间珠江水

资源区经济一体化的加速，珠江三角洲及其周边地区将继续吸纳来自包括区内外的劳动力，预计到 2030 年，珠江三角洲人口将占水资源区的 22.9%，比 2000 年提高 4.3 个百分点，使得珠江三角洲人口重心地位进一步加强。此外，上游南北盘江的玉溪和曲靖，郁江的南宁，红柳江的柳州，以及海南的海口，在未来 30 年内，将崛起成为水资源区内重要的城市和经济发展区。虽然与珠江三角洲城市群不在一个量级上，但足以形成人口的副重心。

3) 城镇化速度和水平都将位居全国前列，并形成以珠江三角洲城市群为龙头，南宁、柳州、玉溪、曲靖、海口等流域内主要城市为副中心的城市分布格局。

2000 年，珠江水资源区城镇化率为 42.3%，在十大水资源区中居第四位；到 2030 年城镇化率将达到 64.3%，在十大水资源中列第二位。珠江三角洲地区将形成我国东南最大的城市群，城镇人口比例到 2030 年将达到 80% 以上。其他现状城镇化水平较低的二级水资源区，如南北盘江、红柳江，城镇人口比例将大幅度提高，分别从目前的不到 25%，达到 2030 年的约 50%。

4) 人口分布密度和城镇化水平的区内差距依然存在，只是在 2010 年前继续扩大，2010 年后逐步缩小。

2010 年前是珠江水资源区经济社会发展最快的时期，并初步形成水资源区内人口分布格局，城镇化步伐也呈现加速发展态势，并初步奠定城镇分布的基本格局。与此同时，人口增长速率、人口密度和城镇化的区域差异在这段时间将进一步加大。2010~2020 年人口增长速率、人口集聚程度和城镇化速度都将趋缓，区域差异也相应呈现减小的趋势，但到 2030 年，区域差距逐渐拉大的趋势才呈现实质性的减少（表 24-12～表 24-15）。

表 24-12　珠江水资源区人口总量和人口结构预测　　　（单位：万人）

年份	总人口	城镇人口	农村人口
2000	15 863.5	6 704.0	9 159.5
2010	18 968.9	9 532.1	9 436.8
2020	20 532.8	11 833.8	8 699.0
2030	21 829.0	14 037.3	7 791.7

表 24-13　2010 年珠江水资源区人口预测　　　（单位：万人）

二级水资源区	总人口	城镇人口	农村人口
南北盘江	606.7	1 151.7	1 758.4
红柳江	461.7	1 058.9	1 520.7
郁江	507.2	827.4	1 334.6
西江	631.4	1 045.8	1 677.2
北江	417.3	594.2	1 011.4
东江	1 101.2	447.8	1 549.0
珠江三角洲	2 984.0	1 015.3	3 999.3
韩江及粤东诸河	1 314.9	1 349.0	2 663.9
粤西桂南沿海诸河	1 112.7	1 482.6	2 595.3
海南岛及南海各岛诸河	395.0	464.0	859.0
珠江水资源区（不含港澳）	9 532.1	9 436.7	18 968.9

表 24-14　2020 年珠江水资源区人口预测　　　　　（单位：万人）

二级水资源区	总人口	城镇人口	农村人口
南北盘江	794.2	1 048.8	1 843.0
红柳江	589.9	941.2	1 531.2
郁江	643.3	727.5	1 370.8
西江	800.5	940.5	1 741.1
北江	523.2	559.0	1 082.2
东江	1 338.1	422.4	1 760.4
珠江三角洲	3 627.8	962.8	4 590.6
韩江及粤东诸河	1 633.3	1 277.7	2 911.0
粤西桂南沿海诸河	1 396.4	1 370.0	2 766.5
海南岛及南海各岛诸河	487.0	449.0	936.0
珠江水资源区（不含港澳）	11 833.8	8 699.0	20 532.8

表 24-15　2030 年珠江水资源区人口预测　　　　　（单位：万人）

二级水资源区	总人口	城镇人口	农村人口
南北盘江	1 026.2	975.4	2 001.6
红柳江	726.5	837.8	1 564.4
郁江	784.6	649.4	1 434.0
西江	968.6	830.1	1 798.7
北江	619.2	491.5	1 110.6
东江	1 534.1	369.5	1 903.6
珠江三角洲	4 159.8	841.3	5 001.0
韩江及粤东诸河	1 914.5	1 129.0	3 043.5
粤西桂南沿海诸河	1 662.7	1 202.7	2 865.5
海南岛及南海各岛诸河	641.0	465.0	1 106.0
珠江水资源区（不含港澳）	14 037.3	7 791.7	21 828.9

（二）经济发展预测

通过前面对未来影响水资源的因素分析不难看出，21 世纪前 30 年珠江水资源区经济发展前景依然看好。随着全区工业化进程的加速，水资源区内经济一体化程度不断提高，产业结构不断优化，区内经济增长将会以超过全国平均水平的速度发展。整体发展趋势与全国经济发展趋势判断类似，2010 年前增速最快，到 2020 年增速趋缓，2020～2030 年增速进一步回落，但相应阶段都高于全国平均水平。

中国经济发展布局与水资源区产业结构研究

1. 经济将以超过全国平均水平的速度增长，在全国的经济地位进一步巩固

尽管珠江水资源区内经济发展水平差异巨大，但区域经济一体化的趋势明显，未来30年珠江三角洲及其周边二级水资源区发展普遍看好。2010年以前是该区发展最快的一段时间，虽然可能受上游南北盘江、红柳江等经济发展基础较弱地区的拖累，但珠江三角洲及其周边二级水资源区的强劲增长保证了水资源区整体发展速度仍将超过全国平均水平，为11.3%左右。在这段时间，上游地区发展步伐也明显加快，然而受经济基础薄弱、工业起步艰难等因素困扰，与发达的东部沿海地区发展差距却日益扩大。2010年以后，由于受到多种无法预测的因素影响，很难精确判断该区的经济发展状况，但可以预见总的趋势仍然是增长的。受珠江三角洲地区经济增速趋缓的影响，整体经济发展速度将在7.8%左右，上游欠发达地区增速不减，区域差距有缩小的趋势。到2030年，整体经济发展速度将继续回落至6.6%左右，区域经济差距明显缩短，区域经济呈现持续健康的发展势头（表24-16）。

表24-16　珠江水资源区经济总量和产业结构预测

年份	GDP（亿元）	产业结构（%）		
		第一产业	第二产业	第三产业
2000	14 353.5	13.4	43.9	42.7
2010	41 763.9	8.6	47.8	43.6
2020	88 738.0	6.5	47.2	46.2
2030	167 792.0	5.2	43.7	51.1

2. 第二产业继续引领经济增长，第二产业的区域分布仍集中于珠江三角洲及其周边二级水资源区

第二产业在水资源区内基础良好，发展势头强劲，在过去10年一直是区域经济增长的主要贡献者。珠江三角洲及其周边流域是全国制造业的中心，此外在南北盘江、红柳江和郁江也有一定的工业基础，预计第二产业在2010年前将以超过经济增长的速度继续发展，对整体经济发展贡献很大。2010年以后，随着产业结构的升级，第二产业增速减缓，并逐渐让位于第三产业。但第二产业的区域分布仍然延续目前的分布格局，集中于下游珠江三角洲及其周边二级水资源区，其他流域特别是南北盘江、红柳江和郁江也有较大发展，但仍无法与珠江三角洲地区相比。

3. 第一产业在2010年前下降幅度较大，第三产业在2020年之后发展较快

珠江水资源区内第一产业比例较大，除珠江三角洲和韩江及粤东诸河两个二级水资源区外，其余大部分二级水资源区都超过20%，全区达到13.4%。目前的产业结构调整步伐较快，工业发展加速，第三产业迅猛发展，第一产业在2010年前大幅度下降。第三产业将一直以超过经济整体增长的速度发展，到2020年与第二产业基本持平，到2030年将超过第二产业成为经济增长的主要动力。

（三）三大类工业发展预测

从珠江水资源区主要用水行业来看，在全国都占有较大份额，且发展势头良好。随着区域经济一体化步伐的加快，过去过度集中于珠江三角洲及其周边二级水资源区的状况有望缓解，但主要用水行业的布局仍然未变。水资源区主要用水行业将持续增长，在 2010 年前增长最快，其后逐渐减缓。

1）火（核）电工业发展在 2010 年前增势强劲，其后基本稳定。

火（核）电工业依然延续了过去 10 多年的发展势头，在全国火（核）电工业所占比例稳步增长。一方面，因为珠江三角洲地区经济的蓬勃发展导致电力缺口较大，近几年电力需求旺盛；另一方面，上游滇黔桂地区是我国西部大开发战略中"西电东送"的主要基地，利用当地丰富的水能和煤炭资源发展电力也是促进当地经济发展的主要手段。因此，在 2010 年以前，火（核）电工业发展很快，增加值达到 756 亿元，年均增速达到 9.3%，在全行业所占比例由 2000 年的 20% 提高至 20.3%。其后随着电力供需逐渐平衡，发展趋于稳定，增速下降，在 2020 年增加值为 1476 亿元，2011~2020 年年均增速为 6.9%；到 2030 年电力工业增加值达到 2181 亿元，年均增速为 4%，在全行业所占比例稳定在 22.5%。

2）高用水工业在 2010 年前发展较快，在全国的比例继续提高，在 2010 年后，虽然相继放慢了增长速度，但该地区依然是我国高用水行业主要集聚地区之一。

高用水工业在珠江水资源区发展基础良好，是我国主要的高用水工业集中的地区之一，在率先实现现代化和发展重化工业的背景下，该地区的高用水工业在 2010 年前集中于珠江三角洲地区迅猛发展。其中，如石化、化学、冶金工业增长最为强劲，基本上保持两位数的增长，造纸、食品和纺织发展也很快，而且在全国所占份额继续提高，并保持该地区此行业在全国的重要地位。2010 年后，各行业增长速度都有所减缓，2020 年后下降更快，在全国该行业所占的份额有所下降。虽然各个行业变化有所不同，但整个水资源区的高用水工业在全国的比例依然很高，在 2030 年前依然是我国高用水工业主要集聚地区之一。珠江水资源区高用水工业增加值由 2000 年的 1321 亿元增加到 2010 年的 5185 亿元、2020 年的 11 962 亿元、2030 年的 20 556 亿元，占全国同行业的比例由 2000 年的 13.7% 减少到 2030 年的 13.4%。

3）一般工业中区域增长差异较大，采掘业成为 2010 年前上游地区主要的增长点，制造业是下游珠江三角洲地区的支柱产业。

一般工业继续在水资源区工业发展中扮演重要角色。经济欠发达的上游地区依靠采掘业开发自然资源，促进工业发展。下游珠江三角洲地区作为全国的制造业基地，在 2010 年前增势不减。2010 年后，伴随产业结构的升级换代，一般工业在水资源区内的地位趋于下降，但总量依然很大，见表 24-17。

表 24-17 珠江水资源区一般工业增加值预测 （单位：亿元）

二级水资源区	2010 年	2020 年	2030 年
南北盘江	610.3	1 291.1	2 481.2
红柳江	447.7	1 017.9	2 011.4
郁江	375.2	856.9	1 693.8
西江	645.0	1 390.7	2 632.5
北江	390.4	788.2	1 415.0
东江	1 833.0	3 691.4	6 599.2
珠江三角洲	5 281.0	10 631.0	19 005.0
韩江及粤东诸河	1 376.0	2 763.4	4 945.8
粤西桂南沿海诸河	1 086.0	2 252.7	4 133.8
海南岛及南海各岛诸河	177.0	396.7	696.7
珠江水资源区（不含港澳）	12 221.0	25 080.0	45 614.0

（四）建筑业发展预测

建筑业的发展整体上保持稳定，并呈现与全区经济发展走势类似的趋势，前高后低。建筑业发展的区域差异显著，上游不发达地区一直保持超过全区平均速度（5%～6%）的增长态势，下游地区基本保持稳定。在全国建筑业所占的比例，因受经济整体发展的影响，下降趋势明显，由 2000 年的 12.6% 降到 2010 年的 11.5%，到 2030 年则为 10.2%。

四、珠江水资源区经济和社会发展与产业结构变化 对水资源需求影响分析

人口和产业在总量、结构、布局上的变化会直接影响水资源需求的变化，21 世纪前 30 年是珠江水资源区社会和经济发生深刻变化的 30 年，经济总量的翻番，产业结构的升级，人口和产业布局优化是社会经济发展的主要特征，必将对水资源的开发利用产生重要的影响。

1）人口重心与经济重心的进一步重合使水资源压力过度集中在珠江三角洲等少数二级水资源区。

到 2030 年珠江三角洲水资源区将聚集全区 23% 的人口和 2/5 的 GDP，水资源供需压力加大。水资源在满足生产生活用水上已经捉襟见肘，水污染问题到了非治不可的地步。随着人口的增加和经济的持续快速发展，未来一段时间水资源合理配置与经济发展之间的矛盾尖锐，必须提高水资源的科学分配和管理水平，促进水资源的高效利用，保障社会经济的持续发展。

2）农业人口在 2010 年前依靠惯性增长将抵消第一产业在此期间大幅下降所带来的用水量的减少，从而加剧水资源紧张的局面。

根据预测，珠江水资源区农村人口在 2010 年前惯性增长，人口总量继续小幅增加。

由于第二产业和第三产业的快速发展，使得第一产业相对下降幅度较大，对于水资源紧缺的状况应该相应缓解，但农村人口的持续增加，农业用水下降幅度有限，在其他产业用水大增的背景下，必然加剧水资源紧张的局面。

3）工业发展特别是主要用水行业的持续增长将加剧水污染的压力。

工业拉动依然是珠江水资源区 2010 年前发展的主旋律，火（核）电工业、高用水工业和一般工业在此期间都呈现较强的增长势头，必然加剧原本已遭到严重污染的下游水系。上中游的工业发展，可能会将加速水质型污染蔓延。

4）区域经济差距缩小和产业布局的分散化趋势使水资源在利用和管理上呈现更加复杂的局面。

区域经济一体化步伐有加快的趋势，产业转移、产业布局的分散化都会导致污染范围扩大，在以往的流域老污染未治理好的情况下，新的污染问题又将出现。水利设施建设滞后于社会经济发展的问题，将始终伴随，并随时间推移可能激化，成为水资源区社会经济的制约瓶颈。

五、主要结论和建议

综合以上分析，得出以下基本结论和对策建议。

（一）主 要 结 论

1）2010 年前将是珠江水资源区社会经济发展最快的一段时间，依靠其独特的区位优势、政策倾斜和良好的发展基础，珠江水资源区是我国重要的经济区域。

2）人口重心和经济重心重合在珠三角城市群，南宁、柳州、玉溪、曲靖、海口等区域副中心城市起到越来越重要的作用。

3）产业结构变化剧烈——2010 年前第一产业迅速降低，第二产业保持强劲增长，第三产业直到 2030 年成为主导产业。

4）主要用水行业在 2010 年前的超常规发展，2020 年前增势不减，直到 2020 年之后才有所下降。

5）总体上 21 世纪前 30 年珠江水资源区水资源与社会经济发展之间的矛盾相对缓和，但局部地区水污染加剧和水资源供给不足问题始终伴随。

（二）对 策 建 议

1. 提高水资源对区域发展的保障能力，确保水资源区经济持续健康发展

从总体上看，该区域水资源相对丰富，还没有出现严重影响经济发展和社会稳定的大问题。但由于水资源的时空分布不均导致上游地区的缺水和水患灾害，已经成为影响当地居民脱贫解困的重要因素；下游地区的水污染问题，也成为该地区全面建设小康社会必须

解决的问题。实现经济发展新跨越，必须提高水资源保障程度，确保水资源作为一种重要战略性资源的支撑能力，这是该地区落实科学发展观的需要，也是统筹人与自然发展的需要。

2. 针对水资源区内人口集聚和产业布局重心重合并呈现"一片多点"的状态，做好水资源区域规划

通过以上分析不难看出，珠江水资源区在人口分布和产业布局上都有一个明显的特征，就是人口集聚和产业布局重心重合，以珠江三角洲及其周边地区二级水资源区为核心片，其他二级水资源区的中心城市，如南宁、柳州、曲靖、玉溪、海口等形成多点的分布格局。随着时间的推移，由于先发优势、基础雄厚、区位条件的积极作用，这种现状还会进一步强化。制定区域水资源综合利用规划，因地制宜协调好水资源与社会经济发展的关系，保障经济持续稳定运行。

3. 由于主要用水行业集中分布，流域水污染防治工作不容懈怠

由于高用水工业、一般工业等主要用水行业集中分布于珠江三角洲及其周边二级水资源区，随着经济总量的扩大水污染问题更加突出。在未来 30 年中，上游工业化和城市化步伐必然加快，由此引发的城市环境问题，特别是流经主要城市河段的水污染问题会比较突出。在做好全流域水利、防洪等水资源分配管理问题的同时，必须把水污染防治作为重点任务，加大投入力度，避免走先污染后治理的不协调发展道路。

第二十五章 西南诸河水资源区经济发展布局 与产业结构预测

本章是"国民经济发展布局与产业结构预测研究"课题的子专题研究成果总结。本章旨在为西南诸河水资源区未来社会经济发展需水预测和调整产业结构与布局提供参考和依据①。

一、西南诸河水资源区经济社会发展现状评价

（一）水资源区范围和水资源开发利用情况

1. 水资源区范围

西南诸河水资源区包括元江—红河、澜沧江、怒江及伊洛瓦底江、雅鲁藏布江、藏南诸河、藏西诸河等二级水资源区，上述河流发源于我国的青藏高原和云贵高原，流经西藏、云南、广西、青海及新疆5省（自治区）的20个地（自治州、市），最后分别注入印度洋和南海北部湾，其中大部分属于国际性河流。

西南诸河水资源区面积为84.4万 km²，占全国国土总面积的8.8%，其中属云南部分流域面积为21.5万 km²，占水资源区总面积的25.5%；西藏部分流域面积为58.6万 km²，占69.4%；广西部分面积为1758km²，占0.2%；青海部分流域面积为36 998km²，占4.4%；新疆部分流域面积为4500km²，占0.5%，云南和西藏两省（自治区）合计占水资源区总面积的94.9%；其余三省（自治区）仅占5.1%。西南诸河中干流最长的是怒江及伊洛瓦底江，河流长3716km，最短的是藏西诸河，仅309km（表25-1）。

表 25-1　西南诸河水资源区面积、长度及流经地区

二级水资源区	面积（km²）	长度（km）	流经地区	占总面积（%）
元江—红河	76 005	680	大理白族自治州、楚雄彝族自治州、昆明市、玉溪地区、元江—红河哈尼族彝族自治州、思茅地区、文山壮族苗族自治州及百色市	9.0

---

① 水资源、水能资源数据来源于《中国水资源公报》；社会经济现状数据根据国家统计局提供的行政区域基础数据由研究组按流域统计汇总、离散、平差。

二级水资源区	面积（km²）	长度（km）	流经地区	占总面积（%）
澜沧江	164 385	1 826	大理白族自治州、怒江傈僳族自治州、迪庆藏族自治州、昌都地区、那曲地区、玉树藏族自治州、保山市、思茅地区、西双版纳傣族自治州、丽江市、临沧地区	19.5
怒江及伊洛瓦底江	157 394	3 716	保山市、大理白族自治州、怒江傈僳族自治州、昌都地区、那曲地区、林芝地区、思茅地区、德宏傣族景颇族自治州、临沧地区	18.7
雅鲁藏布江	242 004	2 057	日喀则地区、阿里地区、拉萨市、山南地区、那曲地区、林芝地区	28.7
藏南诸河	145 546	—	昌都地区、日喀则地区、阿里地区、山南地区、那曲地区、林芝地区	17.2
藏西诸河	58 767	309	阿里地区、和田地区	7.0

2. 水资源开发利用情况

西南诸河水资源区是我国水资源最丰富和最具有开发前景的区域。据《中国水资源及其开发利用调查报告》，西南诸河水资源区为水资源总量为 5775 亿 m³，其中，可利用量为 900 亿 m³，水资源总量可利用率为 15.6%。2000 年，西南诸河水资源区总供水量为 86.1 亿 m³，其中：地表水为 69.8 亿 m³，地下水为 1.2 亿 m³，其他为 15.1 亿 m³，目前水资源开发利用率很低。

西南诸河区水能资源也极为丰富。据有关资料统计水能蕴藏量达 25 674 万 kW，占全国水能资源总量的 37.3%；可开发利用量为 10 687.2 万 kW，占蕴藏量的 41.6%。其中，雅鲁藏布江水能蕴藏量最大，为 11 348 万 kW，占水资源区水能蕴藏量的 44%，其中一半可供开发。澜沧江水能蕴藏量中可开发 2788 万 kW，占理论蕴藏的 77.3%，是水能最为富集的河流（表 25-2）。目前，西南诸河丰富的水能资源尚未得到有效开发。

表 25-2　西南诸河二级水资源区水能资源基本情况

二级水资源区	理论蕴藏量			可开发水能资源		可开发量占理论储量的比例（%）
	装机容量（万 kW）	占全国（%）	占本区（%）	装机容量（万 kW）	年发电量（亿 kW·h）	
澜沧江	3 656	5.3	14.2	2 788.0	1 406.00	76.30
怒江及伊洛瓦底江	5 045	7.3	19.6	1 450.5	810.20	37.50
元江—红河	989	1.4	3.9	540.0	—	54.60
雅鲁藏布江	11 348	16.5	44.2	5 620.0	3 340.00	49.50
藏南诸河	4 602	6.7	17.9	288.7	149.05	6.30

二级水资源区	理论蕴藏量			可开发水能资源		可开发量占理论储量的比例（%）
	装机容量（万 kW）	占全国（%）	占本区（%）	装机容量（万 kW）	年发电量（亿 kW·h）	
藏西诸河	34	0.1	0.2	—	—	—
合计	25 674	37.3	100.0	10 687.2	—	41.63

（二）水资源区经济社会发展现状

西南诸河水资源区地处青藏高原和云贵高原的边远地区，自然条件极其恶劣，对水资源区社会经济发展和布局有较大影响，从而导致水资源区社会经济发展长期处于落后状态。

1. 人口及城镇化

西南诸河水资源区人口稀少，且分布极不均匀，城镇化水平低。2000 年，水资源区共有人口 1985.5 万人，其中城镇人口 335.5 万人，仅占总人口的 16.9%，农村人口 1650.0 万人，占水资源区总人口的 83.1%。城镇化率比同期全国平均水平低 19.5 个百分点，属城镇化水平较低地区。水资源区人口密度为 24 人/km²，属于人口密度低的区域之一。

从二级水资源区人口分布上看，元江—红河达到 679.7 万人，占西南水资源区总人口的 34.2%；澜沧江为 632.0 万人，占水资源区总人口的 31.8%，二者合计占水资源区总人口的 66%，但其土地面积仅占水资源区的 28.5%，是西南诸河区人口的聚集区。怒江及伊洛瓦底江，人口将占水资源区的 25.7%，雅鲁藏布江、藏南诸河和藏西诸河三个二级水资源区的人口，仅占 8.3%，见表 25-3 和图 25-1。

表 25-3　2000 年西南诸河二级水资源区人口构成及城镇化率

二级水资源区	总人口（万人）	城镇人口（万人）	农村人口（万人）	城镇化率（%）	二级水资源区占全区总人口的比例（%）
元江—红河	679.7	88.0	591.7	12.9	34.2
澜沧江	632.0	117.8	514.3	18.6	31.8
怒江及伊洛瓦底江	510.5	86.8	423.7	17.0	25.7
雅鲁藏布江	133.9	35.7	98.2	26.7	6.7
藏南诸河	25.8	6.3	19.5	24.3	1.3
藏西诸河	3.6	0.9	2.7	25.9	0.2
西南诸河	1985.5	335.5	1650.0	16.9	100.0

资料来源：国民经济发展布局与产业结构预测课题组，下同

西南诸河各二级水资源区的城镇化水平都很低，其中最高的是雅鲁藏布江，为 26.7%，但仍低于全国同期平均水平近 10 个百分点。元江—红河二级水资源区城镇化率只有 12.9%，见表 25-3 和图 25-2。

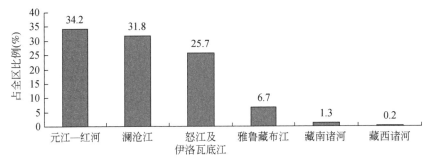

图 25-1　2000 年西南诸河水资源区人口分布情况

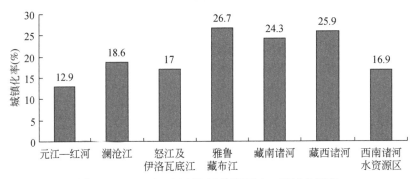

图 25-2　2000 年西南诸河水资源区人口城镇化情况

2. 经济发展和布局现状

西南诸河水资源区自然资源丰富，由于受自然环境因素的制约及经济发展基础薄弱的影响，长期以来以农牧业为主，第一产业在国民经济总的比例居高不下。进入 20 世纪 90 年代以来，社会经济发展进入较快发展时期，利用区内丰富的旅游资源发展旅游业，带动了水资源区第三产业的快速发展。在第三产业快速发展的同时，西南诸河区第二产业也得到迅速发展，1991～2002 年，云南和西藏第二产业增长速度分别达到了 10.7% 和 16.6%，保持了平均两位数的增长速度。由于水资源区矿产、生物等资源丰富，采掘业、冶金工业、原材料加工业占第二产业比例较大，成为西南诸河水资源区的支柱工业，高新技术产业发展落后，占比例低。

西南诸河水资源区 2000 年 GDP 总量为 6 258 549 万元，其中第一产业为 2 302 210 万元；第二产业为 1 485 386 万元；第三产业为 2 470 952 万元。三次产业结构为 36.8 : 23.7 : 39.5，第一产业比例大，第二产业比例低，产业结构不合理。

从流域分布看，元江—红河、澜沧江、怒江及伊洛瓦底江以及雅鲁藏布江 4 个二级水资源区经济总量较大，藏南诸河和藏西诸河较小。2000 年，澜沧江 GDP 为 2 215 920 万元，占全水资源区 GDP 的 35.4%；元江—红河 GDP 为 1 744 673 万元，占全水资源区 GDP 的 27.9%；怒江及伊洛瓦底江 GDP 为 1 348 818 万元，占全水资源区 GDP 的 21.6%；雅鲁藏布江 GDP 为 850 415 万元，占全水资源区 GDP 的 13.6%；藏西和藏南诸河 GDP 为 998 723 万元，仅占全水资源区 GDP 的 1.6%。二级水资源区的产业结构的特点是：第一产业普遍比例偏大，第二产业普遍比例偏低；第三产业比例大于 50% 的是雅鲁藏布江和藏南诸河两个二级水资源区，藏南诸河第二产业比例极低，只占 10%，见表 25-4，图 25-3 和图 25-4。

表 25-4　2000 年西南诸河水资源区 GDP 及产业结构分布

二级水资源区	GDP		其中					
			第一产业		第二产业		第三产业	
	总量（万元）	占全水资源区比例（%）	产值（万元）	比例（%）	产值（万元）	比例（%）	产值（万元）	比例（%）
元江—红河	1 744 673	27.9	740 815	42.5	400 977	23.0	602 882	34.6
澜沧江	2 215 920	35.4	759 074	34.3	612 527	27.6	844 319	38.1
怒江及伊洛瓦底江	1 348 818	21.6	593 648	44.0	231 514	17.2	523 656	38.8
雅鲁藏布江	850 415	13.6	172 041	20.2	229 991	27.0	448 383	52.7
藏南诸河	88 222	1.4	32 296	36.6	8 577	9.7	47 348	53.7
藏西诸河	10 501	0.2	4 336	41.3	1 801	17.1	4 365	41.6
西南诸河	6 258 549	100.0	2 302 210	36.8	1 485 386	23.7	2 470 952	39.5

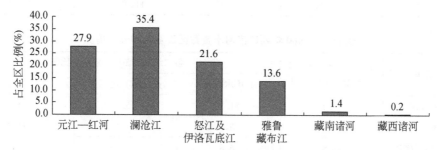

图 25-3　2000 年西南诸河水资源区 GDP 分布情况

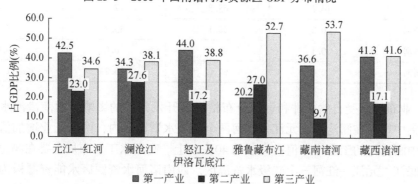

图 25-4　2000 年西南诸河二级水资源区三次产业构成

3. 工业发展布局和工业结构

　　水资源区工业分为高用水工业、火（核）电工业、一般工业三大类。其中高用水工业包括纺织、化学、食品、石化、造纸、冶金工业六类，一般工业包括采掘工业、制造工业、其他工业和规模以下工业三类。

1) 工业结构。2000 年西南诸河水资源区工业增加值为 1 006 272 万元，其中，高用水工业 263 563 万元，占工业增加值的 62.6%，是西南诸河水资源区工业的主导产业；火（核）电工业 112911 万元，占工业增加值的 26.2%；一般工业 629 789 万元，占工业增加值的 11.2%。各二级水资源区的工业结构差别较大，藏西诸河、雅鲁藏布江和元江—红河二级水资源区工业结构以高用水工业为主，一般工业较少（表 25-5 和表 25-6）。

表 25-5 2000 年西南诸河水资源区工业增加值构成情况　　（单位：万元）

二级水资源区	工业增加值			
	合计	高用水工业	火（核）电工业	一般工业
元江—红河	334 029	52 451	10 663	270 915
澜沧江	408 014	94 187	86 490	227 337
怒江及伊洛瓦底江	118 387	76 482	10 175	31 730
雅鲁藏布江	142 159	39 542	4 854	97 764
藏南诸河	2 554	902	729	923
藏西诸河	1 130	0	1	1 128
西南诸河	1 006 272	263 563	112 911	629 798

表 25-6 2000 年西南诸河水资源区工业结构分布情况　　（单位:%）

二级水资源区	各二级水资源区工业增加值占全区比例	各二级水资源区工业构成比例		
		高用水工业	火（核）电工业	一般工业
元江—红河	33.2	81.1	15.7	3.2
澜沧江	40.5	55.7	23.1	21.2
怒江及伊洛瓦底江	11.8	26.8	64.6	8.6
雅鲁藏布江	14.1	68.8	27.8	3.4
藏南诸河	0.3	36.1	35.3	28.5
藏西诸河	0.1	99.9	0.0	0.1
西南诸河	100.0	62.6	26.2	11.2

2) 工业布局。受自然条件和资源分布格局及开发条件的影响，西南诸河水资源区的工业主要集中布局在澜沧江、元江—红河两个二级水资源区内，两区工业增加值占全区的 74%，其中澜沧江的工业增加值占全区的 40% 以上。高用水工业布局主要在澜沧江、怒江及伊洛瓦底江、元江—红河三个二级水资源区。西南诸河水资源区水能资源极为丰富，利用率目前较低，开发潜力大，火（核）电工业较少，主要分布在澜沧江。一般工业主要分布在元江—红河和澜沧江二级水资源区（图 25-5 和表 25-6）。

4. 建筑业发展和布局

西南诸河水资源区建筑业的规模较小。据统计，2000 年西南诸河水资源区建筑业增加值为 479 114 万元，占西南诸河水资源区 GDP 的 7.7%。

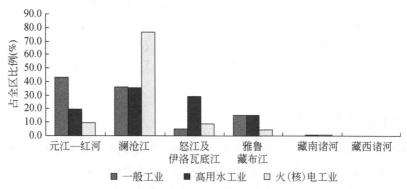

图 25-5　2000 年西南诸河水资源区工业增加值分布情况

从区内分布看，澜沧江、怒江及伊洛瓦底江和雅鲁藏布江，建筑业比较发达，三个二级水资源区的建筑业增加值占全区的 80% 以上（表 25-7 和图 25-6）。

表 25-7　2000 年西南诸河水资源区建筑业总产值分布情况

二级水资源区	建筑业增加值（万元）	占全区比例（%）
元江—红河	66 948	14.0
澜沧江	204 513	42.7
怒江及伊洛瓦底江	113 127	23.6
雅鲁藏布江	87 832	18.3
藏南诸河	6 023	1.3
藏西诸河	671	0.1
西南诸河	479 114	100.0

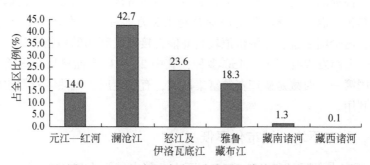

图 25-6　2000 年西南诸河水资源区建筑业分布

（三）水资源区社会经济发展现状综合评价

1. 发展速度不断加快，经济总体发展水平低，产业结构不合理

西南诸河水资源区地处我国经济不发达西南边陲，社会经济发展水平与全国其他发达

地区有较大差距。近年来，在国家实施西部大开发战略已使西部地区经济发展速度有了较大的提高，但与发达地区相比，差距依然较大。2000 年，西南诸河水资源区 GDP 总量为 6 258 549 万元，经济总量低，只占全国 GDP 总量的 0.6% 左右。西南诸河水资源区三次产业结构为 28.8∶27.2∶43.9，第一产业产业比例过大，且高于第二产业，产业结构不合理。

2. 发展不平衡，区域差异大

西南诸河水资源区由于自然环境条件制约和经济基础发展具有依托资源的特征，经济发展极不平衡，西南诸河水资源区自然环境和资源条件较好的地方，社会经济就相对发展，相反条件差的地方，则长期发展滞后。西南诸河水资源区的经济主要集中在澜沧江、元江—红河、怒江及伊洛瓦底江三个二级水资源区：澜沧江 GDP 总量为 2 215 920 万元，占全水资源区 GDP 的 34.6%；其次是元江—红河 GDP 总量为 1 744 673 万元，占 24.8%；再次是怒江及伊洛瓦底江 GDP 为 1 348 818 万元，占 21.6%。上述三个二级水资源区 GDP 总量占西南诸河水资源区的 81%，工业增加值占 85.5%，其中高用水工业占总产值的 84.6%。

3. 资源丰富但利用率低，开发前景广阔

西南诸河水资源区是我国水资源储量最丰富的地区，但由于地处青藏高原和云贵高原接触的横断山区，地势险峻，地面起伏剧烈，交通不便，开发利用难度极大，严重影响了该地区的水资源开发利用。西南诸河水资源区水能资源理论蕴藏量为 25 674 万 kW，可开发利用为 10 687.2 万 kW，具有良好的开发前景。

西南诸河水资源区有丰富的动植物资源和矿产资源，但是由于自然环境条件、基础设施，以及技术条件等的影响，资源优势未能转化为经济优势。例如，西南诸河区的云南集中了热带、亚热带、温带、寒温带的高等植物 1.8 万多种，脊椎动物 1700 多种，均占全国的一半以上，居全国之首，经济价值较高并能直接开发利用的植物和动物分别有 900 多种和 300 多种。云南发现有用矿产 150 多种，其中 28 种矿产储量居全国前三位，矿产资源优势度居全国第一。西藏是矿产资源富集区域，有色金属、地热等资源也极为丰富，但未能充分开发利用。

4. 人口稀少，分布不均，城市化率低

2000 年，西南水资源区有人口 1985.5 万人，其中城镇人口 335.5 万人，占总人口的 17%，农村人口 1650 万人，占全区总人口的 83%。全区人口密度为 23.5 人/km²，人口城镇化率为 17%，比全国城镇化率 36% 低 19 个百分点。由于水资源区特殊的地理环境条件，青藏高原区域以牧民为主，农民几乎主要集中在河谷地区，分布不集中，教育资源严重不足，人口素质长期处于较低水平。

二、影响水资源区经济和社会发展的主要因素分析

（一）国家战略与政策的影响

国家战略与政策对区域经济和社会发展的影响主要表现在两个层面上：一是国家为推动整个社会经济发展而制定的总体战略与政策的影响；二是国家为推动某个区域社会经济发展而制定的区域性发展战略与政策的影响。

党的"十六大"提出全面建设小康社会的战略策略和西部大开发展战略，对西南诸河水资源区2001～2030年社会经济发展，将产生重大影响。党的"十六大"提出全面建设小康社会的奋斗目标并制定了"五个统筹、三个协调"的新的发展观。根据"十六大"部署，GDP到2020年时要比2000年"翻两番"，综合国力和国际竞争力明显增强，基本实现工业化，社会主义市场经济体制更加完善和更具活力、更加开放，各项社会事业将得到较大发展，人与环境和谐相处。全面建设小康社会奋斗目标，明确了西南诸河水资源区2030年以前社会经济的发展方向和基本思路。一是要加快西南诸河水资源区的产业结构调整，并在优化结构和提高效益的基础上，实现GDP到2020年要比2000年"翻两番"的宏伟目标；二是建立较为完善的工业体系，使工业向多样化和附加值高的深加工方向发展，基本实现工业化；三是建设健全社会主义市场经济体制，完善各项配套制度与政策，建立起比较完善的社会保障制度与体系；四是加快西南诸河水资源区的中小城市建设，大幅度提高城镇人口比例，实现游牧民的定点定居，扭转城乡差别扩大趋势，人民生活得到较大改善；五是在发展区域经济过程中，切实保护好生态环境，提高区内矿产资源、水资源以及动植物资源的利用效率，提高区域经济社会发展的可持续能力。

1999年，国家为促进西部地区经济发展，缩小东西部地区差距，提出了西部大开发战略。根据西部大开发战略部署，国家对西部地区实行财政及投资倾斜政策，加大了西部地区的基础设施建设和资源开发力度，使广大的西部地区基础设施和投资环境大大改善，丰富的资源得到有效开发。这一战略的实施，将对西南诸河水资源区2030年前社会经济发展产生重大影响。近年来，西南诸河水资源区通过建设一系列西电东送工程项目和青藏铁路等重大工程项目，极大地改善了区内基础设施状况，加快了区域的产业结构调整，拉动了经济的快速发展，更重要的是基础设施建设将为区域未来发展创造良好条件。

国家扶贫开发政策对西南诸河水资源区社会经济发展将继续产生重大影响。从20世纪80年代开始，国家为改变少数民族地区和边远落后地区社会经济落后的面貌，促进共同富裕，采取扶贫和对口帮扶政策，大力扶持少数民族地区发展，今后国家将继续加大财政转移支付力度，将制定更多的优惠政策，特别要进一步加强改善教育、卫生、医疗条件，提高人民生活水平。

（二）水资源区周边环境的影响

西南诸河区地处我国西南边陲，与东南亚和南亚10个国家接壤，一直是我国对外贸

易和区域经济合作的一个重要窗口。近年来，随着我国与周边国家和地区边境问题的逐步解决，西南诸河水资源区与周边地区的区域经济合作也广泛开展起来。具有重要影响的有中、缅、老、泰、柬、越等国家的大湄公河流域开发合作计划；建立南亚地区物流中心计划以及其他几条国际河流合作开发计划等区域经济合作；东盟"10+1"计划；东亚自由贸易区建设以及国家南下石油通路计划等。另外，为加强和国内周边地区合作，修建了南昆铁路、西南出海大通道和瑞沪高速公路及青藏铁路，并采取了多种措施和合作方式，如大西南6省（自治区）经济协调会、云南的滇中经济合作区、西南6省（直辖市）7方区域经济合作、滇桂黔边区5地（自治州）经济协调会、滇沪合作以及川滇合作等。这一系列的措施将使得西南诸河水资源区与周边国家和地区的联系更加紧密，将对区域经济社会发展产生重要影响。预计2030年前周边国家和地区政治与经济活动是西南诸河水资源区经济贸易、资源开发、区域经济合作以及旅游业发展的重要影响因素。

（三）水资源区经济社会发展基础的影响

西南诸河水资源区经济社会发展现状总体水平低下，与东部经济发达地区相比，存在较大差距的状况，不可能在短期内得到较大改变，2030年前总体经济发展水平低仍将是该区域面对的主要问题。到2020年实现人均GDP比2000年"翻两番"目标将面临巨大挑战。

西南诸河水资源区工业基础薄弱，绝大部分工业是依托当地自然资源优势发展起来的，存在产业结构和布局不合理、企业规模小、产品技术含量和附加值均较低、市场竞争能力差等问题。今后，进行产业结构调整和推进工业化发展过程中，要改变第一产业比例大、第二产业比例低（占GDP的27%）的局面，将面临许多困难。另外，由于经济基础薄弱，人民收入增长缓慢，购买力低，消费拉动当地经济增长的作用较弱，也是不可忽视的影响区域经济发展的因素。

（四）水资源区资源环境条件的影响

西南诸河水资源区地处青藏高原和云贵高原区，山高坡陡、谷深流急，资源开发难度大，生态环境恶劣，长期制约着区域社会经济的发展。20世纪90年代以来，尽管由于经济技术不断发展和基础设施建设，使区域环境得到不断改善，但预计在2030年前，自然环境条件的不利方面仍然是区域社会经济发展的制约因素。

西南诸河水资源区水资源、矿产、动植物等自然资源丰富且得天独厚，是区域发展的有利因素。水资源理论蕴藏量和矿产资源优势度居全国之首。随着我国经济发展对资源开发力度进一步加大，必将对西南诸河水资源区经济社会发展产生重大影响。

三、水资源区经济和社会发展与产业布局预测分析

基于上述对西南诸河水资源区经济社会发展现状、地区特点以及对2030年前影响地区经济社会发展主要因素的综合分析判断，对西南诸河区2010年、2020年、2030年三个

水平年的人口和经济社会发展作出以下预测。

（一）人口增长与城镇化发展

根据西南诸河区人口现状和分布特点，综合考虑农村人口比例大，少数民族集聚区，国家计划生育政策等因素，预测未来三个水平年的人口增长、人口分布变化，以及城镇化发展情况。

预测结果表明：2010 年、2020 年、2030 年三个水平年，全区总人口将分别增至2119.0 万人、2146.0 万人、2275.7 万人，其中城镇人口比例将分别提高到 23%、31%、38%。2000~2010 年、2011~2020 年和 2021~2030 年人口年均增长率分别为 6.5‰、1.27‰、5.9‰。2030 年前区域人口在各二级水资源区的分布情况，人口集中在元江—红河、澜沧江和怒江及伊洛瓦底江三个二级水资源区内的格局基本没大变化。全区人口城镇化率的增幅较大，由 2000 年的 17% 增长至 2030 年的 38%，其中雅鲁藏布江一直保持是全区城镇化率最高的区域（表 25-8，图 25-7 和图 25-8）。

表 25-8　西南诸河水资源区未来人口数量及分布预测

二级水资源区	年份	城镇人口（人）	二级水资源区占全区比例（%）	农村人口（人）	二级水资源区占全区比例（%）	总人口（人）	二级水资源区占全区比例（%）	城镇化率（%）
元江—红河	2010	1 273 233	25.85	5 765 208	35.45	7 038 440	33.22	18.09
	2020	1 664 945	24.93	5 220 054	35.32	6 884 997	32.08	24.18
	2030	2 148 781	24.76	4 980 097	35.37	7 128 877	31.33	30.14
澜沧江	2010	1 715 957	34.83	5 031 309	30.94	6 747 264	31.84	25.43
	2020	2 255 070	33.76	4 566 901	30.90	6 821 969	31.79	33.06
	2030	2 908 108	33.51	4 356 726	30.94	7 264 832	31.92	40.03
怒江及伊洛瓦底江	2010	1 265 061	25.68	4 169 994	25.64	5 435 054	25.65	23.28
	2020	1 667 044	24.96	3 786 695	25.62	5 453 738	25.41	30.57
	2030	2 150 227	24.78	3 610 356	25.64	5 760 581	25.31	37.33
雅鲁藏布江	2010	559 116	11.35	1 058 362	6.51	1 617 475	7.63	34.57
	2020	908 563	13.60	983 764	6.66	1 892 324	8.82	48.01
	2030	1 223 066	14.09	923 153	6.56	2 146 216	9.43	56.99
藏南诸河	2010	98 339	2.00	210 681	1.30	309 019	1.46	31.82
	2020	159 800	2.39	195 832	1.32	355 630	1.66	44.93
	2030	215 116	2.48	183 766	1.31	398 880	1.75	53.93
藏西诸河	2010	14 661	0.30	27 605	0.17	42 265	0.20	34.69
	2020	23 824	0.36	27 077	0.18	50 900	0.24	46.80
	2030	32 070	0.37	25 712	0.18	57 782	0.25	55.50
西南诸河	2010	4 926 366	100.00	16 263 180	100.00	21 189 540	100.00	23.25
	2020	6 679 246	100.00	14 780 340	100.00	21 459 580	100.00	31.12
	2030	8 677 368	100.00	14 079 830	100.00	22 757 180	100.00	38.13

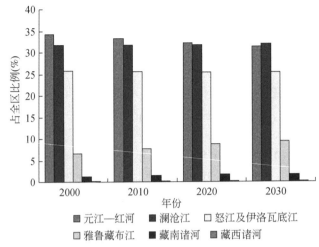

图 25-7　西南诸河二级水资源区人口分布预测

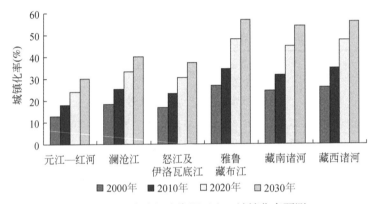

图 25-8　西南诸河水资源区人口城镇化率预测

西南诸河区内包括云南、广西、青海、西藏和新疆等行政区域的一部分。从预测成果分析，2000～2030 年区内人口在有关各行政区的分布格局基本不变，总人口的 85% 左右是分布在云南境内。城镇化率增长最快的是西藏部分。

（二）经济发展和布局预测

1. 地区生产总值预测

预测西南诸河水资源区地区生产总值 2010 年、2020 年和 2030 年，分别达到 1588.64 亿元、3334.13 亿元、6530.56 亿元。西南诸河水资源区的地区生产总值年均增长速度 2000～2010 年为 7.4%；2011～2020 年为 7.7%；2021～2030 年为 7%，见表 25-9。

西南诸河水资源区地区生产总值在二级水资源区的分布，主要集中在元江—红河、澜沧江、怒江及伊洛瓦底江三个二级水资源区，2010 年三区的地区生产总值占全区的 81%，随着区域经济发展和产业布局调整，到 2030 年下降至 76%，由图 25-9 可知，雅鲁藏布江

2010～2030年地区生产总值占全区的比例呈大幅度增长发展趋势。

表 25-9　西南诸河水资源区三次产业发展及布局情况预测

二级水资源区	年份	地区生产总值		第一产业		第二产业		第三产业	
		增加值（万元）	占全区比例（%）	增加值（万元）	占全区比例（%）	增加值（万元）	占全区比例（%）	增加值（万元）	占全区比例（%）
元江—红河	2010	3 937 212	24.8	1 454 962	31.8	895 597	20.7	1 586 652	22.7
	2020	7 855 854	23.6	2 239 014	30.8	1 957 827	19.8	3 659 014	22.6
	2030	14 796 560	22.7	3 438 418	30.5	3 672 356	19.1	7 685 787	22.1
澜沧江	2010	5 502 164	34.6	1 495 887	32.6	1 767 696	40.8	2 238 582	32.1
	2020	11 342 580	34.0	2 333 446	32.1	3 845 287	38.9	5 163 850	31.9
	2030	21 697 810	33.2	3 602 939	32.0	7 214 878	37.6	10 879 990	31.2
怒江及伊洛瓦底江	2010	3 438 395	21.6	1 176 868	25.7	858 346	19.8	1 403 181	20.1
	2020	7 000 249	21.0	1 848 859	25.4	1 911 029	19.3	3 240 361	20.0
	2030	13 357 000	20.5	2 855 582	25.3	3 649 051	19.0	6 852 363	19.7
雅鲁藏布江	2010	2 694 453	17.0	374 541	8.2	752 227	17.4	1 567 685	22.5
	2020	6 426 764	19.3	701 128	9.6	2 041 314	20.6	3 684 323	22.8
	2030	13 943 470	21.4	1 130 590	10.0	4 363 448	22.7	8 449 436	24.3
藏南诸河	2010	284 103	1.8	70 311	1.5	48 248	1.1	165 544	2.4
	2020	648 145	1.9	131 619	1.8	127 468	1.3	389 057	2.4
	2030	1 370 262	2.1	212 240	1.9	265 778	1.4	892 244	2.6
藏西诸河	2010	30 113	0.2	9 454	0.2	5 414	0.1	15 245	0.2
	2020	67 662	0.2	17 481	0.2	14 352	0.1	35 828	0.2
	2030	140 465	0.2	28 235	0.3	30 069	0.2	82 160	0.2
西南诸河	2010	15 886 439	100.0	4 582 022	100.0	4 327 527	100.0	6 976 890	100.0
	2020	33 341 253	100.0	7 271 547	100.0	9 897 277	100.0	16 172 434	100.0
	2030	65 305 567	100.0	11 268 005	100.0	19 195 580	100.0	34 841 980	100.0

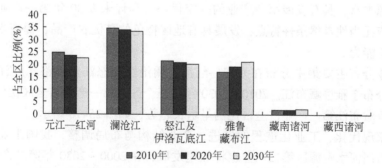

图 25-9　西南诸河二级水资源区地区生产总值增长趋势预测

2. 产业结构演变趋势预测

西南诸河水资源区产业结构不断调整优化，第一、第二、第三产业结构，2010 年为

28.8：27.2：43.9，到2030年为17.3：29.4：53.4，第一产业比例出现大幅度下降，第三产业比例有大幅度升高，但第二产业比例仍偏低，见表25-10。

表25-10　西南诸河水资源区三次产业结构预测　　　　　（单位:%）

二级水资源区	年份	第一产业	第二产业	第三产业
元江—红河	2010	37.0	22.7	40.3
	2020	28.5	24.9	46.6
	2030	23.2	24.8	51.9
澜沧江	2010	27.2	32.1	40.7
	2020	20.6	33.9	45.5
	2030	16.6	33.3	50.1
怒江及伊洛瓦底江	2010	34.2	25.0	40.8
	2020	26.4	27.3	46.3
	2030	21.4	27.3	51.3
雅鲁藏布江	2010	13.9	27.9	58.2
	2020	10.9	31.8	57.3
	2030	8.1	31.3	60.6
藏南诸河	2010	24.7	17.0	58.3
	2020	20.3	19.7	60.0
	2030	15.5	19.4	65.1
藏西诸河	2010	31.4	18.0	50.6
	2020	25.8	21.2	53.0
	2030	20.1	21.4	58.5
西南诸河	2010	28.8	27.2	43.9
	2020	21.8	29.7	48.5
	2030	17.3	29.4	53.4

　　第一产业比例在2000～2030年虽然大幅度下降，但由于西南诸河水资源区动植物和光热水等资源丰富，具有发展第一产业的一定优势，预计未来30年第一产业仍占重要地位，重点是依托当地自然条件特点，发展具有地区特色的名优农产品，提高农产品的附加值和市场竞争能力。

　　第一产业分布主要集中分布在元江—红河、澜沧江和怒江及伊洛瓦底江二级水资源区，其次是分布于雅鲁藏布江。2010～2030年前三个区域第一产业占全区比例呈小幅下降趋势，但雅鲁藏布江第一产业占全区比例呈增长趋势，如图25-10所示。

　　随着国家现代化、工业化进程的推进，产业结构与布局调整，我国工业化将加快发展，预测西南诸河水资源区第二产业也将加速发展，在2000～2030年第二产业占GDP比例将呈上升趋势，到2030年达29%。

　　第二产业分布主要集中在元江—红河、澜沧江、怒江及伊洛瓦底江、雅鲁藏布江四个二级水资源区，其中，澜沧江第二产业占全区的40%左右。未来雅鲁藏布江第二产业全区的比例将有大幅度增长（图25-11）。

　　第三产业是具有最大发展活力的产业，未来30年西南诸河水资源区第三产业将进入

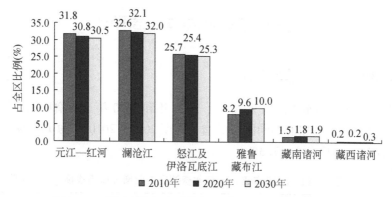

图 25-10　西南诸河二级水资源区第一产业分布情况预测

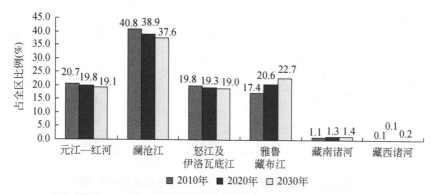

图 25-11　西南诸河二级水资源区第二产业分布情况预测

大发展的时期。据预测，第三产业占国民经济的比例将不断增长，2010 年为 43.9 %，2020 年为 48.5 %，2030 年达 53.4 %。

第三产业分布也主要集中在元江—红河、澜沧江、怒江及伊洛瓦底江、雅鲁藏布江四个二级水资源区，其中澜沧江占全区的 32% 左右，未来发展元江—红河、澜沧江、怒江及伊洛瓦底江比例略有下降，但雅鲁藏布江的比例将有一定幅度的增长，其他二级水资源区占比例变化不大（图 25-12）。

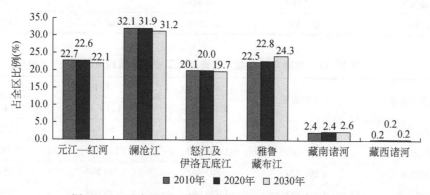

图 25-12　西南诸河二级水资源区第三产业分布情况预测

（三）工业发展与布局预测

1. 工业及结构发展变化趋势预测

根据预测，西南诸河水资源区 2010 年、2020 年和 2030 年工业增加值增长情况，见表 25-11 ～表 25-13。工业增加值不同阶段的增长速度 2001 ～ 2010 年为 11.3%，2011 ～ 2020 年为 9.2%，2021 ～ 2030 年为 17.3%。

表 25-11　2010 年西南诸河水资源区工业增加值组成预测　　（单位：万元）

二级水资源区	工业增加值	其中		
		高用水工业	火（核）电工业	一般工业
元江—红河	742 850	176 244	24 631	541 974
澜沧江	1 290 726	306 840	49 061	934 825
怒江及伊洛瓦底江	562 114	141 265	12 699	408 150
雅鲁藏布江	313 279	124 216	2 019	187 044
藏南诸河	18 148	7 188	136	10 823
藏西诸河	2 077	826	0	1 251
西南诸河	2 929 193	756 579	88 547	2 084 067

表 25-12　2020 年西南诸河水资源区工业增加值组成预测　　（单位：万元）

二级水资源区	工业增加值	其中		
		高用水工业	火（核）电工业	一般工业
元江—红河	1 647 602	441 972	46 076	1 159 555
澜沧江	2 877 769	781 909	92 501	2 003 359
怒江及伊洛瓦底江	1 313 184	400 842	23 970	888 372
雅鲁藏布江	1 173 554	655 613	5 670	512 271
藏南诸河	67 963	37 938	382	29 643
藏西诸河	7 760	4 343	0	3 417
西南诸河	7 087 832	2 322 615	168 599	4 596 618

表 25-13　2030 年西南诸河水资源区工业增加值组成预测　　（单位：万元）

二级水资源区	工业增加值	其中		
		高用水工业	火（核）电工业	一般工业
元江—红河	3 095 211	812 550	58 848	2 223 813
澜沧江	5 431 081	1 455 550	119 233	3 856 298
怒江及伊洛瓦底江	2 597 924	807 493	30 937	1 759 494
雅鲁藏布江	3 131 844	1 726 998	10 083	1 394 762

续表

二级水资源区	工业增加值	其中		
		高用水工业	火（核）电工业	一般工业
藏南诸河	181 323	99 934	680	80 709
藏西诸河	20 702	11 425	0	9 276
西南诸河	14 458 085	4 913 951	219 782	9 324 352

　　西南诸河水资源区 2010 年、2020 年和 2030 年工业增加值的构成情况，见表 25-14 ～ 表 25-16。其中：高用水工业增加值占全区工业增加值比例，2000 年为 26%，2010 年、2020 年和 2030 年呈现增长趋势，分别为 25.8%、32.8% 和 34%。火（核）电工业增加值占全区工业增加值比例，2010 年、2020 年和 2030 年分别为 3.0%、2.4%、1.5%，比例呈现下降趋势。一般工业增加值占全区工业增加值比例，2010 年、2020 年和 2030 年分别为 71.1%、64.9%、64.5%，呈现下降趋势。

表 25-14　2010 年西南诸河水资源区工业增加值构成　　　　（单位:%）

二级水资源区	工业增加值	其中		
		高用水工业	火（核）电工业	一般工业
元江—红河	100.0	23.7	3.3	73.0
澜沧江	100.0	23.8	3.8	72.4
怒江及伊洛瓦底江	100.0	25.1	2.3	72.6
雅鲁藏布江	100.0	39.7	0.6	59.7
藏南诸河	100.0	39.6	0.8	59.6
藏西诸河	100.0	39.8	0.0	60.2
西南诸河	100.0	25.8	3.0	71.1

表 25-15　2020 年西南诸河水资源区工业增加值构成　　　　（单位:%）

二级水资源区	工业增加值	其中		
		高用水工业	火（核）电工业	一般工业
元江—红河	100.0	26.8	2.8	70.4
澜沧江	100.0	27.2	3.2	69.6
怒江及伊洛瓦底江	100.0	30.5	1.8	67.7
雅鲁藏布江	100.0	55.9	0.5	43.7
藏南诸河	100.0	55.8	0.6	43.6
藏西诸河	100.0	56.0	0.0	44.0
西南诸河	100.0	32.8	2.4	64.9

表 25-16　2030 年西南诸河水资源区工业增加值构成　　　　（单位：%）

二级水资源区	工业增加值	其中		
		高用水工业	火（核）电工业	一般工业
元江—红河	100.0	26.3	1.9	71.8
澜沧江	100.0	26.8	2.2	71.0
怒江及伊洛瓦底江	100.0	31.1	1.2	67.7
雅鲁藏布江	100.0	55.1	0.3	44.5
藏南诸河	100.0	55.1	0.4	44.5
藏西诸河	100.0	55.2	0.0	44.8
西南诸河	100.0	34.0	1.5	64.5

2010 年、2020 年和 2030 年，工业增加值在西南诸河的二级水资源区分布变化情况，元江—红河，澜沧江，怒江及伊洛瓦底江二级水资源区占全区比例呈不断下降趋势，而雅鲁藏布江占全区比例呈增加趋势，且增幅较大，如图 25-13 所示。

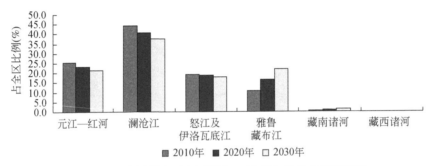

图 25-13　西南诸河二级水资源区工业增加值分布情况预测

2. 高用水工业发展布局预测

2010 年、2020 年和 2030 年，西南诸河水资源区高用水工业增加值在各二级水资源区分布的变化情况，元江—红河和澜沧江二级水资源区占全区比例呈大幅下降趋势；怒江及伊洛瓦底江二级水资源区占全区比例呈缓慢下降趋势；雅鲁藏布江占全区比例是大幅增长趋势，如图 25-14 所示。

3. 火（核）电工业和一般工业发展布局预测

2010 年、2020 年和 2030 年，火（核）电工业增加值在西南诸河各二级水资源区的分布变化不大，澜沧江占全区比例 50% 以上的基本格局不变，如图 25-15 所示。一般工业增加值，在西南诸河各二级水资源区分布变化不大，元江—红河和澜沧江二级水资源区占全区比例呈大幅下降趋势；怒江及伊洛瓦底江占全区比例呈缓慢下降趋势；雅鲁藏布江占全区比例呈大幅增长趋势，如图 25-16 所示。

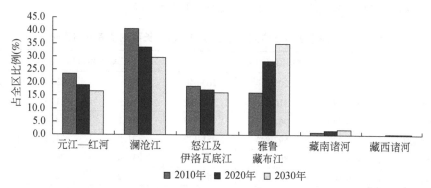

图 25-14　西南诸河二级水资源区高用水工业分布情况预测

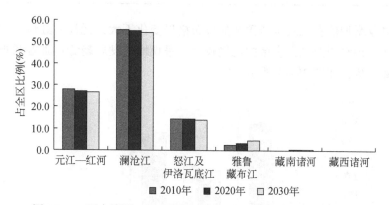

图 25-15　西南诸河二级水资源区火（核）电工业分布情况预测

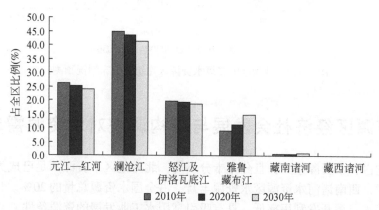

图 25-16　西南诸河二级水资源区一般工业分布情况预测

4. 建筑业发展趋势与布局预测分析

根据预测，西南诸河水资源区 2010 年、2020 年和 2030 年建筑业增加值，分别为 139.8 亿元、280.9 亿元和 473.7 亿元（表 25-17）。建筑业增加值增长速度 2001～2010 年为 11.3%，2011~2020 年为 7.2%，2021~2030 年为 5.4%。

表 25-17　西南诸河水资源区建筑业增加值增长预测及其分布变化

二级水资源区	增加值（万元）			二级水资源区占流域比例（%）		
	2010 年	2020 年	2030 年	2010 年	2020 年	2030 年
元江—红河	152 747	310 225	577 145	10.9	11.0	12.2
澜沧江	476 970	967 518	1 783 797	34.1	34.4	37.7
怒江及伊洛瓦底江	296 232	597 845	1 051 127	21.2	21.3	22.2
雅鲁藏布江	438 948	867 760	1 231 605	31.4	30.9	26.0
藏南诸河	30 100	59 505	84 455	2.2	2.1	1.8
藏西诸河	3 337	6 592	9 367	0.2	0.2	0.2
西南诸河	1 398 334	2 809 445	4 737 496	100.0	100.0	100.0

　　未来建筑业增加值在二级水资源区的分布格局变化不大，元江—红河、澜沧江和怒江及伊洛瓦底江二级水资源区占全区的比例较大，呈现增长发展趋势；雅鲁藏布江占全区比例呈大幅下降趋势，如图 25-17 所示。

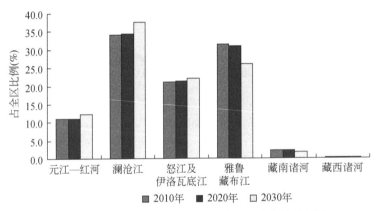

图 25-17　西南诸河二级水资源区建筑业分布情况预测

四、水资源区经济社会发展与结构调整对水资源需求的影响

　　我国人均占有水资源量少，且分布十分不均，北方地区水资源不足已成为制约经济发展的重要因素，西南诸河水资源区水资源丰富，占全国水资源总量的 20%。目前，西南诸河水资源区的水资源开发利用率低，具有吸引高用水工业发展的资源条件。

（一）经济发展与布局对水资源需求的影响

　　根据上述分析，2001~2030 年，西南诸河水资源区国民经济将稳定持续增长。随着经济的发展，城镇化发展，用水部门和单位将不断增加、生产规模不断扩大，用水量必然逐步随之增加。西南诸河水资源区虽然水资源丰富，但随着经济社会的进一步发展，也会出现局部性和阶段性的水资源短缺问题。今后各耗水部门要通过采用节水技术，使用节水设备，不断提高水资源的利用率，特别是雅鲁藏布江经济加速发展，产业布局必须高度重视水资源的承载力问题，力求人水和谐。

（二）第一产业发展对水资源需求的影响

农业是用水大户，2000 年西南诸河水资源区第一产业用水占 87%，第一产业的发展对水资源的需求影响较大。虽然区域未来发展第一产业在地区生产总值中的比例呈现不断下降趋势，但由于西南诸河水资源区经济发展起步晚，农业发展潜力较大，第一产业仍会出现较快增长的发展势头。据预测，在 2010 年、2020 年和 2030 年，西南诸河水资源区第一产业增加值将分别达到 458 亿元、727 亿元和 1127 亿元。预计西南诸河水资源区随着农田水利事业的进一步发展，有效灌溉面积的增加，在大力推广应用节水灌溉技术的条件下，农业用水还可能有一定幅度的增加。

（三）工业发展对水资源需求的影响

高用水工业的快速发展是影响水资源区工业需水增长的重要方面，西南诸河水资源区高用水工业增加值占全区工业增加值比例，2000 年为 26%，预测 2010 年、2020 年和 2030 年分别为 25.8%、32.8% 和 34%。因此，随着区域工业的快速发展，生产规模的不断扩大，工业用水总量将呈现逐年增长趋势。另外，随着工业需水的急剧增长，废污水的排放量也将继续增加，水资源区的水环境保护压力也呈现增长趋势。

（四）第三产业发展对水资源需求的影响

西南诸河水资源区第三产业发展较快，已成为一些地区的支柱产业，旅游业的快速发展，带动了商业、餐饮、旅馆等各类服务业大发展，预计未来各类服务业还将继续保持快速发展趋势。西南诸河水资源区第三产业增加值，占地区生产总值比例，2000 年为 40%，预测 2010 年、2020 年和 2030 年，分别为 44%、49% 和 53%。在第三产业中用水较多的是餐饮、旅馆、洗浴、洗车等行业，随着第三产业的快速发展，各行业用水量也将持续增长。

（五）经济布局调整对水资源需求的影响

区域经济布局对区域水资源需求有直接影响，一般来说，经济密集地区，水资源需求量大；农业集中地区，水资源消耗高。西南诸河水资源区经济总量，产业布局具有较大的区域差异，云南部分的元江—红河、澜沧江、怒江及伊洛瓦底江是西南诸河中自然条件较好的区域，也是经济集中布局的区域，水资源需求较大，目前用水量已居西南诸河水资源区前列。未来 30 年中，西南诸河水资源区经济布局的总体格局变化不大，主要原因是雅鲁藏布江的经济总量占全区的比例，增长了 7 个百分点，特别是第二、第三产业的比例持续快速增长，将对该二级水资源区水资源供需关系产生了一定影响。

（六）人口增长和城镇化对水资源需求的影响

西南诸河水资源区人口分布极不均匀，2000 年元江—红河、澜沧江、怒江及伊洛瓦底江三个二级水资源区的人口占全区总人口的 91.7%，城镇化率为 17%。据预测在 2030 年前，全区人口分布的基本格局变化不大，但城镇人口比例增长较快，城镇化率由 17% 增至 38%。雅鲁藏布江由于未来经济总量增长速度快，人口增长也较快，2030 年人口占全区比例由 2000 年的 6.7% 增到 9.4%，城镇化率达 56%。

未来随着区域人口数量的增长、城镇化发展和城乡居民生活水平的提高，城乡居民生活用水需求量将逐年增加。雅鲁藏布江人口增长和城镇化发展较快，居民生活用水需求量将出现大幅度增长。

第二十六章　西北诸河水资源区经济发展布局与产业结构预测

本章是"国民经济发展布局与产业结构预测研究"课题的子专题成果总结。本章旨在为西北诸河水资源区未来社会经济发展需水预测和调整产业结构与布局提供参考和依据。

一、水资源区经济社会发展现状评价

（一）按行政分区和流域分区的水资源区范围

西北诸河水资源区按行政区划涉及河北、内蒙古、甘肃、宁夏、青海、新疆和西藏7省（自治区）的39个地（自治州、市、盟），具体范围包括河北的张家口，内蒙古的呼和浩特等7个市（地、盟），甘肃的金昌等6市，宁夏的吴忠，青海的5个自治州，新疆的15个地（自治州、市），以及西藏的拉萨等4个地（市），见表26-1。

表 26-1　西北诸河水资源区行政分区

地区	地（自治州、市、盟）	土地面积（km²）	地区	地（自治州、市、盟）	土地面积（km²）
河北	张家口	11 656		乌鲁木齐	10 277
	河北小计	11 656		克拉玛依	7 863
	呼和浩特	1 672		喀什	113 777
	包头	18 237		阿克苏	131 736
	赤峰	7 157		和田	244 717
内蒙古	锡林郭勒	193 715		吐鲁番	69 250
	乌兰察布	44 534		哈密	140 199
	巴彦淖尔	34 407	新疆	克孜勒苏	70 853
	阿拉善	235 019		博尔塔拉	24 832
	内蒙古小计	534 741		昌吉	77 468
	金昌	7 495		巴音郭楞	481 742
	白银	883		伊犁	56 315
甘肃	武威	28 825		塔城	95 626
	张掖	39 830		阿勒泰	117 424
	酒泉	137 296		石河子	462
	嘉峪关	1 474		新疆小计	1 642 541

地区	地（自治州、市、盟）	土地面积（km²）	地区	地（自治州、市、盟）	土地面积（km²）
	甘肃小计	215 803		拉萨	2 694
宁夏	吴忠	407	西藏	日喀则	35 541
	宁夏小计	407		那曲	319 891
	海西	285 778		阿里	235 545
	海北	20 460	西藏小计		593 671
	海南	15 531			
青海	果洛	5 234	西北诸河水资源区合计		3 365 588
	玉树	39 766			
	青海小计	366 769			

资料来源：据《全国水资源分区》计算

从二级水资源区划分看，西北诸河水资源区包括内蒙古高原内陆河、河西走廊内陆河、青海湖水系、柴达木盆地、吐哈盆地小河、阿尔泰山南麓诸河、中亚西亚内陆河区、古尔班通古特荒漠区、天山北麓诸河、塔里木河源流、昆仑山北麓小河、塔里木河干流、塔里木盆地荒漠区、羌塘高原内陆河14个二级水资源区。又可细分为内蒙古高原东部、内蒙古高原西部等33个三级水资源区，具体分区（附表26-1）。

西北诸河水资源区地域辽阔，土地面积为336.56万km²，占全国陆地面积的35.4%，占水资源区所在39个（地、自治州、市、盟）陆地面积的66.9%。由于分布有塔克拉玛干沙漠、古尔班通古特沙漠等大沙漠，以及拥有天山、阿尔泰山、喀喇昆仑山、昆仑山、阿尔金山等高大山脉，大部分地区被沙漠、戈壁和高山所包围，适合人类居住的地方非常有限，人口密度为8人/km²，仅为全国平均水平的6%。

（二）人口及城镇化发展和布局

西北诸河水资源区地域辽阔，拥有全国1/3强的陆地面积，与蒙古、俄罗斯、哈萨克斯坦、塔吉克斯坦、阿富汗、巴基斯坦、印度等10多个国家接壤。该区是我国少数民族聚居区，仅新疆就有47个民族。

1. 人口及其分布

2000年西北诸河水资源区人口有2735.9万人，占全国总人口的2.2%；分别占流域所在7省（自治区）和39个地（自治州、市、盟）人口的18.7%和60.7%。从人口在二级水资源区分布看，以塔里木河流人口最多，占西北诸河水资源区总人口的27.4%；其次是天山北麓诸河，占19.9%；再次是河西走廊内陆河，占17.4%；第四是内蒙古高原内陆河，占12.8%，上述四个二级水资源区人口占西北诸河水资源区总人口的77.5%（表26-2）。

从人口密度看，西北诸河水资源区人口密度为8.0人/km²，但二级水资源区人口密度差异很大。天山北麓诸河水资源区人口密度最高，为37.0人/km²，中亚西亚内陆河区为

31.0 人/km²，塔里木河源流为 17.0 人/km²；其余二级水资源区人口均低于 15 人/km²，羌塘高原内陆河最低，只有 0.4 人/km²（表 26-2）。

表 26-2 2000 年西北诸河二级水资源区人口和土地分布情况

二级水资源区	人口（万人）			占总人口比例（%）	城镇化率（%）	土地面积（km²）	土地占水资源区比例（%）	人口密度（人/km²）
	城镇	农村	总人口					
内蒙古高原内陆河	102.5	246.6	349.1	12.8	29.4	311 378	9.3	11.0
河西走廊内陆河	170.0	305.9	475.9	17.4	35.7	469 843	14.0	10.0
青海湖水系	1.8	13.1	15.0	15.0	12.3	46 031	1.4	3.0
柴达木盆地	18.9	10.7	29.6	1.1	63.9	275 318	8.2	1.0
吐哈盆地小河	46.6	53.8	100.4	3.7	46.4	122 898	3.7	8.0
阿尔泰山南麓诸河	17.7	34.9	52.6	1.9	33.6	81 128	2.4	7.0
中亚西亚内陆河区	60.5	185.3	245.8	9.0	24.6	78 783	2.3	31.0
古尔班通古特荒漠区	1.3	19.4	20.8	6.4	6.4	85 465	2.5	2.0
天山北麓诸河	320.6	223.4	544.0	19.9	58.9	147 600	4.4	37.0
塔里木河源流	161.7	589.2	750.9	27.4	21.5	438 155	13.0	17.0
昆仑山北麓小河	5.5	33.7	39.2	1.4	13.9	207 733	6.2	2.0
塔里木河干流	5.3	29.5	34.8	1.3	15.3	34 088	1.0	10.0
塔里木盆地荒漠区	0.2	48.6	48.8	1.8	0.5	356 792	10.6	1.0
羌塘高原内陆河	0.5	28.6	29.1	1.1	1.8	710 376	21.1	0.4
西北诸河	913.2	1 822.7	2 735.9	100.0	33.4	3 365 588	100.0	8.0

资料来源：据宏观经济研究院"国民经济发展布局与产业结构预测研究"数据库计算

从水资源区流经省（自治区）看，新疆人口最多，2000 年为 1844.9 万人，占西北诸河水资源区总人口的 67.4%；甘肃 448.9 万人，占总人口的 16.4%；其余 5 省（自治区）之和为 442 万人，占总人口的 16.2%（表 26-3）。

表 26-3 2000 年西北诸河水资源区按行政分区人口及城镇化水平

地区	人口（万人）			城镇化率（%）	总人口占水资源区比例（%）
	城镇	农村	总人口		
河北	9.9	62.6	72.6	13.7	2.7
内蒙古	103.5	190.5	294.0	35.2	10.7
宁夏	0.0	1.6	1.6	0.0	0.1
甘肃	157.6	291.4	448.9	35.1	16.4
新疆	619.3	1225.6	1844.9	33.6	67.4
青海	22.3	30.7	53.0	42.1	1.9
西藏	0.5	20.3	20.8	2.4	0.8
合计	913.2	1822.7	2735.9	33.4	100.0

资料来源：据宏观经济研究院"国民经济发展布局与产业结构预测研究"数据库计算

2. 城镇化发展

2000 年，西北诸河水资源区有城镇人口 913.2 万人，城镇化率为 33.4%，比全国平均水平低 3 个百分点，但同西北诸河水资源区所在的 7 省（自治区）相比，高 3.7 个百分点。从二级水资源区城镇化水平看，城镇化率高于流域平均水平的有五个，柴达木盆地最高，为 63.9%，天山北麓诸河为 58.9%，吐哈盆地小河为 46.4%，河西走廊内陆河为 35.7%，阿尔泰山南麓诸河为 33.6%；其余九个二级水资源区城镇化率均低于 33.4% 的平均水平，其中塔里木盆地荒漠区和羌塘高原内陆河城镇化率分别只有 0.5% 和 1.8%。三级水资源区人口分布和城镇化水平（附表 26-2）。

从水资源区流经地区城镇化水平看，青海最高，2000 年为 42.1%，高于水资源区平均水平 8.7 个百分点；内蒙古和甘肃接近，高于水资源区 1.7% ~ 1.8%；新疆城镇化率略高于西北诸河水资源区平均水平；宁夏和西藏城镇化率最低，见表 26-3。

（三）经济发展及产业结构

改革开放以来，西北诸河水资源区的经济取得了长足的发展，但同沿海经济发达地区相比，还存在较大的差距。

1. 经济总量及其分布

受自然环境、地理位置和交通运输条件等因素的限制，西北诸河水资源区经济发展水平仍然较低。2000 年地区生产总值为 1964 亿元，占全国的 2.0%。西北诸河水资源区为绿洲经济，经济总量主要分布在天山北麓诸河、塔里木河源流、河西走廊内陆河和内蒙古高原内陆河，上述四个二级水资源区生产总值占全区的 82.1%，见表 26-4。

表 26-4　2000 年西北诸河二级水资源区生产总值和产业结构

二级水资源区	生产总值（亿元）	产业结构（%）			生产总值占水资源区比例（%）	人均生产总值（元）	单位面积生产总值（万元/km²）
		第一产业	第二产业	第三产业			
内蒙古高原内陆河	183.0	36.3	23.4	40.3	9.3	5 242	5.9
河西走廊内陆河	288.7	26.3	40.5	33.1	14.7	6 066	6.1
青海湖水系	6.2	35.7	25.2	39.0	0.3	4 150	1.4
柴达木盆地	29.6	6.9	29.2	64.0	1.5	9 983	1.1
吐哈盆地小河	122.9	12.2	58.6	29.2	6.3	12 243	10.0
阿尔泰山南麓诸河	31.9	36.7	22.2	41.1	1.6	6 069	3.9
中亚西亚内陆河区	107.9	38.6	19.2	42.2	5.5	4 389	13.7
古尔班通古特荒漠区	5.5	71.4	5.0	23.6	0.3	2 667	0.6
天山北麓诸河	744.6	11.3	43.2	45.4	37.9	13 688	50.5
塔里木河源流	397.5	27.3	45.5	27.2	20.2	5 294	9.1

二级水资源区	生产总值（亿元）	产业结构（%）			生产总值占水资源区比例（%）	人均生产总值（元）	单位面积生产总值（万元/km²）
		第一产业	第二产业	第三产业			
昆仑山北麓小河	11.9	40.9	18.2	40.9	0.6	3 036	0.6
塔里木河干流	18.1	64.9	12.2	22.9	0.9	5 196	5.3
塔里木盆地荒漠区	7.3	88.9	4.9	6.3	0.4	1 498	0.2
羌塘高原内陆河	8.7	54.3	24.2	21.5	0.4	2 989	0.1
西北诸河	1 963.9	22.4	39.7	37.9	100.0	7 178	5.8

资料来源：据宏观经济研究院"国民经济发展布局与产业结构预测研究"数据库计算

2000 年西北诸河水资源区人均生产总值为 7178 元，低于全国 7937 元的平均水平。14 个二级水资源区中人均生产总值最高的天山北麓诸河，为 13 688 元，最低的塔里木盆地荒漠区，只有 1498 元。人均生产总值在 1 万元以上的二级水资源区有两个，分别是天山北麓诸河和吐哈盆地小河；人均生产总值在 5000 元以下的二级水资源区有六个，即塔里木盆地荒漠区、羌塘高原内陆河、昆仑山北麓小河、古尔班通古特荒漠区、中亚西亚内陆河区和青海湖水系。

天山北麓诸河水资源区基本上与天山北坡经济带相对应，包括乌鲁木齐、昌吉、石河子、奎屯、独山子、克拉玛依、农六师、农七师、农八师等，是新疆政治、经济和文化的中心，资本集聚程度较高、基础条件较好，市场化程度和城市化水平也高，是西北诸河水资源区经济基础好、发展条件优越的地区之一。该区人口占西北诸河水资源区的 19.9%，生产总值占 37.9%，人均生产总值为 13 688 元，为西北诸河水资源区平均水平的 1.9 倍，居二级水资源区之首；每平方公里土地产出生产总值为 50.5 万元，为西北诸河水资源区的 5.7 倍。

吐哈盆地小河水资源区地跨新疆的哈密、乌鲁木齐、吐鲁番和巴音郭楞四个地（自治州、市），土地面积为 12.3 万 km²。该区石油天然气资源丰富，以油气资源开采为主的采掘业已形成一定的规模，吐哈油田年产 6 亿 m³ 天然气。2000 年，该区人口和生产总值分别占西北诸河水资源区的 3.7% 和 6.3%，人均生产总值达到 12 243 元，为西北诸河水资源区平均水平的 1.3 倍；每平方公里土地面积上产出生产总值为 7.9 万元，为西北诸河水资源区的 1.7 倍。

柴达木盆地水资源区地跨青海果洛、海西、玉树和新疆巴音郭楞四个（地、自治州），土地面积为 27.5 万 km²。该区是我国重要的无机盐宝库，拥有面积大于 1km² 的现代盐湖 75 个，钾、钠、镁、锂、锶、芒硝等储量居全国首位。柴达木盆地矿产资源的开发有近 50 年的历史，先后建成了一批资源开发骨干企业，如青海盐湖工业集团公司、格尔木钾镁厂、盐化工业有限公司、格尔木锂业公司、格尔木硫酸钾厂等。青海盐湖集团氯化钾的生产能力达到 200 万 t，一跃成为世界上钾肥生产能力排名第四的企业。该区人口仅占西北诸河水资源区的 1.1%，生产总值占 1.5%，人均生产总值达到 9983 元，在二级水资源区中居第三位。

经济发展水平低的二级水资源区主要位于自然条件差的荒漠区和高山区。位于南疆的塔里木盆地荒漠区地跨新疆的巴音郭楞、阿克苏、喀什、和田、吐鲁番和哈密，土地面积为 35.7 万 km²，占西北诸河水资源区的 10.6%。该区以牧业生产为主，人均生产总值只有 1498 元，只有西北诸河水资源区平均水平的 21%；位于南疆的昆仑山北麓小河和以藏西北为主的羌塘高原内陆河人均生产总值只有西北诸河水资源区平均水平的 42% 左右。

2. 产业结构

与全国平均水平相比，西北诸河水资源区具有明显的资源型工业和农牧业经济特征，主要表现在以下三个方面。

1）农牧业仍是重要产业。2000 年西北诸河水资源区实现农业增加值 439.7 亿元，占生产总值的 22.4%，比全国平均水平高 7.4 个百分点。除天山北麓诸河、柴达木盆地和吐哈盆地小河三个二级水资源区外，其余二级水资源区农业增加值占生产总值的比例均高于西北诸河水资源区平均水平，农牧业仍是支撑当地经济发展的重要产业。

2）第二产业发展缓慢，工业化水平不高。2000 年，西北诸河水资源区第二产业实现增加值 779.5 亿元，占生产总值的 39.7%，比全国平均水平低 5.3 个百分点，除吐哈盆地小河、塔里木盆地小河两个二级水资源区外，其余 12 个二级水资源区第二产业增加值占生产总值比例均在 45% 以下，其中塔里木盆地荒漠区最低，只有 4.9%。西北诸河水资源区工业化水平较低，2000 年工业增加值占生产总值的 29.6%，比全国平均水平低近 10 个百分点。

3）新兴服务业发展不足。按照我国三次产业的划分标准，第三产业包括交通运输、仓储和邮政业，信息传输、计算机服务和软件业，批发和零售业，住宿和餐饮业，金融业，房地产业，租赁和商业服务业，科学研究、技术服务和地质勘查业，水利、环境和公共设施管理业，居民服务和其他服务业，教育，卫生、社会保障和社会福利业，文化、体育和娱乐业，公共管理与社会组织，国际组织 15 个大类。

2000 年，西北诸河水资源区第三产业增加值 744.8 亿元（表 26-5），占生产总值的 37.9%，低于全国 40% 的平均水平。人均第三产业增加值为 2722 元，低于全国人均第三产业增加值 3176 元的平均水平。二级水资源区人均第三产业增加值差异很大，天山北麓诸河最高，达 6221 元，为西北诸河水资源区的 2.3 倍；最低的塔里木盆地荒漠区只有 94 元，仅为西北诸河水资源区平均水平的 3.5%，主要是因为农牧业人口比例过大，居住又非常分散，城镇化水平低，严重制约了第三产业的发展。从第三产业构成看，西北诸河水资源区的第三产业以交通运输、商业、餐饮等传统服务业为主，金融、信息等新兴服务业发展缓慢。

表 26-5 2000 年西北诸河水资源区第三产业情况

二级水资源区	第三产业增加值（万元）	总人口（万人）	人均第三产业增加值（元）
内蒙古高原内陆河	737 716	349.1	2 113
河西走廊内陆河	957 012	475.9	2 011
青海湖水系	24 296	15.0	1 620
柴达木盆地	189 082	29.6	6 388

二级水资源区	第三产业增加值（万元）	总人口（万人）	人均第三产业增加值（元）
吐哈盆地小河	358 907	100.4	3 575
阿尔泰山南麓诸河	131 258	52.6	2 495
中亚西亚内陆河区	455 146	245.8	1 852
古尔班通古特荒漠区	13 093	20.8	629
天山北麓诸河	3 384 356	544.0	6 221
塔里木河源流	1 083 251	750.9	1 443
昆仑山北麓小河	48 694	39.2	1 242
塔里木河干流	41 490	34.8	1 192
塔里木盆地荒漠区	4 572	48.8	94
羌塘高原内陆河	18 724	29.1	643
西北诸河	7 447 596	2 735.9	2 722

资料来源：据宏观经济研究院"国民经济发展布局与产业结构预测研究"数据库计算

西北诸河水资源区产业结构同全国产业结构对比如图 26-1 所示。

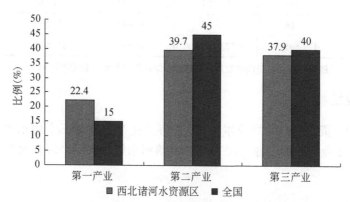

图 26-1　2000 年西北诸河水资源区与全国产业结构比较

（四）工业发展布局和三大类工业结构

1. 工业发展

西北诸河水资源区立足于当地资源优势，已初步形成了包括石油、钢铁、有色金属、煤炭、化工、石化、电力、纺织、食品加工等初具规模的工业体系。2000 年西北诸河水资源区实现工业增加值 582 亿元，占全国工业增加值的 1.5%。工业主要集中分布在天山北坡经济带、塔里木河源流、河西走廊内陆河和吐哈盆地小河，四个二级水资源区工业增加值占西北诸河水资源区的 90.6%（表 26-6）。新疆已经形成了以石油天然气开采、石油化工、钢铁、煤炭、纺织、建材、食品等资源型工业为主体的工业体系；河西走廊依托丰富的矿产资源和能源资源，建成了石油化工、有色金属和钢铁基地。

表 26-6 2000 年西北诸河水资源区工业增加值构成

二级水资源区	工业增加值（万元）				占水资源区比例（%）
	火（核）电工业	高用水工业	一般工业	合计	
内蒙古高原内陆河	14 591	85 542	195 148	295 281	5.1
河西走廊内陆河	21 940	432 201	461 774	915 915	15.7
青海湖水系	88	140	2 075	2 303	0.0
柴达木盆地	2 853	56 481	11 568	70 903	1.2
吐哈盆地小河	11 695	22 947	539 170	573 812	9.9
阿尔泰山南麓诸河	3 589	3 719	17 223	24 531	0.4
中亚西亚内陆河区	11 688	73 474	28 741	113 903	2.0
古尔班通古特荒漠区	0	549	450	999	0.0
天山北麓诸河	78 323	754 135	1 562 200	2 394 658	41.2
塔里木河源流	32 071	90 937	1 262 132	1 385 139	23.8
昆仑山北麓小河	524	497	11 265	12 286	0.2
塔里木河干流	51	2 767	9 722	12 540	0.2
塔里木盆地荒漠区	115	121	931	1 167	0.0
羌塘高原内陆河	66	0	12 447	12 513	0.2
西北诸河	177 595	1 523 509	4 114 847	5 815 951	100.0

资料来源：据宏观经济研究院"国民经济发展布局与产业结构预测研究"数据库计算

2. 三大类工业结构

根据《全国水资源综合规划技术细则》，将工业行业分为三个用水大类，即火（核）电工业、高用水工业和一般工业。2000 年西北诸河水资源区三个用水大类工业增加值构成如图 26-2 所示。

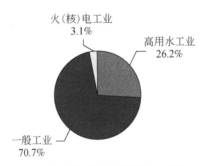

图 26-2 2000 年西北诸河水资源区三大类工业结构

(1) 火（核）电工业

西北诸河水资源区煤炭、石油等能源资源丰富，火（核）电工业发展迅速，但尚未发展核电。2000 年规模以上火（核）电工业实现增加值 17.8 亿元，占水资源工业增加值的 3.1%。从火（核）电工业在二级水资源区的分布看，天山北麓诸河、塔里木河源流、河西走廊内陆河和内蒙古高原内陆河四个二级水资源区火（核）电工业增加值占 82.8%。火电厂主要分布在新疆的乌鲁木齐、克拉玛依、昌吉、巴音郭楞，甘肃的金昌、白银等地；除古尔班通古特荒漠区外，其余二级水资源区都建有火电厂。受电网条件的限制，西北诸河水资源区的电力主要供当地经济发展和居民生活使用。14 个二级水资源区火（核）电工业增加值及其分布情况见表 26-7。

表 26-7　2000 年西北诸河二级水资源区火（核）电工业产值和增加值

二级水资源区	火（核）电增加值（万元）	占西北诸河水资源区比例（%）
内蒙古高原内陆河	14 591	8.2
河西走廊内陆河	21 940	12.4
青海湖水系	88	0.0
柴达木盆地	2 853	1.6
吐哈盆地小河	11 695	6.6
阿尔泰山南麓诸河	3 589	2.0
中亚西亚内陆河区	11 688	6.6
古尔班通古特荒漠区	0	0.0
天山北麓诸河	78 323	44.1
塔里木河源流	32 071	18.1
昆仑山北麓小河	524	0.3
塔里木河干流	51	0.0
塔里木盆地荒漠区	115	0.1
羌塘高原内陆河	66	0.0
西北诸河	177 595	100.0

资料来源：根据宏观经济研究院"国民经济发展布局与产业结构预测研究"数据库计算

（2）高用水工业

按照《全国水资源综合规划技术细则》，高用水工业包括纺织、造纸、石化、化学、冶金、食品六大类工业。以冶金、石化、食品、纺织和化工为代表的高用水工业是西北水资源区工业的重要组成部分。2000 年西北诸河水资源区高用水工业实现工业增加值 152.4 亿元，占全部工业增加值的 26.2%。高用水工业主要分布在天山北麓诸河和河西走廊内陆河两个二级水资源区，其增加值占西北诸河水资源区的 77.9%，见表 26-8。

表 26-8　2000 年西北诸河水资源区高用水工业增加值

二级水资源区	高用水工业增加值（万元）	占西北诸河水资源区比例（%）
内蒙古高原内陆河	85 542	5.6
河西走廊内陆河	432 201	28.4
青海湖水系	140	0.0
柴达木盆地	56 481	3.7

二级水资源区	高用水工业增加值（万元）	占西北诸河水资源区比例（%）
吐哈盆地小河	22 947	1.5
阿尔泰山南麓诸河	3 719	0.2
中亚西亚内陆河区	73 474	4.8
古尔班通古特荒漠区	549	0.0
天山北麓诸河	754 135	49.5
塔里木河源流	90 937	6.0
昆仑山北麓小河	497	0.0
塔里木河干流	2 767	0.2
塔里木盆地荒漠区	121	0.0
羌塘高原内陆河	0	0.0
西北诸河	1 523 509	100.0

资料来源：据宏观经济研究院"国民经济发展布局与产业结构预测研究"数据库计算

（3）一般工业

按照《全国水资源综合规划技术细则》，一般工业包括采掘业、制造业、其他工业和规模以下工业（产品年销售收入在500万元以下）。2000年西北诸河水资源区一般工业实现增加值411.5亿元（表26-9），占全部工业增加值的70.8%。采掘业在一般工业中占有十分重要的地位。

表26-9　2000年西北诸河水资源区一般工业增加值

二级水资源区	一般工业增加值（万元）	占西北诸河水资源区比例（%）
内蒙古高原内陆河	195 148	4.7
河西走廊内陆河	461 774	11.2
青海湖水系	2 075	0.1
柴达木盆地	11 568	0.3
吐哈盆地小河	539 170	13.1
阿尔泰山南麓诸河	17 223	0.4
中亚西亚内陆河区	28 741	0.7
古尔班通古特荒漠区	450	0.0
天山北麓诸河	1 562 200	38.0
塔里木河源流	1 262 132	30.7
昆仑山北麓小河	11 265	0.3
塔里木河干流	9 722	0.2
塔里木盆地荒漠区	931	0.0
羌塘高原内陆河	12 447	0.3
西北诸河	4 114 847	100.0

资料来源：据宏观经济研究院"国民经济发展布局与产业结构预测研究"数据库计算

从一般工业在二级水资源区的分布看，天山北麓诸河、塔里木河源流、河西走廊内陆河和吐哈盆地小河四个二级水资源区集中了西北诸河水资源区93%的一般工业增加值，其余八个二级水资源区一般工业增加值只有28.8亿元。

（五）建筑业发展和布局

2000年西北诸河水资源区建筑业实现增加值197.9亿元，占地区生产总值的10.1%，高于全国5.9%的平均水平。建筑业增加值的41.6%集中在天山北麓诸河，其次是塔里木河源流，占21.4%，河西走廊内陆河占12.9%，其余11个二级水资源区建筑业增加值占西北诸河水资源区的比例不到25%，见表26-10。

表26-10　2000年西北诸河水资源区建筑业增加值

二级水资源区	建筑业增加值（万元）	占西北诸河水资源区比例（%）
内蒙古高原内陆河	132 118	6.7
河西走廊内陆河	254 659	12.9
青海湖水系	13 401	0.7
柴达木盆地	15 266	0.8
吐哈盆地小河	146 550	7.4
阿尔泰山南麓诸河	46 227	2.3
中亚西亚内陆河区	93 256	4.7
古尔班通古特荒漠区	1 753	0.1
天山北麓诸河	823 194	41.6
塔里木河源流	422 715	21.4
昆仑山北麓小河	9 360	0.5
塔里木河干流	9 440	0.5
塔里木盆地荒漠区	2 385	0.1
羌塘高原内陆河	8 493	0.4
西北诸河	1 978 815	100.0

资料来源：据宏观经济研究院"国民经济发展布局与产业结构预测研究"数据库计算

（六）经济社会发展综合评价

1. 人口逐水草而居，城镇化水平差异大

2000年西北诸河水资源区人口为2735.9万人，占全国的2.2%，分别占流域所在七省（自治区）和39个地（自治州、市、盟）的18.7%和60.7%。人口主要集中分布在新疆中段诸河、伊犁河、叶尔羌河、喀什噶尔河，甘肃的石羊河、黑河，内蒙古高原东部、内蒙古高原西部等三级水资源区，塔里木河源流、天山北麓诸河、河西走廊内陆河和内蒙古高原内陆河四个二级水资源区人口占西北诸河水资源区总人口的77.5%。西北诸河水资

源区城镇化率为 33.4%，最高的柴达木盆地达 63.9%，最低的塔里木盆地荒漠区只有 0.5%。

2. 经济总量小，地区经济发展水平差距大

2000 年，西北诸河水资源区生产总值为 1964 亿元，仅占全国的 2%。天山北麓诸河、塔里木河源流、河西走廊内陆河和内蒙古高原内陆河四个二级水资源区生产总值占全区的 91.4%。西北诸河水资源区人均生产总值为 7178 元，低于全国 7937 元的平均水平。14 个二级水资源区中人均生产总值最高的是天山北麓诸河，为 13 688 元；最低的是塔里木盆地荒漠区，只有 1498 元。人均生产总值绝对差距 12 190 元，相对差距系数为 89%。

3. 第一产业比例高，产业结构不尽合理

西北诸河水资源区以农牧业和资源开采、加工业为主。2000 年第一、第二、第三产业增加值占生产总值的比例分别为 22.4∶39.7∶37.9。14 个二级水资源区中第一产业比例高出 22.4% 的有 11 个，占水资源区总数的 78.6%，高出全国平均水平 15% 的有 11 个。第一产业主要依靠土地利用规模扩大的增长方式，导致土地荒漠化、盐碱化和草场退化，生态代价巨大。第二产业比例高出 39.7% 的二级水资源区只有 4 个，占水资源区总数的 28.6%，高出全国 45% 的平均水平只有 2 个。第三产业比例高出 37.9% 的二级水资源区有 4 个，占总数的 28.6%，高出全国平均水平 40% 的仅有 3 个，占总数的 21.4%，广大农牧区服务业发展严重不足。

二、影响水资源区未来经济社会发展的主要因素分析

2030 年前国际国内形势和宏观经济背景将出现一些重大变化，这种变化对西北诸河水资源区未来经济社会发展将产生重大而深远的影响。在新的发展条件下，无论是经济比较发达地区，还是经济相对落后地区，其经济社会发展都面临着新的机遇和挑战。

（一）全国经济社会发展背景

早在 20 世纪 90 年代中期，以江泽民为核心的党中央就对如何实施第三步战略部署进行了前瞻性思考，提出到 2010 年、建党 100 年和新中国成立 100 年，即 21 世纪第一个 10 年、第二个 10 年和前 50 年的奋斗目标，这是我国实现第三步战略部署的新的"三步走"发展战略。党的"十六大"又提出了全面建设小康社会的宏伟目标，描绘了 21 世纪前 20 年我国现代化建设的宏伟蓝图。

1. 经济继续保持快速增长

2001～2030 年，我国国民经济将继续保持快速增长的势头。前 20 年的增长速度可能会比较快，后 10 年的增长速度可能会有所减缓。预计 2001～2010 年全国 GDP 的年均增速为 11%，2011～2020 年为 8%，2021～2030 年为 6.6%。

2. 经济结构调整步伐加快

2001～2030 年是我国经济结构调整变化较大的时期。第一产业增加值占 GDP 的比例将持续下降；第二产业的比例前期逐步增加，大约在 2020 年前后开始缓慢下降；第三产业比例呈现前期比较平稳，后期逐步上升的态势。全国 GDP 总量中，第一、第二、第三产业构成：2010 年为 9.7∶48.8∶41.5，2020 年为 7.3∶48.2∶44.5，2030 年为 5.8∶45.1∶49.1。

3. 工业化进程加快

21 世纪前 30 年是我国工业化加快推进时期，也是工业规模继续扩大，工业增长效益不断提高的时期。前 20 年工业增加值的增长速度可能较快，后 10 年的增长速度可能会逐步趋缓。本研究预测我国工业增加值的增长速度，2001～2010 年为 12.1%，2011～2020 年为 8%，2021～2030 年为 6.1%。2010 年、2020 年、2030 年工业增加值占 GDP 的比例分别为 43.2%、43.1% 和 40.9%，占第二产业的比例分别为 88.5%、89.4% 和 90.6%。

4. 人口总量继续增加，城镇化水平有较大幅度的提高

2001～2030 年，我国总人口将新增 2.65 亿人，平均每年增加 882 万人。2010 年、2020 年和 2030 年全国总人口数分别为 13.52 亿人、14.34 亿人和 15.1 亿人。城乡人口结构将发生较大变化，2010 年城镇人口为 5.95 亿人、2020 年为 7.49 亿人、2030 年为 8.93 亿人。城镇化率分别为 44%、52.2% 和 59.2%。

（二）西北诸河水资源区经济社会发展的有利条件

1. 国家继续推进实施西部大开发战略为发展提供了难得的机遇

自 1999 年国家开始实施西部大开发战略以来，相继出台了一系列重要规划及其支持性的政策措施，为西北诸河水资源区进一步优化和改善投资环境提供了重要的保障。同时，国家以基础设施建设和生态环境保护为切入点，大幅度增加了对西部地区的投入，青藏铁路、西气东输、成品油东输管道、公路国道主干线建设，塔里木河和黑河流域综合治理，退耕还林还草和天然林保护等生态工程，以及大型水利设施等一批重大工程相继建成，必将在长时期内对西北诸河水资源区的发展产生重要的促进作用。

2. 稳定的周边环境和对外开放步伐加快为发展提供了有利条件

美国"9·11"事件后，国际社会反对恐怖主义、民族分裂主义和宗教极端势力的共识大大增强，对新疆经济社会发展影响较大的"东突分子"也受到国际社会的公开谴责，"东突分子"的嚣张受到了打击。和平与发展仍是当今世界的时代主题，争取较长时期的和平国际环境和良好的周边环境是可以实现的。西北诸河水资源区与俄罗斯、哈萨克斯坦、塔吉克斯坦等 10 多个国家接壤，我国与上述国家开展国际合作的广度和深度明显加

强，"上海合作组织"正朝着有利于维护各个国家利益和世界和平的方向努力，为西北诸河水资源区保持一个稳定的发展环境提供了有利条件。更为重要的是西北诸河水资源区接壤的周边国家地域辽阔，铜、钼、铅、锌等有色金属矿产资源，石油、天然气等能源资源丰富，巨大的资源潜力有待发挥。例如，哈萨克斯坦拥有科翁德铜钼矿等世界级矿床；蒙古已发现额尔登特铜、钼矿等世界级矿床。周边国家优越的能源、矿产资源条件，为开展更广泛的国际合作提供了基础，合作开发周边的能矿资源既可以弥补我国资源供需不足的矛盾，又有利于拓展经济发展空间和加强国际合作。西北诸河水资源区与周边国家经济合作已取得初步成效，中哈石油管道建设取得实质性进展，年设计运输能力1200万t的阿特劳—肯基亚克石油管道于2003年春天完工并交付使用；中哈石油管道二期已投入运营，最终可以达到5000万t的输油能力；中国—东亚天然气管道于2009年12月实现单线通气，这一世界最长的天然气管道将来自东亚的天然气送至长三角、珠三角等地区，这都将为我国解决石油、天然气资源短缺和西北诸河水资源区发展石油化工产业做出重要的贡献。总之，随着对外开放的深化，将使西北诸河水资源区有可能在经济全球化的浪潮中更好地利用国内外两种资源和两个市场，在激烈的国际竞争中发挥比较优势和后发优势。

3. 业已形成的经济实力为进一步发展奠定了基础

改革开放以来，西北诸河水资源区经济社会发展取得了很大的成就。基本形成了以农牧业为基础，以工业为主导的国民经济体系，为今后发展奠定了基础。一是特色农产品优势突出，许多产品享誉国内外。主要有棉花、啤酒花、红花、枸杞、特色水果等。新疆棉花产量占全国的30%以上，成为我国最大的商品棉生产基地；啤酒花产量占全国的70%以上，枸杞和红花均占50%以上；番茄酱出口占国际贸易的1/4。甘肃张掖的南关蔬菜批发市场成为全国八大蔬菜批发市场，产品销往全国28个省（自治区、直辖市）的160多个城市。二是以资源开发利用为主的能源、原材料工业已具有一定规模。新疆的原油产量占全国的15%，居全国第三位；天然气产量占全国的30%以上，居首位，已形成西部重要的石油天然气化工基地；青海的钾盐、甘肃的镍产量均居全国首位，是我国最重要的钾盐生产基地和镍等有色金属生产基地。三是以交通运输、商贸、旅游等为主的服务业快速发展。从总体上看，西北诸河水资源区仍处于工业化中期的初期阶段，工业化的任务非常艰巨，部分地区从温饱进入了小康，但多数农牧区仍处于温饱阶段，不论投资还是消费，都有巨大的市场潜力。人民生活水平和质量的提高，城乡建设的发展，产业结构的提升，都会形成新的经济增长点，为经济发展提供巨大的空间。

4. 突出的资源优势为加快发展提供了物质保证

西北诸河水资源区具有突出的农业资源、能源资源、矿产资源和旅游资源优势，是未来发展特色经济和优势产业的重要物质基础。光、热、水、土、草地等农业资源组合条件较为优越，发展特色农牧业得天独厚；棉花、啤酒花、甜菜、葡萄、哈密瓜等农畜产品享有很高的盛誉，市场占有率较高；甘草、雪莲、贝母、虫草、麻黄、马鹿等野生动植物资源丰富，特色突出。矿产资源分布广，部分矿种储量大、资源利用前景好。天然气、钾盐、镍等矿产的累计探明储量居全国首位；石油资源量占全国的30%以上，累计探明地质储量居全国第二位；煤炭资源量占全国的40%以上，累计探明地质储量居全国第四位；新疆以铜、镍、铅、锌为主的有色金属矿产资源丰富，有望成为我国有色金属资源的战略接替基地。新疆、河西走廊旅游资源富集，自然景观与人文景观相得益彰。沙漠、绿洲、湖泊、草原、森林、冰山等多种地貌，形成了许多著名的自然风景区；古"丝绸之路"、城堡、村落、寺院、墓群等人文景观吸引中外游客；多民族聚居区、各民族的文化艺术、民俗风情，构成了浓郁、独具民族特色的旅游景观，深受中外游客的喜爱。这些独具特色的资源优势将为西北诸河水资源区未来发提供重要的物质保证。

（三）西北诸河水资源区经济社会发展的制约因素

1. 所有制结构不尽合理，将成为增强地区市场竞争力的体制障碍

西北诸河水资源区非公有制经济总量不大，经济活力不够，放开搞活仍存在观念和体制性障碍。例如，新疆非公有制经济增加值占GDP的20%，比全国平均水平低6%~7%。从工业所有制构成看，2001年新疆公有制工业占全部工业总产值的比例为70%，比全国平均水平高15%。甘肃河西走廊长期作为重工业初加工基地，国有企业占绝对优势，非公有制经济发展缓慢。有关研究表明：非公有化程度越高的地区，经济增长效率就越高；反之，经济增长效率越低。可见，西北诸河水资源区非公有制比例低已成为增强市场竞争力的障碍。

2. 资金、人才短缺是制约经济发展的瓶颈

西北诸河水资源区总体上处于投资拉动型的经济增长阶段，投资仍是推动经济发展的主要动力。但是，西北诸河水资源区固定资产投资规模仍处于较低水平，如2002年新疆全社会固定资产投资总额占全国的比例只有2.13%，其中50%以上支出依靠中央财政补助，地方和企业自有资金严重不足。人才供求结构性矛盾较为突出，工程技术人才和企业高级管理人才短缺，人才外流问题也比较突出。资金和人才短缺将是长期制约经济发展的瓶颈。

3. 水资源短缺、生态环境脆弱成为经济发展和人民生活水平提高的重要障碍

西北诸河水资源区的经济是绿洲经济，有水一片绿、无水一片荒。石羊河、塔里木河、黑河、准噶尔盆地的水资源已处于过度开发状态，水资源已成为地区经济社会发展的重要制约因素。由于缺水导致的土地沙化、草地退化等生态环境问题也十分突出。新疆适应人类生存的绿洲面积只占国土面积的4.2%，全区61%的县（市）处于沙漠、戈壁包围之中；河西走廊土地荒漠化面积达21.3万km²，占陆地面积的45.3%，自20世纪90年代以来，几乎每年都发生严重的沙尘暴灾害，已成为我国沙尘天气的主要策源地之一。水资源短缺、脆弱的自然环境和生态状况将长期影响西北诸河水资源区潜在资源优势的发挥，成为严重制约区域经济发展的主要因素。

4. 远离消费中心、运输成本高，制约与内地的经贸往来

西北诸河水资源区地处祖国的西北边陲，运输成本明显高于其他地区。例如，新疆出疆货物的平均运距近 2000km，进疆货物平均运距达 3300 多公里。按目前的运费费率计算，新疆每亿元生产总值所需要的运输成本比全国平均水平高出 2~3 倍。远距离的运距削弱了产品的市场竞争力，有些低附加值的初级产品失去了比较优势，也制约了地区间的经贸合作。

三、西北诸河水资源区经济社会发展布局和产业结构预测

经过 30 多年的改革开放和经济建设，西北诸河水资源区总体上已实现了现代化建设的第一步和第二步战略目标，人民生活基本上达到了小康水平，进入全面建设小康社会、加快推进社会主义现代化建设的新阶段，开始为实现第三步战略目标而奋斗。

（一）人口总量和人口结构

1. 人口总量继续增加，占全国人口比例略有上升

人口增长包括自然增长和迁移增长。人口自然增长主要与人口年龄结构、生育水平控制有关。西北水资源区少数民族人口所占比例较大，人口自然增长率一直高于全国平均水平。据统计，1991~2000 年西北诸河水资源区所在的 7 省（自治区）人口自然增长率为10.9‰，高出全国平均水平 1.4 个千分点，其中新疆比全国平均水平高 10.4 个千分点（表 26-11）。人口迁移增长则与经济发展水平、劳动力状况和对就业人口的需求情况有关。从 20 世纪 90 年代西北诸河水资源区所在 7 省（自治区）人口增长变化情况看，大致可分为五种类型：①新疆为高自然增长和高迁移增长型；②宁夏、甘肃和西藏为高自然增长、低迁移增长型；③青海为高自然增长、负迁移增长型；④河北为低自然增长、低迁移增长型；⑤内蒙古为低自然增长、负迁移增长型。

表 26-11　20 世纪 90 年代西北诸河水资源区所在省（自治区）人口变化情况

地区	1990 年人口（万人）	2000 年人口（万人）	年均增长率（‰）
河北	6 108	6 668	8.81
内蒙古	2 146	2 332	8.35
甘肃	2 237	2 512	11.66
宁夏	465	547	16.37
青海	446	482	7.79
新疆	1 516	1 846	19.89
西藏	220	262	17.63
合计	13 138	14 649	10.90
全国	113 052	124 256	9.49

资料来源：中国 2000 年人口普查资料

从人口增长惯性和未来经济发展水平看，2030年前西北诸河水资源区人口自然增长率仍将高于全国平均水平。随着经济发展水平的提高，经济密集区人口机械增长速度会高于自然增长速度；而经济落后地区，青壮年劳动力继续保持向经济发达地区从业流动的趋势，人口出现负迁移增长。预计西北诸河水资源区人口增长率2001~2030年为0.75%，其中2001~2010年为0.44%、2011~2020年为1.11%、2021~2030年为0.68%。

人口增长率高的二级水资源区有柴达木盆地、吐哈盆地小河、天山北麓诸河。这些地区经济基础相对较好、基础设施较为完善，是未来经济增长中心和城镇密集区，会吸引外来人口流入这些地区；人口增长率接近平均水平的二级水资源区有河西走廊内陆河、阿尔泰山南麓诸河和中亚西亚内陆河区三个二级水资源区；其他二级水资源区自然条件较差、经济发展和城镇化水平低，人口自然增长率较高，青壮年外出求学或就业，多为人口负迁移增长区，人口增长率明显低于西北诸河水资源区的平均水平，其中青海湖水系、塔里木盆地荒漠区和羌塘高原内陆河三个二级水资源区，人口为负增长（表26-12）。

表26-12　西北诸河水资源区人口预测

二级水资源区	总人口（万人）				人口年均增长率（%）			
	2000年	2010年	2020年	2030年	2001~2010年	2011~2020年	2021~2030年	2001~2030年
内蒙古高原内陆河	349.1	370.3	380.2	389.6	0.59	0.26	0.25	0.37
河西走廊内陆河	475.9	510.4	550.2	600.2	0.70	0.75	0.87	0.78
青海湖水系	15.0	14.7	14.6	14.5	-0.22	-0.03	-0.05	-0.10
柴达木盆地	29.6	38.1	43.7	49.1	2.56	1.39	1.16	1.70
吐哈盆地小河	100.4	105.9	128.3	142.0	0.54	1.93	1.02	1.16
阿尔泰山南麓诸河	52.6	54.5	63.0	68.1	0.36	1.45	0.78	0.86
中亚西亚内陆河区	245.8	250.6	277.8	292.9	0.19	1.04	0.53	0.59
古尔班通古特荒漠区	20.8	20.6	20.9	20.9	-0.11	0.18	-0.01	0.02
天山北麓诸河	544.0	580.0	727.2	814.7	0.64	2.29	1.14	1.36
塔里木河源流	750.9	761.9	833.8	872.5	0.15	0.91	0.46	0.50
昆仑山北麓小河	39.2	39.3	41.5	42.5	0.02	0.55	0.24	0.27
塔里木河干流	34.8	34.9	37.0	37.9	0.03	0.59	0.24	0.29
塔里木盆地荒漠区	48.4	47.8	47.0	45.9	-0.22	-0.16	-0.25	-0.21
羌塘高原内陆河	29.1	30.7	29.5	28.5	0.55	-0.40	-0.35	-0.07
西北诸河	2735.9	2859.6	3194.7	3419.5	0.44	1.11	0.68	0.75

资料来源：据宏观经济研究院"国民经济发展布局与产业结构预测研究"数据库计算

预计西北诸河水资源区2010年、2020年和2030年的总人口将分别达到2859.6万人、3194.7万人和3194.7万人，占全国人口的比例由2000年的2.2%，减少到2010年2.1%，2020年恢复到2.2%，2030年提高到2.3%。同2000年相比，总人口分别净增加123.7万人、459.1万人和683.6万人，分别占同期全国净增人口的1.1%、2.4%和2.7%。

2. 城镇化水平稳步提高

西北诸河水资源区拥有乌鲁木齐、克拉玛依、石河子、喀什、阿克苏、吐鲁番、和田、哈密、阿图什、博乐、库尔勒、伊宁、奎屯、塔城、阿尔泰、金昌、武威、张掖、酒泉、嘉峪关、格尔木、锡林浩特等城市，但小城镇发展相对滞后。2000年西北诸河水资源区城镇化率为33.4%，二级水资源区城镇化率水平差异非常明显，柴达木盆地达到63.9%，比西北诸河水资源区平均水平高出近2倍，这里拥有青海的第二大城市——格尔木；而塔里木盆地荒漠区城镇化率只有0.5%，仅为西北诸河水资源区平均水平的1.5%。

预计2010年、2020年、2030年西北诸河水资源区城镇人口将分别达到1077.3万人、1476.3万人和1761.9万人，城镇化率分别为37.7%、46.2%和51.5%，同2000年相比，分别提高了4.3%、12.8%和18.1%（表26-13～表26-15）。受自然条件和经济社会发展水平的影响，二级水资源区城镇化水平差异还会继续扩大。随着柴达木盆地盐湖资源的开发，柴达木盆地水资源区城镇化水平会继续提高，到2030年城镇化率将达到82.4%，同2000年相比提高18.5个百分点；以乌鲁木齐为中心的天山北麓诸河，2030年城镇化率将达到74.3%，同2000年相比，提高15.4个百分点。

表 26-13 2010 年西北诸河水资源区城镇化水平

二级水资源区	城镇人口（万人）	农村人口（万人）	总人口（万人）	城镇化率（%）
内蒙古高原内陆河	121.5	248.8	370.3	32.8
河西走廊内陆河	219.7	290.7	510.4	43.1
青海湖水系	2.8	11.9	14.7	19.0
柴达木盆地	28.4	9.7	38.1	74.6
吐哈盆地小河	53.3	52.7	105.9	50.3
阿尔泰山南麓诸河	20.4	34.2	54.5	37.4
中亚西亚内陆河区	69.2	181.3	250.6	27.6
古尔班通古特荒漠区	1.5	19.0	20.6	7.5
天山北麓诸河	361.4	218.5	580.0	62.3
塔里木河源流	185.5	576.4	761.9	24.4
昆仑山北麓小河	6.3	33.0	39.3	16.0
塔里木河干流	6.1	28.9	34.9	17.3
塔里木盆地荒漠区	0.3	47.5	47.8	0.6
羌塘高原内陆河	0.8	29.9	30.7	2.6
西北诸河	1077.3	1782.3	2859.6	37.7

资料来源：据宏观经济研究院"国民经济发展布局与产业结构预测研究"数据库计算

表 26-14 2020 年西北诸河水资源区城镇化水平

二级水资源区	城镇人口（万人）	农村人口（万人）	总人口（万人）	城镇化率（%）
内蒙古高原内陆河	146.2	234.0	380.2	38.4

二级水资源区	城镇人口（万人）	农村人口（万人）	总人口（万人）	城镇化率（%）
河西走廊内陆河	285.9	264.3	550.2	52.0
青海湖水系	3.4	11.2	14.6	23.1
柴达木盆地	34.6	9.2	43.7	79.1
吐哈盆地小河	76.5	51.8	128.3	59.6
阿尔泰山南麓诸河	29.4	33.6	63.0	46.7
中亚西亚内陆河区	99.5	178.3	277.8	35.8
古尔班通古特荒漠区	2.2	18.7	20.9	10.6
天山北麓诸河	512.3	214.9	727.2	70.4
塔里木河源流	267.1	566.8	833.8	32.0
昆仑山北麓小河	9.1	32.5	41.5	21.8
塔里木河干流	8.6	28.4	37.0	23.3
塔里木盆地荒漠区	0.4	46.6	47.0	0.8
羌塘高原内陆河	1.3	28.2	29.5	4.4
西北诸河	1476.3	1718.4	3194.7	46.2

资料来源：据宏观经济研究院"国民经济发展布局与产业结构预测研究"数据库计算

表 26-15　2030 年西北诸河水资源区城镇化水平

二级水资源区	城镇人口（万人）	农村人口（万人）	总人口（万人）	城镇化率（%）
内蒙古高原内陆河	165.3	224.4	389.6	42.4
河西走廊内陆河	354.5	245.7	600.2	59.1
青海湖水系	4.0	10.6	14.5	27.2
柴达木盆地	40.4	8.6	49.1	82.4
吐哈盆地小河	91.5	50.5	142.0	64.4
阿尔泰山南麓诸河	35.4	32.7	68.1	51.9
中亚西亚内陆河区	119.1	173.8	292.9	40.7
古尔班通古特荒漠区	2.7	18.2	20.9	12.8
天山北麓诸河	605.3	209.4	814.7	74.3
塔里木河源流	320.4	552.4	872.8	36.7
昆仑山北麓小河	10.9	31.6	42.5	25.6
塔里木河干流	10.2	27.7	37.9	27.1
塔里木盆地荒漠区	0.5	45.4	45.9	1.0
羌塘高原内陆河	1.7	26.7	28.5	6.1
西北诸河	1761.9	1657.7	3419.5	51.5

资料来源：据宏观经济研究院"国民经济发展布局与产业结构预测研究"数据库计算

从城镇化发展速度看，西北诸河水资源区城镇化水平 2001～2010 年年均提高 0.43 个百分点，2011～2020 年年均提高 0.85 个百分点，2021～2030 年年均提高 0.53 个百分点。

中国经济发展布局与水资源区产业结构研究

城镇化速度最快的地区是河西走廊内陆河，城镇化率由 2000 年的 35.7% 增加到 2030 年的 59.1%，年均提高 0.78 个百分点，该区城镇人口占西北诸河水资源区城镇人口的比例由 2000 年的 18.6% 提高到 2030 年的 20.1%；其次是柴达木盆地，城镇化率从 2000 年的 63.9% 提高到 2030 年的 82.4%，年均提高 0.62 个百分点；其余二级水资源区城镇化速度均低于西北诸河水资源区的平均水平。

从城镇人口分布看，西北诸河水资源区城镇人口仍将主要分布在包括乌鲁木齐、克拉玛依、石河子等城市在内的天山北麓诸河，包括金昌、白银、武威、张掖、嘉峪关、酒泉在内的河西走廊内陆河，以及包括阿克苏、和田、喀什在内的塔里木河源流，上述三个二级水资源区城镇人口占西北诸河水资源区城镇人口的比例由 2000 年的 71.4% 提高到 2030 年的 72.7%。

（二）经济发展布局与产业结构

21 世纪前 30 年，西北诸河水资源区将进入继续推进实施西部大开发战略，全面建设小康社会，加快社会主义现代化建设的新的发展阶段，综合经济实力和人民生活水平大幅度提高，生态环境将明显改善。

1. 经济继续保持高速增长，人口和产业向自然条件、经济基础相对较好的地区集中

改革开放以来，西北诸河水资源区的经济快速发展，经济实力明显增强，会极大地促进未来发展。未来 30 年经济增长速度为：2001～2030 年生产总值年均增长 7.3%，其中 2001～2010 年为 10.3%，2011～2020 年为 8.1%，2021～2030 年为 7.2%（表26-16），第一、第二、第三产业的增长速度见表26-17。

表 26-16　西北诸河水资源区生产总值和增长速度预测

二级水资源区	生产总值（亿元）			生产总值年均增长速度（%）			
	2010 年	2020 年	2030 年	2001～2010 年	2011～2020 年	2021～2030 年	2001～2030 年
内蒙古高原内陆河	758	1 777	3 707	15.3	8.9	7.6	10.5
河西走廊内陆河	745	1 529	2 934	9.9	7.5	6.7	8.0
青海湖水系	17	36	72	10.9	7.5	7.1	8.5
柴达木盆地	143	314	620	17.1	8.2	7.0	10.7
吐哈盆地小河	279	620	1 244	8.5	8.3	7.2	8.0
阿尔泰山南麓诸河	88	185	366	10.7	7.7	7.0	8.5
中亚西亚内陆区	278	582	1 150	9.9	7.7	7.0	8.2
古尔班通古特荒漠区	13	26	47	9.3	6.6	6.3	7.4
天山北麓诸河	1 911	4 270	8 694	9.9	8.4	7.4	8.5
塔里木河源流	875	1 846	3 626	8.2	7.8	7.0	7.6

二级水资源区	生产总值（亿元）			生产总值年均增长速度（%）			
	2010 年	2020 年	2030 年	2001~2010 年	2011~2020 年	2021~2030 年	2001~2030 年
昆仑山北麓小河	29	59	116	9.2	7.5	7.0	7.9
塔里木河干流	43	83	154	9.1	6.8	6.4	7.4
塔里木盆地荒漠区	18	32	55	9.2	6.0	5.7	7.0
羌塘高原内陆河	22	50	99	10.0	8.3	7.1	8.4
西北诸河	5 220	11 409	22 884	10.3	8.1	7.2	8.5

资料来源：据宏观经济研究院"国民经济发展布局与产业结构预测研究"数据库计算

表 26-17　西北诸河水资源区三次产业增长速度变动趋势　　（单位：%）

时段	年均增长速度			
	生产总值	第一产业	第二产业	第三产业
2001~2010 年	10.3	7.8	12.1	9.5
2011~2020 年	8.1	5.2	8.6	8.8
2021~2030 年	7.2	5.0	7.0	8.2
2001~2030 年	8.5	6.0	9.2	8.8

资料来源：据宏观经济研究院"国民经济发展布局与产业结构预测研究"数据库计算

按 2000 年价格计算，西北诸河水资源区生产总值 2010 年为 5220 亿元，2020 年 11 409 亿元，2030 年为 22 884 亿元，2030 年生产总值为 2000 年的 11.7 倍，生产总值占全国比例保持在 2% 左右的水平。从经济总量在二级水资源区的分布看，经济继续向天山北麓诸河、塔里木河源流、河西走廊内陆河和内蒙古高原内陆河四个二级水资源区集中，几个二级水资源区生产总值占水资源区生产总值的比例由 2000 年的 82.1% 提高到 2010 年的82.2%，2020 年的 82.6%，2030 年的 82.8%。

按当时汇率计算（1 美元=6.9 元人民币），2010 年人均生产总值为 2646 美元，步入世界中上等收入国家行列；2020 年为 5176 美元，处于中上等收入国家水平；2030 年人均生产总值增加到 9699 美元，进入高收入国家行列（表 26-18）。

表 26-18　西北诸河水资源区人均生产总值变化

二级水资源区	人均生产总值（美元）		
	2010 年	2020 年	2030 年
内蒙古高原内陆河	2 965	6 773	13 788
河西走廊内陆河	2 115	4 027	7 084
青海湖水系	1 722	3 589	7 177
柴达木盆地	5 454	10 424	18 298
吐哈盆地小河	3 820	7 001	12 701
阿尔泰山南麓诸河	2 351	4 259	7 784

二级水资源区	人均生产总值（美元）		
	2010 年	2020 年	2030 年
中亚西亚内陆河区	1 610	3 039	5 692
古尔班通古特荒漠区	947	1 776	3 273
天山北麓诸河	4 774	8 510	15 465
塔里木河源流	1 665	3 209	6 021
昆仑山北麓小河	1 062	2 067	3 964
塔里木河干流	1 790	3 251	5 894
塔里木盆地荒漠区	535	978	1 742
羌塘高原内陆河	1 062	2 443	5 022
西北诸河	2 646	5 176	9 699

资料来源：据宏观经济研究院"国民经济发展布局与产业结构预测研究"数据库计算

2. 产业结构不断调整和优化

西北诸河水资源区农业、能源和矿产资源丰富，在今后一段时期内将处在优势资源转换阶段。例如，新疆依托棉花优势和石油、天然气优势作为产业发展重点，使其成为以"一黑一白"为重点的两大优势产业；甘肃河西走廊依托农业资源、矿产资源优势，建成了全国重要的商品粮基地，石油化工、有色金属和钢铁工业基地，采掘业和原材料工业成为重要的支柱产业；青海柴达木盆地依托盐湖资源优势，建成了全国重要的化工产业基地等。未来 30 年，西北诸河水资源区产业结构的变化既取决于经济变量的内在联系和变化规律，又受国家宏观经济形势和宏观政策的直接影响。从今后一个较长的时期看，宏观政策的影响会被融入经济变量之中，经济变化的内在规律将起决定性作用；但在一个较短的时期内，宏观政策的作用可能改变经济变量，而对经济变动结果产生重大的影响。西北诸河水资源区第一、第二、第三产业构成将由 2000 年的 22.4∶39.7∶37.9 调整为 2030 年的 11∶48.2∶40.9（表 26-19 ~ 表 26-21）。

表 26-19　2010 年西北诸河水资源区生产总值及产业结构

二级水资源区	生产总值（亿元）	第一产业（亿元）	第二产业（亿元）	第三产业（亿元）	产业结构（%）		
					第一产业	第二产业	第三产业
内蒙古高原内陆河	757.6	136.3	352.0	269.4	18.0	46.5	35.6
河西走廊内陆河	744.8	146.4	318.1	280.3	18.9	41.1	36.2
青海湖水系	17.5	4.0	7.5	6.0	22.7	42.8	34.5
柴达木盆地	143.4	3.6	92.8	46.9	2.5	64.8	32.7
吐哈盆地小河	279.1	32.7	166.2	80.2	11.7	59.6	28.7
阿尔泰山南麓诸河	88.4	25.5	33.5	29.3	28.9	37.9	33.2
中亚西亚内陆河区	278.5	90.7	86.0	101.8	32.6	30.9	36.5
古尔班通古特荒漠区	13.5	8.6	1.9	2.9	64.1	14.2	21.7

续表

二级水资源区	生产总值（亿元）	第一产业（亿元）	第二产业（亿元）	第三产业（亿元）	产业结构（%）		
					第一产业	第二产业	第三产业
天山北麓诸河	1910.6	183.8	970.2	756.6	9.6	50.8	39.6
塔里木河源流	875.1	236.1	396.9	242.2	27.0	45.4	27.7
昆仑山北麓小河	28.8	10.6	7.3	10.9	36.8	25.4	37.8
塔里木河干流	43.1	25.5	8.3	9.3	59.3	19.2	21.5
塔里木盆地荒漠区	17.7	14.2	2.5	1.0	80.2	14.0	5.8
羌塘高原内陆河	22.5	10.1	6.1	6.3	45.0	27.2	27.8
西北合计	5220.5	928.1	2449.3	1843.1	17.8	46.9	35.3

资料来源：据宏观经济研究院"国民经济发展布局与产业结构预测研究"数据库计算

表 26-20 2020 年西北诸河水资源区生产总值及产业结构

二级水资源区	生产总值（亿元）	第一产业（亿元）	第二产业（亿元）	第三产业（亿元）	产业结构（%）		
					第一产业	第二产业	第三产业
内蒙古高原内陆河	1 776.8	253.5	864.6	658.8	14.3	48.7	37.1
河西走廊内陆河	1 528.7	203.7	716.5	608.5	13.3	46.9	39.8
青海湖水系	36.2	6.7	16.2	13.2	18.5	44.9	36.6
柴达木盆地	314.3	6.1	205.2	103.0	2.0	65.3	32.8
吐哈盆地小河	619.7	54.8	378.6	186.4	8.8	61.1	30.1
阿尔泰山南麓诸河	185.1	42.8	74.2	68.2	23.1	40.1	36.8
中亚西亚内陆河区	582.5	152.1	194.1	236.3	26.1	33.3	40.6
古尔班通古特荒漠区	25.6	14.5	4.3	6.8	56.5	17.0	26.5
天山北麓诸河	4 269.9	308.3	2 204.2	1 757.4	7.2	51.6	41.2
塔里木河源流	1 846.4	395.9	888.0	562.5	21.4	48.1	30.5
昆仑山北麓小河	59.2	17.8	16.1	25.3	30.0	27.2	42.7
塔里木河干流	83.0	42.8	18.6	21.5	51.6	22.4	26.0
塔里木盆地荒漠区	31.7	23.7	5.6	2.4	74.8	17.7	7.5
羌塘高原内陆河	49.7	18.6	16.5	14.7	37.3	33.1	29.5
西北诸河	11 408.9	1 541.2	5 602.7	4 265.0	13.5	49.1	37.4

资料来源：据宏观经济研究院"国民经济发展布局与产业结构预测研究"数据库计算

表 26-21 2030 年西北诸河水资源区生产总值及产业结构

二级水资源区	生产总值（亿元）	第一产业（亿元）	第二产业（亿元）	第三产业（亿元）	产业结构（%）		
					第一产业	第二产业	第三产业
内蒙古高原内陆河	3 706.6	427.4	1 760.9	1 518.2	11.5	47.5	41.0
河西走廊内陆河	2 933.8	305.1	1 370.3	1 258.5	10.4	46.7	42.9
青海湖水系	71.8	11.4	31.6	28.8	15.8	44.1	40.1

中国经济发展布局与水资源区产业结构研究

二级水资源区	生产总值 （亿元）	第一产业 （亿元）	第二产业 （亿元）	第三产业 （亿元）	产业结构（%）		
					第一产业	第二产业	第三产业
柴达木盆地	619.9	10.4	385.3	224.2	1.7	62.2	36.2
吐哈盆地小河	1 244.4	89.7	745.9	408.8	7.2	59.9	32.9
阿尔泰山南麓诸河	365.8	70.1	146.1	149.5	19.2	40.0	40.9
中亚西亚内陆河区	1 150.3	249.1	382.7	518.5	21.7	33.3	45.1
古尔班通古特荒漠区	47.2	23.7	8.6	14.9	50.2	18.2	31.6
天山北麓诸河	8 693.6	504.9	4 333.4	3 855.3	5.8	49.8	44.3
塔里木河源流	3 626.0	648.4	1 743.6	1 234.0	17.9	48.1	34.0
昆仑山北麓小河	116.2	29.1	31.6	55.5	25.0	27.2	47.7
塔里木河干流	154.1	70.2	36.7	47.3	45.5	23.8	30.7
塔里木盆地荒漠区	55.2	38.9	11.1	5.2	70.5	20.1	9.4
羌塘高原内陆河	98.8	30.0	35.0	33.7	30.4	35.5	34.1
西北诸河	22 883.7	2 508.3	11 023.0	9 352.3	11.0	48.2	40.9

资料来源：据宏观经济研究院"国民经济发展布局与产业结构预测研究"数据库计算

1）第一产业稳步增长。西北诸河水资源区在产业结构调整过程中，将继续加强农牧业的基础地位，发展优质、高产、高效农业和特色农业，推进农业产业化进程。2001～2030年第一产业将以年均6.0%的速度增长，其中2001～2010年增速达到7.8%。农业增加值由2000年的440亿元增加到2010年的928亿元，2020年的1541亿元和2030年的2508亿元，农业增加值占生产总值的比例由2000年的22.4%下降到2010年的17.8%，2030年继续下降到11.0%。

从农业内部产业结构变动趋势看，随着我国经济的发展、人民消费水平的提高和消费结构的改变，以生产粮食为主的种植业由于其产品需求弹性系数较低，因而种植业在农业结构中所占比例将下降；与此同时，人们对肉类产品消费趋于上升，畜牧业在农业内部所占的比例将呈上升趋势。由此可见，西北诸河水资源区畜牧业将会得到大的发展。

2）第二产业持续快速发展。发达国家的经验表明，在工业化进程中，第二产业增长对整个经济发展起着重要的支撑作用，而第二产业的迅速增长通常又与其内部结构的不断变动相联系。

工业化包含两个方面的内容：一是工业或制造业增加值占GDP比例不断提高；二是制造业依次经历以轻型制造业、重型制造业和加工组装型制造业为重点的增长阶段。前者反映了数量上的工业化进程，后者则用于衡量工业化质量的高低。世界工业化本身演进的基本趋势和一般规律是：工业结构依次经历轻纺或劳动密集型、重化工业或资本密集型、信息或技术密集型三个阶段。

从总体上判断，我国已进入重化工业阶段。与其相适应的是，西北诸河水资源区工业化进程也会加快，经济增长将长期处于优势资源转换阶段。第二产业增加值将由2000年的779亿元增加到2030年的11 023亿元，占生产总值的比例由2000年39.7%提高到

2010年的46.9%，再上升到2020年的49.1%，然后下降到2030年的48.2%（表26-19～表26-21），其中工业增加值占生产总值比例由2000年的29.6%上升到2030年的42.6%。

3）第三产业加快发展。由于受自然条件、经济发展水平等因素的制约，西北诸河水资源区第三产业以交通运输、商业、餐饮等传统服务业为主，金融、信息等现代服务业发展缓慢。

为适应经济发展和人民生活水平提高的需要，未来30年西北诸河水资源区第三产业将会快速发展。第三产业增加值将由2000年的745亿元增加到2030年9352亿元，增加了11.5倍，占生产总值的比例由2000年的37.9%提高到2030年的40.9%。

（三）工业发展预测

1. 工业持续快速增长，但增长速度呈下降趋势

2001～2030年西北诸河水资源区工业增加值将以年均9.8%的速度增长，其中前10年达到13.4%的增长速度，后10年为7.1%（表26-22）。

表26-22　西北诸河水资源区工业增加值增长预测　　　　（单位:%）

二级水资源区	2001～2010年	2011～2020年	2021～2030年	2001～2030年
内蒙古高原内陆河	26.7	9.5	7.7	14.3
河西走廊内陆河	11.4	9.0	6.7	9.0
青海湖水系	37.1	8.5	6.5	16.6
柴达木盆地	29.0	8.3	6.5	14.1
吐哈盆地小河	9.1	9.2	7.0	8.4
阿尔泰山南麓诸河	25.8	9.2	7.1	13.7
中亚西亚内陆河区	19.5	9.2	7.1	11.8
古尔班通古特荒漠区	31.6	9.2	7.1	15.5
天山北麓诸河	12.9	9.1	7.0	9.7
塔里木河源流	8.5	9.1	7.0	8.2
昆仑山北麓小河	16.1	9.1	7.0	10.7
塔里木河干流	17.7	9.2	7.1	11.3
塔里木盆地荒漠区	32.9	9.2	7.1	15.8
羌塘高原内陆河	7.4	14.0	10.3	10.5
西北诸河	13.4	9.1	7.1	9.8

资料来源：据宏观经济研究院"国民经济发展布局与产业结构预测研究"数据库计算

2. 工业增加值"翻四番"，工业结构将发生较大的变化

西北诸河水资源区工业增加值由2000年的582亿元，增加到2010年的2048亿元，2020年的4914亿元，2030年达到9739亿元（表26-23）。2030年同2000年相比，工业增加值超额实现"翻四番"的目标。

表 26-23　西北诸河水资源区工业增加值预测　　　　　　（单位：万元）

二级水资源区	2000 年	2010 年	2020 年	2030 年
内蒙古高原内陆河	295 281	3 153 617	7 821 926	16 444 250
河西走廊内陆河	915 915	2 689 290	6 347 959	12 142 890
青海湖水系	2 303	53 867	121 266	228 462
柴达木盆地	70 903	904 614	2 005 397	3 753 224
吐哈盆地小河	573 812	1 372 330	3 306 705	6 532 817
阿尔泰山南麓诸河	24 531	243 886	590 523	1 169 318
中亚西亚内陆河区	113 903	675 728	1 635 526	3 237 998
古尔班通古特荒漠区	999	15 598	37 767	74 783
天山北麓诸河	2 394 658	8 072 645	19 349 350	38 132 150
塔里木河源流	1 385 139	3 132 218	7 497 167	14 765 040
昆仑山北麓小河	12 286	54 556	130 644	257 349
塔里木河干流	12 540	64 183	155 265	307 316
塔里木盆地荒漠区	1 167	20 073	48 444	95 779
羌塘高原内陆河	12 513	25 531	94 287	250 179
西北诸河	5 815 951	20 478 136	49 142 225	97 391 555

资料来源：据宏观经济研究院"国民经济发展布局与产业结构预测研究"数据库计算

　　受资源条件和全国进入重化工阶段发展特征的影响，西北诸河水资源区三大类用水工业行业的结构将发生较大的变化，总的趋势是：火（核）电工业和一般工业占工业增加值的比例下降，高用水工业占工业增加值的比例上升，如图 26-3 所示。2000～2030 年，工业增加值比例上升的行业有：石化工业由 5.9% 提高到 10.7%，冶金工业由 8% 提高到12.9%，化工工业由 3.9% 提高到 6.2%，食品工业由 5.1% 提高到 7.3%；工业增加值比例下降的行业主要有：采掘业由 48.1% 下降到 39.3%，规模以下工业由 13.2% 下降到10.7%，火（核）电工业由 3.2% 下降到 1.9%。

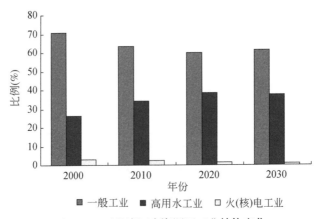

图 26-3　西北诸河水资源区工业结构变化

从工业增加值在二级水资源区的分布变化看，内蒙古高原内陆河工业增加值比例上升最多，由 2000 年的 5.1% 提高到 2030 年的 16.9%；柴达木盆地由 2000 年的 1.2% 提高到 2030 年的 3.9%；天山北麓诸河由 2000 年的 41.2% 下降到 2030 年的 39.2%；河西走廊内陆河由 15.7% 下降到 12.5%，见表 26-24。

表 26-24 西北诸河水资源工业增加值在二级水资源区的分布变化 （单位:%）

二级水资源区	2000 年	2010 年	2020 年	2030 年
内蒙古高原内陆河	5.1	15.4	15.9	16.9
河西走廊内陆河	15.7	13.1	12.9	12.5
青海湖水系	0.0	0.3	0.2	0.2
柴达木盆地	1.2	4.4	4.1	3.9
吐哈盆地小河	9.9	6.7	6.7	6.7
阿尔泰山南麓诸河	0.4	1.2	1.2	1.2
中亚西亚内陆河区	2.0	3.3	3.3	3.3
古尔班通古特荒漠区	0.0	0.1	0.1	0.1
天山北麓诸河	41.2	39.4	39.4	39.2
塔里木河源流	23.8	15.3	15.3	15.2
昆仑山北麓小河	0.2	0.3	0.3	0.3
塔里木河干流	0.2	0.3	0.3	0.3
塔里木盆地荒漠区	0.0	0.1	0.1	0.1
羌塘高原内陆河	0.2	0.1	0.2	0.3

资料来源：据宏观经济研究院"国民经济发展布局与产业结构预测研究"数据库计算

西北诸河水资源区三大类工业结构变化见表 26-25。

表 26-25 西北诸河水资源区三大类工业结构变化

项目	工业增加值（亿元）				三大类工业结构（%）			
	2000 年	2010 年	2020 年	2030 年	2000 年	2010 年	2020 年	2030 年
一般工业	411.5	1296.9	2948.0	5966.9	70.8	63.3	60.0	61.3
高用水工业	152.3	699.8	1885.8	3654.6	26.2	34.2	38.4	37.5
火（核）电工业	17.8	51.2	80.4	117.7	3.1	2.5	1.6	1.2
工业增加值	581.6	2047.8	4914.2	9739.2	100.0	100.0	100.0	100.0

资料来源：据宏观经济研究院"国民经济发展布局与产业结构预测研究"数据库计算

（四）建筑业发展

1. 建筑业由高速增长转入快速增长

建筑业是西北诸河水资源区的重要产业，发展潜力大。2000 年建筑业增加值占生产总值的比例高于全国平均水平 4.1 个百分点。受消费需求拉动的影响，预计 2010 年前建筑业将以年均7.3%的增长速度，2011～2020年下降到5.5%的增长速度，2021～2030年继续下降到6.1%的增长速度。建筑业增加值由2000年的197.9亿元增加到2030年的1283.9亿元，占生产总值的比例由2000年的10.1%下降到2010年的7.8%，2020年的6%，2030年的5.6%（表26-26）。

表26-26　西北诸河水资源区建筑业发展预测

二级水资源区	建筑业增加值（万元）			建筑业增长速度（%）			
	2010年	2020年	2030年	2001～2010年	2011～2020年	2021～2030年	2001～2030年
内蒙古高原内陆河	366 255	823 824	1 165 047	10.7	8.4	3.5	7.5
河西走廊内陆河	491 345	817 288	1 559 883	6.8	5.2	6.7	6.2
青海湖水系	20 956	40 928	87 962	4.6	6.9	8.0	6.5
柴达木盆地	23 877	46 625	100 199	4.6	6.9	8.0	6.5
吐哈盆地小河	289 992	479 366	926 059	7.1	5.2	6.8	6.3
阿尔泰山南麓诸河	91 473	151 208	292 110	7.1	5.2	6.8	6.3
中亚西亚内陆河区	184 534	305 040	589 289	7.1	5.2	6.8	6.3
古尔班通古特荒漠区	3 468	5 733	11 075	7.1	5.2	6.8	6.3
天山北麓诸河	1 628 931	2 692 677	5 201 823	7.1	5.2	6.8	6.3
塔里木河源流	836 466	1 382 706	2 671 169	7.1	5.2	6.8	6.3
昆仑山北麓小河	18 522	30 618	59 148	7.1	5.2	6.8	6.3
塔里木河干流	18 679	30 877	59 650	7.1	5.2	6.8	6.3
塔里木盆地荒漠区	4 719	7 800	15 069	7.1	5.2	6.8	6.3
羌塘高原内陆河	35 662	70 458	100 140	15.4	7.0	3.6	8.6
西北诸河	4 014 879	6 885 148	12 838 623	7.3	5.5	6.4	6.4

资料来源：据宏观经济研究院"国民经济发展布局与产业结构预测研究"数据库计算

2. 建筑业增加值在二级水资源区分布变化不大

西北诸河水资源区的建筑业主要集中在天山北麓诸河、塔里木河源流和河西走廊内陆河，2000年三个二级水资源区建筑业增加值占西北诸河水资源区的75.9%，2030年提高到76.8%。从发展趋势看，未来30年建筑业增加值在二级水资源区的分布比例不会有大的变化，见表26-27。

表26-27　西北诸河水资源区建筑业分布变化预测　　　　　　　　　　（单位:%）

二级水资源区	建筑业增加值占水资源区比例			
	2000年	2010年	2020年	2030年
内蒙古高原内陆河	6.7	9.1	12.0	9.1
河西走廊内陆河	12.9	12.2	11.9	12.1
青海湖水系	0.7	0.5	0.6	0.7

二级水资源区	建筑业增加值占水资源区比例			
	2000 年	2010 年	2020 年	2030 年
柴达木盆地	0.8	0.6	0.7	0.8
吐哈盆地小河	7.4	7.2	7.0	7.2
阿尔泰山南麓诸河	2.3	2.3	2.2	2.3
中亚西亚内陆河区	4.7	4.6	4.4	4.6
古尔班通古特荒漠区	0.1	0.1	0.1	0.1
天山北麓诸河	41.6	40.6	39.1	40.5
塔里木河源流	21.4	20.8	20.1	20.8
昆仑山北麓小河	0.5	0.5	0.4	0.5
塔里木河干流	0.5	0.5	0.4	0.5
塔里木盆地荒漠区	0.1	0.1	0.1	0.1
羌塘高原内陆河	0.4	0.9	1.0	0.8
西北诸河	100.0	100.0	100.0	100.0

资料来源：据宏观经济研究院"国民经济发展布局与产业结构预测研究"数据库计算

四、西北诸河水资源区未来经济发展布局与产业结构变化对水资源需求的影响分析

（一）水资源开发利用现状和用水结构分析

西北诸河水资源区多年平均水资源量为 1303.9 亿 m³，占全国的 4.6%；产水模数为 3.86 万 m³/km²，仅为全国平均水平的 13.1%，是全国产水模数最低的地区。据《中国水资源公报》，1997~2002 年内陆河片用水量从 506.2 亿 m³ 增加到 574.91 亿 m³，其中 1999 年达到 584 亿 m³，水资源利用率在 38.8%~44.8% 变化。2000 年内陆河用水量为 578.8 亿 m³，占全国用水总量的 10.5%，水资源利用率达到 44.4%，已超过国际上公认的 40% 的警戒线。不少内陆河水资源处于过度开发利用状态，如石羊河流域水资源利用率为 154%、黑河流域为 112%、塔里木河流域为 79%，准噶尔盆地为 80%，这些地区实际用水量已远远超过当地水资源承载能力。

从用水结构看，2000 年内陆河区农牧业用水为 542.8 亿 m³，占用水总量的 93.8%，高出全国平均水平 25 个百分点；工业用水为 16.5 亿 m³，占 2.9%；生活用水 19.5 亿 m³，占 3.3%（图 26-4）。

（二）未来经济社会发展对水资源需求的影响分析

1. 人口总量增加和城镇化水平提高，生活需水量将有大幅度增加

西北诸河水资源区人口总量由 2000 年的 2736 万人增加到 2030 年的 3420 万人，净增

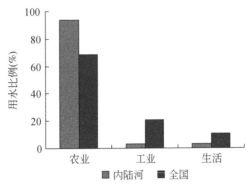

图 26-4   2000 年内陆河区和全国用水结构对比

加 684 万人；若按照目前用水水平估算，2030 年生活用水量为目前的 1. 25 倍。与此同时，2001 ~ 2030 年城镇人口将增加 850 万，加上人们生活水平的提高，预计城乡居民生活需水量将比目前增加 1 倍以上。天山北麓诸河、河西走廊内陆河、塔里木盆地小河、塔里木河源流、阿尔泰山南麓诸河等城镇化水平提高较快的二级水资源区，生活需水量增长速度更快。

2. 工业化水平提高，工业需水量明显增加

西北诸河水资源区工业增加值由 2000 年的 582 亿元增加到 2030 年的 9739 亿元，增加了 15. 7 倍，占生产总值比例由 29.6% 提高到 42.6%。以石油、天然气、煤炭、有色金属、化工等矿产资源开采为主的采掘业会快速发展，与此相应的石化、化工、冶金等高用水工业会同步快速发展，制造业和高新技术产业也会有较快的发展。随着技术进步和工业结构升级，万元工业增加值用水量会不断下降，但工业需水总量仍将有一定幅度的增加。

2001 ~ 2030 年，第二产业在二级水资源区的布局预测结果分析（表 26-19 ~ 表 26-21），以乌鲁木齐为中心的天山北麓诸河、塔里木河源流和吐哈盆地小河第二产业占西北诸河水资源区比例提高较快，对水资源的需求量增长较快。

3. 经济社会发展将引起用水结构调整

针对西北诸河水资源区所面临的水资源供需形势，迫使加快节水步伐，重点是加强农业节水。通过上述对人口增长、经济发展布局和产业结构调整变化对水资源需求的分析，可以看出 2030 年的用水结构与 2000 年相比，农业用水比例将明显下降，工业和生活用水比例会有一定幅度的上升。随着工业和生活用水量的增加，污水产生量会大幅度增加，对水环境产生更大的压力。

4. 人口和经济聚集，导致需水量增长差异

从人口和生产总值在二级水资源区的分布变化看，2030 年同 2000 年相比，天山北麓诸河和吐哈盆地小河人口占西北诸河水资源区人口比例分别上升 3.9 个百分点和 0.5 个百分点；内蒙古高原内陆河生产总值占西北诸河水资源区的比例提高 6.9 个百分点，这三个二级水资源区的需水量增幅较大。

五、主要结论和建议

（一）主 要 结 论

2020 年全国实现全面建设小康社会的宏伟目标，国家继续推进实施西部大开发战略，稳定的周边环境和区域经济一体化步伐加快，西北诸河水资源区突出的资源优势和业已形成的经济基础都将成为西北诸河水资源区经济社会发展的有利条件；与此同时，也将受到资金、人才、水资源短缺、生态环境脆弱等不利因素的制约。在上述因素的共同作用下，未来 30 年西北诸河水资源区的经济社会发展将呈现以下态势。

1. 人口总量继续增加，占全国总人口比例略有上升

西北诸河水资源区 2010 年、2020 年和 2030 年总人口将分别达到 2860 万人、3195 万人和 3420 万人，占全国人口的比例由 2000 年的 2.2%，减少到 2010 年的 2.1%，2020 年恢复到 2.2%，2030 年提高到 2.3%。同 2000 年相比，总人口分别净增加 123.7 万人、458.8 万人和 683.6 万人，人口增长率高的二级水资源区有天山北麓诸河、柴达木盆地和吐哈盆地小河，这些地区经济基础相对较好、基础设施较为完善，是未来经济增长中心和城镇密集区，会吸引外来人口流入。

2. 城镇化水平稳步提高，二级水资源区间城镇化水平差距扩大

西北诸河水资源区城镇化率由 2000 年的 33.4% 提高的 2030 年的 51.5%，呈现稳步发展的态势。2001~2030 年城镇化率年均提高 0.6 个百分点，其中 2011~2020 年年均提高 0.85 个百分点、2021~2030 年年均提高 0.53 个百分点。但城镇化水平在二级水资源区的差距呈扩大态势，城镇化率最高和最低的差值由 2000 年的 58.4 个百分点扩大到 2030 年的 73.3 个百分点。2030 年城镇化率在 60% 以上的二级水资源区有天山北麓诸河、柴达木盆地和吐哈盆地小河；而塔里木盆地荒漠区城镇化率仅 1%。

3. 经济保持快速增长，第二、第三产业比例不断提高

预计 2001~2030 年西北诸水资源区经济增长速度将达到 8.5%，其中 2001~2010 年为 10.3%，2011~2020 年为 8.1%，2021~2030 年为 7.2%。按 2000 年价格计算，西北诸河水资源区生产总值 2010 年为 5220 亿元，2020 年为 11 409 亿元，2030 年为 22 884 亿元。2020 年人均生产总值达到 5176 美元，步入中等收入国家行列；2030 年人均生产总值达到 9699 美元。西北诸河水资源区第一、第二、第三产业结构将由 2000 年的 22.4∶39.7∶37.9 调整为 2030 年的 11∶48.2∶40.9。

4. 工业增加值实现"翻四番"的目标，高用水工业仍有较大的发展

2001~2030 年西北诸河水资源区工业增加值将以年均 9.8% 的速度增长，其中前 10 年达到 13.48% 的增长速度。工业增加值由 2000 年的 582 亿元，增加到 2030 的 9739 亿元，实现"翻四番"目标。三大类用水工业结构将发生较大的变化，总的趋势是由一般工

业和火（核）电工业占工业增加值的比例下降，高用水工业占工业增加值的比例上升。占工业增加值比例上升的主要行业有：石化工业提高 5.2 个百分点、冶金工业提高 4.9 个百分点，化工工业提高 2.3 个百分点，食品工业提高 2.2 个百分点；占工业增加值比例下降的主要行业有：采掘业下降 8.8 个百分点，规模以下工业下降 2.5 个百分点，火（核）电工业下降 1.3 个百分点。

5. 工业和生活需水量将大幅度增加

同 2000 年相比，2030 年西北诸河水资源区人口总量和城镇人口将分别增加 684 万人和 850 万人，城乡居民生活需水量将比目前增加 1 倍以上。工业增加值由 2000 年的 582 亿元增加到 2030 年的 9739 亿元，增加了 15.7 倍，其中高用水工业增加 23 倍，工业需水量将有较大幅度增加。以乌鲁木齐为中心的天山北麓诸河、塔里木河源流、吐哈盆地小河、柴达木盆地等二级水资源区是需水量增长最快的地区。

（二）建　议

为满足西北诸河水资源区经济社会发展和生态环境改善对水资源的需求，必须下大力气节水，努力提高水资源利用效率。

1. 大力发展特色农业和节水型农业

西北内陆河区农牧业用水占总用水量的 94%，农业增加值仅占生产总值的 22.4%。农业用水浪费严重、节水潜力较大。要因地制宜，分区推进农业结构调整，建立面向市场和资源双重约束的节水型农业，发展节水灌溉农业和现代旱地农业，继续推进实施退耕还草工程，建设高标准的基本农田和牧场，较大幅度的减少农业用水量。

2. 加快水利工程和污水处理工程建设

从上面的分析可以看出，天山北麓诸河，吐哈盆地小河、塔里木河源流、柴达木盆地等二级水资源区对水资源的需求量会有较多的增加，应着手建设跨流域调水工程，以提高水资源对区域经济社会发展的保障能力，继续推进实施塔里木河综合治理、黑河综合整治等工程。同时，要加快城市（镇）污水处理和管网配套工程建设，确保 2020 年城镇污水处理率达到 70% 和污水再生利用率达到 50% 以上，继续建设各种小型饮水工程和集雨节灌工程等形式多样的扶贫水利工程。

3. 优化水资源配置

从经济发展、水资源利用和生态环境保护的角度看，西北诸河水资源区配置的原则是：保证生活用水，生产和生态用水兼顾，以水资源可持续利用促进社会经济可持续发展。水资源使用顺序是人畜饮水—精细工业用水—精品农业用水—生态环境用水——一般工农业用水。西北内陆河流域自成体系，各流域水资源配置主要是在该流域范围内，要统筹考虑上、中、下游经济社会发展和生态系统的需水要求，并充分考虑地表水和地下水之间的转化。

附表 26-1 西北诸河水资源区三级分区

二级水资源区	三级水资源区	计算面积（km²）
内蒙古高原内陆河	内蒙古高原东部	212 528
	内蒙古高原西部	98 850
河西走廊内陆河	石羊河	41 586
	黑河	151 705
	疏勒河	124 471
	河西荒漠区	152 081
青海湖水系	青海湖水系	46 031
柴达木盆地	柴达木盆地东部	79 999
	柴达木盆地西部	195 319
吐哈盆地小河	巴伊盆地	56 701
	哈密盆地	29 111
	吐鲁番盆地	37 086
阿尔泰山南麓诸河	额尔齐斯河	48 518
	乌伦古河	25 595
	吉木乃诸小河	7 015
中亚西亚内陆河区	额敏河	21 206
	伊犁河	57 577
古尔班通古特黄荒漠区	古尔班通古特黄荒漠区	85 465
天山北麓诸河	东段诸河	17 757
	中段诸河	79 464
	艾比湖水系	50 379
塔里木河源流	和田河	88 554
	叶尔羌河	81 826
	喀什噶尔河	69 467
	阿克苏河	50 642
	渭干河	43 293
	开孔河	104 373
昆仑山北麓小河	克里亚河诸小河	64 374
	车尔臣河诸小河	143 359
塔里木河干流	塔里木河干流	34 088
塔里木盆地荒漠区	塔克拉玛干沙漠	215 336
	库木塔格沙漠	141 456
羌塘高原内陆河	羌塘高原区	710 376
西北诸河水资源区		3 365 588

资料来源：《全国水资源分区》（修订稿），2003 年 5 月

附表 26-2　西北诸河三级水资源区人口分布和城镇化率

三级水资源区	城镇人口（人）	农村人口（人）	总人口（人）	城镇化率（％）
内蒙古高原东部	495 534	1 143 682	1 639 214	30.2
内蒙古高原西部	529 931	1 321 871	1 851 801	28.6
石羊河	595 247	1 568 945	2 164 191	27.5
黑河	708 248	1 233 317	1 941 563	36.5
疏勒河	304 675	197 700	502 374	60.6
河西荒漠区	92 043	58 611	150 653	61.1
青海湖水系	18 496	131 415	149 910	12.3
柴达木盆地东部	67 028	80 243	147 271	45.5
柴达木盆地西部	122 155	26 600	148 753	82.1
巴伊盆地	16 017	80 634	96 651	16.6
哈密盆地	234 949	107 177	342 125	68.7
吐鲁番盆地	214 583	350 556	565 139	38.0
额尔齐斯河	138 239	256 470	394 709	35.0
乌伦古河	27 497	66 781	94 278	29.2
吉木乃诸小河	11 234	25 914	37 148	30.2
额敏河	128 676	249 279	377 955	34.0
伊犁河	475 937	1 604 154	2 080 091	22.9
古尔班通古特荒漠区	13 383	194 351	207 733	6.4
东段诸河	83 060	217 250	300 309	27.7
中段诸河	2 769 663	1 412 780	4 182 441	66.2
艾比湖水系	353 137	603 737	956 874	36.9
和田河	209 631	919 797	1 129 427	18.6
叶尔羌河	277 028	1 504 390	1 781 417	15.6
喀什噶尔河	349 321	1 660 338	2 009 658	17.4
阿克苏河	283 691	678 355	962 046	29.5
渭干河	151 233	624 015	775 247	19.5
开孔河	346 037	504 814	850 850	40.7
克里亚河诸小河	32 771	296 857	329 628	9.9
车尔臣河诸小河	21 785	40 571	62 355	34.9
塔里木河干流	53 172	294 961	348 133	15.3
塔克拉玛干沙漠	0	346 994	346 993	0.0
库木塔格沙漠	2 383	138 770	141 152	1.7
羌塘高原区	5 090	285 618	290 701	1.8
西北诸河水资源区	9 131 873	18 226 947	27 358 787	33.4

资料来源：据宏观经济研究院"国民经济发展布局与产业结构预测研究"数据库计算

参 考 文 献

白和金，王一鸣，杜平．2003．北方地区工业结构调整和水资源供需趋势研究．北京：中国计划出版社．

陈建军．2003．浙江经济：经济全球化进程中的机遇和定位．浙江社会科学，(1)：45-46.

福建省发展计划委员会．2001．福建省国民经济和社会发展第十个五年计划纲要．

顾朝林．1996．中国城镇体系——历史、现状、展望．北京：商务印书馆．

国务院人口普查办公室．1991．中国第四次人口普查的主要数据．北京：中国统计出版社．

国务院人口普查办公室，国家统计局人口和社会科技统计司．2001．2000 年第五次全国人口普查主要数据．
北京：中国统计出版社．

何大明，冯彦，胡金明，等．2007．中国西南地区国际河流水资源的合理利用与水生态环境保护研究．
北京：科学出版社．

黑龙江省发展计划委员会．2001．黑龙江省国民经济和社会发展第十个五年计划纲要．

吉林省发展计划委员会．2001．吉林省国民经济和社会发展第十个五年计划纲要．

解三明．2001．中国经济增长潜力和经济周期研究．北京：中国计划出版社．

李永实．2001．福建区域经济发展格局变化研究．世界地理研究，10 (2)：71-77.

李长明．1994．产业结构与宏观调控．数量经济技术经济研究，(12)：27-39.

林民标，林跃，翁雪珠．2002．加快福建沿海港口发展的探讨．福建水产，(3)：8-12.

刘江．1999a．中国地区发展回顾与展望——广东卷．北京：中国物价出版社．

刘江．1999b．中国地区发展回顾与展望——广西卷．北京：中国物价出版社．

刘江．1999c．中国地区发展回顾与展望——海南卷．北京：中国物价出版社．

刘幸．2003．黑龙江省工业化发展阶段的基本判断及发展对策．学习与探索，(4)：68-71.

毛键．2003．加快吉林老工业基地调整改造和振兴．新长征，(12)：16-18.

内蒙古发展计划委员会．2001．内蒙古国民经济和社会发展第十个五年计划纲要．

钱纳里，鲁宾逊，赛尔奎因．1989．工业化和经济增长的比较研究（第一版）．上海：三联书店．

厦门大学经济系课题组．2002．21 世纪初增强福建经济发展后劲研究．福建论坛（经济社会版），(3)：
41-43.

宋小佳．2000．福建工业化演进程式的轨迹与特征．福建论坛（经济社会版），(209)：37-39.

王慧炯，李泊溪，李善同．1999．中国实用宏观经济模型 1999．北京：中国财政经济出版社．

王跃国，刘广斌．2003．黑龙江省工业发展格局研究．工业技术经济，(2)：22-23.

姚愉芳，贺菊煌．1998．中国经济增长与可持续发展——理论、模型与应用．北京：社会科学文献出版社．

袁瑞娟．2003．新世纪浙江工业结构的调整．经济地理，23 (2)：202-205.

赵伟．2003．浙江经济：发展阶段转换与区域经济重构．浙江社会科学，(1)：36-37.

浙江省人民政府经济建设咨询委员会课题组，浙江省委党校，浙江省软科学研究所课题组，等．2000.
"十五"时期的宏观经济背景和浙江经济发展阶段分析．经济问题研究，(3)：11-18.

郑勇军，孟琦．2002．全球化背景下的浙江制造业战略性结构调整研究．浙江社会科学，(6)：34-38.

中华人民共和国国家统计局．1990．中国统计年鉴．北京：中国统计出版社．

中华人民共和国国家统计局．1991．中国统计年鉴．北京：中国统计出版社．

中华人民共和国国家统计局．1992．中国统计年鉴．北京：中国统计出版社．

中华人民共和国国家统计局．1993．中国统计年鉴．北京：中国统计出版社．

中华人民共和国国家统计局．1994．中国统计年鉴．北京：中国统计出版社．

中华人民共和国国家统计局．1995．中国统计年鉴．北京：中国统计出版社．

中华人民共和国国家统计局．1996．中国统计年鉴．北京：中国统计出版社．

中华人民共和国国家统计局 . 1997. 中国统计年鉴 . 北京：中国统计出版社 .

中华人民共和国国家统计局 . 1998. 中国统计年鉴 . 北京：中国统计出版社 .

中华人民共和国国家统计局 . 1999. 中国统计年鉴 . 北京：中国统计出版社 .

中华人民共和国国家统计局 . 2000. 中国统计年鉴 . 北京：中国统计出版社 .

中华人民共和国国家统计局 . 2001. 中国统计年鉴 . 北京：中国统计出版社 .

中华人民共和国国家统计局 . 2002. 中国统计年鉴 . 北京：中国统计出版社 .

中华人民共和国国家统计局 . 2003. 中国统计年鉴 . 北京：中国统计出版社 .

周起业，刘再兴，祝诚，等 . 1989. 区域经济学 . 北京：中国人民大学出版社 .

朱家良 . 2002. 浙江经济社会发展的阶段性变化和现代化建设的新任务 . 中共浙江省委党校学报，（4）：4-8.

Northam R M. 1979. Urban Geography. New York：John Wiley & Sons.